普通高等教育"十一五"国家级规划教材

公共卫生学
Public Health

主　审：金银龙　　孙志伟

主　编：范　春

副主编：牛建军　　孙　虹

　　　　李　娟　　许能锋

　　　　刘　凡

厦门大学出版社
XIAMEN UNIVERSITY PRESS

本书编委会

主　　审：金银龙(中国疾病预防控制中心环境与健康相关产品安全所,教授)

　　　　　孙志伟(首都医科大学,教授)

主　　编：范　春(厦门大学医学院预防医学系,教授)

副主编：牛建军(厦门市疾病预防控制中心,主任技师/教授)

　　　　　孙　虹(珠海出入境检验检疫局,副主任医师)

　　　　　李　娟(吉林大学公共卫生学院,教授)

　　　　　许能锋(福建医科大学,教授)

　　　　　刘　凡(中国疾病预防控制中心环境与健康相关产品安全所,研究员)

其他编委(按姓氏笔画排序)：

　　　　　王　芳(华中科技大学公共卫生学院,副教授)

　　　　　王　娟(厦门大学医学院预防医学系,实验师)

　　　　　叶晓蕾(温州医学院公共卫生学院,副教授)

　　　　　叶　琳(吉林大学公共卫生学院,教授)

　　　　　叶　曦(厦门市海沧区疾病预防控制中心,副主任医师)

　　　　　刘云凯(天津出入境检验检疫局,副主任医师)

　　　　　刘文龙(厦门市妇幼保健院,医师)

　　　　　刘延丽(厦门大学医学院,实验师)

　　　　　张永兴(厦门大学医学院预防医学系,副教授)

　　　　　张永红(苏州大学放射医学与公共卫生学院,教授)

　　　　　李永红(中国疾病预防控制中心环境与健康相关产品安全所,医师)

　　　　　李红卫(厦门大学医学院预防医学系,副教授)

　　　　　李　璐(长春中医药大学,副教授)

　　　　　汪耀珠(湖南师范大学医学院,讲师)

　　　　　沈孝兵(东南大学公共卫生学院,教授)

　　　　　苏艳华(厦门大学医学院预防医学系,讲师)

　　　　　周　欢(四川大学公共卫生学院,副教授)

　　　　　周宏伟(南方医科大学公共卫生学院,副教授)

　　　　　罗茂凰(天津出入境检验检疫局,副主任医师)

　　　　　姜岳明(广西医科大学公共卫生学院,教授)

　　　　　赵本华(厦门大学医学院预防医学系,副教授)

　　　　　赵　苒(厦门大学医学院预防医学系,讲师)

　　　　　唐玄乐(哈尔滨医科大学公共卫生学院,教授)

　　　　　郭新彪(北京大学公共卫生学院,教授)

前　言

根据教育部关于教学体系、教学内容和教学方法改革的总体要求,为适应新时期预防医学相关人才培养的需求,推动医学教学改革的进行,各医学院校纷纷对预防医学的教学体系和教学内容进行了较大幅度的改革。遵照教高司函[2005]195号《关于申报"普通高等教育'十一五'国家级教材规划"选题的通知》的精神:"新编教材:反映当代科学技术、文化的最新成就,在内容和体系上有明显特色的教材;教学改革力度较大的教材以及新兴、交叉学科、专业的教材;系列配套的教材;解决教学急需的教材",结合预防医学专业教学改革的实践,厦门大学医学院联手国内21个兄弟单位,共同编写了这本《公共卫生学》。

作为公共卫生与预防医学教学改革和专业课程体系建设的重要组成部分,我们对经典的、当前各公共卫生学院或预防医学系所恪守的预防医学专业课程体系进行了有限的改革。在预防医学专业教学计划中,厦门大学医学院新设立了"公共卫生学"作为专业课程,目的是要充实预防医学的专业课程体系,重在培养学生的实际工作能力和创新能力,提高学生发现问题、分析问题和解决问题的能力,使培养的毕业生能够尽快适应公共卫生与预防医学实际工作的需要。

2007年4月21日,共有来自12个参编单位的编委参加了在厦门召开的《公共卫生学》编审会。与会者集中讨论了《公共卫生学》(讨论稿、申报稿)的框架和编写内容。内容涉及《公共卫生学》的定位和读者对象,公共卫生学的内涵,公共卫生体系与《公共卫生学》的关系,编写大纲的框架结构和体例,《公共卫生学》的内容、教学安排、教材内容交叉重复的现象,以及《公共卫生学》与其他教材的关系等问题。根据与会编委们的意见和建议,主编对编写大纲进行了进一步修改,并将《公共卫生学》的编写大纲(征求意见稿)发送给各位编委,征求大家对编写大纲的意见。经仔细研究、比较和综合各位编委的意见,参考美国、欧洲、俄罗斯、台湾地区的有关书籍,最后确定了本书的编写大纲。

本书写作思想是在尊重、吸纳和综合各位编委的意见和建议的基础上确定的。其指导思想是:既重视学术性、科学性、系统性,又兼顾实用性,尽量达到教学工作与实际工作相结合。对各位编委的意见和建议,本着"求大同、存小异"的原则,尽量将不同的意见融入到编写大纲中。

本书共分为5篇23章。第一篇着重对公共卫生的内涵、特征、功能与价值,公共卫生体系建设,公共卫生问题以及公共卫生问题的研究方法等予以介绍。第二篇则关注健康危险因素的识别与评价,力图将分散到各个学科的有关生物性、化学性、物理性以及社会、心理、行为因素进行高度概括。第三篇为我国疾病预防控制的经典内容,针对传染病、慢性非传染性疾病预防控制的基本原则进行了阐述。长期以来,卫生工程技术和环境有益因素的利用是被公共卫生学界所忽视的领域,因此,本篇更加关注促进健康的因素及其利用以及有害因素的控制技术。第四篇涉及卫生政策与管理的内容,目的在于阐明任何公共卫生行动均需要政策与管理作为最终的支持点。第五篇主要就当前最关心的突发事件和公共卫生安全问题进行讨论,旨在概述突发事件威胁公共卫生安全的主要特征及应对策略。

本书是全体编写人员历时一年半共同努力的结果。在编写过程中,承蒙中国疾病预防控制中心环境与健康相关产品所、吉林大学公共卫生学院、首都医科大学、厦门大学医学院、厦门市疾病预防控制中心、厦门大学出版社等单位的大力支持和指导。本书参阅了美国、中国大陆和台湾地区很多宝贵的文献资料,引用了大量相关的文献资料,在此一并致谢!

在本书的编写过程中,正值四川大地震之际,赴川救灾的经历,对丰富有关传染病等防控内容不无裨益,形成了诸多反思。能成理念,由衷感谢厦门大学医学院邵鹏飞、张业、滕伯刚先生,以及厦门希望心理咨询中心李良元女士,让我有信心和能力坚持完成了此书稿。

鉴于本教材为初次尝试,国内外可借鉴的资料有限。加之受编写者水平所限,书中难免存在疏漏和错误,敬请各位同仁、读者指正,提出您的宝贵意见,以便修订时参考。

此书是我从事公共卫生与预防医学专业教学与科研工作以来面临的最大挑战,敢冒此风险,缘于主审的鼓励与把关,缘于同事们的支持、激励和帮助。如果此书的出版能够引发国内对公共卫生相关问题的争议和讨论,吾将倍感欣慰,并愿与同仁交流,为我国公共卫生事业之发展与振兴而尽力。

范 春

2008 年 9 月 29 日

于厦门大学医学院

目　录

前言 ··· 1

第一篇　总　论

第一章　绪　论 ··· 1
　第一节　公共卫生的定义与内涵 ··· 1
　　一、公共卫生的定义 ·· 1
　　二、健康的概念 ··· 3
　　三、新公共卫生及其内涵 ·· 5
　第二节　公共卫生的特征、功能与价值 ··· 8
　　一、公共卫生的特征 ·· 8
　　二、公共卫生的功能 ··· 10
　　三、公共卫生的价值 ··· 10
　第三节　公共卫生的主要内容 ··· 11
　　一、公共卫生体系建设 ·· 12
　　二、健康危险因素的识别与评价 ·· 13
　　三、疾病的预防与控制 ·· 13
　　四、公共卫生政策与管理 ·· 14
　　五、突发公共卫生事件与公共卫生危机管理 ······································· 14
　　六、公共卫生安全与防控 ·· 15
　　七、公共卫生伦理 ··· 16
　　八、公共卫生领域的国际合作 ·· 17
　第四节　我国公共卫生发展简史 ·· 18
　　一、我国古代的疾病预防与卫生保健 ·· 18
　　二、半封建半殖民地时期的防疫工作 ·· 20
　　三、新中国成立后的公共卫生事业 ·· 22
　　四、我国预防医学与公共卫生专业教育的历史 ······································ 25
　第五节　公共卫生的未来 ··· 26

一、政府将在公共卫生事业中扮演越来越重要的角色 ·············· 27

二、科技的发展将促进公共卫生进步 ·························· 27

三、社区卫生与农村卫生工作将得到大的发展 ·················· 29

四、公共卫生人才建设为公共卫生事业的可持续发展提供保障 ······ 30

五、公共卫生建设将对构建和谐社会起到重要作用 ·············· 30

六、公共卫生将面临新的威胁和挑战 ·························· 31

思考题 ·· 32

第二章 公共卫生体系建设 ···································· 33

第一节 公共卫生体系的构成要素 ······························ 33

一、公共卫生的政策法律体系 ································ 33

二、疾病预防控制体系 ······································ 34

三、突发公共卫生事件应急体系 ······························ 35

四、公共卫生监督体系 ······································ 36

五、医疗救治体系 ·· 38

六、基本卫生服务体系 ······································ 39

第二节 我国的公共卫生体系 ·································· 42

一、我国公共卫生体系的发展概况 ···························· 42

二、疾病的预防控制制度 ···································· 45

三、基本卫生保健制度 ······································ 50

第三节 发达国家的公共卫生体系 ······························ 52

一、美国的公共卫生体系 ···································· 52

二、英国的公共卫生体系 ···································· 56

三、日本的公共卫生体系 ···································· 59

四、其他国家的公共卫生体系 ································ 62

思考题 ·· 64

第三章 我国面临的主要公共卫生问题 ························ 65

第一节 传染性疾病 ·· 65

一、新生传染性疾病威胁日益增加 ···························· 65

二、鼠疫、霍乱的流行趋势不容忽视 ·························· 66

三、AIDS、结核病、病毒性肝炎的防治形势严峻 ················ 67

四、以血吸虫病为代表的虫媒传染病疫情回升 ·················· 68

第二节 慢性非传染性疾病 ···································· 69

一、慢性非传染性疾病的危害 ································ 69

二、慢性非传染性疾病的特点 ································ 70

三、慢性非传染性疾病的流行现状及发展趋势 ……………………………… 71

　第三节　伤　害 ……………………………………………………………………… 74

　　一、我国伤害发生的现状 …………………………………………………………… 74

　　二、应对伤害的策略 ………………………………………………………………… 75

　第四节　职业性危害 ……………………………………………………………… 76

　　一、职业性危害的内涵 ……………………………………………………………… 76

　　二、我国职业性危害的种类和现状 ………………………………………………… 77

　　三、职业性危害与职业病 …………………………………………………………… 79

　第五节　其他公共卫生问题 …………………………………………………… 79

　　一、食源性疾病 ……………………………………………………………………… 79

　　二、医院感染 ………………………………………………………………………… 81

　　三、网络成瘾 ………………………………………………………………………… 82

　　四、老龄化社会带来的公共卫生问题 ……………………………………………… 84

　思考题 ………………………………………………………………………………… 85

第四章　公共卫生研究方法 ……………………………………………………… 86

　第一节　流行病学研究方法 …………………………………………………… 86

　　一、流行病学研究方法的特征 ……………………………………………………… 86

　　二、描述流行病学方法 ……………………………………………………………… 87

　　三、分析流行病学方法 ……………………………………………………………… 91

　　四、实验流行病学方法 ……………………………………………………………… 95

　　五、流行病学研究的实施 …………………………………………………………… 96

　第二节　毒理学研究方法 ……………………………………………………… 98

　　一、一般毒性评价方法 ……………………………………………………………… 98

　　二、特殊毒性评价方法 ……………………………………………………………… 102

　第三节　社会医学研究方法 …………………………………………………… 106

　　一、调查研究的基本步骤 …………………………………………………………… 106

　　二、定量研究 ………………………………………………………………………… 108

　　三、定性研究 ………………………………………………………………………… 109

　思考题 ………………………………………………………………………………… 110

第二篇　健康危险因素的识别与评价

第五章　生物性危险因素的识别与评价 …………………………………… 111

　第一节　生物性危险因素的分类 …………………………………………… 111

　　一、致病微生物 ……………………………………………………………………… 112

二、传染病媒介物 …………………………………………………………………… 113

三、致害动物 …………………………………………………………………………… 114

四、致害植物 …………………………………………………………………………… 115

五、其他生物性危险因素 …………………………………………………………… 116

第二节　生物性危险因素与疾病 ……………………………………………………… 116

一、生物性危险因素与感染性疾病 ………………………………………………… 116

二、生物性危险因素与食源性疾病 ………………………………………………… 118

三、生物性危险因素与肿瘤 ………………………………………………………… 121

四、生物性危险因素与职业危害 …………………………………………………… 122

五、生物性危险因素与其他疾病 …………………………………………………… 125

第三节　生物性危险因素评价 ………………………………………………………… 126

一、生物性危险因素的鉴定 ………………………………………………………… 126

二、生物危险度评价 ………………………………………………………………… 128

三、暴露评价 ………………………………………………………………………… 129

四、危害效应评价 …………………………………………………………………… 131

思考题 …………………………………………………………………………………… 132

第六章　物理性危险因素的识别与评价 ………………………………………………… 133

第一节　物理性危险因素的分类 ……………………………………………………… 134

一、气象条件 ………………………………………………………………………… 134

二、声 ………………………………………………………………………………… 136

三、振动 ……………………………………………………………………………… 140

四、辐射 ……………………………………………………………………………… 141

第二节　物理性危险因素与疾病 ……………………………………………………… 144

一、物理性危险因素所致常见疾病 ………………………………………………… 144

二、物理性危险因素所致肿瘤及其他疾病 ………………………………………… 151

第三节　物理性危险因素评价 ………………………………………………………… 153

一、物理性危险因素的识别与分析方法 …………………………………………… 153

二、物理性危险因素的监测、识别与评价 ………………………………………… 154

思考题 …………………………………………………………………………………… 160

第七章　化学性危险因素的识别与评价 ………………………………………………… 161

第一节　化学性危险因素的分类 ……………………………………………………… 161

一、无机污染物 ……………………………………………………………………… 161

二、有机污染物 ……………………………………………………………………… 161

三、高分子污染物 …………………………………………………………………… 161

　　四、有害气体类污染物 ……………………………………………………… 162

　　五、尘类污染物 …………………………………………………………… 162

　　六、农药类污染物 ………………………………………………………… 162

第二节　化学性危险因素与疾病 …………………………………………… 163

　　一、化学性危险因素与肿瘤 ……………………………………………… 163

　　二、化学性危险因素与职业病 …………………………………………… 168

　　三、化学性危险因素与公害病 …………………………………………… 170

　　四、化学性危险因素与地方病 …………………………………………… 171

　　五、化学性危险因素的其他危害 ………………………………………… 173

第三节　化学性危险因素评价 ……………………………………………… 177

　　一、化学性危险因素的识别与分析方法 ………………………………… 177

　　二、"三致"化学污染物的检测、识别与评价 …………………………… 179

　　三、内分泌干扰物的检测、识别与评价 ………………………………… 182

　　四、农药残留的检测、识别与评价 ……………………………………… 186

　思考题 …………………………………………………………………… 188

第八章　社会、心理、行为危险因素的识别与评价 ……………………… 190

第一节　社会危险因素的识别 ……………………………………………… 190

　　一、社会因素的分类 ……………………………………………………… 190

　　二、社会危险因素与健康问题的识别 …………………………………… 193

第二节　心理危险因素的识别 ……………………………………………… 197

　　一、心理因素的分类 ……………………………………………………… 197

　　二、心理危险因素与健康问题的识别 …………………………………… 198

第三节　行为危险因素的识别 ……………………………………………… 199

　　一、行为因素的分类 ……………………………………………………… 199

　　二、行为危险因素与健康问题的识别 …………………………………… 200

第四节　社会、心理、行为危险因素的评价 ……………………………… 202

　　一、危险因素评价的基本内容与方法 …………………………………… 202

　　二、危险因素的个体评价 ………………………………………………… 203

　　三、危险因素的群体评价 ………………………………………………… 204

　思考题 …………………………………………………………………… 205

第三篇　疾病预防控制与公众健康保障

第九章　传染病的预防控制 ………………………………………………… 206

第一节　传染病概述 ………………………………………………………… 206

一、传染病的生物学基础 …………………………………………… 206

二、传染病分类 ……………………………………………………… 207

三、传染病的流行过程及影响因素 ………………………………… 208

四、传染病的基本特征及诊断治疗 ………………………………… 211

五、传染病的流行趋势 ……………………………………………… 213

第二节　传染病监测 ………………………………………………… 217

一、传染病监测概述 ………………………………………………… 217

二、传染病监测系统及疫情系统 …………………………………… 219

三、国境口岸传染病监测 …………………………………………… 222

四、重点传染病疫情监测方案概述 ………………………………… 222

第三节　传染病预防控制的策略和措施 …………………………… 224

一、传染病预防控制的宏观策略 …………………………………… 224

二、传染病预防和控制的措施 ……………………………………… 225

三、传染病预防控制方法概述 ……………………………………… 228

思考题 ………………………………………………………………… 234

第十章　慢性非传染性疾病的预防控制 …………………………… 235

第一节　慢性非传染性疾病概述 …………………………………… 235

一、慢性非传染性疾病及其分类 …………………………………… 235

二、慢性病的流行概况 ……………………………………………… 236

三、慢性病的发病特点 ……………………………………………… 239

第二节　慢性非传染性疾病监测 …………………………………… 240

一、慢性病监测概述 ………………………………………………… 240

二、死因和病伤监测 ………………………………………………… 242

三、行为危险因素监测 ……………………………………………… 243

四、WHO 阶梯式监测方法 ………………………………………… 243

第三节　慢性病预防控制的策略与措施 …………………………… 248

一、全人群策略与高危人群策略 …………………………………… 249

二、慢性病的社区干预 ……………………………………………… 251

三、慢性病的临床预防 ……………………………………………… 254

四、疾病预防策略中若干观念的转变 ……………………………… 255

思考题 ………………………………………………………………… 256

第十一章　中毒的预防控制 ………………………………………… 257

第一节　毒物与中毒 ………………………………………………… 257

一、毒物及其来源 …………………………………………………… 257

二、中毒及其类型 ……………………………………………………………… 259

三、我国中毒事件发生的现状与特点 …………………………………… 262

第二节 中毒的鉴定与处理 …………………………………………………… 265

一、急性中毒诊断的原则 ………………………………………………… 265

二、毒物接触史 …………………………………………………………… 265

三、急性中毒的特殊临床表现 …………………………………………… 266

四、实验室检查 …………………………………………………………… 269

五、毒物样品的检测 ……………………………………………………… 269

六、急性中毒的救治 ……………………………………………………… 271

第三节 食物中毒的预防控制 ………………………………………………… 273

一、食物中毒的特点 ……………………………………………………… 273

二、食物中毒的调查与处理 ……………………………………………… 274

三、细菌性食物中毒的防制 ……………………………………………… 276

四、真菌性食物中毒的防制 ……………………………………………… 278

五、动物性食物中毒的防制 ……………………………………………… 279

六、植物性食物中毒的防制 ……………………………………………… 281

七、化学性食物中毒的防制 ……………………………………………… 282

第四节 职业中毒的预防控制 ………………………………………………… 284

一、职业中毒的表现与诊断 ……………………………………………… 284

二、职业中毒的调查与处理 ……………………………………………… 287

三、职业中毒的综合防制措施 …………………………………………… 291

第五节 化学事故中毒的预防控制 …………………………………………… 292

一、化学事故中毒发生的原因 …………………………………………… 292

二、化学事故中毒的临床表现与诊断 …………………………………… 293

三、化学事故中毒的调查与处理 ………………………………………… 295

四、化学事故中毒的预防控制措施 ……………………………………… 297

思考题 …………………………………………………………………………… 297

第十二章 促进健康的因素与特殊人群的健康保障 ………………………… 299

第一节 促进健康的因素与利用 ……………………………………………… 299

一、对人体健康有利的因素 ……………………………………………… 299

二、促进健康的物理性因素与利用 ……………………………………… 300

三、促进健康的化学性因素与利用 ……………………………………… 305

四、促进健康的生物性因素与利用 ……………………………………… 307

五、促进健康的社会、心理、行为因素与利用 ………………………… 309

第二节　公共卫生干预 ………………………………………………………………… 312

一、公共卫生干预计划与服务 ……………………………………………………… 312

二、公共卫生干预的手段和措施 …………………………………………………… 314

三、公共卫生干预的效果评价 ……………………………………………………… 314

四、公共卫生干预的伦理学问题 …………………………………………………… 315

五、针对常见疾病的公共卫生干预 ………………………………………………… 317

六、针对健康危险因素的公共卫生干预 …………………………………………… 319

第三节　脆弱人群、亚健康人群及其健康问题 …………………………………… 322

一、脆弱人群与亚健康人群 ………………………………………………………… 322

二、脆弱人群的主要健康问题 ……………………………………………………… 323

三、亚健康人群的主要健康问题 …………………………………………………… 332

第四节　儿童、妇女、老年人的健康保障 ………………………………………… 335

一、儿童的健康保障 ………………………………………………………………… 335

二、妇女的健康保障 ………………………………………………………………… 338

三、老年人的健康保障 ……………………………………………………………… 341

第五节　亚健康人群的健康保障 …………………………………………………… 343

思考题 ………………………………………………………………………………… 343

第十三章　有害因素的控制技术与效果评价 ……………………………………… 345

第一节　卫生工程基本原理 ………………………………………………………… 345

一、卫生工程概述 …………………………………………………………………… 345

二、污染物分离去除技术原理 ……………………………………………………… 346

三、污染物化学反应去除技术原理 ………………………………………………… 351

第二节　饮水净化工程技术与效果评价 …………………………………………… 354

一、概述 ……………………………………………………………………………… 354

二、饮用水常规净化技术 …………………………………………………………… 354

三、饮用水深度净化技术 …………………………………………………………… 360

四、饮水净化效果的卫生学评价 …………………………………………………… 364

第三节　室内空气净化技术与评价 ………………………………………………… 366

一、概述 ……………………………………………………………………………… 366

二、常用室内空气净化技术 ………………………………………………………… 366

三、室内空气净化技术的卫生学评价 ……………………………………………… 371

第四节　职业有害因素卫生工程控制技术与效果评价 …………………………… 374

一、粉尘的控制 ……………………………………………………………………… 374

二、有害气体的控制 ………………………………………………………………… 376

　　三、高温的控制 ………………………………………………………… 378

　　四、噪声的控制 ………………………………………………………… 379

　　五、职业有害因素控制技术的效果评价 ……………………………… 381

第五节　污水处理与效果评价 …………………………………………… 382

　　一、污水处理概述 ……………………………………………………… 383

　　二、污水处理效果的卫生学评价 ……………………………………… 390

第六节　固体废弃物处理与效果评价 …………………………………… 392

　　一、污泥的处置技术 …………………………………………………… 392

　　二、垃圾的处置技术 …………………………………………………… 394

　　三、粪便的处置技术 …………………………………………………… 395

　　四、医疗废物的处置技术 ……………………………………………… 396

　　五、固体废物的资源化利用 …………………………………………… 399

　　六、固体废弃物处置效果的卫生学评价 ……………………………… 401

思考题 ……………………………………………………………………… 402

第四篇　公共卫生政策与管理

第十四章　公共卫生政策与法规 ………………………………………… 404

第一节　公共卫生政策概论 ……………………………………………… 404

　　一、政策 ………………………………………………………………… 404

　　二、公共卫生政策 ……………………………………………………… 405

　　三、我国的公共卫生政策简介 ………………………………………… 408

第二节　公共卫生政策分析 ……………………………………………… 409

　　一、公共卫生政策分析的基本原理 …………………………………… 409

　　二、公共卫生政策分析的基本方法 …………………………………… 412

第三节　公共卫生政策的制定与实施 …………………………………… 417

　　一、公共卫生政策的制定 ……………………………………………… 417

　　二、卫生政策的实施 …………………………………………………… 420

第四节　公共卫生政策评价 ……………………………………………… 422

　　一、公共卫生政策评价的性质、目的与意义 ………………………… 422

　　二、公共卫生政策评价的基本思路 …………………………………… 423

　　三、公共卫生政策评价的步骤及常用方法 …………………………… 424

第五节　公共卫生法律法规简介 ………………………………………… 429

　　一、卫生立法的概念与依据 …………………………………………… 429

　　二、卫生立法体制 ……………………………………………………… 430

三、卫生立法程序 ……………………………………………………… 430

四、卫生法实施 …………………………………………………………… 433

五、我国公共卫生法律制度及体系建设 ……………………………… 434

思考题 ………………………………………………………………………… 435

第十五章 公共卫生服务与健康管理 …………………………………… 436

第一节 公共卫生服务的组织结构及服务内容 ……………………… 436

一、卫生系统与卫生组织机构 ………………………………………… 436

二、基本卫生服务 ……………………………………………………… 439

三、医疗保障制度 ……………………………………………………… 440

四、公共卫生服务质量保证与依法行医 ……………………………… 442

第二节 公共卫生服务的需求与供给 ………………………………… 442

一、公共卫生服务体系 ………………………………………………… 442

二、公共卫生服务需求与供给 ………………………………………… 444

三、公共卫生服务评价 ………………………………………………… 446

第三节 公共卫生资源配置与公共卫生筹资 ………………………… 451

一、卫生资源优化配置 ………………………………………………… 451

二、公共卫生人力资源分析 …………………………………………… 454

三、公共卫生服务筹资 ………………………………………………… 456

第四节 健康管理 ……………………………………………………… 461

一、健康管理概述 ……………………………………………………… 461

二、健康档案的建立与管理 …………………………………………… 463

三、健康风险评估 ……………………………………………………… 466

思考题 ………………………………………………………………………… 468

第十六章 公共卫生标准及其体系 ……………………………………… 469

第一节 公共卫生标准概述 …………………………………………… 469

一、卫生标准与卫生基准 ……………………………………………… 469

二、制定卫生标准的原则、依据与方法 ……………………………… 471

第二节 我国的公共卫生标准及其体系 ……………………………… 479

一、卫生标准的发展与现状 …………………………………………… 479

二、我国的公共卫生标准体系 ………………………………………… 481

第三节 国际和国外卫生标准简介 …………………………………… 492

一、国际标准概述 ……………………………………………………… 493

二、美国卫生标准概况 ………………………………………………… 496

三、其他国外卫生标准概况 …………………………………………… 497

　　思考题·······498
第十七章　公共卫生监督与管理······499
　第一节　公共卫生监督与管理概述······499
　　一、公共卫生监督的概念······499
　　二、公共卫生监督的性质和职责······500
　　三、公共卫生监督的分类······501
　　四、公共卫生监督的基本原则······503
　　五、公共卫生监督程序······504
　第二节　我国公共卫生监督体系建设······509
　　一、公共卫生监督与管理的主体······509
　　二、公共卫生监督机构的设置······510
　　三、我国的卫生监督体制改革······510
　第三节　公共卫生监督的法律依据与制度建设······512
　　一、我国卫生法律制度建设的不同阶段······512
　　二、我国现行的卫生法律制度的范畴······514
　　三、卫生法律制度建设的特点······518
　　思考题······519
第十八章　危险化学品与健康相关产品安全性评价与管理······520
　第一节　安全性评价与管理概述······520
　　一、安全评价的基本概念······520
　　二、安全评价的分类······520
　　三、安全评价的程序······521
　　四、安全性评价的管理与法律依据······522
　第二节　危险化学品的安全性评价与管理······522
　　一、危险化学品的概念······522
　　二、危险化学品安全评价的概念······523
　　三、国内外危险化学品安全性评价的现状······523
　　四、危险化学品安全评价的工作内容······524
　　五、危险化学品安全性评价方法······527
　　六、危险化学品安全管理······533
　第三节　健康相关产品的安全性评价与管理······533
　　一、健康相关产品的安全性评价基本程序······533
　　二、各类健康相关产品的安全性评价与管理······538
　　三、健康相关产品的卫生监督与管理······548

思考题 ··· 550

第五篇　突发事件与公共卫生安全

第十九章　突发公共卫生事件 ·· 551
　第一节　概　述 ·· 551
　　一、突发公共卫生事件的定义与特点 ······················· 551
　　二、突发公共卫生事件的分类、等级与分期 ··············· 552
　　三、国内外突发公共卫生事件概述 ·························· 555
　第二节　突发公共卫生事件应急反应体系 ······················ 559
　　一、突发公共卫生事件应急反应体系的基本要素 ·········· 559
　　二、突发公共卫生事件应急反应原则 ······················· 560
　　三、突发公共卫生事件的应急准备 ·························· 561
　　四、突发公共卫生事件的应急处置 ·························· 561
　　五、突发公共卫生事件应急预案 ···························· 563
　　六、突发公共卫生事件应急机制 ···························· 566
　　七、突发公共卫生事件应急反应能力 ······················· 569
　　八、我国突发公共卫生事件应急体系建设 ·················· 571
　第三节　突发公共卫生事件处理流程 ··························· 575
　　一、突发公共卫生事件的监测、报告和预警 ··············· 576
　　二、突发公共卫生事件的现场处理 ·························· 579
　　三、突发公共卫生事件处理的善后工作 ···················· 582
　思考题 ··· 584
第二十章　突发伤害事件 ·· 586
　第一节　概　述 ·· 586
　　一、突发伤害事件的概念与特点 ···························· 586
　　二、突发伤害事件的类型 ·································· 587
　　三、突发伤害事件的危害与评价 ···························· 589
　第二节　突发伤害事件的危险因子 ····························· 596
　　一、环境中的致伤因子 ···································· 596
　　二、伤害的宿主因素 ······································ 596
　　三、伤害发生的环境因素 ·································· 598
　　四、Haddon 模型 ··· 598
　第三节　突发伤害事件的应急与防控 ··························· 599
　　一、突发伤害事件的应急预案与应急机制建设 ············· 599

二、突发伤害事件的应急处理 …………………………………………… 601

三、突发伤害事件的预防与控制 ………………………………………… 603

思考题 ……………………………………………………………………… 607

第二十一章　突发环境污染事件 ……………………………………… 608

第一节　概　述 …………………………………………………………… 608

一、突发环境污染事件的分类 …………………………………………… 609

二、突发环境污染事件的特点 …………………………………………… 611

三、突发环境污染事件的危害 …………………………………………… 612

第二节　应急反应与预防控制 …………………………………………… 613

一、突发环境污染事件应急预案与应急机制建设 ……………………… 614

二、突发环境污染事件的应急处置 ……………………………………… 618

三、突发环境污染事件的防控策略 ……………………………………… 619

第三节　应急环境监测能力建设 ………………………………………… 621

一、应急监测系统 ………………………………………………………… 621

二、突发环境污染事件应急监测程序及方法 …………………………… 622

思考题 ……………………………………………………………………… 626

第二十二章　突发灾害事件 …………………………………………… 627

第一节　概　述 …………………………………………………………… 627

一、灾害的概念 …………………………………………………………… 627

二、灾害的分类 …………………………………………………………… 628

三、灾害的分级 …………………………………………………………… 629

四、灾害的特征 …………………………………………………………… 629

五、灾害的危害 …………………………………………………………… 630

第二节　突发灾害事件中的公共卫生问题 ……………………………… 631

一、社会的恐慌反应 ……………………………………………………… 631

二、流行病的发生 ………………………………………………………… 631

三、人群迁移 ……………………………………………………………… 632

四、不良气候的暴露 ……………………………………………………… 632

五、食物和营养的缺乏 …………………………………………………… 632

六、水供应困难和环境卫生问题 ………………………………………… 632

七、伤害 …………………………………………………………………… 633

八、精神卫生问题 ………………………………………………………… 633

九、卫生机构的破坏 ……………………………………………………… 633

第三节　应急反应与预防控制 …………………………………………… 634

一、灾害事件应急反应机制 ·· 634

二、灾害发生后的应急处理 ·· 636

三、灾害的预防与控制 ·· 638

思考题 ·· 639

第二十三章　恐怖袭击事件 ·· 640

第一节　概　述 ·· 640

第二节　生物恐怖 ·· 641

一、生物恐怖的概念及其特点 ·· 641

二、可能用于生物恐怖活动的致病微生物及其毒素 ················ 642

三、生物恐怖袭击方式 ·· 644

四、生物恐怖袭击的危害 ··· 645

五、生物恐怖袭击的处置 ··· 646

六、生物恐怖袭击的防范措施 ·· 647

第三节　化学恐怖 ·· 648

一、化学恐怖的概念及其特点 ·· 648

二、可能用于化学恐怖活动的化学物质 ······························ 649

三、化学恐怖袭击方式 ·· 651

四、化学恐怖袭击的危害 ··· 652

五、化学恐怖袭击的处置 ··· 652

六、化学恐怖袭击的防范措施 ·· 654

第四节　核与辐射恐怖 ·· 655

一、核与辐射恐怖袭击使用的物质 ····································· 656

二、核与辐射恐怖袭击的方式 ·· 657

三、核与辐射恐怖的危害 ··· 659

四、核与辐射恐怖袭击的处置 ·· 661

五、核与辐射恐怖的防范措施 ·· 662

思考题 ·· 663

参考文献 ··· 664

第一篇　总　论

第一章

绪　论

第一节　公共卫生的定义与内涵

　　2003 年 SARS 危机之后，公共卫生成为公众的热门话题。长期以来，学术界对公共卫生的定义与内涵一直存在着不同的理解和认识。在不同时代、不同国家，人们对什么是公共卫生、公共卫生应该做什么、公共卫生应该怎样做、谁应该对公共卫生负责等观念，在认识上有很大的差异。

一、公共卫生的定义

　　国内外对公共卫生的具体定义存在较大差别，具有代表性的定义包括 Winslow 定义、Vickers 定义、IOM 定义以及中国的吴仪定义，分别代表了不同时代人们对公共卫生的不同理解和认识。

（一）Winslow 定义

　　1920 年，美国公共卫生领袖人物、耶鲁大学 Charles-Edward Amory Winslow 教授对公共卫生的经典定义为："The science and the art of preventing disease, prolonging life, and promoting physical health and efficiency through organized community efforts for the sanitation of the environment, the control of communicable infections, the education of the individual in principles of personal hygiene, the organization of medical and nursing services for the early diagnosis and preventive treatment of disease, and the development of the social machinery which will ensure to every individual in the community a standard of living adequate for the maintenance of health. "（通过有组织的社区行动，改善环境卫生条件，控制传染病的流行，教育每个人养成良好的卫生习惯，组织医护人员对疾病进行早期诊断和预防性治疗，健全社会体系以保证社区中的每个人都享有维持健康的足够生活水准，实现预防疾病、延长寿命、促进机体健康的科学和艺术。）

Winslow 定义界定了公共卫生的本质、范围和目的。公共卫生的本质是有组织的科学与实践；其范围包括公共卫生的早期目标（控制传染病和环境卫生），以及健康促进、初级卫生保健和社区卫生等工作。该定义明确指出了社会环境和健康的密切关系，强调了公共卫生的目的是保障每个公民都能享有健康长寿的人权，即预防疾病、促进健康、延长寿命。Winslow 定义实际上是对当时美国公共卫生实践经验的概括和总结，表达了公共卫生概念的内涵。1952 年，WHO 采纳了 Winslow 定义，成为全球公认的公共卫生的定义。对于公共卫生的内涵与外延，虽然随着时代的发展而需要重新界定，但经典的 Winslow 定义仍然具有现实意义。

（二）Vickers 定义

20 世纪 60 年代，英国实业家 Geoffrey Vickers（维寇）在担任英国医学研究委员会主席期间，从疾病、科学与社会价值观之间互动关系的角度，提出了公共卫生的"维寇定义"："The landmarks of political, economic and social history are the moments when some condition passed from the category of the given into the category of the intolerable. I believe that the history of public health might well be written as a record of successive re-definings of the unacceptable. "（政治、经济和社会发展史上的里程碑，都是从现实存在的某些状况转变成不能容忍的状况之后才发生的，因此，我相信公共卫生的历史同样也是不断地重新界定"不能接受的状况"而被载入史册。）即社会对各种健康问题在不同时空条件下做出的不同反应，取决于这些问题是否超越当时社会的容忍程度；当健康问题从社会"可容忍状态"转变为"不能接受的状态"时，社会就会采取集体行动，做出公共卫生反应。

"维寇定义"强调了科学和社会价值观之间微妙的、动态的关系。社会对各种健康问题做出的不同反应，取决于这些问题是否超越当时社会的容忍程度。例如，人们针对 SARS、禽流感所做出的不寻常的公共卫生反应，正是全世界认识到了忽视重大传染病的预防已经成为一种社会不能接受的状态，社会价值观的转变是全球防控 SARS、禽流感公共卫生行动的重要原因。

（三）IOM 定义

1988 年，美国医学研究所（Institute of Medicine，IOM）在 *The Future of Public Health*（《公共卫生的未来》）中，将公共卫生的使命概括为：在确保人群健康的情况下，实现社会利益（The mission of public health is the fulfillment of society's interest in assuring the conditions in which people can be health)。即公共卫生是履行社会责任,确保能够提供给居民维护健康的条件,这些条件包括生产环境、生活环境、生活行为方式和医疗卫生服务。

IOM 定义强调了各种影响健康的环境因素,明确了公共卫生领域的巨大范围,以及公共卫生与社会、经济、政治和医疗服务不可分割的关系。该定义的前提是确保每个成员的健康是整个社会的利益所在。保障"人人为健康,健康为人人"的主张,成为公共卫生的核心价值。此外,《公共卫生的未来》还界定了公共卫生的范围,确定了公共卫生的三个核心功能(core functions):评价(assessment)、政策制定(policy development)和保障(assurance)。

(四)吴仪定义

2003 年 7 月,吴仪(时任我国国务院副总理兼卫生部部长)在全国卫生工作会议上,代表我国政府对公共卫生作了明确的定义:"公共卫生就是组织社会共同努力,改善环境卫生条件,预防控制传染病和其他疾病流行,培养良好卫生习惯和文明生活方式,提供医疗服务,达到预防疾病、促进人民身体健康的目的。"这也是我国第一次对公共卫生作的权威定义。

吴仪定义认为,公共卫生建设需要政府、社会、团体和民众的广泛参与,共同努力。政府主要通过制定相关法律、法规和政策,促进公共卫生事业发展;对社会、民众和医疗卫生机构执行公共卫生法律法规实施监督检查,维护公共卫生秩序;组织社会各界和广大民众共同应对突发公共卫生事件和传染病流行;教育民众养成良好卫生习惯和健康文明的生活方式;培养高素质的公共卫生管理和技术人才,为促进公众健康服务。

吴仪定义是针对 SARS 危机后中国各界对公共卫生认识不清的情况下提出的。明确提出了公共卫生是整个社会全体成员预防疾病、促进身体健康的事业,强调了公共卫生建设是一项社会系统工程。吴仪定义首次提出了政府对公共卫生的有限责任概念,界定了政府在公共卫生方面的主要责任,并强调我国公共卫生建设的内容和重点,必须从我国将长期处于社会主义初级阶段的基本国情出发,从我国公共卫生面临的问题出发。吴仪定义对我国公共卫生体系建设和完善的影响作用不可低估。该定义的内涵与 Winslow 定义基本上是一致的,从根本上解决了我国公共卫生体系建设与国际接轨的问题。

此外,WHO 专家 Robert Beaglehole 综合了多种公共卫生的既有界定后,于 2003 年提出了新的定义:public health is the "collaborative actions to improve population-wide health and reduce health inequalities".(公共卫生是改善人群健康和减少健康不平等的联合行动。)

上述这些定义,尽管对公共卫生的界定还存在某种差异,但不同的定义都有一个共识:公共卫生关乎每个人的健康,但不可能依靠个体达到提高整个公共卫生水平的目的。

二、健康的概念

18 世纪以来,不少学者提出了健康就是没有疾病,疾病就是健康受损的观念。这种建立在疾病基础上的健康概念,只反映了健康的负向方面,是健康的消极定义。这种健康的观念既没有回答健康的实质,也没有阐明健康的特征,只是借助健康的对立面(疾病)来证明健康的表现。

（一）WHO 对健康的定义

1948 年,WHO 给健康下的定义是:健康是一种躯体、精神与社会和谐融合的完美状态,而不仅仅是没有疾病或身体不虚弱(A state of complete physical,mental,and social well-being,not merely the absence of disease or infirmity)。该定义认为,健康应包括三个层次:躯体健康、心理健康以及良好的社会适应能力。WHO 的健康定义虽然较为全面和合理,但忽视了人与自然界的关系,存在着目标高于实际、忽视人类群体健康指标等不足,缺乏可操作性。尽管如此,该健康定义仍然是目前最普遍被接受的概念。

1986 年,WHO 从个体与环境之间相互作用的角度又重新定义了健康的概念:健康不是生活的目标,而是生活的一种资源;健康是社会资源、个人资源和个人能力的积极体现(Health is a resource for everyday life,not the objective of living. Health is a positive concept emphasizing social and personal resources,as well as physical capabilities)。该定义将健康理解为:健康是人与环境的生态关系(ecological relationship)中的一部分,是个体与环境之间相互作用的结果。认为个体健康取决于生物学因素、个人卫生习惯、完善的医疗体系、安全的环境以及良好的生活条件。

此后,WHO 陆续地对健康的内涵做出了进一步的解释,主要关注躯体健康、心理与精神健康、社会适应健康和道德健康等方面,并系统提出了影响健康的主要因素,包括环境中的生物因素、物理因素、化学因素,社会、经济、文化等因素,以及生活习惯、卫生医疗条件、遗传因素等。

（二）中国传统医学对健康的理解

汉字中的"健"即肌体强壮有力(《晋书》),"康"即平安、安乐(《尚书》),"健康"包括了体健、心安和适应社会三个方面的内容。可见,我国古代思想家对健康的认识较为朴实和全面。

中医学重视人体的统一性,强调人与自然、社会的关系,提倡养生保健,预防为主。中医将健康的表现高度概括为"平人"。"阴阳匀平,以充其形,九候若一,命曰平人。"(《素问·调经论》)"形肉血气必相称也,是谓平人。"(《灵枢·终始》)意为阴阳平和,充盛形体,三部九候之脉一致,是健康的表现。"平人"就是中医学对于健康内涵的认识。在中医学的理论体系中,阴阳的概念涵盖着身体、营养、心理、环境(社会环境与自然环境)等多方面因素,"平人"应该是阴阳平衡、形神统一、天人统一、人与社会统一,是中医健康的要素。因此中国传统医学认为,健康是指阴阳平衡、气血脏腑和调、形神统一,人与自然、社会统一的平衡状态。"阴阳匀平"包含了 1948 年 WHO 的健康定义。

(三)亚健康

健康与疾病是人体生命过程中两种不同的质态,从健康到疾病是一个量变到质变的过程。在健康与疾病之间还存在着一个中间状态,目前称它为亚健康(或次健康状态或第三状态或亚疾病状态)。处于亚健康状态的人愈来愈多,几乎占人口的60%~70%。

健康是任何个体或社会发挥其功能的必要前提。当人们的健康状况良好时,能够参与各种类型的活动,但当生病、痛苦或受伤时,正常的日常生活就要受到限制。在被病痛困扰时,其他事情就变得次要或毫无意义了。

经营健康就是根据不同身体状态分别采取不同措施,对于身体的生命健康进行保健、维护、检测、预防、治疗、康复六维一体的综合科学系统工程,即"维体"意识。包括:①对于健康人的健康状态保持和功能强化;②维持身体各器官、系统的功能平衡,调整纠正失衡的状态;③通过测量机体的各项指标,发现亚健康和疾病前期状态;④对于导致疾病的因素,提前采取积极的预防和干预措施;⑤积极治疗,缓解疾病过程,防止疾病恶化和加剧;⑥疾病康复,减轻痛苦,回归社会正常生活和工作。

三、新公共卫生及其内涵

公共卫生是在人类为求生存而适应环境、与自然界中各种危害因素进行斗争的过程中发展起来的,其内涵是处于不断发展中的。在19世纪,传染病严重危害公众健康,通过改善基础卫生设施和采取生物医学措施,使传染病得到了有效控制。此时公共卫生的内涵,在很大程度上等同于环境卫生措施和传染病控制策略。随着社会经济的发展以及人们对健康认识的加深,公共卫生内涵也在发生着相应的变化。

(一)传统公共卫生与新公共卫生

随着社会的发展,人们逐渐认识到影响健康的因素除物质环境外,社会因素起着很大的作用。而要改变这些物质环境因素和社会因素,单凭卫生部门是难以实现的。20世纪60年代,首次提出了"新公共卫生"(The new public health)的概念。后来这一概念逐渐得到了发展和完善。

1. 新公共卫生的诞生

1986年11月21日,WHO在渥太华召开了世界第一届健康促进大会,发表了著名的《渥太华健康促进宪章》(Ottawa Charter for Health Promotion)。该宪章将"新公共卫生"定义为:在政府的领导下,在社会的水平上,保护民众远离疾病和促进公众健康的所有活动。健康的基本条件是和平、住房、教育、食品、收入、稳定的生态环境、可持续的资源、社会的公正与平等。根据该定义,公共卫生的核心内容是强调政府在公共卫生事业中的核心地位,同时更加重视社会科学对促进健康的作用。西方的公共卫生史常把《渥太华健康促进宪章》作为"新公共卫生"正式建立的标志。20年多来,在"渥太华宪章"的精神指引下,健康促进在实现"健康为人人"的战略目标和促进人群健康方面取得了长足的发展,已成为当代公共卫生的主要内容之一。

2005年8月,WHO在泰国曼谷召开第六届全球健康促进大会。大会的主题是:针对健康的决定因素,强调政策与伙伴关系。大会最后通过了世界瞩目的《健康促进曼谷宪章》。"曼谷宪章"又进一步指出,健康促进是公共卫生的核心功能,在控制传染病和非传染性疾病以及其他的健康威胁方面均发挥着重要的作用。因此,健康促进在改善健康和促进人类发展方面是一项有效的投资,并能减少健康和性别的不公平。

2. 传统公共卫生与新公共卫生的异同点

与传统的公共卫生相比,新公共卫生有许多新的内容,比传统公共卫生更广泛,包含了许多社会科学的内容。

传统的公共卫生主要是由卫生部门负责的三大任务:健康教育、疾病预防措施(如免疫接种、疾病筛查和治疗)以及卫生监督执法。新公共卫生在秉承传统公共卫生的基础上,更强调把改善物质和社会环境、个体预防和适宜的治疗结合起来,通过多部门的合作和社区的参与,在多种场所开展健康促进,从而实现公共卫生所肩负的使命。促进人群健康是新公共卫生的目标,部门合作和社区参与是新公共卫生的特色,最终目的是使公共卫生成为社会可持续发展的坚强后盾。

新公共卫生与传统公共卫生的差别在于,传统公共卫生注重的是学术性,仅由公共卫生系统人员参与;而新公共卫生则注重以工作实践为基础,政府制定主导性政策,并调动社会资源,如经费、人力、物力、信息等,开创多部门合作的局面,可以影响公众参与的态度,创建有利实施工作的环境。传统公共卫生与新公共卫生的差异见表1-1。

表1-1　传统公共卫生与新公共卫生的差异

项　目	传统公共卫生	新公共卫生
涉及的内容	为民众提供基础设施,如清洁的饮水、卫生的食物、住房、卫生设施等	同时强调给民众提供强有力的社会支持
关注的问题	威胁人类健康的传染病	同时关注慢性病、精神卫生等
干预的方式	重视教育人们改变生活方式以获得健康	强调社会对人们生活方式的决定作用,着重于创造可以引导健康生活方式的社会环境
聚焦的群体	重视改善穷人和有特殊需求的人群的健康状况	创造公平的社会环境,以促进健康
研究的方法	流行病学方法为主	多学科方法的集合
实施的主体	卫生专业人员	多部门合作

新公共卫生的研究方法已扩展到了多个学科,新公共卫生工作已不再局限在医疗卫生领域,而是覆盖了整个社会。公共卫生正在逐步进入"新公共卫生时代"。

(二)新公共卫生的内涵

新公共卫生的内涵可概括为疾病预防(prevention)、健康保护(protection)、健康促进(promotion)。

1. 疾病预防

强调的是对传染性疾病、慢性非传染性疾病以及伤害的预防与控制,也是传统预防医学的研究和工作领域。

2. 健康保护

在经典的环境卫生、职业卫生、营养与食品卫生、学校卫生、流行病学等以生物医学为基础的预防医学领域,均含有健康保护的元素。对个体生命全过程的健康保护是新公共卫生学的重要理念。个体从出生到死亡,在生命的不同阶段,均有不同的卫生问题与健康需求,因此要针对个体的不同生命阶段,采取不同的健康保护的措施。健康保护应包括所有针对人体健康的防护措施、卫生工程技术措施和公共卫生政策措施、公共卫生干预等。

3. 健康促进

《渥太华健康促进宪章》中对健康促进的表述为:健康促进以基本人权为基础,倡导在没有任何歧视的条件下享有最高可获得的健康标准是每个人的基本权利。

健康是社会发展的目标和核心。要创造一个更加健康的世界需要更加强有力的政治行动、广泛的参与和持续的倡导。健康促进在这些方面有着独特的优势,并且已被证明是有效的策略。它包括:基于人权和团结一致来倡导健康;针对健康的决定因素,着力于可持续性的政策、行动和基础框架的建设;在政策发展、领导能力、健康促进实践、知识传播和研究以及健康理解能力上进行能力建设;通过立法和制度建设来确保所有人的健康免受有害环境的损害以及享有平等的健康机会;与公共、私营和民间组织建立伙伴式的关系来开创一个可持续性行动的新局面。

健康促进已不再单纯地强调防病、治病,而是发掘那些促使人类健康的资源。例如,用说服教育的方法来改变个体的行为方式,其效果是很有限的,由于个人的行为方式受社会环境影响,因此要改变人们的行为方式,最重要的是改变促使人们做出行为方式改变的环境,即公共卫生要为人们更多地提供有益于健康的资源。

第二节　公共卫生的特征、功能与价值

一、公共卫生的特征

(一)公共卫生具有社会公正性

社会公正是公共卫生的基础和出发点。社会公正性决定了社会上的每个成员如何分享其应得的社会利益,如何承担其应担负的社会负担。分享的社会利益可以包括幸福、收入、社会地位等;承担的社会负担包括对个人行为的限制和向政府纳税等。社会公正性决定了在社会利益和社会负担分配时的公平性,包括市场公正和社会公正两种形式。市场公正认为,健康是个人的事,社会除了解决个人不能解决的健康问题之外,保护和促进健康完全是每个社会成员自己的事。而社会公正认为,诸多社会因素可以影响社会利益和社会负担的分配,如社会等级、遗传、种族等。要消除这些因素的影响需要集体行动,但集体行动通常又会增加社会负担。

按照社会公正性的原则,公共卫生应该为社会上所有的人提供公共卫生服务,保护和促进所有人的健康。当需要采取公共卫生集体行动来解决某些问题时,受疾病影响少的人群要承担较多的社会负担,获取较少的社会利益;但是,当必须采取的公共卫生集体行动不能得到落实时,重要的公共政策问题就不能解决,最终只会加大社会负担,影响整个人群。因此,公共卫生作为一种社会事业,必须遵循社会公正性的原则。

(二)公共卫生具有政治内涵

公共卫生的社会公正性理念,决定了公共卫生与政治有着千丝万缕的联系。当个人自由和公众健康之间产生冲突时,政治决定了政府会采取什么行动来化解和平衡这种冲突。公共卫生问题并非仅仅靠科学技术就能解决的,在很大程度上还取决于政治对价值和伦理道德的选择。政治决定了公共卫生如何应用科学技术既保障公众的健康,又保护公众的基本权利。

(三)公共卫生领域具有动态扩展的特点

公共卫生领域所关注的焦点会随着公共卫生问题的变化而相应地动态扩展。例如,20世纪 50 年代至 70 年代,我国公共卫生的主要问题是传染病,公共卫生的重点就是传染病的防治;而 20 世纪 80 年代之后,慢性病的防治成为公共卫生的重要议事日程;2003 年的"非

典"危机及其之后的禽流感流行,又一次改变了公共卫生领域的重点。

(四)公共卫生与政府具有密切关系

政府在公共卫生领域发挥着不可替代的作用。只有政府才能制定和执行公共卫生法规,才能保证社会必需的基本公共卫生服务,才能应对突发的公共卫生事件。政府通过制定与社会和环境有关的政策来影响公共卫生,并直接为公众提供公共卫生服务。

(五)公共卫生具有科学性

科学性使公共卫生有别于其他各种社会活动。例如,在艾滋病的防治中,公共卫生依靠流行病学阐明了艾滋病的基本特性,发现了艾滋病的传播规律;依靠基础医学,特别是病毒学和免疫学,确定了病原体,搞清了艾滋病的发病机制和病理变化,开发出了筛选血液病毒感染的方法,找到了抑制病毒的药物;依靠生物统计学,公共卫生设计了临床试验来检验新药和疫苗的效果;依靠行为科学,公共卫生正在试图说服人们避免各种传播病毒的危险行为等。

(六)预防第一是公共卫生的基本原则

"预防第一"是我国政府一贯坚持的公共卫生指导原则。预防的特点是在事件发生之前采取行动以减少其发生的可能性,或减少事件发生带来的危害。预防的价值是不言而喻的。例如,艾滋病还不能根治,要控制艾滋病,只有减少新艾滋病人的发生,因此艾滋病预防的重要性和价值是能够被人们接受的。但在多数情况下,预防的重要性和价值是不容易被人们接受的。以"非典"为例,在"非典"肆虐之后,许多人能够理解预防的价值;但是如果2003年1月发生在广东省的"非典"最初就被完全控制了,恐怕就没有几个人能够理解公共卫生的价值了。

公共卫生的多学科性决定了其预防范围的广泛性。例如,当没有一个公共卫生学科在疾病预防时起主导作用时,哪个学科应该发挥主要作用,其预防的效果和价值如何体现,这些都是很难被公众理解的。因此,公共卫生的成功是一些看不到的结果,其核心价值很难被公众甚至政府所理解。

(七)公共卫生具有多学科交叉性

要解决公共卫生问题,需要应用不同的学科知识、技术和方法来达到想要达到的目标。公共卫生专业人员来自医学、管理学、社会学、心理学、人类学、卫生工程学、法学、政治学、新闻传播学等诸多领域,其共同的目标就是要解决公共卫生问题。公共卫生人员的多学科性和学科交叉特点,有时令人怀疑公共卫生究竟是不是一个专业。从许多方面来看,把公共卫生看成一个事业的确比看成一个专业更合适。

二、公共卫生的功能

公共卫生的核心功能是评价(assessment)、政策制定(policy development)和保障(assurance),由此决定了公共卫生的基本服务功能。

(一)公共卫生评价

通过系统的调查、监测和评估,提供与公众健康相关的信息。公共卫生评价是指常规、系统地收集与公共卫生有关的信息,然后进行分类和分析,并将公共卫生信息随时提供给公众。这些信息包括关于社区卫生状况的统计数字、社区卫生需要、有关卫生问题的流行病学研究或其他调查信息等。由于任何单一的公共卫生机构都不可能具备足够的资源来单独承担和完成公共卫生信息收集和评价任务,因此有些内容必须由政府独立承担,而有些内容需要民间组织的配合。政府和非政府组织的合作是公共卫生具备评价功能的基本条件。

(二)公共卫生政策的制定

公共卫生评价为公共卫生政策的研究和制定提供了很好的基础。通过制定公共卫生政策,动员全民参与公共卫生。政策制定的核心功能包括:①公布公共卫生问题,使公众具备认识公共卫生问题的能力;②动员和建立社区联盟来认识和解决社区公共卫生问题;③制定政策和计划来支持个人和社区的公共卫生工作。

(三)公共卫生保障

在公共卫生评价和政策制定的基础上,通过公共卫生干预来保障人人享有健康。公共卫生保障通过以下过程确保公共卫生干预计划的实施:①执行卫生法规,保障公众健康安全;②通过各种方式为社区居民提供医疗保健服务;③确保公共卫生和医护队伍的质量和能力;④评价医疗服务和公共卫生服务的效果;⑤开展公共卫生研究,探索解决重大公共卫生问题的新思路和新方法。

三、公共卫生的价值

公共卫生不仅仅是社会进步的强大保障,其价值还体现在为每个公民的健康和长寿提供必要的条件。人人都将面对公共卫生的挑战,人人都能分享公共卫生的成绩,人人也或多或少地要受到公共卫生失败后果的影响。

公共卫生的巨大价值,早在欧美工业化的进程中就以无数生命的代价得到证明。18世纪欧美工业革命带来了城市化,城市化的一个特点就是人口密集。人口密集在公共卫生没有发展之前,其必然结果就是传染病的流行。

1853 年,英国 3 个城市死于霍乱的人就高达 10 675 人;1854 年,伦敦一条街附近曾经出现两周内死亡 500 多人的悲剧。在公共卫生事业产生之前,人们对此只能消极地躲避和无奈地接受。只有到公共卫生及其传染病控制、检疫、免疫接种、安全用水和污物处理等技术的出现,城市在历史上才首次成为比农村更健康的居住地,发达国家工业革命后的人口城市化才变成现实。

我国的城市化社会转型比 18 世纪的欧美工业化更需要公共卫生。例如,人口流动和城市人口密集、住房和交通拥挤、生活空间缩小、工作压力增加等都为传染病的流行提供了条件;药物滥用导致了许多耐药病原菌,变异的新病原体在新的条件下不断出现,新病种不断出现,不少已被基本征服的传染病又重新出现;经济全球化使国际国内人员交流频繁,发达的交通在短时间内就可将传染病带到世界上任何人口密集地,使传染病的快速流行成为现实。

2003 年的"非典"危机,从反面证明了公共卫生的价值。据分析,2003 年"非典"流行对经济的影响总额为 2 100亿元,造成的损失包括治疗的成本,政府、社会和个人预防的成本,疫情导致的经济活动量下降而造成的经济损失,疫情不稳定性造成交易成本上升,居民生活质量下降的成本,纠正偏离正常政治、经济、社会、学习及生活轨道的成本以及国家形象受损的成本等。

据报道,1900 年以来,美国人的平均寿命增加了 30 年。所增加的 30 年,有 25 年归功于公共卫生,有 5 年归功于医疗卫生服务。归功于公共卫生的 25 年主要是通过社会政策、社区努力、个人选择的预防活动(包括减少婴幼儿的传染病和成人的慢性病)来达到的。

中国人的平均寿命从 1949 年前的 35 岁上升到 2001 年的 71.8 岁,高于世界平均寿命(65 岁)和中等收入国家的平均寿命(69 岁)。同时,我国的婴儿死亡率也从 1949 年前的 200‰左右下降到 1954 年的 138.5‰、1981 年的 34.68‰、2000 年的 28.4‰,已经低于世界平均水平(44.0‰)和中等收入国家水平(30.0‰)。可见,公共卫生的价值在提高人均寿命、降低婴儿死亡率等方面是有目共睹的。

第三节　公共卫生的主要内容

传统公共卫生是在生物医学模式下,以传染病、地方病和职业病的防治作为工作重点,提供以疾病为中心的公共卫生服务。按照行政区划设置的公共卫生机构,执行同级卫生行政部门的指令,独立开展辖区内的公共卫生工作。随着公共卫生实践与认识的重大变化,公共卫生的内容也逐渐丰富和完善。

一、公共卫生体系建设

公共卫生体系建设是我国卫生改革与发展面临的重要问题。医疗卫生体制改革的重点之一应加强公共卫生体系的建设,保证绝大多数人的健康,提高疾病预防控制能力,让大多数人不得病、少得病、晚得病。按照WHO的相关定义,基本医疗服务应纳入公共卫生的范畴,因此公共卫生体系建设应覆盖到医疗机构。因为传染病疫情一旦发生,医疗机构就处在疾病预防控制的第一线。

在公共卫生体系的建设过程中,应以系统的观念统筹规划、平衡发展。应综合考虑卫生资源的投入与分配,以最大限度地发挥公共卫生体系的作用。在体系建设中,应着重考虑如何确定正确的目标规划、完善的基础设施、灵敏的信息系统、科学的决策指挥和有效的干预控制策略。

加强疾病预防控制能力建设是公共卫生体系建设的核心内容。所谓疾病预防控制能力,是指履行疾病预防控制、突发公共卫生事件处置、疫情报告和健康信息管理、健康危害因素干预和控制、检验评价、健康教育与健康促进、科研培训与技术指导等公共职责的能力。在公共卫生体系建设过程中,应完善机制、落实职责,加强能力建设,加大人才队伍建设的力度,以推动公共卫生工作不断发展。

当前,我国已在公共卫生体系建设方面取得了成功经验,使公共卫生水平得到了不断提高。我国已建立了比较全面的公共卫生体系,提供的公共卫生服务从中央辐射到省、市、县,并建立了县、乡、村"三级农村卫生网络"。我国将政府的承诺和意愿与专家技术结合起来,促进了公共卫生体系的发展,为其他国家提供了较好的范例。例如,2004年初正式启动的疫情及突发公共卫生事件的网络直报系统,覆盖包括乡镇卫生院在内的全国所有卫生医疗机构,是世界上最大的疾病监测系统。目前,全国93.5%的县以上医疗卫生机构和70.3%的乡镇卫生院均实现了疫情和突发公共卫生事件网络直报。通过不断建立和完善全国传染病疫情和突发公共卫生事件信息网络,我国已实现对传染病疫情、健康危害因素监测、死因监测等重要公共卫生数据的实时管理,传染病控制和应急反应能力明显提高。

公共卫生体系建设和完善是一个长期的庞大的系统工程,事关国民健康、国家安全大局,涉及每个人的健康、安全利益。公共卫生体系建设中的各种项目的设立和决策的正确与否,直接影响到公众的健康和安全。为保证公众公共卫生安全,建设和完善我国的公共卫生体系,需要大力提倡公共卫生体系建设的战略和战术研究。

循证公共卫生决策学的兴起为我国公共卫生体系的建设和完善准备了新型的科学工具,应该充分地利用新工具的优点,不断地学习和加强循证公共卫生决策的能力。高效、可靠、科学的公共卫生体系应来自于对科学技术、公众交流、公众健康需求和各种政治意愿的高度整合。

二、健康危险因素的识别与评价

能对人造成伤亡或对物造成突发性损害的因素,称为危险因素;能影响人的身体健康,导致疾病或对生物造成慢性损害的因素,称为有害因素。通常情况下,对两者并不加以区分而统称为健康危险因素。

健康危险因素包括物理性因素、化学性因素、生物性因素以及社会—心理—行为因素。如果能够早期识别到危险因素,并加强自我保健与防护,可以有效避免受到危险因素的侵害。采用筛检手段在"正常人群"中发现无症状患者是一种有效的预防策略,如果及时采取干预措施,阻断致病因素的作用,可以防止疾病的发生。由于人体有很强的自我修复功能,如果能及时发现和识别影响健康的危险因素,并及早采取适当的措施,阻止危险因素的作用,致病因素引起的疾病病程即可出现逆转,症状即可消失,并有可能恢复健康。当致病因素导致疾病发生后,要采取治疗措施并消除健康危险因素,改善症状和体征,防止或推迟伤残发生,减少劳动能力丧失。如果由于症状加剧,病程继续发展,导致生活和劳动能力丧失,此时的主要措施是康复治疗,提高其生命质量。

临床医学服务的起始点是在病人出现症状和体征后主动找医生诊治疾病,而健康危险因素评价是在症状、体征、疾病尚未出现时就重视危险因素的作用,通过评价危险因素对健康的影响,促使人们保持良好的生活环境、生产环境和行为生活方式,防止危险因素的出现。在危险因素出现的早期,可以测评危险因素的严重程度及其对人们健康可能造成的危害,预测疾病发生的概率,以及通过有效干预后可能增加的寿命。健康危险因素评价的重点对象是健康人群,开展的阶段越早,意义越大,因此它是一项推行积极的健康促进和健康教育的技术措施,也是一种预防与控制慢性非传染性疾病的有效手段。

三、疾病的预防与控制

疾病预防与控制是公共卫生的核心内容之一。我国疾病预防控制机构的主要职责包括:①为拟定与疾病预防控制和公共卫生相关的法律、法规、规章、政策、标准和疾病防治规划等提供科学依据,为卫生行政部门提供政策咨询;②拟定并实施国家、地方重大疾病预防控制和重点公共卫生服务工作计划和实施方案,并对实施情况进行质量检查和效果评价;③建立并利用公共卫生监测系统,对影响人群生活、学习、工作等生存环境质量及生命质量的危险因素进行营养食品、劳动、环境、放射、学校卫生等公共卫生学监测,对传染病、地方病、寄生虫病、慢性非传染性疾病、职业病、公害病、食源性疾病、学生常见病、老年卫生、精神卫生、口腔卫生、伤害、中毒等重大疾病发生、发展和分布的规律进行流行病学监测,并提出预防控制对策;④处理传染病疫情、突发公共卫生事件、重大疾病、中毒、救灾防病等公共卫生问题,配合并参与国际组织对重大国际突发公共卫生事件的调查处理;⑤参与开展疫苗研究,开展疫苗应用效果评价和免疫规划策略研究,并对免疫策略的实施进行技术指导与评价;⑥研究开发并推广先进的检测、检验方法,建立质量控制体系,促进公共卫生检验工作规范化,提供有关技术仲裁服务,开展健康相关产品的卫生质量检测、检验,安全性评价和危险性分析;⑦建立和完善疾病预防控制和公共卫生信息网络,负责疾病预防控制及相关信息搜集、分析和预测预报,为疾病预防控制决策提供科学依据;⑧实施重大疾病和公共卫生专题调查,为公共卫生战略的制定提供科学依据;⑨开展对影响社会经济发展和国民健康的重大疾病和公共卫生问题防治策略与措施的研究与评价,推广成熟的技术与方案;⑩组织并实施健康教育与健康促进项目,指导、参与和建立社区卫生服务示范项目,探讨社区卫生服务的工作机制,推广成熟的技术与经验。

此外,各级疾病预防控制机构还负责农村改水、改厕工作技术指导,研究农村事业发展中与饮用水卫生相关的问题,为有关部门做好饮用水开发利用和管理提供依据;组织和承担与疾病预防控制和公共卫生工作相关的科学研究,开发和推广先进技术;开展国际合作与技术交流,引进和推广先进技术等。

四、公共卫生政策与管理

公共卫生是一个社会问题,其实施涉及社会的方方面面,是单个机构无力承担,短期内难以获得回报却又关系到国家整体利益和长远利益的社会工程。从某种角度来说,公共卫生的实质是公共政策问题,要靠政府的政策支持和法律法规的保障。公共卫生政策是国家政策体系的一个重要组成部分,公共卫生政策的制定是一个复杂的过程,受众多因素的影响,包括意识形态、政治理念、传统价值观念、公众压力、行为惯性、专家意见、决策者的兴趣与经验等。

公共卫生管理的长效机制必须建立在法治的基础上。要建立公共卫生的法治机制,必须加强公共卫生的立法,并提高立法的质量。构建公共卫生管理机制,应建立职责明确、相互协调、有财政保障的公共卫生管理机构,建立完善的法制化的公共卫生管理制度,并建立起稳定的、持久的公共卫生管理长效机制。

五、突发公共卫生事件与公共卫生危机管理

突发公共卫生事件(公共卫生危机事件)是指突然发生,造成或者可能造成公众健康

严重损害的重大传染病、群体性不明原因疾病、重大中毒、放射性损伤、职业中毒,以及因自然灾害、事故灾难或社会安全事件引起的严重影响公众身心健康的事件。公共卫生危机事件大多表现为突发性事故危机,其特点表现为:①危机的不可预见性,危机产生的诱因难以预测,危机的发生、发展和造成的影响难以预测;②危机的多发性、多样性和复杂性;③危机的紧迫性,使得迟缓的危机管理可能导致严重后果;④危机的危害性,公共卫生危机已经突破了地区界限,某一国家或地区的危机处理不当,就有可能在短时间内发展为全球危机。

公共卫生危机管理主要是指政府、卫生职能部门和社会组织为了预防公共卫生危机的发生,减轻危机发生所造成的损害并尽早从危机中恢复过来,针对可能发生和已经发生的危机所采取的管理行为。主要包括危机风险评估、危机监测、危机预防、信息分析、危机反应管理和危机恢复等。公共卫生危机管理的基础工作应贯穿于危机管理全过程,主要包括危机管理的组织机构、社会支持和公共卫生人力资源等。

公共卫生危机管理应遵循公众利益至上、公开诚实和积极主动的原则。政府和相关职能部门必须把公众利益放在首位,所采取的一切行动和措施都必须优先保障公众利益。在危机出现的第一时间采取有效措施,及时公开危机的相关信息,否则会导致政府公信度降低,造成不应有的混乱。公共卫生危机一旦发生,就会成为公众舆论关注的焦点,地方政府和职能部门必须快速反应,积极沟通协调,主动寻求社会各界的理解和支持,积极控制和掌握发言权。

六、公共卫生安全与防控

公共卫生安全如同金融安全、信息安全一样,已成为国家安全的重要组成部分,需要引起足够的重视和关注。在全球化时代,既要重视传统安全因素,也要重视非传统安全因素。

非传统安全是相对于传统安全而言的,是一个泛化的概念,其内容涵盖政治安全、经济、文化、科技、生态环境、人类健康和社会发展等。非传统安全更加关注人类安全和社会可持续发展,是对非军事化安全的理解,即公众更加关注经济、社会、环境、健康等发展问题,甚至将其提高到与军事、政治问题同等的位置,从而使人们的安全观更加非国界化。2003年的SARS事件对我国政府和民众传统的安全观是一个严重的挑战,使公众充分认识到公共卫生安全对于维护国家安全、构建和谐社会的重要性。

在分享全球化带来的好处的同时,务必要防范全球化带来的更多的不确定因素和风险。例如,传染病跨国界传播的可能性大大增加,很多以前局限于特定地区的未知病毒或细菌以及已知的传染病可能随着人流、物流迅速传播到全球;随着食品等与健康相关的产品贸易日趋活跃,境外食品污染流入的可能性不断增加,食品的微生物、化学和放射性污染问题一旦在某一国家或地区出现,就可能在全球范围内长距离、大面积地迅速波及蔓延;全球化带来的国际产品结构调整,可能促使污染密集型产业向发展中国家转移,导致职业病危害从经济发达地区向经济发展较慢的地区转移;生物恐怖带来的威胁明显增大,生物技术的迅猛发展使制造强杀伤性生物武器的能力大为提高。因此,有效预防和控制各类突发性公共卫生事件,确保公共卫生安全,保护公众的健康是现代公共卫生工作的重要任务。全球化加剧了公共卫生安全的危险因素,迫使人们要更加重视非传统安全因素。加强公共卫生安全必须强化政府对公共卫生的领导责任,建立突发性公共卫生事件应急处理机制,加强公共卫生领域的国际合作。

公共卫生安全是非传统安全的重要组成部分,也是构建和谐社会的重要内容,应从国家安全的高度考虑公共卫生问题。在突发公共卫生事件、突发伤害事件、突发环境污染事件、突发灾害事件以及恐怖袭击事件的处置过程中,应积极防治各种潜在风险,还应积极构建能够迅速调动社会资源的应急处理系统,并通过加强法律、制度建设以及平战结合系统的建设,合理配置和使用应急储备物资和资源。

每年 4 月 7 日是世界卫生日。"世界卫生日"是从 1950 年开始的,其宗旨就是要动员国际社会和社会各界,共同为控制疾病、为人类的安全做出贡献。历届世界卫生日的主题,从 1950 年的"了解你周围的卫生机构"、1960 年的"消灭疟疾——向世界的宣战"、1963 年的"饥饿,大众的疾病"、1970 年的"为抢救生命,及时发现癌症"、1980 年的"要吸烟还是要健康,任君选择"、1990 年的"环境与健康"、2000 年的"血液安全从我做起"到 2007 年的"国际卫生安全",从中不难看出公共卫生的发展轨迹。根据"世界卫生日"主题的变化,可以发现一个非常明显的规律,就是从原来的注重单个局部性问题发展为关注全局性、影响面大的问题。

七、公共卫生伦理

伦理学是人类行动的社会规范,伦理学根据人类的经验确定某些规范或标准来判断某一行动是否应该做,应该如何做。"道德"与"伦理学"均为人类行动的社会规范。道德是一种社会文化现象,体现在教育、习俗、惯例、公约之中,传统道德依靠权威,无需论证,"道德"偏重于讲做人。而伦理学是道德哲学,必须依靠理性的论证,现代"伦理学"更强调做事。科学告诉我们能干什么,而伦理学则告诉我们该干什么。

公共卫生伦理是公共卫生机构和工作人员行动的规范,包括有关促进健康、预防疾病和伤害的政策、措施和办法等。在人群中所采取的促进健康、预防疾病和伤害行动,公共卫生伦理起指导作用,其行动规范体现在公共卫生伦理的原则之中。

公共卫生伦理的原则是评价公共卫生行动是否应该做的框架,可概括为四个方面:①公共卫生行动产生的结果要实现利益最大化,即公共卫生行动要使目标人群受益,避免、预防和消除公共卫生行动对目标人群的伤害,受益与伤害和其他代价相抵后盈余最大;②公正性原则,包括分配公正和程序公正,即受益和负担公平分配(即分配公正)和确保公众参与,包括受影响各方的参与(程序公正);③对于人的尊重,即尊重自主的选择和行动,保护隐私和保密,遵守诺言,信息透明和告知真相;④建立和维持信任,即公共卫生机构和工作人员与目标人群之间应建立信任关系,公共卫生行动应取信于民。

按照公共卫生伦理的原则,公共卫生行动也是对公众应尽的义务,但这些义务并不是绝对的,而是初始义务。所谓初始义务是指假设情况不变时必须履行的义务。也就是说,如果情况有变,就不履行初始义务。其理由是,为了要完成一项更重要的义务时,不可能同时履行此初始义务。在公共卫生工作中发生原则或义务冲突的情况下,就面临一个伦理难题。例如,在 SARS 防控期间,保护公众和个人健康与尊重个人自主性发生矛盾。对 SARS 患者、疑似患者以及接触者必须采取隔离的办法,这对保护公众以及他们的健康都是不可少的,这种情况下不能履行尊重个人自主性和个人自由的初始义务。但如果情况没有改变,而不去履行初始义务,就违反了伦理学的规范。

八、公共卫生领域的国际合作

在现代社会中,伴随着科技的发展、通信与交通工具的发达,"非典"、禽流感、艾滋病等在短时间内迅速蔓延,不仅严重危害着公众的生命安全,而且严重损害着疾病来源国的国际形象、经济发展与社会稳定,其影响已经远远超出了公共卫生领域,在国家安全问题上应受到高度的重视。经济上的国际合作为其他社会生活领域中的国际合作奠定了基础,国际合作是各国实现发展的迫切需要。

在面对全球性的公共卫生问题时,主权国家不可能去他国实施自己的政策,这样就促生了公共卫生领域的国际合作。在面对公共卫生领域内的全球问题上,只有国际合作才是正确的选择。例如,在"非典"期间,通过采取隔离措施,抑制了"非典"的迅速蔓延,但在由飞鸟带来的禽流感病毒的防治上,隔离却起不到任何作用。可见,隔离并不能解决全球性的公共卫生问题,唯有国际合作才能有效地解决全球性的公共卫生问题。

公共卫生领域的国际合作,涉及新国际卫生条例下的全球公共卫生监测系统、传染病的实验室研究与诊断和治疗、国际合作的公共卫生应急机制的建立、公共卫生安全、高级卫生行政人员和专业技术人员的培训、公共卫生管理国际培训项目等诸多领域。自 20 世纪末期以来,全球在非洲抗疟疾行动、艾滋病防治、禽流感全球行动以及中国—东盟自由贸易区公共卫生安全合作机制、东亚公共卫生合作机制、国际公共卫生实验室网络建设等方面的国际合作堪称典范。

第四节　我国公共卫生发展简史

一、我国古代的疾病预防与卫生保健(原始社会—1840年)

(一)疾病预防

1. 狂犬病的预防

秦汉时期,人们已经知道应用狂犬脑敷于被狂犬咬伤的伤口以预防狂犬病。东晋葛洪《肘后备急方》记载:"疗狂犬咬人方:乃杀所咬犬,取脑敷之,后不复发。"

2. 天花预防

清《痘疹定论》中记载了最早应用人痘的故事。宋真宗(998—1022年)时,宰相王旦的几个孩子均因天花而夭折,年老得子王素,恐再害天花,遂请四川峨眉山神医接种人痘。王素活到67岁未曾感染天花。

清康熙年间编撰的《医宗金鉴》详尽地记载了人痘接种法,从此,种痘预防天花在我国得到广泛推广。1688年"俄罗斯遣人至我国学痘医",其后又辗转到阿拉伯国家和欧美;17世纪,医学家戴曼公东渡日本,传播人痘接种术;18世纪中叶,痘医李仁川到长崎教授日本医师学习人痘接种;1752年《医宗金鉴》传入日本,促使人痘接种法在日本广泛传播。

3. 预防疾病及消除病害

在当时的环境下,巫与巫医活动猖獗,祈神驱祟成为一种特殊的保健活动形式和原始的防病方法。在古代,对于蚊与疟疾、蝇与霍乱、伤寒、痢疾等之间的关系有诸多记述,古人已经认识到了除害与预防传染病的关系。良好的民俗民风对于季节性疾病的预防起到了积极作用,如佳节洒扫庭堂、刷洗清洁、重阳登高等。

4. 传染病的预防与隔离

公元356年,为防止传染病流行扩散,朝廷曾明文规定:"朝臣家有时疾,染易三人以上者,身虽无疾,百日不得入宫。"此外,对麻风病等传染病进行收容、隔离和治疗。

5. 职业病的预防

早在公元11—12世纪,古人对汞中毒、矽肺和铅中毒的病因和发病症状等已经有了正确的认识。例如,为预防职业中毒,明代《天工开物》强调:"烧砒之人,经两载即改徙,否则须发尽落。"

(二)卫生保健

1. 个人卫生

东汉王充《论衡》记载:"沐者去首垢也,洗者去足垢,盥者去手垢也,浴者去身垢",可见人们已经有了盥洗沐浴的卫生习惯。大约在宋代以前,人们已用柳树枝,一端咬作刷状以擦齿剔缝,清除食渣,然后漱口。元朝忽思慧所撰《饮膳正要》记载:"凡清旦用盐刷牙,平日无齿疾",对漱口刷牙用盐以预防口齿疾病的作用给予肯定。

2. 饮水卫生

中华民族凿井而饮的历史约有四五千年之久,且对饮水卫生的要求也很严格。《风俗通》记载:"井者,法也,节也,言法制居人,令节其饮食,无穷竭也",而且古代井边设有持刀武士守卫。可以认为,古代卫井之法是我国古代最早的有关保护水源的"公共卫生法"。在选择井址、凿井、建井、鉴别井水优劣、掏井、改善水质等方面积累了丰富的经验。为解决城镇用水,我国古代已有用陶管引水入城的供水设施。

3. 食品卫生

我国古代有许多关于食品卫生的论述。如唐朝孙思邈强调:"若得肉,必鲜。似有气息,则不宜食,(食之)烂藏损气,切须慎之戒之。""勿食生菜、生米、陈臭物,勿饮浊酒。""一切禽兽自死无伤处者不可食。"古人为了保持肉类及其他食品的鲜美,早已经知道用冰冷藏食物。秦代已有专设凌人负责掌握凿冰、藏冰、用冰制度。强调厨房用储冰保存食品、饮料,这种冬季凿冰藏之冰窖、盛冰用以保存食品的方法一直延续至今。

4. 城市卫生设施

古人已知晓城市卫生管理是预防传染病的一项重要措施。如《周礼》记载:"隶仆掌五寝之扫除熏洒之事",是指设专人负责处理帝王的排泄物。据记载,宫中设有公共厕所,都市设有都厕,一般人家有厕所,多与畜圈建在一处。在污水处理方面,在商周时期就已经有烧制的圆筒形地下水管,其设计与今无异;秦阿房宫的五角形下水管,管径大,壁厚,十分坚固。

5. 养生与保健

养生保健是我国传统医学历来注重的一个领域,创造了导引、气功、按摩等许多方法和技术,并总结出了一套理论。远在原始社会,先民就提出了舞蹈祛病的见解,借舞蹈活动以舒筋活络,增强体质,防治寒湿痹证。而孙思邈的《千金要方》和《千金翼方》中已将静养功的气功与运动功的导引结合起来,将锻炼身体增强体质与防治老年病以求延年益寿结合起来。

二、半封建半殖民地时期的防疫工作(1840—1949年)

(一)传染病、寄生虫病与地方病的流行状况

1. 鼠疫

1910—1911年及1920—1921年,东北三省两次肺鼠疫流行。1910年死者达6万余人,1920年仅三个月的大流行中即死亡8万人。1917年,绥远(今蒙古一带)发现鼠疫并延及晋北一带,死亡16万余人。从19世纪末至解放初期,因鼠疫而死且有据可查的,至少在百万人以上。在日本侵华时期,还在我国设立细菌武器工厂,撒布过带有鼠疫疫蚤的稻米、棉花、纸片等,导致浙江(宁波、金华)、湖南(常德)、福建、江西等地出现过鼠疫病例。

2. 霍乱

1949年以前,霍乱在我国流行不下百次之多。最初仅限于沿海商埠,后沿长江及珠江流域上溯至各城市。1937年以后,沿水陆交通线传入华中、西南及西北各省。据不完全统计,1931—1949年,霍乱四次大流行,全国共发生患者40余万人,死亡达17万人。1946年,霍乱流行波及19个省,共发生病人54 197人,死亡15 460人。发病与战争时期大批军民移动、社会动荡、生活条件恶劣等有关。

3. 天花

自人痘及牛痘接种相继发明后,天花已成为可以预防的疾病。但在旧中国,由于未能普遍进行牛痘接种,天花流行仍然十分猖獗。据记载,1939年,天花患病人数为2 789人,其中死亡437人;1949年,患病15 832人,其中死亡2 989人。

4. 斑疹伤寒

据海关疫情记载,斑疹伤寒于1850年发生在上海。在历史上,该病常与战争、灾荒相伴随。1850—1934年,有过10余次较大的流行,其中多次是在水灾、饥荒年月发生的。如1879年和1901年在江西、1910年在重庆,斑疹伤寒于水灾后流行;1883年在宜昌、1897年在四川、1920年在西安,斑疹伤寒伴随饥荒流行。抗日战争时期,上海、四川、贵州、云南、甘肃与陕西等省均发生过本病流行。例如,1938—1942年,仅上海一地的发病人数即达4 000余人,病死率约为18%。

5. 伤寒、副伤寒

新中国成立前伤寒、副伤寒流行相当广泛,每年病例计475万人左右,按10%病死率计算,全国每年死于本病的约50万人。有的地区流行极为严重,据不完全统计,1938年上海市发病5 131人,发病率366.2/10万。

6. 结核病

旧中国每年死于结核病的人数100多万。

7. 寄生虫病

寄生虫病在我国分布广泛,其中危害最大的有血吸虫病、疟疾、丝虫病、钩虫病和黑热病,称为五大寄生虫病。

8. 地方病

我国地方病病种多,病区广,几乎处于无控制状态,很少采取防治措施,也没有可靠的统计数字。据解放初期东北地区的不完全统计,克山病在东北地区 54 个县流行,病人有 200 万;大骨节病分布在 39 个县,病人有 150 万;地方性甲状腺肿分布在 35 个县,病人约 250 万。河南、陕西、四川等地也有克山病、大骨节病和地方性甲状腺肿流行。

(二)检疫、防疫机构的建立

针对上述疾病的流行形势,当时的政府和社会团体,在克服由内忧外患带来的不利的条件下,无奈地采取了有限的防治措施,并建立了相应的疾病预防与公共卫生机构。

我国海港检疫始于 1870 年,是清政府最先建立的近代卫生组织。当时由于泰国及马来西亚等国霍乱流行,波及我国上海、厦门。帝国主义把持下的两地海关,先后制定了《海港卫生规则》,各口岸由海关派遣医师 17 人(仅黄宽 1 人为中国人),对进口船只进行检疫。

1894 年,鼠疫在香港和广东流行,各海关相继设立检疫机构。天津在大沽设海港检疫管理站,汉口也公布了《检疫章程》。1910—1911 年,东北地区爆发鼠疫,广东海关因而也制定《海港卫生规则》,我国北部的安东(今丹东)、烟台、牛庄(今营口附近)相继采取检疫措施。1924 年在檀香山举行的"泛太平洋食料保全会议"和 1927 年在香港召开的"中华医学会和博医会",均对我国海关检疫工作提出了更高的要求,引起朝野上下的重视。

1928 年,旧政府成立卫生部,经与国际联盟联合调查,于 1930 年 7 月在卫生部下设全国海港检疫处,并在上海设办事处,统辖全国各海港检疫工作。同时颁布《检疫条例》,通令全国各口岸分别施行。1931 年,先后接收厦门、汕头、牛庄、安东及汉口防疫处;1933 年,接收天津、塘沽、秦皇岛三个防疫处,一律改称检疫所,由海港检疫管理处直辖。至此,收回了全国各港埠的检疫权。

由我国自主设置的防疫机构始于 1910 年。是年,东北三省鼠疫流行,疫源起于俄国境内,沿东清铁路逐步蔓延,死亡达 6 万余人,危及关内京、津地区。清政府医官伍连德博士主持这次防疫,在山海关设检疫所,并联络各海港同时检疫。次年,疫情逐渐平息,在奉天(今沈阳)举行万国鼠疫研究会,有日、英、俄、德、法、奥、意、荷、印等 11 国医学专家参加。根据会议的建议,在哈尔滨建立了东北防疫处,并于哈尔滨、牛庄、安东等八处设防疫医院及检疫所。这次鼠疫的防治,取得了较好的成效,促进了我国卫生防疫事业的起步。1917 年,绥远发生鼠疫,延及山西,7 个月中死亡达 1.6 万余人。北洋政府内务部求助于列强控制的海关拨款进行预防。疫情平息后,即以剩余款项筹设中央防疫处,于 1919 年正式成立,隶属于内务部,但实际上为各国列强所共管。

1928年,国民政府卫生部接管了中央防疫处,以制造生物制品为主,由北京迁至南京。1933年,改隶全国经济委员会卫生实验处。抗日战争时期(1937年)迁往昆明。抗战胜利后,1946年复迁回北平原址。1937年,设汉(口)、宜(昌)、渝(重庆)检疫所,负责监控长江上游地区传染病的传播。1938年春,成立医疗防疫队,协助地方从事医疗防疫和救护工作;组织防疫大队,协同国际联盟派遣来华的防疫团,办理战区防疫工作。后又在云南的滇缅公路线上设流动检疫站,并在云南设检疫所。1939年起,在大后方各交通要道设卫生署防疫队和公路卫生站。每隔约百里设一站,最多时达70余站。在抗战时期,这些站还协助军医署成立防疟队,进行战区防疟工作。抗战胜利后,又恢复和增设了广州、汕头、海口、厦门、福州、青岛、津塘(沽)八个海港检疫所。

值得关注的是,在土地革命、抗日战争和解放战争时期,在卫生防病战线一直活跃着一支由中国共产党领导下的公共卫生队伍。他们在卫生工作处境十分困难的情况下,利用一切可能利用的条件,就地取材,采用中草药、土方土法等各种手段,积累了预防疾病的许多宝贵经验。各级卫生机构,除做好医疗工作外,大量的、重要的任务是组织开展群众性卫生运动,进行卫生防病工作。在卫生防病的过程中,尤其强调卫生防病的立法工作,如1932年,中华苏维埃共和国人民委员会发布第二号训令:"现在江西富田及闽西已发生传染病,对于工农群众的健康和生命有莫大的危害","临时中央政府特为此颁发一个暂行防疫条例,拟定许多防疫办法","各级政府要领导工农群众来推行这一条例,尤其是向广大群众宣传",动员工农群众进行"防疫的卫生运动",这是中华苏维埃共和国关于开展卫生运动的第一个法令性文件(《苏维埃区域防疫条例》)。1933年,为保障工农群众的健康,"责成内务部举行大规模的防疫运动",颁布《卫生运动纲要》、《暂定传染病预防条例》。卫生运动的重点是:要通光、要通气、要通水、要煮熟饮食、要除去污秽、要剿灭苍蝇、要隔离病人。随着历史进程的发展,预防为主的卫生工作原则逐步形成,并发展成为整个卫生工作的指导思想。

三、新中国成立后的公共卫生事业

(一)"预防为主"方针的确立

新中国成立之初,卫生工作面临的是疾病丛生、缺医少药的严重局面。科学文化落后,生活贫困,卫生状况极差。传染病、寄生虫病、地方病广泛流行,是危害人群健康与生命的主要疾病。鼠疫、霍乱、天花、血吸虫病、黑热病、疟疾、结核病、性病、麻风病、地方性甲状腺肿、克山病等在全国或局部地区肆虐。

1949年10月,军委卫生部召开了全国卫生行政会议,根据革命战争不同阶段曾提出的"对于疾病着重预防"、"预防在先"、"预防第一"等指导思想,确定了以预防为主的工作方针。

中央人民政府卫生部成立后(1949年11月1日),根据具有临时宪法作用的《中国人民政治协商会议共同纲领》第48条"推广卫生医药事业,并注意保护母亲、婴儿和儿童的健康"的规定,制定了《中央人民政府卫生部工作方针与任务草案》。该草案把防治各种传染病的流行,杜绝地方病、社会病、职业病的蔓延,借以解除人民生命和健康的威胁,作为当前首要任务。

1950年8月,中央人民政府卫生部和军委卫生部联合召开了第一届全国卫生会议。会议确定了新中国卫生工作的方针是:面向工农兵,预防为主,团结中西医。

(二)公共卫生事业持续发展的17年

1949年10月上旬,原察哈尔省北部的康保和内蒙古正白旗发生了人间鼠疫,接着张家口地区也发现病人。为了迅速控制疫情,周恩来总理于10月27日晚召开会议,组成中央防疫委员会,组建防疫总队,于11月中旬即控制了疫情。

1950年,福建省16个县发生鼠疫,政务院指示省主席、军区司令员及卫生机关负责人成立防治委员会,并发动群众,使疫情得到了有效控制。

1952年1月,美军在朝鲜和我国东北等地发动细菌战。3月14日政务院成立了以周恩来为主任委员的中央防疫委员会,在城乡开展以消灭传染病媒介物为主要内容的防疫卫生运动。中共中央将该运动定名为"爱国卫生运动"。通过该运动,不仅粉碎了细菌战,也使不卫生的状况有了较大改善,传染病的发病率大大降低。1952年12月21日,中央政府决定把爱国卫生运动作为卫生工作的重要组成部分。

从1953年开始,全国各省、自治区、直辖市、地区、县逐步建立了卫生防疫站,它是预防疾病、开展经常性卫生监督、实施传染病管理的卫生防病的专业机构。1955年3月,卫生部召开第二届全国卫生工作会议。确定了继续开展爱国卫生运动,提高各级卫生防疫机构工作质量,积极开展卫生监督等基本任务,并要求加强急性传染病的防治,加强寄生虫病,首先是血吸虫病的防治工作,以及厂矿的职业病、多发病的防治工作。

1955年7月,卫生部报请国务院批准,发布了《传染病管理办法》,这是我国卫生防疫工作的第一个法定性文件。1955年秋,医学院校在院系调整后,加强了6所高校的卫生系建设,卫校也开办公共卫生医士专业,卫生防疫机构也举办专科培训班,培养了大批卫生防疫专业人员。从方针政策的制定,到卫生防疫机构的建立、卫生防疫人员的培养、爱国卫生运动的开展、卫生防疫的科学研究等方面,为我国的卫生防疫事业打下了初步基础。

1955年冬,根据毛泽东的提议,成立了中共中央防治血吸虫病领导小组,把消灭血吸虫病列入党的议事日程。到1965年底,全国22个省、自治区、直辖市及所属地、市、县(旗)已建立了2 499个卫生防疫站;铁路系统、较大的厂矿也建立了卫生防疫站。各级医疗机构都把预防疾病作为重要任务之一。卫生科研机构也相继成立,如流行病研究所,寄生虫病研究所,劳动卫生、环境卫生、食品卫生研究所,工业卫生实验所等。

我国从事公共卫生专业的专家和工作人员深入现场,防治、科研和教学相结合,在环境卫生、食品卫生、学校卫生和放射卫生方面做了大量工作,取得了很大成绩,积累了丰富的经验。新中国成立后的 17 年,防治烈性传染病成绩突出:天花被消灭,霍乱未再发生,鼠疫基本消灭,其他传染病、寄生虫病、地方病有的被控制或缩小了流行地区,有的大大降低了发病率。同时积累了大批专业技术人员和卫生防病工作经验。

(三)"文革"时期的卫生防疫工作

刚刚稳定并有所发展的卫生防疫机构遭受到严重摧残,卫生防疫站被当作修正主义的产物遭到批判,17 年的成绩被彻底否定。许多卫生防疫站和专业防治机构被取消或被合并,卫生技术人员被下放或改行,一些管理制度被废除。卫生防疫工作一度停顿,曾被控制的传染病又有流行:①1966 年底到 1967 年初,由于红卫兵大串联,人群大量流动,致使流行性脑脊髓膜炎传播机会增多,1967 年春达到了有记载以来的最高峰,发病累计达 300 万人,发病率为 403/10 万,病死率为 5.49%;②疟疾防治工作中断,致使 1970 年出现爆发流行,发病人数达 2 198 人;③霍乱、副霍乱等肠道传染病重新出现。

1972 年,国务院发出《健全卫生防疫工作的通知》,一些被撤销的防疫和防治机构开始恢复或重建,但已经远远不如"文革"前。农村的"两管五改"得以发展,其中"两管"是指管理粪便、垃圾和饮用水源,"五改"是指改良厕所、畜圈、水井、环境和炉灶。"把医疗卫生工作的重点放到农村去",农村的赤脚医生队伍和基层卫生组织发展很快,合作医疗普遍开展起来。

(四)"文革"后的卫生防疫工作

1978 年 4 月,中共中央决定恢复爱国卫生运动的组织机构,使几度停顿的爱国卫生运动又重新恢复,卫生防疫站也得到迅速恢复和发展。1978 年 9 月,卫生部发布《中华人民共和国急性传染病管理条例》;1979 年 10 月颁布《全国卫生防疫站工作条例》,12 月召开全国卫生防疫工作会议。

各种专业防治机构也有所发展,如地方病防治机构、血吸虫病防治所、职业病防治机构、结核病防治机构、麻风病防治机构、国境卫生检疫机构等。1982 年卫生部成立直属的预防医学中心,1985 年改为中国预防医学中心,2002 年 1 月改为中国疾病预防控制中心。

1949 年以来,我国主要参照前苏联模式,建立计划经济体制和以公费医疗、劳保医疗为主体的"国家化"医药卫生制度和卫生组织体系,制定面向工农兵、预防为主、团结中西医、卫生工作与群众运动相结合的基本方针政策,这在当时的社会环境下发挥了不可磨灭的作用。由于医药卫生组织系统所有制结构单一,卫生行业高就业和低工资的大锅饭制度,特别是医药卫生机构合理补偿机制不完善,医疗机构管理水平和医疗卫生服务社会化程度较低,使卫生资源浪费严重,医疗费用急剧上升,公共卫生设施建设步伐缓慢,卫生不平等现象严重。改革开放以来,国家主要针对职工医疗费用浪费问题实行一系列局部性改革,但是并未从根本上触及医药卫生体制中深层次和结构性问题,卫生事业的发展埋藏着巨大隐患。

计划经济时期,我国农村建立了以赤脚医生、合作医疗、爱国卫生运动为支柱的基层卫生保健体系和县乡村三级卫生服务网,使广大农村居民享受到全面、有效的卫生保健服务。改革开放以后,建立在集体经济上的卫生保健体系瓦解和医疗卫生领域的市场化倾向使农村公共卫生事业出现滞后与缺位。这种局面势必会影响到农村经济社会的和谐发展。

四、我国预防医学与公共卫生专业教育的历史

预防医学专业,原称卫生专业、公共卫生专业。1949 年以前,我国少数综合大学的医学院曾设公共卫生学系,招收了少量公共卫生专业学生。但因受到历史条件的限制,预防医学教育发展缓慢,未能形成独立的专业教育。新中国成立后,预防医学专业教育经历了曲折的发展过程。

(一)预防医学与公共卫生专业教育的创建时期(1949—1955 年)

20 世纪 50 年代初,有 10 所高等医学院校开办了公共卫生学系,当时主要是学习苏联公共卫生专业教育的经验和模式。

1955 年秋,全国医学院校进行了院系调整,按全国六个大行政区划分,将卫生专业调整为 6 个:北京医学院(现北京大学医学院,面向全国)、哈尔滨医科大学(面向东北地区)、山西医学院(现山西医科大学,面向华北、西北地区)、上海第一医学院(现复旦大学医学院,面向华东地区)、武汉医学院(原中南同济医学院,现华中科技大学同济医学院,面向中南地区)、四川医学院(现四川大学华西医学中心,面向西南地区)。当年,卫生专业的学制由 4 年制改为 5 年制。

(二)预防医学与公共卫生专业教育的稳步发展时期(1956—1966 年)

1956 年,制订了全国高等院校通用公共卫生专业教学计划,编制了教学大纲和卫生专业急需课程的试用教科书、参考书,建立了实习基地,实行课堂教学与现场实习相结合,密切了教学与社会的联系。从 1958 年到 1962 年,又先后在 17 个省、市的医学院校中建立了卫生系。1962 年夏,17 处卫生系又都先后下马,仍保留原 6 个卫生系。

(三)预防医学与公共卫生专业教育的挫折时期(1966—1976 年)

卫生系被迫停办。20 世纪 70 年代初期,部分医学院校恢复了卫生专业的招生工作,也培养了一些卫生专业人才,但学制较短(3 年)。

(四)预防医学与公共卫生教育的恢复和再发展时期(1977 年—   )

为发展预防医学与公共卫生教育,有的医学院积极开办新卫生系,或设置预防医学新的

专业,如卫生检验专业(华西医科大学、吉林医学院)、工业卫生系(白求恩医科大学)、环境医学系(同济医科大学、白求恩医科大学)、妇幼卫生专业(北京医科大学、齐齐哈尔医学院)、放射卫生专业(白求恩医科大学、苏州医学院)、营养与食品卫生专业(哈尔滨医科大学、白求恩医科大学)等。

1985 年 4 月,哈尔滨医科大学在原卫生系的基础上,组建了公共卫生学院。随后,北京医学院、上海第一医学院、四川医学院、武汉医学院也先后组建了公共卫生学院。至此,设置卫生专业的医学院校由原来的 6 个,增加到除西藏自治区以外几乎所有的省、市、自治区。本科招生人数不断扩大,硕士研究生招生得到恢复,博士研究生教育也有了突飞猛进的发展,许多老校已经获得公共卫生与预防医学一级学科博士学位授予权,几乎所有医药院校均开设了预防医学专业,预防医学专业呈现了前所未有的发展规模。

我国的预防医学与公共卫生专业教育受 20 世纪 50 年代苏联模式的影响很深。我国预防医学与公共卫生专业人员和专业教育的现状均存在明显不足,表现在:(1)基层预防医学工作者面临知识老化而很难跟上医学发展趋势的严重问题;(2)预防医学专业教育与实际工作中的疾病预防控制以及卫生监督管理工作严重脱节,事实存在着"教的不用,用的不教"的尴尬局面;(3)脱离社会需要,盲目跟踪所谓的高精尖研究领域,使预防医学专业的科学研究工作与时代的需要严重脱节,阻碍了作为应用学科的预防医学与公共卫生学科在预防与控制疾病方面的作用。为此,深入探讨和实践预防医学与公共卫生专业教育和模式,是摆在所有医学院校面前的严峻课题。

2003 年的"非典"疫情,使多年来存在于我国公共卫生体系和预防医学与公共卫生学科的诸多弊端暴露无遗,同时,也为预防医学与公共卫生学的重新振兴提供了历史性的机遇。预防医学与公共卫生事业开始受到全社会的关注,预防医学与公共卫生学专业也重新开始受到重视,正在由冷趋热。

第五节　公共卫生的未来

公共卫生事业是通过有组织的社会行动,营造健康的社区环境,预防疾病、促进和保障公众身体和精神健康的事业。它针对整个人群确定公共卫生问题和需优先解决的问题,设计并实施公共卫生干预措施,营造保障公众健康的社会条件。公共卫生的目标是使人们健康地生活,职责是预防疾病的发生和传播,保护环境免受破坏,预防意外伤害,促进和鼓励健康行为,对灾难做出应急反应并帮助社会从灾难中恢复,以及保证卫生服务的有效性和可及性等。

公共卫生未来的发展是个战略问题,把握公共卫生未来的发展,首先要解决公共卫生的发展方向和定位问题。

一、政府将在公共卫生事业中扮演越来越重要的角色

(一)公共卫生成为政府主管公共事务的重要职能

将公共卫生确定为政府主管公共事务的重要职能,在国际上已经成为共识。公共卫生属于公共产品,不具竞争性和排他性,应由政府投资、政府主办、政府监督,并将公共卫生纳入国民经济的发展规划。

(二)公共卫生体系建设成为各级政府的重要议事日程

我国正在建设具有中国特色的公共卫生体系,对公共卫生的职能和定位已逐渐明晰。在公共卫生体系的建设中,需要确认公共卫生的基本职能;确认公共卫生体系中国家及各级机构的作用及责任;加强立法,以法律的形式确定国家及各级机构的基本职能、作用和责任;建立适当的组织系统,以履行基本职能;确认适当的资金水平,保证各级机构有效运转;建立良好素质的公共卫生队伍;建立支持公共卫生的评估和监测信息系统;建立专门的技术通道,用以支撑战略规划的制定;建立责任追究机制,加快实行以行政首长为重点的行政问责和绩效管理制度。

(三)公共卫生的基本职能被纳入政府管理公共事务的重要内容

公共卫生的基本职能,如疾病监测、健康教育、人群健康状况评价、公共卫生政策研究与制定、公共卫生法律监督执行等,都属于公共产品的范畴,与政府的核心功能是一致的。

二、科技的发展将促进公共卫生进步

(一)应对公共卫生危机的技术能力将得到加强

现代生物技术的快速发展,如基因组学技术、蛋白质组学技术、生物信息技术、干细胞组织工程技术、转基因技术以及克隆技术等,将推动医药卫生成为 21 世纪最重要的产业之一。现代生物技术成果将引起医药工业的重大变革,将影响和改变人们的生产和生活方式,其成果将在未来的公共卫生危机中发挥越来越大的作用。

(二)公共卫生监测网络和预警体系将日臻完善

目前,法定传染病和突发公共卫生事件的监测网络与预警体系已经取得可喜的成就,但针对慢性非传染性疾病等其他公共卫生问题的监测网络还很不成熟。随着新一代公共卫生

监测网络的布局和实施,建立起智能化的公共卫生监测网络体系,收集、积累、分析、反馈有关区域公共卫生动态变化的信息,结合全球卫星定位系统、遥感技术、地球信息系统和实时监控技术,实现对区域人群的健康状况、环境因子变化的时空监测,使公共卫生监测网络和预警体系在公共卫生工作、科研、管理等领域得到广泛的应用。

(三)公共卫生服务模式的优化将惠及每个人的健康利益

公众将分享科技进步带来的健康利益,拥有健康长寿的人生将成为人人都可能实现的目标。随着公共卫生服务体系的建立和优化,针对个体的保健服务将如雨后春笋,人们将享受到诸如健康管理、心理咨询、基因治疗、营养保健、养生策略等特色健康服务。人文关怀将渗透到公共卫生的各个领域,慢性非传染性疾病患者、不良行为的群体、高危险人群将得到公共卫生服务体系的特别关注,一个文明的公共卫生服务时代即将到来。

(四)健康理念的转化将带来健康社会化和社会健康化的转变

人们对健康的认识正在发生着深刻的变化,超越无生理疾病与个人卫生界限的大卫生观念和新型公共卫生的政策框架正在形成。消极被动、治病救人和大灾大疫后应急性补救的卫生模式,正在让位于积极主动、预防为主的模式。

健康观念的更新和卫生服务模式的转变,将导致:①由关注基本生活需要转为关注健康需要;②由关注生理性机能失调转为生物—心理—社会健康模式;③由关注个人卫生转向关注社会卫生;④由关注个人的身体健康转为关注个人生活质量;⑤由关注日常生活环境转为更加关注社会环境、社会结构与社会关系的质量;⑥由关注国家结构质量转为关注整个社会系统(包括国家、市场、社区、家庭生活和个人)的结构质量。健康社会化,其实质就是使生活健康化和拥有全面的健康观念,并实现以健康个人向健康社会的转变。

社会健康化,主要体现在社会政策与社会福利制度、卫生政策和医疗卫生服务体系之中。健康理念将由传统治病救人的卫生服务领域,扩大、转变、渗透到宏观的社会生活管理与制度建设方面。卫生政策目标也将发生根本性的转变:①由疾病治疗转为健康促进;②由医疗照顾转为疾病预防;③由医生为主的服务转变为多样化的满足健康需要的卫生服务;④由为患者服务转为对全体公民的健康保护;⑤由健康照顾发展为社会照顾;⑥由分隔的健康、教育、福利服务到系统整合的一体化公众服务,使健康服务成为社会服务最重要的部分。健康理念和卫生服务机制将渗透到社会生活的所有领域,其核心问题是确保社会协调发展和提高社会健康水平。社会健康化,其实质是将疾病诊断和疾病防治的原理应用于现代社会生活,追求健康的社会。健康社会的精髓就是社会的质量,就是社会协调发展状况和社会现代化的程度。

卫生政策和医疗服务将逐渐地发生结构性变革,以生物医学模式为主导的个人卫生时代将终结,而以生物—心理—社会医学模式为代表的社会卫生时代即将来临。人们对疾病成因、损伤程度、康复途径和健康现象的科学认识和价值观念也将发生彻底转变。

三、社区卫生与农村卫生工作将得到大的发展

2006年2月,国务院印发《关于发展城市社区卫生服务的指导意见》,明确了发展城市社区卫生服务的指导思想、基本原则、工作目标,提出十二方面的政策措施。同时,成立了国务院城市社区卫生工作领导小组,指导全国的社区卫生服务工作。卫生部、中央编办、国家发展改革委、人事部、财政部、劳动保障部、国家中医药管理局等部门牵头制定了社区卫生服务配套文件:《国务院关于发展城市社区卫生服务的指导意见》(国发[2006]10号)、《关于印发〈城市社区卫生服务机构管理办法(试行)〉的通知》(卫妇社发[2006]239号)、《关于印发城市社区卫生服务中心、站基本标准的通知》(卫医发[2006]240号)、《关于城市社区卫生服务补助政策的意见》(财社[2006]61号)、《关于加强城市社区卫生服务机构医疗服务和药品价格管理意见的通知》(发改价格[2006]1305号)、《关于加强城市社区卫生人才队伍建设的指导意见》(国人部发[2006]69号)、《关于促进医疗保险参保人员充分利用社区卫生服务的指导意见》(劳社部发[2006]23号)、《关于在城市社区卫生服务中充分发挥中医药作用的意见》(国中医药发[2006]36号)、《关于印发公立医院支援社区卫生服务工作意见的通知》(卫医发[2006]36号)、《关于印发城市社区卫生服务机构设置和编制标准指导意见的通知》(中央编办发[2006]96号)等。国家已经把发展城市社区服务作为深化医疗服务体系改革的突破口,解决公众看病难、看病贵的问题。

我国农村医疗卫生事业落后,不能完全满足农民群众的基本需求,已经成为制约我国经济社会发展的突出问题之一。各级政府已经把加快农村卫生事业发展提到重要日程,作为建设社会主义新农村的重要任务,并通过制定并实施农村卫生服务体系建设与发展规划,逐步改善农村卫生服务条件,增强服务能力,提高农民健康水平。根据《中共中央、国务院关于进一步加强农村卫生工作的决定》、《中共中央、国务院关于推进社会主义新农村建设的若干意见》精神和国务院的部署,在总结我国农村卫生服务体系建设和发展经验的基础上,卫生部、国家中医药管理局、国家发展和改革委员会、财政部于2006年联合制定的《农村卫生服务体系建设与发展规划》已经在全国实施。按照发展规划,从2005年到2009年,以中央投入为主,地方相应配套,共安排资金216.84亿元,建设和改造中西部及东部贫困地区约2.2万所乡(镇)卫生院、1 300所县医院、400所县中医(民族医)医院和950所县妇幼保健机构,从整体上改善农村卫生服务水平和能力。按照规划,到2010年,我国将初步建立起基础设施比较齐全的农村卫生服务网络、具有一定专业素质的农村卫生服务队伍、运转有效的农村卫生管理体制,使农民人人享有初级卫生保健服务。

在卫生部制定的《2008年卫生工作要点》中,提出要明确医药卫生体制改革的重点:建立比较完善的城乡公共卫生服务体系、农村三级医疗卫生服务体系和以社区卫生服务为基

础的新型城市医疗卫生服务体系;大力发展农村卫生服务,建立健全以县级医院为龙头、乡镇卫生院为骨干、村卫生室为基础的农村三级医疗卫生服务网络。可以预见,我国的社区卫生与农村卫生工作将得到大的发展。

四、公共卫生人才建设为公共卫生事业的可持续发展提供保障

公共卫生事业的发展,关乎公众的健康和社会的可持续发展,而公共卫生事业的发展依靠具备专业技能和良好职业素质的公共卫生人才。公共卫生人力资源危机已经对许多国家(包括我国)防治疾病和促进健康的能力造成负面影响。高素质公共卫生人员的缺乏,将成为制约公共卫生事业发展的现实因素。

随着社会的发展和人类健康意识的不断提高,21世纪的公共卫生有了新的定位和新的发展方向,对公共卫生人才培养也提出了新的要求。进一步改进公共卫生人才培养模式,适应时代发展的需要,加强公共卫生人才的培养与队伍建设,将为公共卫生事业的可持续发展提供有力保障。

五、公共卫生建设将对构建和谐社会起到重要作用

中国共产党第十六届中央委员会第六次全体会议(2006年10月11日)通过的《中共中央关于构建社会主义和谐社会若干重大问题的决定》中指出:加强医疗卫生服务,提高人民健康水平;坚持公共医疗卫生的公益性质,深化医疗卫生体制改革,强化政府责任,严格监督管理,建设覆盖城乡居民的基本卫生保健制度,为群众提供安全、有效、方便、价廉的公共卫生和基本医疗服务;加强公共卫生体系建设,开展爱国卫生运动,发展妇幼卫生事业,加强医学研究,提高重大疾病预防控制能力和医疗救治能力;健全医疗卫生服务体系,重点加强农村三级卫生服务网络和以社区卫生服务为基础的新型城市卫生服务体系建设,落实经费保障措施;加强食品、药品、餐饮卫生监管,保障人民群众健康安全。可见,公共卫生建设已经被提到构建和谐社会的高度。

公共卫生要履行社会责任,以确保提供给公众维护健康的资源和条件,包括生产环境、生活环境、生活行为方式和医疗卫生服务。公众健康是构建和谐社会的一项重要指标,也是必备的条件之一,而公共卫生是保障公众健康的最重要的因素之一。公共卫生建设是构建社会主义和谐社会的基础,是保障公民健康、维护社会稳定和国家安全的重要保证,它在构建社会主义和谐社会过程中发挥着不可替代的作用。

(一)保障全民享有卫生保健是构建社会主义和谐社会的最基本要求

健康、高素质的劳动人口是社会生产力的重要资源,而公共卫生建设又是解放生产力、

发展生产力的重要保障。健康权是基本人权,保障全民享有卫生保健是构建社会主义和谐社会、实现社会公平的最基本要求。作为公共卫生建设的重要内容之一,公共卫生体系建设不仅为构建社会主义和谐社会提供重要的卫生环境保障,同时也是保障社会稳定和谐的重要内容之一。

(二)健康人群和高效生产力才能保障社会经济健康发展

在人类社会中,保障社会经济发展的前提条件就是使影响人口集聚和生产效率的因素发挥正面效应。公共卫生建设决定着人口集聚规模,影响着生产效率。如果公共卫生建设匮乏,可导致健康人口增长受阻,继而引发社会经济发展停滞。例如,在艾滋病流行最为严重的国家,艾滋病可使国民经济增长率每年减少 1%,艾滋病患者消耗的医疗费用可占国家卫生预算的 50% 以上。因此,只有加强公共卫生建设,使其在保障经济发展中发挥正面效应,构建社会主义和谐社会才能拥有健康人群和高效生产力。

(三)公共卫生建设是社会主义和谐社会长期性、连续性的重要保障

在所有医疗卫生干预手段中,以疾病预防控制为核心的公共卫生服务是成本效益最好的。例如,1988 年确立消灭脊髓灰质炎的目标后,我国每年投入 2 500 万元,连续开展常规免疫接种和强化免疫,至 1994 年起我国再未发现本土野病毒引起的病例;2000 年通过WHO 论证,确认我国实现了无脊髓灰质炎的目标。这是低成本投入取得巨大社会经济效益的典型范例。可见,合理选择公共卫生工作重点,能够使有限的卫生资源投入获得尽可能多的产出。公共卫生建设能节约更多的成本和资源,更好地为构建社会主义和谐社会服务,是社会主义和谐社会长期性、连续性的重要保障。

(四)健康教育与健康促进等公共卫生干预可以营造和谐社会的氛围

通过健康教育与健康促进,可以引导和教育人们用积极、健康的心态面对工作、生活中的各种压力和健康问题,正确对待环境、社会、人群,消除心理疾患,减少自杀等行为的发生,从而以更积极的心态参与构建社会主义和谐社会。

六、公共卫生将面临新的威胁和挑战

现代生物技术的快速发展和成果的应用,将不可避免地带来新的公共卫生问题,如公共卫生伦理问题、疾病负担问题等。如何应对这些新的课题,将使公共卫生的研究领域进一步扩大。

(一)公共卫生危机将日益严峻

在全球化的背景下,以及在传统安全因素并未改善的情况下,环境污染、传染病、生物恐

怖等以公共卫生危机为代表的非传统安全因素的形势日益严峻,公共卫生事件将表现为频发且难以预测。如何应对这些公共卫生危机,政府将面临严峻的考验。

(二)公共卫生问题将呈多样化的趋势

持续恶化的地球生态环境,将导致未来公共卫生问题的多样化,给公共卫生带来巨大的外源压力。例如,全球气候变暖带来一系列生态危机问题。在未来相当长的时间内,生态环境恢复缓慢,同时发展中国家生态破坏越加严重,公共卫生事件将更加频繁发生。

(三)公共卫生将面临诸多困境

全球化导致的全球贫富差距未能得到有效改善,致使全球社会经济发展不平衡,全球公共卫生也面临新的困境。例如,不同人群之间的冲突将加剧,恐怖袭击、毒品交易等成为潜在的公共卫生危机;由于财富分布不均衡,公共卫生服务的投入与产出也会不平衡,公共卫生服务的不公平性将明显存在并且在短期内难以改观。

(四)公共卫生事业将面临新的挑战

疾病负担将给政府和社会带来巨大的压力。例如,我国在未来相当长的时间内仍将面临双重疾病负担(传染病和慢性疾病);人口老龄化带来的一系列公共卫生问题;精神卫生问题以及相关疾病所造成的疾病负担上升;职业病的防治形势严峻;庞大的乙肝患者和结核病患者造成的医疗成本上扬等,造成我国的疾病经济负担逐年增加。1993年,我国的疾病负担为 3 208 亿元,占 GDP 的 9.3%;2003年,疾病负担达到 1.2 万亿元,占 GDP 的 10.3%。疾病负担的增速大于 GDP 的增速,预计未来的情况更不容乐观。

【思考题】

1. 对于公共卫生,为什么会有不同的理解?
2. 关于公共卫生的定义,Winslow 定义与吴仪定义有哪些异同?
3. 美国医学研究所对公共卫生的核心功能是如何界定的?
4. 根据人们对健康的不同理解,你认为究竟什么样的状况才是健康?
5. 传统公共卫生与新公共卫生有何区别?
6. 新公共卫生的内涵是什么?
7. 如何认识健康促进在公共卫生中的核心作用?
8. 公共卫生的主要内容应该包括哪些内容? 其未来的发展趋势如何?
9. 政府在公共卫生工作中应该扮演何种角色? 为什么?

(范 春)

第二章

公共卫生体系建设

公共卫生体系(body system of public health)是指在以维护和促进大众健康为根本目标的公共卫生活动所涉及的相关法律、政策、机构组织和具体措施等要素的系统集合,是在一定的权限范围内提供必要的公共卫生服务的公共、民营、志愿组织的总体。它常常被描述为具有不同作用、关系和相互作用的网络,为公众健康提供服务的各种组织机构。公共卫生体系的组织与部门较多,如各级政府公共卫生机构、公共安全组织、健康促进组织、娱乐文艺组织及社区慈善、志愿者组织等,而政府公共卫生机构与卫生保健提供者将是公共卫生的主体。

公共卫生体系是否完善直接关系到一个国家、地区的健康的水平、卫生安全和社会稳定。一个健全的公共卫生体系应该确保人们生活、工作的环境健康,满足人们的健康需求,提高身体和精神的健康水平,能积极预防疾病、伤害和残疾,能够及时控制和排除各种突发事件。公共卫生体系建设不仅仅是卫生领域的问题,它涉及社会的方方面面,包括相关法律和制度的建设、组织机构的建设、公共卫生设施的建设。此外,还要强调建立多部门的合作关系,建立负责系统和协调系统,建立公共卫生内部交流的网络系统等。

公共卫生体系应具备下列基本的服务功能:①积极地监测人群中的健康状态,评估人群的健康水平,阐明主要的疾病负担;②调查并诊断影响人群健康的主要问题及其危害,及时采取干预和控制措施;③向广大社区群众提供健康咨询服务,经常宣传、普及卫生保健知识,动员社区居民支持与配合;④根据地区特点,制订符合当地实际情况的公共卫生政策和相应计划;⑤通过立法确立公共卫生事业在社会、经济发展中的重要地位,不断规范公共卫生的行为;⑥加强人才队伍建设,保证一支胜任的公共卫生队伍,向广大社区群众提供优质的卫生服务;⑦不断对卫生服务的效果及质量进行评价;⑧根据社会形势的发展而调整体系的内部结构,以适应变化了的形势。

第一节 公共卫生体系的构成要素

一、公共卫生的政策法律体系

公共卫生事业必须纳入法律轨道。国家应制定符合我国国情的有关公共卫生事业的法律法规,应明确公共卫生事业在我国社会、经济发展中的地位与作用,明确政府在公共卫生事业中的职能和工作重点,明确社会团体、不同社会阶层在公共卫生事业中的职能和义务,明确居民在公共卫生中的责任和义务,明确疾病预防控制的主体机构及其相应的网络系统,明确各级医疗机构在公共卫生事业中的责任和义务,要规定应对突发事件的指挥、协调、控制、医疗救治和财政支持的法律法规。在法律的框架下,不同国家或地区根据本国的具体情况,制定相应的公共卫生政策,以支持和完善执法环境,强化卫生执法监督,不断改善执法条件和手段。公共卫生事业是一个国家社会生活中十分重要的领域,关系到国民的生命健康、身体素质和社会稳定。从某种角度讲,是一切社会事业的基础。

卫生政策(health policy)是国家总政策的组成部分,因为国家的各项政策、战略规划和行动计划是一个有机的整体,不能截然分开。卫生事业发展已不仅是卫生部门的职责,而是与社会经济发展的各个部门密切关联的。卫生事业发展促进社会和经济的发展,同时卫生事业发展又依赖社会和经济的发展,所以卫生政策是整个国家政策体系中的一个重要组成部分。在我国,卫生政策涉及的范围比较广,主要包括卫生工作的基本方针、卫生事业的发展战略,医疗机构的所有制结构、管理模式、运行机制,卫生监督、监测和医疗保健制度等。

自改革开放以来,我国建立了一系列的法律法规和相应的条例,我国的公共卫生事业正在逐步朝着法制化的轨道发展。先后颁布了《中华人民共和国传染病防治法》、《中华人民共和国职业病防治法》、《中华人民共和国食品卫生法》、《中华人民共和国环境保护法》、《转基因食品卫生管理办法》、《消毒管理办法》、《食品添加剂卫生管理办法》、《突发事件应急管理条例》等诸多法律法规。

二、疾病预防控制体系

(一)疾病监测网络和信息网络体系

疾病监测网络和信息网络是疾病预防控制体系的主要组成部分。为了有效地预防和控制疾病,必须及时了解和掌握疾病发生、发展的动态,掌握疾病发展、传播的特点和规律,以便制定可行的预防与控制策略和措施。因此,健全的疾病监测网络和畅通的疫情、突发事件的信息传输网络至关重要。我国已建立比较完善的从乡、县、地(市)、省的传染病疫情报告网络。关于慢性非传染性疾病,已在部分省(自治区)设立了疾病监测点,实行慢性病发病和死亡的报告制度。随着公共卫生事业的发展,在现有疾病监测网的基础上,将不断扩大疾病监测的范围,最终实现全民疾病监测制度,建立完善的慢性非传染性疾病的报告、登记和统计制度。此外,还应进一步加强信息网络建设,建立健全国家、省、市、县、乡、村/城市社区的信息网络系统,在全国形成统一、高效、快速、准确的疾病、疫情和突发事件的报告系统。

(二)疾病预防控制的组织机构

各国负责疾病预防控制的组织机构不尽相同。例如,美国的国家疾病控制中心负责全国的疾病预防控制工作,各州及各城市的卫生局负责当地的疾病预防控制工作。我国的各级疾病预防控制中心是负责疾病预防控制工作的主要机构,各级医院、妇幼保健和其他防保单位是承担相应疾病预防控制工作的责任单位。各级疾病预防控制中心负责属地内的传染病、地方病及慢性非传染性疾病的预防控制工作。由于我国各地社会、经济发展的不平衡,疾病预防控制工作的范围也不尽相同。在一些发达地区,已经将慢性非传染性疾病纳入了疾病预防控制的范畴,在中心的内部设置了慢性非传染性疾病预防控制科。全国大部分省(自治区)的各级疾病预防控制中心的主要工作仍然是传染病的预防与控制。

三、突发公共卫生事件应急体系

从世界范围内应对各种突发事件的实际来看,一个国家,包括发达国家与发展中国家,必须将应对各种突发事件作为一项十分紧迫的国策,建立一套完善的突发事件应急体系是落实这一国策的关键。

(一)国家建立专门的领导、组织、指挥、协调机构

该机构应该是一个权威机构,而不只是名誉机构。这个组织的领导成员应该包括政治、外交、军事、卫生、医疗、检疫、公安、安全、交通、通信、物资、传媒等有关的部门和单位,平时和战时有权力、有能力调动国家及军队应对突发公共卫生事件。

(二)国家制订突发事件应急处理的短期、中期和长期的计划

制定应付各种突发事件的预案、方案,将应对突发事件列为国家的财政预算。这种短期、中期、长期的发展规划应该是连续性的和一贯性的。2003年在我国突发的"非典"疫情就是我国较长时期忽视突发事件应急体系建设的沉痛例子和教训,使国家蒙受了巨大的经济损失。

(三)组建一支快速的应对突发事件的队伍

这支队伍以现有的疾病预防控制中心为基础,结合其他相关部门,组成本地区应对突发事件的快速反应队伍。这支队伍的日常活动、培训等经费必须纳入当地的财政预算。这支队伍应装备最先进的仪器、器械,不但有固定的实验室和监测仪,而且有机动的检测车,以便采取迅速的应对措施,防止突发事件进一步扩散。

(四)建设应对突发事件的公共卫生、医疗救助体系

有关公共卫生机构应具备对突发事件进行现场流行病学调查的能力,能相对准确地确定突发事件的性质、地区范围及重要目标。突发事件一旦发生,公共卫生机构要及时确定病人临床表现、受威胁人群的范围、传染病的传播途径、病原体感染途径以及各种化学品进入机体的途径;能尽快地划定污染区和感染区,并对其实施有效的封锁;有能力对传染病爆发流行进行及时的调查、检测和鉴定,尽快确定流行的传染病及病原体的种类;要及时向社会或有关部门发出报告;医疗机构要有足够的能力对突发事件的受害者进行紧急的救治。一旦发生传染病爆发,按传染病以及烈性传染病的防控要求,对感染者进行快速、及时的救治,以及对病人实施有效的隔离;有能力对感染区和可能的二次感染区进行消毒、灭菌及杀灭生物媒介;能尽快地检疫,给易感者及时接种疫苗,或提前服用有关药物,严格控制传染范围等。

(五)有足够的应对突发事件的物质储备

一个国家或地区要应对各种突发事件,必须储备足够批量的疫苗、药物、救治所需的器械等,来保证应对传染病、化学品中毒等事件的爆发。

(六)建立完整快捷的报告、监测系统

及时准确地掌握突发事件的信息及动态,是预防与控制突发事件的关键环节。国家应逐步建立和完善突发事件的报告及监测系统。

(七)加强生物实验室的安全管理

应加强生物实验室的安全管理,严防病原体由实验室泄漏传播。随着现代生物技术的飞速发展,人类已有可能利用基因技术对某些病原生物进行遗传改造,使其毒力增强或在其强致病性的基础上增加各种耐药基因,使之更加难于救治。因此,应加强对病原体研究工作的监督管理,严禁从事有关合成(新病原体)、改造病原体(使病原体毒力增强)的研究工作。

四、公共卫生监督体系

卫生法律、法规的有效实施,必须有一个健全的卫生执法体系。我国建立了从中央到地方的卫生监督机构,构成了基本的卫生监督体系,这一体系是实施卫生监督的组织保证。我国实行的是国家卫生监督制度。国家卫生监督是国家相关法律法规及制度的实施和执行过程,是政府的卫生行政机关(或法定机构)运用行政管理和相关技术手段,依法对辖区内的公民、法人及其他组织的卫生状况进行检测、检查、督促、指导和控制,对违法行为进行行政处

罚的一种行政执法行动。

(一)公共卫生监督机构及其工作内容

由于社会制度、法律体系、文化背景以及社会经济发展水平不同,各国的卫生监督机构的设置也不尽相同。改革开放以前,我国的卫生监督执法工作主要由各级卫生行政主管部门及各级卫生防疫站完成。改革开放以后,随着我国社会经济的发展,我国的卫生监督机构的设置发生了变化,法律、法规不断完善,监督工作的内容和范围也不断扩大。我国现行的卫生监督机构主要是各级卫生行政部门及其领导的卫生监督所及其他卫生机构,它们代表国家,在以下各领域,行使监督的职权:

1. 监督、管理传染病的预防控制工作

依照《传染病防治法》,对个人、法人以及组织机构进行传染病预防控制的监督、管理、检查、指导及其违法处罚等。

2. 监督、管理职业病的预防控制工作

依照《职业病防治法》,对企业、企业法人及企业员工进行职业病预防控制的监督、管理、检查、指导及违法处罚等。

3. 监督、管理地方病的预防控制工作

依照《地方病防治法》,对个人、法人以及组织机构进行地方病预防控制的监督、管理、检查、指导及违法处罚等。

4. 监督、管理食品卫生工作

依照《食品卫生法》,对个人、法人以及组织机构进行食品卫生的监督、管理、检查、指导及违法处罚等。

(二)公共卫生监督的工作原则

1. 遵循法律的原则

公共卫生监督的所有行为必须遵循现有的法律,其工作内容及执法行为不能与国家的现行法律相冲突,必须在法律的框架内实施卫生学调查、检查和监督。

2. 公正的原则

执法过程要公正,对所有被监督对象,不管其社会、经济地位高低,要一视同仁,体现法律面前人人平等。在执法的过程中,既要维护法律的尊严,也要保护被检查者的权利,不能损害被监督对象的尊严和利益。

3. 公开的原则

公共卫生监督的目的是维护社会的稳定和公众的健康安全,这一过程也必须在社会的监督之下。执法过程必须遵守公开的原则,只有公开才能做到公正。没有公开,社会各界就不能对卫生监督工作做出准确的评价,进行有效的监督。因此,公开化是保证卫生监督活动得以正常进行的关键所在。

4. 遵循顺序原则

卫生监督程序的顺序原则就是指卫生监督程序的各个阶段表现为一定的法律顺序。公共卫生监督程序一般都可以分为几个阶段或步骤,并且每个阶段都有着特有的工作任务。后一阶段的工作一般都以前一阶段的为前提,没有前一段的工作,后一阶段的工作就没有基础,没有依据。例如,卫生行政处罚的一般程序依次为:立案、调查取证、告知处罚理由、审核与决定、执行和结案。不经过调查取证就无法进行审核与决定,有了证据才能进行审核和决定,做出决定才能执行。

5. 效率原则

公共卫生监督必须讲究效率,只有及时发现问题,及时解决问题,才能发挥卫生监督的应有作用。从卫生监督的程序上说,它要求使卫生监督活动迅速、及时、规范和高效率。

6. 行为有据原则

任何监督行为不能超出法律规定的幅度和范围,行政手续必须合法。公共卫生监督机构及其人员在实施监督过程中的调查取证等行为,必须符合法律的规定,有关的监督决议、处罚等,必须在事实的基础上依据法律做出。

五、医疗救治体系

医疗救治体系主要是针对突发事件所设立的一系列网络系统,是现代公共卫生体系的重要组成部分。一个有效的医疗救治体系,应通过对医疗急救资源的科学规划和配置,建立急救的组织网络系统,并有效地组织、指挥和调度急救力量,对危急重病人和受伤者进行医疗救治,最大限度地降低伤残、死亡及残疾的发生率,并提高治愈率和生存率,保障受灾人民群众的身心健康。在公共卫生体系的建设中,医疗救治体系的建设至关重要。建立完善的医疗救治网络系统、一支合格的专业救治队伍,配备先进的医疗救治设备是医疗救治体系建设的关键。一旦发生突发公共卫生事件,能够迅速组织,开赴现场,及时开展救治活动。医疗救治体系应包括指挥调动系统、自救互助系统、通信联络系统、医疗监护系统、医疗救治系统和信息处理系统等。

(一)指挥调动系统

我国的急救工作实行的是由急救中心(120指挥中心)负责指挥调度,以若干医院的急诊科为区域中心,分片负责急救的模式。急救中心一般以组织、指挥、调度、控制和管理日常急救工作为主,具体急救工作由指定的各个医院承担。其流程为:急救中心接到呼救后,立即通知区域内承担急救任务的医院,医院立即派急救人员和急救车辆赶赴现场抢救,并监护运送病人到医院继续抢救和治疗。

(二)自救互助系统

由伤病员及其家庭成员及邻近社区居民参与实施的现场急救。这需要相关单位或组织对全社会进行急救知识与一般急救技能的普及和培训,使尽可能多的社区居民都掌握一定的急救知识和技能。同时,还要在工矿企业、学校、民航、车站、旅游景区等人群密集场所,针对单位员工、警察等人员进行培训。

(三)通信联络系统

高效的医疗急救必须依靠专门的、先进灵敏的通信设施和设备来实现指挥、协调、联络功能,使医疗救治的各个环节连成一体。它包括有线通信系统、无线通信系统和卫星通信系统等。

(四)医疗监护系统

现代急救系统不仅包括现场急救,还包括伤病员的运送问题。运送工具由各种救护车辆、船舰和飞机等构成,它们不仅仅作为运输之用,还必须成为途中的急救场所。较为完善的医疗监护系统、运输系统应备有不同的出于待命状态的医疗监护运输车辆,如转运型急救车、监护型急救车以及各种专科监护急救车。

(五)医疗救治系统

危重伤病员在现场急救、中途监护、院内救治等过程中,随时需要具备专业技术的医护人员救治,利用各种专门急救设备、药品等抢救生命。这是一种不间断的救治系统。

(六)信息处理系统

收集现场急救、中途监护、院内救治等过程中的相关信息,并进行分析处理,及时向有关部门传递有关的急救信息。

六、基本卫生服务体系

(一)卫生服务组织和卫生服务

1. 卫生服务组织

以保障居民健康为主要目标,直接或间接向居民提供预防服务、医疗服务、保健服务、健康教育和健康促进服务的组织。在我国,卫生服务组织主要包括医疗服务提供组织、预防服务提供组织、妇幼卫生提供组织、基层卫生服务组织等。

2. 卫生服务

卫生服务是指卫生服务组织为了一定的目的,使用卫生资源向居民提供预防服务、医疗服务、保健服务、健康教育和健康促进服务的过程。

(二)医疗服务提供组织

医疗服务提供组织,包括各级各类的医院和基层卫生组织,包括乡镇、街道卫生院和各种诊所。按照地域,可以把各类医疗机构分为城乡两类。我国城乡的医疗服务提供组织具有各自的特点。在 2000 年城镇医疗体制改革后,城市原有的三级医疗服务机构转变为两级:城市医疗中心和社区卫生服务中心。城市医疗中心即原有的市级综合性医院,承担着教学、科研和医疗任务,负责急诊、急救、疑难病症的诊治;社区卫生服务中心由原有的街道一级的医院转变而来,主要提供给社区内居民的基本医疗服务。农村依然保留原有的县、乡、村三级医疗卫生网,县医院是全县的医疗服务中心;乡镇医院负责本乡镇的医疗、预防和妇幼卫生综合服务等。

(三)预防服务提供组织

预防服务提供组织,是指政府设立的实施疾病预防控制与公共卫生技术管理和服务的公益性组织。我国现有的预防服务提供组织主要是指中央和地方各级疾病预防控制中心、卫生防病中心、预防保健中心、卫生防疫站、专业防治站(所)、食品卫生检验所等。疾病预防控制机构按行政区划设立,每个行政区域设立一个,设置到县。

中央一级的预防服务提供组织是中国疾病预防控制中心(China center for disease prevention and control),归卫生部领导。主要职能是围绕国家疾病预防控制的重点任务,加强对疾病预防控制策略与措施的研究,做好各类疾病预防控制工作规划的组织实施;开展食品安全、职业安全、健康相关产品安全、放射卫生、环境卫生、妇女儿童保健等各项公共卫生业务管理工作,开展应用性科学研究,加强对全国疾病预防控制和公共卫生服务的技术指导、培训和质量控制,在防病、应急、公共卫生信息能力的建设等方面发挥国家队的作用。

省级及以下的疾病预防控制中心接受当地卫生行政部门的领导。主要职责是针对本省及当地的疾病预防工作进行规划,具体落实相应的防控措施。向属地的居民提供预防服务,包括对传染病、慢性非传染性疾病的发生、分布及其影响因素进行监测和调查,总结疾病分布的特点和规律,提出预防控制对策与措施。对爆发的疫情进行调查处理,开展传染病病原学鉴定,建立检测质量控制体系,开展应用性研究和卫生评价。组织实施免疫、消毒、控制病媒生物的危害,普及传染病防治知识,负责本地区疫情和突发公共卫生事件监测、报告,开展流行病学调查和常见病原微生物检测等。

(四)妇幼卫生服务提供组织

妇幼卫生服务提供组织是指妇幼保健院(所)、妇产医院、儿童医院、综合医院中的妇产科和儿科。妇幼保健院是本地区妇幼卫生服务提供的技术指导机构,是本地区妇幼保健、优生优育、生殖健康的技术指导中心。

(五)卫生保健制度

卫生保健制度是一个国家卫生事业宏观管理体制的反映,不同政治制度、经济水平、文化背景的国家,其卫生保健制度不同,对卫生保健制度的提法也不尽相同,如医疗保健制度、医疗保险制度、健康保健制度、健康保险制度、疾病保险制度等。尽管名称各异,但都是对国家卫生保健制度的宏观称谓。一般认为卫生保健制度是指一个国家或地区为解决居民防病治病问题而筹集、分配和使用卫生保健费用所采取的一系列综合性措施。一个国家实行什么样的保健制度,受到诸多因素的影响,包括社会政治制度、经济水平、宗教信仰、文化传统、风俗习惯、历史条件、卫生服务的组织及现状等。卫生保健制度是不断发展变化的,是一个不断修正、完善的过程。

卫生保健制度基本模式大体有以下几种:

1. 自费医疗模式

即病人自己出钱看病,购买医疗服务。在自费制度下,病人与医生之间纯属商品交换的关系,卫生保健服务也属盈利性质的。目前,世界上没有一个国家的卫生保健制度是单一的自费医疗模式,自费医疗占主导地位的国家为数也不多,但这种制度几乎在每个国家都不同程度地存在。在自费医疗制度下,贫困群体由于支付不起医疗费用,往往难以获得基本的医疗服务,而富有阶层则可以得到现代化的、高质量的医疗服务。

2. 国家税收模式

即政府通过国家税收的方式来筹集卫生费用,是一种公共筹资的方式。对全体公民,无论其职业、社会地位、经济水平、健康状况如何,均一律提供卫生服务。其优点是卫生服务的覆盖面广,贫困人群和弱势群体可获得基本的医疗服务。目前采用这一卫生保健制度的国家有英国、澳大利亚、加拿大、俄罗斯、新西兰、瑞典、丹麦、挪威、芬兰、葡萄牙、冰岛、爱尔兰等。

3. 社会保险模式

社会保险模式的资金筹集方式是将社会与个人利益相结合而建立的医疗模式。该模式通过法律的手段,强制要求企业的雇主和雇员向保险基金缴纳薪金税,以办理医疗保险。在组织管理上,由保险基金管理部门与医院进行协商,要求医院按一定的规定向参保者提供医疗保健服务。失业人员、退休人员以及其他非就业人员也可以通过社会保险基金获得医疗保障,不同的是其保险费来自政府部门的有关基金,如国家失业保险基金、养老基金等。在这一医疗模式下,医疗保健机构多数是私立的,因此政府有责任对其服务价格和服务质量进行一定的调控和规范。大多数发达国家采用的是社会医疗保险模式,如德国、法国、意大利、西班牙、日本、巴西、阿根廷、奥地利、比利时、卢森堡等。

4. 商业医疗保险模式

商业医疗保险模式是通过商业性自愿医疗保险方式来筹集卫生服务费用的。来自企业及其他机构的雇主和雇员的医疗保险服务基金占商业医疗保险基金的大部分,且一般情况下是雇主提供全部或大部分的医疗保险费。与社会医疗保险模式不同的是,雇主与雇员之间的参与保险的规定不是强制性的。一般情况下,小型企业的雇主不大愿意为其雇员提供医疗保险金,因为保险金成本相对较高,对这些没有由雇主提供医疗保险基金的雇员,则可在商业医疗保险市场上自己投保。对于一些收入水平相对较低的雇员来说,商业医疗保险的费用可能相对较高,使得他们无力参加保险而无法得到医疗保健服务。商业医疗保险模式的代表国家是美国和瑞士。

5. 其他模式

在卫生保健制度的其他模式中,以新加坡的"保健储蓄"医疗保险模式最具影响。新加坡的"保健储蓄"面向全体公民,根据年龄来划分卫生费用的提取率,并以银行储蓄的方式进行管理。

(张永红)

第二节　我国的公共卫生体系

一、我国公共卫生体系的发展概况

自中华人民共和国成立至改革开放的初期,我国逐渐建立起了具有中国特色、适应当时历史条件的公共卫生体系。由于我国实行的是社会主义计划经济,因此,当时公共卫生体系建设主要服从于国家的社会发展计划,公共卫生体系及其公共卫生事业也是在高度的计划下进行规划和运行,基本贯彻预防为主、防治结合的方针。从中央至地方的各级卫生行政主管部门、卫生防疫站以及各级医院、社区(乡镇)卫生院、村卫生所构成了公共卫生体系主体结构。在疾病的预防控制方面,各级卫生防疫站负责属地的传染病的预防控制工作,建立并不断完善了传染病的报告网络。在基本医疗服务方面,城镇居民普遍实行公费医疗制度,农村则逐渐建立了合作医疗制度,城镇居民基本可享受到当时条件下的基本医疗服务。除此之外,从中央到地方各级政府都设立了爱国卫生运动委员会,这一委员会负责组织、协调、动员全社会参与爱国卫生运动,改善城乡卫生环境,预防疾病。应该说在当时的条件下,我国的公共卫生体系在维护和促进人群健康方面发挥了应有的作用,特别是在传染病的预防和控制方面取得了举世瞩目的成就。随着改革开放的不断深化,我国的经济、社会发生了深刻的变化,已经从社会主义的计划经济时代进入了社会主义的市场经济时代。原来的公共卫生体系已经不适应社会主义市场经济的需要。因此,中国的公共卫生体系也处于转型的重要时期。目前我国正在建设并逐步完善适应社会主义市场经济的公共卫生体系。

(一)我国公共卫生体系的建设

目前我国的公共卫生体系仍然属于政府主导,社会各界、各部门参与的公共卫生体系。国家负责颁布公共卫生的相关法律、法规并制定相关的卫生政策。各级政府均设有卫生行政主管部门,负责制定区域卫生规划,分配卫生资源,负责公共卫生事业的行政管理。其下设的疾病预防控制中心、专科医院(妇幼保健院、职业病医院等)和卫生院(社区卫生服务中心)是疾病预防控制的主要机构。各级卫生监督所行使公共卫生的执法职能。政府及其卫生行政主管部门、民政部门、环境保护部门、劳动部门、财政部门等,协同卫生监督部门、疾病预防控制中心、医院组成突发事件的应急体系。而县级医院、城市社区医院、乡镇医院以及村卫生所则承担居民的基本医疗、卫生服务。

自 2003 年以来,各级政府高度重视公共卫生体系的建设与发展,把公共卫生体系建设看作是经济、社会协调发展的基础,提出"用较短的时间建立和完善突发公共卫生事件应急机制、疾病预防控制体制和卫生执法监督体系;用较长一段时间完善我国农村卫生体系、城市基本医疗服务体系、环境卫生体系和财政经济保障体系"的工作目标。

(二)我国公共卫生体系建设面临的挑战

1. 我国的公共卫生体系的建设任重而道远

我国的卫生事业正面临着诸多挑战,正承受慢性非传染性疾病和传染性疾病的双重威胁。心脑血管病、癌症、精神疾患等慢性非传染性疾病已成为我国社会的主要疾病负担。与此同时,新、老传染病继续对人类健康构成威胁,特别是 2003 年发生的 SARS 疫情以及禽流感,就是一个重要警示。除对传统疾病的研究外,当前急需加强的是对新发传染病的研究。新发传染病的爆发和流行已经影响到公众生命安全、社会稳定和经济发展。经济全球化、城市化、经济的快速发展以及由此带来的环境污染、人口老龄化等一系列问题,使我国社会的慢性非传染性疾病负担加重,也成为主要的公共卫生问题。我国社会正面临着预防控制传染性疾病和慢性非传染性疾病的双重压力,这进一步增加了公共卫生体系建设的艰巨性和复杂性。

2."重治轻防"的思想观念阻碍公共卫生体系的建设

一些地方政府部门仍然存在着"重治轻防"的思想观念,这种思想是建立有效公共卫生体系、贯彻"预防为主"方针的最大障碍。由于各级政府部门在卫生事业的发展和建设过程中,"重治轻防"的思想观念长期占主导地位,致使我国预防与治疗处于严重脱离局面,这种局面尚需要时间和强有力的措施加以纠正。

3. 公共卫生管理体制与时代发展不相适应

现行的公共卫生管理体制与公共卫生任务的艰巨性、长期性、复杂性是不相适应的。我国的经济、社会发展极不平衡,东部沿海地区经济发展较快,卫生体制的改革进度较快,有较多的经费投入到公共卫生体系的建设中,以城乡医疗保障体制建设为基础的公共卫生体系建设正在展开。而中西部地区,尤其是贫困地区,政府财政投入严重不足,这种情况制约了我国公共卫生体系建设的协调、健康发展。

4. 资金投入不足,缺乏良性运行机制

我国的公共卫生事业还没有真正成为社会的公益事业,多数地区有关公共卫生方面的财政预算仅够维持相关单位人员的基本工资。政府及社会各界对公共卫生事业的投入与需求仍有较大差距。

5. 管理水平低,专业人才匮乏

现有的人才队伍还不能完全应对日益严重的公共卫生问题。在人才培养、选拔、录用等许多环节还存在着体制上的壁垒,这阻碍了公共卫生人才队伍建设的步伐。

6. 管理、执法和监督的法律运行机制和体系不完善

随着整体社会经济的有序发展,应该在全社会营造健康的法制环境,应进一步强化卫生法律的权威性。目前我国的执法环境还不够健康,人为因素干扰法律运作的情况还时有发生。

7. 应对突发事件的机制和体系不完善

我国突发事件的应急指挥、调动以及协调的机制还不够健全,突发事件的应急控制、救治等尚需进一步完善。

(三)我国公共卫生体系建设的重点

(1)推进农村卫生事业的发展,加强农村疾病预防控制工作。

(2)加强卫生执法监督体系建设。完善公共卫生的法律体系,营造良好的执法环境,加强执法监督的力度。

(3)加强健康教育和健康促进的网络建设。广泛开展卫生科普宣传,深入开展爱国卫生运动,倡导良好的卫生习惯,提高全民族的卫生健康意识。

(4)深化医疗卫生体制改革,推进制度创新。打破条块分割,实行医疗机构分类管理,合理配置卫生资源。发展城市社区卫生服务,加快完善城镇职工基本医疗保险制度,加快农村合作医疗制度或基本医疗保险制度的建设,逐步建立对特殊困难群众的医疗救治制度。

(5)强化财政支持体系建设,加大卫生投入。调整财政支出结构,增加对卫生事业的投入,重点向公共卫生倾斜;调整基础设施投资结构,加大公共卫生设施建设,重点向农村倾斜。

(6)建立健全各种突发公共卫生事件的应急处置机制。

(7)建立健全全社会的动员机制,迅速有效地组织充足的人力、物力和财力。

(8)建立健全公共卫生的管理机制,完善公共卫生服务的职能,提高公共卫生服务质量。

二、疾病的预防控制制度

(一)传染病的预防控制

国家对传染病实行预防为主、防治结合、分类管理的方针。各级政府领导传染病防治工作,制定传染病防治规划并实施。各级政府卫生行政部门对传染病防治工作实施统一监督管理。国家、省级疾病预防控制机构负责对传染病发生、流行以及分布进行监测,对重大传染病流行趋势进行预测,提出预防控制对策,参与并指导对爆发的疫情进行调查处理,开展传染病病原学鉴定,建立检测质量控制体系,开展应用性研究和卫生评价。

设区的市和县级疾病预防控制机构负责传染病预防控制规划、方案的落实,组织实施免疫、消毒、控制病媒生物的危害,普及传染病防治知识,负责本地区疫情和突发公共卫生事件监测、报告,开展流行病学调查和常见病原微生物检测。

1. **疾病预防控制机构的职责**

我国传染病防治法明确规定了各级疾病预防控制机构在传染病预防控制中应履行的职责。

(1)实施传染病预防控制规划、计划和方案;

(2)收集、分析和报告传染病监测信息,预测传染病的发生、流行趋势;

(3)开展对传染病疫情和突发公共卫生事件的流行病学调查、现场处理及其效果评价;

(4)开展传染病实验室检测、诊断、病原学鉴定;

(5)实施免疫规划,负责预防性生物制品的使用和管理;

(6)开展健康教育、咨询,普及传染病防治知识;

(7)指导、培训下级疾病预防控制机构及其工作人员开展传染病监测工作;

(8)开展传染病防治应用性研究和卫生学评价,提供技术咨询。

2. **传染病的预防**

(1)各级政府应当开展预防传染病的健康教育;

(2)各级地方政府应有计划地建设和改造公共卫生设施,改善饮水条件,对污水、污物、粪便进行无害化处理;

(3)实行计划免疫接种制度;

(4)传染病人、病原携带者和疑似传染病病人,在治愈或者排除传染病嫌疑前,不得从事国务院卫生行政部门规定禁止从事的易使该传染病扩散的工作;

(5)疫源地管理,传染病菌种、毒种管理,与人兽共患传染病有关的家畜家禽的管理要严格按传染病防治法有关规定进行,以预防传染源的扩散;

(6)医疗保健机构、疾病控制机构和从事致病性微生物实验的单位,必须严格执行国务院卫生行政部门规定的管理制度、操作规程,防止传染病的医源性感染、医院内感染、实验室感染和致病性微生物的扩散。

3. 传染病的控制与管理

(1)医疗保健机构、疾病控制机构发现传染病时,应严格按有关规定,依传染病的类型和传染性强度,采取隔离、必要的治疗和控制、医学观察等措施。

(2)传染病爆发、流行时,当地政府应当立即组织力量进行控制,切断传染病的传播途径。甲乙类传染病爆发、流行时,县级以上地方政府级经上一级地方政府决定,可以宣布疫区,并采取相关紧急措施。发生重大传染病疫情时,国务院卫生行政部门有权在全国范围或跨省、自治区、直辖市范围内,地方各级政府卫生行政部门有权在本行政区域内,调集各级各类医疗保健人员、疾病控制人员参加疫情控制工作。

(3)患鼠疫、霍乱和炭疽死亡的,必须将尸体立即消毒,就近火化。患其他传染病死亡的,必要时应当将尸体消毒后火化或按规定深埋,必要时可以对尸体进行解剖检查。

(4)医药部门和其他有关部门应及时供应预防和治疗传染病的药品和器械,交通部门必须优先运送卫生行政部门批准的处理疫情的人员、防治药品、生物制品和器械等。

(二)慢性非传染性疾病的预防控制

1. 慢性非传染性疾病控制与管理的行动原则

(1)以公共卫生系统为主导,实施多部门合作,建立以人群为基础的健康促进与慢性非传染性疾病防治体系。

(2)建立支持环境,强调个人责任,创造社会关爱健康、人人重视健康的良好社会环境。健康是一项基本人权,社会有责任为广大群众营造一种有益于维护健康和促进健康的社会环境,制定有益于健康的卫生政策。维护自己的健康也是每个公民的责任,个人应对预防疾病和健康负责,应主动参与健康教育与健康促进活动。

(3)加强社区防病的基础作用。慢性非传染性疾病的预防与控制是社区卫生服务的重要内容之一,也是社区建设的重要内容。应在加强社区建设的同时,加强社区卫生服务建设,把主要慢性非传染性疾病的问题解决在社区。

(4)建立多部门的协作关系。慢性非传染性疾病预防与控制不单纯是卫生部门的责任,也是全社会的责任。应建立广泛的慢性非传染性疾病防治联盟,加强多部门、多学科协作,动员社会各方面的力量积极参与,共同对与健康有关的发展出谋划策。

(5)依据科学行动。慢性非传染性疾病预防与控制是一个涉及面很广的社会问题。慢性非传染性疾病的预防要依据科学。在广泛的流行病学研究的基础上,制定预防与控制的中、长期规划。各地还应结合本地区的实际,制定出符合当地实际情况的慢性非传染性疾病防治规划。

(6)充分利用现有资源,在现有卫生体制中加强慢性非传染性疾病预防控制工作。在农村,应进一步加强初级卫生保健的作用;在城市,大力发展社区卫生服务。将医生、护士、卫生辅助人员的工作与公共卫生工作有机结合起来。调整现有卫生体系,发挥城市社区卫生和农村合作医疗在慢性非传染性疾病预防与控制中的作用,加强健康促进和慢性病防治。充分发挥基层卫生人员在慢性非传染性疾病防治与管理中的作用,提高卫生保健系统对慢性非传染性疾病早发现、早诊断、早治疗的能力。

2. 慢性非传染性疾病控制与管理的策略与措施

(1)制定国家政策和规划。国家在慢性非传染性疾病控制与管理中的作用是巨大的,在科学分析和预测的基础上,在国家领导及政府对初级卫生保健的承诺前提下,应研究和制定相关政策,逐步将慢性非传染性疾病的预防控制工作纳入法制的轨道。建立政府内的慢性非传染性疾病负责机构和多部门的政策协调机构,将慢性非传染性疾病防治规划纳入各级政府的社会发展计划中。理顺并强化初级卫生保健、社区卫生服务、农村合作医疗与公共卫生服务的关系。

(2)健康促进与三级预防。健康促进的目的是使人群提高慢性非传染性疾病预防控制的知识水平,使公众相信通过自身的努力与参与,通过采取有效的预防措施,改变不良生活习惯与行为,就可避免或延迟慢性非传染性疾病的发生,最终能为自己的健康付诸行动,达到知、信、行的统一。健康促进还可促使大众强身健体,及早采取行动,可有效预防疾病的发生。健康促进特别强调个人、家庭、社区和社会在促进健康生活方式和预防疾病方面的重要作用,希望通过城市、社区、学校、工厂、医院等的共同努力,通过对主要危险因素的干预,通过各种有效的手段和措施,最终创建成健康城市、健康社区、健康团体、健康公众、健康家庭与健康个人。健康促进是一项投入少、效益大、影响广的工作,在慢性非传染性疾病的防治上,作用更加明显。

三级预防的重点在于一级预防。应以公共卫生系统为主导,实施以全人群为基础的健康促进和一级预防工作,创造良好的生活、工作和学习环境,预防和控制环境污染,倡导健康的生活方式。同时,也应该采取积极的二级预防,二级预防即早发现、早诊断和早治疗。

(3)把慢性非传染性疾病防治与城市社区卫生服务、农村初级卫生保健密切结合。慢性非传染性疾病的预防和控制,应成为城市社区卫生服务和农村初级卫生保健的重要内容。城市社区卫生服务和农村初级卫生保健是新时期城市和农村卫生工作的重点,也是社会事业建设与发展的重要组成部分。我国已将慢性非传染性疾病防治的内容纳入了社区卫生服务"六大功能"之中,还应进一步将慢性非传染性疾病防治纳入农村初级卫生保健,作为其重要内容。

(4)加强慢性非传染性疾病的监测。1992年国际公共卫生监测大会指出,监测是指通过系统地收集有关资料,有序地汇总和管理资料,分析、解释和评价这些资料,并快速地将资料分发给应该知道这些情况的人尤其是决策层的人的过程。监测是公共卫生的一个重要内容,也是慢性非传染性疾病控制管理规范化的重要前提。应加强对监测区内各种慢性非传染性疾病发病、死亡和危险因素的监测，及时总结和分析监测区内慢性非传染性疾病的发生、死亡以及危险因素的变化情况，不断修改和完善防制的对策和措施。具体监测方法因地而宜，有条件的地方应尽量采用国际标准方法（如心血管病的 MONICA 方案）进行监测。

（5）慢性病防治中的社区干预。根据慢性非传染性疾病的种类不同，选择社区干预活动的内容，包括控制危险因素、政策和环境支持、公共信息、社区发展、个人技能发展、社区综合服务等。社区干预评价是社区干预的重要组成部分，并贯穿于干预的始终。其目的是通过评价监测干预活动的进展和效果，进行信息反馈，以便及时调整计划，达到预期目标。

（三）地方病的预防控制

1. 指导思想

（1）充分认识地方病防治工作的长期性和艰巨性，将地方病防治工作纳入病区地方各级人民政府的责任目标，紧密结合国家经济建设和当地经济发展总体战略，通过建立和完善"政府领导、部门协作、公众参与"的工作机制，保证地方病防治工作扎实、有效、深入、持久地开展，确保地方病防治工作的科学性和经常性。

（2）按照"因地制宜、分类指导"的原则，对不同类型病区分别采取相应的防治策略。

（3）坚持"综合治理、科学防治"的方针，依靠科技进步，提高防治水平。

2. 控制与管理措施

（1）加强组织领导：切实建立和完善政府领导、部门协作、公众参与的地方病防治工作机制，将地方病防治工作纳入本地区经济和社会发展的总体规划中。

（2）加强部门间的协作：各级政府及有关部门要认真贯彻国家颁发的有关地方病防治的法律、法规，切实履行各自的职责，加强协作，共同做好地方病防治工作。

（3）加大依法管理力度：要根据《中华人民共和国传染病防治法》、《中华人民共和国动物防疫法》、《地方病防治条例》等有关的法律、法规，明确各级人民政府及其相关部门在地方病防治工作中的职责、任务和社会团体、公民的义务。加强法制宣传，加大执法力度，有法必依，执法必严，使地方病防治工作纳入法制管理的轨道。

（4）加强应用性科学研究：要坚持科研为地方病防治服务的理念，大力促进高新技术在地方病防治工作中的应用。要加强专家对地方病防治工作的技术咨询和指导，加强国际和国内地区间、部门间的科研合作，不断引进、推广、应用先进的技术和方法。

（5）切实加强队伍建设：病区地方各级人民政府要注意加强基层地方病防治工作机构建设。要分层次、多渠道、多形式地开展地方病防治工作的业务培训，提高地方病防治专业人员的防治水平。

（6）落实防治资金：各级政府要把地方病防治工作作为当地的社会发展事业加以落实，保证基本的经费支持。利用各种可利用的力量，加强地方防治经费的筹措，并做到专款专用。要争取社会各界支持，确保地方病防治工作的持续发展。

(四)职业病的预防控制

1. 前期预防

(1)产生职业危害企业的设立,必须符合法律、法规规定的设立条件,企业的场区环境、车间内环境及其他工作场所必须符合职业卫生的要求;

(2)在卫生行政部门中建立职业病危害项目的申报制度;

(3)对于新建、扩建、改建项目和技术改造、技术引进项目,可能产生职业病危害的,建设单位在可行性论证阶段应当向卫生行政部门提交职业病危害预评价报告;

(4)建设项目的职业病防护设施所需费用,应当纳入建设项目工程预算,并与主体工程同时设计、同时施工、同时投入生产和使用;

(5)职业病危害控制效果评价由依法设立的、取得省级以上人民政府卫生行政部门资格认证的职业卫生技术服务机构进行;

(6)国家对从事放射、高毒等作业实行特殊管理。

2. 劳动过程中的防护与管理

(1)劳动者享有下列职业卫生保护权利:①获得职业卫生教育、培训;②获得职业健康检查、职业病诊疗、康复等职业病防治服务;③工作场所产生或者可能产生的职业病危害因素、危害后果和应当采取的职业病防护措施;④要求用人单位提供符合职业病要求的职业病防护设施和个人使用的职业病防护用品,改善工作条件;⑤对违反职业病防治法律、法规以及危及生命健康的行为提出批评、检举和控告;⑥拒绝违章指挥和强令进行没有职业病防护措施的作业;⑦参与用人单位职业卫生工作的民主管理,对职业病防治工作提出意见和建议。

(2)用人单位应当采取下列职业病防治管理措施:①设置或者指定职业卫生管理机构或者组织,配备专职或者兼职卫生专业人员,负责本单位的职业病防治工作;②制定职业病防治计划和实施方案;③建立、健全职业卫生管理制度和操作规程;④建立、健全职业卫生档案和劳动者健康监护档案;⑤建立、健全工作场所职业病危害因素监测及评价制度;⑥建立、健全职业危害事故应急救援预案。

3. 职业病诊断与职业病病人的保障

(1)职业病诊断应当由省级以上人民政府卫生行政部门批准的医疗卫生机构承担,后者在进行职业病诊断时,应当组织三名以上取得职业病诊断资格的执业医师集体诊断。

(2)职业病病人依法享受国家规定的职业病待遇。职业病病人变动工作单位,其依法享有的待遇不变。

4. 监督检查

(1)县级以上人民政府卫生行政部门依照职业病防治法律、法规、国家职业卫生标准和卫生要求,依据职责划分,对职业病防治工作及职业危害检测、评价活动进行监督检查;

(2)发生职业病危害事故或者有证据证明危害状态可能导致职业病危害事故发生时,卫生行政部门可以采取责令暂停、封存和组织控制职业病危害事故作业、材料设备、现场等临时控制措施;

(3)职业卫生监督执法人员应当依法经过资格认定,出示监督执法证件,依法执行职务,不得存在任何违法行为。

5. 法律责任

卫生行政部门依据《中华人民共和国职业病防治法》对违反该法的建设单位、用人单位依情节处以警告、责令限期改正、罚款或者提请有关人民政府按照国务院规定的权限责令停建、关闭等处罚,对违反本法的从事职业卫生技术服务的机构和承担职业健康检查、职业病诊断的医疗卫生机构、职业病诊断鉴定委员会组成人员处以通报批评、警告、没收非法所得、降级、撤职或开除等行政处分。

三、基本卫生保健制度

(一)我国卫生保健制度的主要形式

我国卫生保健制度主要包括四种形式:自费医疗、公费医疗、劳保医疗和集资医疗或合作医疗。

1. 自费医疗

自费医疗的对象为不享受公费医疗和集资医疗的城乡居民,其医疗费用完全自理,医疗范围、医疗地点不受限制可自行选择。

2. 公费医疗

我国自 1952 年实施公费医疗制度,享受公费医疗的主要对象是各级政府的工作人员、各人民团体、文化、教育、科研、卫生等事业单位的工作人员,农村二级以上的革命残疾军人和高等学校的在校学生。经费由各级财政预算内安排,按每年人均定额支付。服务范围包括疾病预防和治疗、非责任伤害、妇女生育等内容。享受公费医疗的人员就医范围有一定的限制,需在指定的医院就医,跨医院就医要经过有关部门的批准,其报销的范围也有具体的规定。

3. 劳保医疗

1951 年,我国建立了劳保医疗制度。享受劳保医疗制度的主要对象是全民所有制企业的职工,城镇集体所有制企业参照执行。企业职工个人不缴纳任何费用,由企业方面负担,企业职工直系亲属按规定享受部分项目半费医疗的待遇。

4. 集资医疗

集资医疗是国家和居民,通过某种方式筹集资金,以解决集资者本身或包括其赡养者的医疗费用的医疗保健制度。集资医疗在我国的主要表现形式是合作医疗。合作医疗是在农村集体经济基础上发展起来的一种农村福利性质的医疗保健制度。在自愿互助的基础上，以较低的费用，保障农民的基本医疗保健服务。农村合作医疗制度对解决广大农民的基本医疗问题发挥了很好的作用。

(二)我国卫生保健制度存在的主要问题

我国的公费医疗、劳保医疗和农村合作医疗是在计划经济体制下建立起来的医疗保健制度。这项制度对于保障城乡居民的身体健康、促进经济发展、维护社会稳定，发挥了重要作用。随着我国的改革开放，我国的经济体制已发生了极大的变化，已从社会主义的计划经济发展为社会主义的市场经济，原有的公费医疗、劳保医疗和农村合作医疗已不适应市场经济体制，我国仍处于医疗保健体制转型的时期，原有的体制基本处于瘫痪状态，新的体制尚未完全建立起来。

我国卫生保健制度存在的主要问题可概括为以下几方面：

1. 尚未建立合理的资金筹措机制

缺乏合理的经费筹措机制和个人积累机制，医疗费用没有稳定的来源。就劳保医疗而言，卫生经费筹集实质上全部来自企业。随着职工就业时间的延长，这种体制分散了企业的财力和人力，增加了企业的负担，影响了企业的生产经营活动。事实上，随着企业的所有制转换，这种劳保医疗在许多地方的国有或集体企业已名存实亡，企业职工难以继续享受这种劳保医疗。

2. 缺乏有效的资金制约机制

在原有的公费医疗、劳保医疗体制下，医患双方都缺乏有效的费用制约机制，职工医疗费用普遍超支，医疗卫生资源浪费严重。一方面，医疗单位在利益的驱使下，往往诱导消费者接受不必要的、对医院收入有利的服务项目和服务数量，如过多的检查、过多的给药、开大处方等；另一方面，对于患者个人来说，因为个人分摊的医疗费用很少，因而往往愿意接受医疗单位过多的甚至不必要的卫生服务。正是由于缺乏制约医患双方的机制，造成了卫生资源的不必要浪费。

3. 卫生服务公平性差

我国实施的公费医疗、劳保医疗制度的享受对象，按规定仅限于国家行政事业单位人员和全民所有制、部分集体所有制的企业职工，仅占我国总人口的较小比例。绝大多数的企业员工没有医疗保障或保障水平很低。在农村，仅有较小比例的人参加了各种不同形式的合作医疗，且农村的合作医疗只是一种初级的保险形式，保障水平低，不能有效地解决农民的基本医疗问题。

4. 保健管理制度不健全

我国的卫生体制不健全，管理水平低，卫生服务效率低下。当前，我国已进入医疗体制改革的关键时期,城市的医疗体制正朝着医疗保险制度的方向改革。保障广大居民的基本医疗是公共卫生体系建设的基本要求,也是建设和完善社会主义市场经济体制的客观要求和重要保障。目前,我国正在加快医疗保险制度建立,在一些发达地区,已经基本建立了医疗保险制度。但在中西部地区,特别是经济困难地区,建立比较完善的医疗保险制度还任重道远。

我国正在加紧建立有中国特色的农村医疗保障制度。卫生部、财政部、农业部等于2003年联合下发了《关于建立新型农村合作医疗制度的意见》,对新时期我国农村基本医疗保健制度改革提出了指导性意见。新型农村合作医疗制度的主要内容包括:①组织管理:新型农村合作医疗一般以县(市)为单位进行统筹。②筹资渠道:新型农村合作医疗制度实行个人缴费、集体扶持和政府资助相结合的筹资机制,由个人、集体和国家按比例筹措资金。此外,政府鼓励社会团体和个人资助新型农村合作医疗制度。③资金管理:新型农村合作医疗资金是由农民自愿缴纳、集体扶持和政府资助的民办公助的社会性基金,要按照以收定支、收支平衡、公开、公正的原则进行管理,必须专款专用,专户储存,不得挤占和挪用。④医疗服务管理:各地根据情况,在农村卫生机构中择优选择合作医疗的服务机构,管理部门要制定各种诊疗规范,建立健全各项管理制度,加强监督管理的力度,保障服务质量,提高服务效率。

(张永红)

第三节 发达国家的公共卫生体系

一、美国的公共卫生体系

美国的公共卫生体系由联邦政府、各个州以及地方性的公共卫生机构三级行政机构组成,国家级和大城市中的公共卫生机构只占大约4%的比例,其余的都是分布在中小城市、城镇和乡村。这种自上而下、有机的组织体系履行着一系列公共卫生保健防御事务,保障着美国公众的健康。

(一)美国公共卫生体系的组织类型

美国公共卫生体系主要由5类卫生机构组成,分别是公共卫生机构、医疗提供商/医院、大学与医学院、保险商和卫生维护组织(Medical Health Organization,MHO)。其中,公共卫生机构与医疗提供商/医院是主体部分,数量上约占36%,大学约占23%。此外,部分对公共卫生事业感兴趣的社团和基金组织也是美国公共卫生事业的参与者,如克洛格基金会(Kellogg Foundation)。近几年社会团体参与公共卫生事业的趋势越来越明显,社会团体的参与有利于公共卫生体系更加有效地运作,有利于诸多措施更加快速有效地在公众中实施。

(二)美国的公共卫生机构

1. 国家公共卫生机构

美国卫生与公共事业部(United States Department of Health and Human Services, HHS)是美国联邦政府的公共卫生执法机构。HHS的前身是卫生教育福利部,其下设机构包括:国立卫生研究院(National Institutes of Health,NIH)、疾病控制与预防中心(Centers for Disease Control and Prevention,CDC)、卫生资源与服务管理局(Health Resources and Services Administration,HRSA)、印第安人卫生服务部(Indian Health Service,IHS)、食品与药品监督管理局(Food and Drug Administration,FDA)、有毒物质和疾病登记处(Agency for Toxic Substances and Disease Registry,ATSDR)、滥用毒品与精神健康服务管理局(Substance Abuse and Mental Health Services Administration,SAMHSA)。其中,HHS负责领导和规划全美的公共卫生事业,包括与其他立法部门一起修订国家公共卫生体系法案,编制年度卫生财政预算,组织协调医学和生命科学的基础与应用研究,在突发事件中指挥和协调科研部门、医院以及社会其他部门的反应和协作等,是美国公共卫生事业的最高机构。

此外,联邦政府在其他部门也设有一些公共卫生行政机构,如农业部管辖妇女与婴幼儿发展计划(Women, Infants and Children Plan),环境保护署(Environmental Protection Agency,EPA)负责人口计划发展和污染控制,劳工部下设有职业安全和保健委员会(Occupational Safety and Health Administration,OSHA)等。

2. 州立公共卫生机构

美国的50个州和5个特区(关岛、哥伦比亚特区、萨摩亚群岛、波多黎各和维尔京群岛)都设有州一级的公共卫生事务管理机构,多设有州立卫生局或者州立卫生部,属于州长领导下的内阁行政办公室级别。有些州的州立卫生机构是一个行政职能更加宽泛的行政组织,某些社会事务也归其管辖。有19个州将州立卫生局下设在某些行政机构之中。1990年,美国的23个州开始设立州卫生委员会,负责向当地提供卫生政策咨询和建议。州立卫生局往往并不提供精神保健服务,医疗补助也不由州立卫生局管辖,而由贫困家庭临时补助机构(Temporary Assistance for Needy Families)提供。在1960年环境保护署还没有成立之前,国家、州立卫生局负责管辖当地的环保事务,但是国家环保署成立以后,各州也相继成立了州一级环保机构,环保事务就从公共卫生机构中分离出去。但是,州立卫生局依然对可能与环境因素有关的食品安全检查、娱乐设施检查和疾病调查负责。

3. 地方性公共卫生机构

根据乡村和城市卫生机构协会(National Association of County and City Health Officials,NACCHO)的统计,全美大约有3 000个地方性公共卫生机构、卫生委员会和卫生部门。地方卫生组织是美国公共卫生体系的核心,是最重要的执行机构,与公众的联系最直接、最密切,负责的公共卫生事务也最为具体。大多数地方性卫生机构负责地方的临床预防工作,包括人群免疫、儿童保健等,以及负责控制肺结核、HIV 咨询与检测服务、性病治疗等,多数地方卫生机构还对餐馆卫生状况检查、饮用水卫生控制和污水排放体系等进行干预管理。另外,大多数地方公共卫生机构都建立了完善的传染病通报系统,有的地方卫生部门也负责当地卫生保健政策的制定工作。

(三)美国公共卫生体系的主要职责

1. 对公共卫生状况定期进行评估

公共卫生机构要定期、有系统地收集、筛选、分析和公布公众卫生健康信息,包括健康状况、公众卫生需求、流行病以及其他健康问题的统计数字,并据此评估公共卫生状况。

2. 参与制定公共卫生政策法规

公共卫生机构有责任促进科学的卫生知识在公共卫生决策和相关政策修订方面的应用,并制定完善的公共卫生政策以服务于公众。公共卫生机构必须对公共卫生事业持有一种战略性的决策和管理意识。

3. 确保为公众提供切实到位的服务

公共卫生机构向它们的委托人担保:必须按照达成的协议目标,为其提供必需的卫生医疗服务。确保这类服务到位的方式有三种:一是鼓励其他的公共或私营机构承担,二是通过法规敦促相关机构承担,三是由公共卫生机构直接执行。公共卫生机构在决定需要优先执行的卫生保健服务时,必须有政策制定者和普通公众一起参与,政府将确保社会中的每一个成员都享受到这类服务。

(四)美国突发公共卫生事件应急机制

通过政府职能部门之间的横向协同运作,国家、州、地方三级公共卫生部门的纵向高效协调,并与 WHO 等国际机构的交流与合作,美国已经建立了一个全方位、立体化、多层次和综合性的公共卫生应急管理网络。

1. 公共卫生突发事件应对系统的纵向高效协调

采取三级应对体系,其应对系统包括:CDC(联邦)疾病控制与预防系统、HRSA(地区/州)医院应急准备系统、MMRS(地方)城市医疗应急系统三个子系统。

(1)CDC:美国疾病控制和预防中心,成立于 1946 年,隶属于国家卫生部。CDC(联邦)疾病控制与预防系统主要职能包括:制定全国性的疾病控制和预防战略、公共卫生监测和预警、突发事件应对、资源整合、公共卫生领域管理者和工作人员的培养。CDC 是整个公共卫生突发事件应对系统的核心和协调中心。

(2)HRSA:卫生资源和服务管理局,隶属于美国卫生部,是与 CDC 平行的部门,旨在为所有人提供卫生保健服务。"HRSA 医院应急准备系统"主要通过提高医院、门诊中心和其他卫生保健合作部门的应急能力,来提高应对公共卫生突发事件的能力。该系统在全国实行分区管理,共设 10 个区,区内以州为单位实现联动。除了州和地方卫生部门外,其他参与者还包括州级应急管理机构、州级农村卫生保健办公室、退伍军人卫生保健部门和军方医院、基本医疗保健协会等。

(3)MMRS:城市医疗应急系统(Metropolitan Medical Response System),是地方层面应对公共卫生突发事件的运作系统。MMRS 项目始于 1996 年,2003 年 3 月 1 日加入联邦紧急事务管理署(Federal Emergency Management Agency,FEMA)。该系统通过地方的执法部门、消防部门、自然灾害处理部门、医院、公共卫生机构和其他"第一现场应对人员"(first response personnel)之间的协作与互动,确保城市在公共卫生危机中最初48 h内的有效应对,从而使得城市在全国应急资源被动员起来之前能以自身力量控制危机事态。

2. 政府职能部门之间的横向协同运作

公共卫生突发事件应对系统是包括公共卫生、突发事件管理、执法、医疗服务和第一现场应对人员(例如消防员、救护人员)等在内的多维度、多领域的综合、联动、协作系统。

3. 美国公共卫生突发事件应对系统中的国际协作

CDC 在紧急事件运作中心(Emergency Operations Center)中成立了国际联合小组。这个国际联合小组包括医学专家、微生物学家、流行病学家和富有处理国际事件和传染病经验的公共卫生官员。该小组每天24 h、每周 7 d 工作,与 WHO 保持密切的信息交流与协作。快速的、可信赖的国际合作是联合公共卫生机构和其他部门的有效方式。

(五)美国的卫生服务制度

美国的卫生服务系统由社区卫生服务和医院服务两大部分组成,其中社区卫生服务主要由家庭医生负责,家庭医生通常以个体或集体的形式开业。居民就医时一般先找家庭医生,如果需要住院则由家庭医生转诊。美国的社区卫生服务起源于 19 世纪末,卫生服务组织结构松散,社区卫生资源的配置以市场调节为主,服务或功能体现以需求为导向。

1. 社区医院

主要由地方政府、地方慈善机构或社区居民出资、捐资兴建,服务对象是社区居民。社区医院的数量占医院总数的 80%,平均病床数在 150 张左右,主要是为急性病和外伤患者提供短期住院治疗。

2. 社区卫生服务中心

主要有三种不同类型和功能的社区卫生服务中心(Community Health Center)。

(1)综合性社区卫生服务中心:人员配备比较全面,提供医疗、预防、保健、健康教育等综合性服务。

(2)以社区护理和照顾为主的社区卫生服务中心:实际上是提供家庭护理和生活照顾的

专门机构,一般没有专职医生,主要由社区护士上门为病人提供专业护理,由护士助手上门为病人提供生活照顾。

(3)专科社区卫生服务中心:最常见的"专科"性社区卫生服务中心是社区精神卫生服务中心。

3．美国的健康保险制度

美国的医疗保健制度主体是多种形式的健康保险制度。85%的美国居民至少有一种健康保险。美国的健康保险制度大体上可分为三种类型:私人或商业性健康保险、社会性健康保险、社会福利性健康保险。

(1)私人或商业性健康保险:分营利性的商业保险和社会团体主办的非营利性健康保险。

(2)社会健康保险:参保者义务性或强制性参加,由国家或组织性强的机构承办保险业务。

(3)社会福利性健康保险:是由政府和慈善组织向特殊人群提供的医疗保健资助。慈善组织提供数量有限的医疗救助基金,为无家可归者、特殊疾病患者等购买基本医疗服务。其经费大约60%来自联邦政府,40%来自州政府。

美国的健康保险制度对卫生服务具有一定的规范作用。美国的各种医疗保险制度大多以"疾病诊断治疗分类标准(DRGs)"作为管理和报销的重要依据,明确规定了各种疾病的住院指征和时间周期,即某种疾病或手术,到了一定的康复阶段或住院天数,病人必须转往社区卫生服务机构,或回家中接受社区卫生服务。否则,超过规定时间的住院费用由病人自付。

二、英国的公共卫生体系

(一)英国的公共卫生系统

英国卫生部的主要职能大体上可分为两大部分:一部分是卫生部本身承担的行政管理工作,另一部分就是国民卫生董事会负责的医疗保健和保险业务。而医疗保健服务又分为以医疗为主的医院诊疗服务和以人为中心、以家庭为单位的社区健康服务。

针对日趋严重的健康不公平问题,英国政府于2003年制定了消除健康不公平行动规划,提出了实现2010年全国各地降低婴儿死亡率和延长弱势群体期望寿命等健康目标。该规划由英国财政、住房、就业、交通、环境和食品、教育、司法、卫生等部门等共同参与制定,得到了英国首相的支持。

健康保护局(Health Protection Agency,HPA)是英国2003年4月组建的独立机构,下设传染病监控中心、应急、化学危险品防范、专家和咨询服务以及地方服务等部门,并在全国设立了 9 个大区机构和 42 个地方工作组。其主要职责是就公共卫生问题向政府提供咨询和建议,研究和处理传染病、生化、核辐射等突发公共卫生事件,制定应对预案,监督、指导和培训全国医疗卫生机构的工作,宣传教育公众卫生保健知识等。该局建立了中央数据库,每天统计全国发生的疫情,并与警察、情报、消防、急救等部门保持着密切的沟通和协调。英国健康保护局的成立,为国家有效应对和防止各类突发公共卫生事件提供了条件和保障。

英国实行疾病预防控制垂直管理体系。在财政方面,与美国公共卫生体系采取的市场导向有所不同,英国的公共卫生领域则依靠国家财政来支撑,政府在公众卫生健康方面的支出占国家总支出的 81%,是国家财政支持的公共卫生体系。

英国用于公共卫生方面的资金绝大部分来自所有纳税人。国家卫生服务(National Health Service,NHS)所是英国最大的健康卫生组织,每年运行资金大约 500 亿英镑,到 2005 年这个预算增加到了 690 亿英镑。近年来,英国在公共卫生领域灾难频频,疯牛病、口蹄疫、猪瘟、流感等的流行,不仅严重打击了英国畜牧业,也对公众健康造成严重损害。在处理上述危机的过程中,英国政府通过不断改进和调整,积累了丰富经验,形成了应付各种严重流行病的机制和网络。

英国的公共卫生监测防范网络主要由中央和地方两大部分组成。中央一级机构包括卫生部等政府职能部门和全国性专业监测机构,主要负责疫情的分析判断、政策制定、组织协调和信息服务等。地方行政当局和公共卫生部门包括传染病控制中心分支机构、国民保健系统所属医院诊所、社区医生等,是整个疫情监测网的基本单元,主要负责疫情的发现、报告、跟踪和诊断治疗。

(二)英国的卫生服务制度

英国实行国家卫生服务制度,或称为全民医疗保障制度。

早在 1911 年,英国就通过了《全国保险法》,对健康保险做出了法律规定,并正式建立了全科医生制度。凡英国居民均享受国家医院的免费医疗,其卫生服务经费全部或大部分从国家税收中支出。

1945 年,英国议会正式批准了闻名于世的《国家卫生服务法》。1948 年,《国家卫生服务法》正式实施,并建立了国家卫生服务(NHS)体系,对所有居民提供免费的综合卫生服务,费用由财政负担。在英国,实行由政府税收统一支付的医院专科医疗服务、社区卫生服务和全科医生制度。

英国的医疗服务体系分为中央医疗服务、地区医疗服务和地段初级服务三级网络。

1. 中央医疗服务机构

主要负责疑难病的诊治和进行医疗科技研究。

2. 地区医疗服务机构

地区医院提供综合医疗服务和专科医疗服务。英国的公立医院一般分为社区医院、区综合医院和区域专科医院。社区医院的规模较小,配备常用的诊疗设备,主要对常见病进行诊治;区综合医院覆盖的服务人口一般为 15 万～30 万,设有常见的医疗科室,负责诊治由全科医生转诊来的患者;区域专科医院属于大型专科医院,主要提供高水平的专科医疗服务,收治的病人通常是由区综合医院的专科医生转诊而来的。

3. 地段(社区)初级服务机构

是英国医疗服务体系中最具特色的。它提供的是全科医疗服务,医务人员被称为全科医生或家庭医生。家庭医生通过自身的协会与地区卫生局签订医疗服务合同,由家庭医生个人或集体联合开设诊疗所,提供医疗服务。医疗费用的下达,主要是按人头付费,根据登记的居民数,按人头承包,预先支付报酬。英国的全科医疗诊所在很大程度上解决了初级卫生保健和治疗问题,在整个医疗保险体系中扮演着"守门人"的角色。

4. 医院联合体

1991 年,英国国家卫生服务系统进行了改革,成立了医院联合体。医院联合体是自治的独立法人实体,不受地区卫生局的管辖,有较大的自主权。医院联合体可以为享受 NHS 的患者提供自付费用医疗服务,包括门诊、住院和实验室检查等。医院联合体也可以为 NHS 系统以外的患者提供住院服务(称为 NHS 付费病床),还可以单独划出某个病区或建立分院,专门收治享受私营保险的病人。

英国卫生服务制度的主要特点是:①卫生服务的资金几乎全部来自公共基金;②全科医生在卫生服务中扮演重要角色,病人必须首先接受全科医生的医疗卫生服务,然后才有可能经全科医生的同意和推荐接受专科服务或转院治疗;③医生的报酬是在国家卫生服务中按月支付的,其中全科医生服务的报酬由人头费、行医补贴、定额目标费用和少量有偿服务等组成;④居民保险覆盖面大:在英国大约有 5 700 万人可选择国家卫生服务,财源主要靠政府通过税收供给,以免费服务为主,政府办的医院是卫生服务的主要提供者。

(三)英国的社区卫生服务

1976 年,工党政府发表了《英格兰卫生服务与个人社会服务的优先权》白皮书,提出了用最低的方式满足社会弱势人群医疗卫生需要的战略,强调发展社区卫生服务的重要性。1986 年,英国国家审计委员会在"使社区卫生服务成为现实"的报告中指出,将预防、保健服务从医院转移到社区、家庭、学校,实现了以计划为导向的国家卫生制度,促进了社区卫生服务。

英国的社区卫生服务内容主要包括:

1. 健康促进

含居住环境、自然、气候、衣食住行的改善与保健。

2. 健康教育服务

包括心理健康、服务需求的咨询,个人卫生行为的培养与自我保健能力的提高。

3. 妇女保健服务

以婚姻保健以及青春期、孕期及围产期保健为重点,孕期检查必须保证 6～8 次,一般保证住院 5～6 d。科学分娩,产后回家,保证逐日随访到第 10 天,然后交社区全科医生管理。

4. 儿童保健服务

从婴儿开始,系统保健到 18 岁。幼托机构保健、中小学校卫生、生长发育检测及饮食营养、计划免疫、五官保健、疾病防治、预防意外伤害等服务,均有保健机构及人员负责。

5. 老年保健

含老年生理、老年高血压、心脏病、糖尿病、心理失衡及老年性痴呆等疾病的预防、治疗以及家庭护理和入住老年健康院检查与诊治。

6. 伤残人士保健服务

包括意外伤害的防治、伤残人士的康复指导与家庭护理,就连手推车进出门槛的问题都考虑到了。对弱智等特殊儿童的保健与咨询均纳入社区服务内容。

7. 疾病诊疗和转诊服务

一般先通过社区家庭医生对社区居民进行诊疗,对疑难重症,才转往医院门诊或联系住院治疗,也可设立家庭病床在社区诊疗。对于患病居民来说,全科医生是全程负责的。

8. 建立家庭健康档案

英国居民的健康档案相当完整和系统,从出生建立儿童保健卡册(俗称健康户口)开始,直到 18 岁,不管是健康检查、预防接种、入园上学、看病住院都必须带上健康卡册,否则医生可以拒绝提供服务。居民家庭均建有健康档案,保健服务与诊疗记录得十分清楚。

三、日本的公共卫生体系

(一)日本的公共卫生系统

1. 日本公共卫生体系的发展历程

日本的公共卫生体系发展经历了上百年的历程,其发展阶段可概括为:

(1)19 世纪末到 20 世纪初:1897 年,日本政府制定了传染病预防法,以防御急性传染病为重点的公共卫生立法开始起步。到 20 世纪初,开始重视慢性疾病的预防工作,如 1919 年分别制定了结核病预防法和精神病医院法。在此期间,日本已大体形成了近代公共卫生体系的法律法规和相关制度的基本框架。

(2)"二战"后至 1955 年:战前制定的有关公共卫生的法规与制度得到全面改进,至 1955 年已基本确立了现代公共卫生体制。如 1948 年制定的医疗法,将加强各级公立医疗卫生机构的建设摆上重要位置,同时在体制上首次在医疗行业引入自由开业制,之后又对大部分民间医疗机构实行法人化管理,并给予税收上的优惠政策,促使民间医疗机构的快速发展。

(3)20 世纪 50 年代至 70 年代:医疗卫生管理开始从传统的疾病预防向防治环境污染、应对自然灾害、促进国民健康等领域延伸。如 1967 年日本政府制定了《公害对策基本法》;1971 年成立环境厅,将治理和防治环境污染作为公共卫生的重要任务;1964 年开始在全国建立急救医疗体系;1978 年制订了国民健康行动计划,要求在全国建立健康保健中心。这期间,日本已基本建立起比较完善的公共医疗卫生体系,基本实现了医疗卫生事业与经济社会的协调发展。

(4)20 世纪 80 年代以后:日本政府将公共医疗卫生体系的重点放在提高国民健康福祉水平、预防公众健康危机、确保食品卫生安全、完善急救医疗体系、提高先进医疗技术水平等领域。至 20 世纪末,日本已建立了一整套覆盖全国、配置合理、功能齐全、设施完善的公共医疗卫生管理和服务体系。

2. 日本的公共卫生管理机构与职责

厚生省(卫生部)是国家级卫生行政部门,负责儿童保健、预防接种、医疗保险、卫生政策的制定和调整、疾病的预防与控制、老年人保健与福利等工作。此外,在文部省内设体育局(内设学校保健科、学校营养科、体育科及运动竞技科等),负责学校保健行政事宜;在劳动省内设劳动基准局,主管劳动卫生行政事宜;环境厅承担公害控制行政事宜。

3. 日本的卫生保健机构

与我国的卫生保健机构设置非常相似,国家设卫生部(厚生省),各县、市、都、府、道等设立卫生厅(局)。下设卫生防疫站、乡镇卫生院、村医务所(保健所)等,形成了完整的卫生保健网络。

20 世纪 90 年代以来,日本政府加强了应对公共灾害的危机管理,建立起一套从中央到地方的危机管理体系并不断加以完善。政府从国家安全、社会治安、自然灾害等不同方面建立了危机管理体制,根据不同的危机类别,启动不同的危机管理部门。2002 年基本建立了健康危机的预防、健康危机发生时的人财物准备与落实组织体制、应对危机的各种防疫保健服务以及信息搜集管理、健康危机后的生活恢复等机制。

(二)日本的卫生服务制度

日本的卫生保健制度的显著特征是以形式多样的健康保险构成了全民性的社会健康保险体系。重视老年保健是日本社区卫生服务的主要特点。

日本纳税人享受国家医疗保险。各种医疗费用由国家承担 70%,实际个人自负医疗费用仅占总费用的 9%。为了抑制医疗费用攀升,日本也把基本医疗保健服务导向社区。社区卫生服务的重点是为生活不能自理的老年人和残疾人提供服务,政府为他们分发保健手册,实施住院、日托、护理和社区康复等服务项目,由面向社区的医生操作。

1. 医疗保险制度

日本的医疗保险属于社会医疗保险范畴,具有强制性。根据职业确定加入的险种,而不能自主选择保险种类。

医疗保险大致分为两种:职业保险和社区(地区)保险。其中,职业保险包括政府主管的健康保险、行业主管的健康保险、互助保险(公务员、职员等)、船员保险。日本的各种健康保险组织的基金来源主要是雇主和雇员缴纳的保险金,国家和地方政府则根据各健康保险组织的人员组成状况给予一定的补贴。承担健康保险服务的医疗机构实行全国无差别价格政策。患者就医时只需缴纳自付的很小一部分费用,其余费用由医院于每个月底向健康保险组织提出结算清单。

2. 老年人健康保险制度与退休者健康保险制度

日本于 1983 年、1984 年分别建立了老年人健康保险制度与退休者健康保险制度,目的是为老年人提供包括疾病预防、治疗和康复在内的全方位综合性卫生保健服务。老年人保健法规定,老年人健康保险制度的享受对象为 70 岁以上或 65 岁以上卧床的老年人,这些人必须加入某种健康保险。

3. 家庭医师制度

1986 年制定了家庭医师制度。主要内容包括家庭医师的培养和进修体制、家庭医师的审批制度、有关家庭医师的报酬等其他制度。

家庭医师制度目的:依靠家庭医师对地段居民进行健康管理;患者可以对掌握自己病情的家庭医师寄于信任感;依靠家庭医师进行全面诊断治疗,能做到疾病的早期发现和早期治疗;由家庭医师把关,使需要到大医院或专科医院就医的患者得到了筛选和控制;一级、二级、三级医疗机构各自的职能进一步明确,可以建立互相协作的关系。

家庭医师的主要任务是对所在地段的居民进行日常健康管理,承担居民的普通疾病和外伤等的诊治;对那些必须转到专科医院进行治疗的患者负责给予转诊,同时负责出院病人的继续观察、治疗工作。

4. 医疗保健体制的基本方针

确保高质量的医疗保健服务,保持各种医疗保险制度稳定运行和协调发展,坚持医生自由开业、病人自由选择医疗机构的基本方针;通过医疗机构的明确分工、过剩病床的削减、医生数量的控制等措施,确立与医疗需求相吻合、合理有效的医疗保健服务提供系统;尊重患者权利,保持患者和从医者之间的信赖关系。

(三)日本的社区卫生服务

社区卫生服务的内容主要包括医疗、保健和社区护理,其中社区护理尤其是老年人社区护理是社区卫生服务的主要内容。

1. 保健所

是基层预防保健机构,是为了提高和促进社区公共卫生而设置的,是集预防、医疗、保健、康复、社区护理于一体的卫生服务机构。工作内容包括传染病防治、结核病防治、寄生虫病防治、妇幼保健、计划生育、营养卫生、环境保护、卫生宣传教育、卫生统计、人口统计、疾病普查、慢性病控制等。

2. 保健中心

是进行保健服务的机构,也是社区居民主动参与保健活动的场所。在对老年人的护理方面,以生活帮助服务、短期入宅护理、日间护理服务为支柱,服务对象还包括慢性病、癌症、疑难病患者,以及在家疗养需要提供服务的患者、各种残疾人,并提供临终关怀服务。

3. 家庭护理站

服务内容包括观察病情、洗澡、褥疮处理、更换体位、康复训练、家属护理指导、临终前护理等。

4. 老年人保健中间设施

服务对象大多数是已经过住院治疗的处于恢复期的病人。由于病情稳定,没有必要继续住院治疗,但需要护理和生活照料,并经过康复才能回到家庭。服务内容包括护理、必要的医疗照顾、机能训练等。

5. 老人院

包括特别养护老人院、养护老人院、低收费老人院和收费老人院等。

上述社区卫生服务机构主要是由国家和地区政府投资兴建。近年来,一些医院、大型企业机构也参与建立和运作社区卫生服务机构,其服务项目按国家统一规定的标准收费,并且也纳入医疗保险报销范围。

四、其他国家的公共卫生体系

(一)新加坡

新加坡卫生部及其相关管理部门主要职责是:①制定医疗卫生政策;②参与政府和私人医疗卫生机构的策划与发展;③提供疾病预防、医疗与保健服务,确保国民获得符合其需要,同时又负担得起的医疗保健服务;④对医药、食品行业进行法律监督。

新加坡的卫生服务由公立和私立两个系统组成。公立系统由公立医院和政府综合诊所组成,私立系统由私立医院及私人诊所组成。1999 年,新加坡卫生部将公立卫生保健系统重组成两大卫生保健集团,一个是国立健保集团(National Health Care Group,NHG),另一个是新加坡保健服务集团(Singapore Health Service,SHS)。重组的目的是将政府资产按照市场化的方式进行运作和管理,使医院的运行效率和费用效率达到最优,而并不追求利润。在这一思路下,卫生部对自己的职能进行了重新的定位。首先,卫生部是卫生保健政策的制定者和卫生法规的执行者和协调者。其次,卫生部按病例分类以及服务等级标准对医院进行补偿,扮演卫生保健服务购买者的角色。再次,虽然公司负责对医院进行管理,但卫生部仍然是医院资产的拥有者。通过医院的重组实现了所有权和经营权的彻底分离。

新加坡由私人诊所、综合诊所、医院、专科中心等形成较完善和健全的医疗卫生网络,医疗服务分工比较明确,运转良好。私人诊所和政府的综合诊所均匀分布在各个居民社区,为社区内的居民提供初级保健服务。一般私人诊所离社区病人较近。政府的综合诊所提供妇幼保健、免疫接种、传染病的检验、老年人健康检查等。居民的常见病、多发病及需要长期服药治疗的慢性病多在私人诊所和政府的综合诊所治疗。政府也在社区内设立老年人保健中心,这些中心的服务包括康复治疗、定期检查身体以及为家人开办照顾老人的课程等。新加坡的基本医疗服务主要由私立医院和诊所承担,约占服务对象的 80%。疑难病症以及住院治疗服务则主要由公立医院提供,约占 80%。公共卫生服务由政府通过税收加以补贴。

医院集团内实行双向转诊制度,充分发挥政府综合诊所的作用。政府鼓励小病到社区诊所,大病到医院治疗。推动医疗机构合理分工,资源充分利用,病人合理分流。政府对社区诊所就诊的病人也给予一定的补贴。通过各级卫生保健单位的协调合作,提高了医疗质量,降低了医疗费用,节约了有限的卫生资源。

新加坡是实施全民医疗保险的国家,政府致力于建立维持国民负担得起的医疗保健服务体系,确保每个国民不论经济状况如何,都能获得良好的基本医疗卫生服务。政府通过津贴、保健储蓄、健保双全与保健基金等以求达到上述目的。同时也强调个人责任,通过政府和个人共同付费而分担责任,避免因政府付费而浪费医疗资源。病人如果要求高素质、高水平的服务,就得支付更高的医疗费用。

(1)政府津贴:政府津贴是政府对全体国民住院、门诊医药费用的直接补贴。政府对公立医院实行政府津贴制度,根据病房等级实行不同的津贴。政府补助以外的费用,按相应规定自付现金、动用保健储蓄、健保双全和保健基金支付。

(2)保健储蓄:保健储蓄是强制性的医疗保健储蓄制度,每个新加坡有工作的国民,包括个体业主,都将按每月工资收入的 6%~8%存入保健储蓄,直至退休。保健储蓄户头由政府公积金局(Central Provident Fund Board)来管理,用于支付户头持有者及其直系亲属的住院费用和特殊的门诊费用。

(3)健保双全:由于动用保健储蓄的数额有一个上限,政府为帮助国民承担保健储蓄难以支付的大病、慢性病的医疗费用,于 1990 年又建立了"健保双全"计划。就是在原有保健储蓄的基础上,人们可以用保健储蓄户头中的储蓄来购买重病保险。健保双全属于社会保险性质,采用自愿参加原则。健保双全计划也被称为大病保险计划,新加坡公民和永久居民首次缴付公积金时,就自动在健保双全制度下交保。

(二)澳大利亚

社区卫生服务是澳大利亚初级卫生保健制度的重要组成部分,也是公共卫生体系中的重要组成部分。社区卫生服务的主要目标是预防疾病,维护和提高广大社区居民的健康水平。

澳大利亚幅员辽阔,各州的历史、政治、人文及经济的差异较大,所以其社区卫生服务的服务形式、内容、组织机构和管理等均有一定的差异。但是,各州社区卫生服务的原则是相同的,均具有如下特点:

(1)保证服务的公平可及性:尽量使服务贴近人们的生活和工作,克服经济、地理和文化方面的障碍。在社区卫生服务过程中,重视对失能者、土著人和其他弱势群体的社区卫生服务。

(2)服务内容综合广泛:澳大利亚社区卫生服务内容广泛,不仅向个人提供治疗性服务,而且提供健康教育服务、预防服务、妇幼卫生服务和康复服务。

(3)调动全社会的积极性:澳大利亚政府鼓励公众积极参与社区卫生讨论和决定卫生问题及自身保健问题。

澳大利亚政府越来越意识到疾病预防的重要性,因此,联邦政府、州和领地政府更加重视健康促进和健康教育工作。在保障基本医疗的基础上,加大在疾病预防上的投入,并不断扩大和改善这些工作。联邦卫生部成立了"改善健康委员会",在这个委员会的建议下,成立一个新的独立的全国性领导机构,以改善卫生工作。这个新机构的主要职责包括:①直接负责实施"改善健康委员会"的建议;②重点负责全国性改善健康战略的制度与实施;③确保健康促进涉及的内部相关责任者以及社区、志愿组织、参与的卫生人员的利益得到承认,并纳入全国性战略;④激励澳大利亚在 WHO 倡导的"2000 年人人健康"战略中发挥作用;⑤支持有前途的全国健康促进改革方案。

"改善健康委员会"设立课题组研究澳大利亚重要公共卫生问题,课题组的主要目标如下。①心血管疾病课题组:研究降低心血管疾病发病率、死亡率的对策和措施;②营养课题组:研究减少与饮食有关疾病的发病率和患病率的对策和措施,提供有益健康的食品,提高澳大利亚公众营养保健的知识和技能;③损伤课题组:课题组有三个主要的研究领域,包括机动车损伤、游泳池溺水和 5 岁以下儿童的损伤,以揭示澳大利亚人损伤的范围和性质。澳大利亚政府和地方州政府联手投入了较大量的资金,设立了"全国改善健康项目"和"全国健康促进项目",以进一步实现预防控制主要疾病,改善居民健康状况的目的。

【思考题】

1. 什么是公共卫生体系?公共卫生体系应具备哪些功能?
2. 我国公共卫生体系建设面临哪些挑战?如何应对这些挑战?
3. 公共卫生体系应包括哪些要素?这些要素间是什么关系?
4. 为什么说基本医疗服务体制建设是公共卫生体系建设的重要内容?
5. 从发达国家公共卫生体系中,我国应吸取哪些经验和教训?你认为我国的公共卫生体系建设更应该借鉴哪些观念?

(张永红 范 春)

第三章

我国面临的主要公共卫生问题

第一节 传染性疾病

传染性疾病是指病原微生物或寄生虫感染动物或人以后所引起的一类具有传染性的疾病。随着医学的迅速发展,传染病的预防和控制取得了显著的成就。一些经典的传染病被控制,如天花和脊髓灰质炎等被消灭或基本消灭,以往常见的鼠疫、白喉等传染病发病率也明显下降。但是,新的传染病不断出现,如艾滋病(AIDS)、严重急性呼吸综合征(SARS)、军团病、埃博拉出血热、疯牛病等;一些曾经得到控制的传染病又死灰复燃,如肺结核、血吸虫病、性传播疾病等。传染病的构成谱发生了很大的变化,因此给传染病防治带来了很多新问题。

一、新生传染性疾病威胁日益增加

随着新药物的研制,特别是抗菌素和疫苗的使用,加上社会发展、卫生条件的明显改善,一些传染病得到有效控制或根除。20 世纪 70 年代,澳大利亚著名病毒学家伯内特曾预言,人类将在 20 世纪末期最终消灭传染性疾病。然而事态的发展却完全出乎人们的预料,原有的传染性疾病不但没有被消灭,反而出现了许多新生传染性疾病。新生传染性疾病是指过去 20 年里对人类的影响不断增强,或者预计在较近的未来对人类造成威胁的传染性疾病。近年来,禽流感、疯牛病、埃博拉、西尼罗病毒、大肠杆菌 O_{157} 感染及猴痘等一些新生传染性疾病不断出现。1973 年至今,全球被确认的新传染病有 41 种,其中病毒性传染病 23 种,细菌性传染病 11 种,寄生虫性传染病 7 种。目前,至少有十余种新生传染性疾病在我国出现、流行。

据 WHO《1996 年世界卫生报告》,1996 年传染病造成约 1 700 万人死亡。1999 年,我国江苏、安徽省发生大肠杆菌 O_{157} 感染性腹泻爆发流行,患者超过 2 万例,死亡 177 例,流行时间 7 个月。新发的传染病不仅导致人员伤亡,而且由于对它缺乏足够的了解而容易造成极大的社会恐慌。2003 年 4 月 21 日至 8 月 16 日,我国 24 个省市区出现 SARS 疫情,累计临床诊断病例5 327例,治愈出院4 959例,死亡 349 例(另有 19 例死于其他疾病,未列入"非典"病例死亡人数中)。SARS 疫情发生后,疫区人群、非疫区人群过度恐慌者分别占 19%和 11%。

传染病的流行对社会经济的发展有着非常深刻和全面的影响,往往比战争、暴动、地震和洪涝灾害来得还要剧烈。因为传染病直接打击了社会经济发展的核心与所有生产力要素中最根本的要素:人类本身,人们出于对生命的珍惜,惧怕被传染上疫病而减少甚至停止经济活动。据估计,2003 年中国 GDP 增长率因 SARS 有所下降,对经济影响总额高达2 100多亿元。

二、鼠疫、霍乱的流行趋势不容忽视

(一)鼠疫

鼠疫是鼠疫耶尔森菌引起的急性传染病,原发于鼠疫自然疫源地中的啮齿动物之间,通过媒介跳蚤传播到人类,引起人间鼠疫。20 世纪 90 年代以来,全球鼠疫开始活跃,我国鼠疫疫情也呈上升趋势。新疫源地不断出现,部分鼠疫静息疫源地重新活跃。鼠疫疫情向城市、人口密集区逼近,且随交通的快速发展,鼠疫远距离传播机会增加。"十五"期间,云南、贵州、广西、西藏、青海、甘肃和内蒙古 7 省区 43 个县次发生人间鼠疫 206 例,死亡 24 例。云南、广西、贵州、西藏、青海、甘肃、新疆、四川、内蒙古、宁夏、河北、陕西、辽宁、吉林14 省区178 县次发生动物鼠疫疫情,新增 13 个鼠疫疫源县。1990—1999 年我国鼠疫年均发病例数是 1980—1989 年的 3.6 倍。

鼠疫疫情出现上升趋势的原因如下。①动物鼠疫流行严重:我国云南、贵州和广西家鼠,西部地区旱獭,内蒙古沙土鼠疫源地疫情流行严重,持续时间较长;②疫源地重新进入活跃期:20 世纪 90 年代,鼠疫疫源地在全球范围内重新进入活跃期,原有的疫源地相继复燃,面积扩大,且侵入新的地区;③动物鼠疫向人口密集的城镇蔓延:如云南省发生 49 起人间鼠疫,24 起出现在县城、乡镇;④宿主动物种类增加:20 世纪 80 年代,我国染疫动物种类 57种,2001 年增加至 87 种;⑤生态环境的改变:大型基础、水电工程项目建设破坏了疫源地生态平衡,导致鼠疫局部爆发流行。

(二)霍乱

霍乱是古老的烈性肠道传染病。1817 年霍乱流行至今,发生了 7 次全球大流行。前 6次由古典生物型霍乱弧菌所致,第 7 次大流行则由埃托尔生物型霍乱弧菌引起。目前,霍乱已波及五大洲140 多个国家和地区,有 460 多万例患者。我国从首例输入性霍乱以来,已发生大小流行百余次,全国各地都有病例报告。霍乱流行以沿海和近海平原为主,一年四季均可发病,一般在 5—11 月发病,流行高峰在 7—10 月,由水、食物引发爆发流行。

20 世纪 90 年代后,霍乱流行较 80 年代明显回升。1991 年,第 7 次世界霍乱大流行最严重,且拉丁美洲首次发生霍乱爆发流行。1992 年 10 月,印度马德拉斯发生由 O139 群霍乱弧菌引起的霍乱,并在南亚、东南亚各国迅速流行。1994 年是霍乱发病涉及的国家和地区最多的一年。1995—1997 年发病例数有所下降,1998、1999 年又有所回升。

我国霍乱流行可分为 5 个阶段:①1961—1965 年为早期流行阶段;②1966—1976 年疫情报告较少,但可信度低;③1977—1986 年为严重流行阶段,无论在地区分布或发病规模上均较前明显增加;④1987—1992 年发病数逐年减少,发病地区逐年缩小;⑤1993 年至今,疫情又有新的回升,新疆发生 O139 血清群新型霍乱和埃尔托型霍乱。此后,我国各地分离的霍乱菌株 O139 群比例逐年上升。

三、AIDS、结核病、病毒性肝炎的防治形势严峻

(一)AIDS

1981 年,美国首先发现了 AIDS,四年后,我国发现首例艾滋病患者。20 世纪 90 年代以来,我国艾滋病的传播呈快速上升趋势。2003 年,我国进行了全国范围的艾滋病流行病学调查。初步分析结果表明,已有艾滋病病毒感染者约 84 万人,其中艾滋病病人约 8 万例。我国艾滋病病毒感染者的数量已居亚洲第 2 位,全球第 14 位。从艾滋病传播和流行的规律看,我国艾滋病疫情已经处在由高危人群向普通人群大面积扩散的临界点。根据卫生部、联合国艾滋病规划署和世界卫生组织对中国艾滋病疫情的估计:到 2007 年底,我国现存艾滋病病毒感染者和病人约 70 万(55 万～85 万)人,全人群感染率为 0.05%(0.04%～0.07%)。其中,艾滋病病人 8.5 万(8 万～9 万)人。如果不及时采取有效措施加以防治,据预测,2010 年全国艾滋病病毒感染人数将达到 1 000 万,将逐渐演变成新的人口问题,进而对我国人口安全构成威胁。

20 世纪 90 年代中期,河南、安徽等地不法分子非法采供血造成艾滋病病毒传播,至今已出现 HIV 感染者集中发病和死亡现象,且经母婴、吸毒和卖淫嫖娼等行为传播,情况十分严重。

据研究,我国 AIDS 已出现对个人、家庭的影响,感染者和患者家庭和个人经济受损,精神压力倍增。一个艾滋病病人对症治疗医药花费为 17 518元,抗病毒 HAART 治疗每人每年医疗花费为 8.2 万～10.4 万元,远高于年平均收入水平。1/3 被调查的 HIV 感染者得知自己血液检查结果阳性时,有自杀的念头。

(二)肺结核病

肺结核病是结核杆菌引起的慢性传染病。据 WHO 报告,全球每年约有 220 万人死于结核病,每年新增肺结核病例达 800 万人,并提出每年 3 月 24 日为世界防治结核病日。我国是全球 22 个结核病高负担国家之一,肺结核病患者占全球的 16%,位居世界第二。目前,我国约有 5.5 亿人感染结核杆菌,活动性肺结核患者 500 万,每年因结核病死亡人数高达 25 万人。2002 年,新发肺结核患者 58 万例,80% 患者在农村。2006 年 2 月,肺结核在我国传染病发病数及死亡数中都居第一位。我国政府已将结核病列为重点防治疾病,从丙类传染病提升为乙类加强管理。

(三)病毒性肝炎

病毒性肝炎分为甲、乙、丙、丁、戊、庚 6 种类型。除丁型和庚型我国少有发生外,其他类型均有流行。慢性乙型肝炎是一种世界性流行的传染病,全球乙型肝炎病毒(HBV)感染者约为 3.5 亿人,我国是 HBV 感染的高流行地区。2002 年,HBV 表面抗原(HBsAg)流行率为 9.09%(约 1.2 亿人),慢性乙型肝炎病人 2 000 万~3 000 万。乙型和丙型肝炎主要经过血液传播,一旦感染则难以治愈,部分感染者转为慢性肝炎。甲型和戊型肝炎属于经肠道传播的传染病,容易爆发、流行,每年发病数约占全国病毒性肝炎报告发病数的 50%。1988年,我国上海甲肝爆发,发病 31 万人,在 4 月份的 16 天中,每天报告的发病数超过 10 000例。在持续半年多的甲肝风波中,查出携带者 150 万(当时上海人口 1 200 万)。上海销售出去的副食品纷纷被退回,因甲肝而造成的直接和间接经济损失超过百亿元。

四、以血吸虫病为代表的虫媒传染病疫情回升

近年来,全国血吸虫病疫情出现反复,局部疫情明显回升。全国 427 个县(市、区)有血吸虫病疫情,受威胁人口约 6 500 万人,患者 81 万例,其中晚期患者 2.6 万例。湖南、湖北、江西、安徽、江苏、四川、云南 7 省 110 个县(市、区)为主要流行区,其中洞庭湖、鄱阳湖的江湖洲滩地带和四川、云南省的部分山区为重疫区。由于这些地区特殊的地理和气候环境适宜钉螺的生存和繁殖,加之近年来特大洪涝灾害频繁,导致钉螺繁衍面积不断扩大。2001—2002 年,全国新发现钉螺面积分别为 590 万 m^2 和 1 151万 m^2,钉螺扩散明显,阳性螺分布范围扩大,人畜感染危险增加。此外,受流动人口增加等因素的影响,血吸虫病有可能向城市蔓延。

(邹云锋 姜岳明)

第二节 慢性非传染性疾病

随着全球经济的发展、人民生活水平的提高和人口老龄化进程的加快,世界各国心脑疾病、糖尿病、肿瘤等慢性非传染性疾病引起的死亡比例不断增加,并已成为一个严重的公共卫生问题。

一、慢性非传染性疾病的危害

(一)全世界致死和致残的首位原因

据 WHO 估计,全球每年死亡人数达 5 500 万人,其中以亚洲和非洲为主。以心血管病、糖尿病、肥胖、癌症和呼吸系统疾病为代表的慢性非传染性疾病占总死亡数的 58.8%,占全球疾病负担的 46.8%,预计到 2020 年将分别上升到 73% 和 60%。我国以心脑血管疾病、肿瘤、糖尿病等为代表的非传染病也已成为严重威胁居民健康的重要因素,并成为医疗费用过度增长的重要原因。我国人口总死亡率下降了 20.05%,但恶性肿瘤和心脑血管疾病等非传染病致死率却呈上升趋势。1997 年全国死因顺位表中恶性肿瘤、脑血管病、心脏病为城镇居民的前三位死因。20 世纪 70 年代,我国每年死于癌症人数约 70 万。其中城市癌症死亡率 91.8/10 万,占全部死亡人口 16.3%;农村死亡率 80.8/10 万,占全部死亡人口 11.6%。20 世纪 90 年代,我国每年死于癌症的人数约为 117 万。其中城市癌症死亡率 112.6/10 万,占全部死亡人口 20.6%;农村死亡率 106.8/10 万,占全部死亡人口 17.1%。本世纪初,我国平均每年死于癌症人数约 150 万。其中城市、农村癌症死亡率分别为 124.6/10 万、127.0/10 万,占全部死亡人口比例分别为 22.0%、21.0%,在各类死因中均居首位。我国城市癌症的死亡率 1973 年为 87.48/10 万,1992 年上升至 128.1/10 万,20 年中死亡率增加了 40.6/10 万,每年几乎以 5% 的速度增长。就全球而言,癌症死亡的主要原因依次为肺癌(占 17.7%)、胃癌(占 12.3%)、直肠癌(占 8.47%)、肝癌(占 8.2%)等。在我国,各种肿瘤死亡的前三位依次是胃癌、肝癌和肺癌,在恶性肿瘤的死因构成中占 58.9%。我国非传染病死亡占全国总死亡的 70% 以上,城市高达 85% 以上,由这些非传染病造成的"早死"占全国潜在寿命损失的 63%。

(二)有明显不同于传染病的特征

传染病一般在短期内完全康复或死亡,而慢性非传染性疾病往往是终身性的,且一般都具有不可逆的损害。由于这些慢性病经常在生命的晚期发生,因此随着期望寿命的延长,这种现象将更为普遍。许多慢性病及其并发症具有致残性，由此造成了人们生命余年的痛苦，加重了疾病的负担。1998 年全世界约 60％的死亡和 43％的疾病负担由慢性非传染性疾病造成。低收入和中等收入国家承受着慢性非传染性疾病的最大影响，1998 年 77％的慢性非传染性疾病死亡发生在发展中国家。在由此而引起的全球疾病负担中，85％由低收入和中等收入国家承受。慢性非传染性疾病伤残所带来的潜在人年损失（潜在寿命损失年数）明显高于传染病，并且在疾病总负担中所占的比例也明显高于传染病。

(三)造成医疗费用无限制上涨

我国自 20 世纪 90 年代初以来，人均医疗费用年增长率在 20％以上。在未来的几十年内还将有更快增长的趋势，甚至超过国民生产总值(GDP)的增长速度。慢性非传染病通常为终身性疾病，病痛和伤残不仅影响劳动能力和生活质量，而且医疗费用极其昂贵，社会和家庭负担不堪重负。1998 年我国仅县以上医院住院费用，肿瘤为 128 亿元，循环系统疾病为 97 亿元，糖尿病为 24 亿元，慢性非传染病医疗费用的增加直接拉动了我国医疗费用的迅速攀升。1998 年卫生费用占 GDP 的比例，已由 1990 年的 4.0％上升到 4.8％，人均卫生总费用由 65.69 元上升到 302.60 元，其上升速度已经超过国民经济和居民收入的增长。

二、慢性非传染性疾病的特点

(一)致病因素多,发病机制复杂

一般的急性传染性疾病都能找到比较确切的病因，比如 AIDS 病原体是 HIV，结核病原体是结核杆菌。对于这一类疾病，预防病原体的传播，消灭病原体就可以有效地控制疾病的发生和发展。目前认为，大多数的慢性非传染性疾病，其致病因素不止一个，病因没有特异性，往往是很多种危险因素共同作用或者联合作用的结果，如高血压的发病与遗传、体重超重、高盐饮食、酗酒、吸烟及社会心理因素有关。

(二)发病日期不确切,病程长,且一般不会自愈

急性传染病一般有确切发病日期，病程较短。而慢性非传染性疾病由于是受到多种危险因素的共同作用或者联合作用的结果，大多数的危险因素与遗传、生活环境、行为方式有关，因此不容易被早期识别。危险因素导致疾病的发生需要一定的剂量和时间，因此从危险因素作用于机体开始，一般需要较长的时间，有时需要十几年甚至几十年才导致发病。发病时间仅能从首次诊断时间来估计，这时疾病已进入中晚期，导致了机体器官的器质性损害，病理过程难以恢复。此外，慢性非传染性疾病病因复杂，无特异性，一般没有特异性治疗措施。

(三)预后差,致死、致残率高

慢性非传染性疾病病程通常比较长,预后差,易复发,并伴有严重并发症甚至伤残的发生,严重影响病人的劳动能力和生存质量,已经成为全世界致死和致残的首要因素。如糖尿病患者患肾功能衰竭比非糖尿病患者高 17 倍,致盲率高 25 倍。我国现存的 600 万脑卒中患者中,75% 存在不同程度的劳动能力丧失,40% 重度致残。

(四)流行面广,受累人数多

人口老龄化、生活方式、环境和遗传等是目前已知的慢性非传染性疾病危险因素。当前我国 60 岁以上人口已达 1.3 亿,占总人口的 10%,预计到 2050 年将达到 4 亿,21 世纪 30—40 年代,中国将迎来老年人口高负担期。除老龄化外,我国城市居民和城市化了的农民正暴露在强度不断增大的危险因素之中。随着社会经济发展的现代化、城市化,人们自然而然地倾向于选择精细的食物、久坐的生活方式和承受更多的心理压力,而它们正成为慢性非传染性疾病持续上升的重要原因。我国学者对中国前 10 位死因的分析显示,生活行为因素占 44.7%。正因为危险因素水平持续上升,使慢性非传染性疾病在我国流行面广,且受累人数逐渐增加。如 20 世纪 50—70 年代我国高血压每年新发 100 多万人,80—90 年代每年新发 300 多万人。

三、慢性非传染性疾病的流行现状及发展趋势

目前,慢性非传染性疾病的发病和死亡呈上升趋势,慢性非传染性疾病已成为全世界致死和致残首位死因。近 20 年来,我国人口总死亡率下降了 20%,但心脑血管疾病、糖尿病、恶性肿瘤等慢性非传染性疾病呈上升趋势。1993 年国家卫生服务总调查显示,城市居民慢性病患病率高达 28.6%,比 1985 年增加了 13.9%;农村高达 13%,比 1985 年增加了 44.44%。

(一)心脑血管疾病

1. 流行病学特征及发展趋势

主要的心脑血管疾病包括:①冠心病(或缺血性心脏病);②脑血管性疾病(脑卒中);③高血压病;④心脏衰竭;⑤风湿性心脏病。从疾病的三间分布来看,心脑血管疾病在地区分布上属于世界性的分布,中老年人患病率高于年轻人。欧美国家的心脑血管患病率及死亡率最近有下降趋势,而我国近年的心脑血管患病率有增高的趋势,并且有年轻化的趋势。2003 年的 WHO 报告显示,每年全球心血管疾病的死亡人数为 1 670 万,占全球总死亡比例的 29.2%,其中 720 万人死于缺血性心脏病,550 万人死于脑血管性疾病,另外还有 390 万人死于高血压和其他的心脏病。全国疾病监测资料表明,我国心血管病死亡中 75% 是 65岁以上人口,21% 是 45~64 岁人口,4% 是 15~44 岁人口;患病年龄构成 55% 是 45~64 岁

人口,23%是 15~44 岁人口。2002 年中国居民营养与健康现状调查结果显示,我国 18 岁以上居民高血压患病率为 18.8%,估计全国患病人数 1.6 亿多,与 1991 年相比,患病率上升 31%,患病人数增加 7 000 多万。

2. 心脑血管疾病发生的危险因素

心脑血管疾病的增加是城市化、工业化和经济发展导致人们饮食习惯、体力活动水平、烟草消费等发生重大改变的反映。如今越来越多的人正在消耗大量的高能量低营养饮食,而且极少从事体力活动。不平衡的营养、体力活动减少和烟草消费增加,已成为人们主要的生活方式。高血压、高血脂、高胆固醇、超重和肥胖、慢性 2 型糖尿病都包括在主要的生物学危险因子之中。不健康的饮食习惯包括饱和的脂肪、盐、精制碳水化合物的高摄入和水果蔬菜的低摄入,这些危险因子有相伴出现的倾向。

(二)糖尿病

1. 流行病学特征及发展趋势

近几十年来,全球糖尿病患者数以惊人的速度在迅速增长,特别是 2 型糖尿病已经成为严重影响人类身心健康的主要公共卫生问题。2003 年,全球有 2 亿糖尿病患者,如果不采取有效的防控措施,估计到 2025 年这一数字将超过 20 亿。糖尿病的增长主要发生在发展中国家,原因是人口的增长、老龄化、不健康的饮食、肥胖和不参加体育锻炼。90%的糖尿病病例是 2 型糖尿病,并且有年轻化趋势。《中国糖尿病防治指南》显示,我国 2 型糖尿病发病率在 1979 年仅为 1.0%,1996 年迅速增加到 3.2%,到 2002 年则增加到 4%~5%。

据调查,我国每天新增糖尿病患者约 3 000 例,每年大约增加 120 万例糖尿病患者。2003 年我国约有糖尿病患者 2 260 万。目前,我国已经成为全球糖尿病第二大国。预计到 2025 年,中国糖尿病患者将超过 5 000 万。

2. 糖尿病发生的危险因素

1 型糖尿病(即胰岛素依赖型)是胰腺分泌生存所需要的胰岛素障碍。1 型糖尿病主要发生在儿童和青少年,但也能见于成人。绝大多数患者是 2 型糖尿病(非胰岛素依赖型或成人型),原因是人体对胰腺所产生的胰岛素不敏感。2 型糖尿病主要发生在成人,但是儿童和青少年有上升趋势。在工业化国家,糖尿病病人死亡大约 50%是由心血管疾病引起的。糖尿病病人心脏病的危险因素包括肥胖或超重、不良饮食习惯(高脂肪饮食、高糖等)、吸烟、静坐少动、年龄、摄盐过量、精神因素、病毒感染、睡眠不足等。加强对上述因素的认识和管理,可以预防和延缓糖尿病病人心脏病的发生。

(三)恶性肿瘤

1. 流行病学特征及发展趋势

1990 年,全球肿瘤新发病例 810 万,死亡病例 520 万;2000 年新发病例 1 010 万,死亡病例620万。根据WHO报告,进入新世纪以来全球每年新发生的癌症病人超过1 000万,因癌症死亡的人数超过700万,占全部死亡人数的12%,我国每年也有100余万人因此失去生命。预计到2020年,全球肿瘤新发病例将达2 000万,死亡病例将达1 200万,将成为全球最大的公共卫生问题之一。

从肿瘤的流行趋势来看,肺癌在全球或我国的发病率、死亡率均高居首位。2000年,全球肺癌新发病例120万,占肿瘤新发病例的12.3%,死亡病例110万,占死亡病例的17.8%。乳腺癌是全球第二高发的肿瘤,2000年,新发病例105万,死亡病例37万。乳腺癌是除日本外发达国家女性最常见的肿瘤,我国属乳腺癌低发区,却是发病率增长最快的国家。肝癌是发展中国家高发的肿瘤,其新发病例约占全球发病总数的80%,我国则占全球发病总数的一半。

恶性肿瘤是一类全球性分布的疾病,但在不同国家、地区和人群之间的分布有明显差别。总的恶性肿瘤发病率以北美、澳大利亚、新西兰和西欧最高,西非最低。如肺癌发病率在北美高达73.6/10万,但在西非仅为2.5/10万。我国是肺癌、胃癌、食管癌、肝癌等癌症高发区。恶性肿瘤的发病率和死亡率还具有明显的城乡差别。如肺癌的发病率及死亡率有明显的城乡差异,城市高于农村,且城市越大,肺癌的发病率和死亡率越高,表明环境污染、吸烟以及职业危害等因素在其中起了重要作用。

不同的恶性肿瘤高发年龄不同,一般随着年龄增长,癌症死亡率上升。但各年龄组都有其高发癌症,如儿童发病和死亡最多的是白血病、脑瘤和恶性淋巴瘤,青壮年常见的是肝癌、白血病和胃癌等,中老年人多见肺癌、食管癌、前列腺癌。男、女性恶性肿瘤发病率也不同,除女性特有的肿瘤外,一般女性的恶性肿瘤发病率低于男性,尤其以消化道癌症、肺癌以及膀胱癌为甚。例如肺癌,全球男性的肺癌发病率和死亡率均高于女性。2002年,世界男性肺癌发病率为35.5/10万,死亡率为31.2/10;女性发病率为12.1/10万,死亡率为10.3/10万;发病率和死亡率男女比分别为2.93和3.03。我国肺癌发病率和死亡率也是男性高于女性。20世纪70年代,我国肺癌死亡率的性别比为2.2(男性9.9/10万,女性4.6/10万),90年代为2.5(男性22.0/10万,女性8.7/10万)。早婚多育的妇女多发宫颈癌,鼻咽癌多见于两广的一些方言人群,白种人则易患皮肤癌。

2. 恶性肿瘤发生的危险因素

不良的行为生活因素、环境有害因素以及生物遗传因素是恶性肿瘤发生的主要危险因素。

(1)行为生活方式:包括吸烟、膳食等因素。烟草的使用是癌症最大的病因,它引起了发达国家30%的癌症死亡及发展中国家癌症病例数的上升。吸烟与多种癌症有关,除了常见的肺癌外,还可引发白血病、口腔癌、喉癌、膀胱癌等11种恶性肿瘤。

饮食是仅次于烟草的第二个可预防的癌症发病因素,例如腌肉、红色肉类的高水平消费能增加结肠癌和直肠癌发生的危险性。与癌症危险性明确相关的其他饮食因素是酒精类饮料的过度消费,它能增加口腔、咽、喉、食管、肝和乳腺癌的危险性。西方国家30%的癌症是由饮食因素引起的,在发展中国家约 20％,且有升高的趋势。随着这些国家的城市化,癌症(特别是与饮食和体育活动密切相关的癌症)发生的种类向经济发达国家的流行趋势转变。当人们移居到其他国家并接受不同的饮食类型时,癌症的发病率也随之而改变。可增加癌症危险性的饮食因子主要有:①超重和肥胖;②酗酒(每天 2 两以上);③腌制和发霉的鱼;④滚烫汤和食物;⑤黄曲霉素等。

(2)环境有害因素:WHO 指出,人类癌症 90％与环境因素有关。无论是日常生活环境还是职业环境中都存在大量的可能致癌因素,其中有物理因素、生物因素和化学因素,以化学性致癌物最常见。物理因素(如电离辐射)可导致人类急性、慢性粒细胞性白血病,恶性淋巴瘤及皮肤癌等。生物因素主要是指一些病毒和微生物,与人类恶性肿瘤关系密切的有 EB 病毒(引起鼻咽癌)、HBV(引起原发性肝癌)等。化学因素对人类有致癌作用的有 30 多种,有 21 种职业性化学物质被确定为确定致癌物,包括砷及其化合物、石棉、联苯胺、氯乙烯、苯等,主要引起的肿瘤有肺癌、膀胱癌、白血病、皮肤癌等。

(3)机体因素:据研究,一些恶性肿瘤的发生与遗传因素有关。此外,个人的年龄、性格和行为特征以及所处的社会各种心理因素都对肿瘤的发生有一定的影响。

(邹云锋 姜岳明)

第三节 伤 害

2002 年 5 月,由 83 个国家代表在加拿大通过的《蒙特利尔宣言》认为,伤害是目前全球面临的一个严重威胁人群健康的公共卫生问题。无论是发达国家还是发展中国家,伤害的发生率、致残率和死亡率都居高不下,给各国带来了巨大的社会经济负担。据 WHO 统计,全世界每年由伤害造成的死亡数高达 500 多万例,占全球死亡总数的 9％以上。同时,随着社会经济的不断发展,城市化、工业化进程的加快以及人口数量的增加,伤害的威胁也将会呈持续上升的趋势。2006 年 4 月,由 WHO 组织的第八届世界伤害预防与安全促进大会在南非召开,会议内容包括道路安全、反对暴力、儿童安全、灾难控制、职业安全、创伤管理和运动安全等方面,说明伤害作为一个全球面临的重大公共卫生问题已日益引起各国的重视。

一、我国伤害发生的现状

伤害已成为我国重要的公共卫生问题。2007 年 8 月,卫生部首次发布的《中国伤害预防报告》显示,我国每年各类伤害发生约两亿人次,因伤害死亡人数 70 万～75 万人,占每年死亡总人数的 9％左右,是继恶性肿瘤、脑血管病、呼吸系统疾病和心脏病之后的第五位死亡原因。目前,我国最常见的 5 种伤害分别为交通运输伤害、自杀、溺水、中毒、跌落等,导致的死亡案例占全部伤害死亡的 70% 左右。每年发生各类需要就医的伤害约为 6 200 万人次,占全年居民患病需要就诊总人次数的 4.0%,每年因伤害引起的直接医疗费达 650 亿元,因伤害休工而产生的经济损失达 60 多亿元。尤其严重的是,每年因为伤害而导致功能受限者约 200 万人,致残者约 50 万人,使受伤害者的生命质量明显降低,造成劳动力缺失,给社会带来了沉重的负担。我国政府十分重视伤害问题的研究,已经将其作为重要的公共卫生问题列入国家的规划。

二、应对伤害的策略

我国伤害的发生率与严重程度较为突出,但是伤害预防与控制工作尚处于一个初始阶段。卫生部门已将伤害预防控制纳入疾病预防规划和重大疾病防治范畴,并纳入已经建立或正在建立的疾病预防体系、医疗救治体系和卫生监督体系的管理之中,还把伤害的预防与控制与妇幼卫生、社区卫生、农村卫生结合起来,作为促进妇女、儿童和社区、农村人口健康的主要内容之一。

伤害以常见、高发、低年龄人群为显著特征,死亡率高,后遗伤残多,造成的总体损伤大,对社会构成严重危害。伤害的预防与控制是一项复杂的社会系统工程,需要有科学的策略,才能实现有效的干预控制。伤害预防与控制的目的是最大限度防止伤害的发生、死亡和伤残,减少伤害造成的损失。

(一)政府重视,部门协作

伤害是一个社会安全和公共卫生问题,其防治仅依靠卫生部门是不可能做好的,因此一个地区的预防控制,必须要有政府强有力的支持、协调、统筹,政策、法律法规制定和管理,以及工程技术、环境设施、宣传教育及医疗、预防等方面工作的配合,通过多部门相互协作,加强伤害的综合防治,才能有效控制伤害的发生。

(二)依托社区,各方参与

社区在城市基本以街道为基本单位,在农村以乡镇为单位,是人们生活和工作的重要区域之一。伤害的预防和控制必须立足于社区,依托社区来开展防治工作。伤害的防治工作应落实到社区卫生服务工作中,将与伤害密切相关的预防、医学、保健、康复、健康教育和计划生育联系起来,把伤害监测的特殊人群(老人、小孩、残疾人、职业人群)的照顾、潜在隐患的消除,安全观念和自我预防、自我救护常识的普及,院内急救及伤后康复作为重要内容来抓,动员社区内所有居民参与到伤害的防治工作中,从而达到减少伤害发生的目的。

（三）监测干预，双管齐下

伤害的监测包括伤害的发生、死亡、预后、危险因素、危险环境和高危人群等方面的监测，确定伤害干预的策略与措施，分析与评价伤害的严重性、危害性、趋势、社会代价和防治效果。

（杨晓波　姜岳明）

第四节　职业性危害

经济全球化和区域经济一体化的发展，促进了我国国民经济的高速增长，但职业安全卫生工作远远落后于经济建设的步伐。我国职业卫生出现了不少新问题：①新旧职业病危害叠加，新危害不断出现；②职业病防治的法律制度不能全面落实，尤其是部门协调机制亟待完善；③一些地方政府对企业监管不到位，导致大量未经职业危害评价审查的企业开工投产；④劳动用工管理混乱，严重影响劳动者健康权益的维护；⑤职业危害模式持续转移，表现为由境外向境内转移，由发达地区向落后地区转移，由城市工业区向农村转移，由大中型企业向中小型企业转移，由企业正式职工向流动工人转移。无论是接触职业危害人数、职业病患者人数、职业危害造成的死亡人数，还是新发职业病人数，我国均居世界首位。职业性危害已成为我国一个十分突出的公共卫生问题。

一、职业性危害的内涵

职业性危害（occupational hazard）是指在生产工艺过程、劳动过程和作业场所环境中可能造成工人伤害、职业病、财产损失、作业环境破坏的状态。职业性危害是劳动者在从事职业活动中，由于接触生产性粉尘、有害化学物质、物理因素、放射性物质等有害因素对身体健康所造成的损害。职业性危害产生的原因是多方面的，不仅包括生产环境的物理、化学和生物因素，还与社会经济因素、职业有关的生活方式、职业卫生服务质量等密切相关。在实际生产场所中，这些危害因素往往不是单一存在的，而是多种因素共同决定对劳动者的健康危害程度。

职业性危害与职业性伤害的内涵不同，后者又称工作伤害（简称工伤），主要是在生产劳动过程中，由于外部因素直接作用而引起机体组织的突发性意外损伤，如因职业性事故导致的伤亡及急性化学物中毒等。职业性危害的内容比职业性伤害的内容复杂和宽泛得多，例如许多职业性危害因素会造成职业性伤害的后果，职业性伤害往往由职业性危害引起；职业性危害侧重于根源，而伤害侧重于引起的突发性不良结局。

二、我国职业性危害的种类和现状

职业性危害种类繁多,广泛存在于生产工艺过程、劳动过程和作业场所环境等各种劳动条件中,按其来源和引起的不良后果可分为以下几类。

(一)生产性毒物与职业性中毒

生产性毒物(industrial toxicant)一般是指在生产过程中产生的,存在于工作环境中的毒物。生产性毒物来源复杂,接触面广,人数庞大,是劳动者广泛接触的一种职业性危害。例如来源于原料、辅助原料、中间产品(中间体)、成品、副产品、夹杂物或废弃物,有时也可来自热分解产物及反应产物。职业性中毒(occupational poisoning)是指劳动者在生产劳动过程中由于接触生产性毒物而引起的中毒。职业中毒按病程长短可分为急性职业中毒和慢性职业中毒。据卫生部统计,我国急性职业中毒主要发生在化工、煤炭、冶金行业,2005年全国发生各类急性职业中毒326起、613例,死亡28例。引起急性职业中毒的化学毒物主要是硫化氢(94例)、一氧化碳(72例)、砷化氢(44例)、苯(44例)、氨(27例)、磷化物(26例)、汞及其化合物(19例)等;而慢性职业中毒主要发生在有色金属业、化工业、电子业、冶金业,在1 379例慢性职业中毒者中,居前三位的分别是铅及其化合物中毒(589例)、苯中毒(253例)、砷及其化合物中毒(119例)。

(二)生产性粉尘与尘肺

生产性粉尘是指在生产活动中产生的能够较长时间漂浮于生产环境中的固体微粒。生产性粉尘来源非常广泛,几乎工农业生产的各行各业均可产生生产性粉尘,它是污染职业环境、危害劳动者健康的一类重要的职业性危害。尘肺(pneumoconiosis)是由于劳动者在生产环境中长期吸入生产性粉尘而引起的以肺弥漫性间质纤维性改变为主的疾病,它是职业性疾病中影响面最广、危害最严重的一类疾病。矽肺(silicosis)是由于在生产过程中长期吸入游离二氧化硅(SiO_2)含量较高的粉尘而引起的以肺组织纤维化为主的疾病,我国矽肺病人约占尘肺的一半。最新的资料表明,我国累计已发生尘肺病人约607 570例,其中约12万病例已死亡,另有约60万的可疑病人,这其中尚未包括乡镇企业中发生的尘肺。另据我国卫生部统计,2005年全国尘肺病病例共报告9 173例,占各类职业病报告的75.1%;矽肺和煤工尘肺仍是最主要的尘肺病,分别为4 358例和3 967例,两者共占尘肺病例总数的90.8%。

目前,我国尘肺发病以煤炭行业最为严重,其次依序为冶金行业、有色金属、建材、机械、轻工、铁道行业,上述各行业的尘肺病例报告数占总数的85%。值得注意的是,我国乡镇企业、私有企业有2 000余万家,这些企业粉尘接触作业工人众多,但普遍对粉尘危害缺乏认识,而且很多企业生产工艺原始落后,大多没有配备防尘降尘设施,粉尘污染非常严重,引起的职业性危害也异常突出。

(三)物理性职业危害

在职业环境中,各种物理性因素存在的范围相当广泛,劳动者在工作中不可避免地与之接触,并对劳动者健康程度产生不良影响。物理性职业危害种类繁多,包括气象条件,如气温、气湿、气流、气压;噪声和振动;电磁辐射,如 X 射线、γ-射线、紫外线、可见光、红外线、激光、微波和射频辐射等。当然,并非所有物理性因素都具有危害性,常常表现为在某一强度范围内对人体无害,高于或低于这一范围才对人体产生不良影响,例如正常气温与气压是人体生理功能所必需的,而高温可引起中暑,低温可引起冻伤或冻僵;高气压可引起减压病,低气压可引起高山病危害。

(四)职业性致癌因素与职业性肿瘤

职业性有害因素引起的死亡主要包括与职业有关的癌症、循环系统疾病、事故、传染病等,其中职业性肿瘤是引起与职业有关死亡的第一原因。职业性肿瘤约占全部肿瘤人数的 4%,由生产环境中存在的致癌因素引起。职业性致癌因素是指在劳动过程中,可能引起劳动者发生肿瘤的各种因素。随着现代工业的发展,越来越多的职业性致癌因素出现在生产过程中,包括化学、物理和生物因素,其中以化学性因素最常见。迄今国际癌症研究中心(IARC)确定与工农业生产有关的人类化学致癌物或生产过程有 40 多种。我国法定职业病名单中职业肿瘤有 8 种:①联苯胺所致膀胱癌;②石棉所致肺癌、间皮瘤;③苯所致白血病;④氯甲醚所致肺癌;⑤砷所致肺癌、皮肤癌;⑥氯乙烯所致肝血管肉瘤;⑦焦炉逸散物所致肺癌;⑧铬酸盐制造业所致肺癌。另外,在第二类职业性放射性疾病中列入了放射性肿瘤。

此外,工作环境中也可能存在对职业人群健康有害的致病微生物、寄生虫及动植物、昆虫等及其所产生的生物活性物质,这些生物性危害的职业人群包括医务人员,畜牧业、养殖业、食品加工业、酿造业从业人员等。尤为严重的是,我国当前存在较大数量的活动性肺结核患者和 HIV 感染者,这些病例未被检出前,对医务人员的健康威胁非常大。

职业性危害不仅包括上述的物理、化学和生物性危害,随着现代工业的不断发展,劳动过程中的组织和人类功效学方面的危害也日益受到重视。例如,单调作业和夜班作业对劳动者的身心健康会产生明显的不良影响。化工厂、电厂等自动化控制室中长期观察仪表的工人,部分劳动者除产生疲劳症状外,常会产生劳动能力与生产能力下降,工伤事故增多,因病缺勤率增高,工人的创造力受到抑制,下班后不想参加社会活动等。长时间处于某种不良体位或使用不合理的工具也会对工人的健康造成损害,如计算机操作人员、流水线工作人员,如果座椅不适易产生颈、肩、腕损伤。

三、职业性危害与职业病

职业性危害对劳动者健康影响的严重程度以及职业人群职业病是否发生,是典型的环境因素与相关遗传因素交互作用的结果。一般情况下,职业性危害引发职业性疾病的主要条件是:

(1)有害因素的性质:职业性危害种类繁多,不同的职业性有害因素会产生不同的结局。卫生部、劳动保障部根据工作场所存在的各种职业性危害,于 2002 年 4 月 18 日颁发了新的"职业病名单"。新颁布的职业病名单分 10 类 115 种,包括:①尘肺 13 种;②职业性放射性疾病 11 种;③职业中毒 56 种;④物理因素职业病 5 种;⑤职业性传染病 3 种;⑥职业性皮肤病 8 种;⑦职业性眼病 3 种;⑧职业性耳鼻喉疾病 3 种;⑨职业性肿瘤 8 种;⑩其他职业病 5 种,其中包括化学灼伤等工伤事故。

(2)接触有害因素的量:职业性危害的严重程度或职业性疾病的发生与否,与劳动者接触有害因素的剂量密切相关。特别是对于各种化学性毒物,暴露者吸收后在体内有复杂的代谢、活化和解毒机制。虽然外环境暴露量一致,但是不同个体之间内暴露量、有效吸收量和靶器官作用剂量差异很大,导致职业性危害的后果显著不同。同时,应考虑接触时间、工龄等,而且偶然的、短期的或长期的接触,会导致不同的后果。

(3)其他因素:劳动者的健康状况,如年龄、性别以及营养状态等,均会影响职业性有害因素作用于劳动者引起的危害结果。而且,劳动者的文化水平和生活习惯也与之密切相关。例如有一定文化和科学知识者,能自觉预防职业病,生活上某种不良嗜好(如饮酒、吸烟)可增加职业危害的作用。

在职业卫生工作中,关键是应该从治本的角度预防职业危害的发生,而不是被动地处理职业病的结果。国际上通行的职业安全卫生管理体系借鉴了"危害分析与关键控制点"(Hazard Analysis and Critical Control Point,HACCP)的指导思想,即应用质量控制和危险度评价的原理和方法,对生产全过程中的潜在危害进行危险性评价,找出职业性危害的关键点,并提出相应的预防措施,将职业危害控制于发生之前。

(杨晓波　姜岳明)

第五节　其他公共卫生问题

一、食源性疾病

食源性疾病是指通过食物进入人体内的致病因子导致的感染或中毒。大多数食源性疾病是由细菌、病毒、蠕虫和真菌引起的。据报道,发达国家每年大约有 30％的人患食源性疾病,发展中国家的问题估计更为严重。由于环境和人口统计学的变化、人们生活方式的改变、食品贸易的全球化、都市化、新的食品生产方式、自然的和人为的灾难等因素,降低了食品安全性,使食源性疾病发病率持续上升,新食源性病原体感染不断出现。不管是在发达国家还是在发展中国家,食源性疾病都会严重损害人类的健康,给经济发展造成重大影响。因此,食源性疾病是国际上最突出的公共卫生问题之一。

（一）O_{157}事件

1996 年 6 月至 8 月,日本多所小学发生集体食物中毒事件,患者9 000多人,其中 7 人死亡,数百人住院治疗。据调查,元凶为"$O_{157}:H_7$"大肠埃希菌(简称 O_{157}大肠杆菌或"O_{157}")。感染 O_{157}大肠杆菌往往都伴有剧烈腹痛、高热和血痢,病情严重者可并发溶血性尿毒综合征(HUS)和脑炎,危及生命。"O_{157}"一般经粪口途径传播,所以人、畜极易感染,尤其是抵抗力弱的老人和儿童。

（二）疯牛病

又称"牛海绵状脑病",是一种进行性中枢神经系统病变,在牛出现的症状与羊瘙痒症类似,俗称疯牛病。该病在人类中的表现为新型克雅氏症,患者脑部出现海绵状空洞,导致记忆丧失、功能失调、神经错乱,甚至死亡。疯牛病的传播可能通过给牛喂养动物肉骨粉引起。截至 2000 年 7 月,超过34 000个英国牧场的 17 万多头牛感染了该病。20 世纪 80 年代中期至 90 年代中期是疯牛病严重流行期,主要发生在英国及其他欧洲国家。

（三）二噁英事件

二噁英是已知有毒化合物中毒性最强的一种含氯化合物,其致癌性极强,还可以引起严重的皮肤病,并累及胎儿。二噁英主要污染源包括城市垃圾焚烧、含氯化学工业、食品包装材料等,90％以上的人体二噁英接触来源于食品。1999 年,比利时、荷兰、法国、德国分别发生因二噁英污染造成禽畜类产品及乳制品含高浓度二噁英的事件。

（四）上海甲肝流行

1988 年 1 月 19 日至 3 月 18 日,上海出现不明原因的发热、呕吐、畏食、乏力和黄疸等症状的病人,累计29 230例。据调查,该甲肝流行是因毛蚶受到甲肝病毒严重传染、当地居民缺乏甲肝免疫力、生食毛蚶习惯所致。

（五）山西朔州毒酒事件

1998 年春节前夕,山西朔州、大同等地在几天时间内,先后有数百患者因呕吐、头痛、呼吸困难住院治疗,约 30 人经救治无效死亡。据调查,该事件是由于饮用假酒引起的中毒。不法分子使用甲醇勾兑散装白酒,然后批发给外地个体户。经检测,这些勾兑的散装白酒每升含甲醇361 g,超过国家标准 902 倍。

(六)南京汤山中毒事件

2002 年 9 月 14 日,南京汤山发生一起特大食物中毒,395 人因食用有毒食品而中毒,死亡 42 人。经调查,有人将"毒鼠强"投放到某食品店的食品原料内,造成特大食物中毒。

(七)安徽阜阳劣质奶粉事件

2004 年 4 月,安徽阜阳市出现有发育迟缓、全身浮肿、低烧不退等症状的"大头娃娃"病孩,严重的还出现了全身溃烂。经调查,共有轻、中度营养不良的婴儿 189 例,重度营养不良患儿 28 例,死亡 12 例,发病均与市场上普遍存在的劣质婴儿奶粉有关。商家用淀粉、蔗糖等价格低廉的食品原料全部或部分替代奶粉,然后用奶香精等添加剂调香调味生产出劣质婴儿奶粉。

(八)三鹿牌婴幼儿奶粉事件

2008 年 8—9 月,甘肃等地报告多例婴幼儿泌尿系统结石病例,调查发现患儿多有食用三鹿牌婴幼儿配方奶粉的历史,经相关部门调查,高度怀疑石家庄三鹿集团股份有限公司生产的三鹿牌婴幼儿配方奶粉受到三聚氰胺污染。三聚氰胺是一种化工原料,可导致人体泌尿系统产生结石。经有关方面的调查和认定,石家庄三鹿集团股份有限公司所生产的婴幼儿"问题奶粉"是不法分子在原奶收购过程中添加了三聚氰胺所致。

目前,美国、英国、加拿大、日本建立了食源性疾病年度报告制度,但是发达国家的漏报率高达 90%,发展中国家在 95%以上。我国虽有食物中毒报告系统,但还没有健全的食源性疾病监测体系,故难以估计食源性疾病发病的实际情况。

二、医院感染

据 WHO 报道,每年全球有超过 140 万人患有医院感染性疾病。医源性感染不但威胁人类生命,也造成了社会财力的浪费。2002 年 11 月,从我国广东开始,蔓延至世界多个国家和地区的一种由新型冠状病毒引起的以呼吸系统症状为主要表现的人类急性传染病,我国称为传染性非典型肺炎(communicable atypical pneumonia),WHO 称为 SARS。我国近千名医务工作者被感染,有的甚至献出了生命。2005 年 12 月,安徽省宿州市某医院发生了10 例接受白内障手术治疗的患者眼球医源性感染,其中 9 名患者单侧眼球被摘除的恶性医疗损害事件。经调查,该起恶性医疗损害事件是由于医院管理混乱,违法、违规与非医疗机构合作,严重违反诊疗技术规范,造成手术患者的医源性感染所致。我国医院感染问题主要表现为以下四种。

（一）血源性疾病感染与职业防护不当

血源性疾病指由血液中携带的,能导致人体患病的微生物(病毒、细菌、寄生虫等)所引起的疾病。常见的血源性疾病感染有 HIV、HBV、丙型肝炎病毒(HCV)、梅毒、疟疾等。在医疗过程中,接触带有病原体的血液或含有血的体液时,这些病原体可能通过眼、口、鼻等黏膜以及破损的皮肤进入体内。我国有 1 亿多 HBV 感染者,HIV 感染者近 90 万,平均约 1 500 人中就有 1 名 HIV 感染者,在医院就诊的患者中感染率更高。因此,医务人员对 HIV 暴露的危险性高低依次是护士、实验室人员、医生。

（二）诊疗器材的消毒与灭菌

随着大量介入性诊断、治疗技术广泛应用于临床,且各种血源性疾病感染率增高,导致通过诊疗器材感染的病例常有发生。我国近年来爆发的医源性感染大多与诊疗器材的消毒灭菌不严格有关,尤其是内镜,由于构造精细、复杂、材料不能耐高温高压,给临床的消毒灭菌带来困难。

（三）抗菌药物滥用与危害

随着抗菌药物的问世,人均寿命增加了 10 岁。自 20 世纪 20 年代起,随着抗菌药物在医学领域的广泛应用,肺炎、肺结核病死率减少了 80%。但是,抗菌药物的滥用造成了耐药菌株的产生。此外,由于滥用抗菌药物出现"药源性致死",我国每年有 20 万人死于药品不良反应,其中 40% 死于抗菌药物的滥用。

（四）医用废弃物的销毁与处理

一次性医疗器械的使用,为控制外源性感染起到了很大的作用,但随之而来的问题是大量医用废弃物的产生给销毁与处理带来了难题。尽管大家都认识到利器盒(医用利器盒、锐器盒,供医院各使用科室收集注射器、输液器的针头以及各类刀片、头皮针、缝合针之用,利器盒封闭后不能被正常打开)使用的重要性,但许多医院和科室不愿为此"买单",成为本地区推广使用利器盒的最大障碍。

三、网络成瘾

网络成瘾是指由于过度使用互联网而导致的与社会、心理损害有关的病态行为和认知适应不良。网络成瘾多见于青少年。由于现代社会节奏加快,家长、教师又过分关注青少年的学习成绩,而忽略与他们进行思想、情感的沟通与交流,代沟普遍存在。因此,青少年常常感到压抑,网络便成为他们的主要宣泄途径。由于网络没有时空、地域、背景、年龄、性别等方面约束,青少年很容易沉迷进去而难以自拔。

电子游戏具有依赖性和危害性,甚至导致青少年违法。2008 年 6 月,《中国互联网络发展状况统计报告》显示,25 岁以下的网民占全国网民的 49.9%。玩电子游戏后会使学生成绩下降。玩电子游戏与学生的性别、年龄、校别、父母态度有显著性关系。男生高于女生;私立学校最低,职业学校最高;父母持反对态度的,比持无所谓或赞成态度的低。据长沙市调查显示,中小学生最喜爱的电子游戏是暴力倾向非常显示的游戏,提示暴力电子游戏对儿童个性和行为产生了不良影响。据研究,青少年正是身体发育时期,电脑、网络游戏依赖性影响、危害比成年人更大,可引起视屏显示终端综合征,如视疲劳、颈肩腕功能障碍、精神疲劳等。网络成瘾对青少年身心健康的主要影响可概况如下。

(一)网络幽闭症

许多青少年喜欢网上的交往方式,在网上不仅可以与各类朋友畅所欲言,而且不必暴露自己的身份。他们在网络上获得为人处事的成就感、满足感和更多的人文关怀,甚至能亲身感受到自身价值的存在。网络幽闭症使人忘记自己和他人的存在,完全陷入虚幻的网上世界,可在一定程度上弱化他们与真实世界的交往能力,正常的情感、情绪和心理活动功能受损。

(二)网络上瘾症

青少年抵抗诱惑的能力比较脆弱,自制力也不强,经常玩网络游戏极易上瘾,然后像吸毒者一样,沉迷其中而不能自拔。只要一接触网络游戏就异常兴奋,经常旷课、逃学,甚至荒废学业。有的因玩网络游戏而卷入群体暴力事件之中,特别是网络游戏上瘾会给青少年带来严重的心理问题,如情绪低落、兴趣丧失、睡眠障碍、生物钟紊乱、饮食下降和体重减轻、思维迟缓、社会活动减少,甚至有自杀的意念和行为等。

(三)"网恋"

由"网恋"引发的早恋问题正成为困扰青少年的较为严重的社会问题,他们进网吧上网聊天、浏览的潜在动机是想在网上找异性朋友,寻觅"红尘知己"。

(四)网上"黄毒"

互联网上信息呈现泛滥态势,网上存在色情、暴力等信息,尤以色情信息对青少年的危害最大。

(五)网络安全焦虑

网上交往的虚拟性有利于青少年扩大人际交往,但虚拟的背后暗藏着许多"杀机"。网上交往的匿名性给网上犯罪带来可乘之机,因此网络也给青少年带来了许多不安全因素。

(六)人格障碍

不少青少年网民在网上是活跃分子,现实中他们却是性格内向者。一些性格孤僻者一旦发现在网上寻找知己比现实更容易,就会沉溺其中,下网后就变得更加失落,远离周围的伙伴,更不愿与人交往,长期下去导致双重人格出现。

干预对策:①加强网络安全教育;②大力加强网络道德教育;③上网时间要有节制;④应提供一些有益的网站。

四、老龄化社会带来的公共卫生问题

(一)骨质疏松症

目前,全球已经进入人口老龄化阶段。骨质疏松症是随着人体机能老化而出现的以骨量减少、骨的微观结构退化为特征的一种全身性骨骼疾病。我国是世界上老年人口最多的国家,老龄人口约 1.3 亿,并以每年 3.2% 的速度持续增长,将在本世纪中叶进入老龄高峰期,预计届时 60 岁以上的老人将达到 4.1 亿,占总人口的四分之一。老龄人口增长的主要原因之一是人类平均寿命的延长,尤其是妇女寿命的延长。20 世纪,妇女平均寿命近 80 岁,以绝经年龄平均 50 岁计,则妇女的一生有 1/3 时间在绝经后度过。因此,与年龄老化、妇女绝经密切相关的原发性骨质疏松症目前已经成为常见病、多发病。据统计,目前全世界约有 2 亿人患骨质疏松症,发病率居世界各种常见病的第 7 位。

骨质疏松症可以造成多种并发症,其中骨折是最危险和最终的并发症,可以累及全身各部位的骨骼,并导致残疾、生活质量下降及寿命缩短。因此,骨质疏松症已经成为老龄化社会一个严峻的公共卫生问题。

(二)阿尔茨海默病(Alzheimer's Disease,AD)

在发达国家,痴呆是继心脏病、癌症、中风后的第 4 位死因,我国约有 500 万患者。随着社会老龄化的迅猛发展,老年性痴呆必将成为我国不可忽视的公共卫生和社会问题,而 AD 是老年期痴呆中的主要类型。AD 的主要危险因素包括:

(1)社会心理因素:低教育、低职业(无业/蓝领)、低认知功能、低社会生活功能、少社交活动、少闲暇活动、有不良生活事件和不与配偶同住等均与痴呆的发生有关。

（2）膳食因素与特殊嗜好：酒精依赖可显著提高痴呆和 AD 的危险性，而饮茶可通过茶碱和茶多酚扩张脑血管，减少血小板聚集及抗氧化作用而降低 AD 的发生率。

（3）生活方式：适当的运动、娱乐、社交活动等可减少 AD 发生的危险性。

（4）生理状态：各年龄段女性的 AD 患病率均高于男性，这可能与女性雌激素水平有关。

（5）血管因素：不良的血管因素会增加 AD 发病的危险性。

（6）早期生活：早期生活可能与 AD 有关。AD 与早期居住在农村、低教育、出生时母亲年龄大等因素有关，较差的社会经济环境也可能是 AD 的危险因素之一。

【思考题】

1. 试述我国的主要公共卫生问题及其干预对策。

2. 为什么说肿瘤的预防是 21 世纪肿瘤防治研究的焦点？

3. 试述我国伤害的现状及其预防与控制对策。

4. 试述我国职业卫生的新问题及其干预对策。

5. 试述我国的主要食源性疾病及其防治对策。

6. 试述网络成瘾对青少年身心健康的主要影响及其防治对策。

（姜　力　姜岳明）

第四章

公共卫生研究方法

为阐明暴露因素对人群健康的影响,在运用现代科学技术了解这些因素的物理、化学和生物学性质及其特征的同时,还需要认识它们作用于机体后引发的各种生理、生化和病理学反应。在公共卫生学领域,主要采用流行病学、毒理学和社会医学的研究方法来探讨暴露因素与人群健康之间的关系及其影响因素。

第一节　流行病学研究方法

流行病学是研究人群中疾病与健康状况的分布及其影响因素,并研究防制疾病及促进健康的策略和措施的科学。流行病学的研究内容涵盖了三个层次,即疾病、伤害和健康。疾病包括传染病、寄生虫病、生物地球化学性疾病和非传染性疾病等;伤害包括意外、残疾、智障和身心损害等;健康包括机体的各种机能状态、疾病前状态和长寿等。

一、流行病学研究方法的特征

(一)群体的特征

流行病学是研究人群中的疾病现象和健康状况,而不只是考虑个人的患病和治疗问题。由于人群组成了社会,研究他们的分布就需了解其职业、宗教信仰、居住地点等社会特征。分析资料时,也要注重生活习惯、社会经历、经济条件等社会因素的影响。流行病学研究方法中融汇了非概率性抽样、问卷的设计及其应用以及定性调查等社会学的研究方法。

(二)对比的特征

在流行病学研究中,始终贯穿着对比的思想。只有通过对比调查、对比分析,才能从中发现疾病发生的原因或线索。在流行病学工作中,常常比较疾病人群与正常人群或亚临床人群的某种现象或结果的发生概率。

(三)概率论和数理统计学的特征

流行病学研究中极少用绝对数表示各种分布的情况,常常使用频率指标。绝对数不能显示人群中发病的强度或死亡的危险度。流行病学强调概率,而频率实际上就是一种概率。流行病学研究要求有足够大的合理数量,这主要依靠统计学的原则来确定。数量不是越大越好,过多数量会增加经济负担和工作难度。

(四)社会心理的特征

疾病或某种健康状况的发生,不仅与集体的内环境有关,还受到自然环境和社会环境因素的影响。因此,在研究疾病的病因和流行因素时,应全面分析研究对象的生物、心理和社会生活状况。

(五)预防为主的特征

在社会发展的不同时期,流行病学研究的重点有所差异,研究方法也在不断完善。然而,流行病学研究始终是面向人群,贯穿预防为主的方针,特别是一级预防,保护人群的健康。

流行病学方法经常应用于公共卫生监测、致病因子的防治策略以及公共卫生措施的评价工作中。熟练掌握基本的流行病学方法对于进行公共卫生学研究至关重要。

二、描述流行病学方法

描述流行病学(descriptive epidemiology),又称为描述性研究(descriptive study),是指利用常规监测记录或通过专门调查获得的数据资料,按照不同地区、不同时间以及不同人群特征分组,描述人群中疾病或健康状态或暴露因素的分布情况。在此基础上分析疾病三间分布的特征,提出病因假说和线索。描述流行病学的研究特征主要是对疾病的分布和频率进行描述,特别是根据人群样本中所获数据来推断和评估总体的参数。在流行病学工作中,对任何因果关系的确定都是始于描述性研究。描述流行病学主要包括历史常规资料的分析、现况研究、生态学研究和随访研究等。下面分别叙述其中的现况研究和生态学研究。

(一)现况研究

现况研究是按事先设计的要求,在某一人群中应用普查或抽样调查的方法,收集特定时间内疾病的描述性资料,以描述疾病的分布以及某些因素与疾病之间的关联。从时间上说,这项工作是特定时间内一次完成的,故又称为横断面研究(cross-sectional study)。由于现况研究所得到的疾病率一般是在特定时间内调查群体的患病频率,因此也叫作患病率研究(prevalence study)。

1. 现况研究的主要目的

(1)描述某种疾病在特定时间内、在某地区人群中的分布;

(2)描述某些因素与疾病之间的关联,为病因分析提供线索;

(3)评价防治措施的效果;

(4)为疾病监测或其他类型流行病学研究提供基础。

2. 现况研究的主要用途

(1)描述疾病或健康状况的分布;

(2)评价一个国家或地区的健康水平;

(3)研究影响人群健康水平与疾病的有关因素;

(4)卫生服务需求的研究;

(5)医疗或预防措施及其效果的评价;

(6)有关卫生标准的制定和检验;

(7)检查和衡量既往资料的质量;

(8)社区卫生规划的制定与评估。

3. 现况研究的主要类型

(1)普查:即全面调查,是指以特定时点或时期、特定范围内的全部人群(总体)为研究对象的调查。

普查的目的主要包括:①早期发现、早期诊断和早期治疗病人;②了解疾病的病情分布;③了解人群的健康水平;④了解人体各类生理生化指标的正常范围值。

普查的调查对象为全体目标人群,不存在抽样误差。普查可以同时调查目标人群中多种疾病或健康状况的分布情况,发现全部病例。但是,普查不适用于患病率低且无简便易行的诊断手段的情况,一般普查的疾病最好是患病率比较高的。由于工作量大而不易细致,普查难免存在漏查。普查过程中调查工作人员对调查项目的理解很难统一和标准化,调查质量不易保证。此外,普查耗费的人力、物力一般较大,因此要有足够的人力、财力和物力的支持。

(2)抽样调查:为了揭示疾病的分布规律,从调查总体中抽取有代表性的一部分(称为样本)进行调查,以此部分人的调查结果来估计总体的情况。为了使从抽样调查中所获得的结论外推到整个调查人群,首先需要选择合理的随机化抽样方法。目前在流行病调查研究中使用的抽样方法包括单纯随机抽样、系统抽样、分层抽样、整群抽样和多级抽样,这些不同的抽样方法适合于不同的研究目的和对象,在实际应用中常常结合使用。

与普查相比,抽样调查节省时间、人力和物力,而且调查工作容易做得比较细致。但是,抽样调查的设计、实施和资料分析均比普查复杂;对于变异过大的研究对象(或因素)和需要普查普治的疾病不适合采用抽样调查;患病率太低的疾病也不适合采用抽样调查。

4. 现况研究资料的收集

主要包括收集一时性资料和经常性资料。一时性资料是为了某种研究目的,经过专门的研究设计而收集的资料。它可以通过面试、通信、电话及调查表的方式进行,其优点是资料针对性强,并且较为可靠,缺点是很难进行长期动态的观察。经常性资料则收集一个国家、地区或部门的日常工作记录或统计报表,如日常医疗卫生工作记录、传染病报告卡、环境监测记录等。其优点是资料容易获得,常年积累的资料可提供动态信息,缺点是可靠性不足。

5. 现况研究中常见的偏倚及其控制

偏倚(bias)是指在研究设计、实施、数据处理和分析的各个环节中产生的系统误差,以及结果解释和推论中的片面性。偏倚导致研究结果与真实值之间出现倾向性的差异,错误地描述暴露与疾病之间的联系。

(1)选择偏倚:是指在选择研究对象过程中所产生的偏倚,通常包括选择性偏倚(调查中不按照抽样设计的方案,而是随意选择研究对象)、无应答偏倚(调查对象不合作而降低了应答率)和选择幸存者偏倚(选择一些现存的患者进行调查而忽视了死去的患者,从而不能概括所研究疾病的全貌)。主要的控制方法包括严格按照抽样设计的方案实行随机化抽样,提高应答率,选择病例时要注意幸存者偏倚的问题。

(2)信息偏倚:是指在收集资料过程中产生的各种偏性,使所获得的资料缺乏真实性或可靠性。信息偏倚主要包括调查研究对象时所引起的回忆偏倚、调查偏倚和测量偏倚。控制此类偏倚一是要在调查问卷上下工夫,二是严格培训调查员,三是对测量仪器进行标准化。

6. 现况研究的优点与局限性

现况研究有许多优点。例如,抽样调查时,从一个目标人群中随机地选择一个代表性样本进行暴露与患病情况的描述研究,研究结果有较强的推广意义。现况研究是在资料收集完成后,将样本按是否患病或是否暴露来分组,形成来自同一群体的同期对照组,结果有很好的可比性。

与分析性研究不同,在进行现况研究时,疾病或健康状况和某些因素或特征的资料是在一次调查中得到的,它们(即因与果)是并存的,因此现况研究只能对病因分析提供初步线索,而不能得到病因关系的结论。现况研究调查得到的是某一时点是否患病的情况,因此不能获得发病率的资料。此外,在一次现况研究过程中,研究对象中的一些人如果正处在所研究疾病的潜伏期或者临床前期,则极有可能被误判为正常,低估研究群体的患病水平。

(二)生态学研究

生态学研究(ecological study)又称为相关性研究(correlational study),是描述性研究的一种。它在收集疾病或健康状况及某些因素的资料时,不是以个体为分析单位,而是以群体(如国家、城市、学校等)为分析单位,即描述某疾病或健康状态在各人群中所占的百分数或比数,以及某项特征者(如暴露于某种环境因素)在各人群中所占的百分数或比数。从上述两类群体数据可以分析某疾病(或健康状态)的分布与人群中某种暴露的相关关系。

1. 生态学研究的主要目的

(1)提供病因线索,产生病因假设;

(2)评估人群干预措施的效果;

(3)估计监测疾病的发展趋势。

2. 生态学研究的种类

主要包括生态比较研究(ecological comparison study)和生态趋势研究(ecological trend study)两种。

(1)生态比较研究:是生态学研究中应用较多的一种方法。它可通过观察不同人群(或地区)某种疾病的分布,根据其差异提出病因假设。生态比较研究也可以用来比较在不同人群中某种因素的平均暴露水平和某疾病频率之间的关系,从而为病因探索提供线索。

(2)生态趋势研究:是连续观察人群中某种因素平均暴露水平的改变与某种疾病的发病率、死亡率变化的关系,了解其变动的趋势;通过比较暴露水平变化前后疾病频率的变化情况,判断某种因素与某疾病的联系。在环境流行病学研究中,应用较多的是空间模型和时间序列分析。例如,在研究空气污染与健康的关系时,把每日的环境监测资料(如大气颗粒物)和死亡(或医院住院)资料联系起来,这样就可监测该地区空气污染是否对健康构成危害。

在生态学研究实施过程中,也常常将比较研究和趋势研究混合使用。生态学研究资料不需要特别的分析方法,可以将各群体研究因素的平均暴露水平与频率之间作相关分析,也可以将各群体的暴露作为自变量,以疾病的频率作为因变量,进行回归分析。

3. 生态学研究的优点与局限性

生态学研究可利用常规资料或现成资料来进行研究,可节省时间、人力和物力;对于不明原因的疾病,生态学研究可提供病因线索以便进行深入研究;当个体暴露量测定困难时,一般也只能选择生态学研究方法;当需要在人群水平评价某项干预措施的效果时,生态学研究往往更为合适。此外,在疾病监测工作中,应用生态趋势研究可估计某种疾病的发展趋势。

生态学研究也存在不少的局限性,其中最为突出的是会产生生态学谬误(ecological fallacy)。在生态学研究中,是以各个不同情况的个体"集合"而成的群体作为观察和分析单位的,也没有将混杂因素分离出来,易造成研究结果与真实情况不符的情况。生态学研究发现的某因素与某疾病分布上的一致性,可能两者存在真正的因果关系,也可能两者毫无关系。因此,以生态学研究的结果做出结论性的判断时应慎重。

生态学研究中的混杂因素往往难以控制。人群中的某些变量,特别是与社会人口学和环境有关的,易于彼此相关,从而影响对暴露因素与疾病关系的正确分析。生态学研究以群体作为观察单位,在进行两变量的相关或回归分析时对暴露水平或疾病的测量准确性相对较低,且时序关系不易确定,因此其研究结果不能作为因果关系的有力证据。

三、分析流行病学方法

与描述流行病学不同,分析流行病学(analytic epidemiology)最重要的特征是在研究开始前的设计中就设立了可供对比的两个或 n 个组(或时间段),用于检验危险因素的假设或用来筛选危险因素。分析流行病学主要包括病例—对照研究和队列研究。

(一)病例—对照研究

病例—对照研究(case-control study)又称回顾性研究(retrospective study),是将患有某特征疾病的病人作为病例,以未患有该病但具有可比性的个体作为对照,通过询问或实验调查或复查历史,搜集既往各种可能的危险因素的暴露史,测量并比较病例组与对照组各因素的暴露比例,从而探讨暴露因素与疾病间存在的关联。因此,它是由结果探索病因的研究方法,是在疾病发生之后去追溯假定的病因的方法。

1. 病例—对照研究的类型

按研究设计分类,病例—对照研究可以分为病例与对照不匹配(即随机不匹配)和病例与对照匹配(包括群体匹配和个体匹配)两类。

在病例—对照研究中,一般有三类病例可供选择,即新发病例、现患病例和死亡病例。首选新发病例,因为其在调查时更接近于暴露,因而可获得较准确的暴露信息。病例的来源可以是医院的病人、人群中的病例,也可是某研究队列或其他疾病登记系统中的病例。

病例—对照研究中对照的选择往往比病例的选择更复杂、更困难。对照选择是否恰当是病例—对照研究成败的关键之一。对照应来自与病例相同的人群,而且经常要求某些特征与病例组有可比性,如年龄、性别,但注意如果控制的因素太多,可能会产生配比过头。对照的选择应满足以下四个原则:①排除选择偏倚;②缩小信息偏倚;③缩小不清楚或不能很好测量的变量引起的残余混杂;④在满足真实性要求和逻辑限制的前提下,使统计把握度达到最大。在实际工作中,对照的来源主要有:①同一个或多个医疗机构的其他病例;②病例的邻居或所在同一居住区的健康人群;③社会团体人群中或社区人口的抽样人群;④病例的配偶、同胞、同学、同事等。

2. 样本量的估计

病例—对照研究中估计样本量时,必须了解研究因素在对照组中的暴露率、该因素预期的相对危险度 RR(Relative Risk,RR)或暴露的比值比 OR(Odds Ratio,OR)、希望达到的检验的显著性水平以及希望达到的检验把握度等。具体的样本量估计方法可参阅流行病学教科书。

3. 获取研究因素的信息

包括对所研究的危险因素和其他可疑的危险因素以及混杂因素的暴露程度和时间。调查方法有面试、电话访问、通信调查、各种测量和问卷等。对病例和对照的调查方法应一致，资料来源也应一致。

4. 资料的分析

首先进行病例组和对照组的均衡性检验，如年龄、性别、职业、民族等因素的比较，其目的是观察病例组和对照组是否有可比性，然后进行对研究因子分布情况的描述。计算暴露与疾病的关联强度通常用比值比 OR，即用病例组和对照组的两个暴露比值来观察暴露与疾病的关系。

5. 病例—对照研究中的偏倚及其控制

病例—对照研究是一种回顾性观察研究，比较容易产生偏倚，常见的有选择性偏倚（selection bias）和信息偏倚（information bias）。

（1）选择性偏倚：发生于研究的设计阶段，是由于研究时选入的研究对象和未选入的研究对象在某些特征上存在差异而引起的误差。选择性偏倚有以下几种类型：

①入院率偏倚（admission rate bias）：又称 Berkson 偏倚（Berkson bias）。利用医院病人作为病例和对照时发生。由于病人对医院以及医院对病人双方都有选择性，所选的病例只是该医院或某些医院的特定病例，不是全体病人的随机样本；同样，所选的对照是医院的某一部分病人，不是全体目标人群的随机样本。为了减小该类偏倚，应在研究设计阶段尽可能随机地、在多个医院选择研究对象。

②现患病例—新发病例偏倚（prevalence-incidence bias）：又称奈曼偏倚（Neyman bias）。从现患病例获得的信息不一定与发病有关，而可能只与存活有关。存活病例可能改变了生活习惯，降低了某种危险因素的水平。此外，被调查时，患者可能夸大或缩小病前生活习惯上的某些特征。

③检出征候偏倚（detection signal bias）：病人常常因为某些与致病无关的症状而去就医，提高了早期发现的概率，导致过高地估计暴露的程度。在病例的收集中如果同时包括早、中、晚期病人，则病例中某种暴露的比例会趋于正常，减少偏倚。

④时间效应偏倚（time effect bias）：对于慢性疾病，从暴露危险因素到发病需要一个较长的时间。因此，在调查时，暴露后即将发病的人或已有早期病变但未能检出的人都有可能被选入对照组，导致结论性的误差。减少该类误差应在调查中尽可能地采用敏感的疾病检查手段。

（2）信息偏倚：又称观察偏倚或测量偏倚，是由于测量暴露与结局的方法有缺陷所致的误差，主要有以下两类。

①回忆偏倚（recall bias）：由于被调查者记忆失真或不完整造成结论的系统误差，其产生与调查时间和事件发生的时间间隔、事件的重要性、被调查者的构成以及询问技术有关。为减少此类误差，应充分利用客观的记录资料，选择不易被忘记的重要指标进行调查，重视问卷的提问方式和调查技巧。

②调查偏倚(investigation bias)：病例与对照的调查环境或条件不同、调查技术和质量不高以及采用仪器设备测定时质控不严等均可产生调查偏倚。尽量使用客观指征，做好调查的质量控制可减少该类误差。

6. 病例—对照研究中对混杂因素的控制

在设计时，采用限制和配比的方法来选择研究对象。在资料分析时，可采用分层调整或标化，或用数学模型拟合。但无论采用何种方法，首先要能识别混杂因素，并收集关于混杂因素的资料。

7. 病例—对照研究的优点和局限性

病例—对照研究相对省力、省钱、省时间，能充分利用资料信息，易于组织实施，对研究对象一般没有伤害。它特别适合于罕见病的研究，有时往往是此类研究的唯一选择。病例—对照研究可以同时研究多个因素与某种疾病的联系，特别适合于探索病因的研究。除此之外，它还可用于预防效果评价等方面的研究。然而，病例—对照研究也有其局限性。它不适于研究人群中暴露比例很低的因素，这样需要很大的样本量；选择研究对象时很难避免选择偏倚，而获得既往信息时又难免回忆偏倚；信息的真实性难以保证，暴露与疾病的时间先后常难以判断；此外，病例—对照研究不能测定暴露组与非暴露组疾病的发病率和死亡率。

对病例—对照研究结果进行解释时应比较下列四种可能性的大小。①所观察到的相关关系是否由偏倚引起：论证样本的代表性和资料的可比性；②是否由混杂因素引起：考虑主要的混杂因素是否均得到控制；③是否由机会作用引起：随机误差；④因果联系：排除上述三项作用后，在做出因果联系的判断之前还要考虑到联系的时间顺序、联系的普遍性、联系的密切性、特异性及合理性。

(二)队列研究

队列研究(cohort study)也称前瞻性研究(prospective study)、随访研究(follow-up study)、发生率研究(incidence study)或纵向研究(longitudinal study)。它的基本设计是选定暴露与未暴露于某因素的两组人群，追踪其各自的发病结局，比较两组发病结局的差异，从而判断暴露因子与发病有无因果关联，是由因到果的研究。它所验证的暴露因素在研究开始以前就存在，而且研究者也知道每个研究对象的暴露情况，这与病例—对照研究不同。

进行队列研究的主要目的包括检验疾病病因假设、评价预防措施、研究疾病的自然史以及新药的上市后监测。

1. 队列研究的类型

根据研究对象进入队列的时间以及终止观察的时间不同，队列研究分为前瞻性、历史性和双向性三类。

(1)前瞻性队列研究：是队列研究的基本形式。研究对象的分组是根据目前的暴露状况而确定的,研究结局需要前瞻观察一段时间才能得到。研究者可以直接获得有关暴露与结局的第一手资料,因而资料的偏倚较小,结果可信。但是,该类研究所需观察的样本很大,观察时间长且花费大。选择前瞻性队列研究的前提是:①有明确的检验假设,检验的因素要找准;②所研究疾病的发病率或死亡率应较高;③明确规定其暴露因素,并可获得暴露资料;④有明确规定且容易确定的结局变量;⑤有足够的观察人群,而且能清楚地分为暴露组和非暴露组;⑥大部分观察人群能长期随访下去;⑦有足够的人力、物力和财力。

(2)历史性队列研究:研究对象的分组是通过研究对象在过去某个时点的历史资料做出的,研究开始时研究的结局已经出现,不需要前瞻性观察。尽管在历史性队列研究中资料的收集方法是回顾性的,但其性质仍属前瞻性观察,是从因到果的。该方法具有省时、省力,短期可以出结果的优点,但也有以前积累的资料不一定符合研究要求的缺点。除队列研究的一般要求外,选择历史性队列研究时应重点考虑有无足够数量且完整可靠的反映研究对象过去暴露和结局的历史记录和档案材料。

(3)双向性队列研究:也称为混合型队列研究,是在历史性队列研究的基础上,继续前瞻性观察一段时间,弥补了上述两类研究各自的不足。

2. 研究对象的选择

在队列研究中,研究对象根据其受暴露与否可分成暴露组和非暴露组(对照组)。暴露人群可选择高暴露人群如职业人群(例如在研究石棉致肺癌作用时选择石棉作业的工人等)、特殊暴露人群(如日本长崎、广岛原子弹爆炸的受害者)和一般人群(如吸烟与肺癌研究中的医生队列)。对非暴露组(对照组)选择的基本要求是它与暴露组要具有尽可能高的可比性,即对照人群除未暴露于所研究的因素外,其他各种因素的影响或人群特征(年龄、性别、民族、职业、文化程度等)均应与暴露组相同。

3. 样本量的估计

主要取决于四方面因素,即一般人群(对照人群)中所研究疾病的发病率、暴露组与对照组人群发病率之差、要求的显著性水平以及把握度。

4. 资料的收集

主要通过追踪式随访来完成。包括收集暴露资料、一般人群特征及健康效应资料。暴露资料包括三个内容,即确定暴露的方式(如连续或间断暴露等)、开始暴露的时间及暴露的程度。资料的来源主要有常规记录、询问调查、医学调查及环境测量。

5. 失访

由于队列研究观察人数多且观察时间长,研究对象中某些人会因为对参加研究失去兴趣,或因身体不适不便继续参加研究,或因迁移、死亡等原因退出研究,因而产生失访(loss of follow up)。因此,队列研究应尽可能选择比较稳定的人群参加,广泛开展宣传,采取简便易行的观察手段,多种来源收集资料及多次反复追访。

6. 资料的分析

流行病学的主要效应测量指标是相对危险度和归因危险度（Attributable Risk，AR），即暴露组与对照组之间的危险度比和危险度差。队列研究可以直接计算出研究对象的结局的发生率，因而可直接计算 RR 和 AR。

7. 队列研究的优点和局限性

队列研究中的人群定义明确，选择性偏倚较小，暴露因素作用与疾病的时间关系清楚，可直接计算发病率和相对危险度，可同时观察一种暴露与多种疾病的关系，适合评价某种罕见暴露因素对人群的影响。队列研究的缺点是耗时，耗人力、财力，随访过程长，易产生失访，不适合研究罕见疾病。

在排除研究设计中可能存在的偏倚和混杂作用后，才能进一步分析所研究队列中是否存在暴露—效应的因果关系，其主要依据是相对危险度的结果及剂量反应关系。

四、实验流行病学方法

以医院、社区、工厂、学校等为现场，将人群随机分成实验组与对照组，将研究者所控制的措施给予实验人群组之后，随访并比较两组人群的结果以判断干预措施效果的研究方法，称为实验流行病学（experimental epidemiology）或干预性研究（intervention study）。实验流行病学研究一般可分为现场实验（如评价某疫苗效果的实验研究）、社区干预实验和临床实验（如比较手术效果的实验）。

与描述性研究相比，实验流行病学的明显优点是能够检验病因假设。与分析性研究相比，虽然两者都能用来检验病因假设，但实验性研究的检验能力比分析性研究要强得多，主要是因为它通过随机分组、双盲和使用安慰剂等方法，有效控制偏倚和混杂。

（一）实验流行病学的特征

（1）必须设立对照组和实验组；
（2）每个研究对象必须是来自同一总体的抽样人群并且是随机分配到两组中的；
（3）对实验组施加由研究者控制的干预措施；
（4）实验的方向是随着实验开始向前进行的。

（二）样本量的估计

样本量大小取决于人群中疾病的发生率、实验组和对照组观察指标差异的大小、检测的显著性水平和把握度。

(三)研究对象的随机分组

随机分配研究对象至实验组或对照组,以消除混杂因素的不均衡性,使得两组具有可比性。随机分组方法多种多样,应视具体情况来定。在实验流行病学研究中,应以实验目的作为基本出发点,适当采用个体随机分组或整群分层随机分组等。

(四)盲法的应用

在实验研究特别是临床实验中,要避免研究对象和研究者本人的主观偏见,这种偏倚可出现在研究设计阶段,也可产生在资料收集阶段。避免此偏倚的最好方法是使用盲法(blinding),包括双盲(即资料收集者和被研究者均不知科研假设)及三盲(即资料收集者和被研究者以及资料分析人员均不知科研假设)。

(五)资料的收集与分析

在资料的收集过程中,可能会出现被研究对象退出研究的情况(包括不合格者被剔除、拒绝随访及失访),这对资料分析可能会有影响,因此为减少这种情况的发生,应合理设计,选择适当的干预措施,做好宣传工作。

实验流行病学研究常用的指标包括有效率、治愈率、病死率及生存率、保护率、抗体阳转率。两个率作比较时,一般情况下可用 χ^2 检验来处理,当实验样本较小时,可用直接计算概率法。

(六)实验流行病学的优点和局限性

在实验流行病学研究中,由于能够随机分组,平行比较,可较好地控制研究中的偏倚和混杂。由于研究是前瞻性的,可以观察到干预前、干预过程和效应发生的全过程,因果关系的推断性强。此外,实验流行病学有助于了解疾病的自然史,获得一种干预与多种结局的关系。但是,实验流行病学所研究的因素是研究者为了实现研究目的而施加于研究对象的,因此研究的开展必须十分严肃谨慎。要求研究对象有很好的依从性,这在实际工作中有时很难做到。由于受干预措施适用范围的约束,研究对象的代表性会受到影响。此外,观察时间长,研究对象容易失访以及研究费用较高也是实验流行病学的局限性所在。

五、流行病学研究的实施

(一)选题和制定研究方案

从提出研究问题到形成一个完整的科研设计书是整个研究工作的核心。研究课题可来自于一些实际工作中需要解决的问题,也可来自于研究工作或制定政策的需要。提出研究课题后,应全面查阅文献资料,形成研究假设,确定研究目的,然后选择研究方法和手段(包括获取何种方法和如何检测等),最后写出完整的设计书。设计书主要包括研究意义、目的、方法、步骤、进度、条件和预期的结果。计划制订后,还要选择和训练参与研究的有关人员并进行可行性的研究估计。

(二)研究队伍的构成

一个流行病学研究项目组的构成,主要取决于研究目的和规模。小的研究项目3~5人即可,但大型的研究项目则可能需要多学科的协作,参与研究的研究人员也比较多。除流行病学家外,还根据项目内容的要求邀请临床医学家、暴露评价专家、实验室科学家、计算机处理专家和统计学家参加研究队伍。此外,还需要一些调查员和技术人员。

(三)伦理审批与知情同意书

一项流行病学研究开展前需要得到有关伦理委员会的批准。目前在很多医学研究机构、院校都有类似的部门,这个委员会的成员是由多学科组成的,如医学、法律和哲学等方面的人员。

如果研究工作不涉及伦理问题,一般仅填写一份简单的伦理评估检测表即可。如果研究工作涉及伦理学问题,申请伦理批准时一般需要填写详细的申请书,需具体说明研究目的、研究设计、研究所涉及的伦理学问题(如个人的隐私权等)。在流行病学研究中,有时会涉及被研究对象的姓名、年龄、家庭住址等隐私问题,如何保密成为一个重要的伦理学问题。

在进行流行病学调查时,征得被研究对象的同意,即知情同意(informed consent)也是非常重要的,应该向被研究对象仔细说明研究过程及可能的危害(如果有的话),并获得他们的书面同意,即填写知情同意书。

(四)研究的实施

在研究工作开展前的准备阶段,除了组织好研究队伍外,还应与将要进行流行病学研究调查的地方部门和研究人员联系,取得他们的支持。此外,需要训练调查员,确认调查方式,建立实验检测设备、手段及程序,进行可行性评估并进行预调查。在正式调查阶段,调查和实验步骤应严格按研究和设计规定进行。在资料分析和整理阶段亦是如此。

在整个实施过程中,除了人员的组织管理工作外,还要进行现场和实验检测及资料处理的质量控制。应该有专人对此负责,他们应该在研究进行的不同阶段对现场实验室进行抽样检测,发现问题立即纠正。

(五)资料的收集、整理、分析和解释

现场和实验室完成资料收集后,首先应对原始资料进行复核,然后按设计好的程序和编码说明输入计算机存储。

数据如何分组整理应是在研究设计阶段就已经拟定好的。近年来统计方法发展很快,有许多统计软件包可供使用,但各个统计方法及软件都各有特点和适用范围。目前在流行病学资料分析中常见的统计分析软件有 S-PLUS、EPIINFO、SPSS、SAS 等。资料分析后得到的结果并不是流行病学研究的最后结果,因为还需要将统计分析的结果结合医学生物学的知识,并运用逻辑推理的法则作进一步的讨论。

第二节　毒理学研究方法

毒理学(toxicology)是研究外源因素(化学、物理和生物因素)对生物系统的损害作用、生物学机制、安全性评价以及危险度评价的科学。目前,毒理学的研究对象以外源性化学物为主,其研究内容包括以下几个方面:

(1)外源性化学物的毒代动力学特征,包括它们在机体内的吸收、分布、转化和排泄;

(2)外源性化学物的毒作用机制及特征;

(3)外源性化学物的一般毒性评价方法,包括急性、亚急性、亚慢性、蓄积性和慢性毒性;

(4)外源性化学物的特殊毒性评价方法,包括致突变性、致癌性、发育及生殖毒性等;

(5)外源性化学物对人体健康影响的暴露标志物、易感标志物和效应标志物;

(6)外源性化学物的安全性评价以及机体暴露后的健康危险度评价。

外源性化学物对机体的毒性效应,随剂量的增加表现不同,从轻微的生理生化改变到中毒甚至死亡。外源性化学物的毒性作用可分为一般毒性作用与特殊毒性作用。一般毒性作用主要包括急性毒性、亚慢性和慢性毒性作用。特殊毒性作用则主要指致癌作用、致突变作用、生殖和发育毒性及内分泌干扰作用等。观察和评价上述毒性作用的方法称为毒性试验。

一、一般毒性评价方法

一般毒性试验多为以实验动物为模型的体内试验,可分为急性毒性试验、亚慢性毒性试验和慢性毒性试验。

(一)急性毒性试验

急性毒性(acute toxicity)是机体一次或 24 h 内多次接触外源性化学物后所引起的中毒

效应。急性毒作用评价常常是评价外源性化学物对机体毒效应的第一步。在急性毒性试验中观察到的毒效应类型、剂量反应关系的斜率,对于评价外源性化学物的健康危害有重要价值。

1. 经典的急性毒性试验

经典的急性毒性试验一般是设一定数量的剂量组,组间有适当的剂量间距,以得到化合物引起死亡的剂量—反应关系,求得半数致死剂量(LD_{50})或半数致死浓度(LC_{50})。一般有 $60\%\sim70\%$ 死亡动物集中在 LD_{50}(LC_{50})附近,因此 LD_{50}(LC_{50})能较好地反映受试化学物毒性的大小。不同的 LD_{50}(LC_{50})计算方法对于实验设计有不同的要求,以下介绍基本的要求。

(1)实验动物:选用成年健康的实验动物,最常用的是大鼠和小鼠。一般动物应是雌、雄各半。待测化学物对雌、雄动物毒性敏感性有明显差异时,则应单独分别求出雌与雄性动物各自的 LD_{50}。如果试验是为致畸试验作剂量准备,也可仅做雌性动物的 LD_{50} 试验。一般要求小动物每组 10 只,狗等大动物可每组 6 只。实验动物根据实验设计的方法随机分组。

(2)染毒剂量设计:一般可以先查阅文献找到与受试化学物的化学结构与理化性质相似的化学物毒性资料,取与本实验相同动物物种或品系,相同染毒途径的 LD_{50} 值作为参考中值,先用少量动物,以较大的剂量间隔(一般是按几何级数)染毒,找出 $10\%\sim90\%$ 的致死剂量范围,然后在这个剂量范围内设几个剂量组。不同的 LD_{50} 计算方法对剂量组和动物数的要求不同。如改良寇氏法最好设立 5 个剂量组,大鼠或小鼠每个剂量组 10 只,雌雄各半,剂量组要求以等比级数设置。

有的化学物毒性较低,在急性试验中当给以很高剂量时,实验动物仍无明显的中毒症状或虽有中毒表现而没有发生死亡,此时可不再求其 LD_{50},而进行限量试验。一般大、小鼠用 20 只,雌雄各半。单次染毒剂量一般限定为 5 g/kg 体重。如果实验动物无死亡或仅有个别动物死亡(少于动物数的 50%)可得出 LD_{50} 大于限量的结论。

(3)观察的内容:染毒后一般要求观察 14 d,依据 14 d 内动物的总死亡情况计算 LD_{50}。规定 14 d 的观察期限是由于有些化学物作用于动物存在延期死亡。对于一些已知的速杀性化学物,可缩短观察时间,但具体观察时间应在试验报告及结果表示中明确说明,如 LD_{50}(7 d)。在实际工作中,应该根据受试物的有关测试规程的要求来确定观察期的长短。观察的内容包括:

①动物死亡情况:包括动物死亡数及各自的死亡时间。

②动物体重:于染毒前、染毒后每周和死亡时测定体重。

③中毒反应症状:每天至少观察一次,观察皮肤、被毛、眼睛和黏膜改变,呼吸、循环、自主和中枢神经系统、四肢活动和行为方式的变化等,特别要注意有无震颤、惊厥、腹泻、嗜睡等现象。实验动物的中毒症状,对于获得受试化学物的急性毒性特征十分重要,有助于了解该化学物的靶器官。

④病理学检查:对中毒死亡的实验动物应及时解剖作大体尸检,实验结束时存活及对照组的所有的动物均应进行大体尸体解剖,观察各器官有无改变,对肉眼观察有变化的脏器需进行组织病理学检查。

(4)LD_{50}计算:求LD_{50}的计算方法很多,可用任何一种公认的统计学方法计算LD_{50}的值及其95%的可信限范围,如霍恩(Horn)法、寇氏(Karber)法、概率单位—对数图解法、直接回归法以及Bliss法等。

2. 固定剂量法

该方法利用固定的一系列剂量(5、50和500 mg/kg,最高限量2 000 mg/kg)染毒,观察染毒动物的死亡及毒性反应,并依此来对化学物的毒性进行分类及分级。首先以50 mg/kg的剂量给10只实验动物(雌、雄各半)染毒。如果存活率低于100%,再选择一组动物以5 mg/kg的剂量染毒,若存活率仍低于100%,将该受试物归于"高毒"类,反之归于"有毒"类。如果50 mg/kg染毒动物存活率为100%,但有毒性表现,则不需进一步试验,将其归于"有害"类。如果50 mg/kg染毒后存活率为100%,而且没有毒性表现,继续以500 mg/kg剂量给另外一组动物染毒,如果存活率仍为100%,而且没有毒性表现,则以2 000 mg/kg剂量染毒,如果仍然100%存活,则将受试物归于"无严重急性中毒的危险性"类。

3. 急性毒性分级法

该方法为分阶段试验,每阶段3只动物,根据动物死亡情况,平均经2~4阶段即可对急性毒性作出判定。利用25 mg/kg、200 mg/kg、2 000 mg/kg体重3个固定剂量的之一开始进行试验,根据动物死亡情况,决定是对受试物急性毒性进行分级,还是需进行选择另一种性别,以相同染毒剂量的下一阶段试验或以较高或较低的剂量水平进行下一阶段试验。

4. 上、下移动法

亦称阶梯法。先选一个剂量对第一只动物染毒,如果动物死亡,则以下一个较小剂量对下一只动物染毒,如果动物存活则以较大的上一个剂量染毒,以此类推。实验需要选择一个比较合适的剂量范围,使大部分的动物的染毒剂量在LD_{50}的上下。该方法节省实验动物,一般12~14只动物即可,但只适用于快速发生中毒反应及死亡的化学物。

(二)亚慢性毒性和慢性毒性试验

亚慢性毒性(subchronic toxicity)是指在较长期接触外源性化学物质所产生的毒效应。目前一般亚慢性毒作用评价的染毒期限为试验动物寿命的10%,对于大鼠为90 d染毒,狗为52周染毒。短于此期限的称为短期重复染毒毒性试验,一般为14 d和28 d。亚慢性毒性试验的目的是了解受试物对机体毒性作用的靶点、可逆性以及获得未观察到有害效应的剂量水平(No Observed Adverse Effect Level,NOAEL)。

慢性毒性(chronic toxicity)是指长期反复接触外源性化学物所产生的毒效应。慢性毒性试验的主要目的是发现受试物的各种慢性毒性或蓄积毒性,确定其主要的慢性毒效应及其剂量反应关系。从科学上和经济上考虑,慢性毒性试验倾向于同致癌试验合并进行。亚慢性毒性试验与慢性毒性试验在实验设计和方法上除染毒期限的不同外,其他方面基本相同。

1. 实验动物

一般要求选择两个动物物种,一种为啮齿类动物,另一种非啮齿类动物。首选的啮齿类实验动物是大鼠,非啮齿类动物是狗。在经皮染毒毒性试验时,也可考虑用兔或豚鼠。一般选用雌雄两种性别,亚慢性毒性试验一般大鼠每个染毒剂量组至少20只,狗为4～6只;慢性毒性试验一般要求大鼠每组40只,狗每组8只或以上。亚慢性毒性试验大鼠选用5～6周龄,狗4～6月龄;慢性毒性试验动物的年龄应低于亚慢性毒性试验,大鼠应选初断乳的。

2. 染毒途径

亚慢性和慢性毒性试验中外源化合物的染毒途径,应当尽量模拟人类接触受试化学物的方式,并且亚慢性与慢性毒作用研究的染毒途径应当一致。常用的染毒途径是经胃肠道、经呼吸道和经皮肤染毒。经胃肠道染毒毒物最好采用喂饲法,如受试化学物有异味或易水解时,也可以用灌胃方式染毒。当用大动物(如狗或猴)进行实验时,喂饲染毒毒物的消耗量太大,通常采用胶囊或插胃管染毒。经呼吸道吸入染毒,每天吸入时期依实验要求而定,亚慢性毒性试验一般为4～6 h,慢性毒性试验一般每天吸入8 h或更长。经皮染毒,每次染毒4～6 h。

3. 染毒期限

染毒期限应依受试物的种类和实验动物的物种而定,工业生产过程接触的毒物相对可短一些,如亚慢性毒性试验染毒1～3个月,慢性毒性试验染毒6个月;环境毒物则相对要长一些,如亚慢性毒性试验染毒3～6个月,慢性毒性试验染毒1年以上,如慢性毒性试验与致癌试验结合进行则染毒期限最好接近或等于动物的预期寿命。

为了探讨受试化学物对实验动物是否有延迟毒性作用及引起的毒性变化可否恢复,在染毒期结束后,各剂量组与对照组留部分动物继续饲养1～2个月,在此期间动物不再染毒,观察各项指标。

4. 剂量分组

在亚慢性和慢性毒性试验中,为了得到明确的剂量反应关系,一般至少应设3个剂量组和1个阴性(溶剂)对照组。原则上高剂量组应能引起较为明显的毒性,但实验动物应在染毒期间不发生中毒性死亡,或死亡数少于动物数10%;中剂量组应为引起轻微毒性的剂量,即观察到有害作用的最低剂量(LOAEL);低剂量组不应出现毒性反应,即相当于未观察到有害作用剂量(NOAEL)。

5. 观察指标

(1)中毒症状:在实验过程中,应每日观察实验动物有无中毒症状及程度,仔细观察动物的外观和行为有无异常。

(2)体重:动物体重可以反映受试物对实验动物的生长发育及一般状态的影响。实验过程中应每周称量动物体重一次。

(3)食物利用率:试验期间应注意观察并记录动物每日的饲料消耗,并计算动物的食物利用率(实验动物每食入100 g饲料所增长的体重克数)。比较各染毒组与对照组实验动物的食物利用率,有助于分析受试物对实验动物的生物学效应。食物利用率可用于鉴别啮齿类动物体重降低或增长减缓,是由于受试物影响动物食欲,还是染毒化学物干扰了食物的吸收或代谢。

(4)实验室检查:①血液学检查。包括红细胞及网织红细胞计数、血红蛋白含量、白细胞计数及分类、血小板计数、凝血时间等。②尿液检查。包括沉淀物镜检、pH 值、蛋白、糖、潜血等。③血液生化学检查。主要包括血清天冬氨酸氨基转移酶(AST)、丙氨酸氨基转移酶(ALT)、碱性磷酸酶(ALP)、尿素氮、肌酐、总蛋白、白蛋白、血糖、总胆固醇、总胆红素等。

(5)病理及病理组织学检查:①系统解剖。所有的试验动物,包括试验过程中死亡的动物都应进行完整的系统解剖和仔细的肉眼观察。②脏器系数。脏器系数或称脏体比值,指单位体重(通常以100 g体重或克体重计)与某个脏器的比值。一般需称取心、肝、脾、肺、肾、肾上腺、睾丸、脑等脏器湿重,并计算其脏器系数。③组织病理学检查。对照组和高剂量组动物以及系统解剖时发现的异常组织,均需作详细的组织病理学检查,必要时还需进行组织化学或电镜检查。其他剂量组一般仅在高剂量有异常发现时进行。检查脏器一般包括心、肝、脾、肺、肾、肾上腺、睾丸、卵巢、脑、胰腺、胃、十二指肠、回肠、结肠、垂体、前列腺、膀胱、子宫、甲状腺、胸腺、淋巴结、骨和骨髓、视神经等。在吸入毒性研究中,需检查整个呼吸道,包括鼻腔、咽、喉、气管、支气管和肺。经皮毒性试验应选取涂敷受试物部位的皮肤和相邻部位的皮肤。

6. 结果分析

亚慢性、慢性毒性试验的所有观察指标应按组别、分性别进行整理并选择适当的统计学方法,进行各剂量组与阴性对照组的比较。亚慢性和慢性毒性试验由于实验期较长,影响因素较多,要得到一个理想的结果并不容易。判定某项指标是否发生与染毒有关的变化时,要综合考虑试验组与对照组的差异是否有统计学意义、是否具有剂量反应(效应)关系及时间效应关系以及是否超出正常范围,并要注意分析各项指标之间的互相验证性。在综合分析的基础上,确定受试化合物的 LOAEL、NOAEL 及毒作用的靶器官。

二、特殊毒性评价方法

外源性化学物的特殊毒性评价方法包括致突变试验、致癌试验、发育及生殖毒性试验以及内分泌干扰作用筛查试验。

(一)致突变试验

化学致突变物作用于生物体细胞的遗传物质后,可发生一系列生物、化学和形态学的变化,造成遗传物质 DNA 损伤。致突变作用与许多称为遗传毒性致癌物(genotoxic carcinogen)的致癌作用有密切关系。因此,可以利用致突变试验进行致癌物的筛查。常用的致突变物检测方法见表 4-1。各类试验就筛查价值而言,通常越接近于人的试验系统价值越高,体内系统高于体外系统,真核微生物系统高于原核微生物系统,哺乳动物高于非哺乳动物。

表 4-1　致突变性检测方法

终点类型	试验系统水平	试验名称
基因突变	原核微生物	鼠伤寒沙门氏菌回复突变试验(Ames 试验)、大肠杆菌回复突变试验
	真核微生物	酵母正向和回复突变试验、链孢霉菌基因突变试验、构巢曲霉菌基因突变试验、酿酒酵母菌基因突变试验
	昆　虫	果蝇伴性隐性试验
	哺乳动物体外细胞	V_{79} 或 CHO 细胞基因突变试验
	小鼠基因突变试验	小鼠生殖细胞特定座位试验、小鼠体内细胞点突变试验
染色体畸变	体外	哺乳动物细胞染色体畸变试验、人体外周血淋巴细胞微核试验、紫露草与蚕豆根尖微核试验
	体　内	小鼠骨髓细胞微核试验
	显性致死试验	果蝇显性致死试验、小鼠显性致死试验、小鼠遗传易位试验
DNA 效应	重组与修复试验	枯草杆菌重组试验、大肠杆菌修复试验、酵母菌体细胞重组试验
	哺乳动物细胞	哺乳动物细胞 DNA 合成抑制试验、哺乳动物细胞程序外 DNA 合成试验、SOS 显色试验、彗星试验
非整倍体试验		酵母有丝分裂非整倍体试验、果蝇性染色体丢失试验、体外哺乳动物细胞多倍体分析试验、哺乳动物生殖细胞非整倍体分析试验

(二)致癌试验

对外源性化学物的致癌性评价方法主要有体外细胞转化试验、动物短期致癌试验以及动物长期致癌试验。

1. 哺乳动物细胞体外转化试验

正常细胞转变为具有癌细胞某些特性的现象称为细胞恶性转化。哺乳动物细胞体外转化试验是测试致癌物的一个重要试验方法,它可检出遗传毒性致癌物和非遗传毒性致癌物。此法终点反应更加接近体内肿瘤形成过程,是最近似的模拟机体致癌过程的试验。细胞被恶性转化呈现与肿瘤形成有关的表型改变,包括细胞形态、细胞生长能力、生化表型等变化,以及移植于动物体内形成肿瘤的能力(表 4-2)。

表 4-2　体外细胞转化试验常用的细胞类型

细胞类型	举　例
原代或传代早期的细胞	叙利亚仓鼠胚胎细胞、大鼠支气管上皮细胞、小鼠表皮细胞、人成纤维细胞等
细胞株	小鼠细胞株:BALB/C-3T3,C3H-10T1/2,BHK-21 等
用病毒感染的细胞	劳舍尔氏白血病病毒感染的大鼠胚胎细胞、类人猿腺病毒感染的 SHE 细胞等

2. 哺乳动物短期致癌试验

它是在有限的时间内完成的致癌试验,因此其观察的靶器官或组织也限定为一个而不是全部器官和组织。该试验可用于检出遗传毒性致癌物和非遗传毒性致癌物,常用的有小鼠肺肿瘤诱发试验、小鼠皮肤肿瘤诱发试验、大鼠乳腺瘤诱发试验等。

3. 哺乳动物长期致癌试验

是鉴定哺乳动物致癌物的标准试验。它不仅可以确定致癌性,而且可以确定致癌作用的靶器官。在缺乏流行病学资料的情况下,哺乳动物致癌试验是评价外源化合物致癌性的主要手段。试验一般选用对致癌物敏感性高,而自发肿瘤率低的动物品系。雌、雄动物都要有,二者的数量相近。染毒方式主要根据人类可能接触的途径。实验期限小鼠最少为 1.5 年,大鼠为 2 年。

(三)生殖毒性和发育毒性试验

生殖毒性(reproductive toxicity)是指对雄性或雌性生殖功能或能力的损害和对后代的有害影响。生殖毒性可发生于妊娠前期、妊娠期和哺乳期。发育毒性(developmental toxicity)指有害因素干扰胚胎及胎儿的发育过程,影响其正常发育。两者关系密切,但不同研究者对其研究的侧重面有所不同,多数主张对两者应有所区分。

1. 生殖毒性试验

也称为繁殖试验。它可以全面反映外源化合物对性腺功能、发情周期、交配行为、受孕、妊娠过程、分娩、授乳以及幼仔断奶后生长发育可能产生的影响。评价的主要依据是交配后母体受孕情况(受孕率)、妊娠过程情况(正常妊娠率)、子代动物分娩出生情况(出生存活率)、授乳哺育情况(哺育成活率)以及断奶后发育情况等。

生殖毒性试验的实验动物多选用性成熟大鼠,染毒途径需参照人类实际的接触途径。传统的方法采用三代两窝生殖试验,即动物繁殖三代,每代生育两窝。其目的是通过三代生殖过程,可以观察化学物对遗传过程的影响。近年来提倡两代或一代生殖试验。对机体有可能连续长期接触,代谢半减期较长的外源化合物应进行两代生殖试验法。对两代动物成体进行染毒,即 F_0 代直接接触受试物,F_1 代既有直接接触,也有通过母体的间接接触,第三代动物(子二代,F_2)将在子宫和经哺乳接触受试物。常用的观察指标有受孕率、正常分娩率、幼仔出生存活率、幼仔哺育成活率等。

2. 发育毒性试验

外源化合物的发育毒性评定主要通过致畸试验。致畸试验是检查受试物能否通过妊娠母体引起胚胎畸形的动物试验。通过致畸试验可以确定一种受试物是否具有致畸作用,诱发何种畸形以及出现畸形的主要器官,确定最大无作用剂量和最小有作用剂量,即阈剂量。

致畸试验一般选用两种哺乳动物,首选大鼠,此外可选小鼠或家兔。大鼠作为致畸试验的首选动物,是因为:①对大多数化学物代谢过程与人类近似;②受孕率高,每窝产 8~10 只,易于获得所需的样本数;③胎仔大小适中。但大鼠也有不足之处,它对化学物代谢速率较快,故对致畸物易感性较低,易出现假阴性;其胎盘构造也与人类有一定差异。

在致畸试验时,一方面要找出最大无作用剂量和致畸阈剂量,另一方面要求不影响母体生育能力,避免和减少大批流产胚胎死亡、母体死亡。致畸试验结果常用的评价指标有活产幼仔平均畸形出现率、畸胎发生率、母体畸胎出现率等。活产幼仔平均畸形出现率说明每一活产幼仔平均出现畸形的水平。畸胎发生率和母体畸胎出现率均说明某种受试物致畸性的强度。

3. 生殖毒性和发育毒性的三阶段一代试验

(1)一般生殖毒性试验(Ⅰ段试验):称为妊娠前及妊娠初期染毒试验。主要检查对受孕能力及生殖系统有无不良影响。

(2)致畸试验(Ⅱ段试验):为器官形成期染毒试验,目的是检查受试物有无胚胎毒性和致畸性。

(3)围产期毒性试验(Ⅲ段试验):为围产期及授乳期染毒试验,以检查围产期及授乳期给以受检物时对胎儿生后发育的影响。

(四)内分泌干扰作用筛查试验

目前推荐的筛查方法很多,但每种方法都各具优缺点。美国 EPA 内分泌干扰物质甄别与测试委员会建议采用成组试验,分两阶段评价外源性化学物的内分泌干扰活性。第一阶段试验的目的是检测受试化学物是否具有雌激素、雄激素以及甲状腺素活性。第一阶段的试验结果结合构效关系等文献资料,决定受试物是否需要进行下一阶段的试验。第二阶段试验的目的是确定是否具有与自然激素类似的生物学效应特征。

1. 第一阶段筛查

(1)体外试验:①雌激素受体试验;②雄激素受体试验;③类固醇激素合成抑制试验。

(2)体内试验:①啮齿类动物 3 d 子宫肥大试验;②啮齿类动物 20 d 性成熟试验;③啮齿类动物 5~7 d Hershberger 试验;④蟾蜍变态试验;⑤鱼类生殖恢复试验。

2. 第二阶段筛查

(1)哺乳动物的试验：一般采用经口给予大鼠、小鼠受试物，观察染毒动物及其子代的行为活动、受孕率、子代动物的雌雄比例、有无雌性化或雄性化、生殖组织以及其他组织的改变等。

(2)其他动物的试验：①鸟类的生殖试验：一般使用两种鸟类，染毒后观察鸟类的排卵、卵壳厚度、孵化率以及幼鸟孵化后的存活天数；②鱼类的试验：给鱼的受精卵染毒后，连续300 d以上观察受试物对鱼的发育、生长、生殖及其子代的影响；③甲壳动物的试验：染毒后观察受试物对甲壳动物发育、生长、有性生殖的影响；④两栖类的发育生殖试验：给予蟾蜍蝌蚪受试物，观察对其变态的影响。

第三节　社会医学研究方法

社会医学的研究内容广泛，而研究的因素又很复杂，其主要的研究对象是人群，大多数研究都是在现场人群中开展的。社会医学的研究方法多种多样，包括调查研究、社区干预试验、评价研究、德尔菲法和文献研究。调查研究是社会医学最主要的研究方法，可分为定性研究和定量研究。

一、调查研究的基本步骤

调查研究是在某一特定现场的人群中，采用一定的工具和手段收集研究所需资料的过程，其实施有一套相对固定的程序。调查研究主要分为调查设计、实地抽样、资料收集、资料处理和撰写报告几个步骤。

(一)调查设计

调查设计主要包括工作的总体规划、抽样设计以及资料的收集和处理方案等内容。

1. 总体规划

制定的规划书中应包括调查目的、调查内容和范围、调查经费预算以及进度安排的说明。为有效实施调查工作，在调查设计阶段就应形成一份比较详细的调查工作流程表，将各类工作分类并确定各自的完成期限。工作流程表在调查实施过程中同时起到工作检查表的作用。

2. 抽样设计

抽样涉及许多统计知识，相对比较复杂，难度也较大。在设计抽样方案时，首先要界定总体的范围，明确调查对象是什么。其次要确定样本的规模以及是否需要分阶段或者分层次。此外,还需要考虑在每一阶段或每一层使用何种概率抽样方法进行抽样,确定参数与误差的估计方法。

3. 资料的收集和处理

首先,要考虑选择资料收集的方式,是采用自填式还是访谈式。采用何种方式,主要考虑的因素有调查成本、抽样、调查总体、调查内容以及调查周期等。其次,要按照调查要求设计问卷。问卷设计质量的好坏直接影响调查结果。从设计问卷初稿开始,就要邀请专业人员进行认真细致的研讨。完成初稿后,要进行相应的测试和预调查,以保障问卷的效度和信度。最后,要根据调查内容设计资料处理方案,主要确定资料的编码格式、数据录入的软件类型和相应的计算机设备等。

(二)实地抽样

实地抽样是指根据调查方案,实地抽取调查对象的过程。无论是自填问卷还是面对面访谈,实际抽取调查对象的工作量都很大,而且具有一定的技术难度。因此,要对抽样人员进行训练。抽样训练的目的是要求抽样员完整、正确地记录抽样资料,并进行实地试抽样。在进行正式抽样时,抽样员应携带由调查单位出具的身份证明材料到各抽样单位进行抽样。抽样员应使用统一印制的样本记录表,详细记录抽样中的各种相关信息。抽样完成后,督导人员应对样本的正确性包括样本表资料的完整性、抽样方法的正确性等进行检查。

(三)资料收集

根据资料收集方式的不同,具体做法有所差异。如采用访谈式,则具体步骤包括招募并培训访谈员,找到并联络受访者,询问问题并记录答案。如采用自填式,则首先邮寄或送发问卷,监控问卷的回收以及补寄问卷等。

(四)资料处理

利用计算机处理问卷资料,需首先给每个变量的每个相关类别一个独一无二的编码,然后借助计算机软件录入数据。对录完的数据进行清理,处理缺失数据,形成最终供分析的数据文件。资料处理中最重要的原则是确保每个环节的正确性,某个环节的错误将影响整个数据资料的质量。

(五)撰写报告

报告可分为技术报告和分析报告两部分。技术报告中应对调查抽样、问卷、资料收集过程和数据编码进行说明,并对数据的信度和效度以及调查的局限性进行分析。分析报告主要包括研究问题的界定、相关文献的综述讨论、有关概念和变量的说明以及对数据分析结果的讨论等内容。

二、定量研究

通过现场调查收集发生某种事件的数量指标,或探讨各种因素与疾病和健康的数量依存关系的研究称为定量研究。定量研究以问卷作为收集资料的工具,故又称为问卷调查。定量研究根据收集资料时具体方法的不同,可分为访谈法和自填法两类。

(一)访谈法

问卷调查中的访谈是由调查者根据事先设计的问卷对调查对象逐一询问收集的过程,因此又称为问卷访谈或结构式访谈(structured interview)。访谈又可分为面对面访谈和电话访谈两种,二者的优点和局限性比较见表 4-3。

表 4-3　面对面访谈与电话访谈的比较

		面对面访谈	电话访谈
优 点		比较灵活,可随时解释问卷;对调查对象的文化程度要求不高;问卷的回收率高;调查员可根据被调查者的非文字信息判断回答的真实性;问卷中可列入较复杂的问题	比较灵活,可随时解释问卷;节约时间、人力和物力;对调查对象的文化程度要求不高;访谈对象可能分布很广
局限性		比较耗费时间、人力和物力;易受访谈员先入为主的影响;易出现访谈偏性;由于一般没有匿名保证,被调查者可能拒答或不真实回答;访谈对象不可能分布太广	问卷的完成率低;问卷中不能列入复杂的问题;易出现访谈偏性;不易判别回答的真实性;由于一般没有匿名保证,被调查者可能拒答或不真实回答

(二)自填法

将设计好的问卷通过某种途径交给被调查者,由被调查者自己独立填答问卷的方法。一般可分为信访法和现场自填法。二者的优点和局限性比较见表 4-4。

表 4-4　面对面访谈与电话访谈的比较

		信访法	现场自填法
优 点		节省时间和费用;调查对象填答方便;有较高的匿名保证;调查范围可以很广	可短时间内完成大量的调查;节约时间、人力和物力;对调查对象的文化程度要求不高;访谈对象可能分布很广
局限性		无法解释调查对象填答时遇到的问题;无法判别回答的真实性;无法有效地监督填写问卷的环境;问卷的回收率和有效率较低	问卷的完成率低;问卷中不能列入复杂的问题;易出现访谈偏性;由于一般没有匿名保证,被调查者可能拒答或不真实回答

三、定性研究

以人群为对象,阐述事物的特点及其发生发展规律,揭示其内在本质的研究称为定性研究。与定量研究不同,定性研究注重了解由原因导致结果的中间过程,特别是其中的一些细节。

(一)定性研究方法

常用的定性研究方法有观察法、深入访谈、专题小组讨论、选题小组讨论等。

1. 观察法

是指通过对时间或研究对象的行为进行直接观察来收集数据的方法,是收集非言语行为资料的主要技术。通过仔细的体验和观察,常常可以获得其他方法不易获得的资料。该方法对观察者的要求较高,有时还需要掌握地方方言。通过观察法获得的调查结果一般是定性的,量化和分析比较困难,且难以重复调查。

2. 深入访谈法

根据访谈提纲,通过与研究对象的深入交谈了解其对某些问题的看法、感觉和行为,属于非结构式访谈。深入访谈的灵活性和开放性大,可以获得较为真实和深入的资料。深入访谈的实施一般由以下几个步骤组成:①研究准备,包括研究设计、准备现场,收集和分析相关资料等;②选择调查对象;③设计访谈提纲;④培训访谈员;⑤实施现场访谈;⑥分析访谈结果,撰写报告。

3. 专题小组讨论法

是通过召集小组同类人员,对某一议题进行讨论,得出深入结论的方法。一般每个专题小组 8~10 人,需要有 2~3 个甚至更多的小组。每个专题小组的参与者应该具有共同的特征或共同的兴趣,这样可使每人能够自由、开放地参与讨论。

4. 选题小组讨论法

该方法是通过一个由不同既得利益、不同思想意识和不同专业水平的人组成的小组来挖掘问题,并根据其重要程度排出次序。在卫生领域的研究中,选题小组讨论法被用于发现运作过程中的问题、确定优先领域、筛选评价指标等研究方面。它属于定性研究,但又具有定量研究的某些特征。

(二)定性研究的用途

1. 辅助问卷设计,估计问卷调查的非抽样误差

通过定性研究,可以发现不适合研究对象或研究对象不感兴趣和反感的问卷内容,也可以找到描述问卷内容的适当通俗语言,还可以了解不同社会阶层人士对问卷内容理解或态

度所致的非抽样误差。

2. 验证因果关系,探讨发生的机制

定性研究有时可以揭露某些被掩盖的原因,校正定量研究确定的因果关系。

3. 分析定量研究出现矛盾的原因

定量研究有时会发现人们的知识和态度与其行为不一致,这时可以采用定性研究加以识别。

4. 了解危险因素的变化情况

某些危险因素可能随时间发生变化,可能对定量研究的结果产生影响。通过定性研究,了解危险因素的动态变化情况,有助于理解和解释定量研究的结果。

5. 作为快速评价技术,为其他研究提供信息

当时间和财力不足,采用多种定性研究手段可以在短时间内为进一步的研究提供大量深入的信息。

【思考题】

1. 在流行病学研究中如何控制混杂因素?
2. 各类流行病学研究方法的特点和用途是什么?
3. 外源性化学物的毒性试验方法有哪些?
4. 何谓急性毒性?评价急性毒性的试验方法有哪些?
5. 常用的致突变检测方法有哪些?
6. 不同类型定量研究的优缺点是什么?
7. 定性研究与定量研究有哪些差异?
8. 定性研究有哪些用途?

(郭新彪)

第二篇 健康危险因素的识别与评价

第五章

生物性危险因素的识别与评价

第一节 生物性危险因素的分类

在自然界中,除了人类之外,还有着各种形形色色的生物体。它们与人类之间存在着千丝万缕的联系和相互作用。这些生物体绝大多数对人类是有益的,有的甚至是人类赖以生存、人类文明延续发展的基础,例如,为人类提供衣食的动植物。有的对人类是有害的,它们不断刺激、侵袭着人类躯体,人类就是在同它们不断斗争的情况下,提高自身适应性而获得生存和发展的。这些对人类有害的生物体统称为生物性危险因素。

一般说来,生物性危险因素可分为五大类,即致病微生物、传染病媒介物、致害动物、致害植物、其他生物性危险因素与危害因素。

生物造成危害的方式,大致可分为以下三种主要类型。

(1)接触生物造成危害反应:有些生物含有有害物质,接触这些生物可能引起危害反应,例如毒蛇、毒虫叮咬,有毒植物的接触或误食即属于此类。

(2)接触生物代谢物造成危害反应:有些生物本身并无危害,但其内部含有某些物质,一经释放后会对身体产生危害。如肉毒杆菌、葡萄球菌等微生物含有内毒素,这些毒素在细菌死亡时被释放出来,侵害组织造成毒性反应。

(3)寄生:所谓寄生是指一种生物在另一种生物体内繁殖。寄生生物所需的养分均来自被寄生的生物(宿主),寄生过程常造成宿主产生程度不一的危害反应,寄生虫病(如钩虫病、蛔虫病等)均属于此类。

一、致病微生物

致病微生物,通常又称病原微生物,它们体积小,通常只能在显微镜下或电子显微镜下放大几百倍甚至上万倍才能看得到。病原微生物结构简单,种类多、分布广、繁殖快,可引起人类或动植物的多种疾病。病原微生物可以分为非细胞型微生物、原核细胞型微生物、真核细胞型微生物。

(一)非细胞型微生物

是由单一核酸和蛋白质外壳组成的体积微小的微生物,如病毒。已确认的病毒就有数百种。病毒的体积微小,结构简单,是一种必须寄生在其他生物体的活细胞内、以复制的方式进行增殖的非细胞型微生物。病毒在自然界中分布广泛,人、动物、植物、真菌和细菌体内均可有病毒寄生。除病毒外,非细胞型微生物还包括类病毒和朊病毒等。

(二)原核细胞型微生物

具有细胞结构,但只有原始核,没有核膜、核仁等。属于这一类的有细菌、放线菌、支原体、衣原体、立克次体、螺旋体等。

(三)真核细胞型微生物

有典型的细胞结构,例如真菌、某些藻类、原生动物等。真菌在自然界中分布广泛,种类繁多,有 10 万多种,多数对人类有利,例如用于酿酒、制备氨基酸、抗生素、酶类等的真菌。能引起疾病的真菌仅 100 余种,可引起皮肤、皮下组织及全身各器官、组织的病变,如皮肤真菌易在角质层繁殖引起各种癣病,深部真菌感染可引起慢性增生性肉芽肿炎症和组织坏死。有些真菌可引起各种类型的变态反应,如过敏性皮炎、哮喘、过敏性鼻炎等。还有些真菌在粮食中生长可产生毒素,食用后可引起急性或慢性中毒,能产生毒素的真菌有 150 余种。念珠菌类真菌虽然致病力不强,但在久病体弱、免疫力低下或因长期使用广谱抗生素、糖皮质激素、免疫抑制剂、放射治疗而引起菌群失调的情况下仍可伴发念珠菌感染。

微生物的益处或害处并不是绝对的。有些微生物体平时对人体是有益的,但在特定条件下就对人体有害,导致发病。通常,人体的体表及与外界相通的腔道黏膜上,存在着不同种类和不等数量的微生物,其中多数是细菌。这些细菌一般对人体是无害的,被称为正常菌群或正常微生物群。例如,在消化道、胃内存在有乳酸杆菌;大肠中由于环境适宜,存在着大量的细菌,如厌氧球菌、杆菌等,菌量有时可占大便干重量的 1/3。在正常情况下,这些细菌中的大多数对人体是无害的,人体和正常菌群之间以及菌群中各种细菌之间相互制约相互依赖,维持着一定的生态平衡。但是,这种平衡一旦被打破(如长期使用广谱抗生素、机体免疫力低下），这些正常菌群就可迅速繁殖，危害健康，成为致病菌。

二、传染病媒介物

传染病的流行需要三个环节，即传染源、传播途径和易感群体。传播途径是指病原体从传染源排出后到侵入易感机体所经历的全过程，或所包括的全部传播因素。传播因素是指病原体从传染源转移到新的易感机体过程中所必须依附的各种物体，包括生物体和非生物体。由于传播因素在病原体的传播过程中起到了媒介（物）的作用，故称为传播媒介，其中生物体习惯上叫生物媒介或媒介生物。

狭义的生物媒介是指处于传播途径环节的生物体，仅限于昆虫纲中的蚊、蝇、虱、蚤、白蛉等及蛛形纲中的蜱、螨等节肢动物。它们通过寄生、吸血、螫刺、叮咬等直接或间接（传播病原微生物）的方式危害人类健康。广义的生物媒介，除了狭义的媒介之外还包括作为终宿主和中间宿主的脊椎动物和非脊椎动物以及人兽共患病的动物储存宿主，即广义的媒介等于狭义的媒介加上病原体的所有动物宿主。我国法定传染病中涉及的媒介生物见表5-1。

表5-1　我国法定传染病涉及的媒介生物

疾　病	涉及的媒介生物
鼠疫	鼠、蚤
流行性出血热	鼠、螨
钩端螺旋体病	鼠
流行性和地方性斑疹伤寒	虱（流行性）、鼠、蚤（地方性）
流行性乙型脑炎	蚊（库蚊、伊蚊、按蚊）
黑热病	白蛉
疟疾	蚊（按蚊）
登革热	蚊（伊蚊）
血吸虫病	钉螺
丝虫病	蚊（按蚊、库蚊）

我国非法定传染病中，与媒介生物有关的有莱姆病（媒介为鼠、蜱）、森林脑炎（媒介为蜱）、鼠咬热（媒介为鼠）、恙虫病（媒介为鼠、恙螨）、克里米亚—刚果出血热（媒介为蜱、鼠）、卫氏并殖吸虫病、姜片虫病和华支睾吸虫病等，后三者的媒介为各种淡水螺。

如按照广义的生物媒介的定义，人兽共患病中的动物也可以算是传染病媒介生物，读者可参阅有关资料。

三、致害动物

(一)有毒动物

有毒动物分成两大类,一类是具有进攻性含毒器官(毒牙、毒刺)的动物,常见的如各种毒蛇、毒蜘蛛、蝎子,某些蜂、蚁,以及一些带毒刺的海洋鱼类;另一类是身体组织(如血液、皮肤、脏器)含毒的动物,如河豚、高组胺鱼类(如竹荚鱼、秋刀鱼、鲭鱼、鲐鱼、鲥鱼)、某些贝类、有毒的蛙和其他一些内脏营养含量异常的动物。动物的毒素极其复杂,毒理作用各式各样。毒素有的可阻碍神经系统作用,有的对心血管系统以及内脏器官有不同程度的损害,还有的可以影响内分泌系统。

需要指出的是,有些动物(如鼠)虽不是有毒动物,同样也可危害人类的健康。鼠是多种病原的储存宿主或媒介,已知通过鼠传播的、危害严重的疾病有鼠疫、流行性出血热、钩端螺旋体病、鼠伤寒、蜱性回归热等。鼠传播疾病的可能途径有:一是以鼠体外寄生虫为媒介,通过叮咬人体吸血时,将病原体传染给人;二是体内带致病微生物的鼠,通过鼠的活动或粪便污染了食物或水源,造成人类食后发病;三是鼠直接咬人,病原体通过外伤侵入而引起感染。

(二)寄生虫

能引起寄生虫病的主要有原虫和蠕虫两大类。吸血节肢动物如蚊、虱、蚤,广义上虽也算寄生虫,但不能直接引起寄生虫病。

1. 原虫

是单细胞原生动物,虫体虽小(直径 2~200 μm),但具有完整的生理功能,能在一个活细胞内进行和完成生命活动的所有功能。原虫种类繁多,与医学有关的有约 40 余种,分别属于动鞭纲(利什曼属、锥虫属、贾第虫属及毛滴虫属等)、叶足纲(内阿米巴属、棘阿米巴属及耐格里属)、孢子纲(等孢球虫属、肉孢子虫属、弓形虫属及疟原虫属)等。它们大多为寄生虫,也有共栖型或自生生活型。原虫进入人体,分布在腔道、体液或内脏组织中,有些寄生在细胞内。

2. 蠕虫

是多细胞无脊椎动物,体软,借肌肉伸缩蠕动。蠕虫病是指寄生于人体的各种蠕虫及其幼虫引起的疾病,主要包括线虫病、吸虫病与绦虫病三大类。各种吸虫均呈扁形,具有口、腹吸盘,且以各种不同螺类为中间宿主;线虫类为线形圆虫;绦虫类呈带状,由多个节片组成链体。各种蠕虫在人体内有其特定的主要寄生部位。位于管腔内的如血管(血吸虫)、肝内胆管(华支睾吸虫等)与肠腔(蛔虫、钩虫),并有不少蠕虫寄生在组织内,如肺(并殖吸虫)、脑与皮下组织(猪囊尾蚴)、肝(棘球蚴)等。

(三)昆虫

身体分为头、胸、腹三部,每部由若干体节组成。水域、陆地、高山甚至两极均有分布。昆虫构造复杂,生活习性变化很大。常见的、可传播疾病的昆虫有蚊、蝇、蟑螂、蛾、蚁、蛉等,这类昆虫因起传播媒介作用而被称为病媒昆虫。相应地,由病媒昆虫传播引起的传染性疾病称为虫媒病。

病媒昆虫的生活习性为其传播疾病创造了条件,如雌按蚊必须吸食人或动物的血液,卵巢才能发育,才能繁殖后代,其嗜血性与某些疾病(如疟疾)的传播和流行有着密切的关系。另外,有些病媒昆虫因为兼吸人血和动物血液,从而造成一些人兽共患疾病的传播,如黄热病(传播媒介为伊蚊)、鼠疫(传播媒介为蚤)、森林脑炎(传播媒介为蜱)。有适宜于病媒昆虫生存的环境和存在病原体就可能引起相应虫媒病的流行与爆发,历史上,疟疾、登革热、黄热病、鼠疫和霍乱等都是严重危害人类健康的虫媒病。

近年来,许多虫媒病都有发病回升的趋势,如上述提到的疟疾、登革热等。这与环境对病媒昆虫的影响是分不开的。一方面,人口增长、过快的城市化引起的居住条件恶化和供水不足,加上排污和垃圾处理系统不完善,导致越来越多的病媒昆虫(特别是蚊子和蟑螂)与人群在过度拥挤的空间下共同生活。另一方面,环境破坏导致许多病媒昆虫天敌数量减少,加上全球变暖使这些昆虫的繁殖力大增及栖居地进一步扩大(如向一些高海拔地区扩展)。这些都将为人类的生存和健康埋下隐患。

四、致害植物

致害植物可分为三类:①含有有毒物质、食用后可引起中毒的植物。②带有成瘾作用的植物,如罂粟。③其他致害植物,如某些植物的花粉、植物性粉尘(如棉尘),吸入可导致敏感人群的哮喘病等过敏反应性疾病;某些带刺的植物,刺伤人后可引起中毒反应等。

本节主要讨论第一类致害植物,即含有有毒物质、食用后可引起中毒的植物,通常也被称为有毒植物。有毒植物性食品依据引起中毒的原因一般可分为以下四类:①非食用部分有毒,如杏、苹果、李、樱桃等,果肉无毒,但其仁、叶、花芽等含有氰甙,人食用后可引起中毒;②在某个特定的发育时期有毒,如麦类、玉米等在幼苗期、发芽的马铃薯、未成熟的蚕豆等;③含有微量毒素、食用量过大可引起中毒的植物,如霉变甘蔗、硝酸盐含量高或腐败的蔬菜,大量连续食用能引起中毒;④自身含有有毒成分,未煮熟食用可引起中毒的植物,如木薯、四季豆(豆角、梅豆、菜豆、芸豆)。

关于蘑菇的归属问题,一直存在着争议,至今还没有一个统一的结论。有学者认为,蘑菇属于真菌界,不是植物;也有人认为,蘑菇算是低等植物,隶属于担子菌纲、伞纲目、蘑菇科蘑菇属。

　　如果蘑菇属于植物,那么毒蕈(俗称毒蘑菇)也算得是一种常见的致害植物。某些毒蕈的外观与无毒蕈相似,常因误食而引起中毒。毒蕈的种类较多,其主要有毒成分为毒蕈碱、毒蕈溶血素、毒肽、毒伞肽及引起精神症状的毒素等。我国常见的毒蕈约有 80 余种,分布范围广泛,其中含剧毒能致人死亡的有 10 多种,以毒性很强的红色捕蝇蕈及白帽蕈为多见。这类毒蕈外形与可食用的草菇等白色食用菌类差别并不明显,误食者死亡率甚高。

五、其他生物性危险因素

　　除了以上所述的生物性危险因素外,还有内源性的生物性危险因素。这类生物性危险因素最明显的就是机体内的癌变细胞,以及各种内源性的有害物(如已死亡的细胞和组织、脱落的血栓等)。这些内源性的生物性危险因素也是人体发生病变的重要原因。

　　人类是在与各种生物性危险因素的长期斗争中获得自身的生存和发展的。人类发现、认识这些生物性危险因素,并做出相应反应,避免或减轻危害。对于侵入人体的外源性病原微生物或内生的生物性危险因素,人体的免疫系统发挥着重要的作用。免疫系统敏锐地监控着各种外来的或内源的生物性刺激,随时做出应答,以维护机体的安全,保证机体的平衡和健康。免疫系统可借助细胞免疫或体液免疫不断消除和清理侵入人体的外源性病原微生物或内生的生物性危险因素。当然,在科学日益发达的今天,人类还可以借助各种治疗来帮助免疫系统完成这一工作。

第二节　生物性危险因素与疾病

一、生物性危险因素与感染性疾病

　　引起感染性疾病的生物性危险因素主要是病原微生物和寄生虫。感染即是病原体对人体的一种寄生过程,也就是说,在人体内定位、增殖而导致感染。感染性疾病中许多是有传染性的,可在人群中造成流行,这部分疾病又称为传染病。另一部分疾病则没有传染性或很难在人群中传播。例如,口腔、咽喉至肺内的气道若无障碍时,其主要菌种为 A 组溶血性链球菌和奈瑟氏菌属,可是,慢性支气管炎与泛发性细支气管炎患者的气道内常存在流感嗜血杆菌、肺炎克雷白菌等。这些细菌会由于某些原因而急速恶化,成为病原菌。此时,并不是由于大量的细菌侵入引起发病的,而是由于体内正常菌群发生急速恶化导致的,因此称为内源性感染。这些细菌对健康人来说并不构成威胁,没有传染性,只是对那些存在基础疾病的患者才显示其病原性,因此又称为机会感染。

在漫长的进化过程中,有些寄生物与人体宿主之间达到了相互适应、互不损害对方的共生状态、例如肠道中的大肠杆菌和某些真菌。但这种平衡是相对的,当某些因素导致宿主的免疫功能受损或抑制(如使用免疫抑制剂)或机械损伤,使寄生物离开其固有寄生部位而达到其不习惯寄生的部位,如大肠杆菌进入腹腔或泌尿道时,可以引起机会性感染,进而导致宿主的损伤。

实际上,大多数病原体与宿主机体之间是不适应的,因而引起双方之间的斗争。病原体通过各种途径进入人体即是感染过程的开始。由于适应程度不同,双方斗争的后果也各异。病原体要么被清除,要么定植下来繁殖进而引起组织损伤、炎症过程和各种病理改变,这主要取决于病原体的致病力和机体的免疫力,也和来自外界的干预(如药物治疗)等有关,从而就造成了感染过程的不同表现。

(一)病原体被清除

病原体进入人体后,可被处于机体防御第一线的非特异性免疫屏障(如胃酸)所清除(例如霍乱弧菌),也可以被体内的特异性被动免疫(来自母体或人工注射的抗体)所中和,或被特异性主动免疫(后天通过预防接种或感染后获得)所清除。

(二)隐性感染

又称亚临床感染,是指病原体侵入人体后,仅引起机体发生特异性免疫应答,不引起或只引起轻微的组织损伤,因而在临床上不显示出任何症状、体征,甚至生化改变,只能通过免疫学检查手段才能发现。大多数病原微生物(如脊髓灰质炎病毒和流行性乙脑病毒)通常只引起隐性感染,其数量远远超过显性感染(10倍)。隐性感染过程结束以后,大多数人获得不同程度的特异性主动免疫,病原体被清除;少数人转变为病原携带状态,病原体持续存在于体内,称为健康携带者,如伤寒、菌痢、乙型肝炎等。

(三)显性感染

又称临床感染,是指病原体侵入人体后,不但引起机体发生免疫应答,而且通过病原体本身的作用或机体的变态反应,导致组织损伤,引起病理改变和临床表现。在大多数感染性疾病中,显性感染只占全部受感染者的一小部分。在少数感染性疾病中(如麻疹、天花),大多数感染者表现为显性感染。显性感染过程结束后,病原体可被清除,而感染者获得较为巩固的免疫(如伤寒),不易再受感染。有些感染性疾病(如菌痢)的感染者病后免疫并不巩固,容易再受感染发病。小部分显性感染者则转变为病原携带者,成为恢复期携带者。

(四)病原携带状态

按致病微生物的不同,可分为带病毒者、带菌者与带虫者;按其发生在显性或隐性感染之后分为恢复期或健康携带者,而发生于显性感染之前为潜伏期携带者;按携带病原体持续时间又可分为急性与慢性携带者。所有的病原携带者都有一个共同特点,即不显示出临床症状又能排出病原体,因而在许多感染性疾病(如痢疾、霍乱、白喉、流行性脊髓灰质炎和乙型肝炎)中,携带者是重要的传染源。但并非所有感染性疾病都有病原携带者,如麻疹和流感,病原携带者极为罕见。

(五)潜伏性感染

病原体感染人体后,寄生在机体中某些部位,由于机体免疫功能足以将病原体局限化而不引起显性感染,但又不足以将病原体清除。病原体可在机体内长期潜伏下来,等待机体免疫力功能下降时,才引起显性感染。常见的潜伏性感染有单纯疱疹、带状疱疹、疟疾、结核等。潜伏性感染期间,病原体一般不排出体外,这是与病原携带状态的不同之处。

(六)医院内感染

医院内感染是指发生在医院中的一切感染,其对象包括一切在医院内活动的人群,主要是住院病人和医院工作人员。事实上,病人是医院内感染的主要受害者。因为病人在接受诊疗过程中,皮肤黏膜受损,免疫功能低下,较易发生菌群失调与感染。引起医院内感染的生物性危险因素主要是细菌,少数是病毒和寄生虫。①细菌:包括深部真菌,约占95%。常见的有革兰阳性球菌(如葡萄球菌属、链球菌属和肠球菌属等)、革兰阴性杆菌(如肠杆菌科、流感嗜血杆菌属、发酵杆菌和假单孢菌属等)、深部真菌(如念珠菌属)、无芽孢厌氧菌(如类杆菌属、厌氧球菌等)。②支原体:如肺炎支原体等。③病毒:如经血传播的肝炎病毒、疱疹病毒、巨细胞病毒等。④寄生虫:经输血传播的疟原虫。卡氏肺孢子虫和弓形虫可在免疫抑制的病人中发生感染。

引起医院内感染的生物性危险因素的特点是:①条件致病:通常存在于外界环境中和人体的皮肤或黏膜上,一般不致病,只有在皮肤与黏膜受损后或全身免疫功能降低的条件下才引起感染。②多属于正常菌群:与传统的致病菌不同,它们多属于人体的正常菌群,与人体形成了共生关系,不仅对机体无害,有时还对机体有益。③多形成耐药:引起医院内感染的病原体中,耐药菌株占有重要地位,如金黄色葡萄球菌、表皮葡萄球菌、大肠埃希菌等的耐药菌株。

医院内感染的发生与医疗措施密切相关:①各种侵入性诊疗技术和手术;②免疫抑制治疗;③抗菌药物特别是广谱抗生素的应用不当;④消毒等防范措施不过关等。

二、生物性危险因素与食源性疾病

引起食源性疾病的生物性危险因素包括致病微生物、致害动物(如河豚)、致害植物(如有毒菌类)等。

(一)致病微生物引起的食源性疾病

食物受病原微生物污染的主要途径有:①环境污染使食品受污染。如牡蛎、蛤和贻贝等滤食性贝类能从水中摄取病毒或毒素,积聚在黏膜内并转移到消化道中。当人们食用整只生贝时,也就同时摄食了病毒或毒素。此外,熟制食品在生产过程中受到交叉污染或员工的污染,也可能使食品携带病原微生物。②灌溉用水受污染会使蔬菜、水果的表面沉积病原微生物。一般而言,生食的食品都有类似问题。③使用受到污染的水清洗或用来制作食品,食品会受到污染。④食物自身的少量病原微生物在适宜的条件下大量繁殖。⑤已感染病原的食品加工人员,卫生不良,如上厕所后未洗手、消毒而使病原进入食品内。

近年来的研究表明,诸如病毒类、弯曲杆菌属和沙门氏菌属是导致食物中毒的主要原因。另外,大肠杆菌 $O_{157}:H_7$、利斯特氏菌属和某些真菌也是重要的与食品相关的病原菌。

1. 空肠弯曲杆菌引起的疾病

空肠弯曲杆菌被认为是引起人类急性胃肠炎的罪魁祸首,它能感染各年龄的人群。这种重要的病原菌通常由生的或不够熟的家禽产品传播。10个空肠弯曲杆菌造成的污染就可引起腹泻。空肠弯曲杆菌也可由生牛奶传播,而且这种生物还在多种牛羊肉中被发现。彻底煮熟食物、实行生熟食物分开可预防这种疾病的传播流行。

2. 沙门氏菌引起的疾病

沙门氏菌病是由摄取各种各样血清型的沙门氏菌导致的,特别是鼠伤寒沙门氏菌和猪霍乱沙门氏菌猪霍乱亚种。胃肠炎是引起最多关注的与食品如肉类、家禽和蛋类相关的疾病,症状发作通常只有约8h的潜伏期。沙门氏菌感染可由食品加工厂和餐馆以及罐头制作过程中被感染的工人引起。

3. 大肠杆菌引起的疾病

大肠杆菌已经被认为是一种重要的导致食品中毒的致病微生物。肠致病的、侵袭肠黏膜的和产肠毒素的类型都可引起腹泻。其中,肠出血性大肠杆菌 $O_{157}:H_7$ 最为重要。这种病原菌通过粪口途径传播,感染剂量仅仅为 500 个细菌。肠出血性大肠杆菌被发现存在于肉制品,如汉堡包和色拉米香肠、没消毒的果汁饮料、水果和蔬菜,以及没处理的饮用水中。

4. 真菌引起的疾病

真菌在谷物或其他食品中生长繁殖产生有毒的代谢产物,人和动物食入这种毒性物质也可发生食物中毒。用一般的烹调方法加热处理不能破坏食品中的真菌毒素。真菌生长繁殖及产生毒素需要一定的温度和湿度,因此中毒往往有比较明显的季节性和地区性。

(二)致害动物引起的食物中毒

引起动物性食物中毒的食品主要有两种:①将天然含有有毒成分的动物或动物的某

一部分当作食品,误食引起中毒反应。例如,河豚体内有河豚毒素,青鱼、草鱼、鲤鱼的胆汁有毒,鳗鲡和黄鳝鱼有血毒。②在一定条件下产生了大量有毒成分的可食的动物性食品,食用后可引起中毒,如海鱼存放过久,可致组胺升高。常见的动物性食物中毒归纳于表 5-2 中。

表 5-2　常见的动物性食物中毒

名称	有毒成分	中毒表现
河豚中毒	河豚素、河豚酸、河豚卵巢毒素	食入几分钟后,先感觉手指、舌等刺痛,后肌肉麻痹,呼吸困难,直至衰竭死亡
贝类中毒	石房蛤毒素	潜伏期数分钟至数小时;开始唇、舌、指麻木,后运动失调,呼吸麻痹而死亡
鱼类组胺中毒	组胺	主要是皮肤潮红、荨麻疹,有的出现恶心、呕吐
甲状腺中毒	甲状腺素	潜伏期 1~2 d,出现头晕、头痛、心慌、烦躁、恶心、呕吐、失眠、多汗、发热、脱发、手颤抖等症状
石斑鱼、鲇鱼的鱼卵中毒	可能是鱼卵毒素	潜伏期短。以恶心、呕吐、腹泻、腹痛为主,有的有冷汗、脉快等;严重者痉挛、抽搐、昏迷而死亡
肾上腺中毒	肾上腺素	潜伏期 15~30 min,头晕、恶心、呕吐、腹泻,严重者瞳孔散大
鱼胆中毒(草鱼、鲤鱼、青鱼、鲢鱼的鱼胆)	胆汁毒素	潜伏期 5~12 h,最短半小时。恶心、呕吐、腹痛、腹泻,随之肝肾损害症状;严重者出现循环系统、中枢神经系统症状,昏迷乃至死亡
动物肝脏(如狼、狗、鲨鱼等的肝脏)	大量维生素 A	潜伏期短。头痛、皮肤潮红、恶心、呕吐等,可有脱皮,一般可自愈

(三)致害植物引起的食物中毒

一般的植物食物是没有毒性的,有些食物虽有些毒性,但只要处理得当,仍可食用,但目前每年仍有许多植物性食物中毒的发生。造成植物性食物中毒的重要原因是一些食物本身含有毒成分,食用方法不当或误食有毒植物。常见的植物性食物中毒见表 5-3。

表 5-3　常见的植物性食物中毒

名称	有毒成分	常见植物(或食品)	中毒表现
含氰甙食物中毒	氰甙,被水解为氢氰酸	木薯、杏、桃、李、枇杷等的核仁	开始时先有口中苦涩、头晕、头痛、恶心、呕吐等;中毒严重者感到胸闷、呼吸困难,甚至意识不清、昏迷和死亡
含皂甙食物中毒	皂甙,被水解为糖类和皂甙原	扁豆、菜豆、豌豆等豆类,生豆浆	对消化道黏膜强烈刺激,引起局部充血、肿胀及出血,以致造成恶心、呕吐、腹泻和腹痛等症状

续表

名称	有毒成分	常见植物(或食品)	中毒表现
发芽马铃薯中毒	龙葵素(茄碱)	未成熟的马铃薯中,或在存放不当表皮发绿、发芽的马铃薯的绿皮部位、芽及芽孔周围	首先是咽喉部瘙痒、发热、恶心、呕吐、腹泻、腹痛等;其次为肺、肝、心肌和肾脏皮质的水肿。严重者意识散失,全身抽搐,呼吸困难
毒蕈中毒	多种毒素:原浆毒型、神经毒型和胃肠毒型等	毒蘑菇	原浆毒型毒素可引起中毒性肝炎、肝坏死等;神经毒型毒素可发生瞳孔缩小、流涎、流泪、出汗,胃肠道症状,严重者可有血压下降、呼吸不稳定,精神错乱和幻想,甚至死亡;胃肠毒型毒素中毒表现为恶心、呕吐、剧烈腹泻和腹痛等症状,很少死亡

此外,蚕豆种子含有巢菜碱甙,有的人食用后可引起急性溶血性贫血,医学上称为"蚕豆病"。有些青菜含有一定量的硝酸盐,在腐烂变质、熟菜存放过久、腌制不久的腌菜等情况下,硝酸盐还原成亚硝酸盐,食用后可引起中毒。蓖麻含有有毒成分蓖麻毒素和蓖麻碱,误食入生蓖麻子可导致急性中毒。

三、生物性危险因素与肿瘤

(一)真菌毒素与肿瘤

粮食和油料中自然污染的真菌有近百种,有些真菌在适宜的温度和湿度条件下就可能产生真菌毒素。这些真菌毒素中有的具有较强的致癌性,如黄曲霉毒素、杂色曲霉素、黄变米霉素(包括黄天精、环氯素、皱褶青霉素、桔青霉素)、青霉酸、棕曲霉素等。其中,以黄曲霉毒素致癌作用最强,国际癌症研究中心(IARC,1987)已将黄曲霉毒素确定为人类有足够证据的致癌剂。流行病学研究发现,在非洲、东南亚和中国东南沿海的原发性肝癌高发区,男性摄入黄曲霉毒素量大,黄曲霉毒素摄入量与肝癌发病率呈线性相关。

需要指出的是,在流行病学研究黄曲霉毒素与肝癌关系的时候,需要考虑 HBV 感染的影响,控制各种混杂因素,以期获得更明确的证据。要使粮食、油料中不带有真菌毒素,就要防止粮食、油料及其制品不被真菌污染,把好粮食、油料的入库质量关。

(二)病毒与肿瘤

病毒感染与肿瘤关系的研究已有 100 多年的历史,世界上约有 15%～20% 的肿瘤与病毒等有关。目前认为与人类恶性肿瘤关系较密切的有:EB 病毒与 Burkitt 淋巴瘤及鼻咽癌,乙型肝炎病毒与原发性肝细胞癌,单纯疱疹病毒Ⅱ型与宫颈癌等。多瘤病毒和腺病毒可在动物体内诱发肿瘤,并产生癌基因蛋白,在人的脑瘤、胰岛细胞肿瘤和部分间皮瘤中都可分离到多瘤病毒 DNA。HIV 的长期感染导致免疫功能低下,与 Kaposi 肉瘤和非霍奇金淋巴瘤有关。其中,乙型肝炎病毒与原发型肝细胞癌的关系,近年来我国研究较多。一个主要原因是,我国是一个乙肝感染大国,约有 1.2 亿 HBV 表面抗原携带者,每年约有 12 万人死于肝癌。

(三)其他致癌性生物因素

从 1991 年起,对我国肝癌高发区的研究发现,我国沟塘水中有一种蓝藻产生藻类毒素,它能使肝细胞中毒、坏死,大鼠动物实验提示这是一种强的促癌剂。肝癌高发区沟塘水中藻类毒素含量显著高于井水,该因素很可能与肝癌发生有一定的联系。

亚硝酸盐的致癌作用已经明确。新鲜蔬菜中并不含亚硝酸盐,但如因储存不当而腐烂变质或被细菌污染,可致亚硝酸盐含量迅速增高,长期食用可明显增加癌症发生的危险性。

另外,研究还发现,血吸虫与直肠癌有关,幽门杆菌与胃癌有关。1994 年,国际癌症研究机构还将幽门杆菌确定为Ⅰ类致癌因子。

四、生物性危险因素与职业危害

按致病微生物、感染途径和感染来源的不同,可将职业环境中的生物性危险因素分为多种类型。常见的生物性危险因素导致的职业危害有以下几种:①因职业接触各种病原微生物而导致的感染性疾病,如病毒、细菌、真菌感染及寄生虫病;②因职业接触各种生物性致敏原而出现的过敏性疾病,如采桑农民因接触桑毛虫的毒毛而发生的过敏性皮炎;③因职业接触各种生物性毒素而出现的急性中毒性疾病等。

广义上来说,在职业环境中,因接触或感染生物性危险因素而导致的疾病均可称为生物因素导致的职业危害。例如,医务人员在医院环境下感染乙肝病毒(HBV)、艾滋病病毒(HIV)、SARS 等,动物相关工作人员感染或接触病原因素而导致的危害,生物技术工人在生产中感染或接触有害生物或毒素而导致的危害等。然而,在生物性因素导致的职业危害中,到目前为止,明确被我国《职业病防治法》列为法定职业病的只有炭疽、布鲁杆菌病、森林脑炎 3 种。一般地,我们把其他许多职业特征明显的疾病称为职业性疾病,如农牧民真菌病、螨虫类病、丹毒病,森林工人莱姆病、牧民狂犬病、挤奶工结节病、矿工钩虫病、渔民血吸虫病等。下面简要介绍几种常见的、职业特征非常明显的疾病,这些疾病均与野外作业关系密切,其受害人群多见于农牧民、林业工人或养殖场饲养人员。

(一)森林脑炎

森林脑炎为国家法定职业病。起病急,病程长,致残率高,后遗症重,病死率高达 20%

以上,主要危害林区一线职工和进入林区的其他人员(如森林旅游者)。统计显示,1991—2002年我国内蒙古大兴安岭林区累计发生森林脑炎2 500余例。

森林脑炎具有明显的地区性和季节性,野生啮齿动物及鸟类是主要传染源,林区的幼畜及幼兽也可成为传染源,传播途径主要是由于硬蜱叮咬。病原体是森林脑炎病毒,为RNA病毒。人群普遍易感,但多数为隐性感染,仅约1‰出现症状,病后免疫力持久。本病潜伏期7～21 d,多数为10～12 d。临床表现为全身毒血症状,发热、头痛、身痛、恶心、呕吐等,少数有出血疹及心肌炎表现。重症者往往伴有神经系统症状,如意识障碍、脑膜刺激征;轻症者可无明显神经症状。预防本病包括防蜱灭蜱、预防接种和做好个人防护。

(二)莱姆病

莱姆病是一种由伯氏螺旋体引起,以硬蜱为主要传播媒介的自然疫源性疾病。1975年在美国东北部的莱姆镇发生此病流行,因此,1980年正式将此病命名为莱姆病。莱姆病病原储存宿主为啮齿类动物和蜱类,其中,啮齿类小鼠因其数目多、分布广、感染率高,是本病的主要传染源。本病的传播媒介为多种硬蜱,人因被携带病原的硬蜱叮咬而感染。人群普遍易感,但多见于进入或居住于林区及农村的人群中。本病也具有明显的季节性,发病多集中在5—9月。

本病的临床表现为慢性炎症性多系统损害,除慢性游走性红斑和关节炎外,还常伴有心脏损害和神经系统受累等症状。潜伏期3～32 d,平均7 d左右。在早期有皮肤损害时,给予抗炎治疗(如应用抗生素)可防止慢性化。对有心脏损害者,可加用糖皮质激素治疗。本病的预防包括灭蜱灭鼠、做好个人防护,若发现被蜱叮咬,应及时将其去除、消毒,并预防性使用抗生素。

(三)真菌病

主要经皮肤或吸入感染真菌所致。包括浅部真菌感染和深部真菌感染。浅部真菌感染主要侵犯皮肤及皮下组织。病原体类似引起人类普通手足癣症的浅部真菌,可致家禽或家畜皮肤癣病。人在饲养家禽或家畜中因接触病畜而感染。通常病变较局限,避免再次与病畜接触及对症治疗即可恢复。

深部真菌感染主要见于在晾晒、翻动、运输和加工发霉的物料过程中,易感者因反复吸入飘浮在空气中的芽孢霉菌或嗜热放线菌而感染,为一种过敏性肺炎。一般接触后4～8 h即可发病。临床症状为发热、咳嗽、气短、气紧、胸闷、无力等,严重时出现紫绀、心慌、水肿等心衰体征。预防本病,应减少接触发霉的稻草、秸秆、柴禾,劳动时应站在粉尘飘向的上风处,戴口罩作业。

(四)螨虫类病

螨是一种节肢动物,虫体微小,肉眼不易看见。某些种类的螨虫寄生或叮咬人体可造成皮肤损害,称螨皮炎。我国以蒲螨、革螨、沙螨常见。蒲螨多栖居于谷类、稻草、棉花及蒲草的叶面,农民多因收割这些作物被蒲螨叮咬患病。某些革螨可寄生于鸟类及啮齿类动物身上,也称禽螨,饲养工人因从事家禽养殖而感染禽螨。螨皮炎好发于夏秋季,可表现皮疹、瘙痒等皮肤过敏症状。患者常自觉奇痒难忍,晚间尤重,常因搔抓而继发感染,出现脓疱、糜烂及结痂等。严重感染者可导致速发性变态反应而出现哮喘,进而导致肺功能损害,甚至丧失劳动能力。本病预防以灭螨为主。

(五)寄生虫病

寄生虫病主要由原虫和蠕虫两大类寄生虫引起。据 1990 年 WHO 报告,在危害人类健康的最常见的 48 种疾病中,有 40 种属于传染病和寄生虫病。我国人口众多,寄生虫病种繁多,受寄生虫病的危害也较重。近些年来,随着农村经济好转,生活水平提高和生活习惯改变,溶组织内阿米巴、姜片虫、蛔虫、鞭虫、钩虫等肠道寄生虫的感染率明显下降。相反,一些食源性寄生虫病(旋毛虫、囊虫、肝吸虫、并殖吸虫)和棘球蚴病,则呈明显上升趋势。寄生虫感染的分布,与感染对象的卫生习惯、暴露特点及生物媒介等有关。如蛔虫感染以低年龄学生常见,钩虫、肝吸虫感染以菜农常见,鞭虫感染以渔民常见,而贾第虫、溶组织内阿米巴和带绦虫感染以牧民和半牧民常见;再如,疟疾和黑热病是虫媒传染病,其地理分布基本上与传播媒介按蚊和白蛉分布一致。

1. 钩虫病

钩虫病是由钩虫引起的以贫血为主要症状的一种寄生虫病。钩虫感染与人类的生产方式和卫生习惯等有关。农民特别是菜农为高发人群。在我国农村,主要是由于农民徒手赤足下地劳动,接触污染土壤受到感染。发病后皮肤常出现丘疹、疱疹,奇痒难忍,继而会发生严重贫血、胃肠功能紊乱、营养不良、肝脾肿大等症状。预防本病应建立无害厕所,或对粪便池密封加盖进行熟化处理。劳动时尽量戴上塑料手套及穿好胶鞋,不使手脚等处皮肤接触粪土。

2. 血吸虫病

血吸虫病是由血吸虫成虫寄生于人体引起的疾病,该病危害极大。血吸虫病的高发人群主要是渔民及进行田间作业的农民。我国流行的主要为日本血吸虫,分布于长江以南各省及长江流域。钉螺为其中间宿主,血吸虫从钉螺体内发育并逸出尾蚴经皮肤侵入人体,在人体内发育为成虫。患者多为慢性病程,表现为发热、腹痛、贫血、营养不良、乏力等症状,可因休息而得到改善。疾病晚期可表现为肝硬化、巨脾、腹水等症状。严重者可出现上消化道出血、肝昏迷等,最终导致死亡。本病应以预防为主,通过控制和消灭传染源,达到阻断血吸虫病传播的目的。

(六)丹毒病

丹毒病是一种人兽共患病,是指饲养猪、牛的农民感染动物身上的丹毒杆菌引起的急性传染病,称为类丹毒病。多发生于手和臀部。患者可出现皮疹,自觉局部灼热、疼痛,皮疹附近淋巴结常肿大。严重者红斑表面可发生水疱或大疱,更严重者可发展成坏疽。常见有恶寒、发热、疲倦乏力、头痛、恶心、呕吐等前驱症状。病程为急性经过,可复发。反复发作者称为慢性复发性丹毒,日久可继发形成象皮肿(以小腿多见)。

五、生物性危险因素与其他疾病

(一)性传播疾病

性传播疾病(Sexually Transmitted Disease,STD)是一组以性接触行为或类似性接触行为为主要传播途径的一组疾病,可引起泌尿生殖器官的局部病变,也可带来全身性的伤害。性传播疾病是既古老又流行广泛的疾病。以往所谓的性病(即经典性病)主要包括梅毒、淋病、软下疳和性病性淋巴肉芽肿四种。除四种经典性病之外,性传播疾病还包括艾滋病、病毒性肝炎及细菌性和阿米巴性痢疾。除此之外,生殖器疱疹、单纯疱疹、尖锐湿疣、传染性软疣、巨细胞病毒感染、非淋菌性尿道炎、细菌性阴道炎、腹股沟肉芽肿、疥疮、滴虫病、阿米巴感染、阴虱等也被列为性传播疾病。引起性传播疾病的生物性危险因素包括病毒、衣原体、细菌、支原体、螺旋体、真菌、放线菌及寄生虫等。换一个角度来说,性传播疾病也可归入前述的感染性疾病或寄生虫病等。

(二)自身免疫性疾病

自身免疫性疾病是指当自身免疫过强或持续时间过长以致破坏自身正常组织结构并引起相应临床症状的一组疾病。自身免疫性疾病的发生是遗传因素和环境因素相互作用的结果。生物性危险因素(如细菌、病毒和寄生虫)被认为是重要的环境因素之一,可能通过一系列机制促进自身免疫性疾病的发生。临床和流行病学数据显示,微生物感染是人类自身免疫性疾病的潜在触发因素或促进因素。如感染性先天性风疹病毒者较正常人更易患1型糖尿病,类风湿性关节炎与细菌感染有关,多发性硬化症、扩张型心肌病、系统性红斑狼疮等发病均与微生物相关。

第三节　生物性危险因素评价

一、生物性危险因素的鉴定

(一)临床诊断

全面而准确的临床资料来源于详尽的病史和全面的体格检查。疾病的起病方式、热型及伴随症状如腹泻、头痛、黄疸等,体格检查时有诊断意义的体征(如玫瑰疹等)对临床医生诊断疾病和判断导致疾病的病因有重要的帮助。

(二)流行病学调查

流行病学资料在疾病(特别是生物性危险因素导致的传染病)诊断中占有重要的地位。由于某些传染病在发病年龄、职业、季节及地区方面有高度选择性,流行病学资料在疾病诊断中具有重要价值。另外,流行学资料在食物中毒的病因调查中也有着重要意义,可为更有效地查找引起中毒的危害因素提供重要线索。

(三)实验室检验

实验室检验是认识和评价生物性危险因素的重要手段之一,也是诊断疾病最直接的证据。实验室检验包括食品细菌、真菌检验,环境卫生细菌检验,医学细菌、病毒和真菌检验,毒素检测和动物试验等。

1. 卫生微生物学检验

根据卫生监督和执法要求,对食品、饮用水、污水、化妆品采样进行卫生指标和致病菌检查,均按照国家标准检验方法的要求进行。另外,根据食品卫生需要,对食品霉菌和酵母菌进行分离鉴定和对分离霉菌进行产毒测定。

2. 医学细菌学检验

对细菌性传染病和爆发疫情进行病原学和血清学诊断。对常见的肠道、呼吸道、人兽共患病的病原体进行分离鉴定。

3. 病毒学检验

对常见的病毒性疾病,如病毒性肝炎、流行性感冒、急性出血性结膜炎和病毒性腹泻,做出病原学或血清学的特异性诊断,对危害严重的艾滋病、流行性出血热等疾病进行检测。

4. 毒素检测和动物试验

对于有些生物性危险因素导致的食物中毒,有些可能已找不到致病物或致病物来源不明,这时需要对致病物产生的毒素进行检测。对于有些不明毒素,可以考虑采用动物试验的方法确定毒素的毒性(如最小致死量、半数致死量);如条件许可,可采用分子生物学方法确定其构成成分及分子结构,以明确毒素。

(四)公共卫生监测

1. 有害生物监测

在自然界中,任何生物都是生态系统的一员,生物间彼此制约,处于动态平衡状态。有害生物按照各自的特点,有规律地繁殖、生长和死亡,因此,通过监测可以了解有害生物的种群、季节性消长、密度及繁殖等情况,从而有效预警突发的虫情和将有可能发生的虫媒传染病。

通过监测,了解和掌握有害生物携带的致病原,如微生物、寄生虫等。如三带喙库蚊可以携带乙脑病毒,通过蚊虫的叮咬,不仅在人之间,也在家畜、家禽等动物间传播病毒,进而造成流行性乙型脑炎流行。因此,在发生传染病疫情之前,对虫媒传染病的各种病原体在其宿主和媒介生物中的存在情况进行监测就显得非常重要。

通过监测,了解与有害生物孳生有关的环境(自然、气候等)变化情况。不仅要关注有可能给有害生物提供孳生栖息的环境,如蚊虫的孳生地——各种有用和无用的水体,苍蝇的孳生地——垃圾的收集、储运、消纳、管理等,蟑螂的孳生地——厨房及室内缝隙等,还要关注自然、气候对有害生物消长的影响,如近年来的暖冬使越冬蚊蝇的数量不断增多。因此,可以通过清除或改变害虫基本生存要素,如环境、湿度、食物和栖息地来控制害虫的孳生繁殖;通过构建防护设施来阻止害虫进入室内;以及通过仔细投放安全有效的药物来控制害虫密度。

通过监测病原体的变异进化情况,及早寻找有针对性的控制措施。如流感病毒极易变异,可以对其变异情况进行监测,从而可以预测疫情,制备相应的疫苗以控制流感的爆发流行。

2. 疾病监测

许多生物性危险因素的危害性,一般是通过其导致的疾病显现出来的。认识这些疾病,有助于更好地认识和控制这些危险因素。可以通过疾病监测方法来识别某一人群中存在的疾病及频率。目前,我国已建立起较为完善的传染病监测系统。

疾病监测分为主动和被动两类。根据特殊需要,上级单位亲自调查收集或者要求下级单位严格按照规定收集资料,称为主动监测;反之,下级单位按常规上报监测数据和资料,上级单位被动接收,称为被动监测。传染病监测是疾病监测的一种,其监测内容包括传染病发病、死亡,病原体型号、特性,媒介昆虫和动物宿主种类、分布和病原体携带状况,以及人群免疫水平和人口资料等。我国的传染病监测包括常规传染病报告和哨点监测。常规报告覆盖了甲、乙、丙三类共 37 种法定传染病。

传统的各种疾病报告和监测系统信息传递非常缓慢,计算机网络技术的发展使监测信息的传递、反馈、传播和处理更加便捷。地理信息系统(GIS)应用于疾病监测,可以实时、动态地显示发病变化情况,并可展示疾病的时空分布,从而达到信息可视化。目前在我国,GIS在疾病监测方面的应用主要集中于某些地方病的研究。以我国常见的血吸虫病为例,血吸虫病与自然生态环境密切相关。我国血吸虫病的分布与钉螺(特别是感染性钉螺)的分布相一致,有着严格的地方性。利用GIS预测模型和多层叠加分析可以为螺情及血吸虫病的监测提供有力的工具。

二、生物危险度评价

危险度评价应至少包括下列内容:生物因素的种类(已知的、未知的)、来源、传染性、致病性、传播途径、在环境中的稳定性、感染剂量、浓度、动物实验数据、预防和治疗等。危害度评价应由适当的有经验的专业人员进行。目前,生物危险度评价主要围绕感染性微生物进行,根据危险程度做出等级划分。

(一)感染性微生物的危害等级划分

1. 美国国家安全理事会(NSC)微生物危险等级划分

美国国家安全理事会(NSC)根据微生物的生物特征和危险程度,将其划分为四个危险等级群。

(1)第一级危险群(Risk Group 1,RG1):与健康成人疾病无关的微生物,如大肠杆菌-k12(*Escherichia coli*-k12)、重组不含潜在致癌基因产物或毒素的病毒等。

(2)第二级危险群(RG2):此类微生物在人类引起的疾病很少是严重的,且通常有预防及治疗的方法,如病毒(如肝炎病毒、麻疹病毒、腮腺炎病毒及柯萨奇病毒 A、B 型)、细菌(如出血性大肠杆菌 $O_{157}:H_7$)、真菌、寄生虫等。

(3)第三级危险群(RG3):此类微生物在人类可引起严重或致死疾病,可能有预防或治疗方法,如艾滋病病毒(HIV-1、HIV-2)、SARS 病毒(SARS-CoV)等。

(4)第四级危险群(RG4):在人类可引起严重或致死的疾病,通常无预防及治疗方法,如埃博拉病毒、马尔堡病毒等。

2.《中华人民共和国传染病防治法》的分类

2004 年 8 月新修订的《中华人民共和国传染病防治法》规定将传染病分为甲类、乙类和丙类进行管理。

(1)甲类传染病:鼠疫、霍乱。

(2)乙类传染病:是指传染性非典型肺炎、艾滋病、病毒性肝炎、脊髓灰质炎、人感染高致病性禽流感、麻疹、流行性出血热、狂犬病、流行性乙型脑炎、登革热、炭疽、细菌性和阿米巴性痢疾、肺结核、伤寒和副伤寒、流行性脑脊髓膜炎、百日咳、白喉、新生儿破伤风、猩红热、布鲁氏菌病、淋病、梅毒、钩端螺旋体病、血吸虫病、疟疾。

（3）丙类传染病：是指流行性感冒、流行性腮腺炎、风疹、急性出血性结膜炎、麻风病、流行性和地方性斑疹伤寒、黑热病、包虫病、丝虫病，除霍乱、细菌性和阿米巴性痢疾、伤寒和副伤寒以外的感染性腹泻病。

卫生部于 2008 年 5 月 2 日紧急发布《手足口病预防控制指南》（2008 年版），并决定将手足口病纳入丙类传染病管理。

（二）实验室内生物性危害等级分类

不同国家和地区对于实验室内生物危害等级分类不尽相同，常见的实验室分类标准有 WHO 关于感染性微生物的分类、美国 CDC/NIH 对微生物指导性分类、欧盟对微生物指导性分类及我国关于病原微生物危害程度的分类（如《中国医学微生物菌种保藏管理办法》、《实验室生物安全通用要求》的分类）。这里仅引述 WHO 关于感染性微生物的分类。

WHO 根据感染性微生物的相对危害程度制定了危险度等级划分标准，分别定为危险度 1 级、2 级、3 级和 4 级。该危险度的划分仅适用于实验室，详见表 5-4。

表 5-4　WHO 根据不同危险度对感染性微生物的分类

级别	危险度分级	危险性
1 级	无或极低的个体和群体危险	不能引起人和动物致病的微生物
2 级	中度的个体危险，低度的群体危险	病原体能引起人和动物致病，但对实验室工作人员、社区、家畜或环境不易导致严重危害。实验室暴露也许会引起严重感染，但对感染具有有效的预防和治疗措施，并且疾病的传播可能有限
3 级	高度的个体危险，低度的群体危险	病原体通常能引起人和动物的严重疾病，但一般不会发生感染个体向其他个体传播，对感染具有有效的预防和治疗措施
4 级	高度的个体和群体危险	病原体通常能引起人和动物的严重疾病，容易发生感染个体向其他个体的直接或间接传播，对感染一般没有有效的预防和治疗措施

三、暴露评价

（一）生物标志

所谓生物标志（biological markers or biomarkers）是指能代表生物结构和功能的可识别（即检测）物质特征。由于生物的生命现象极其复杂，而且可以说任何生命现象都具有物质基础，所以生物标志的范围非常广泛，包括细胞的、生化与分子生物学的、免疫学的、遗传的甚或生理功能的。生物标志是进行暴露评价和效应评价的重要依据和切入点。

分子流行病学研究中的生物标志总体上有三类：暴露生物标志（exposure marker）、效应生物标志（effect marker）和易感生物标志（susceptibility marker）。

1. 暴露生物标志

简称暴露标志，指与疾病或健康状态有关的暴露因素的生物标志，包括内暴露标志和外暴露标志。外暴露标志是指暴露因素进入机体之前的标志和剂量，如病毒、细菌、生物毒素等。内暴露标志是指暴露因素进入机体之后的标志，对于生物性病原因子来说，可以是生物病原本身、其代谢产物或与宿主体内生物大分子的结合产物。

2. 效应生物标志

简称效应标志，指宿主暴露后产生功能性或结构性变化的生物标志，如突变的基因、畸变的染色体、变性或特异的蛋白质等。

3. 易感生物标志

简称易感标志，指宿主对疾病发生、发展易感程度的生物标志。易感性主要与宿主的遗传特征，以及生长发育、营养、免疫、机体活动状态有关。

生物标志的选定应遵循以下原则：①生物标志具有较好的特异性和稳定性；②检测生物标志的方法具有较高的灵敏度和特异度；③检测方法快速、简便。

（二）暴露评价

1. 外暴露研究

外暴露主要指环境因素暴露，分为生物性因素和非生物性因素。生物性危险因素作为外暴露，主要包括病原生物、生物毒素等。外暴露研究目前主要集中于：

（1）生物性病原因子的鉴定：在传染病防控中，首要任务之一是查明病原体。同一类病原体的不同型别，致病力及感染力等病原特征可能相差甚远。如艾滋病病毒分为两大类，即HIV-1和HIV-2，前者的致病力和感染力远大于后者。HIV-1又可分为O、M和N三组，目前引起全球大流行的是HIV-1M组，HIV-2、HIV-1O组和N组主要局限于西部非洲等少数地区，感染者也较少。HIV-1M组还分为不同亚型，不同亚型的感染力和致病特征也有差异。因此，研究生物性病原因子，仅以血清学等一般生物学方法对其检定是远远不够的，须进一步分型鉴定。随着生物毒素病因研究的不断深入，其作为外暴露标志的意义日益受到重视，并已取得进展，如霉菌毒素、藻类毒素等在恶性肿瘤发病中的作用。

（2）病原生物进化变异规律研究：近20多年来，许多新发传染病如艾滋病、出血热、传染性非典型肺炎、禽流感、O_{157}：H_7出血性肠炎、O_{139}霍乱等严重危害人们的健康和生命。与此同时，一些本已得到较好控制的、老的传染病又逐渐成为新的公共卫生问题，如结核病、性病等。究其原因：一是生物是不断进化变异的，人类生产生活环境的改变及治疗的实施促进了它们的变异；二是病原生物和非病原生物是相对的，有时是可以相互转变的，如病原生物丢失致病基因、非病原生物获得致病基因等。病原生物进化变异规律研究,如流感病毒变异规律的研究,对疾病的预警、预防、治疗和控制等都是非常重要的。

(3)查找传播途径:如通过比较病原组织特征的相似性,追溯传染源,从而确定传播途径。

(4)非生物性因素的暴露测量:这一类因素的测量主要见于研究慢性非传染性疾病、地方病等,如吸烟烟雾、环境中的有毒及化学物质的危害等。

2. 内暴露研究

(1)传染性疾病:通过生物标志的检测,如病原体抗原、抗体、核酸、蛋白质等,可准确、快速地判断疾病的感染状况。如 HIV 抗体检测对描述感染状况、分布,追溯传染源,确定传播途径,保护易感人群,阐明流行规律具有重要价值;又如,HIV 感染后最显著的是 CD4+T 淋巴细胞减少,因此,HIV 感染者的病毒载量检测和 CD4+T 淋巴细胞计数,对于判断感染者是否发病、所处的疾病进程阶段和应采取的治疗手段具有重要价值。

(2)慢性非传染性疾病:检测内暴露水平,如细胞、组织、血液等生物体内的含量,可为生物作用剂量、危害效应评价等提供有力的数量证据。另外,随着技术进步,内暴露研究还包括直接探索暴露—效应关系在生物体内形成的机制。

选择何种生物标志作为测量暴露的指标,除应遵循上述生物标志选定原则外,还应考虑选择的生物标志最好能代表接触剂量或生物作用剂量,前者便于以后进行大样本的人群研究,后者对进一步研究早期生物效应等具有很高的价值。

四、危害效应评价

生物性危险因素导致的危害效应可分为:①感染。病原微生物在人体内生长繁殖导致的组织损害,如流行性感冒、麻疹、肺结核。②过敏。生物体以过敏原角色使重复暴露的人体发生免疫超敏反应,如过敏性肺炎、过敏性鼻炎等。③中毒。暴露于生物体产生的毒素所导致的病理改变,如细菌内毒素、细菌外毒素、真菌毒素。④心理恐慌。危害效应评价主要是针对前三种生理性危害表现。

危害效应可以是急性的,如感染性疾病、食物中毒、过敏等;也可以是慢性的,最常见的是慢性致癌效应。一般说来,生理性危害效应可以通过检测受感染机体的效应标志来评价。

(一)急性危害

1. 免疫效应

病原生物感染后,可引起机体产生特异性和非特异性的免疫反应,如产生抗体等。对人群中某种病原体的特异性抗体水平进行监测,对探索传染病流行规律、制定防制对策、评价防治效果等具有重要价值。另外,相对于分离培养病原体,特异性抗体检测是一种快速、早期及简便的诊断手段。

2. 危害效应

病原生物感染后可产生一定的病理损害,如肝炎病毒感染引起的肝细胞损害,痢疾杆菌感染引起的肠道损伤等,测量机体损害性的生物标志不仅可以了解感染状况及影响因素,而且对研究病原体特征和判断预后都是非常重要的。

(二)慢性危害

在宿主暴露于病原因素之后,首先发生生物效应的就是生物大分子,尤其是基因及蛋白质结构和功能改变等。因此,努力发现和研究暴露后不同阶段的早期生物效应分子,对病因研究、发病机制、早期诊断、高危人群筛查和疾病控制都很有价值。在慢性非传染病的效应标志研究中,主要有两类:结构异常标志和功能异常标志。但由于慢性非传染病的病程长,发病原因复杂,涉及基因多等特点,其生物标志也非常复杂。

1. 基因表达异常和代谢异常

在暴露早期或轻度暴露的情况下,宿主虽不一定有基因突变、组织损伤等明显病理性改变,但可以发生基因表达的异常或代谢异常。由于早期生物效应常是暴露因素直接作用的结果,把早期基因表达或代谢异常作为生物标志,可以更好地研究不同暴露因素的作用强度和作用机制。

2. 基因突变或染色体畸变

当暴露达到一定程度,机体就会出现结构异常的生物标志,如一些恶性肿瘤发病中,机体暴露之后导致抑癌基因 p53、p16、rb 等突变失活,或原癌基因 ras、fos、jun、bcl-2 等突变激活、P_{450} 细胞色素酶基因改变等,继之发生一系列异常反应。另外,早期生物效应分子既可作为暴露后的生物效应结局,也可以作为下一级生物效应结局的影响因素。

【思考题】

1. 生物性危险因素分为几类,各有何特点?
2. 生物性因素导致的不同感染过程可有哪些表现?
3. 医院内感染有哪些特点?怎样预防医院内感染?
4. 常见的生物性危险因素鉴定方法有哪些?
5. 什么是生物标志?它在生物性危险因素的评价中有何作用?

(牛建军)

第六章

物理性危险因素的识别与评价

随着科技的进步与发展,尤其是电磁技术日益广泛地应用到国防、电力、通信和家用电器等领域,物理性危险因素对人类的威胁也不再局限于职业人群,而是可能对整个公众的健康产生不利影响,加强对物理性危险因素的认识和研究显得越来越迫切。

传统意义上的物理性危险因素主要存在于生产和工作环境中,例如气温、气湿、气压、噪声、振动、电磁辐射等。物理性危险因素具有如下特点:

(1)利害的双重性:并非所有物理因素都对人体有害,有些物理因素非但对人体无害,还是人类生存或生理活动所必需的,如气温、气压、可见光等。

(2)存在的普遍性:大多数物理因素并非人工产生,而是在自然界中普遍存在的,如气温、气压、紫外线等。

(3)参数的特定性:物理因素都具有特定的物理参数,如表示气温的温度、噪声的强度、振动的频率、辐射的能量等。物理因素对人体造成的危害程度与这些参数密切相关。

(4)来源的易见性:物理因素一般具有明确的来源,生产和作业场所中的物理因素通常来自处于工作状态的装置。装置停止工作,其所产生的物理因素也会随之消失。

(5)强度的波动性:作业场所的物理因素强度分布一般是不均匀的,多以发生装置为中心,呈放射状向四周传播,其强度随距离增大呈指数衰减。

(6)作用的局部性:物理因素作用于机体的部位主要是皮肤、眼、耳等感觉器官,而且局部作用要强于全身作用。

(7)效应的中优性:物理因素对人体的损害效应与其参数之间不呈直线关系,但接触剂量在一定范围内对人体无害,高于或低于该范围均会对人体产生危害。例如,正常气温是人体生存和生理活动所必需的,高温和低温都会对人体造成损害。

(8)暴露的暂时性:除某些放射性物质进入人体可产生内照射外,多数物理因素在脱离接触后,机体不再有残留,因此治疗主要是针对受损的组织器官,而不需采用"驱除"或"排出"方法。

物理性危险因素所引起的公共卫生问题是公共卫生学的重要组成部分,尚存在许多未被认识和解决的问题。随着生产发展和技术进步,人群接触的物理性危险因素越来越多,其中许多因素由于看不见、摸不着,接触强度小,虽然并未引起人体明显的不适感觉,但可能已对机体造成损伤。加强对物理性危险因素的识别、评价、预防和控制已经成为社会进步的一个重要条件。

第一节　物理性危险因素的分类

一、气象条件

生产和生活环境中的异常气象条件主要包括气温、气湿、气压、气流和热辐射，这些因素构成了工业和居住场所的气象条件，即微小气候。

(一)气温

环境中的气温除取决于大气温度外，还受太阳辐射、生产性热源和人体散热等的影响。对公众健康产生影响的主要有高温和低温。

1. 高温

我国有关高温作业的卫生标准中指出，高温作业系工业企业和服务行业工作地点具有生产性热源，其气温等于或高于本地区夏季室外通风设计计算温度2℃或2℃以上的作业。按其气象条件的特点分为三种类型：

(1)高温、强热辐射作业：气象特点是气温高，热辐射强度大，而相对湿度低，形成干热环境。例如冶金工业的炼钢车间、机械制造工业的铸造车间、发电厂的锅炉间等。

(2)高温高湿作业：由于生产过程中产生大量水蒸气或生产上要求车间内保持较高的相对湿度，这种场所的气温、气湿高，而辐射强度不大。例如纺织印染等工厂、深井煤矿中等。

(3)夏天露天作业：此环境中，除受太阳的辐射作用外，还接受被加热的地面和周围物体放出的辐射线。虽然热辐射强度较低，但作业持续时间较长，形成高温、热辐射的环境。例如农田劳动、建筑工地、大型体育竞赛等。

目前相关的卫生标准主要是国际标准化组织(ISO)以湿球—黑球温度制定的高温作业卫生标准(表6-1)和我国以综合温度反映热负荷的综合性高温作业卫生标准《工作场所有害因素职业接触限值》(GBZ 2-2002)(表6-2)。但是这些指标测定的是瞬时值，而且并未考虑作业人员的体型、穿着以及自身代谢产热，因此还存在一定局限性。

2. 低温

低温作业是指在生产劳动过程中，其工作地点平均气温等于或低于5℃的作业。《低温作业分级》(GB/T 14440-93)按照工作地点的温度和低温作业时间率分为四级(表6-3)，级别越高，冷强度越大。该标准规定了低温作业环境冷强度大小及其对人体技能影响程度的级别，适用于对低温作业实施劳动保护分级管理。

表 6-1　高温作业卫生标准(ISO 7243,1989)

代谢率级别	代谢率 $M/W \cdot m^{-2}$	湿球—黑球温度指数 WBGT/℃			
		热适应者		非热适应者	
0	$M \leqslant 65$	33		32	
1	$65 < M \leqslant 130$	30		29	
2	$130 < M \leqslant 200$	28		26	
		感觉无风	感觉有风	感觉无风	感觉有风
3	$200 < M \leqslant 260$	25	26	22	23
4	$M > 260$	23	25	18	20

注:设立此 WBGT 标准值以使高温作业工人的中心体温不超过38℃。

表 6-2　高温作业场所综合温度容许限值

体力劳动强度指数	综合温度/℃	
	<30℃地区	≥30℃地区
$\leqslant 15$	31	32
>15 且 $\leqslant 20$	30	31
>20 且 $\leqslant 25$	29	30
>25	28	29

注:温度分区按夏季通风室外计算。

表 6-3　低温作业分级

低温作业时间率/%	温度范围/℃					
	5~0	0~-5	-5~-10	-10~-15	-15~-20	<-20
$\leqslant 25$	I	I	I	II	II	III
$>25~50$	I	I	II	II	III	III
$>50~75$	I	II	II	III	III	IV
$\geqslant 75$	II	II	III	III	IV	IV

注:凡低温作业地点空气相对湿度平均等于或大于80%的工种应在本标准基础上提高一级。

　　低温作业时间率是一个劳动日在低温环境中净劳动时间占工作日总时间的百分率。其计算方法是:同一工种随机选择受测工人三名,并跟班记录一个劳动日实际低温作业时间,连续记录三天,取其平均值计算低温作业时间率。

$$低温作业时间率(\%)=\frac{低温作业时间(min)}{工作日总时间(min)}\times100$$

(二)异常气压

异常气压是相对标准大气压而言的。人们通常的居住环境未必是标准大气压,但在气压变动较小时,不会对人体造成不良影响,人体也无不适感觉。有时,人们需要在异常气压环境下工作,如不注意防护,则会影响人体健康。通常我们所说的异常气压主要指高气压和低气压。

1. 高气压

从气象角度讲,当某一地区的大气压力比其外围高时,便称为高气压。一般来说,高气压地区内的天气比较稳定及晴朗,对公众健康不会产生明显影响。但是某些特殊行业(电力、蒸汽、打捞及海底救助业等),机体在高气压环境下暴露一定时间后,由于减压不当,外界压力下降得太快,足以使机体组织内原来溶解的惰性气体游离为气相,形成气泡,导致一系列病理变化的疾病,称为减压病(DCS)。

2. 低气压

当某一地区的大气压力比其外围低时,便称为低气压。低气压地区的天气通常比较不稳定(如有云、雨或骤雨等),容易对公众的生产和生活产生影响。在低气压环境下进行的作业主要有高原作业和航空航天作业。在高海拔低氧环境下,机体的各组织、器官会自发产生适应性改变。当机体无法适应低气压缺氧环境时,可能导致心、脑、肺等多器官的病理性改变,我国卫生标准称之为高原病。飞行员、宇航员短时间快速上升到万米高空,如果机舱密封不良,气压在短时间内急促下降,就可能发生航空病。

二、声

物体振动后,振动能在弹性介质中以波的形式向外传播,传到人耳引起声响感觉,称为声(sound)。声有两个重要的参数,即强度和频率。声的强度,以分贝(dB)表示,正常人耳可以感觉到的最低声级是分贝的零标准。声的强度与声源的距离直接相关,距离越近,声的强度就越高,反之则强度越低。声的频率,即声波振动率,是以每秒钟循环的次数来测量的,用赫兹(Hz)表示。人所能感受到的声音频率范围通常在 20 ~20 000 Hz之间,称为声波(sound wave)。小于20 Hz的声波称为次声波(infrasonic wave),大于20 000 Hz的声波称为超声波(ultrasonic wave)。

(一)噪声

凡是使人感到厌烦或不需要的声音都称为噪声。噪声污染不完全取决于强度和频率,还取决于人的心理和生理因素。同一种声音在相同的时间、地点，对不同的人会产生不同的感受，例如公共场所播放的歌曲，喜欢听的人就欣赏，不喜欢的人则感到厌烦。因此，噪声也被认为是一种"感觉公害"。

1. 声学术语和物理特性

（1）声强与声强级：声以波的形式将声源振动的能量向空间辐射，用能量大小表示声音的强弱称为声强（sound intensity）。声音的强弱决定于单位时间内垂直于传播方向的单位面积上通过的声波能量，通常用 I 表示，单位是瓦/米²（W/m²）。

人耳所能感受到的声音强度范围很大，刚能引起正常青年人耳音响感觉的声音强度称为听阈（threshold of hearing）声强，声音强度增大至人耳产生疼痛时为痛阈（threshold of pain）声强。1 000 Hz 纯音的听阈声强为 10^{-12} W/m²（定为 0 dB），痛阈声强为 1 W/m²，二者的声音能量相差 10^{12} 倍。在如此宽的范围内，若用声强绝对值描述声音，不仅繁琐，而且没有必要。因此，引入了对数量"级"的概念，即用对数来表示声强的等级，称为声强级（L_I），单位为 dB，其表达式为：

$$L_I = 10\lg \frac{I}{I_0}$$

式中，L_I：声强级（dB）；

　　　I：被测声强（W/m²）；

　　　I_0：基准声强（1 000 Hz 纯音的听阈声强为 10^{-12} W/m²，定为 0 dB）。

（2）声压与声压级：实际工作中，测量声强技术难度较大，于是引入了声压和声压级的概念。目前所使用的声级计测量的即是声压级。声波在空气中传播时，引起大气压力的不断变化，这种由于声波振动而对介质（空气）产生的压力称为声压（sound pressure）。它是垂直于声波传播方向上单位面积所承受的压力，通常用 p 表示，单位是帕（Pa）。

与声强一样，对于正常人耳，同样存在听阈声压（20 μPa）和痛阈声压（20 Pa），从听阈声压到痛阈声压的绝对值相差 10^6 倍。为了计算方便，同样引入"级"的概念，采用声压级（Sound Pressure Level，SPL）L_p 来表示，单位也用 dB，其表达式为：

$$L_p = 20\lg \frac{p}{p_0}$$

式中，L_p：声压级；

　　　p：被测声压；

　　　p_0：基准声压。

日常生活和生产中，经常有一个以上的声源存在，它们可以是相同的，也可以是不同的。如果某一场所各声源的声压级是相同的，合成后的声压级按下式计算：

$$L_总 = L + 10\lg n$$

式中，L：单个声源的声压级（dB）；

n：声源的数目。

大多数情况下，同一场所的各种声源其声音强度各不相同。这时，计算合成后的声压级需要将声源的声压级从大到小按顺序排列，按照两两合成的方法逐一计算出合成后的声压级。首先计算出两个不同声压级之间的差值，即 L_1-L_2，然后从增值表（表6-4）中查出增值 ΔL，较高的声压级与增值 ΔL 之和即为合成后的声压级，即：

$$L_总 = L_1 + \Delta L_0$$

表 6-4　声级（dB）相加时的增值 ΔL 表

两声级差（L_1-L_2）	0	1	2	3	4	5	6	7	8	9	10
增加值 ΔL/dB	3.0	2.5	2.1	1.8	1.5	1.2	1.0	0.8	0.6	0.5	0.4

（3）声频、频谱与频带：引起音响感觉的声波振动的频率，称为声频（sound frequency），范围在 20～20 000 Hz 之间。单一频率发出的声音，称为纯音（pure tone）；由各种频率组成的声音，称为复合音（complex tone）。把组成复合音的频率由低到高排列而成的连续谱，称为频谱（frequency spectrum）。

在实际应用中，对于构成某一复合音的连续频谱，不需要也不可能对其中每一频率成分进行测量和分析，通常人为地把声频范围（20～20 000 Hz）划分成若干小的频段，称为频带或频程（octave band）。最常用的是倍频程，按照频率成倍关系将声频划分为若干频段，每一频段的上限频率（$f_上$）和下限频率（$f_下$）之比为 2∶1，即 $f_上 = 2f_下$。根据声学特点，每一频段用一个几何中心频率表示，如 710～1 400 Hz 频段的几何中心频率为 1 000 Hz，称为1 000 Hz 倍频程。其计算公式为：

$$f_中 = \sqrt{f_上 \cdot f_下}$$

噪声测量时，测量的是倍频程的中心频率，也称 1/1 倍频程。此外，还有 1/2 或 1/3 倍频程，精密的声级计中尚有更精细的频谱分析。

（4）响度、响度级与响度曲线：响度（loudness）是指人听觉判断声音强弱的主观量度，以 N 表示，单位为宋（sone）。为了更好地评价人体对噪声的反应，根据人耳对声音的感觉特性，使用声压级和频率，采用实验方法测出人耳对声音音响的主观感觉量，称为响度级（loudness level），以 L_N 表示，单位为方（phone）。响度级是通过大量正常人群的测试得出来的，以 1 000 Hz 纯音的不同声压级的值（dB）定为响度级的基准值，该声压级的数值就是响度级的数值（phone）。

测定不同频率下的各个声压级（dB），将其相同的响度连成一条线，就是等响曲线（equal loudness curves）（图 6-1）。图最下端的一条曲线是听阈曲线，最上端的一条曲线时痛阈曲线。

（5）计权网络和声级：声级计是噪声测量中最基本的仪器。为了模拟人耳听觉在不同频率的不同灵敏性，在声级计内设有一种能够模拟人耳的听觉特性，可以把电信号修正为与听觉近似的网络,这种网络叫作计权网络。根据所使用的计权网络不同,测得的声压级分别称为 A 声级、B 声级、C 声级和 D 声级,单位记作 dB(A)、dB(B)、dB(C) 和 dB(D)。A、B、C 计权响应曲线相应于 40 phone、70 phone 和 100 phone 的等响曲线(图 6-2)。其中,A 计权声级由于其特性曲线接近于人耳的听感特性,因此是目前世界上噪声测量中应用最广泛的一种,许多与噪声有关的国家规范都是以 A 声级作为指标的。D 声级突出高频部分(3 ~ 6 kHz)的响应特性,多用于航空噪声的测量和评价。

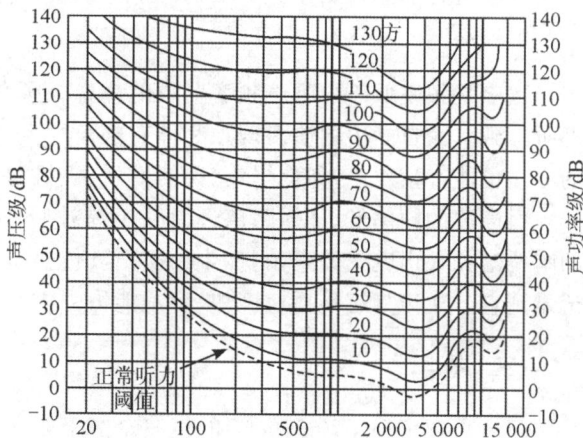

图 6-1　等响曲线

2. 噪声的分类

《中华人民共和国环境噪声污染防治法》将噪声分为工业噪声、建筑施工噪声、交通运输噪声和社会生活噪声四大类。根据噪声的产生和其本身特性等又可以进行如下分类。

(1)按照产生的动力和方式不同分类:①机械性噪声:由固体振动、金属摩擦、零件撞击等产生的噪声,如纺织机、电锯、机床等发出的声音。②流体动力性噪声:因气体流动时的压力、速度波动产生的噪声,如通风机、喷气式飞机、管道噪声等。③电磁性噪声:因电机中交变力相互作用而产生,如发电机、变压器、励磁机噪声等。

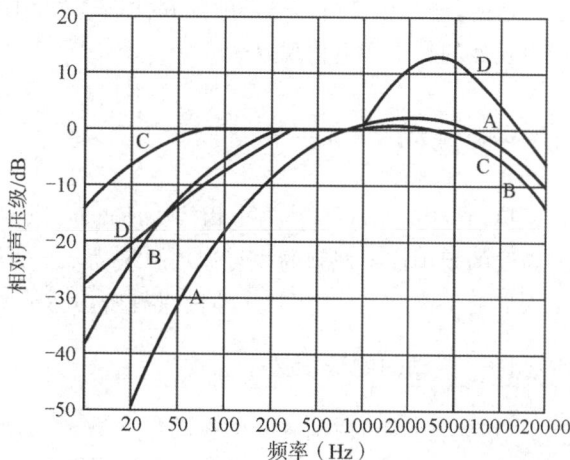

图 6-2　计权网络响应曲线

(2)按照噪声持续时间和出现的形态分类:①稳态噪声:指在一个长时间内,声音连续不断,而且强度相对稳定,声压波动小于 5 dB,两声间隔小于 1 s 的噪声,如一般环境噪声、电锯、机床运转噪声等。②非稳态噪声:声压变化较大的噪声,如道路噪声、锻造机械的噪声、铆枪的噪声等。非稳态噪声又可以分为起伏噪声、间歇噪声和脉冲噪声。

(3)按照频谱特性和频率特性分类:①低频噪声:主频在 300 Hz 以下;②中低频噪声:频率在 300 ~1 000 Hz。③中高频噪声:频率在 1 000~2 400 Hz。④高频噪声:频率在 2 400~8 000 Hz。

(二)次声

次声是频率低于可听声频率范围的声音。频率范围大致为 1/10 000～20 Hz，人们一般都听不到。大自然中的诸多现象都伴有次声发生，像火山爆发、地震、雷电、台风等。用人工的方法也能产生次声，如核爆炸、火箭发射、飞机起飞等。

次声波的频率低，传播距离远而又不易被吸收。例如，1883 年 8 月 27 日，印度尼西亚的喀拉喀托火山突然爆发，它产生的次声波传播了十几万公里，当时用简单微气压计就可以记录到它。次声具有传播速度快、穿透能力强的特点。

(三)超声

超声是频率高于 20 000 Hz 的声波。由于频率升高，波长变短使得超声波比普通声波具有特殊性，即近似于光的某些特征：①超声波可在气体、液体、固体、固熔体等介质中有效传播；②超声波可传递很强的能量，同时有很强的被吸收性与衰减性；③超声波基本上是沿直线传播的，会产生反射、干涉、叠加和共振现象；④超声波在液体介质中传播时，可在界面上产生强烈的冲击和空化现象。

三、振动

振动(vibration)是指一个物体或质点在外力作用下，以中心为基准(平衡位置)，做直线或弧线的规则或不规则的往复运动。振动不仅是自然界中普遍的运动形式，而且广泛存在于人们的生产和生活中，与人体健康有密切的关系。

(一)振动的物理参量

(1)频率：单位时间内物体振动的次数，称为频率(frequency)，单位为赫兹(Hz)。每秒钟振动一次，频率为 1 Hz。振动频率和周期之间呈倒数关系。

(2)位移：振动的物体离开平衡位置的瞬时距离，称为位移(displacement)；振动物体离开平衡位置的最大距离，称为振幅(amplitude)，单位均为 mm 或 cm。

(3)速度：振动的物体单位时间内位移变化的量，称为速度(velocity)，即位移对时间的变化率，单位为 mm/s 或 cm/s。

(4)加速度：振动的物体单位时间内速度变化的量，称为加速度(acceleration)，即速度对时间的变化率，单位为 m/s^2，也可以用地球的重力加速度 $g(g = 9.8\ m/s^2)$ 表示。

在振动过程中，位移、速度和加速度是代表振动强度的物理量度，其中，加速度反映振动强度对人体作用的关系最为密切，是目前评价振动强度大小最常用的物理量。

(5)振动频谱：多数振动并非由单一频率构成，而是含有极其复杂的频率成分，不同频率的振动强度也不相同。振动频谱就是按频带大小测得的振动强度数值排列起来组成的图形,常用的有 1/1 倍频程(简称倍频程)和 1/3 倍频程。

(6)振动方向:振动可以沿三个直线运动方向和三个转动方向进行。以坐姿为例,水平直线运动沿 x 轴(前后)、y 轴(左右)和 z 轴(上下)进行,沿 x、y、z 轴进行的转动分别称为 r_x(转滚)、r_y(偏转)和 r_z(俯仰)。

(二)振动的分类

1. 按物理性质分类

(1)周期性振动:每隔一个固定的时间,运动就完全重复一次,如心脏的跳动、音叉的振动等。周期性振动又可以分为简谐振动和非简谐振动(复合振动)。

(2)非周期性振动:每振动一次所需的时间各不相同,或每次振动幅度不同,以致每一次振动都不能与上一次振动完全重复。非周期性振动又分为随机振动和冲击振动(瞬间振动)。

2. 按来源和主要作业分类

生产中产生振动的原因有很多,其中,接触机会较多、危害较大的生产性振动来自振动性工具,包括风动工具(如凿岩机、风铲、铆钉机、打桩机等)、电动工具(如链锯、电锯、电钻、振动破碎机等)和高速旋转机械(如砂轮机、钻孔机、抛光机等)。

3. 按作用于人体的部位和传导方式分类

(1)全身振动:是当身体承支在一振动的表面,例如坐在振动的座位上、站在振动的地板上,工作地点或座椅振动,臀部或足部直接接触振动,通过下肢或躯干直接对全身起作用。

(2)局部(手传)振动:手部直接接触冲击性、转动性或冲击—转动性工具,经手臂传递到躯干的振动。

四、辐射

任何带电体周围都存在着电场,周期变化的电场就会产生周期变化的磁场,就存在电磁波。电磁波向四周辐射传播,产生电磁辐射。根据电磁波能否引起生物组织发生电离作用而将其分为电离辐射和非电离辐射(表6-5)。

(一)电离辐射

凡能直接或间接使物质发生电离的射线,称为电离辐射(ionizing radiation)。

1. 分类及其主要特征

电离辐射既可以来自天然射线(宇宙射线、地壳中的铀、镭等天然放射性核素),又可以来

表 6-5 电磁辐射波谱

类 型	电离辐射	非电离辐射				
		紫外辐射	可见光	红外辐射	微 波	高频电磁场
频率/Hz	$>73.0 \times 10^{15}$	$7.5 \times 10^{14} \sim$ 3.0×10^{15}	$4.0 \times 10^{14} \sim$ 7.5×10^{14}	$3.0 \times 10^{11} \sim$ 4.0×10^{14}	$3.0 \times 10^{8} \sim$ 3.0×10^{11}	$<3.0 \times 10^{8}$
波长/m	$<1.0 \times 10^{-7}$	$1.0 \times 10^{-7} \sim$ 4.0×10^{-7}	$4.0 \times 10^{-7} \sim$ 7.6×10^{-7}	$7.6 \times 10^{-7} \sim$ 1.0×10^{-3}	$1.0 \times 10^{-3} \sim$ 1.0	>1.0

自人工射线(人工放射性核素)。射线大致分三类:(1)由 α、β 等带电粒子组成的射线;(2)由电磁波组成的 X 射线和 γ 射线;(3)由中性粒子(如中子)组成的射线。其主要特征见表 6-6。

表 6-6 常见电离辐射特征表

辐射类型	质量/u	电荷/e	能量/MeV	空气射程/cm	常见来源
X 射线	0	0	~ 50		X 球管、加速器
γ 射线	0	0	10^{0}	10^{4}	^{60}钴、^{192}铱
α 粒子	4	2^{+}	10^{0}	10^{0}	^{239}钚、^{212}钋
β 粒子	5.5×10^{-4}	$1^{-}, 1^{+}, 0$	$0 \sim 10^{0}$ (max)	10^{2}	^{90}锶、氚
中子	1	0	0.025 eV $\sim 10^{0}$		^{235}铀裂变

注:u 为原子质量单位,1 u = 1.66×10^{-27} kg;e 为电子的电荷,1 e = $1.602\,2 \times 10^{-19}$C。

2. 剂量与剂量单位

(1)放射性活度(Activity,A):一定量放射性核素在单位时间内的核衰变数,称为放射性活度。国际单位制(SI)单位是贝可(Becquerel,Bq),1 Bq 表示放射性核素在 1 s 内发生一次核衰变。过去沿用的专用单位是居里(Curie,Ci),1 Ci = 3.7×10^{10} Bq。

(2)照射量(exposure,X):X 射线或 γ 射线的光子在单位质量(dm)空气中释放出的所有正负电子完全被空气阻止时,在空气中产生同一种符号的离子的总电荷量(dQ),用符号 X 表示,X = dQ/dm,SI 单位是 C/kg(C 为库仑),暂时与 SI 并用的专用单位是伦琴(Roentgen,R),1 R = 2.58×10^{-4} C/kg。

(3)吸收剂量(absorbed dose,D):单位质量被照射物质平均吸收的辐射能量,称为吸收剂量。SI 单位是戈瑞(Gray,Gy),原沿用单位是拉德(rad),1 Gy = 100 rad。实际应用上多采用 mGy、μGy 等剂量单位。

(4)剂量当量(dose equivalent,H):为了衡量不同类型电离辐射的生物效应,将吸收剂量乘以若干修正系数,即为剂量当量,公式表示如下:

$$H = DQN$$

式中,D:吸收剂量;

　　　Q:不同辐射的品质因素,或称线质系数,即单位长度介质中,因电离碰撞而损失的平均能量,Q 值越大,相对生物效应越强;

　　　N:暂定为 1。

剂量当量 SI 单位为希(Sievert,Sv),原沿用单位为雷姆(rem),1 Sv = 100 rem。

3. 接触电离辐射的职业

电离辐射在自然界是普遍存在的,而人工电离辐射源在生产、生活中已被普遍采用。

(1)核工业系统:铀矿开采、铀浓缩、燃料制造、反应堆运行等。

(2)射线发生器的生产和使用部门:各种加速器、X 射线发生器、γ 射线治疗机等。

(3)放射性核素的生产、加工和使用:夜光粉、核医学诊断用放射性试剂等。

(二)非电离辐射

非电离辐射包括紫外线、可见光、红外线、激光和射频辐射。

1. 紫外辐射

紫外辐射(ultraviolet radiation,UV)是指波长为 100～400 nm 的电磁辐射,又称紫外线或紫外光(ultraviolet light)。国际照明委员会(CIE)又将其进行了如下分类。①远紫外波段(UVC):波长 100～280 nm,具有杀菌和微弱致红斑作用,为灭菌波段;②中紫外波段(UVB):波长 280～315 nm,具有明显的致红斑和角膜、结膜炎效应,为红斑区;③近紫外波段(UVA):波长 315～400 nm,可产生光毒性和光敏性效应,为黑斑区。

接触紫外辐射的机会:①太阳辐射是紫外线的最大天然源:夏季户外作业(建筑工、农民等)、登山、海滩日光浴与自然环境的紫外线接触较多;②人造紫外辐射源:凡物体温度达 1 200 ℃以上时,即可产生紫外辐射。常见的人造紫外辐射源装置有电气焊、金属切割等高热源性作业。人造光源性紫外线主要有高压汞灯、医用消毒紫外灯、荧光灯等。

2. 红外辐射

红外辐射(infrared radiation,IR)是指波长为 0.76 μm～1 mm 的电磁辐射,又称红外线或热射线。国际照明委员会(CIE)根据红外线的生物学作用将其进行了如下分类。①IR-A:波长 0.78～1.4 μm;②IR-B:波长 1.4～3 μm;③IR-C:波长 3～1 000 μm。在实际应用中,按红外线波长可以分为:①近红外线:波长 0.76～3 μm;②中红外线:波长 3～30 μm;③远红外线:波长 30～1 000 μm。各波段的波长、频率和光子能量见表 6-7。

接触红外辐射的机会:①太阳是自然界最强的红外线辐射源,其辐射能量中红外线占 46%;②很强的红外辐射多见于工业环境中,例如炼铁、轧钢等行业的炉窑车间,以及烘烤和金属加热、熔融玻璃等。

表 6-7　红外辐射各波段的主要参数

红外辐射	波长/μm	频率/THz	光子能量/MeV
IR-A	0.78~1.4	385~214	1 590~886
IR-B	1.4~3	214~100	886~413
IR-C	3~1 000	100~0.3	413~1.24
近红外线	0.76~3	385~100	1 590~413
中红外线	3~30	100~10	413~41.3
远红外线	30~1 000	10~0.3	41.3~1.24

3. 射频辐射

射频辐射(radiofrequency radiation,RFR)是指频率在 100 kHz~300 GHz,波长在 1 mm~3 km 范围内的电磁辐射,按波长不同又可分为微波(microwave)和高频电磁场(high-frequency electromagnetic field)。射频辐射波谱的划分见表 6-8。

表 6-8　射频辐射波谱的划分

波段	高频电磁场				微波		
	长波	中波	短波	超短波	分米波	厘米波	毫米波
频谱	低频(LF)	中频(MF)	高频(HF)	甚高频(VHF)	特高频(UHF)	超高频(SHF)	极高频(EHF)
波长	3 km~	1 km~	100 m~	10 m~	1 m~	10 cm~	1 cm~1 mm
频率	100 kHz~	300 kHz~	3 MHz~	30 MHz~	300 MHz~	3 GHz~	30~300 GHz

接触射频辐射的机会:①接触高频电磁场主要见于:使用频率通常在 300 kHz~3 MHz 的高频感应加热(高频热处理、焊接、冶炼、表面淬火等);使用频率通常在 1~100 MHz 的高频介质加热(塑料制品热合、木材、纸张、食品的烘干等)。②微波主要用于:雷达导航、探测、通信及核物理研究等;频率在 3~300 GHz 的微波加热应用近年来发展较快,用于食品加工、医学理疗、家庭烹饪等。

第二节　物理性危险因素与疾病

一、物理性危险因素所致常见疾病

物理性危险因素所致疾病中的相当一部分被划入职业病范畴。1987 年公布的职业病名单中,物理因素职业病有中暑、减压病、高原病、航空病、局部振动病和放射性疾病6种。2002年修订为中暑、减压病、高原病、航空病和手臂振动病5种,将放射性疾病单列为职业性放射性疾病一大类。需要注意的是,非职业性接触异常气温、气压和辐射等危险因素,同样可以罹患相关疾病。

(一)中暑

中暑是指在高温和热辐射的长时间作用下,以机体体温调节障碍,水、电解质代谢紊乱及神经系统和/或心血管系统功能障碍为主要表现的急性热致疾病(acute heat illness)。

1. 致病因素

中暑的原因有很多,在高温作业的车间及夏季露天作业,以及在人群拥挤的公共场所,产热集中,散热困难,都会诱发中暑。总之,环境温度过高、湿度大、风速小、劳动强度过大、劳动时间过长是中暑的主要致病因素,而过度疲劳、睡眠不足、年老、体弱和肥胖等则是中暑的常见诱因。

2. 临床表现

(1)先兆中暑症状:高温环境下,出现头痛、头晕、口渴、多汗、四肢无力发酸、注意力不集中、动作不协调等症状,体温正常或略有升高。

(2)轻症中暑症状:除有头晕、口渴外,往往有面色潮红、大量出汗、皮肤灼热等表现,或出现四肢湿冷、面色苍白、血压下降、脉搏增快等表现,体温往往在38 ℃以上。

(3)重症中暑症状:是中暑中情况最严重的一种,如不及时救治将会危及生命。这类中暑又可分为热痉挛、热衰竭、日射病和热射病四种类型。

3. 诊断

根据高温作业或暴露史和主要临床表现,排除其他引起高热伴有昏迷的疾病,为中暑的诊断原则。

(1)具备下列情况之一者可诊断为轻症中暑:①头昏、胸闷、心悸、面色潮红、皮肤灼热;②有呼吸与循环衰竭的早期症状,大量出汗、面色苍白、血压下降、脉搏细弱而快;③肛温升高达38.5 ℃以上。

(2)凡出现前述热痉挛、热衰竭、日射病或热射病的主要临床表现之一者,可诊断为重症中暑。

4. 治疗与防护

(1)治疗原则:主要依据其发病机制和临床症状进行对症治疗,体温升高者应迅速降低体温。①有先兆中暑和轻症中暑表现时,首先要迅速撤离高温环境,并多饮用一些含盐分的清凉饮料;②对重症中暑者除了立即把中暑者转移至阴凉通风处外,还应该迅速将其送至医院,同时采取综合措施进行救治。

(2)防护。①出行躲避烈日:夏日出门记得要备好防晒用具,准备充足的水、饮料以及部分防暑降温药品。②别等口渴了才喝水:最理想的是根据气温的高低,每天喝 1.5~2 L 水,出汗较多时可适当补充一些含盐和钾的饮料。③饮食:夏天多食含水量较高的蔬菜和新鲜瓜果。高温作业时,应适当补充含钾、镁等元素的饮料。④保持充足睡眠。

(二)减压病

减压病是由于高压环境作业后减压不当,体内原已溶解的气体超过了过饱和界限,在血管内外及组织中形成气泡所致的全身性疾病。

1. 发病机制

机体在高气压环境下,因肺泡内气体分压高于血液中气体压力,气体在血液中的溶解量相应增加,较多地被运送至各组织。氮在脂肪中溶解度约为血液中的 5 倍,所以大部分氮集中于脂肪和神经组织中。当人体由高气压环境逐步转向正常气压时,体内多余的氮便由组织中释放而进入血液,并经肺泡逐渐缓慢地排出体外,通常无不良后果。但当减压过速,氮会长期以气泡状态存在。在脂肪较多而血循环较少的组织中,会脱氮困难。所以在减压病的发病机理中,气泡形成是原发因素。

2. 临床表现

绝大多数患者症状发生在减压后 1~2 h 内。在减压过程中发病者占总发病数 9.1%,减压结束后 30 min 内占 50%,1 h 占 85%,3 h 占 95%,6 h 占 99%,6 h 到 36 h 仅占 1%。减压愈快,症状出现愈早,病情也愈重。

(1)皮肤:瘙痒及皮肤灼热最多见。瘙痒可发生在局部或累及全身,以皮下脂肪较多处为重,因气泡刺激皮下末梢神经所致。

(2)肌肉、关节、骨骼系统:约 90% 的病例出现肢体疼痛。轻者有劳累后酸痛,重者可呈搏动、针刺或撕裂样难以忍受的剧痛。股骨、肱骨、胫骨等长骨内黄骨髓含脂量高,血流很缓慢,减压时会产生多量气泡,直接压迫骨骼内的血管;骨骼营养血管内也有气栓与血栓,容易造成局部梗塞,最终缓慢地引起无菌性的缺血性骨坏死,又称减压性骨坏死或无菌性骨坏死。

(3)神经系统:大多损害在脊髓,因该处血流灌注较差,特别是在供血较少的胸段。可发生截瘫,四肢感觉及运动机能障碍,以至尿潴留或大小便失禁等。

(4)循环、呼吸系统:血循环中有多量气体栓塞时,可引起心血管功能障碍,如脉搏增快、黏膜发绀等,严重者并发低血容量休克。如大量气体在肺小动脉及毛细血管内栓塞时,可引起肺梗塞或肺水肿等。

(5)其他:如大网膜、肠系膜及胃血管中有气泡栓塞时,可引起腹痛、恶心、呕吐或腹泻等。患者也可有发热。

3. 诊断标准

有潜水作业、沉箱作业、特殊的高空飞行史,且未遵守减压规定,并出现氮气泡压迫或血管栓塞症状和体征者,均应考虑为减压病。国外学者将减压病分为轻级(ⅰ型)和重级(ⅱ型)。凡出现中枢神经系统症状或循环、呼吸系统受累者均属重级。

根据我国职业卫生标准,将职业性减压病分为急性减压病和减压性骨坏死。急性减压病分为轻、中、重三级:①轻度表现为皮肤症状,如瘙痒、丘疹、大理石样斑纹、皮下出血、浮肿等;②中度主要发生四肢大关节及其附近的肌肉关节痛;③重度为凡出现神经系统、循环系统、呼吸系统或消化系统障碍之一者。对减压性骨坏死的常规诊断用X线片检查,根据骨骼X线改变分为三期:Ⅰ期在股骨、肱骨或胫骨见有局部的骨致密区、致密斑片、条纹或小囊变透亮区,骨改变面积上肢或下肢不超过肱骨头或股骨头的1/3;Ⅱ期骨改变面积超过肱骨头或股骨头的1/3或出现大片的骨髓钙化;Ⅲ期病变累及关节,并伴有局部疼痛和活动障碍。

4. 处理原则

(1)急性减压病:必须尽快进行加压治疗,并按照临床表现及时给予综合性的辅助治疗。当时未能及时或正确加压治疗而留有症状者,仍应积极进行加压治疗。

(2)减压性骨坏死:根据具体情况,可进行高压氧加压及其他综合疗法。

5. 预防

(1)技术革新:例如,建桥墩时采用管柱钻孔法代替沉箱,使工人可在水面上工作而不必进入高压环境。

(2)遵守安全操作规程:暴露异常气压后,须遵照安全减压时间表逐步返回到正常气压状态,目前多采用阶段减压法。同时,加强安全卫生教育。

(3)保健措施:养成良好卫生习惯,建立合理生活制度。做好就业前全面的体格检查、定期及下潜前体检。

(三)高原病

由平原进入高原(海拔3 000 m以上,对机体产生明显生物效应的地区),或由低海拔地区进入海拔更高的地区时,由于对低氧环境的适应能力不全或失调而发生的综合征,又称高山病。

1. 致病因素

高原低氧环境引起机体缺氧是其病因。上呼吸道感染、疲劳、寒冷、精神紧张、饥饿、妊娠等为发病诱因。

2. 分类

(1)急性高原病:指初入高原时出现的急性缺氧反应或疾病,依其严重程度分为轻型和重型。轻型即反应型或急性高原反应;重型又分为脑型急性高原病(又称高原昏迷或高原脑水肿)、肺型急性高原病(又称高原肺水肿)、混合型(即肺型和脑型的综合表现)。

①轻型急性高原病:又称急性高原反应,多属机体对低氧环境的生理适应反应。发病高

峰期是在进入高原后 24～48 h,通常 1～2 周自愈。

②高原肺水肿:急性高原病中恶性、严重的类型。其特点是发病急,病情进展迅速,多发于夜间睡眠时,不及时诊断和治疗者可危及生命。

③高原昏迷:又称高原脑水肿,急性高原病的危重类型。其特点是严重脑功能障碍和意识丧失,发病急,有时昏迷迁延较久则留有后遗症甚至死亡。

(2)慢性高原病(又称蒙赫氏病):指抵达高原后半年以上方发病或原有急性高原病症状迁延不愈者,少数高原世居者也可发病。我国将慢性高原病又分为高原心脏病、高原红细胞增多症、高原血压异常(包括高原高血压和高原低血压)、混合型慢性高原病(即心脏病与红细胞增多症同时存在)。

①高原红细胞增多症:机体长期慢性缺氧,体内的红细胞和血红蛋白代偿性增高,随之引起一系列缺氧表现。

②高原心脏病:长期处于高原低氧环境发生慢性缺氧,肺循环阻力增加产生肺动脉高压、心肌缺氧,导致右心肥大和心力衰竭的一种心脏病。

③高原血压异常:包括高原高血压、高原低血压和低脉压。

(四)航空病

在高空环境中,由于气压下降、氧分压降低会导致机体缺氧。其中,职业性航空病是指由于航空飞行环境中的气压变化所引起的航空性中耳炎、航空性鼻窦炎、变压性眩晕、高空减压病、肺气压伤 5 种疾病。

1. 临床表现及诊断

(1)航空性中耳炎(aero-otitis media):在飞行下滑时或低压舱下降过程中出现耳压痛等症状,检查发现鼓膜充血。可以分为:①轻度,鼓膜Ⅱ度充血;②中度,鼓膜Ⅲ度充血;③重度,鼓膜破裂或出现混合性耳聋。

(2)航空性鼻窦炎(aerosinusitis):在飞行下滑时或低压舱下降过程中出现鼻窦区疼痛等症状。可以分为:①轻度,鼻窦区疼痛尚可忍受,X 射线片检查鼻窦出现模糊影;②重度,鼻窦区疼痛难以忍受且有流泪和视物模糊,X 射线或 CT 检查提示鼻窦出现血肿。

(3)变压性眩晕(alternobaric vertigo):在飞行或低气压暴露过程中出现一过性眩晕。可以分为:①轻度,不伴有神经性耳聋;②重度,伴有神经性耳聋。

(4)高空减压病(altitude decompression sickness):具有高空减压病的特征性症状。可以分为:①轻度,皮肤瘙痒、红斑,关节疼痛,下降高度或返回地面症状消失;②中度,屈肢症;③重度,出现瘫痪、昏迷、休克、气哽症或猝死任一表现者。

(5)肺气压伤(pulmonary barotrauma):可以分为:①轻度,胸部不适、胸痛、咳嗽等呼吸道症状,经数小时或数天可以自愈;②重度,出现咯血、呼吸困难、意识丧失、肺出血、肺间质气肿或气胸情况之一者。

2. 处理原则

(1)航空性中耳炎:基本治疗措施是平衡中耳内外气压。

(2)航空性鼻窦炎:针对轻度,进行原发病治疗,鼻腔通气引流,局部理疗以及抗感染治疗;针对重度,可行手术治疗。

(3)变压性眩晕:医学处置主要是立足于预防。对有咽鼓管机能不良,遗留眩晕或内耳损伤者,给予对症治疗。

(4)高空减压病:发生高空减压病后,立即下降高度至 8 000 m 以下,并尽快返回地面。轻度高空减压病用面罩呼吸纯氧观察 2 h,无症状或体征出现,不吸氧条件下继续观察 24 h后,可恢复一般性工作;中、重度高空减压病立即送高压氧舱加压治疗。

(5)肺气压伤:迅速减压后,立即下降高度至 8 000 m 以下,并尽快返回地面,给予对症治疗。对伴发减压病者,立即送高压氧舱加压治疗。

(五)噪声性耳聋

噪声性耳聋(noise induced deafness)系由于听觉长期遭受噪声影响而发生缓慢的进行性的感音性耳聋。早期表现为听觉疲劳,离开噪声环境后可以逐渐恢复,久之则难以恢复,终致感音神经性聋。

1. 病因

噪声性耳聋常见于高度噪声环境作业者和常戴耳机的人员,如舰艇轮机兵、飞机场地勤人员、电话员及无线工作者等,因长期处于噪声级大于 90 dB 的噪声环境中,对耳蜗造成损害。

耳蜗受损程度受下列因素影响。

(1)时间:在噪声环境里工作时间越长,听力损害程度越大。

(2)噪声强度与性质:频率高、强度大的噪声以及断续噪声对听力损害严重。

(3)工作环境因素:狭窄的工作场所、距离噪声源较近,听力易受损害。

(4)身体情况:中老年人比青年人易受噪声损伤,体弱者比强壮者易受损害,曾有感音性聋或中耳炎疾患者较易受损伤,个人体质不同敏感性也不同。

2. 症状及听力测定

(1)主要症状:为进行性听力减退及耳鸣。早期听力损失在 4 000 Hz 处,以后听力损害逐渐向高低频发展,致高低频听力的普遍下降,感到听力障碍,严重者可全聋。耳鸣与耳聋可同时发生,亦可单独发生,常为高音性耳鸣。

(2)听力测定:听力测定应在本底噪声低于 30 dB 的隔声室内进行。采用断续纯音分别测定两耳听阈,如两耳听力接近,一般先测左耳,后测右耳;如两耳听力相差较大,则应先测听力较好的一侧。气导听阈的测定通常从 1 kHz 纯音开始,调节听力衰减器至刚刚听到声音,即为听阈值,再以同样方法测 1 kHz 以上的高频听力和 1 kHz 以下的低频听力。测试时纯音衰减器的调节时间不宜太快,声音刺激的停留时间不宜短于 2 s。如气导听阈正常,可免测骨导听阈,否则需进行骨导测听。将骨导耳机置于乳突处,其他操作方法同气导测听。

3. 治疗及预防

噪声性耳聋目前还没有有效的治疗方法,早期如有 4 000 Hz 听力下降而无自觉症状者,休息数日或数周常可自行恢复,可采用高压氧或给予扩张血管、加强营养和代谢的药物,佩戴助听器能起到部分作用。噪声性耳聋主要应加强预防,对作业环境进行吸声、消声、隔声等技术保护措施。个人防护主要是佩戴有效的耳塞或耳罩,定期进行听力检查。

(六)手臂振动病

手臂振动病是长期从事手传振动作业而引起的以手部末梢循环和/或手臂神经功能障碍为主的疾病,其典型表现为振动性白指。

1. 体征检查

(1)末梢神经功能检查:末梢神经改变往往由局部振动引起,常以多发性末梢神经炎的形态出现,呈现"手套"型感觉障碍。主要检查项目包括痛觉检查、触觉检查和振动觉检查。

(2)末梢血管功能检查:循环系统,特别是外周循环及血液动力学的改变,是局部振动对人体影响最明显和最主要的表现之一。主要是手部皮温测量和冷水复温试验。该项检查要求在室温(20±2)℃的室内进行。5 min 复温率小于30%和 10 min 复温率小于60%为异常参考值。

2. 诊断及分级标准

具有长期从事手传振动作业的职业史,出现手臂振动病的主要症状和体征,结合末梢循环功能、周围神经功能检查,参考作业环境的劳动卫生学调查资料,进行综合分析,并排除其他病因所致类似疾病,方可诊断。

(1)轻度手臂振动病为具有下列表现之一者:①白指发作累及手指的指尖部位,未超出远端指节的范围,遇冷时偶尔发作;②手部痛觉、振动觉明显减退或手指关节肿胀、变形,经神经—肌电图检查出现神经传导速度减慢或远端潜伏时延长。

(2)中度手臂振动病为具有下列表现之一者:①白指发作累及手指的远端指节和中间指节(偶见近端指节),常在冬季发作;②手部肌肉轻度萎缩,神经—肌电图检查出现神经源性损害。

(3)重度手臂振动病为具有下列表现之一者:①白指发作累及多数手指的所有指节,甚至累及全手,经常发作,严重者可出现指端坏疽;②手部肌肉明显萎缩或出现"鹰爪样"手部畸形,严重影响手部功能。

3. 处理原则

(1)根据病情进行综合性治疗。应用扩张血管及营养神经的药物治疗,中医药治疗并可结合物理疗法、运动疗法等,必要时进行外科治疗;(2)加强个人防护,注意手部和全身保暖。

(七)放射病

放射病(radiation sickness)是由一定剂量的电离辐射作用于人体所引起的全身放射性疾病,属电离辐射的确定性效应。

1. 分类及临床表现

根据射线的来源与作用方式可分为外照射放射病、内照射放射病和内外混合照射放射病。根据吸收剂量大小、受照时间的长短和发病的缓急,分为急性放射病和慢性放射病。

(1)急性放射病(acute radiation disease):是机体在短时间内受到大剂量(>1 Gy)电离辐射照射引起的全身性疾病。根据吸收剂量大小、临床特点和主要病理改变,一般分为骨髓型、肠型和脑型三种类型。①骨髓型:最为多见,主要损伤造血系统,表现为白细胞数减少和感染性出血。②肠型:表现为频繁呕吐、腹泻、水样便或血水便,以及水电解质代谢紊乱。③脑型:表现以意识障碍、共济失调抽搐、震颤等中枢神经系统症状为主。

(2)慢性放射病(chronic radiation sickness):主要是指放射工作人员在较长时间内连续或间断受到超剂量的外照射引起的全身疾病。临床表现以造血组织损伤为主,并伴其他系统症状。

2. 诊断

(1)急性放射病:诊断主要依据照射剂量的大小、临床症状和体征的轻重以及血象变化的速度和严重程度等综合判断。

(2)慢性放射病:诊断必须明确从事放射性工作前身体是否健康,有否明确的长期或间断接受超过限制剂量的射线照射史。在全面分析体检结果的基础上,排除其他疾患,根据《外照射慢性放射病诊断标准原则》(GB 8281-87),由放射病鉴定小组做出诊断。

3. 治疗与预防

(1)急性放射病:治疗原则是根据病情程度和各期不同特点,尽早有指征地选用各种治疗措施。治疗方法包括消毒隔离、周密护理、全身支持疗法、抗感染、抗出血以及刺激造血功能、改善微循环等。

(2)慢性放射病:治疗原则是脱离放射性工作岗位,采用中西医结合治疗,每两年定期随访。

二、物理性危险因素所致肿瘤及其他疾病

目前认为,人类80%～90%的癌症与环境因素有关,其中物理因素约占5%～10%。电离辐射作为物理性致癌因素,引起的肿瘤范围比较广,如白血病、肺癌、皮肤癌、骨肉瘤等。除了肿瘤之外,物理性危险因素还会引起眼病、皮炎等其他疾病。

(一)放射性肿瘤

职业性放射性肿瘤(occupational radiation tumor)是指接受职业性电离辐射照射后发生的与所受照射具有一定程度病因学联系的恶性肿瘤。我国 2002 年将其列入职业病目录。职业性放射性肿瘤既可以发生在工作中,也可以发生于医疗或其他情况的意外性受照或职业性受照。

1. 白血病

辐射所致癌中,白血病的发生率最高。白血病的发生取决于人体吸收辐射的剂量,整个身体或部分躯体受到中等剂量或大剂量辐射后都可诱发白血病。然而,小剂量的辐射能否引起白血病,仍不确定。日本广岛、长崎发生原子弹爆炸后,受严重辐射地区白血病的发病率是未受辐射地区的 17~30 倍。爆炸后 3 年,白血病的发病率逐年增高,5~7 年时达到高峰。至 21 年后其发病率才恢复到接近整个日本的水平。放射线工作者、放射线物质经常接触者白血病发病率明显增加,例如早期不加防护的放射线工作者,其白血病发病率比一般医生高 8~9 倍。接受放射线诊断和治疗也可导致白血病发生率增加,例如强直性脊柱炎的患者采用放射性治疗者,白血病发病率比一般人高 10 倍。

不论何种类型白血病,它们共同的临床表现都是血象异常。对辐射所致白血病的预防是尽量避免接触辐射,对放射线工作者或必须接受放射性治疗的患者采取积极有效的防护措施。注意该病的早期症状:超过一周以上的发热和感染;不断加重的贫血;原因不明的皮肤或齿龈等处的出血;出现颈部、腋下、腹股沟淋巴结肿大。另外还要注意增强体质,防止病毒感染。

2. 皮肤癌

X 射线、日光等物理性因素会引起皮肤灼伤、严重灼伤、皮炎,甚至皮肤癌。长期接触 X 射线,又无适当防护的工作人员患皮肤癌增多,多见于手指,潜伏期为 4~17 年。早期见皮肤呈局灶性增厚,有较深的皱纹与擦损,局部萎缩,皮肤色素增多或减退,毛细血管扩张,指甲变脆,甲面成沟并凹陷,有时可出现溃疡,这些变化称为 X 线皮炎。在皮炎的基础上,有时出现癌变,发生率达 10%~28%,常为扁平细胞癌。

防止职业性皮肤病的具体措施包括:避免过度日光曝晒、改变工艺过程、使用个人防护用品等避免与各种射线长期接触;对皮肤癌前病变(如 X 线及激光性皮炎溃疡)应提高警惕,必要时作组织病理学检查;饮食宜富含维生素 A 及维生素 C,忌食生姜、生葱、大蒜、辣椒等刺激性食物,戒烟酒;保持局部清洁,防止感染的发生。

(二)微波性白内障

1. 发生机制

人体对微波最敏感的部位是眼的晶状体与睾丸。微波辐射对眼的损伤与其功率和频率有关,频率较低的微波(如 1 000~3 000 MHz)穿透力强,被组织吸收的能量较大,主要为致热效应。尤其是眼球内晶状体受热,使其中的蛋白质凝固,造成酶系统的代谢障碍,维生素C含量下降,促使晶状体变形混浊而形成白内障。

2. 临床表现

早期可见晶状体后极部后囊下皮质细小点状浑浊,后发展为蜂窝状混浊,间有彩色斑点,同时前囊下皮质可出现薄片状混浊,最终整个晶状体混浊。

3. 治疗与预防

可口服维生素 C、E、B₁、B₂,试用谷胱甘肽溶液等治疗白内障的眼药水。如晶状体完全混浊,施行白内障摘除术,有条件者进行人工晶体移植。

对微波发生源和工作地点加以屏蔽,微波作业接触者需穿防护衣和佩戴特殊防护眼镜,并对作业者进行定期体检。

第三节 物理性危险因素评价

一、物理性危险因素的识别与分析方法

生产和生活环境中存在的各种物理性危险因素,在一定条件下,可对作业人员和公众的身体健康产生不良影响。为控制和消除这些危险因素、改善不良环境条件,需要通过环境卫生调查、流行病学调查、实验研究、健康监护等手段,充分识别、评价和预测它们的危害性质、作用条件和远期影响,从而提出危险度管理措施。

(一)识别原则

(1)科学性:危险、有害因素的识别是预测安全状态和事故发生途径的一种手段,必须要有科学的安全理论作指导。

(2)系统性:危险、有害因素存在于生产及生活的各个方面,因此要对系统进行全面、详细的剖析,研究系统和系统及子系统之间的相关和约束关系。

(3)全面性:识别危险、有害因素时不要发生遗漏,以免留下隐患。

(4)预测性:对于危险、有害因素,还要分析其触发事件,亦即危险、有害因素出现的条件或设想的事故模式。

(二)分析方法

1. 经验法

是对照有关标准、法规、检查表或依靠分析人员的观察分析能力,借助经验判断能力对评

价对象的危险、有害因素进行分析的方法。在有可供参考先例、有以往经验可以借鉴时使用。

2. 类比法

是利用相同或相似工程或作业条件的经验和劳动安全卫生的统计资料来类推、分析评价对象的危险、有害因素的浓度(强度)、危害后果和应采取的防护措施。

3. 检查表法

依据评价标准、规范,编制检查表,逐项检查评价对象环境卫生有关内容与国家标准、规范的符合情况。

4. 定量分级法

对评价对象场所的危害因素浓度(强度)、固有危害性、人员接触时间进行综合考虑,计算危害指数,确定作业危害程度等级。

5. 系统分析法

常用于复杂、没有事故经验的新开发系统,有事件树、事故树等。

6. 调查、监测法

职业卫生调查是通过对生产工艺过程、劳动过程和作业环境调查,确切了解有害因素的性质、品种、来源以及人群接触情况。同时,还要通过环境监测、生物监测和健康监护,对现存有害因素强度及可能造成的健康损害的危险程度进行综合评估。

二、物理性危险因素的监测、识别与评价

在物理性危险因素中,有些主要在生产和劳动过程中产生,例如次声和振动;而有些则越来越多地出现于生活环境,例如噪声和辐射。本节主要就可能对公众健康产生影响的物理性危险因素的监测、识别与评价进行阐述。

(一)噪声污染的监测、识别与评价

1. 环境噪声的监测

对噪声进行监测的目的在于,通过对暴露者所接触噪声的来源、性质、强度和产生危害的条件以及程度的测量,确定环境噪声水平,评价噪声控制措施的有效性。

(1)主要监测仪器:用于环境噪声监测的仪器有声级计、频率分析仪、声级记录仪等。声级计是噪声测量中最常用的一种,有多种类型,按精度可分为普通声级计和精密声级计,按用途可分为测量稳态噪声的声级计和测量非稳态噪声的声级计两大类。声级计主要由传声器、放大器、衰减器、计权网络、指示器和电源等组成。

(2)监测方法:国际标准 ISO2204 提供了三种监测噪声的方法:调查法、工程学方法和精确测量法。①调查法:用声级计在工作带测量有限的几个点的噪声水平,同时记录噪声是连续性的还是间断性的以及暴露时间等;②工程学方法:根据测量目的确定测量点的数目和

应测的频率范围,同时记录时间因素;③精确测量法:在复杂噪声环境中,要对其中的噪声问题进行最为细致的描述时使用。

2.噪声作业的识别和评价

(1)噪声作业危害分级:国家劳动部提出的噪声作业分级规范(LD 80-1995)属劳动和劳动安全行业标准,采用了国际标准委员会声学委员会的听力保护标准。危害程度分级依据实测噪声作业工作日等效连续 A 声级 L_w 和接噪作业时间对应的卫生标准 L_s(接触限值),综合计算噪声危害指数 I,依指数范围分级。指数计算公式如下:

$$I = \frac{L_w - L_s}{6}$$

式中,"6"为分级常数,是根据噪声危害规律、分级原则和卫生标准决定的级差系数。

噪声作业危害程度分五级,见表6-9。

表 6-9 噪声作业危害程度分级表

级别	危害程度	指数范围
0	安全作业	$I<0$
Ⅰ	轻度危害	$0<I<1$
Ⅱ	中度危害	$1<I<2$
Ⅲ	高度危害	$2<I<3$
Ⅳ	极度危害	$I>3$

参考:《噪声作业分级》(LD80-1995)

(2)噪声损害风险评价:损害风险是指各水平的噪声对听力造成损害的危险度。在制定损害风险评价标准时除需描述一定量的噪声暴露造成听力损失的资料外,还需考虑技术和政策等。早年常规定听力测量频率为 500 Hz、1 000 Hz 和 2 000 Hz,平均听阈上移 25 dB 或以上。对"听力受损"和"听力残疾"的定义有很大限制,不同国家或协议组织提倡不同定义。总之,只要接触噪声丧失的听力不是太多都是可以接受的,但是至于丧失多少到目前尚无一致意见。各国也只是在技术和经济容许的基础上制定标准和规则,努力将风险降至最低限度。

(3)噪声危害的防护:1997 年 3 月 1 日起施行的《中华人民共和国环境噪声污染防治法》对包括工业生产、建筑施工、交通运输和社会生活中所产生的噪声的防制做了具体要求。

控制噪声应从声源—传递途径—接受者三个方面考虑。噪声声源控制是最根本的解决办法,即用无声或低噪声的工艺设备代替高噪声的工艺和设备。但是在许多情况下,由于技术或经济上的原因,直接从声源上治理噪声往往是不可能的,这就需要在噪声传播途径上采取吸声、隔声、消声、隔振、阻尼等噪声控制技术措施及在接受者方面采取使用耳塞、耳罩等个人防护措施。

(二)电离辐射污染的监测、识别与评价

1. 电离辐射环境监测

为了判断和估计电离辐射及放射性物质的存在水平及它们对人体可能造成的危害,以便采取必要措施,防止有害影响,而对电离辐射和放射性物质所进行的测量,称为辐射防护监测。

(1)主要监测仪器:放射性物质的监测不仅需要用特殊的仪器,而且针对不同被测物而有所不同。①场所剂量监测仪:是测量工作场所 X 或 γ 射线外照射剂量的仪器。有固定式和携带式两种,如巡测仪就是一种便携式场所剂量监测仪。②个人剂量监测仪:是测量个人所受外照射剂量是否超过规定的容许剂量,并可了解有关的防护情况。常用的如电离室个人剂量仪、热释光剂量仪、玻璃剂量仪等。③表面污染监测仪:是专门为监测放射性工作场所工作面、衣物、手脚等表面沾污情况而设计的。常用 G-M 计数管闪烁计数器以及 α、β 表面污染监测仪。

(2)监测内容:依据监测对象不同,辐射环境监测主要包括工作场所辐射监测、个人剂量监测和表面污染监测。①工作场所辐射监测主要是对工作人员作业地点进行辐射监测,包括外照射监测、表面污染监测和空气污染监测等;②个人剂量监测是对受到一定程度外照射的工作人员,经常或不定期测定其所受的辐射剂量;③表面污染监测是对各种物体表面、衣服和受照者体表进行放射性强度测定,判断其是否被放射性物质污染及污染程度。

依据监测目的不同,辐射环境监测主要包括环境质量监测、重点污染源监测和事故应急监测。①环境质量监测的目的在于积累环境辐射水平数据,总结环境辐射水平变化规律,判断环境中放射性污染及其来源,报告辐射环境质量状况;②重点污染源监测是对高能电子加速器、核聚变试验装置、辐照设施、废渣、铀矿石样品及污染物品处置场、开放型放射性同位素应用单位等对象进行监测、监管,建立重点污染源监测监管档案,掌握重点污染源情况;③事故应急监测是在应急情况下,为查明放射性污染情况和辐射水平而进行的监测。

2. 电离辐射的识别和评价

(1)电离辐射危害分级:接触电离辐射危害程度的分级标准是根据国家标准《放射卫生防护基本标准》的规定,通过测定电离辐射作业人员的年有效剂量当量来进行评级,见表 6-10。

表 6-10 电离辐射危害程度分级表

级 别	0	1	2	3	4
年有效剂量当量/msv	5~15	15~30	30~50	50~100	>100

参考:《放射卫生防护基本标准》(GB 4792-84)。

(2)电离辐射安全评价:应在不同阶段(包括选址、设计、制造、建造、安装、调试、运行、维修和退役)对辐射源的防护与安全措施进行安全评价,从而达到以下目的:①在分析外部事件对源的影响及源与其附属设备自身事件的基础上,鉴别出可能引起正常照射和潜在照射的各种情形;②预计正常照射的大小,并在可行的范围内估计潜在照射发生的可能性及其大小;③评价防护与安全措施的质量和完善程度。

(3)电离辐射的防护:辐射防护有三个原则,是指实践的正当性、防护水平的最优化和个人受照的剂量限值。一切实践和设施的选址、设计、运行和退役,必须遵守这三项原则。

时间、距离和屏蔽是辐射防护的三个主要因素。当靠近辐射源时,必须尽可能缩短驻留时间,以减少照射;越是远离辐射源,受到的照射越少;在辐射源周围增加屏蔽,可有效减少照射。

(三)非电离辐射污染的监测、识别与评价

1. 非电离辐射环境监测

与电离辐射不同,非电离辐射(如高频电磁场、工频电磁场、微波、红外线、紫外线、激光等)由于其粒子能量不能使原子电离,对人体和环境的危害也低于电离辐射。但是,对于一般的人群而言,处于非电离辐射的机会大大高于处于电离辐射的机会,因此对非电离辐射环境进行监测、判断和估计其对人体可能造成的危害,对于采取必要措施防止有害影响十分重要。

(1)主要监测仪器:非电离辐射的测量按测量场所分为作业环境、特定公众暴露环境、一般公众暴露环境测量。按测量参数分为电场强度、磁场强度和电磁场功率通量密度等的测量。测量仪器根据测量目的分为非选频式宽带辐射测量仪和选频式辐射测量仪。①非选频式宽带辐射测量仪:这类仪器由三个正交的 2～10 cm 长的偶极子天线,端接肖特基检波二极管、RC 滤波器组成。检波后的直流电流经高阻传输线或光缆送入数据处理和显示电路。②选频式辐射测量仪:这类仪器用于环境中低电平电场强度、电磁兼容、电磁干扰测量。除场强仪(或称干扰场强仪)外,可用接收天线和频谱仪或测试接收机组成的测量系统,经校准后用于环境电磁辐射测量。

(2)监测方法:监测环境应符合行业标准和仪器标准中规定的使用条件,测量记录表应注明环境温度、相对湿度。①可使用各向同性响应或有方向性电场探头或磁场探头的宽带辐射测量仪。采用有方向性探头时,应在测量点调整探头方向以测出测量点最大辐射电平。测量仪器工作频带应满足待测场要求,仪器应经计量标准定期鉴定。②在辐射体正常工作时间内进行测量,每个测点连续测 5 次,每次测量时间不应小于 15 s,并读取稳定状态的最大值。若测量读数起伏较大时,应适当延长测量时间。③测量位置取作业人员操作位置,距地面 0.5 m、1 m、1.7 m 三个部位。

2. 非电离辐射的识别和评价

(1)非电离辐射卫生标准

不同频率,非电离辐射防护限值不同,而且,职业人员和非职业人员照射标准也不同。例如我国职业卫生标准《工业企业设计卫生标准》(GBZ 1-2002)规定,工作地点高频辐射强度 8 h/d 卫生限值连续波的功率密度为 0.05 mW/cm²(14 V/m),脉冲波的功率密度为 0.025 mW/cm²(10 V/m);工作地点微波辐射强度卫生限值连续波平均功率密度为 50 μW/cm²,日总计量 400 μW/cm²,脉冲波固定辐射平均功率密度为 25 μW/cm²,日总计量 200 μW/cm²,脉冲波非固定辐射平均功率密度为 500 μW/cm²,日总计量 4 000 μW/cm²。我国职业卫生标准《工作场所有害因素职业接触限值》(GBZ 2-2002)中规定了工作场所紫外线辐射的时间加权平均接触限值和最高接触限值,及激光辐射的眼直视和皮肤照射激光的最大容许照射量。

(2)非电离辐射安全评价

根据国家标准《电磁辐射防护规定》(GB 8702-88)或其他部委制定的"安全限值"做出分析评价。在进行环境质量评价时,如果用非选频宽带辐射测量仪,由于测量位测得的场强(功率密度)值是所有频率的综合场强值,因而 24 h 内每次测量综合场强值的平均值即总场强值亦是所有频率的总场强值。由于环境中辐射体频率主要在超短波频段(30~300 MHz),测量值和超短波频段安全限值的比值≤1,基本上对居民无影响。如果评价典型辐射体,则测量结果应和辐射体工作频率对应的安全限值比较。

(3)非电离辐射的控制与防护

①高频电磁场的防护:主要防护措施有场源屏蔽、距离防护和合理布局等;②对微波辐射的防护:直接减少源的辐射,屏蔽辐射源,采取个人防护及执行安全规则;③对红外线辐射的防护:重点是对眼睛的保护,减少红外线暴露和降低作业人员的热负荷,生产操作中应戴能有效过滤红外线的防护镜;④对紫外线辐射的防护:屏蔽,增大与辐射源的距离,及佩戴专用的防护用品;⑤对激光的防护:应包括激光器、工作室及个体防护三方面。

(四)全球气候变暖的监测与评估

气候变化对人类健康的直接影响是极端高温产生的热效应。全球气候变暖使得热浪的频率和强度增加。未来,随着热浪发生频率和强度的增加,由极端高温事件引起的死亡人数和严重疾病将增加。世界卫生组织的一份报告认为,全球每年因此而死亡的人数超过 10 万人,且呈增长趋势。不仅如此,全球气候变化还会造成连锁式的破坏:气候变暖和极端天气的增加,破坏森林、农田、自然湿地等生态系统,将更适合病原体孳生,疟疾、莱姆病、西尼罗热和哮喘等疾病将会给人类造成更大的危害,进而给全社会带来巨大的经济损失。

1. 气候监测

对气候系统(包括大气、海洋、大陆、冰雪、生物圈等)进行观测,获得有关气候的全面信息,目的是全面、深入了解气候系统各部分的现状,发现其重大变化的征兆,及时为分析研究、预测和采取对策提供可靠的资料。

(1)监测系统

研究气候变化,离不开完善的气候观测和监测系统。我国的气象观测和监测系统主要有"三站四网"。①国家气候观象台:是对地球气候系统多圈层及其相互作用开展长期、连续、立体和综合观测并开展资料分析、评估研究和提供服务的平台;②国家气象观测站:是国家获取基本气象观测资料的平台;③区域气象观测站:是在国家级观测站布局的基础上,根据当地经济社会发展需要建设的观测站;④国家气候监测网:以国家气候观象台和卫星观测系统为主体组成;⑤国家天气观测网:以国家气候观象台、国家气象观测站为主体组成,是国家天气观测的骨干网,包括了全部探空观测、天气雷达观测和气象卫星观测;⑥国家专业气象观测网:根据气象业务和服务需求,由全国布局的"三站"重要仪器、设施或站点构成的各种专业气象观(监、探)测网;⑦区域气象观测网:由区域内的国家气候观象台、国家气象观测站为骨架,结合本地区的区域气象观测站构成。

(2)监测内容

气候监测是美国 J. 库茨巴赫于 20 世纪 70 年代提出的,并已列入世界气候计划的重大项目。主要内容有:①大气基本观测项目:包括地面及各标准等压面上的气象要素值,某些专项站的探测项目、大气成分、气溶胶浓度、冰雪覆盖面积及其变化等;②其他地球物理项目:包括大气上界和下界的辐射平衡、太阳常数、平流层气溶胶浓度和地貌等;③海洋观测项目:包括海水的温度、盐度、化学成分和波浪、洋流、海冰等。此外,浅层地温、生物圈以及化石燃料消耗量、耕地面积等也是气候监测的内容。

2. 气候评估

联合国政府间气候变化专门委员会(IPCC)分别在 1990 年、1995 年和 2001 年发表了三份全球气候评估报告。在 1990 年发表的首份全球气候评估报告中,IPCC 向人类警示了气温升高的危险。这份报告推动了联合国环境与发展大会 1992 年通过《联合国气候变化框架公约》。这是世界上第一个为全面控制二氧化碳等温室气体排放以应对全球气候变暖给人类经济和社会带来不利影响的国际公约。在 1995 年的第二份报告中,IPCC 认为,"证据清楚地表明人类对全球气候的影响"。这份报告为《京都议定书》1997 年得以通过铺平了道路。《京都议定书》要求主要工业发达国家要在 2008—2012 年期间将温室气体排放量在 1990 年的基础上平均减少 5.2%。在 2001 年的第三份报告中,IPCC 表示,有"新的、更坚实的证据"表明人类活动与全球气候变暖有关,全球变暖"可能"由人类活动导致。"可能"表示 66% 的可能性。2007 年 2 月 2 日 IPCC 发表第四份全球气候评估报告指出,气候变暖已经是"毫无争议"的事实,人为活动"很可能"是导致气候变暖的主要原因。

2006 年底,我国科技部、中国气象局、中国科学院等部门发布了历时 4 年编制、九易其稿的《气候变化国家评估报告》。该报告预测,在未来百年中,气候变暖将是我国气候变化的主线。而气候变暖速度太快,有可能导致发生极端气候事件的频率加快。中国作为一个易受气候变化影响的国家,如何科学地制定和实施应对气候变化的国家战略,是中国气象专家最为关注的问题。该报告的发布,表明我国政府对气候突变这个全球性问题的警惕性提高,尤其是对气候变暖的警惕性提高。

2008 年 4 月 7 日,卫生部在北京举办了世界卫生日纪念活动(2008 年的主题是"适应气候变化,保护人类健康"),并启动了联合国千年发展目标基金气候变化项目。

【思考题】

1. 什么是高温作业,有哪些类型?
2. 试述振动的分类。
3. 什么是中暑,其临床表现如何?
4. 试述减压病的发病机制。
5. 试述高原病的分类。
6. 试述手臂振动病的诊断及分级标准。
7. 物理性危险因素的分析方法有哪些?

(赵 苒)

第七章

化学性危险因素的识别与评价

第一节 化学性危险因素的分类

化学性危险因素是指能引起急性或慢性中毒的化学物质。化学性危险因素的分类有不同的方法,可按毒物的来源、毒物侵入人体的途径、毒物作用的靶器官和靶系统等来分类。目前常用的是按化学性质及其用途相结合的分类方法,将化学危险因素分为以下六类。

一、无机污染物

(1)金属与类金属:如铅、汞、镉、砷、铬、锰、镍、铍、氟等。
(2)非金属污染物:如氰化物、氟化物、硫化物、砷化物等。

二、有机污染物

(1)有机溶剂:如苯、甲苯、二甲苯、二氯乙烷、正己烷、二硫化碳等。
(2)苯的氨基和硝基化合物:如苯胺、多氯联苯、邻苯二甲酸酯类等。
(3)N-亚硝基化合物。
(4)酚类化合物。
(5)杂环胺类化合物。
(6)多环芳烃。
(7)卤代烃。
(8)石油及其制品等。

三、高分子污染物

高分子化合物本身无毒或毒性很小,但在其生产和加工过程中有些原料、单体及助剂等对人体产生危害,如氯乙烯、丙烯腈、二异氰酸甲苯酯、二甲基甲酰胺、含氟塑料等。

四、有害气体类污染物

(1)刺激性气体:无机酸(如硫酸、盐酸、硝酸、铬酸等)、有机酸(如甲酸、乙酸、丙酸、丁酸等)、氮氧化物(如一氧化氮、二氧化氮等)、氯及其化合物(如氯气、氯化氢、二氧化氯、四氯化碳、四氯化硅、四氯化钛、三氯化砷、三氯化磷、三氯化硼、二氯亚砜等)、硫的化合物(如二氧化硫、三氧化硫、硫化氢等)、成碱氢化物(如氨气)、成酸氢化物(如氟化氢、溴化氢等)、成酸氧化物(如二氧化硫、三氧化硫、二氧化氮等)、卤族元素(如氟、溴、碘等)、强氧化剂(如臭氧等)、酯类(如硫酸二甲酯、二异氰酸甲苯酯、甲酸甲酯等)、金属化合物(如氧化银、五氧化二钒、氧化镉、羰基镍等)、醛类(如甲醛、己醛、丙烯醛等)、酮类(如乙烯酮、甲基丙烯酮等)、脂肪胺类(如乙胺、乙二胺等)、卤烃类(如溴甲烷、碘甲烷等)、有机氟化合物(如氟碳化合物、二氟一氯甲烷、四氟乙烯及其聚合物、聚全氟乙丙烯等)、军用毒气(如氮芥气、路易氏气等)、其他(如二硼氢、氯甲甲醚、四氯化碳、一甲胺、二甲胺、环氧氯苯烷等)。

(2)窒息性气体:①单纯窒息性气体,指其本身毒性很低或属惰性气体,但由于它们的存在可使空气中氧含量明显降低,使肺内氧分压下降,动脉血氧分压降低,导致机体缺氧或窒息的气体,如氮气、氩气、甲烷、乙烷、二氧化碳等;②化学窒息性气体,指经吸入能对血液或组织产生特殊的化学作用,使血液运送氧或组织利用氧的能力发生障碍,引起组织缺氧或内窒息的气体,如一氧化碳、硫化氢、氰化氢等。

五、尘类污染物

矽尘(如游离 SiO_2 超过 10%的无机性粉尘)、炭尘(如煤尘、石墨、炭黑以及活性炭粉尘等)、硅酸盐尘(如石棉、滑石、云母以及水泥尘等)、金属尘(如铅尘、铝合金粉尘、电焊烟尘、铸造粉尘等)、混合性粉尘(如煤矽尘、铁矽尘,石英和硅酸盐混合粉尘等)。

六、农药类污染物

根据靶生物可划分为:杀虫剂(包括有机酸酯类、氨基甲酸酯类、拟除虫菊酯类、沙蚕毒素类、有机氯类)、杀菌剂(包括有机硫类、有机砷类、有机磷类、有机杂环类及抗菌素类杀菌剂)、除草剂(包括季铵类、苯氧羧酸类、三氮苯类、二苯醚类、苯胺类、酰胺类、氨基甲酸酯类等)、杀螺剂(如五氯酚钠等)、杀鼠剂、杀螨剂、杀卵剂、生长调节剂等。

第二节 化学性危险因素与疾病

　　环境中的化学因素成分复杂,种类繁多。大气、水、土壤、食物中含有多种无机和有机化学物质,其中许多成分的含量适宜时是人类生存和维持身体健康必不可少的。但是在人类的生产和生活活动中将大量的化学物质排放到环境中可造成严重的环境污染,成为威胁人类健康的化学性危险因素。当今世界上已知有 1 300 多万种合成的或已鉴定的化学物质,常用的有 6.5 万～8.5 万种之多,每年约有 1 000 种新化学物质投放市场。每年约有 3 亿吨有机化学物质排放到环境中,其种类达 10 万种之多。就我国长江而言,每年接纳生活污水和工业废水达 164 亿吨,每分钟就要吸纳 3 万吨污水,整个长江流域有 10 万多个企业,每年接纳的有毒有害物质达 200 多万吨,包括有机物、重金属、酚和氰、石油类等。

　　环境化学物质可通过多种途径进入机体对人体产生不同类型的危害。许多环境污染物既可引起急性毒性,也可造成慢性危害,甚至成为公害病的祸根。有些污染物还具有致突变、致癌、致畸等远期效应,危害当代及后代人的健康。近年来,陆续发现许多环境化学物质(如有机氯化合物、二噁英、毒杀酚、五氯酚钠及某些重金属等)对维持机体内环境稳态和体内天然激素的生成、释放、转运、代谢、结合及其生物学效应造成严重的影响,被称为内分泌干扰物。这些物质具有持久性、蓄积性、迁移性和高毒性等特点,可对人类健康和生态环境造成严重危害。

一、化学性危险因素与肿瘤

　　恶性肿瘤已经成为人类死亡的重要原因。20 世纪 70 年代,WHO 公布过 45 个国家和地区的死因资料,其中 32 个国家和地区肿瘤死亡率居前两位。我国 1957—1995 年对部分城市人口死因进行的统计表明,肿瘤在死因构成顺位从 1957 年的第七位上升为第二位,部分城市排在首位。卫生部公布的《2006 年中国卫生事业发展情况统计公报》显示,2006 年我国城、乡居民第一位死亡原因均是恶性肿瘤。全世界每年约有 700 多万人死于癌症,肿瘤已成为严重威胁人类健康的常见病。

　　由于肿瘤是多因素、多效应、多阶段、多基因致病,其病因和发病机制还不十分清楚。目前已证实多数人类肿瘤是由环境因素与细胞遗传物质相互作用的结果,而不是简单的由遗传的易感性所致。环境致癌因素可包括自然环境的生物、物理和化学因素以及社会环境因素,而这些致癌因素除小部分是以人们不自主的方式接触外(如环境污染、病毒的垂直传播),多数是通过人们不良的生活行为方式而引起的。

　　20 世纪以来,愈来愈多职业和环境接触的致癌物被确定,人类肿瘤发生与环境的关系也获得了更多流行病学研究的支持。据报道,日本本土居民胃癌的发生率比居住在夏威夷的白种人高5～6倍,日本男性结肠癌的发生率却比夏威夷的白种人男性低4～5倍;而日本移民到夏威夷后经历一段时间,或他们后代的胃癌患病率则降至夏威夷白种人的水平,结肠癌和乳腺癌患病率却明显上升,与当地白种人相当。说明相对于种族和遗传因素,环境因素与肿瘤发生的关系密切。研究认为80％～90％的人类肿瘤发生与环境因素有关,其中最主要的是环境化学因素。

(一)致癌物的分类及环境化学致癌物

国际癌症研究机构(IARC,1987年)指出,化学致癌物是指能引起恶性肿瘤发生增多的化学物,在某些情况下能诱发良性肿瘤的化学物也可认为是化学致癌物。目前约有7 000多种化学物经过动物致癌试验,其中1 700多种为阳性结果。IARC(2002年)对已有资料报告的878种化学物,根据其对人的致癌危险分成4类。其中,已经确定的人类致癌物有87种,对人很可能致癌的有63种,可能致癌的有234种,可疑致癌物有493种。根据致癌物的化学结构或来源,常见的环境化学致癌物的类型如表7-1所示。

表7-1　常见的致癌物

类　别	化学物举例
直接烷化剂	芥子气、氯甲甲醚、环氧乙烷、硫酸二乙酯
间接烷化剂	氯乙烯、苯、丁二烯、烷化抗癌药
多环芳烃类	苯并芘、二甲基苯蒽、二苯蒽、三甲基胆蒽、煤焦油、沥青
芳香胺类	联苯胺、乙萘胺、4-氨基联苯、4-硝基联苯
金属和类金属	镍、铬、镉、铍、砷
亚硝胺及亚硝酰胺	二甲基亚硝胺、二乙基亚硝胺、亚硝酰胺
霉菌和植物毒素	黄曲霉毒素、苏铁素、黄樟素
固体(不可溶)物	结晶硅及石棉
嗜好品	吸烟、嚼烟、槟榔、鼻烟、过量的酒精饮料
食物的热裂解产物	杂环胺类、2-氨-3-甲基-咪唑喹啉、2-氨-3,4-甲基-咪唑喹啉
药物(含某些激素)	环磷酰胺、噻替派、己烯雌酚

引自:石碧清,赵育,间振华编著.环境污染与人体健康.北京:中国环境科学出版社,2006

(二)常见的化学致癌因素

环境中的化学致癌物可来自烟草、食品、药物、饮用水以及工业、交通和生活污染等。

1. 烟草

国内外对于吸烟与癌症的关系进行了大量的研究。卷烟烟雾中包括了 3 800 多种已知的化学物质。有害成分包括尼古丁等生物碱,胺类、腈类、酚类、醛类、醇类、烷烃、多环芳烃、脂肪烃、杂环族化合物、羟基化合物、氮氧化物、一氧化碳,重金属元素镍、镉、铬、钋及有机农药等。吸烟可以增加人群患多种肿瘤的危险性,特别是肺癌。德国、荷兰、英国和美国的研究表明,重度吸烟者患肺癌的危险性比非吸烟者大 3~30 倍。吸烟与肺癌存在着一定的剂量—反应关系,每天吸烟在 10 支以下者,其肺癌死亡率为非吸烟者的 4.4~5.8 倍;而每天吸烟 21~39 支者,其肺癌死亡率则增至 15.9~43.7 倍。吸烟除导致肺癌外还可导致口腔、咽、喉、食管、胰腺、膀胱等部位的多种癌症。美国国立肿瘤研究所证实,烟气中的苯并(a)芘(BaP)还可以进入卵巢引起卵巢癌。动物实验结果表明,卵巢对 BaP 非常敏感,其组织细胞分泌的酶类可使 BaP 变成一种致癌作用很强的物质。WHO 估计,15% 的癌症可归因于吸烟,每年全世界因吸烟导致的癌症死亡有 150 万人以上。

2. 膳食

流行病学资料显示,20%~60% 的癌症与膳食有关。有人估计,发达国家男性癌症的30%~40%、女性癌症的 60% 可能与饮食有关。美国癌症学会 1996 年的指南提出:"有证据提示,美国每年的 50 万癌症死亡者中约 1/3 是由于饮食不当引起的。"膳食与癌症的关系:一是食物中含有致癌物或被致癌物污染;二是由于膳食的不平衡导致营养失调,从而失去了正常食物营养成分的保护作用。

(1)食品生产、加工、保存与烹饪过程受致癌物污染:亚硝胺是一种强的致癌物。亚硝胺前身(亚硝酸盐和二级胺)以稳定形式广泛存在于自然界中,特别在植物中亚硝酸盐很易由硝酸盐形成。过多使用含氮肥料与土壤中缺乏钼,都易造成植物中硝酸盐的积累。储存的蔬菜、水果中易存在高浓度的亚硝酸盐。在腌制的蔬菜和加工的肉食品中亚硝酸盐和胺类含量增加,为亚硝胺生物合成提供了条件。研究表明亚硝胺与人类肿瘤发生有密切关系。有报道,日本人患胃癌者众多,与日本人多吃腌菜和海鱼有关。因为咸菜中含较多硝酸盐和亚硝酸盐,海鱼中含较多胺类化合物,两者可在体内结合成亚硝胺而致癌。12 个国家(日本、罗马尼亚、捷克、前联邦德国、前南斯拉夫、荷兰、英国、瑞士、挪威、瑞典、丹麦、美国)的资料也显示,胃癌调整死亡率与硝酸根摄入量成正相关。在我国和南非部分地区,霉变食品中的亚硝胺污染已被认为是食管癌的诱因。而在我国南方,摄入较多含亚硝胺的咸鱼则可能与鼻咽癌的高发有关。

食用色素中具致癌性的有二甲氨基偶氮苯(致肝、胆管、皮肤、膀胱癌)、邻氨基偶氮甲苯(致肝、肺、膀胱癌、肉瘤)、碱基菊橙(致肝癌、白血病、网状细胞肉瘤)等;香料及调味剂中具致癌作用的有黄樟素(致肝、肺、食管癌)、单宁酸(致肝癌、肉瘤)及甘素(即 N-苯乙基脲,致肝癌);黄曲霉菌污染小米、麦、高粱、玉米、花生、大豆,产生黄曲霉毒素(aflatoxins,AF),其中 AFB_1 致癌作用最强,在低剂量长期作用下,几乎可使全部动物致癌;烟熏、炙烤及高温烹煮食物时由于蛋白质热解,特别在烧焦的鱼、肉中可产生有致突变和致癌性的多环有机化合物(如多环芳烃、杂环胺)。据估算,50 g 熏肠所含致癌物 BaP 量相当于一包香烟烟雾中所含致癌物的量,或等于工业中心居民在 4～5 昼夜期间所吸入污染空气中致癌物的量。一盒油浸熏制鱼的 BaP 含量相当于 60 包香烟或一年内所吸入空气中致癌物的量。油被连续和反复加热及添加到未加热的油中都会促进致癌物及辅癌物生成。因此,多次或长时间使用过热油脂有引起恶性肿瘤的危险。幼年期食用用盐腌成的广东式咸鱼是鼻咽癌的重要病因。

(2)营养失调的间接致癌作用:食品粗糙、长期缺铁和营养不足时发生食管癌和胃癌的危险性增加。硒的平均摄入量、血硒水平、饮食中硒浓度均与发生恶性肿瘤的危险性呈负相关。长期缺碘或碘过多与甲状腺癌的发生有关。而食物热量过高、纤维素过少,特别是脂肪总摄入量过高,可使乳腺癌、结肠癌、前列腺癌发病率增加。动物实验表明,高脂肪膳食又缺乏胆碱、叶酸、维生素 B_1 及蛋氨酸时,可增强各种化学致癌物的致癌性。

3. 药物

近年来,药物的致癌作用已引起国内外医学界的关注。药物致癌可分一般药物致癌和抗癌药物致癌两大类。

(1)一般药物:一般药物致癌是指常用的一些药物除能治疗某些疾病以外,还可使人患癌症。例如,常用于治疗妇女习惯性流产等症的己烯雌酚,会导致阴道腺癌;抗生素中的氯霉素能引起白血病;常用于治疗厌氧杆菌与阴道滴虫的甲硝唑,可能会诱发淋巴瘤与肺部肿瘤;治疗癫痫的乙内酰脲衍化物与恶性淋巴瘤及假淋巴瘤有关;苯异丙胺与何杰金氏病有关等。

(2)抗癌药物:有一些抗癌药物在治疗某种癌症的同时,可能会引起另一种癌症。例如,一些多发性骨髓瘤病人用左旋苯丙氨酸氮芥进行治疗时,却有可能诱发白血病;长期使用环磷酰胺的肿瘤病人易患膀胱癌。

IARC 宣布的确认致癌物中,有药物氯霉素、苯异丙胺、氨甲喋呤、硫唑嘌呤、环孢霉素、环磷酰胺、己烯雌酚、左旋苯丙氨酸氮芥、8-甲氧基补骨脂素(加长波紫外辐射)、甾族雌激素、非甾族雌激素、甾族雄激素、复方口服避孕药、顺序型口服避孕药、人抗动情激素等。

4. 含酒精饮料

过多饮用含酒精的饮料可以致癌。一是过度摄入酒精本身可致癌,另外是一些酒精饮料在加工过程中被致癌物(亚硝胺、多环芳烃、霉菌毒素)污染,如黑啤酒含有多环芳烃。IARC(1988 年)对酒精致癌的评价为:虽然实验研究未显示酒精本身有致癌性,但流行病学研究充分证明,将含酒精的饮料作为一个整体,可归入导致人类口腔癌、咽癌、喉癌、食管癌和肝癌等第一类致癌物(确认致癌物)。WHO(1997 年)和美国癌症学会(1996 年)也确认酒精增加口腔、咽和食管等部位患癌的危险性。长期饮酒可形成肝硬化继而导致肝癌的发生。饮酒又吸烟者可增加患某些恶性肿瘤的危险性。另外,饮酒与男性结肠癌、直肠癌和女性乳腺癌发病可能也有关系。专家认为,3%的癌症死亡可归因于饮酒。

5. 饮水污染物

水污染与人群膀胱癌、肝癌等发生的关系,近 20 多年来备受关注。自 20 世纪 70 年代人们注意到水体受有机化学污染日趋严重以来,全世界在水中检测出的有机化学污染物共约 2 221 种,美国环境保护局(EPA)从自来水中检出约 765 种。其中 20 种为确证致癌物,36 种为可疑致癌物,18 种为促癌物和辅癌物。饮水加氯消毒产生的氯化副产物如三卤代甲烷类物质可能与膀胱癌、结肠癌和直肠癌的危险度增加有关。有的学者在分析了饮水暴露与肿瘤相关性后认为,有机化学污染物主要与消化道肿瘤的危险度增加有联系,其相关性依次为胃、直肠、膀胱、食管等。

许多研究表明,胃癌与饮水中硝酸盐、亚硝酸盐和酰胺类物质的含量及摄入量成正相关。我国胃癌高发区的调查表明,该地区饮水中硝酸盐含量普遍高于低发地区。另外的研究显示,某胃癌高发区居民饮水中二甲基亚硝胺、二乙基亚硝胺和二丙基亚硝胺的检出率分别为 38.5%、76.9% 和 76.9%。也有报道,长期饮用含藻类毒素污染的水、水质很差的宅沟水或井水的地区,可致当地肝癌发病率显著升高。

IARC(1980 年)根据流行病学研究资料和部分实验室结果确认,无机砷化合物为人类皮肤癌和肺癌的致癌物。流行病学资料证实,长期饮用砷含量较高的饮水,可引起饮用者手掌和脚趾皮肤高度角化,赘状物增生,溃疡经久不愈,可转成皮肤癌。台湾西南沿海乌脚病流行区井水含砷量在 0.10~1.82 mg/L,饮水居民中皮肤癌患病率达 10.6‰,且与饮水含砷量呈一定剂量—反应关系。近年来的研究还发现,病区居民中肺癌发病率也较对照地区高,其他部位的癌症也有升高趋势。新疆奎屯地区和内蒙多个地区也发现饮用高砷水引起的皮肤癌发病率很高。

6. 空气污染物

受污染的空气中存在多种致癌物。EPA(1990 年)对 26 种空气污染物的致癌危险度评价结果表明,其中 15 种属于 IARC 分类中的第 1 类和第 2 类致癌物。空气致癌物污染和肺癌的关系最为密切。早在 1952 年,英国统计研究指出肺癌死亡率与大气中 BaP 浓度呈明显的正相关,日本对几个城市的肺癌死亡率与大气中 BaP 的浓度进行统计和分析,也发现城市肺癌死亡率有随着大气中 BaP 的增高而增加的趋势。1973 年美国有人提出大气中 BaP 浓度每增加 $0.1~\mu g/100~m^3$,肺癌死亡率相应升高 5% 的报道。云南省宣威县男性肺癌调整死亡率为 27.95/10 万、女性为 24.49/10 万,是我国肺癌死亡率最高的县份之一,根据多年调查研究结果,认为燃烧烟煤所致的室内空气 BaP 污染是导致宣威肺癌高发的主要危险因素。

7. 职业因素

不同部位的肿瘤受职业因素的影响不一,其中肺癌和膀胱癌受职业因素影响较大。某些职业人群因职业接触导致的肺癌和膀胱癌可占 40%。根据澳大利亚的资料显示,肿瘤是职业接触有害物质致死的第一位死因,占 57%。目前已由 IARC 确认为人致癌物的有 4-氨基联苯、砷及砷化合物、石棉、苯、联苯胺、铍及铍化合物、N,N-双(2-氯乙基)-2-萘胺、双氯甲醚、氯甲甲醚、镉及镉化合物、铬(Ⅵ)化合物、环氧乙烷、β-萘胺、氧化乙烯、芥子气、镍及其化合物、氡及其衰变物、二氧化硅(结晶型)、页岩油、煤烟灰、含多环芳烃烟灰、强无机酸、含石棉纤维滑石粉、氯乙烯、煤焦油、未处理和略处理的矿物油、木尘。职业接触环境确认致癌的生产过程有:铝生产、金胺制造、靴鞋制造和修理、煤气制造、焦炭生产、家具制造、接触氡的地下赤铁矿开采、铸铁和铸钢、异丙醇制造、品红制造、油漆和橡胶行业、含硫酸的强无机酸酸雾环境下作业。

二、化学性危险因素与职业病

由生产工艺过程中产生的各种有害化学物质是重要的职业性有害因素,其对健康的影响主要取决于化学有害因素的性质和接触剂量。生产中使用的原料、中间产品、成品和生产过程中产生的废气、废水、废渣等均含有大量有毒化学物质,作业人员接触这些毒物可对其健康产生危害。毒物以粉尘、烟尘、雾、蒸气或气体的形态散布于车间空气中,主要经呼吸道和皮肤进入体内。其危害程度与毒物的挥发性、溶解性和固态物的颗粒大小等有关。

为了防止劳动生产环境中不利因素对劳动者健康的影响,人们必须对劳动生产环境中存在的各种化学有害因素进行识别、评价、预测和控制。对已受到化学有害因素影响的受害者要进行早期检查、诊断和处理,使其尽早康复。

(一)职业性化学危险因素的种类

职业性化学危险因素包括生产性毒物和生产性粉尘两大类。

1. 生产性毒物

生产性毒物又称职业性毒物,种类繁多,在防护不良的情况下可引起各种职业中毒。各种生产性毒物在生产环境中可以多种形态(固体、液体、气体、蒸气、粉尘、烟或雾)存在,主要来源于原料、中间产品、辅助材料、产品、副产品、夹杂物及废弃物等。

生产环境中常见的生产性毒物有如下几类。①金属及类金属:如铅、汞、锰、铬、砷等;②有机溶剂:如苯、甲苯、正己烷、三氯乙烯、二硫化碳、四氯化碳等;③刺激性气体和窒息性气体:前者常见的有氯、氨、二氧化硫、氮氧化物、氟化氢、醛类等,后者常见的有一氧化碳、氰化氢、硫化氢等;④苯的氨基和硝基化合物:如苯胺及三硝基甲苯等;⑤高分子化合物生产过程中的毒物:如氯乙烯、氯丁二烯、丙烯腈、环氧氯丙烷等;⑥农药:如有机磷农药、有机氯农药、拟除虫菊酯类农药等。

2. 生产性粉尘

生产性粉尘是指在生产过程中形成的,并能长时间漂浮在空气中的固体微粒。生产性粉尘来源非常广泛,生产过程中凡是固体物质的机械加工、粉碎,物质加热时产生的蒸气在空气中凝结或被氧化,有机物质的不完全燃烧以及粉末状物质在混合、包装、搬运等过程均可产生大量粉尘,污染生产环境。生产性粉尘是污染作业环境、损害劳动者健康的重要职业性有害因素,可引起包括尘肺在内的多种职业性肺部疾患。

生产性粉尘主要有以下几类。①无机粉尘:包括矿物性粉尘如石英、石棉、滑石、煤等;金属性粉尘如铅、锰、铁、铍、锡等及其化合物;人工无机粉尘如金刚砂、水泥、玻璃纤维等。②有机粉尘:包括动物性粉尘如皮毛、丝、骨粉尘等;植物性粉尘如棉、麻、面粉、木材、茶粉尘等;人工有机粉尘如有机染料、农药、炸药、合成树脂、人造纤维等。③混合性粉尘:在生产环境中,以单纯一种粉尘存在的较少见,大多数情况下为两种以上粉尘混合存在,一般称之为混合性粉尘。

(二)职业性化学危险因素对人体的危害

1. 职业中毒

生产性毒物对人体产生的危害主要是引起职业中毒。作业场所空气中的毒物可以通过呼吸道、皮肤、消化道侵入人体。尿中或其他生物材料中所含的毒物量(或代谢产物)超过正常值上限,或驱除试验(如驱铅、驱汞)阳性,但尚无中毒症状和体征,这种状态称带毒状态或称毒物吸收状态,例如铅吸收。

常见的职业中毒按发病过程可分为三种形式。①急性中毒:由毒物一次或短时间内大量进入人体所致。多数由事故或违反操作规程所引起。②慢性中毒:由长期小量毒物进入人体所致。绝大多数是由蓄积作用的毒物所引起的。③亚急性中毒:亚急性中毒介于以上两者之间,是在短时间内有较大量毒物进入人体所产生的中毒现象。

常见的由化学因素引起的职业中毒包括铅中毒、汞中毒、苯中毒、农药中毒、刺激性气体(氯气、光气、氮氧化物、氨气等)中毒、窒息性气体(一氧化碳、硫化氢、二氧化碳等)中毒。

2. 尘肺

尘肺是由于吸入生产性粉尘引起的以肺组织纤维化为主的疾病。尘肺是目前我国工业生产中最严重的职业危害之一。生产性粉尘的种类繁多,理化性状不同,对人体所造成的危害也不同。就其病理性质可概括为如下几种:全身中毒性、局部刺激性、变态反应性、光感应性、感染性、致癌性、尘肺。其中以尘肺的危害最为严重。

2002 年卫生部、劳动和社会保障部公布的职业病目录中列出的法定尘肺有 13 种,即矽肺、煤工尘肺、石墨尘肺、炭黑尘肺、石棉肺、滑石尘肺、水泥尘肺、云母尘肺、陶工尘肺、铝尘肺、电焊工尘肺、铸工尘肺、其他尘肺。

3. 肿瘤

某些化学毒物除引起职业中毒外,还可引起机体遗传物质的变异,有的化学毒物能致癌。由于职业肿瘤和非职业肿瘤在发展过程和临床症状上没有差异,加上诊断职业肿瘤具有职业病的法律补偿性质,根据本国的情况是否把某种致癌物所致的肿瘤列为职业病各国有所不同。我国卫生部、劳动人事部、财政部及中华全国总工会于 1987 年颁发的《职业病范围和职业病患者处理办法的规定》中规定了八种职业性肿瘤,它们是:石棉所致肺癌、间皮瘤;联苯胺所致膀胱癌;氯甲醚所致肺癌;砷所致肺癌、皮肤癌;焦炉逸散物所致肺癌;铬酸盐制造业所致肺癌;氯乙烯所致肝血管肉瘤;苯所致白血病。

4. 生殖毒性和致畸作用

有些毒物具有生殖毒性,对女工月经、妊娠、授乳等生殖功能可产生不良影响。如接触苯及同系物、汽油、二硫化碳、三硝基甲苯的女工,易出现月经过多综合征;接触铅、汞、三氯乙烯的女工,易出现月经过少综合征。接触二硫化碳的男工,精子数量减少,影响生育;铅、二溴氯丙烷对男性生育功能也有影响。有些毒物具有发育毒性和致畸作用,可引起生殖细胞突变,引发畸胎,尤其是妊娠后的前三个月,胚胎对化学毒物最敏感。在胚胎发育过程中,某些化学毒物可导致胎儿生长缓慢,器官或系统发生畸形,可使受精卵死亡或被吸收。有机汞和多氯联苯均有导致畸胎作用。铅、汞、砷、二硫化碳等可通过乳汁进入乳儿体内,影响下一代健康。

三、化学性危险因素与公害病

公害病(public nuisance disease)是环境污染造成的地区性中毒性疾病,这类疾病是环境污染所造成的严重后果。公害病具有明显的地区性,共同的病因,相同的症状和体征。公害病的确认是十分严肃的事情,必须通过调查研究证实是由某种污染所致,须得到法律、医学和有关政府部门认可,方可确定为公害病。一旦确定为公害病,有关部门应对受害者进行必要的赔偿。例如,日本政府在《公害健康损害补偿法》中就确认了水俣病、痛痛病、四日市哮喘等为公害病,并规定了有关的诊断标准及赔偿方法。我国对公害病认定与赔偿的相关法规正在拟定中。公害病在疾病谱中往往是新病种,有些发病机制至今还不清楚,因此也缺乏特效的治疗方法。

由于工业的迅速发展,治理滞后,20 世纪 50 年代以来,公害已成全球性的重大社会问题。至今世界各地已发生公害事件 60 多起,公害病患者 40 万～50 万人,死亡 10 多万人,其中绝大部分都是由化学污染物造成的。目前许多国家都通过一些法律手段来防止公害事件的发生。历史上世界各地发生的有代表性的由化学性污染物引起的公害事件如表 7-2 所示。

表 7-2 历史上的几次重大公害事件

名称	原因	后果	年代(国家)
马斯河谷烟雾事件	狭窄盆地,逆温层形成,含硫矿冶炼厂、炼钢、炼锌、炼焦、发电等排放 SO_2 等有害气体,SO_2 达 $25\sim100$ mg/m³	数千人出现上呼吸道炎症的症状与体征,1 周内 60 多人死亡	1930 年(比利时)
洛杉矶光化学烟雾事件	三面环山,一年中有 100 d 出现逆温,大量汽车(250 万辆)排放出的废气在日光紫外线作用下形成大量以 O_3 为主的光化学烟雾	数千人出现红眼病及上呼吸道炎症等,65 岁以上的老人死亡 400 人	1943、1955 年(美国)
多诺拉烟雾事件	位于河谷中,受逆温控制,持续有雾。大气中的 SO_2 以及其他氧化物与大气烟尘共同作用,生成硫酸烟雾,使大气严重污染	症状为咳嗽、呕吐、腹泻、喉痛,4 d 内 42% 的居民(591 人)患病,17 人死亡	1948 年(美国)
伦敦烟雾事件	盆地,逆温层形成。采暖煤烟粉尘与浓雾结合,烟尘(4.5 mg/m³)和 SO_2(3.8 mg/m³)污染严重	仅 1952 年 12 月的烟雾事件,比同期多死亡4 807人	1954、1956、1957、1962 年(英国)
水俣病	工厂排放的含汞废水,通过生物转化形成甲基汞,致使鱼体中含有大量的甲基汞	数百人患病,50 多人死亡	1953—1956 年(日本)
痛痛病	工厂排出的含镉废水污染了河水,居民用河水灌田,使稻米含镉量增高	患者数百人,死亡 34 人,100 多人出现可疑症状	1955—1972 年(日本)
四日市哮喘病	四日市、大阪市等石油化工企业废气严重污染大气	数百人患哮喘病	1955 年以来(日本)
米糠油事件	九州爱知县,某一食用油厂在炼油时被多氯联苯污染了食用油	1 万多人中毒,16 人死亡	1968 年(日本)
博帕尔异氰酸甲酯事件	博帕尔市农药厂贮气罐泄露异氰酸甲酯污染厂周围居民区	中毒 15 万多人,死亡2 500人,5 万多人失明	1984 年(印度)
切尔诺贝利核电站事件	切尔诺贝利核电站事故造成厂周围被放射性物质污染	30 人死亡。污染区人群 10 年追踪观察,发现儿童甲状腺癌发生率增加与此次核污染有关	1986 年(苏联)

四、化学性危险因素与地方病

存在于自然环境中的化学元素,根据其在人体内含量多少,分为常量和微量元素两类。碳、氢、氧、氮、硫、钾、钠、磷、钙、镁、氯等 11 种元素,占人体内化学元素总量的 99.95%,称为常量元素(major element)。而在人体内正常含量小于人体体重 0.01% 的化学元素则称为微量元素(trace element),包括锌、铁、铜、锰、钴、铬、钒、锡、硒、氟、碘、钼、铝、铅、镉、汞、铊、镍、锶、锂及多种稀土元素等。在微量元素中,目前认为锌、铁、铜、钼、铬、锰、钴、镍、钒、碘、硒、氟、锡和硅 14 种微量元素在生物体内是维持正常生理、生化功能,生长发育和生殖繁衍必不可缺的元素,称为必需微量元素(essential trace element)。而铅、镉、汞、砷、铝、锂等被列为具有潜在毒性,但低剂量可能具有功能作用的微量元素。在地球地质发展过程中,自然形成了地壳表面这些化学元素分布的不均匀性,使得地球上不同地区的土壤、水体和植物中化学元素的种类和含量存在着差异,造成一些地区的水、土壤、空气中某些或某种化学元素过多或缺乏,继而影响到该地区人群对化学元素的摄入量,成为威胁人类健康的化学性危险因素。

机体缺少必需微量元素,常可导致相应的功能失调,但如摄入量过多,有时也可能造成某种功能障碍。因此,对于这类元素存在着一个适宜的剂量范围。对非必需元素,当然不存在最低需要量的问题,如超过最高容许浓度则可导致中毒。图 7-1 表明了必需微量元素和非必需微量元素不同剂量和效应的关系,只有在适宜剂量范围内才能保证生物健康地生存。

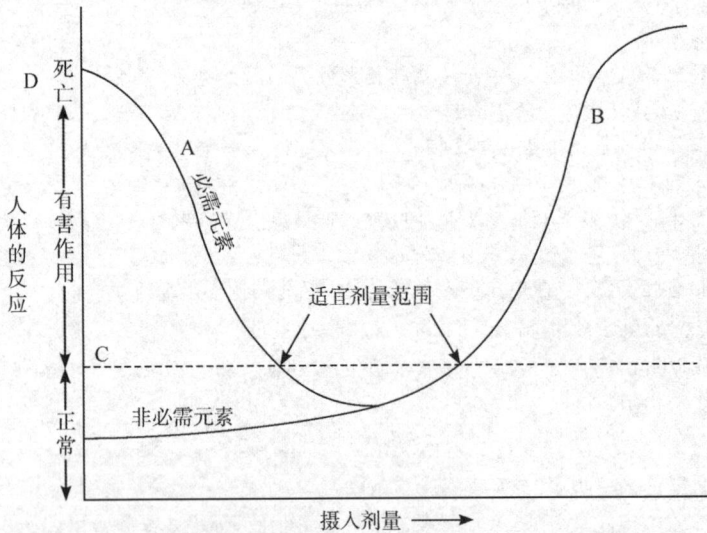

图 7-1　必需元素和非必需元素的剂量—反应关系

A. 必需元素;B. 化学毒物和非必需元素;C. 有害作用的阈值;D 致死剂量界限

引自:仲来福主编.卫生学.第 6 版.北京:人民卫生出版社,2006

由于地壳表面化学元素分布的不均匀性,使某些地区的水和(或)土壤中某些元素过多或过少,当地居民通过饮水、食物等途径摄入这些元素过多或过少,而引起某些特异性疾病,称为生物地球化学性疾病(biogeochemical disease),也称化学元素性地方病。

生物地球化学性疾病的判定需要用流行病学方法对人群中某种健康危害的发生率与某种化学元素之间的关系进行研究,要符合下列条件才能做出比较肯定的结论:①疾病的发生有明显的地区性;②疾病的发生与地质中某种化学元素之间有明显的剂量—反应关系;③上述相关性可以用现代医学理论加以解释。我国常见的化学元素性地方病有碘缺乏病、地方性氟中毒和地方性砷中毒等。此外,克山病、大骨节病等都有明显的地区性,并可能与环境硒水平有关,也列入生物地球化学性疾病的范围。

五、化学性危险因素的其他危害

(一)食源性疾病

食源性疾病的致病物可能是生物性的,也可能是化学性的。它是当今世界上分布最广泛、最常见的疾病之一,每年有数以万计的人患有该病,无论在发达国家还是在发展中国家,这都是一个重要的公共卫生问题。

化学性危险因素引起的食源性疾病包括误食有毒化学物质或食用被有毒化学物质污染的食物而引起的化学性食物中毒、食物中有毒化学污染物引起的慢性危害和由于食物中某种营养成分缺乏或各成分间比例失调而引起人体的健康问题或疾病(如心血管疾病等)。这类疾患有一个共同的特征,就是通过进食行为而发病,这就为预防提供了一个有效的途径,即倡导合理营养,加强食品卫生监督管理,控制食品污染,提高食品卫生质量,可有效地预防食源性疾病的发生。

化学性食物中毒是由于食用被化学物质污染的食品或误食化学物质而引起的食物中毒,发病率较高。近年来,随着化学工业的迅速发展,毒物品种不断增加,以前常见的毒物逐渐减少,引起中毒的往往是新的化学物质。化学性食物中毒一旦发生,潜伏期短,病死率高,后果严重。常见的化学性食物中毒有金属及其化合物、亚硝酸盐、农药等有害化学物质引起的食物中毒。

(二)急、慢性危害

1. 急性危害

环境化学污染物在短时间内大量进入环境,可使暴露人群在较短时间内出现不良反应、急性中毒甚至死亡。环境化学性污染引起的急性危害主要包括大气污染的烟雾事件和过量排放及事故性排放引起的急性危害两种类型。

在 20 世纪,由于工业生产的高速发展,大气污染烟雾事件的发生频率较高。如在英国多次发生的伦敦烟雾事件,美国的洛杉矶、纽约和日本大阪、东京发生的光化学烟雾事件,日本的四日市哮喘事件等。伦敦烟雾事件主要表现为肺和心血管系统疾患的患者病情急剧加重、死亡;光化学烟雾事件可引起大量居民眼和上呼吸道的刺激症状及呼吸功能障碍。

由于工业设计上的不合理、生产负荷过重、管理上的疏漏或任何意外的原因,有害的工业废气、废水或事故性泄漏的有毒有害物质大量进入环境,这些污染物可在环境介质中,特别是在大气和河流中迅速扩散和迁移,导致排放源附近及整个污染区的居民发生急性中毒。如 2005 年 3 月 29 日京沪高速公路淮安段一辆载有 34 t 液氯的槽罐车发生车祸,导致车内液氯大量泄漏,散布于空气中的氯气造成当地居民 29 人死亡,300 多人送医院治疗,近 1 万村民被疏散。

2. 慢性危害

环境中有毒化学物质以低浓度、长时间、反复作用于机体所产生的危害,称为慢性危害。慢性危害的产生与化学污染物的暴露剂量、暴露时间、化学污染物的生物半减期和化学特性、机体的反应特性等有关。低浓度的化学污染物在机体内的物质或功能蓄积是产生慢性危害的根本原因。

环境化学污染物所致的慢性危害主要有如下类型:

(1)非特异性影响:环境化学污染物所致的慢性危害,往往不以某种典型的临床表现方式出现。在化学污染物长时间作用下,机体生理功能、免疫功能、对环境有害因素作用的抵抗力可明显减弱,对生物感染的敏感性增加,健康状况逐步下降,表现为人群中患病率、死亡率增加,儿童生长发育受到影响。

(2)引起慢性疾患:在低剂量环境化学污染物长期作用下,可直接造成机体某种慢性疾患。如慢性阻塞性肺部疾患(Chronic Obstructive Pulmonary Diseases,COPD)是与大气污染物长期作用和气象因素变化有关的一组肺部疾病。随着大气污染的加重,居民 COPD 在疾病死亡中的比重增加。又如无机氟的长期暴露可造成骨骼系统和牙釉质的损害。甲基汞的长期暴露可损害脑和神经系统。

(3)持续性蓄积危害:环境中有些化学污染物进入人体后能较长时间贮存在组织和器官中,尽管这些物质在环境中浓度低,但长期暴露会导致在人体内的持续性蓄积,使受污染的人群体内浓度明显增加。长期贮存于组织和器官中的毒物,在机体出现某种异常如疾病或状态改变如妊娠时,由于生理或病理变化的影响,可能从蓄积的器官或组织中动员出来,而造成对机体的损害。同时,机体内有毒化学物质还可能通过胎盘屏障或授乳传递给胚胎或婴儿,对下一代的健康产生危害。

持续性蓄积危害的化学污染物主要有两类:一类是铅、镉、汞等重金属及其化合物,它们的生物半减期很长,如汞的生物半减期为 72 d,镉的生物半减期为 13.7 年;另一类是脂溶性强、不易降解的有机化合物,这类化合物能在环境中长期残留持久存在,在生物体内持续性蓄积,被称为持久性有机污染物(Persistent Organic Pollutants,POPs)。2001 年 5 月联合国环境规划署组织通过了《关于持久性有机污染物的斯德哥尔摩公约》,旨在通过全球努力共同淘汰和消除 POPs 污染,保护人类健康和环境免受 POPs 的危害。首批列入公约受控名单的 12 种 POPs 是滴滴涕、氯丹、灭蚁灵、艾氏剂、狄氏剂、异狄氏剂、七氯、毒杀酚、六氯苯和多氯联苯、二噁英(多氯二代苯并-p-二噁英)、呋喃(多氯二代苯并呋喃)。

环境化学性危险因素所致的慢性危害往往是非特异性的弱效应,发展呈渐进性。因此,出现的有害效应不易被察觉或得不到应有的重视,一旦出现了较为明显的症状,往往已经成为不可逆的损伤,造成严重的健康后果。如何早期评价环境化学性危险因素对人群健康产生的慢性危害并及时采取干预措施加以预防是公共卫生学面临的巨大挑战。

(三)致畸危害

人类出生缺陷又称为先天畸形,指胎儿的外观或体内器官的结构异常。尽管遗传因素对人类出生缺陷的发生有重要影响,但是环境化学因素对生殖细胞遗传物质的损伤、对胚胎发育过程的干扰和对胚胎的直接损害都对出生缺陷的发生具有重要作用。早在 20 世纪 30 年代,就已有哺乳动物母体营养缺乏可能诱发出生缺陷的报道。继后,发现某些化学因子如氮芥、抗代谢剂等均能诱发哺乳动物胎仔畸形。但是,真正引起人们关注外来化合物致畸作用是 20 世纪 60 年代发生的"反应停"事件。反应停作为镇静药在欧洲广为销售,孕妇因服用该药而导致新生儿肢体畸形(海豹畸形)数明显增加。受该药影响的儿童近万人,除肢体畸形外,也见到心血管、肠及泌尿系统畸形。震惊世界的反应停事件揭开了人类研究外来化合物致畸作用的序幕,并推动了实验致畸学的发展。

随着工业的发展,大量化学物排入环境,造成环境污染日益加重。在许多环境污染事件(如日本的水俣病、米糠油污染事件等)中,都观察到了由于孕期摄入化学污染物而引起胎儿畸形发生率明显增加。化学物在孕期特别是胎儿器官形成期对胚胎发育和结构畸形的发生有着重要影响。在美国国家职业安全与卫生研究所有毒物质登记处登记的37 860种工业化学物中,585 种注释有致畸性。Schardein(1985 年)报道,在 2 820种化学物中,有 782 种动物致畸试验为阳性,291 种属可疑阳性。Shepard(1996 年)编纂的致畸物分类目录中,动物致畸的阳性化学物在 900 种以上,能确证对人类有致畸作用的药物和环境化学物主要有氨蝶呤和甲基氨蝶呤、促雄性激素、白消安、巯甲丙脯酸、氯联苯、可卡因、香豆素抗凝剂、环磷酰胺、己烯雌酚、苯妥英、埃那普利、苯壬四烯酯、碘化物、锂、汞和有机汞、亚甲蓝、甲巯基咪唑、青霉胺、13-顺维生素 A 酸、四环素、反应停、甲苯、三甲双酮、丙戊酸等。

(四)内分泌干扰

正常情况下,人和其他生物能根据自身各个生长阶段的需要合成各种代谢调节物质,即内分泌激素。正是由于内分泌激素的作用,自然界中的生物才得以进行正常的新陈代谢、世代相传。然而,近年来人们不断发现一些存在于生物机体之外的环境化学物质可以对维持机体内环境稳态和调节发育过程的体内天然激素的生成、释放、转运、代谢、结合、效应造成严重的影响。这类外源性化学物质具有类似激素作用,干扰内分泌功能,从而对机体或后代产生有害的健康效应,称为环境内分泌干扰物(Environmental Endocrine Disrupting Chemicals,EDCs),又称环境激素(environmental hormone)。EDCs 的来源可以是天然的,也可以是人工合成的化合物。通常以它干扰的激素内分泌功能来划分,如雌激素干扰物、雄激素干扰物、甲状腺素干扰物、糖皮质激素干扰物、生长激素干扰物等。已被证实或疑为内分泌干扰物的环境化学物有上百种,包括邻苯二甲酸酯类、多氯联苯类、有机氯农药、二噁英、烷基酚类、双酚化合物类、植物和真菌激素、金属类等。

20 世纪 80 年代,开始发现 EDCs 可以造成野生生物的生殖发育异常。该发现很快引起了国际学术界的高度重视,近十多年来进行了大量的调查研究。目前认为 EDCs 与生殖障碍、出生缺陷、发育异常、代谢紊乱以及某些癌症(如乳腺癌、睾丸癌、卵巢癌等)的发生发展有关,国内相关的研究正广泛开展。

(五)对免疫功能的危害

许多外源性化合物都会引起免疫功能的变化,而且这种变化往往在其他毒性效应出现之前发生。外源性化学物对免疫系统作用往往表现复杂,可以表现为免疫抑制、超敏反应两个方面:

1. 免疫抑制

免疫抑制除了表现为细胞免疫和体液免疫的有关功能指标发生变化外,还可因机体抵抗力改变,继发性对某些感染因素特别敏感,或因失去自我监督功能容易发生肿瘤。

在大气污染严重的地区,居民唾液溶菌酶和 SIgA 的含量均明显下降,血清中的其他免疫指标也下降,表明大气化学污染可使机体的免疫功能降低。近年来的流行病学研究提示,大气污染与婴幼儿的急性呼吸道感染死亡率和发病率的增高有关。在各种大气污染物中,细颗粒物和 O_3 的作用可能更为重要。大气污染物可削弱肺部的免疫功能,增加儿童呼吸道对细菌等的易感性。据估计,大气 $PM_{2.5}$ 的日平均浓度每升高 $20 \mu g/m^3$,急性下呼吸道感染的危险将增加 8%。

2. 超敏反应

超敏反应也称变态反应,其发生往往取决于外来物质作为抗原的特性和机体的反应特性两大因素。外来化学物既可以作为抗原或半抗原诱导过敏反应,也可直接作用免疫系统引起严重的免疫抑制,从而易于发生过敏反应。

环境中许多化学污染物可通过直接或间接的作用机制引起机体的变态反应。大量的研究证据表明,大气污染可加剧哮喘患者的症状,大气中的 SO_2、O_3、NO_x 等污染物会引起支气管收缩、气道反应性增强以及加剧过敏反应。德国的一项研究观察到大气污染物 NO_2、$PM_{2.5}$ 以及煤烟与 1 岁幼儿夜间干咳发生之间有显著的关联。美国南加州的一项研究显示,在 O_3 污染较严重时从事体育活动可增加儿童哮喘发生的危险度。美国加州的一项大气污染与成人哮喘的研究也显示 O_3 污染与哮喘发生有明显的关联。研究表明室内甲醛污染可以引起变态反应,主要是过敏性哮喘,大量接触时可引起过敏性紫癜。

职业接触二异氰酸甲苯可以引起气道阻塞性疾病,无论在遗传过敏体质者或一般人群其发生率相当,作用机制并不完全清楚。接触六氢邻苯二甲酸酐工人出现呼吸道症状,阳性个体血清可检出特异性 IgE 抗体。重金属盐类也是一类重要的免疫超敏性诱导物,镍可引起接触性皮炎,铂盐和镍盐可以作为半抗原引起由 IgE 介导的哮喘。铍病也是另一种 IV 型变态反应示例,接触少量铍即可发病,出现肺部肉芽肿、间质性肺炎等。此外,尚有汞、铅引起的过敏性肾病综合征的报告。

第三节 化学性危险因素评价

人们生活和职业活动中的各种有害因素是否会引起健康损害,除了有害因素本身具有的危害性和接触者个体易感性外,还取决于人们的接触机会、接触方式、接触时间以及接触水平等。化学性危险因素评价是运用流行病学、卫生毒理学、环境医学、环境监测的理论和技术,对环境中存在的化学性危险因素进行定性、定量的评估,判别其危害程度,有针对性地提出控制对策的建议,以达到消除危害、预防疾病、保护人群健康的目的。

化学性危险因素的评价有两种类型:

一类是对某种化学性危险因素的危险度进行评价,比如对某种毒物的危险度进行的评价。它需要综合毒理学研究、环境监测、健康监护、流行病学调查资料,对该种危险因素的危害作用进行定性定量的评价,估测在多大浓度、何种条件下可能对接触者构成损害,并探讨其损害性质,估测在一定接触条件下可能造成损害的概率和程度,并为预测该种有害因素的远期效应制定防治对策及制定和修订卫生标准提供依据。这是一种难度较大且较复杂的工作,不是短时间就能取得结果的,需要专门委托有资质的卫生服务和科研机构来承担。

另一类是对某一环境可能存在的化学性危险因素进行评价,其主要任务是对环境中存在何种化学性危险因素、产生来源、人群接触机会、接触水平、可能造成的危害做出评估,并有针对性地提出防治危害因素的建议。在实际工作中会遇到两种情况:一种是对现有的产生化学性危险因素的场所或过程进行的评价,另一种是对建设中的场所或过程进行的预评价。前者主要内容是:①现场的卫生学调查;②环境有害因素检测;③接触人群医学检查。依据对调查资料的综合分析,对存在的化学性危险因素的性质、环境污染水平、对接触者造成健康损害的程度做出评价,从而为应采取的防治对策提供根据;后者是通过对建设单位提供的技术资料和收集的有关资料的分析以及必要的类比调查实现的。本节重点介绍对某一环境可能存在的化学性危险因素进行评价。

一、化学性危险因素的识别与分析方法

对现有的和建设项目中可能产生的化学性危险因素进行识别和评价主要有以下几种方法。

（一）卫生学调查法

现场卫生学调查是化学性危险因素识别和评价的基本方法,目的在于识别、评价、控制化学性危险因素。调查的思路和方法也可以用在建设项目预评价中,尽管建设项目的生产过程尚未建成,具体的生产过程不存在,但建设项目可行性研究报告中对生产过程从原料到产品、从设备到工艺流程都经过反复论证,有的甚至已经过小型试验,因此拟建的生产过程在可行性报告中已经形成。在预评价时可以把它当作一个具体的生产过程来评价。

（二）经验法

对照有关标准、法规、检查表或依据分析人员的观察分析能力,借助于经验和判断能力直观地对评价对象的危险和有害因素进行分析的方法。

（三）类比法

类比法一是利用已有的性质相同、环境或生产过程类似的调查资料进行类比;二是通过对性质相同、类似的环境或生产过程现场调查结果进行类比,来分析评价对象的危险和有害因素。如果是扩建工程,前期工程仍在生产,而且生产过程基本上相似,选定前期生产过程作为类比对象是合适的,涉及的问题较少,比较容易进行。但如果是新建工程,需要另找类似调查对象,就会遇到一系列问题:首先会遇到被调查对象是否同意的问题,其次在经济上也是一项不小的支出。

（四）检查表法

检查表法或称调查表法是一种简明、方便、易于掌握的评价方法。依据评价标准、规范,列出检查单元、检查部位、检查项目、检查内容,编制成检查表,逐项检查各项内容是否符合国家标准和规范。但在操作中把所有评价内容都变成检查表,不但工作量很大,而且检查表的质量易受编制人员专业水平和经验的影响,有些比较复杂和关键性的问题,又不是在简单的对比查询之中就可以解决的。条目简繁深浅,还没有一个通用的规则可遵循,因此还需要在实践中摸索。

（五）系统分析方法

应用某些系统安全工程评价方法进行危险、有害因素辨识。系统分析方法常用于复杂、没有事故经历的新开发系统。常用的系统分析方法有事件树、事故树等。

（六）检测法

检测法在化学性危险因素评价中是不可缺少的,如果没有检测手段,化学性危险因素评价工作是无法进行的。在预评价阶段,由于工程尚未建成,除了在类比调查中可能用测试实验方法外,主要是以审查文件资料上提供的内容为主,但也会有测试和实验方法的需要。比如有粉尘危害的建设项目,评价时粉尘中游离二氧化硅含量是重要的数据,评价粉尘的危害性质、判别危害级别都是不可缺少的资料,因此无论是含有毒物的混合性粉尘和不含毒物的粉尘都需要有游离二氧化硅含量的数据作为依据。但实际情况是多数的建设单位都没能提供这方面的资料,因此在预评价时就有必要采集有代表性的样品进行分析。当然,由于工程尚未建成,无法从生产现场采样,只可能采集有代表性的原料或矿石、岩石(围岩)为样品,进行游离二氧化硅的分析。又比如对接触化学毒物的建设单位进行预评价时,在建设单位没有提供毒理学的资料,评价单位暂时查不到毒性资料的情况下,由于评价任务有时间性,必要时也可接受建设单位的委托,由建设单位提供样品进行毒性实验。可见,在预评价工作中测试实验方法仍是不可忽视的。

二、"三致"化学污染物的检测、识别与评价

"三致"化学污染物是指那些进入人体后能致癌、致畸或致突变的外来化合物。虽然由这些毒物致病、致残、致死的效应是远期性的,但对人类生存的威胁极大。"三致"化学污染物在环境中普遍存在,种类繁多。尽管它们在环境中的数量或浓度很低,但若在人体和其他生物体内长期累积,可以造成严重的后果。采用有效的方法识别和检测环境中具有"三致"作用的化学污染物对于判别其有害效应,制定卫生标准,有针对性地提出控制对策必不可少。

(一)筛选和识别

1. 遗传毒性研究方法

1966 年,Ames 建立了能在培养皿上迅速筛试诱发基因突变的试验(Ames 试验),并于1975 年报道其实验结果与啮齿类动物致癌试验有很高的符合率。此后,提出了许多诱变试验方法,目前已有遗传毒理学试验 200 多种,可按其检测的终点分成四类:反映原始 DNA损伤的试验、反映基因突变的试验、反映染色体结构改变的试验和反映非整倍性改变的试验。遗传毒性检测的主要用途之一是致癌性的筛选。常规筛选试验组的方法主要有 Ames试验、微核试验、染色体畸变分析、SCE 试验、显性致死试验等。

现代分子生物学、生物化学、免疫学技术应用于毒理学研究,形成了一些更加精确、灵敏的环境遗传毒性研究的新技术,如聚合酶链反应(Polymerase Chain Reaction,PCR)技术、单细胞凝胶电泳(Single Cell Gel Electrophoresis,SCGE)试验、荧光原位杂交(Fluorescence In Situ Hybridization,FISH)、转基因小鼠(transgenic mouse)突变试验、基因芯片(gene chip)技术等。

2. 致癌性和致畸性测试

(1)致癌试验:通过一组短期遗传毒理学试验的检测,可对化学性污染物进行致癌性的初筛,若在初筛试验中得到阳性结果,需要对其进行致癌性确认时,则应进行动物致癌试验。动物致癌试验包括短期诱癌试验和长期动物致癌试验。长期动物致癌试验是目前鉴定致癌物最可靠、使用最广的一种经典方法。这是因为它具有一些优点,如能满足癌症发生有相当长的潜伏期,可以控制各种干扰因素并能模拟人群暴露等。

(2)致畸性测试:致畸性测试方法主要是实验动物三段试验及体外致畸试验。国内外应用"三段试验"确证和筛选环境化学性污染物的致畸性。在我国,大多系测试环境因素致结构畸形效应,通常只进行第Ⅱ段试验。近十年来体外致畸试验方法发展很快,主要用于研究致畸机制及筛选化学致畸物。体外致畸试验种类很多,常见的体外致畸试验主要是全胚胎培养、器官培养和细胞培养三个层次的试验。目前,为观察低剂量外源性暴露对胚胎发育期中枢神经系统的影响而导致出生后行为功能异常和障碍,发展了行为致畸试验。

(二)分析与检测

环境中具有"三致"作用的化学污染物种类很多,各类化学污染物的检测方法有所不同。

1. 重金属的分析与检测

金属元素广泛存在于土壤、水体、大气、固体废物以及生物体中。其中有些是人体必需微量元素,有些是非必需微量元素,有些则属于有毒有害重金属。已发现某些重金属具有致畸、致突变、致癌作用,如铬、镉、镍、砷、铍等。

重金属的测定方法很多,各类方法都有一定的适用范围和对象。方法的选择应根据所检测的对象、样品中重金属的种类和含量以及所要求的准确度而定。常用的测定方法有:

(1)容量法:当重金属含量大于 1 mg/L 时常选用此法。

(2)可见—紫外分光光度法:是目前我国应用最广的测定方法之一,其特点是测定面广,技术成熟,仪器价格低。

(3)原子吸收分光光度法:是测定重金属的主要手段之一。该法灵敏度高,共存元素干扰少,操作简便。

(4)电感耦合等离子体—质谱法(Inductively Coupled Plasma-Mass Spectrometry,ICP-MS):样品在极高温度下完全蒸发和解离,电离的百分比高,因此几乎对所有元素均有较高的检测灵敏度。由于该条件下化合物分子结构已经被破坏,所以仅适用于元素分析。

(5)阳极溶出伏安法:该法具有同时快速定量几种元素的特点,近些年来常用于海水、河水中痕量重金属的检测。

(6)荧光光度法:属于分子发光法,是最灵敏的方法之一,适于极低浓度的分析。铍、铀的测定可用此法。

（7）原子荧光法：国内目前用得较多的是非分散的原子荧光测定仪，以测定汞及氢化物受热易解离的砷、锑、铋等。

（8）中子活化法：是一种以放射性为手段的超微量多元素仪器分析法。可用于广谱元素的分析。

2. 多环芳烃的分析与检测

环境中的多环芳烃（PAHs）有几百种之多，致癌性强弱不一，有强致癌性的多为四到七环的稠环化合物。

目前测定 PAHs 最常用的方法有气相色谱法（GC）、高效液相色谱法（HPLC）和气—质联用法（GC/MS）。近年来，随着液—质联用法（LC/MS）的兴起，LC/MS 在 PAHs 的分析方面显示了其独特的用途。

气相色谱法作为一种成熟的色谱技术，广泛应用于 PAHs 分析。尤其对于小分子量的 PAHs 能达到很高的灵敏度和分离效果。利用 GC 法分离迅速、效能高，再与薄层层析结合起来，可以迅速判断提取物中某些 PAHs 的存在。特别是用毛细管色谱与质谱及核磁共振谱联用，从城市悬浮颗粒物、烟草焦油及汽车废气中可分离出 100 多种 PAHs。GC/MS 结合了 GC 法分离效能高和 MS 鉴定能力强的优点，极大地推进了 PAHs 的分析研究。

HPLC 可以在室温操作，这样，HPLC 法除了能较好地分离分析应用 GC 法分离测定的小分子 PAHs 外，还可以测定高温时不稳定的 PAHs。另外，对于分子量更大或极性较强等不挥发或挥发性弱的 PAHs 也能很好地测定，故 HPLC 测量 PAHs 的分子量范围要比 GC 大得多。有文献报道，应用 HPLC 可测出 10 环的 PAHs。

LC/MS 联机是在 20 世纪 80 年代前首次提出的，但直到几年前液谱与高真空质谱之间喷雾型接口的出现才使 LC/MS 的联用得以发展。

3. 二噁英类毒物的分析与检测

二噁英是一类有机氯化合物，包括多氯代二苯并二噁英（PCDDs）、多氯二苯并呋喃（PCDFs），共 210 种。一般将一些呈平面分子结构、毒性特征与二噁英类似的多氯联苯（PCBs）也包括在二噁英的范围内。

二噁英类毒物的检测包括对环境的检测和生物体的检测。

（1）对环境的检测：对环境中二噁英类毒物的检测包括对空气、饮水、土壤、食品中的含量进行检测以及对农药厂及焚烧炉的定期检测，从而了解二噁英类毒物在环境中迁移、转化、消除的情况，尤其要定期检测可能被二噁英类毒物污染的空气、土壤、水、饲料饲养的禽畜或鱼类，以及奶制品、肉制品及其他食品中的含量。

（2）对生物体的检测：主要是对人体内的血、尿、粪便、奶液、呼出气、毛发、指甲、某些组织或器官的检测。特别是血样和尿样，可以较好地代表长期、经多种途径进入人体的二噁英的综合数量水平。

环境检测和生物体检测都要求有精密的分析仪器和适当的分析条件。二噁英检测被视为现代有机污染物分析的难点，要求超微量多组分定量分析。测定焚烧炉排放物时必须具备的技术条件包括：有效的采样技术，从样品介质中提取出 10^{-12} 至 10^{-15} 量级的二噁英，从粗提物中去除其他有机物，分离出性质相似的其他有机氯芳香族化合物，高效地分离二噁英异构体，可靠地定性和准确定量，以及安全防毒的实验条件等。分析过程要求非常严格：采集样品必须具代表性，前处理要有好的选择性、特异性及回收率，测定的灵敏度、分离度、准确性、重复性及可靠性要高。

通常，分离出的含有二噁英的样品先通过 GC 或低分辨率 MS 系统，作为预检测。这样可显示出二噁英类毒物是否存在。但它的灵敏度不足以分辨各种异构体。如果在预检测中发现毒物，样品进入第二步 GC/MS（高分辨率）系统，像 $2,3,7,8$-TCDD 这样的异构体的存在和含量就能够确定出来。

通过这项技术能够定性和定量检测出低至 10^{-12} 量级含量的二噁英类毒物。对一些样品，比如水，通过大量采集样品，用萃取剂将毒物体积浓缩到极小量的方法，甚至能检测到 10^{-15} 量级含量的二噁英类毒物。对于更复杂试样，如土壤的检测，则需要更高的检测分析能力。

4. 农药的分析与检测

许多农药具有"三致"作用，如滴滴涕、敌百虫、敌敌畏、乐果是诱变物质，即具有遗传毒性，能导致畸胎，影响后代健康和缩短寿命，有致突变作用；内吸磷、二嗪农、西维因有致畸作用；杀虫脒、杀草强、羟乙基肼与灭草隆有致癌作用。

三、内分泌干扰物的检测、识别与评价

20 世纪 90 年代以来，环境化学物的内分泌干扰效应引起了学术界和公众的关注，也引起了各发达国政府、WHO 等机构的高度重视。1995 年，美国政府设立了由 EPA 领导的，由毒物与疾病注册处、疾病预防与控制中心、农业部等 14 个政府部门组成的内分泌干扰物工作组，目的是建立联合研究内分泌干扰物的人类和生态效应的框架协议，确定内分泌干扰物研究的限制性"瓶颈"，拟定部门间合作计划，提出内分泌干扰物研究的重点。同年，内分泌干扰物研究即被美国环境与自然资源委员会列为其五个最优先项目之一。目前，对环境化学物内分泌干扰效应的研究以及环境内分泌干扰物风险评价已成为探索人类生殖障碍、发育异常、某些癌症及有关生态效应的研究热点。

已知和疑似的环境内分泌干扰物主要是一些人工合成的化学物质，目前尚没有国际公认的 EDCs 的名单，但世界野生动物基金会（WWF）于 1997 年公布了 67 种 EDCs 的名单（见表 7-3）。

表 7-3　世界野生动物基金会公布的基本确定环境内分泌干扰物名单

类　别	化学物
有机卤化物	多氯代二噁英和呋喃类(PCDD/Fs)、多氯联苯类(PCBs)、多溴联苯类(PBBs)、八氯苯乙烯、六氯苯、五氯苯酚(钠)
农　药	2,4,5-涕、2,4-滴、甲草胺、涕火威、杀草强、苯茵灵、β-六六六、林丹、西维因、氯丹、氯氰菊酯、二溴氯丙烷、滴滴涕及其代谢物、开乐散、狄氏利、硫丹、亚尔发菊酯、1605、氰戊菊酯(速灭杀丁)、七氯、h-环氧化物、三氯杀螨醇、开蓬、马拉硫磷、代森锌锰、代森锰、灭多虫、甲氧滴滴涕、代森联、嗪草酮、灭蚁灵、除草醚、氧化氯丹、苄氯菊酯、拟除虫菊酯类、毒杀酚、反式九氯、三丁基氧化锡、氟乐灵、乙烯菌核利、代森锌、福美锌
戊酚到壬酚	
双酚 A	
邻苯二甲酸酯	邻苯二甲酸二乙基己基酯、邻苯二甲酸丁苯酯、邻苯二甲酸二丁酯、邻苯二甲酸二戊酯、邻苯二甲酸二己酯、邻苯二甲酸二丙酯、邻苯二甲酸二环己酯、邻苯二甲酸二乙酯
苯乙烯及其二聚物和三聚物	
苯并(a)芘	
重金属*	镉、铅、汞、甲基锡

* 疑似为环境内分泌干扰物。

据现有数据资料来看,环境内分泌干扰物在我国环境中普遍存在,有的已超过国外环境污染标准。有报道自 1981—1996 年这 16 年间,对全国 39 个市、县的万名健康男性的检测结果显示,精液量、精子数目、精子活动能力分别下降了 10.3%、18.6% 和 10.4%,其中工业化程度越高的地区下降越明显。我国关于环境内分泌干扰物研究相关工作已逐渐受到重视,国家自然科学基金委员会于 1997 年开始设立有关方面的基金项目,环境内分泌干扰物以及相关的环境和生殖问题的研究正在深入开展。

目前,国外许多国家加大了开发环境检测设备和分析方法的经费投入以及合作研究,日本经济合作与开发组织(OECD)在 1998 年成立了环境内分泌干扰物对生物影响评价小组,并于 2000 年开始开发标准分析方法。

(一)筛选和识别

随着经济发展和化学品大量使用,全世界已经合成出 2 000 万种化学品,新合成的有 10万种,经常使用的有 7 万~8 万种,我国能生产的化学品有 3.7 万种,其中相当数量的化学品具有内分泌干扰毒性。但不可能对每一种污染物都制定标准、实行控制和限制排放,而只能有针对性地从中筛选出一些具有潜在危险性的作为控制对象,筛选方法采用数学上所谓的优选过程。用于环境内分泌干扰物筛选测试的方法较多,目前倾向于采用层式检测法。

1. 体外测试

体外生物实验法主要有与雌激素受体结合法（competitive ER binding）、细胞增生法（cell proliferation）、蛋白质表达/酶活性法（protein expression/enzyme activity）、激素响应元素调整报告基因法（ERE-regulated reporter genes）、酵母系统评估法（yeast based assays）。其中美国 EPA 推荐检测化合物与经典受体（ER-α）的结合体外测定作为环境激素初筛方法，从雌激素与雌激素受体特异性亲和力确定其活性大小。

2. 活性测试

通过测定环境激素对实验动物子宫生长的促进作用来评价雌激素活性，还可测得体内代谢活化物质和中间代谢物质的内分泌干扰活性，这对潜在内分泌干扰物相关慢性毒性研究特别重要。该方法具有灵敏度高的特点，但存在费时、成本高的问题，因此美国和欧盟的政府部门均提出尽量减少这类试验的意见。

3. 结构与活性关系的研究

由于商品化的合成化学品每年有 10 万余种，而且每年约有 1 000 种新型化学品投放市场，全部测试这些化学品活性费用相当高，以现有的人力、物力根本不可能做到。目前采用化合物的结构—活性关系角度进行推测环境内分泌干扰物，这种筛选的确是一种可行、简单的办法。

（二）分析与检测

1. 环境内分泌干扰物分析的基本框图

环境中的内分泌干扰物的化学分析是一项新的研究课题，目前国际上没有建立系统的标准方法，从环境内分泌干扰物的特性中可以看出，它在环境中的分析难度很大，主要表现在如下三个方面。

（1）水质、底质、土壤等样品基体组成复杂。环境内分泌干扰物性质差异极大，既有难降解的二噁英、多氯联苯、有机氯农药、邻苯二甲酸酯等，又有易分解的有机磷、氨基甲酸酯、菊酯类，还有金属有机化合物、洗涤剂降解物等。

（2）在环境中内分泌干扰物质浓度极低。日本环境厅每年进行大规模内分泌干扰物质调查，水质、底质、水生生物中有相当数量的含量在 $10^{-9} \sim 10^{-6}$ 的化合物无法检出。

（3）大多数环境内分泌干扰物分析样品必须进行有效的前处理。从样品采集、制样、萃取、净化、浓缩到最后选用色谱手段定性定量分析，分析操作规程都有一个基本框图，基本框图如图 7-2 所示。

2. 样品前处理

前处理的目的是通过分离操作，去除环境样品中的基体，富集浓缩目标化合物。按照环境内分泌干扰物的挥发性、半挥发性、极性的不同，对不同基体样品推荐下列常用的前处理的方法，见表 7-4。

VOC   VOC、SVOC

- ▪ 吹扫捕集
- ▪ 热解析
- ▪ 固相微萃取

气相色谱

前处理 → 色谱分离→检测器（色谱检测器、MS）

- ▪ 溶液萃取
- ▪ 液固萃取
- ▪ 固相微萃取
- ▪ 快速萃取
- ▪ 凝胶分离
- ▪ 超临界分离

高效液相色谱

极性、难挥发性化合物

- ▪ ECD（电子俘获）
- ▪ FPD（火焰光度）
- ▪ NP（氮磷）
- ▪ PFPD（脉冲式火焰光度）
- ▪ FID（氢火焰离子化）

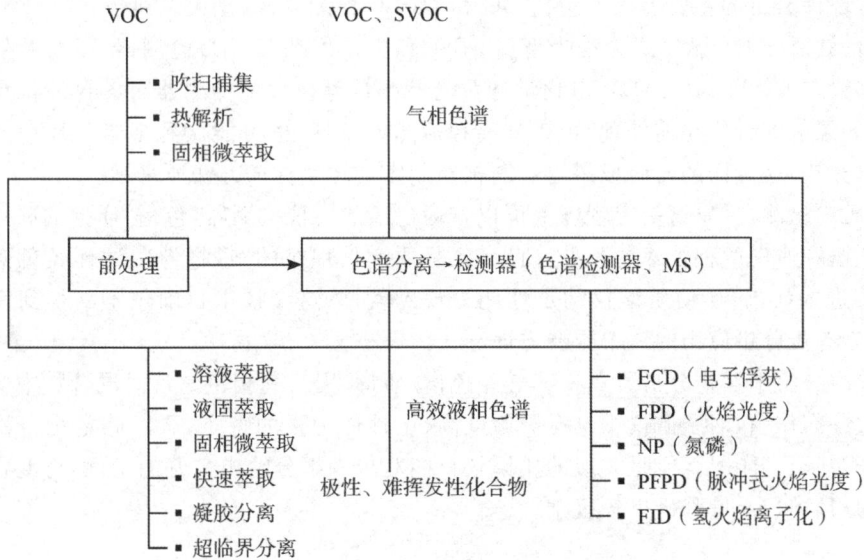

图 7-2　环境样品操作规程的基本框图

引自:陈正夫等编著.环境激素的分析与评价.北京:化学工业出版社,2004

表 7-4　环境内分泌干扰物常用的前处理方法

样品	项　　目	半挥发性有机物	挥发性有机物	极性化合物
液体	地表水、地下水	液—液萃取,液—固萃取	顶空进样,吹扫捕集	液—液萃取,液—固萃取
	工业废水	液—液萃取	顶空进样,吹扫捕集	液—液萃取
气体	大气、室内空气		吸附—热解析	
固体	土壤、底质、固体废物	索氏提取	顶空进样,吸附—热解析	索氏提取

引自:陈正夫等编著.环境激素的分析与评价.北京:化学工业出版社,2004

3. **混合物的分离**

环境检测时遇到的样品多数是混合物,若要知道其中各组分为何种物质及其含量多少,通常有两种方法:一种是先将各组分分离,然后对已分离的组分进行测定;另一种是不需要先将各组分分离,直接对感兴趣组分进行测定。色谱法属于前者,生物检测属于后者。色谱理论研究从化学动力学指导优化气相色谱分离开始,以色谱峰间的距离和色谱峰的宽窄两个指标决定多组分复杂混合物的分离。色谱实质是组分在二相中的热力学分配系数和动力学扩散系数差异,色谱理论成为发展高效能高选择性色谱柱的依据,目前在环境内分泌干扰物测试过程中色谱技术已成为主要的分离和检测手段。

4. **色谱检测和质谱检测**

(1)色谱检测器:通用的色谱检测器价格便宜,操作简单,至今我国基层实验室仍用色谱作为开展环保分析的主要手段。包括 GC 和 HPLC 检测器,如氢火焰离子化(FID)、火焰光度(FPD)、氮磷(NP)、脉冲式火焰光度(PFPD)和电子俘获(ECD)检测器,以及紫外可变波长(VWD)、二极管阵列(DAD)、电化学和荧光检测器等。每种检测器有各自的特点及其应用范围,如果能综合优化前处理、色谱分离和检测各条件,也可能做到多组分环境内分泌干扰物同时分析,这方面的科研成果也不断被新制定的环境标准方法所采纳。

(2)质谱检测器:质谱一定程度上可以作为色谱的一种检测器,色谱/质谱的联用技术可以集中色谱和质谱两种技术的长处。色谱仪是质谱仪理想的"进样器",试样经色谱分离后以纯物质进入质谱仪,使质谱仪的定性能力得到发挥,这个技术目前正不断得到完善和发展,而成为有机分析应用的一个重要方面。

环境内分泌干扰物分析着重推荐气相色谱/质谱,因为气相色谱仪对混合物中的各组分具有高效分离作用,而质谱仪则具有灵敏度高、定性能力强的特点,可以确定化合物的分子量、分子式甚至官能团。但是一般的质谱仪只能对单一组分给出良好的定性,对混合物是无能为力的,且进行定量分析也较复杂。

四、农药残留的检测、识别与评价

农药(pesticide)是指农业生产中用于消灭、控制有害动植物(害虫、病菌、鼠类、杂草等)和调节植物生长的各种药物,并包括提高农药药效的辅助剂、增效剂等。农药使用后在农作物、土壤、水体、食品中残留的农药母体、衍生物、代谢物、降解物等统称为农药残留(pesticide residue)。

农药的污染已成为重要的公害之一。某些农药如有机氯等能较长期残留于水体、土壤和生物体内,再通过食物进入并聚集于人体组织。因此对农药的识别与评价必须引起足够的重视。

(一)农药残留的检测

农药的品种繁多,农药残留的来源各不相同,因此对农药残留检测方法的选择也各不相同。农药残留的检测技术主要包括样品的前处理技术和分析样品的检测技术。

1. 样品的前处理技术

分析样品的前处理过程通常包括待测物的提取、分离和浓缩三个步骤。

(1)提取方法

常用的提取方法主要有如下几种。①索氏提取法:是采用液—液分配技术,从样品基体中分离靶标分析物的常用方法;②加速溶剂提取法:是在高温(50~200 ℃)及加压(10.3~13.7 MPa)条件下的溶剂提取法;③微波加热提取法:利用微波穿透力强,能深入到基体内部,辐射能迅速传遍整个样品,而不使表面过热的特点进行加热提取的方法;④超临界流体提取法(SFE):以超临界状态下的流体作为提取剂,利用超临界流体黏度小、扩散快,物质在超临界流体中扩散速度比在液体中快得多的特点,快速提取待测样品的方法;⑤微型固相提取法(SPME):是将涂布有固定相(吸附剂)的石英纤维浸入含待测样品的水溶液内,水中待分析样品被吸附到固定相上,取出纤维插入到气相色谱仪进行检测的方法。此外待测样品提取方法还可采用浸渍、漂洗、振荡、匀浆、消化、洗脱等方法进行提取。

(2)分离方法

常用的分离方法主要有如下几种。①液—液分配法:利用待测农药与干扰杂质在两种互不相溶的溶剂中溶解度的不同而进行分离;②吸附柱色谱法:利用混合物中各组分在吸附剂上吸附—解吸附能力的差异而达到分离目的的净化方法;③磺化法:利用浓硫酸与样品提取液中的脂肪、蜡质等干扰物质发生磺化反应,从而使杂质和农药分开的净化方法;④凝结沉淀法:向待净化溶液中加入一定量的凝结剂,使溶液中的蛋白质、脂肪、蜡质等干扰物质沉淀析出,再经离心,达到分离净化目的的方法;⑤冷冻法:采用低温处理样本提取液,待脂肪、蜡质、蛋白质等杂质析出后,在低温条件下过滤除掉杂质;⑥薄层色谱法:利用杂质和农药在薄层板上展开迁移速率的不同而分离净化,常用的吸附剂为硅胶和氧化铝,展开剂选用和农药极性相当的溶剂。此外还有其他分离方法如离子交换色谱法、凝胶渗透色谱法、高压液相柱净化法等。

(3)浓缩方法

常用的浓缩方法有如下几种。①自然挥发法:将待浓缩的溶液置于室温下,使溶剂自然挥发;②吹气法:采用吹干燥空气或氮气,使溶剂挥发的浓缩方法;③K·D浓缩器浓缩法:采用K·D浓缩装置进行减压蒸馏浓缩;④真空旋转蒸发法:在减压、加温、旋转条件下浓缩溶剂的方法。

此外,近年来发展了农药残留分析样品前处理新技术,如基质固相分散萃取技术(MSPDE)、分子印迹合成受体技术(MISR)、免疫亲和色谱柱技术等,所有这些农药残留样品分析技术均为农药残留的检测提供方便可行的方法。

2. 样品的检测技术

农药残留种类较多,不同的成分选用的检测方法不同,常用的检测技术主要有以下几种:

(1)色谱技术:它是一种经典的农药残留检测技术,常用于不同种类农药残留的分析检测。色谱分析法一般包括薄层色谱法、气相色谱法、高效液相色谱法、色—质联用技术等。

此外在农药残留的检测上,近年来应用较多的超临界流体色谱(Supercritical Fluid Chromatography,SFC)技术综合了气相色谱和高效液相色谱的优点,克服了各自的缺点,现已成为强有力的分离和检测手段。

(2)毛细管区带电泳技术:毛细管区带电泳常用于离子型化合物的检测分析,特别适用于分离检测常规液相色谱难以分离检测的离子型化合物的农药残留。毛细管区带电泳所需样品量少,具有简单、快速、成本低、高效等优点。

(3)免疫分析技术(Immunoassay,IA):免疫分析法是以抗原和抗体之间的特异性识别为基础的一种微量分析方法。农药残留的免疫分析技术主要包括:①荧光免疫测定法(FIA);②酶免疫测定法;③放射免疫测定法;④流动注射免疫测定法等。免疫分析技术在农药残留的检测分析中应用较广,尤其是酶免疫分析测定法,目前已有多种酶标试剂盒应用于农药残留的常规分析和快速检测工作中。

(4)传感器技术:传感器技术是传感器和电化学转换器相结合用于样品分析检测的技术。传感器通常分为生物传感器和固相传感器,目前在农药残留检测上应用较多的为生物传感器。该检测技术具有微型化、响应速度快、用量少,且减少样品前处理等优点。可用于蔬菜、谷物等样品中有机磷农药、氨基甲酸酯类杀虫剂等含量的测定。

此外,近年来在农药残留检测技术上研究较多的还有酶抑制技术(enzyme inhibition),它是利用有机磷、氨基甲酸酯类农药对胆碱酯酶的活性有抑制作用而建立的农药残留检测分析方法,常用于有机磷、氨基甲酸酯类农药的检测分析。该方法适于作为快速、灵敏的农药残留现场检测分析。

(二)农药残留的安全性评价

1. 农药毒理学评价

评估一种农药安全与否需通过动物试验来阐明农药的毒性及其潜在的危险性,再将动物试验资料外推,进行定性和定量的评价,来预测对人体健康的影响。目前我国对农药安全的毒理学评价,依据1991年颁布的《农药安全性毒理学评价程序》。按农药安全毒理学评价程序和对毒性实验的基本要求,毒性实验共分四阶段:动物急性毒性试验和皮肤及眼睛黏膜试验、蓄积性致突变试验、亚慢性毒性和代谢试验、慢性毒性(包括致癌)试验。

2. 农药残留摄入量评估

农药残留摄入量评估一般分为长期饮食摄入量评估和短期饮食摄入量评估。长期摄入量评估可按1997年WHO修订出版的《农药残留饮食摄入量预测准则》的要求估算农药残留长期饮食摄入量,短期饮食摄入量评估可依据1997年WHO对一些农药急性毒性的参考剂量进行评价。

【思考题】

1. 环境化学性危险因素主要分成哪几类?
2. 常见的化学致癌因素有哪些?
3. 试述常见职业化学性危险因素的种类和危害。
4. 列举历史上发生的几次重大公害事件,并说明主要的污染物。

5. 何谓生物地球化学性疾病？我国常见的化学元素性地方病有哪些？主要危险因素是什么？

6. 何谓内分泌干扰物？对健康有哪些危害？

7. 简述"三致"化学污染物的筛选与检测方法。

8. 简述内分泌干扰物的筛选与检测方法。

9. 简述农药残留的常用检测方法。

（李　娟　叶　琳）

第八章

社会、心理、行为危险因素的识别与评价

一、社会因素的分类

社会因素包括经济状况、社会保障、教育、人口、科学技术、社会制度、法律、文化教育、婚姻家庭、医疗保健制度等。

(一)社会制度

社会制度的含义有三层:①社会形态,如社会主义制度、资本主义制度;②各种社会管理制度,如政治、经济、法律制度等;③各种社会组织的规章制度,如考勤制度、奖惩制度等。

社会制度对人群健康的影响是非常明显的。各国的政治制度、法律制度以及与之相关的政策各不相同,是造成各国、各地区间人群健康水平差异的重要原因之一。

(二)经济发展

社会经济的发展能够促进人群健康水平的提高,健康水平提高同样也能推动着社会经济的发展。经济发展对居民健康水平的促进作用,是通过多渠道综合作用的结果。

1. **经济发展是提高居民物质生活水平的前提**

经济发展为人们提供了衣、食、住、行的基本物质基础,提供了充足的食物营养、安全饮用水和药物的基本供应,改善了生活环境和工作环境,提高了人群生活水平和生活质量,改善居民的健康状况。在经济发达的地区,疾病谱表现为传染病、寄生虫病和地方病的发病率明显下降;居民有相对良好的健康状况,如低出生率、低死亡率和高期望寿命等。

2. **经济发展有利于增加卫生投资**

社会经济发展,国家、社会对卫生保健的投入将会进一步加大,这不仅直接关系到公众的健康,而且还可以促进卫生事业的发展。

3. 经济发展通过对文化、教育的提升作用间接影响人群健康

经济发展使更多的人接受教育,可提高人们接受卫生保健知识及开展自我保健活动的能力,从而间接影响人群的健康水平。

(三)人口发展

人口指在特定时间内,由一定社会关系联系起来的一定数量和质量的个人所组成的总体。人口不仅是社会存在和发展最基本的要素,而且与人类健康息息相关。迅速的人口增长威胁着这种平衡,因为它使人口与资源的差距加大,又对健康及保健工作有重要影响。适度的人口发展规模、较高的人口素质对全民健康具有积极的促进效应。

(四)卫生服务

卫生事业的发展是社会发展的重要组成部分。卫生服务不仅仅是治病救人,而且具有保健功能和社会功能。

1. 卫生服务的保健功能

通过预防、治疗、康复及健康教育等措施,降低人群的发病率和死亡率;通过生理、心理及社会全方位的保健措施,维护人群健康,提高生命质量。

2. 卫生服务的社会功能

卫生服务对社会的发展起着极其重要的作用。首先,医疗保健服务使患者康复,恢复劳动力;或使人的寿命延长,劳动时间延长,这能有效地提高生产力水平。其次,消除病人对疾病的焦虑和恐慌,不仅是维护健康的需要,而且有利于社会的安定。再次,良好、及时的卫生服务对病人不仅是疾苦的解脱和心理安慰,也使人们体验到社会支持的存在,有利于社会凝聚力的增强。

一定的资源投入是开展卫生服务必备的基本条件,但如何组织实施卫生服务,对于获得理想的健康投资效益至关重要。目前深入开展的医疗保健制度改革工作,以及推行自我保健、家庭保健、社区保健、健康教育等卫生保健形式,其目的就在于合理使用卫生资源,科学地组织实施卫生服务,提高社会效益。

(五)文化因素

文化因素包括包括思想意识、观念形态、宗教信仰、文学艺术、社会道德规范、法律、习俗、教育以及科学技术知识等。以文化在社会中所起的作用,可将文化分三大类:智能文化、规范文化和思想文化。智能文化包括科学技术、生产生活知识等,通过影响人的生活环境和生活条件作用于人群健康;规范文化包括教育、法律、风俗习惯、伦理道德等,通过支配人们的行为来影响人群健康;思想文化包括文学艺术、宗教信仰、思想意识等,主要通过干扰人们的心理过程和精神生活影响人群健康。

以文化在社会中所处的地位，可将文化分为主文化、亚文化、反文化、跨文化。主文化包括以政权为基础、侧重权力关系的主导文化，经社会发展长期造就的、强调占据文化整体的主要部分的主体文化，以及对一个时期产生主要影响，代表主要趋势，表现为当前的思想潮流和社会生活风尚的主流文化。亚文化所包含的价值观和行为方式有别于主文化，在权力关系上处于从属地位，在文化整体里占据次要部分。反文化是一种在性质上与主导文化极端矛盾的亚文化。跨文化是由于文化背景的变化所形成的文化现象。

(六)社会支持

社会支持是指一个人从社会网络所获得的情感、物质和生活上的帮助。社会支持可缓解紧张的生活事件带来的压力，减少精神疾病的发生，提高生命质量。构成社会支持的因素主要包括：

1. 人际关系

人际关系是指人类社会中人与人之间相互联系与作用的过程。随着社会的发展，人际交往越来越频繁，人际关系越来越复杂。人际关系的好坏对健康有着明显的影响，良好的人际关系使人心情舒畅，精神振奋，身体健康，而且是获得其他社会支持的基础。

2. 社会网络

社会网络由家庭、邻里、朋友群、工作团体等基本社会群体组成。社会网络结构的健全和合理性是人们获取社会支持的基本条件。个体可以通过从社会网络中获得的支持，如主观归属感、被接受感和被需要感，建立健康的感觉，减轻焦虑和紧张。

3. 社会凝聚力

社会凝聚力是人们思想道德观念、社会责任感及对社会的信心的综合反映。社会凝聚力与社会制度、政府行为、政策宣传导向、人群受教育水平、人群公益意识、经济发展水平等因素有关，是社会支持发生与否的重要决定因素。

(七)家庭

家庭是以婚姻和血缘关系组成的社会基本单位，是社会的细胞。家庭的状况对人的健康影响至关重要。家庭结构、家庭功能、家庭成员间关系正常与否是影响家庭成员身心健康的重要因素，并且家庭结构与家庭功能、家庭人际关系之间形成交互作用，进一步影响家庭成员的健康。

家庭的社会功能对健康的影响非常广泛，主要包括：

1. 生育功能

家庭的生育功能不仅包括生养过程，也包括子女的教育，将子女培养成为一个合格的社会成员的过程。通过优生、优育，有利于控制人口数量，提高人口质量。

2. 生产和消费功能

家庭的生产功能是历史性的,随着社会的发展将慢慢消失,但家庭的消费功能是永恒的。随着经济水平的提高,家庭的消费也从简单的解决温饱问题向更高层次的享受精神文化生活转变。家庭消费结构是否合理,关系到每一个家庭成员的健康。家庭经济状况良好、消费方式正确,可保障儿童健康生长发育,有利于防止营养不良、传染病及慢性病等的发生。

3. 赡养功能

赡养老人是中华民族的优良传统,是家庭的一项重要职能。现代社会老年人口越来越多,而家庭仍然是老年人活动的主要场所,老年人的健康很大程度取决于家庭的赡养功能。

4. 休息和娱乐功能

家庭是人们休息和娱乐的主要场所,是休息、娱乐、恢复体力和调剂生活的地方。人们在紧张的工作之余需要回到家中,消除疲劳。儿童的许多娱乐活动也是在家庭中进行的。

(八)社会阶层

社会环境中的人可按照其所处的社会经济地位不同而分为若干不同的群体,这些群体称为社会阶层。同一阶层的人群具有相似的经济水平、社会名誉、教育水平及政治影响,也具有相似的生活方式。由于不同社会阶层的人所处的社会环境、劳动分工、经济收入、受教育水平、价值观念、对疾病的态度以及生活习惯等有所不同,而导致不同社会阶层的人健康状况存在着差异。一般情况下,随着社会阶层的降低,健康状况也下降。

二、社会危险因素与健康问题的识别

(一)社会制度与健康问题

社会制度对人群健康产生缓慢、持久而稳定的影响。通过法律、法规强制推行或禁止某些行为,以规范人们的生活、行为方式,不仅对维持社会稳定和推动社会发展起着决定性的作用,而且为公众的健康提供制度上的保障。值得注意的是,社会分配制度、社会保障制度、卫生政策等的公正性与公平性,直接影响公众的总体健康水平和期望寿命。

(二)经济发展与健康问题

社会经济的发展在促进人类健康水平提高的同时,也带来了新的健康问题,主要表现为:

1. 环境污染和生态破坏严重

经济的增长建立在大量的能源消耗上,而能源消耗造成了环境的污染和生态破坏,严重地威胁着人类健康。

2. 生活方式的改变

随着社会经济的发展,营养条件、劳动条件、卫生设施改善,人类的生活方式发生了巨大变化。人们的主要健康问题已不再是来自营养不良、劳动条件恶劣、卫生设施落后,而是来自不良的生活方式,如吸烟、酗酒、不良的饮食和睡眠习惯、缺乏体育锻炼等。

3. 现代社会病的出现

现代社会病是指与社会现代化、物质文明高度发达有关的一系列疾病,如现代富裕病(如高血压、糖尿病、冠心病、肥胖症、恶性肿瘤等)、现代文明病(如空调综合征、电脑综合征、电子游戏机癫痫症等机体功能失调症)、现代生活方式病等。另外,吸毒、性传播疾病和艾滋病等的发生率的上升,给人群健康带来了新的威胁。

4. 心理健康问题

生产力提高和经济的发展,造成现代人的生活节奏加快、竞争加剧和心理压力增大,造成现代社会心身疾病、精神疾病和自杀增多。

5. 社会负性事件增多

经济发展造成了交通拥挤,使得交通事故不断上升。我国城市车祸发生率为 35‰～45‰,所造成的寿命损失高于心脏病、高血压和恶性肿瘤造成的损失;同时,经济发展不平衡、贫富差距大、家庭关系紧张和教育功能失调等原因成为社会犯罪事件、家庭暴力和青少年暴力事件增多的重要原因。

6. 社会流动人口增加

经济的发展必然伴随流动人口的增加。大批农村劳动力涌入城市,在为城市建设做出贡献的同时,也增加了城市生活设施、治安、卫生保健等压力;同时也带来了很多健康问题,如传染病的控制问题、计划生育问题、妇女儿童保健问题等。

(三)人口发展与健康问题

人口发展过快、人口数量过多、人口素质下降以及人口结构不合理,均会引发健康问题。

1. 人口增长与健康问题

人口增长过快是当前世界许多国家,特别是发展中国家面临的一个紧要问题。如果人口增长速度超过了经济增长速度,可导致大批居民营养不良,社会卫生状况恶化,严重影响人群生活质量。人口数量过多,使劳动力人口超出了现有经济发展的需要,从而造成失业人数增多,居民收入下降,最终对人们身心健康造成严重损害。

2. 人口素质与健康问题

包括身体素质、思想道德素质和科学文化素质。人口的身体素质状况取决于先天和后天两个方面。先天素质是遗传的,对人口素质影响极大,与社会的优生优育政策和措施有关;后天条件与营养、教育、医疗等诸多因素有关。具有较高思想道德素质和科学文化素质的人群,对健康有更加深入的理解,对健康更加重视,自我保健、家庭保健、健康教育意识高,能够更自觉地选择健康的生活方式,杜绝不利于健康的行为生活方式,从而享有更高的健康水平。当前,与人口素质有关的健康问题诸多,如出生率下降、人口老龄化、劳动力数量和质量的变化等。

3. 人口结构与健康问题

与健康较为密切的是年龄及性别结构。人类所面临重大人口问题之一是人口老化问题。老年人口患病率高,卫生资源消耗量大。性别比例失调是社会因素作用的结果,性别比例失调又是滋生社会问题的根源之一。

(四)卫生服务与健康问题

发达国家和发展中国家之间的健康水平和卫生资源存在很大差距。在发展中国家及不发达国家,卫生资源投入不足和分布不均的现象极为普遍。医疗保健制度关系到公众是否能得到足够的医疗保健服务,是决定人人享有卫生保健的关键。由于卫生经费负担或筹集、分配、使用方式不同,对保护人群健康的效果也存在明显差别。

(五)文化因素与健康问题

随着生产力水平提高及物质生活资料的丰富,人们在选择衣、食、住、行方面的自由度越来越大,人们闲暇时间也不断增加。怎样度过这些空余时间,合理健康地消费生活资料完全由人的主观能动性决定,这就为文化因素对健康的影响提供了空间。

1. 亚文化与健康问题

如亚文化引起的吸毒、性放纵和自杀等社会病态现象所带来的健康问题。

2. 宗教与健康问题

宗教教义、宗教仪式和宗教禁令都会对人群健康产生不同程度的影响。如病人相信上帝的旨意胜过相信医生的医嘱,因而影响治疗;以神的名义使信徒放弃生命(如1977年美国人民圣殿教914名教徒在教主的带领下集体自杀)等。但宗教的某些禁令有助于人们消除不良行为,如佛教有不杀生、不奸淫、不饮酒等戒条,这些戒条在客观上有利于人们的健康。

3. 风俗习惯与健康问题

风俗习惯作为一种规范文化,主要作用于人们的日常生活活动和行为,从而影响人们的健康。不良的风俗习惯可导致不良的行为,直接危及人群健康,如绘身、文身、人体饰物和人体变形等形式的人体装饰对健康的危害;在我国广东、福建一带有食生鱼或半生鱼的习惯,使该地区华支睾吸虫病流行;我国华东及东北地区由于有进食生或半生蟹与喇蛄的习惯,使该地区肺吸虫病流行;我国太行山地区居民的食道癌患病率增高,与长年摄入含亚硝胺的酸菜有关;日本人有食河豚的习俗,造成每年都有成百上千的居民死于河豚中毒等。

4. 教育与健康问题

教育对健康状况的影响超过收入、职业及生活条件的改善。受教育程度越高,死亡率越低,期望寿命越高,出现疾病和伤残的可能性越小。妇女受教育的程度还关系到下一代的健康,对儿童出生体重、成活率、营养、疾病和智力发育等都有明显的影响。教育可以通过影响人们对生活方式的选择、影响人们对卫生服务的利用以及通过影响收入、社会凝聚力等其他社会因素而影响人群健康。

(六)社会支持与健康问题

缺少社会支持不利于缓解紧张的生活事件带来的压力,增加精神疾病的发生。对老年人来说,社会支持是他们应付刺激,保证身心健康的重要力量。研究表明,社会联系减少与死亡率升高相关。

1. 人际关系与健康问题

人际关系紧张,会引起心理状态的改变,情绪紧张,从而影响中枢神经系统、内分泌系统、免疫系统的正常生理反应,这种状态长期存在,必然会导致健康受损和疾病的产生。

2. 社会网络与健康问题

人在社会网络中的相互关系不协调,缺乏相互支持,会对健康产生负面影响。研究表明,无良好社会网络的人罹患冠心病、抑郁等疾病的几率较高。

3. 社会凝聚力与健康问题

在一个人与人之间缺乏诚信、个人欲望膨胀的社会环境中,人们将对社会失去信心,缺乏社会责任感和凝聚力,必然对人体健康产生不良影响。

(七)家庭与健康问题

家庭结构、功能和关系处于不良状态可危害家庭成员的身心健康。

1. 遗传和先天因素与健康问题

家庭成员中的遗传因素导致的疾病有血友病、地中海贫血、磷酸葡萄糖脱氢酶缺乏症、白化病等;由先天性因素(如胎内感染、怀孕期间用药或射线照射等)所致的婴儿残疾,将会给儿童的心身健康造成直接的影响。

2. 家庭结构与健康问题

离婚、丧偶、子女或同胞死亡等是常见的家庭结构破坏和缺陷。这些因素可对家庭成员造成很大的心理压力和精神损害,使得他们感到孤独、焦虑,降低对疾病的抵抗能力而诱发各种健康问题。例如,父母亲情的长期剥夺与后代自杀、抑郁和社会病理人格障碍三种精神问题有关;父母离异会增加孩子心理上的痛苦和人格上的缺陷;丧偶、离婚和独居者的死亡率均比结婚者要高。

3. 家庭环境与健康问题

家庭环境不良可造成各种健康问题,例如过分拥挤的环境为许多疾病的传播提供了条件。家庭与邻居的关系、社区环境的卫生和治安状况等都会影响家庭成员的身心健康。

4. 家庭生活习惯、行为方式与健康问题

家庭成员往往具有相似的生活习惯和行为方式,一些不良的生活习惯和行为方式明显影响家庭成员的健康。

(八)社会阶层与健康问题

社会阶层影响一个人获得基本健康生活的机会,使得社会阶层之间的健康问题存在明显差异。越低阶层的人群,越容易暴露于各种物理性、化学性、生物性危险因素及心理危险因素,具有更多的不良生活方式,降低了低社会阶层人群的健康水平。

第二节 心理危险因素的识别

一、心理因素的分类

(一)个人心理特征

心理现象中的兴趣、能力、气质、性格统称为人的个性心理特征。

1. 情绪

情绪是人对周围客观事物与个人需要之间关系的反映。当外界客观事物作用于人的时候,个体会根据是否符合主观的需要而采取肯定或否定的态度。当个体采取肯定的态度时,就会产生满意、高兴、愉快等内心体验或情绪反应;当个体采取否定的态度时,就会产生憎恨、不愉快、痛苦、忧愁、愤怒、恐惧等情绪反应。

情绪活动是由调节人体内脏器官和内分泌腺体活动的边缘系统来控制的,因此情绪反应与个体健康关系密切。愉快、积极的情绪可对人体的生命活动起到良好的作用,可以充分发挥机体的潜在能力,促进人体健康;不愉快、消极的情绪可促使人的心理活动失去平衡,进而危害健康。

2. 气质

气质是情绪和行动发生的速度、强度、持久性、灵活性等各方面的动力性个性心理特征。气质主要由遗传因素决定,是不以活动的时间、条件和内容为转移的,受生物规律制约比较明显。

有人将气质分为四种不同类型:胆汁质、多血质、黏液质、抑郁质。胆汁质的人以情感和动作发生迅速、强烈、持久为特征;多血质的人以情感和动作发生迅速、微弱、易变为特征;黏液质的人以情感和动作缓慢、平稳、善于抑制为特征;抑郁质的人以情感体验深而持久、动作迟缓无力为特征。任何一种气质类型都有其积极的和消极的方面。

3. 性格

性格是指一个人在生活过程中形成的对现实稳固的态度以及与之相适应的习惯的行为方式,是个体思想、情绪、行为与态度的总称。性格的个体差异很大。不同性格的人具有不同的心理特征,对外界刺激的反应以及所采取的行为也存在差异。不同的性格行为与人的健康关系密切。

(二)社会心理因素

社会心理因素可包括个人的家庭传统、道德观念、文化教育、社会背景,以及受这些因素影响的个人认识和思维、情感、意志、人格和信念等。通常将社会心理因素分为以下几类:

1. 家庭生活因素

此类社会心理刺激主要来源于家庭生活环境,包括恋爱受挫、家庭人际关系不良、生活困难、家庭生活不完美、家庭成员的伤亡等。

2. 学习工作因素

此类社会因素刺激主要来自工作中的变迁;工作环境或工作性质不适当;学习、工作负荷过重,超出个人的能力;学习、工作与个人的愿望不相符合,不能达到个人的愿望;工作环境不良;人际关系差等。

3. 社会事件

包括严重的自然灾害,如水灾、火灾、地震,以及居住拥挤、交通事故、环境噪声、环境污染、社会动荡等。

二、心理危险因素与健康问题的识别

(一)个人心理特征与健康问题

1. 情绪与健康问题

如果不愉快、消极的情绪长期持续或反复存在,就会引起神经活动的机能失调,导致机体的病变,如神经功能紊乱、内分泌功能失调、血压持续升高等,进而转变为某些系统的疾病,如胃肠道疾病、癌症等。

研究表明,长期的不良情绪可导致焦虑和抑郁。焦虑是一种不愉快的、人能有意识地自我反映的情绪,焦虑如果过强或持续时间过久,就会有害健康,导致疾病。抑郁症是典型的情绪致病,强烈或持久的抑郁状态可能使机体的各种功能减退而损害健康。

2. 气质与健康问题

研究发现,属胆汁质的人,其强烈的愿望、过度的紧张和疲劳可以使本来就弱的神经抑制过程更加减弱,促使过度兴奋从而导致神经衰弱、神经症或躁郁性精神病;而对属抑郁质的人,艰巨的困难、社会上的剧烈冲突或个人的极大不幸都会使其脆弱的神经无法忍受,导致歇斯底里、神经症或抑郁症。

3. 性格与健康问题

临床心理学研究表明,某些特定疾病的患者往往具有共同的性格特征,如消化性溃疡、溃疡性结肠炎、支气管哮喘、偏头疼等。一般认为,癌症病人具有惯于自我克制、情感压抑、倾向防御和退缩等行为特点;而一些好胜心过强、经常感到时间不够用、性情急躁的人则易患冠心病等心脑血管疾病。

(二)社会心理因素与健康问题

1. 家庭生活因素与健康问题

家庭关系不和睦、亲人亡故等因素,可使家庭中的亲密感情遭到破坏,或这种场所成了烦恼的来源,从而对人的心理造成严重的打击。

2. 学习工作因素与健康问题

处于下列情况的人,其健康状况相对较差:①工作和学习任务过于繁重;②工作和学习的内容单调,社交过少;③缺乏控制能力,无法左右局面;④缺乏社会支持,不能从社会、家庭、同事处得到帮助。

3. 社会事件与健康问题

当人们遭遇到一些由于社会环境的变动、人为或自然的因素导致的特殊事件的刺激,超过了个人的承受能力,就容易产生应激,使人们在生理、心理方面发生重大变化,对健康产生影响。

第三节　行为危险因素的识别

一、行为因素的分类

行为是个体赖以适应环境、赖以生存的一切活动。人的行为包括低级的行为和高级的行为。低级的行为主要受本能的支配,如摄食、睡眠、防御和性本能;高级的行为受社会生活制约和支配,如劳动、人际交往、意志行为等。人的行为受生物学因素和社会因素的影响,受后天社会文化的教化,受社会准则、道德规范的约束。人的行为随着所处的社会环境的不同可以发生改变。

人的行为可以分为健康行为、不良行为和疾病行为。

(一)健康行为

健康行为是指朝向健康或被健康结果所强化的行为,客观上有益于个体与群体的健康。

1. 基本健康行为

指日常生活中一系列有益于健康的基本行为,如合理营养、平衡膳食、积极锻炼、积极的休息与适量睡眠等。

2. 预警行为

指预防事故发生前和事故发生时正确处置的行为,如使用安全带,溺水、车祸、火灾等意外事故发生后的自救和他救属此类健康行为。

3. 保健行为

指正确、合理地利用卫生保健服务,以维护自身身心健康的行为,如定期体格检查、预防接种、发现患病后及时就诊、咨询、遵从医嘱、配合治疗、积极康复等。

4. 避开环境危害

主动地回避生活和工作的自然环境与社会心理环境中对健康有害的各种因素,如离开污染的环境,采取措施减轻环境污染,积极应对那些引起人们心理应激的紧张生活事件等。

5. 戒除不良嗜好

不良嗜好指的是日常生活中对健康有危害的个人偏好,应积极戒除吸烟、酗酒、滥用药品、赌博等不良嗜好。

(二)不良行为

不良行为是指可能对健康导致损害或引起疾病的行为。大量研究表明,对人体健康影响较大的不良行为主要包括吸毒、吸烟、酗酒、饮食不当、缺乏运动等。

(三)疾病行为

疾病行为是指个体从感知自身患病到疾病康复所表现出来的行为。疾病行为本身就是疾病或不适的症状表现。疾病行为可以表现为患病行为、求医行为和遵医行为。疾病行为与疾病的发生、发展和转归有直接或间接的关系。正确地对待疾病行为,积极引导和干预病人的求医行为和遵医行为,对于疾病的治疗、康复,以及提高防病的效率具有重要作用。

二、行为危险因素与健康问题的识别

(一)吸毒与健康问题

吸毒是指并非出于医疗需要而使用海洛因、可卡因等非法的有害物质和医疗用药(如巴比妥、安定类等)的行为。

毒品主要作用于人的大脑神经中枢。一次性过度摄入毒品可引起中枢神经因过度兴奋而衰竭,或因过度抑制而麻痹,甚至导致死亡。而长期使用毒品则可能引起大脑器质性病变,形成器质性精神障碍,包括人格障碍、遗忘综合征和痴呆等。中枢神经的受损也会殃及机体的各器官、系统,使病人极度衰弱,丧失工作能力和生活自理能力,成为家庭和社会的负担。此外,吸毒导致感染结核病、肺炎等的危险性增大。值得关注的是,共用注射器静脉注射毒品可引起 HIV 感染。

吸毒还可带来诸多的家庭和社会问题。如吸毒者成瘾后,个性发生改变,不顾家庭及其成员的生活需要,放弃抚养义务,虐待妻儿,给家庭幸福带来极大危害;吸毒成瘾造成的疾病、事故与劳动能力降低、出勤率减少给家庭和社会造成巨大的经济损失;吸毒者也可因经济问题、人格变异等原因发生抢劫、强奸、卖淫等犯罪行为而危害社会。

(二)吸烟与健康问题

吸烟成瘾又称为烟草依赖性,是指在反复使用烟草的过程中,机体与烟草中的烟碱相互作用所形成的一种精神和躯体病态状况。

大量的研究表明,吸烟可增加人群患多种癌症的危险性,特别是肺癌;咳嗽、咳痰等症状以及慢性支气管炎、肺气肿、支气管扩张、肺功能损害等均与吸烟有关;吸烟者缺血性心脏病死亡率的增加比不吸烟者高;如果孕妇吸烟还可能影响胎儿的发育。此外,吸烟还可通过污染环境,造成不吸烟者的被动吸烟而危害不吸烟人群的健康。

(三)酗酒与健康问题

研究表明,酗酒对人体的肝脏损害最大。由于酒精要在肝脏分解,长期饮酒会造成脂肪肝、肝硬化和肝癌;长期饮酒者易患酒精性心肌病和脚气心脏病;心脏可发生脂肪性病变,心脏的弹性和收缩力减退,血管可出现硬化;如果孕妇酗酒,酒精会通过胎盘侵入而损害胚胎。

此外,酗酒是还一个严重的社会问题,如酗酒引起的公共场所的无序与暴力行为、酗酒者的生产能力下降直至完全失去劳动能力、酒后驾车引发的交通事故等。酗酒带来的健康问题和社会问题已越来越引起社会的关注。

(四)饮食不当与健康问题

流行病学调查结果显示,饮食中脂肪总摄取量与动脉粥样硬化症的发病率和死亡率有密切关系;长期大量食用以饱和脂肪酸为主的食物,可引起机体内分泌紊乱,从而容易发生子宫、睾丸、前列腺等器官的肿瘤;高脂肪膳食还可以增加子宫体癌的发病率;高脂肪食物还可以促进胆汁的分泌,产生较多的胆酸、胆酸代谢衍生物,这些物质经肠道微生物的作用,可生成致癌物质。

研究发现,饮食还是引起肥胖症的主要原因之一。食物中含盐过多的人容易患高血压病。饮食方式不良与许多疾病也有一定联系。经常暴饮暴食,三餐不按时,进食快,喜吃干、硬、烫食物等习惯对健康都是不利的。

（五）缺乏运动锻炼与健康问题

研究证明,高血压、冠心病、肥胖症等都与缺乏运动锻炼有关。适量地参加体育、文娱活动,不但能使机体长期处于生命力旺盛的状态,还可以减少某些疾病的发病率。

第四节　社会、心理、行为危险因素的评价

危险因素评价是研究危险因素与慢性病发病率及死亡率之间数量依存关系及规律性的一种技术,用于评价人们生活在有危险因素的社会环境中发生疾病、死亡的概率,以及当改变不良行为、消除或降低危险因素时可能延长的寿命。健康危险因素评价的目的是促进人们改变不良行为,减少危险因素,提高健康水平。

一、危险因素评价的基本内容与方法

（一）资料收集

1. 死亡率资料

可以通过疾病监测、死因登记报告或死亡回顾调查获得。当地年龄别、性别、疾病别死亡率资料主要用来计算同性别、同年龄别死亡率的平均水平,在评价时作为比较的标准。

2. 危险因素资料

危险因素资料的收集一般采用自填式问卷调查法,必要时进行一般体格检查、实验室检查。根据危险因素识别时确认的危险因素与健康问题的关系,确定某种疾病与哪些社会、心理、危险因素有关。

（二）资料处理与评价

1. 将危险因素转换成危险分数

既是危险因素评价的关键,也是难点。一般情况下,将危险因素相当于平均水平时的危险分数定位 1.0。即当危险分数为 1.0 时,个人发生某病死亡的概率相当于当地死亡率的平均水平;当危险分数大于 1.0 时,则个体发生某病死亡的概率大于当地死亡率的平均水平;当危险分数小于 1.0 时,个体发生某病死亡的概率小于当地死亡率的平均水平。危险分

数越高,则死亡的概率就越大。

危险分数的换算也可以采用经验指标,即通过专家咨询法,建立将危险因素转换成危险分数的经验指标。也可以采用已经建立的危险分数计算模型进行转换。

2. 计算组合危险分数

当与死亡原因有关的危险因素只有一项时,组合危险分数等于该死因的危险分数;与死亡原因有关的危险因素是多项时,组合危险分数=(将大于 1.0 的危险分数分别减去 1.0 后的数值相加)+(将小于或等于 1.0 的各项危险分数值相乘)。

3. 存在死亡危险的计算

存在死亡危险说明在某一种组合危险分数下,因某种疾病死亡的可能危险性。存在死亡危险=平均死亡概率×组合危险分数,代表某个体具有这种危险因素,在 10 年后死于某病的可能危险。将各种死亡原因的存在死亡危险相加,并且要加上其他死因的存在死亡危险,其结果就是总的存在死亡危险。

4. 评价年龄的计算

死亡率随年龄的增加而增加。评价年龄是根据年龄与死亡数之间的函数关系,由按个体存在的危险因素计算的预期死亡数求出年龄。其计算方法可以通过年龄别死亡率曲线拟合推断,如果有每个年龄的死亡例子概率可直接估计,方法类似与卫生统计学上的查表方法。通过计算评价年龄,可以使总的存在死亡危险以直观的死亡年龄来表达。

5. 增长年龄的计算

根据已存在的危险因素,采取可能降低危险因素的措施后,可以根据改变后的危险因素,计算出新的存在死亡危险,进而用上述类似的方法得到"增长年龄"。"增长年龄"肯定小于"评价年龄",说明个体改变生活方式后,可以使个体的死亡危险小于本年龄组的平均水平。

二、危险因素的个体评价

危险因素的个体评价可以作为健康教育的理论依据,促进个体改变不良行为与生活方式,减少健康危险因素,防止疾病的发生、发展。个体评价主要是通过比较实际年龄、评价年龄和可达到年龄之间的差别来实现的。个体评价的结果可以直观地告知被评价者个体现在存在的危险因素有什么危害,根据建议改变危险因素后死亡危险会降低到何种程度,这样就增强了行为干预的效果。

一般说来,评价年龄高于实际年龄,说明被评价者所存在的危险因素高于平均水平,死亡概率也可能高于当地平均水平。可达到年龄与评价年龄之差说明降低危险因素后,用年龄表达的个体死亡概率能够降低的水平。根据个体评价结果可将被评价对象分为下列类型:

1. 健康型

评价个体的评价年龄小于实际年龄。例如,实际年龄为 43 岁的个体,其评价年龄为 38 岁,说明个体的危险因素较平均危险水平低,健康状况较好。也就是说,43 岁的个体可能经历 38 岁年龄的死亡率。

2. 自创危险因素型

评价个体的评价年龄大于实际年龄,且评价年龄与增长年龄之差较大。例如,实际年龄为 43 岁的个体,其评价年龄为 45 岁,增长年龄为 41 岁,说明个体的危险因素较平均水平要高,但如果消除能够控制的危险因素后,增长年龄为 41 岁,评价年龄与增长年龄之差为 4 岁,这种存在的危险因素是自创的,是可以去除的。降低危险因素后,其健康状况可得到较大的改善,其死亡概率有较大的降低。

3. 历史危险因素型(难以改变的危险因素型)

评价个体的评价年龄大于实际年龄,但评价年龄与增长年龄之差较小,一般在 1 岁或 1 岁以内。例如,实际年龄为 43 岁的个体,其评价年龄为 45 岁,增长年龄为 44 岁,评价年龄与增长年龄之差仅为 1 岁,说明个体的危险因素主要来自过去病史或遗传因素,不容易降低和改变这些因素,即使稍有改变,效果也不显著,死亡危险不会有大的改变。

4. 少量危险型(一般性危险型)

评价个体的评价年龄与实际年龄相近,说明个体存在的危险因素接近当地平均水平,降低危险因素的可能性有限,死亡概率相当于当地的平均水平。

三、危险因素的群体评价

危险因素的群体评价结果,有助于了解危险因素在人群中的分布情况,作为确定疾病防治工作的重点和制定防治措施的依据。

(一)不同人群的危险程度

在个体评价中,根据实际年龄、评价年龄和可达到年龄三者之间的关系将被评价者分为四种类型:健康型、自创危险因素类型、历史危险因素类型、少量危险型。

在进行不同人群的危险程度分析时,将属于健康型的人归为健康组,属于自创危险因素类型和历史危险因素类型的人归入危险组,少量危险型的人属于一般组。可以根据不同人群中各种类型的人所占比例来分析哪类人群的危险水平高,以便确定防治重点。一般而言,某人群处于危险组的人越多,这个人群的危险水平就越高。由此还可以分析不同性别、不同职业、不同文化程度、不同经济状况人群的危险水平。

（二）危险因素的属性分析

社会、心理、行为危险因素都是人为因素造成的，是可以人为控制和消除的。通过计算处于危险型的人群中历史危险因素类型与自创危险因素类型的人所占比例，来分析人群中的危险因素是否可避免，以便有针对性地采取相应措施来提高人群的健康状况。

（三）单项危险因素对健康状况的影响

通过分析各种危险因素对健康的危害情况，阐明哪种危险因素对当地人群影响最大，就可以有针对性地制定预防措施。其分析方法，是将各个体扣除某一项危险因素后所计算的增长年龄与评价年龄之差的均数作为单项危险强度，同时将这一单项危险因素在调查人群中所占的比例作为危险频度，三者的关系是"危险强度×危险频度＝危险程度"，用危险程度的大小来反映危险因素对健康状况的影响。

目前，我国已经开发了危险因素评价软件，并在体检中心用于对被体检人员的健康危险因素进行评价。例如，在"冠心病、脑卒中综合危险度评估及干预方案的研究"的基础上开发的健康危险因素评价软件，是结合危险因素评价的研究成果，通过各地人群实际调查数据而建立的数学预测模型。它根据所采集的被调查人群的个人生活习惯和体格检查信息，综合评价出自身的生活方式危险因素和检查指标的异常情况，分析由健康危险因素可能导致的个人代谢紊乱的可能性，并预测被调查人 10 年内患冠心病、脑卒中等缺血性心脑血管病的危险度。尽管这类软件在实际应用中尚有待完善，但利用既有研究成果，通过计算机建立数学模型，预测和评价健康危险因素，可能成为健康危险因素评价的趋势。

【思考题】

1. 构成社会支持的因素主要包括哪些内容？社会支持不良可导致哪些健康问题？
2. 社会经济的高速发展会带来哪些新的健康问题？
3. 简述个人心理特征所致的主要健康问题。
4. 社会心理因素对健康会产生哪些不良作用？
5. 常见的不良行为有哪些？简述其对健康的主要危害。
6. 危险因素的个体评价和群体评价在疾病预防控制中有哪些作用？

（李　璐）

第三篇　疾病预防控制与公众健康保障

第九章

传染病的预防控制

第一节　传染病概述

传染病(communicable disease)是由病原体感染人体后,产生的具有传染性的疾病。由病原体引起的疾病均属感染性疾病(infections diseases),但感染性疾病不一定有传染性,有传染性的疾病才能称为传染病,它可以在人群中传播并造成流行。

一、传染病的生物学基础

传染病的发生必须具备病原体的入侵、机体内感染与免疫相抗衡的过程。

(一)病原体的作用

病原体侵入人体后能否引起疾病,取决于病原体的致病能力和机体的防御能力两方面的因素。

其中,致病能力(pathogenicity)包括:

(1)侵袭力(invasiveness):是指病原体侵入机体并在体内扩散的能力。有些病原体可直接侵入人体,如钩端螺旋体和钩虫丝状蚴;有些细菌(如霍乱弧菌)要先黏附于肠黏膜表面才能定植下来分泌肠毒素;有些细菌的表面成分有抑制吞噬作用的能力,从而促进病原体的扩散,如伤寒杆菌的 Vi 抗原。

(2)毒力(virulence):包括毒素和其他毒力因子。毒素包括外毒素(exotoxin)如白喉、破伤风和肠毒素及内毒素(endotoxin)如革兰氏阴性杆菌的脂多糖。其他毒力因子中,有些具有穿透力,如钩虫丝状蚴;有些具有侵袭力,如痢疾杆菌;有些具有溶组织能力,如溶组织阿米巴原虫。许多细菌能分泌一种针对其他细菌的细菌素(bacteriocin),以保卫自己在正常菌群中的地位,也是一种毒力因子。

(3)数量(amount):在同一种传染病中,入侵病原体的数量一般与致病能力成正比,但在不同传染病中,能引起疾病发生的最低数量差别很大,如伤寒为10万个菌体,痢疾则仅10个菌体就能致病。

(4)变异性(variation):病原体可因环境或遗传等因素而产生变异。如卡介苗在人工培养多次传代后,可使病原体的致病力减弱;而肺鼠疫在宿主(host)间反复传播可使致病力增强;抗原变异可逃避机体的特异性免疫作用,如流行性感冒、丙型肝炎和人类免疫缺陷病毒等。

(二)传染及其表现形式

传染(infection)是病原体在人体的一种寄生过程。有两种形态:①有些寄生物与人体宿主之间达到了互相适应、互不损害对方的共生状态(commensalism),如肠道中的大肠杆菌。但这种平衡是相对的,当某些因素导致宿主的免疫功能受损(如艾滋病)或机械损伤使寄生物离开固定寄生部位时(如大肠杆菌进入腹腔或泌尿道,平衡被打破,进而引起宿主损伤),则可能产生机会性感染(opportunistic infection)。②大多数病原体与人体宿主之间是不适应的,因而引起双方的角力。由于双方角力结果各异,从而产生各种不同的感染谱(infection spectrum)。

传染病感染过程中的5种表现形式为:病原体被消除、隐性感染(covert infection)、显性感染(overt infection)、病原携带状态(carrier state)、潜伏性感染(latent infection)。详见第五章第二节生物性危险因素与疾病。

(三)免疫应答

免疫系统的主要功能是排除侵入机体的各种异物(包括各种病原体)。免疫应答可分为有利于机体抵抗病原体入侵与破坏的保护性免疫应答和促进病理生理及组织损伤的变态反应两大类。保护性免疫应答又分为非特异性与特异性免疫应答。变态反应都是特异性免疫应答。

二、传染病分类

传染病的分类方法很多,可按其危害性及传染性分类、按病原体分类、按病原微生物感染分类,也可按传染病的传播方式分类(见表9-1)、按病原体的储存宿主或载体分类(见表9-2)。

表 9-1　传染病按传播方式和特征分类

传播方式	特　征
接触传播	需要直接(如皮肤、性接触)或间接接触(如经受染的血、体液传播)
经水和食物传播	摄入受污染的水或的水或食物,可能导致大规模的传染病爆发,取决于污染的水或食物的分布
经空气传播	吸入受病原体污染的空气
经生物媒介传播	依赖生物媒介(如蚊子、钉螺等)的分布和病原体的感染力
围产期传播	类似于接触传播,但接触发生于宫内或分娩过程中

表 9-2　传染病按病原体在自然界的储存形式分类

储存形式	典型传染病(病原体)
人	梅毒螺旋体,奈瑟氏淋球菌,HIV、HBV、HCV,志贺氏痢疾杆菌
动物	狂犬病,鼠疫耶尔森病,钩端螺旋体,沙门氏菌,布鲁氏杆菌
土壤	肉毒杆菌,破伤风杆菌芽孢,炭疽杆菌芽孢
水	军团菌,绿脓杆菌

三、传染病的流行过程及影响因素

传染病的流行过程就是传染病在人群中发生、发展和转归的过程。

(一)传染病的发生与发展

1. 入侵门户

病原体的入侵门户与发病机制有密切关系,入侵门户适当,病原体才能定居、繁殖及引起病变。如志贺菌属和霍乱弧菌都必须经口感染,破伤风杆菌必须经伤口感染,才能引起病变。

2. 机体内定位

病原体入侵成功并取得立足点后,或者在入侵部位繁殖,分泌毒素,在原来入侵部位引起病变(如白喉和破伤风),或者进入血液循环,再定位于某一脏器(靶器官)引起该脏器的病变(如流行性脑脊髓膜炎和病毒性肝炎),或者经过一系列的生活史阶段,最后在某脏器中定居(如蠕虫病)。病原体的组织亲和性与机体内定位密切相关,如肝炎病毒对肝脏,人免疫缺陷病毒(HIV)对 CD4+T 细胞,疱疹病毒对神经组织、黏膜的亲和性等。

3. 排出途径

排出病原体的途径称为排出途径,是病人、病原体携带者和隐性感染者有传染性的重要因素。有些病原体的排出途径是单一的,如志贺菌属只通过粪便排出;有些是多个的,如脊髓灰质炎病毒既通过粪便又能通过飞沫排出;有些病原体则存在于血液中,待虫媒叮咬或输血、注射才离开人体,如疟疾原虫。病原体排出体外的持续时间有长有短,因而不同传染病有不同的传染期。

(二)流行过程的基本条件

1. 传染源

传染源(source of infection)是指病原体已在体内生长繁殖并能将其排出体外的人和动物。包括以下四类。

(1)患者:急性患者及其症状(咳嗽、吐、泻)促进病原体的播散,慢性患者可长期污染环境,轻型患者数量多而不易被发现。

(2)隐性感染者:在某些传染病(如脊髓灰质炎)中,隐性感染者是重要传染源。

(3)病原携带者:慢性病原携带者不显出症状而长期排出病原体,在某些传染病(如伤寒、细菌性痢疾)中有重要的流行病学意义。

(4)受感染的动物:某些动物间的传染病,也可传给人类,引起严重疾病,称为人兽共患病。还有一些传染病如血吸虫病,受感染动物是传染源中的一部分。

2. 传播途径

病原体离开传染源后,到达另一个易感者的途径,称为传播途径(route of transmission)。传播途径由外界环境中各种因素组成,从简单的一个因素的传播途径到包括许多因素的复杂传播途径都可见到。

(1)空气(飞沫、尘埃):主要见于以呼吸道为进入门户的传染病,如麻疹、白喉、SARS等。

(2)水、食物:主要见于以消化道为进入门户的传染病,如伤寒、痢疾等。

(3)手、用具、玩具:又称日常生活接触传播,既可传播消化道传染病(如痢疾),也可传播呼吸道传染病(如白喉)。

(4)血液、体液、血制品:见于乙型肝炎、丙型肝炎、艾滋病等。

(5)吸血节肢动物:又称虫媒传播,见于以吸血节肢动物(蚊子、跳蚤、白蛉、恙虫、螨等)为中间宿主的传染病如疟疾、斑疹伤寒等。

(6)土壤:当病原体的芽孢(如破伤风、炭疽)或幼虫(如钩虫)、虫卵(如蛔虫)污染土壤时,则土壤成为这些传染病的传播途径。

3. 人群易感性

对某一病原体缺乏特异性免疫力的人称为易感者(susceptible person),易感者在某一特定人群中的比例决定该人群的易感性。易感者的比例在人群中达到一定水平时,如果又有传染源和合适的传播途径,则传染病的流行很容易发生。某些病后免疫力很巩固的传染病(如麻疹),经过一次流行后,要等待几年当易感者比例再次上升至一定水平时,才发生另一次流行,这种现象称为流行的周期性。在普遍推行人工免疫的干预下,可把易感者水平降至最低,就能使流行不再发生。

(三)影响流行过程的因素

1. 自然因素

自然环境中的各种因素,包括地理、气象等生态景观学因素对流行过程的发生发展有着重要的影响。寄生虫病和虫媒传染病对自然条件的依赖尤为明显。传染病的地区性和季节性与自然因素有密切关系,如我国北方有黑热病地方性流行区,南方有血吸虫病地方性流行区,乙型脑炎在夏秋季的发病分布,都与自然因素有关。自然因素可直接影响病原体在外环境中的生存能力,如钩虫病少见于干旱地区;也可通过降低机体的非特异性免疫力而促进流行过程的发展,如寒冷可减弱呼吸道抵抗力,炎热可减少胃酸的分泌等。某些自然生态影响了野生动物的地理生境,为其间传染病的传播创造良好条件,如鼠疫、恙虫病、登革热等。

近年来,全球气候变暖已使地球表面温度在 100 年内上升了近 1 ℃,同时"厄尔尼诺现象"还可在今后 100 年内提高海面温度 3~7 ℃。温度的变化带来了新的降雨格局,造成大量水洼,为蚊蝇提供了理想的孳生场所。温度的上升也促进了媒介昆虫的繁殖生长,增强了其体内病原体的致病力,促进了疟疾、登革热、乙型脑炎等爆发和流行。同时,使原属温带、亚热带的部分地区变成了亚热带和热带,使局限于热带亚热带的传染病蔓延至温带。气候变暖也使媒介昆虫和动物宿主的迁徙方式发生了改变。如伊蚊历来只能生活在海拔 1 000 m 以下地区,但由于气候变暖,现在在南美的一些国家,可在海拔 1 350~2 200 m 高度发现伊蚊。

2. 社会因素

包括社会管理模式、经济和生活条件以及文化水平等,对传染病流行过程有决定性的影响。19 世纪起英美等国家运用公共卫生策略,开展卫生运动,改善清洁卫生问题,使传染病得到一定程度的控制。在我国,钉螺的消灭、饮水卫生、粪便处理的改善,使血吸虫病、霍乱、钩虫病等得到控制就是证明。社会因素又作用于自然因素而影响流行过程,反之,生态、环境的破坏,使得病原微生物发生变异,带来许多新发人兽共患病,正如 WHO 专家预测,今后 10 年,每年将新发 1~2 种传染病。

(1)抗生素和杀虫剂的滥用使病原体和传播媒介耐药性日益增强:1981—1995 年,美国对抗生素出现抗药性的病例从 2% 上升到 25%。如在结核病中,全球有约 1 亿人属耐药结核分枝杆菌感染者。而蚊媒对杀虫剂的普遍抗药,严重影响了灭蚊,从而引起了疟疾、登革热、黄热病等的流行。

（2）城市化和人口爆炸使人类传染病有增无减：城市化造成大量贫民窟的形成，贫穷、营养不良、居住环境拥挤、卫生条件恶劣、缺乏安全的饮水和食物，是传染病滋生与发展的温床。

（3）战争、动乱、难民潮和饥荒促进了传染病的传播和蔓延：如苏联的解体和东欧的动荡局势使这一地区在 20 世纪 90 年代白喉严重流行。

（4）全球旅游业的急剧发展，航运速度的不断增快也助长了传染病的全球性蔓延。

（5）环境污染和环境破坏造成生态环境的恶化，森林砍伐改变了媒介昆虫和动物宿主的栖息习性，均可能导致传染病的蔓延和传播。

四、传染病的基本特征及诊断治疗

（一）基本特征

1. 有病原体

每一个传染病都是由特异性的病原体引起的。在历史上，许多传染病（如霍乱、梅毒）都是先认识其临床和流行病学特征，然后才认识其病原体的。目前还有一些传染病的病原体仍未能被充分认识。

2. 有传染性

传染性（infectivity）是传染病与其他感染性疾病的主要区别。例如耳源性脑膜炎，在临床上表现为化脓性脑膜炎，但无传染性。传染病病人有传染性的时期称为传染期（infectious period），在每一种传染病中都相对固定，可作为隔离病人的依据之一。

3. 有流行病学特征

在自然和社会因素的影响下，传染病的流行过程表现出各种特征。在质的方面，有外来性和地方性之分；在量的方面，有散发性、流行和大流行之分。散发性发病（sporadic occurrence）是指某传染病在某地近年来发病率属一般水平，当其发病率水平显著高于一般水平时称为流行（epidemic）；某传染病的流行范围甚广，超出国界或洲界时称为大流行（pandemic）。传染病病例发病时间的分布高度集中于一个短时间之内者称为爆发流行（epidemic outbreak）。传染病发病率在时间上（季节分布）、空间上（地区分布）、不同人群（年龄、性别、职业）中的分布，也是流行病学特征。

4. 有感染后免疫

人体感染病原体后，无论是显性或隐性感染，都能产生针对病原体及其产物（如毒素）的特异性免疫，形成免疫学、血清学体液检测的依据。保护性免疫可通过抗体（抗毒素、中和抗体等）检测而获知。感染后免疫（postinfection immunity）的持续时间在不同传染病播散有很大差异。例如，有些病毒性传染病（如麻疹、脊髓灰质炎、乙型脑炎等）的感染后免疫持续时间较长,往往保持终身,但也有例外(如流感);细菌、螺旋体、原虫性传染病(如细菌性痢疾、阿米巴病、钩端螺旋体病等)的感染后免疫持续时间通常较短,仅为数月至数年,也有例外(如伤寒);蠕虫病感染后通常不产生保护性免疫,因而往往产生重复感染(如血吸虫、钩虫病、蛔虫病等)。

(二)传染病的诊断

传染病的诊断要综合下述三方面的资料,方能做出正确的诊断。

1. 临床资料

全面而准确的临床资料来源于详尽的病史和全面的体格检查。起病方式有鉴别意义,必须加以注意。热型及伴随症状如腹泻、头痛、黄疸等都要从鉴别诊断的角度来加以描述。进行体格检查时不要忽略有诊断意义的体征如玫瑰疹、焦痂、腓肠肌压痛、科普利克斑等。

2. 流行病学资料

流行病学资料在传染病的诊断中占有重要的地位。由于某些传染病在发病年龄、职业、季节及地区方面有高度选择性,考虑诊断时必须取得有关流行病学资料作为参考。预防接种史和过去病史有助于了解患者免疫状况,当地或同一集体伴随传染病发生情况也有助于诊断。

3. 实验室检查及其他检查

(1)一般实验室检查:包括血液、大小便常规检查和生化检查等。革兰氏阴性杆菌感染时,白细胞总数往往升高不明显甚至减少;病毒性感染时,白细胞总数通常减少或正常;原虫感染时,白细胞总数也常减少。蠕虫感染时,嗜酸粒细胞通常增多,嗜酸粒细胞减少则常见于伤寒、流行性脑脊髓膜炎等。尿常规检查有助于钩端螺旋体病和流行性出血热的诊断,大便常规检查有助于蠕虫病和感染性腹泻的诊断。生化检查有助于病毒性肝炎的诊断。

(2)病原学检查:①病原体的直接检出。即通常说的镜检,如从血液涂片中检出微丝蚴及回归热螺旋体,从大便涂片中检出各种寄生虫卵及阿米巴原虫等。血吸虫毛蚴经孵化、绦虫节片可用肉眼检出。②病原体分离培养。细菌、螺旋体和真菌通常可用人工培养基分离培养,立克次体需要动物接种培养,病毒分离一般需用组织培养。

(3)分子生物学检测:①分子杂交。利用同位素^{32}P或生物素标记的分子探针可以检出特异性的病毒核酸如乙型肝炎病毒 DNA,或检出特异性的毒素如大肠杆菌肠毒素。②聚合酶链反应(Polymerase Chain Reaction,PCR)。试验在核酸水平上进行,不一定要分离培养病原体,只需找到特异性的核酸片断,然后通过随机引物向两端延伸及探针杂交等方法,能把标本中的 DNA 分子扩增一百万倍以上。找出病原体基因的全序列或某个或某些基因,再把所得的基因序列与现有的基因数据库进行比对,确定该被检物与哪些病原体的核酸序列同源性最大,以确认其在种系发生上的位置,以及是否为新的病原体等。

(4)免疫学检查:应用已知抗原或抗体检测血清或体液中的相应抗体或抗原,是最常用的免疫学检查方法,若能进一步鉴定其抗体是属于 IgG 或 IgM 型,对近期感染或过去发生过的感染有鉴别诊断意义。免疫学检测还可用于判断受检者的免疫功能是否有所缺损。主要方法有:

①特异性抗体检测:如凝集反应、沉淀反应、补体结合反应、中和反应、免疫荧光检查、放射免疫测定(RIA)、酶联免疫吸附测定(ELISA)等。

②特异性抗原检测:大多数用检测抗体的方法,经改进后,可用于检测抗原,其诊断意义往往较抗体检测更为可靠。

③免疫标记技术:主要有酶标记技术、免疫荧光技术、放射免疫测定、非放射标记技术等。

(三)传染病的治疗

传染病治疗的目的,不仅是促进患者的康复,还要有助于传染源的控制。因此,必须坚持治疗、护理与消毒、隔离并重,一般治疗、对症治疗与特效治疗并重的综合治疗原则。

(1)一般及支持疗法:一般疗法包括隔离、护理和心理治疗,患者的消毒、隔离按其传播途径和病原体排出方式而定。支持疗法包括适当的营养、合理饮食、足量维生素、增强体质、提高免疫功能、维持水和电解质平衡等必要措施。

(2)病原或特效疗法:针对病原体的疗法具有清除病原体的作用,以达到消除和控制传染源的目的。

(3)对症疗法:对症治疗不但达到减轻患者体征的作用,而且可减少机体消耗,保护重要器官,使损伤减少到最低限度。

(4)康复疗法:脊髓灰质炎和脑膜炎等某些传染病等可引起一定程度后遗症,需采取理疗等疗法促进康复。

(5)中医疗法:对调整患者各系统功能起重要作用。

五、传染病的流行趋势

在人类历史上,传染病始终是各种疾病中发病率和死亡率最高的一类疾病。历史上,天花、鼠疫、霍乱的肆虐传染,曾造成大量死亡,甚至影响了人类的历史进程。直到近一个世纪以来,随着公共卫生策略的实施、科学技术进步、生活条件的改善和免疫规划的实施,很多传染病才得到有效的控制。但至今,无论发达国家还是发展中国家传染病仍是一类影响人们健康的重要疾病。

(一)传染病的发病率和死亡率变迁

1. 在全球的变迁

在人类早期历史上,传染病曾留下了无数肆虐的痕迹。即使是在 18、19 世纪和 20 世纪初,传染病仍是导致人类死亡的主要疾病。1347—1351 年,黑死病在欧洲流行。在其后的 5 年内,流行蔓延至整个欧洲。5 年内导致欧洲人口的三分之一(2 400 万人)死亡。另一个致死性传染病天花,在长达数世纪的反复流行中,无数的感染者死亡。在 18 世纪的欧洲,死于天花的人数占所有死亡的 10%。1900 年美国传染病总死亡率为 797/10 万,其中流感和肺炎死亡率高达 202.2/10 万,结核病死亡率达 194.4/10 万。

20 世纪以来,随着社会和经济的发展,安全的饮用水供应,抗菌素发明和使用,免疫疫苗的诞生和推广使用,卫生宣教的发展,医疗卫生服务的普及和改善等,对传染病的控制起了重要的作用。至 20 世纪末,人类已成功地消灭了天花,正朝着消灭脊髓灰质炎的目标努力,并有效地控制了麻风、白喉、鼠疫等多种传染病,全球传染病死亡人数占总死亡人数的百分比也由 19 世纪的 50%～60%下降至 20 世纪中、后期的 10%以下。但 20 世纪 70 年代以来,由于某些传染病的复燃和一些新传染病如艾滋病等的出现,使传染病的发病和死亡有了明显的回升,传染病死亡对人群健康的威胁再次引起了人们的关注。1995 年全球死于传染病的人数占总死亡人数的百分比回升至 30%左右。

2. 在我国的变迁

新中国成立以来,我国在传染病的流行和控制方面取得了惊人的成就。急性传染病死亡在 20 世纪 50 年代初,位居主要死因第二位,而从 20 世纪 70 年代起,已退出前十位死因。我国已在 20 世纪 50 年代消灭了古典型霍乱,60 年代初消灭了天花、人间鼠疫等。2000 年我国被 WHO 正式确认为无脊髓灰质炎野毒株感染的国家,麻疹、白喉、百日咳、破伤风等病的发病率也明显下降,传染病基本得到了有效的控制。

但是近年来传染病的全球化流行和蔓延趋势,再次对我国的公共卫生工作敲响了警钟。性病死灰复燃,其发病率逐年上升;艾滋病和获得性免疫缺陷病毒(HIV)感染大幅上升;感染性腹泻依旧普遍,高致病性禽流感等人兽共患病反复爆发。种种情况表明,传染病防制在今后相当长时间内仍是我国卫生防疫工作的重点。

(二)传染病的流行趋势

自 20 世纪 70 年代以来,传染病再度肆虐人类,其主要表现为:①一批被认为早已得到控制的传染病卷土重来,如结核病、白喉、登革热、霍乱、鼠疫、流行性脑脊髓膜炎和疟疾等;②新发现数十种传染病,如艾滋病、军团病、丙型肝炎、戊型肝炎、出血性结肠炎等。

1. 再燃传染病流行趋势

(1)结核病(tuberculosis):结核病是一个突出的例子。1990 年全球新发结核病患者 750 万例,到 1994 年即上升为 880 万例。目前,全球约有三分之一人口感染结核分枝杆菌,每年约有 200 万结核病新发病例。2000 年,全球结核病死亡人数达到 200 万。结核病在世界众多的国家和地区流行,被 WHO 列为结核病高负担的国家有 22 个,遍布亚洲、东欧、非洲和拉丁美洲等地区,其中印度和中国位列第一、第二位。

我国目前有 5 亿人曾感染过结核分枝杆菌,2000 年第四次全国结核病流行病学抽样调查发现,我国的活动性肺结核患病率为 367/10 万,其中菌阳患病率为 160/10 万,痰涂片阳性患病率为 122/10 万,估计我国现有活动性肺结核病人 451 万。更为严重的是结核病耐药菌株流行呈上升趋势。目前,结核分枝杆菌耐单药现象已相当普遍,还有 1%～2% 同时对利福平和异烟肼耐药的多耐药结核分枝杆菌存在。结核病人初始耐药率达 18.7%,其中耐两种及以上抗结核药者占 60%。

(2)霍乱(cholera):霍乱在 20 世纪初沉寂了 40 余年后,自 1961 年起,埃尔托霍乱在亚洲发生了一次历史上前所未有的大流行,随后又进入非洲、欧洲、北美洲、大洋洲和拉丁美洲。至此,全球五大洲 140 个以上国家和地区皆被波及。1961 年至今,全球已报道病例 350 万例以上。从 20 世纪 90 年代起,出现了 O139 新型霍乱。

霍乱在中国的流行此起彼伏,有的年份病例可超过万例,并有局部地区的 O139 新型霍乱爆发,霍乱在中国迄今并无止息的迹象。

(3)疟疾(malaria):1955 年,WHO 发起了全球消灭疟疾运动,取得了辉煌的成果。但自 20 世纪 70 年代以来,在亚洲及其他许多地方疟疾又再度流行。至 1994 年,全球有 100 个国家和地区不同程度地受到疟疾威胁。近年来,除非洲外,报告的病例主要集中在印度、巴西、斯里兰卡等 19 个国家。据 WHO 估计,疟疾的实际病例数可能高达 3 亿～5 亿,全球每年疟疾死亡数为 150 万～300 万;热带非洲地区每年约有 140 万～280 万疟疾死亡,其中 5 岁以下儿童约为 100 万。

再燃的传染病远远不止上述几种,而一些长期未能控制的传染病如流感、病毒性肝炎等也仍保持着流行趋势。因此对人类原有的传染病的控制,已再次成为传染病防制面临的一个严峻问题。

2. 新发现传染病流行趋势

自 20 世纪 70 年代以来,人类已发现和确认了近 40 种新的传染病,许多新传染病的危害已被广泛认识,如艾滋病(AIDS)已成为人类头号杀手之一;埃博拉出血热、疯牛病等疾病的高病死率震撼世界;莱姆病被发现遍及五大洲几十个国家;大肠杆菌 O_{157}、O139 霍乱、戊型肝炎等病曾在一些国家造成大规模的流行和爆发;一些国外罕见的传染病出现扩散趋势,有传入我国的危险,如埃博拉出血热、尼巴病毒脑炎、拉萨热、西尼罗河脑炎、汉坦病毒肺综合征(HPS)、人猴痘、裂谷热、委内瑞拉脑炎等。1990 年以来新发现的传染病见表 9-3。

(1)艾滋病(AIDS):艾滋病正在全球范围迅速蔓延,尤其以亚洲和非洲地区最为严重。据 WHO 估计,每年约有新感染者 530 万,约 300 万人死亡。

我国近年来 HIV 感染人数以每年 30% 的速度增长,目前全国约有 HIV 感染者 100 万人,感染者主要分布在农村地区,男女比例约为 5.2∶1,其中 20～29 岁年龄组占 57%,经静脉途径感染约占 72%。

(2)疯牛病(新型克雅氏病,mad cow disease):2000 年,法国疯牛病发病率显著上升,至

表 9-3　1990 年以来发现的重要传染病及病原体

疾病	病原微生物	发生年代
幼儿急疹	人类疱疹病毒 7(HHV-7)	1990
肠道非甲非乙肝炎	戊型肝炎病毒	1990
严重的非甲非乙肝炎	己型肝炎病毒	1991
委内瑞拉出血热	Granarito 病毒	1991
霍乱新株	O139:H7 霍乱弧菌	1992
猫抓病:杆菌样血管瘤	巴尔通体(Bartonella henselae)	1992
成人呼吸窘迫综合征	Sin nombre 病毒	1993
巴西出血热	Sabia 病毒	1994
Hendra 病毒病	Hendra 病毒	1994
慢性溶血性贫	血幼小病毒 B19	1995
庚型(非 A-C)肝炎	庚型肝炎(HGV)	1995
新型变异克鲁兹弗德—雅柯病	Creutzfeld-Jekob disease	1996
博尔纳病(BD)	博尔纳病毒(BDV)	1997
埃博拉出血热	埃博拉病毒(Ebola virus)(90%)	1997
尼巴病毒病	Nipah 病毒	1998
马尔堡出血热	马尔堡病毒(Marburg virus)(猴)	1998
西尼罗热	西尼罗病毒(West Nile Virus)(蚊)	1999
人麦塔肺病	人麦塔病毒(HMPV)	2001
严重急性呼吸综合征(SARS)	SARS 冠状病毒(SARS coronavirus)	2002
猴痘	猴痘病毒	2003
高致病性禽流感	禽流感病毒	2003

2000 年 11 月,一年内新发现病例 20 例,累计发现 99 例,其中前 9 年(1991—1999 年)的总和为 79 例。至 2000 年 9 月,英国已至少发现 94 例病例。我国自 1984—1994 年 10 年间,共报告了 43 例克雅氏—海绵状脑病。疯牛病的最主要威胁在于迄今为止的不可治疗性和致死性。

(3)严重急性呼吸综合征(Severe Acute Respiratory Syndrome, SARS):目前认为是由 SARS 冠状病毒引起的急性呼吸系统传染病。病人在感染后 2～10 d,出现发热(>38.0 ℃),同时伴寒战、头痛、头昏、肌肉酸痛等症状。据 WHO 估计,SARS 病死率因感染年龄而异,全人群病死率约为 15%,至今尚无有效的治疗方法。

2002 年 12 月,SARS 在中国广东地区被首次报道。2003 年 2 月由香港,很快传播至越南、加拿大、新加坡等地,随后波及全球 32 个国家和地区;同时,中国大陆包括北京、甘肃、内蒙古和山西等 24 个省、市、自治区陆续报告了 SARS 疫情。

(4)丙型肝炎(hepatitis virus,HCV):20 世纪 60—70 年代,人们发现了一种输血后肝炎。1989 年,这种肝炎被正式命名为丙型肝炎。丙型肝炎由丙型肝炎病毒(HCV)引起,主要经血液传播,可发生围产期传播,少数经由性接触传播。血友病患者的 HCV 感染率高达 70%以上,HIV 合并 HCV 感染者达 35%以上。

第二节　传染病监测

疾病监测(surveillance of diseases)又称流行病学监测(epidemiological surveillance),是公共卫生监测(public health surveillance)的最主要组成部分。有系统的疾病监测工作 20 世纪 40 年代末开始于美国疾病控制中心,1968 年 21 届世界卫生大会(WHA)讨论了国家和国际传染病监测问题,明确了监测是研究疾病在人类社会中发生发展的规律和趋势,提出预防和消灭这些疾病的政策和措施。20 世纪 70 年代以后,各国逐渐开展监测传染病疫情动态,以后又扩展到非传染病,并评价预防措施和防病效果,而且逐渐从单纯的生物医学角度发展向生物—心理—社会方面进行监测。

一、传染病监测概述

传染性疾病监测是长期、连续地收集、核对、分析疾病的动态分布和影响因素的资料,并将信息及时上报和反馈,以便及时采取干预措施并评价其效果。

疾病的动态分析不仅指疾病的时间动态分布,也包括从健康到发病的动态分布和地域分布。其影响因素包括影响疾病发生的自然因素和社会因素。疾病监测只是手段,其最终目的是预防和控制疾病流行。

(一)基本概念

1. 被动监测与主动监测

(1)被动监测:下级单位常规向上级机构报告监测数据和资料,而上级单位被动接受,称为被动监测(passive surveillance)。常规法定传染病报告属于被动监测范畴。这种常规监测有一个严重的缺陷,既不能包括未到医疗机构就诊的病人,又对疾病的诊断可能错误分类,特别是发生了某种异常的疾病时更是如此。

(2)主动监测:根据特殊需要,上级单位亲自调查收集资料,或者要求下级单位主动去收集某方面的资料,称为主动监测(active surveillance)。我国疾控单位开展传染病漏报调查,以及按照统一要求对某些传染病进行重点监测,努力提高报告率和报告质量,均属主动监测。

2. 常规报告系统与哨点医生报告系统

(1)常规报告系统是指国家和地方的疾病报告常规报告机构系统,如我国的法定传染病报告系统,其漏报率高和监测质量低是不可避免的。

(2)根据某些疾病的流行特点,由设在全国各地的哨点医生(sentry doctor)对高危人群进行定点、定时、定量的监测,这种监测系统为哨点监测。如我国的艾滋病哨点监测系统。

3. 实际病例与监测病例

疾病与健康有时并没有严格的界限,按照某个临床诊断标准诊断病例,就有可能发生一些的漏诊和误诊。在大规模的疾病监测中,要确定一个统一的、可操作性强的临床诊断标准来观察疾病的动态分布,这样确定的病例称为监测病例。我国法定传染病上报的病例中有很多属于监测病例,如艾滋病诊断标准为病人血清检测 HIV 阳性,发热 38 ℃两个月以上。但发热不足 38 ℃或不到两个月者也可能为病人,但仍报告为 HIV 感染者。有些监测病例的诊断标准与实际病例的标准相差太远,例如流感等,这样的病例称为"流感样病例"。

4. 监测的直接指标与间接指标

监测病例的统计数字,如发病数、死亡数、发病率、死亡率等称为监测的直接指标。有时监测的直接指标不易获得,如流行性感冒(流感)死亡与肺炎死亡有时难以分清,则可用"流感和肺炎的死亡数"作为监测流感疫情的间接指标。

5. 静态人群和动态人群

研究过程中无人口或少量迁出、迁入的人群称为静态人群(fixed population),计算率时可采用观察期的平均人口数作分母。如果研究过程中人口频繁地迁出、迁入,则为动态人群(dynamic population)。涉及动态人群的计算需要采用人时(人年或人月)计算法。

(二)传染病监测步骤

1. 监测的基本步骤

在现代医学模式中,疾病预防控制基于健康与疾病过程产生的信息,又依赖于这种反馈效应。疾病监测就是通过常规报告、检验检测、人群调查统计、现场试验等方法取得有关人群健康与疾病关联的医学生物学和社会自然信息,从群体的角度,用联系、转换、统计、预测的观点,用数理统计语言描述、分析、预防和控制疾病的发生或发展。

(1)建立健全监测机构,连续、系统地收集相关数据和资料。

(2)资料的整理和分析:按照流行病学方法,系统整理和分析资料,包括确定某病的自然史、变化趋势、流行过程的影响因素、薄弱环节及防治效果等。

(3)交流和反馈资料:①将所收集的资料和分析结果及时上报并通知有关单位和个人,

以便及时采取相应的防治措施。②交流情报开发信息。疾病监测过程中收集的大量信息，经整理、分析，定期交流并迅速反馈产生疾病的防制效应，如 WHO 的《疫情周报》、美国 CDC 的《发病和死亡周报》和中国 CDC 的《疾病监测》等。监测信息流通使有关人员能快速获得相关信息，便于及时提出主动监测方案，或对重要疫情做出迅速反应，为制定预防控制疾病的策略和措施提供依据。

(4)评价对策，考核防制效果：①评价所制定的对策是否正确、所采取的措施是否有效。一般是对比采取对策、措施前后的发病率或死亡率是否有明显下降。②费用—效益分析(cost-benefit analysis)是目前评价经济效益最为常用的方法。其基本思想是根据疾病和死亡的直接损失计算费用，将对策、措施所需费用及其效益进行对比，效益按货币现值折算。

2. 传染病监测的内容

(1)传染病监测：不同国家规定的监测病种有所不同。WHO 将疟疾、流感、脊髓灰质炎、流行性斑疹伤寒和回归热列为国际监测的传染病。我国根据我国情况又增加了登革热。随着对外开放政策的实施，卫生部已把艾滋病列为国境检疫监测的传染病。

传染病主要监测内容有：①监测人群的基本情况，即了解人口、出生、死亡、生活习惯、经济状况、教育水准、居住条件和人群流动的情况；②监测传染病在人、时、地方面的动态分布，包括做传染病漏报调查和亚临床感染调查；③监测人群对传染病的易感性；④监测传染病、宿主、昆虫媒介及传染来源；⑤监测病原体的型别、毒力及耐药情况；⑥评价防疫措施的效果；⑦开展病因学和流行规律的研究；⑧传染病流行预测。

(2)行为学监测：行为学监测(Behavioral Surveillance Survey,BSS)国外开展较早，如美国 CDC 的青年人危险行为监测系统(Youth Risk Behavior Surveillance System,YRBSS)。行为学监测既适用于传染病疾病，也适用于非传染性疾病。传染病监测的指标主要是可能导致传播途径实现的各种行为，如共用注射器、性乱等可能是使艾滋病传播的行为。

(3)第二代监测：第二代监测(Secondary Generation Surveillance,SGS)是指血清学监测和行为监测相结合的综合监测，以达到提高敏感性和监测效率的目的。第二代 HIV/AIDS 监测是在第一代 HIV/AIDS 监测的基础上，针对 HIV/AIDS 流行形势的复杂性和第一代 HIV/AIDS 监测的缺陷而提出并逐渐发展起来的。在传统常规监测的内容中加入了 BSS 是新一代 HIV/AIDS 监测的里程碑。

二、传染病监测系统及疫情系统

(一)传染病监测系统

目前，世界范围的疾病监测任务是由 WHO 承担的，下设专门机构，包括血清保存中心、流行性感冒中心、虫媒病毒中心及现场监测队伍等。许多国家都设有专门的组织机构从事疾病监测工作,如美国 CDC 与英国中央公共卫生实验室隶属的传染病监测中心(CDSC)及中国疾病预防控制中心等。我国的传染病监测系统主要有以下四种:

1. 以人群为基础的监测系统

此类系统以人群为现场开展工作,如我国的法定传染病报告系统、综合疾病监测网。法定传染病报告系统的作用是从宏观上监测主要传染病病种的动态变化,并有传染病防治法作保障,是我国最基本、最主要的传染病监测系统。

2. 以医院为基础的监测系统

该系统以医院为现场开展工作,主要是对医院内感染和病原菌耐药进行监测的系统以及出生缺陷监测系统。我国有组织的医院感染监测系统始于 1986 年,由原中国预防医学科学院流行病学微生物学研究所牵头。

3. 以实验室为基础的监测系统

此类系统主要利用实验室方法对病原体或其他致病因素开展监测,例如,我国的流行性感冒监测系统,它不但开展常规的流感病毒的分离工作,而且有信息的上报、流通和反馈制度。

4. 国家法定报告的传染病监测系统

是最基本和最主要的传染病监测系统,主要从宏观上监测主要传染病的动态变化,并有法律或强制性的制度作保证。1950 年,我国正式建立了全国疫情报告系统。1955 年国务院批准的《中华人民共和国传染病管理办法》、1978 年颁发的《中华人民共和国急性传染病管理条例》、1989 年颁布的《中华人民共和国传染病防治法》及 2004 年修订的《中华人民共和国传染病防治法》等,都规定了管理传染病的类别和病种,并实行疫情报告制度。

对监测系统的质量、用途、费用及效益应定期进行评价,以进一步改进监测系统。可从敏感性、特异性、代表性、及时性、简单性、灵活性等几个方面来评价监测系统的质量。

(二)传染病的疫情信息网络

我国法定的传染病疫情报告及反馈系统始建于 1950 年,是最重要、最基本的传染病宏观监测系统。20 世纪 70 年代后期,西方国家疾病监测的概念开始传入我国。自 1978 年开始,我国陆续建立了流感、乙型脑炎、流脑、副霍乱、流行性出血热、鼠疫、钩端螺旋体病等单病种的监测系统。1979 年在北京、天津开展疾病监测试点。1980 年,在我国建立了长期综合疾病监测系统,开展了以传染病为主并逐渐增加非传染病内容的监测工作。1989 年初,提出了第二阶段疾病监测总体设计方案的原则,即按分层整群随机抽样的方法,在全国不同类别的地区,按真实人口分布建立疾病监测点,对监测人群的出生、死亡、甲乙丙三类法定传染病的发病、儿童计划免疫的接种情况进行监测。此后,大多数省建立健全了组织机构,在省防疫站设立了疾病监测小组,有专人负责,并制定了实施方案和实施细则。1990 年 1 月 1 日起开始执行的以传染病为主的四卡、四册登记报告制度,即出生报导卡、册,死亡报告卡、册、甲、乙、丙类传染病报告卡、册,以及计划免疫报告卡、册。部分点进行了"居民健康档案"

的建档工作。

疫情报告工作的考核,主要内容包括疫情报告制度是否健全,填卡上报是否及时合格,漏报、漏诊情况,传染病报告卡录入计算机准确率,以及传染病报告卡的订正报告情况等。经常使用传染病的漏报率、漏诊率作为评价疫情报告工作质量指标。

1. 法定传染病监测信息的网络直报系统

传统的各种疾病报告和监测系统信息传递非常缓慢,2004 年 1 月 1 日起,全国启动了法定传染病监测信息的网络直报系统,实现了中央、省、市、区四级 CDC 对传染病疫情信息同时进行动态监测,形成了疾病监测信息的一体化管理和共享。计算机网络技术的发展使监测信息的传递、反馈、传播和处理更加便捷,与传统疾病监测系统相比具有如下特点。

(1)监测系统数据的网络共享更加便捷:如在美国疾病预防与控制中心的用户可以得到监测报告和原始数据,并能在系统帮助下进行简单的统计计算。

(2)促进监测系统内部的沟通与交流:网络化使不同参加者能够方便地与其他参与组织联系,并了解其进展状况。

(3)地理信息系统(GIS)系统使数据更加形象化:如美国应用了 GIS 系统,妇女的心脏病死亡数据库即可按照用户需求显示不同地区、种族的数据。

(4)在线收集数据的应用:在线收集数据具备快速、简便、无须双录入等优点。美国 CDC 的水氟化物报告系统即采用了在线收集数据的方式。监测点定期在线报告饮用水的氟化物含量,为管理者的决策及判断提供帮助。

(5)为卫生项目的评估提供依据:测数据能够及时反馈卫生项目及措施的效果,有利于执行者的决策和调整。

(6)监测系统间的数据交流:网络使监测系统之间的数据交流变得更加简单。不同监测系统的数据共享使得人们获得健康信息更加便捷。

(7)向社区传递数据:社区卫生工作者可以了解影响特定人群生命质量的危险因素并采取相应的措施。

2. 我国疾病监测和疫情报告管理工作存在的主要问题

(1)对疾病监测和疫情报告管理工作的重要性认识不足。疾病监测是疾病预防控制中心的主要职责和任务,是疾病控制工作的基础。从 2004 年以来,卫生部、省、市卫生行政部门多次组织了对疾病监测和疫情报告工作的督导检查,发现部分疾病控制机构对疾病监测和疫情报告工作仍然重视不够,疾病监测及报告系统运转不畅。一些地方政府财政在设备配置、资金保障、人员培训和队伍建设方面仍存在着明显的不足,直接影响了传染病疫情监测和报告系统,使得直报的数据和信息不够准确,给政策的制定和防治工作带来一定的影响。

(2)对各种传染病的监测技术方案、诊断和处理不规范。由于对疾病监测工作缺乏统一的管理,缺乏病例定义标准,使得疾病监测的方法、诊断标准和分类不统一。对有的疾病监测部门甚至根本没有制定统一的监测方案,使疾病监测工作很难操作,上报的数据五花八门,同一种疾病不同部门上报的监测结果不一致,数据的质量很难保证,对分析和评价实际发病率和预防控制效果造成了很大影响。

（3）传染病漏报、误报和瞒报的情况仍然存在。由于各种各样的原因,目前仍有一些医疗机构或者疾控机构对疫情报告管理制度执行不严,传染病漏报、迟报及瞒报的现象时有发生,使得监测数据的可靠性得不到保证。

（4）国家疾病监测信息报告管理系统有待改善。主要体现在:①系统查寻受局限;②查重、删除较混杂;③资料分析功能有待完善。

三、国境口岸传染病监测

国境口岸传染病监测是国境赋予出入境检验检疫机构的职责,是国境工作之一。它是对待特定环境、人群进行流行病学、血清学、病源学、临床症状等有关影响人体健康因素的调查研究,预测有关传染病的发生、发展和流行规律的预防控制措施,预防有关传染病的发生、发展和流行。

(一)对传染病监测的要求

传染病监测的要求是根据传染病监测的对象、目的、性质和任务决定的,明确疾病监测的目的和对象,是做好传染病监测的依据。要因地制宜地运用各种监测设施,充分利用各种有利条件进行传染病的疫情分析和综合评价。

(二)法律依据

《中华人民共和国国境卫生检疫法》和《中华人民共和国国境卫生检疫法实施细则》,以及依据有关法规及卫生部等有关规章进行传染病监测和管理。

(三)监测对象

包括具有外交身份的旅游者在内的所有中外籍入出境人员都属于被监测的对象。

(四)监测传染病种类

（1）检疫传染病,是指鼠疫、霍乱、黄热病以及国务院确定和公布的其他传染病。
（2）监测传染病,由国务院卫生行政部门确定和公布。

四、重点传染病疫情监测方案概述

为加强我国传染病常规监测工作,长期、系统地收集传染病发生及其影响因素等有关资料,及时发现和处理疫情,为制定传染病预防控制策略提供科学依据,卫生部组织制定了鼠疫、布鲁氏菌病、炭疽、肾综合征出血热、登革热、狂犬病、钩端螺旋体病、病媒生物、霍乱、伤寒副伤寒、细菌性痢疾、小肠结肠炎耶尔森菌病、肠出血性大肠杆菌 $O_{157}:H_7$ 感染性腹泻 13 种重点传染病全国监测方案(试行)。

(一)《全国炭疽监测方案(试行)》

为了解炭疽的疫情动态和流行规律,炭疽杆菌的地区分布、自然消长规律,规范和完善血清学、病原学及分子生物学的检测方法,卫生部印发了《全国炭疽监测方案(试行)》。该方案提出开展全国常规监测和监测点的监测。根据全国发病形势,初步选择甘肃、内蒙古、辽宁、贵州、四川、重庆和青海七省(自治区、市)开展监测工作。各监测点除完成全国常规监测工作内容外,还需完成对可疑炭疽污染环境、血清学、毒力质粒和基因的 PCR、炭疽芽孢杆菌遗传特征等的监测,了解动物间炭疽疫情信息。

(二)《全国病媒生物监测方案(试行)》

病媒生物监测是疾病预防控制中一项重要的系统性基础工作。为确保监测工作的科学、规范、统一,监测数据的真实、可信,卫生部印发了《全国病媒生物监测方案(试行)》。病媒生物是指能传播疾病的生物,一般指能传播人类疾病的生物。广义的病媒生物包括脊椎动物和无脊椎动物,脊椎动物媒介主要是鼠类;无脊椎动物媒介主要是昆虫纲的蚊、蝇、蟑螂、蚤等和蛛形纲的蜱、螨等。病媒生物不仅可以直接通过叮咬和污染食物等,影响或危害人类的正常生活,更可以通过多种途径传播一系列的重要传染病。病媒生物监测是指以科学的方法,长期、连续、系统地收集鼠类、蚊类、蝇类和蟑螂等病媒生物,对其种类、数量、分布和季节变化等资料进行整理分析,并对结果进行解释和反馈,供卫生行政部门和疾病预防控制机构制定、实施、评价和调整病媒生物控制的策略和措施。

(三)《全国钩端螺旋体病监测方案(试行)》

钩病螺旋体病(简称钩体病)是一种全球分布的自然疫源性疾病,我国大部分省区的气候条件适合钩体生长、繁殖,动物宿主的种类繁多,加之我国洪涝灾害频繁发生,存在着钩体病暴发或大流行的潜在危险,是受钩体病危害极其严重的国家。为了解我国钩体病的疫情动态、流行规律,及早发现疫情,掌握钩体病主要宿主动物的动态变化情况及其带菌情况,掌握钩体病流行的主要血清群分布及变迁情况,了解健康人群对钩体病的免疫水平,为钩体病流行趋势的预测、预警和制定防治对策、措施提供科学依据,卫生部印发了《全国钩端螺旋体病监测方案(试行)》。方案提出开展全国疫情监测、暴发疫情调查与监测及哨点监测。全国监测点有 26 个市(包括县和区)。

(四)《小肠结肠炎耶尔森菌病试点监测方案(试行)》

为了解我国小肠结肠炎耶尔森菌感染性腹泻及其合并症的流行状况,冷藏禽畜生、熟肉样品中小肠结肠炎耶尔森菌污染状况和小肠结肠炎耶尔森菌流行菌株的型别、分布、耐药特性及菌型变迁等情况,卫生部印发了《小肠结肠炎耶尔森菌病试点监测方案(试行)》。方案提出开展全国常规监测和监测点监测。选择有耶尔森菌研究基础的江苏、安徽、山东、河南和吉林5个省份,开展对腹泻病人感染、动物带菌、媒介昆虫带菌、食品污染等情况的综合监测。

(五)《肠出血性大肠杆菌 $O_{157}:H_7$ 感染性腹泻监测方案(试行)》

为及时掌握肠出血性大肠杆菌 $O_{157}:H_7$ 感染性腹泻在我国的发病情况,动态观察 $O_{157}:H_7$ 大肠杆菌的分布特征及流行趋势,卫生部印发了《肠出血性大肠杆菌 $O_{157}:H_7$ 感染性腹泻监测方案(试行)》。方案提出开展全国常规监测和监测点监测。根据以往监测资料,选择安徽、江苏、河南及山东等重点地区,开展肠出血性大肠杆菌 $O_{157}:H_7$ 感染性腹泻综合监测。各监测重点地区,以县为单位,每省选择 2 个监测点,开展腹泻病人感染情况、动物带菌情况、媒介昆虫带菌情况、食品污染情况监测。

第三节　传染病预防控制的策略和措施

一、传染病预防控制的宏观策略

(一)预防为主

预防为主是我国的卫生工作方针。我国的传染病预防策略可概括为:以预防为主,群策群力,因地制宜,发展三级保健网,采取综合性防制措施。传染病的预防就是要在疫情尚未出现前,针对可能暴露于病原体并发生传染病的易感人群采取措施。

1. 健康教育

健康教育的形式多种多样,可通过大众媒体、专业讲座和各种针对性手段,使不同教育背景的人群获得有关传染病预防的知识,其效果取决于宣传方式与受众的匹配性。健康教育可以通过改变人们的不良卫生习惯和行为切断传染病的传播途径,如安全性行为知识与艾滋病预防、饭前便后洗手与肠道传染病预防等,是一种低成本高效的传染病防制方法。

2. 加强人群免疫

免疫预防是控制具有有效疫苗免疫的传染病发生的重要策略。全球消灭天花、脊髓灰质炎活动的基础是开展全面、有效的人群免疫。实践证明,许多传染病如麻疹、白喉、百日咳、破伤风、乙型肝炎等,都可通过人群大规模免疫接种来控制流行,或将发病率降至相当低的水平。

3. 改善卫生条件

保护水源、提供安全的饮用水,改善居民的居住水平,加强粪便管理和无害化处理,加强食品卫生监督和管理等,消灭或控制虫媒密度,都有助于从根本上杜绝传染病的发生和传播。

(二)加强传染病监测

传染病监测是疾病监测的一种,其监测内容包括传染病发病、死亡,病原体型别、特性,媒介昆虫和动物宿主种类、分布和病原体携带状况,及人群免疫水平与人口资料等。必要时还开展对流行因素和流行规律的研究,并评价防疫措施的效果。

(三)传染病的全球化控制

传染病的全球化流行趋势日益体现了传染病的全球化控制策略的重要性。继 1980 年全球宣布消灭天花后,1988 年 WHO 启动了全球消灭脊髓灰质炎行动。经过 14 年的努力,全球脊髓灰质炎病例下降了 99.8%,病例数从 1988 年估计的 350 000 例减至 2001 年的 483 例;有脊髓灰质炎发病的国家由 125 个降至 10 个。中国在 2000 年也正式被 WHO 列入无脊髓灰质炎野毒株感染国家。

为了有效遏制全球结核病流行,2001 年 WHO 发起了全球"终止结核病"合作伙伴的一系列活动,其设立的目标为:2005 年,全球结核病感染者中的 75% 得到诊断,其中 85% 被治愈;2010 年,全球结核病负担(死亡和患病)下降 50%;2050 年使全球结核病发病率降至1/100 万。

此外,针对艾滋病、疟疾和麻风的全球性策略也在世界各国不同程度地展开。全球化预防传染病策略的效果正日益凸现。

二、传染病预防和控制的措施

传染病的预防措施包括传染病报告和针对传染源、传播途径和易感人群的多种预防措施。

(一)传染病报告

传染病报告是传染病监测的手段之一,也是控制和消除传染病的重要措施。

(二)针对传染源的措施

1. 针对病人的措施

应做到早发现、早诊断、早报告、早隔离、早治疗。病人一经诊断为传染病或可疑传染病,就应按传染病防治法规定实行分级管理。只有尽快管理传染源,才能防止传染病在人群中的传播蔓延。传染病疑似病人必须接受医学检查、随访和隔离措施,不得拒绝。甲类传染病疑似病人必须在指定场所进行隔离观察、治疗。乙类传染病疑似病人可在医疗机构指导下治疗或隔离治疗。

2. 针对病原携带者的措施

对病原携带者,应做好登记、管理和随访至其病原体检查 2~3 次阴性后。在饮食、托幼和服务行业工作的病原携带者须暂时离开工作岗位,久治不愈的伤寒或病毒性肝炎病原携带者不得从事威胁性职业。艾滋病、乙型和丙型病毒性肝炎、疟疾病原携带者严禁做献血员。

3. 针对接触者的措施

凡与传染源有过接触并有受感染可能者都应接受检疫。检疫期为最后接触日至该病的最长潜伏期。

(1)留验:即隔离观察。甲类传染病接触者应留验,即在指定场所进行观察,限制活动范围,实施诊察、检验和治疗。

(2)医学观察:乙类和丙类传染病接触者可正常工作、学习,但需接受体检、测量体温、病原学检查和必要的卫生处理等医学观察。

(3)应急接种和药物预防:对潜伏期较长的传染病可对接触者施行预防接种,此外还可采用药物预防。

4. 针对动物传染源的措施

对危害大且经济价值不大的动物传染源应予彻底消灭。对危害大的病畜或野生动物应予捕杀、焚烧或深埋。对危害不大且有经济价值的病畜可予隔离治疗。此外,还要做好家畜和宠物的预防接种和检疫。

(三)针对传播途径的措施

对传染源污染的环境,必须采取有效的措施,去除和杀灭病原体。肠道传染病通过粪便等污染环境,因此应加强被污染物品和周围环境的消毒;呼吸道传染病通过痰和呼出的空气污染环境,通风和空气消毒至关重要;艾滋病可通过注射器和性活动传播,因此应大力推荐使用避孕套,杜绝吸毒和共用注射器;而杀虫是防止虫媒传染病传播的有效措施。

消毒(disinfection)是用化学、物理、生物的方法杀灭或消除环境中致病性微生物的一种措施,包括预防性消毒和疫源地消毒。

1. 预防性消毒

对可能受到病原微生物污染的场所和物品施行消毒,如乳制品消毒、饮水消毒等。

2. 疫源地消毒

对现有或曾经有传染源存在的场所进行消毒。其目的是消灭传染源排出的致病微生物。疫源地消毒分为随时消毒和终末消毒:①随时消毒(current disinfection)是当传染源还存在疫源地时所进行的消毒;②终末消毒(terminal disinfection)是当传染源痊愈、死亡或离开后所作的一次性彻底消毒,从而完全清除传染源所播散、留下的病原微生物。只有对外界抵抗力较强的致病性病原微生物才需要进行终末消毒,如霍乱、鼠疫、伤寒、病毒性肝炎、结核、炭疽、白喉等。对外界抵抗力较弱的疾病如水痘、流感、麻疹等一般不需要进行终末消毒。

(四)针对易感者的措施

1. 免疫预防

计划免疫是预防传染病流行的重要措施。此外,当传染病流行时,被动免疫可以为易感者提供及时的保护抗体,如注射胎盘球蛋白和丙种球蛋白预防麻疹、流行性腮腺炎、甲型肝炎等。高危人群应急接种可以通过提高群体免疫力来及时制止传染病大面积流行,如麻疹疫苗在感染麻疹三天后或潜伏期早期接种均可控制发病。

2. 药物预防

药物预防也可以作为一种应急措施来预防传染病的传播。但药物预防作用时间短,效果不巩固,易产生耐药性,因此其应用具有较大的局限性。

3. 个人防护

接触传染病的医务人员和实验室工作人员应严格遵守操作规程,配置和使用的必要的个人防护用品。有可能暴露于传染病生物传播媒介的个人需穿戴防护用品如口罩、手套、护腿、鞋套等。

(五)传染病爆发、流行的紧急措施

根据传染病防治法规定,在有传染病爆发、流行时,当地政府需立即组织力量防治,报经上一级政府决定后,可采取下列紧急措施。

(1)限制或停止集市、集会、影剧院演出或者其他人群聚集活动。

(2)停工、停业、停课。

(3)临时征用房屋、交通工具。

(4)封闭被传染病病原体污染的公共饮用水水源。

在采用紧急措施防止传染病传播的同时,政府卫生部门、科研院所的流行病学、传染病学和微生物学家、各级疾病预防控制机构的防疫检疫人员、各级医院的临床医务人员和社会各相关部门应立即组织开展传染病爆发调查,并实施有效的措施控制疫情,包括隔离传染源,治疗病人尤其是抢救危重病人,检验和分离病原体,采取措施消除在爆发调查过程中发现的传播途径和危险因素等。

三、传染病预防控制方法概述

(一)扩大免疫规划

20 世纪 70 年代以来,WHO 根据消失天花和控制麻疹、脊髓灰质炎的经验,开展了全球扩大免疫规划(Expanded Program on Immunization,EPI)活动。

1. EPI 概述

EPI 从启动至 20 世纪 80 年代,重点放在提高免疫覆盖率,使每一个儿童在出生后都能按计划获得免疫接种。进入 20 世纪 90 年代后,计划免疫的目标逐步过度为疫苗可预防疾病的控制、消除和消灭。

我国于 1980 年起正式加入 EPI 活动。《90 年代中国儿童发展规划纲要》提出:到 1995 年消灭野毒株引起的麻痹型脊髓灰质炎(这一目标已经达到),消除新生儿破伤风。进入 21 世纪后,《中国儿童发展纲要(2001—2010 年)》要求全国儿童免疫接种率以乡(镇)为单位达到 90% 以上,将乙型肝炎疫苗接种纳入计划免疫,并逐步将新的疫苗接种纳入计划免疫管理。

(1)预防接种(1950—2000 年):预防接种的概念有广义和狭义的区别。广义的概念是指利用人工制备的抗原或抗体通过适宜的途径对机体进行接种,使机体获得对某种传染病的特异免疫力,以提高个体或群体的免疫水平,预防和控制针对传染病的发生和流行。狭义的概念指的是仅接种疫苗,使个体或群体获得对某种传染病的免疫力。

(2)计划免疫(1978—2000 年):计划免疫是指根据传染病疫情监测和人群免疫水平分析,按照国家规定的免疫程序,有计划地利用疫苗进行预防接种,以提高人群免疫水平,达到控制乃至最终消灭针对传染病的目的。

(3)免疫规划(2001 年至今):国家免疫规划是指按照国家或者省、自治区、直辖市(以下称省)确定的疫苗品种、免疫程序或者接种方案,在人群中有计划地进行预防接种,以预防和控制针对传染病的发生和流行。纳入国家免疫规划的疫苗,免费向公民提供预防接种。

2. 疫苗

传统疫苗是用病原微生物及其代谢产物,经过人工减毒、脱毒、灭活等方法制成,用于预防疾病的自动免疫制剂。过去曾习惯将病毒类制剂称为"疫苗",细菌类制剂称为"菌苗",细菌外毒素经脱毒的制剂称为"类毒素"。近年来由于现代生命科学,特别 DNA 双螺旋结构、内切酶和连接酶的发现,促进了疫苗的发展,已开始应用提纯抗原和人工合成有效抗原的方法制造疫苗,如果仍沿用以往的名称,就很难准确、完整地概括各种形式免疫制剂的本质。因此,WHO 把自动免疫制剂统称为"疫苗"(vaccine)。

目前疫苗的定义有所延伸,是针对疾病的病原微生物或其蛋白质(多肽、肽)、多糖或核酸,以单体或通过载体经预防接种进入人体后,能诱导产生特异性体液免疫和细胞免疫,从而使机体获得预防该疾病的免疫力。

疫苗的概念有广义和狭义的区别,广义的概念是指所有的免疫制剂,即包括用于感染性疾病和非感染性疾病的预防性疫苗和治疗性疫苗;狭义的概念是指为了预防、控制传染病的发生、流行,用于人体预防接种的疫苗类预防性生物制品。

(1)减毒活疫苗:减毒活疫苗是在实验室里通过对"野"病毒或细菌减毒而制备,它保留了病毒(或细菌)复制(或生长)和引起免疫的能力,但不致病。

目前我国使用的减毒活疫苗包括卡介苗、脊灰疫苗、麻疹疫苗、流行性腮腺炎疫苗(以下称腮腺炎疫苗)、风疹减毒活疫苗(以下称风疹疫苗)、水痘减毒活疫苗(以下称水痘疫苗)等。

(2)灭活疫苗:灭活疫苗是先对病毒或细菌培养,然后用加热或化学试剂(通常是福尔马林)将其灭活。灭活疫苗既可由整个病毒或细菌组成,也可由它们的裂解片段组成,称为裂解疫苗。裂解疫苗的产生,是将微生物进一步纯化,直至疫苗仅仅包含所需的抗原成分(如肺炎球菌多糖)。它既可以是蛋白质疫苗,也可以是多糖疫苗。蛋白质疫苗包括类毒素(灭活细菌毒素)和亚单位疫苗。大多数多糖疫苗由来自细菌纯化的细胞壁多糖组成。结合疫苗是将多糖用化学方法与蛋白质连接而得到的疫苗,从而成为更有效的疫苗。

目前我国使用的疫苗有百白破疫苗、流行性感冒疫苗(以下称流感疫苗)、狂犬病疫苗和甲肝灭活疫苗等。

(3)多糖疫苗:纯化多糖疫苗是唯一由构成某些细菌表膜的长链糖分子组成的灭活亚单位疫苗。它引起的免疫反应是典型的非 T 细胞依赖型免疫反应,即能在无辅助性 T 细胞的帮助下刺激 B 细胞。多糖疫苗不能在 2 岁以下儿童中产生良好的免疫应答,因其免疫系统未发育成熟。

目前我国使用的多糖疫苗有 A 群流脑多糖疫苗、A+C 群流行性脑脊髓膜炎多糖疫苗、肺炎双球菌多糖疫苗(以下称肺炎疫苗)、伤寒 Vi 多糖疫苗等;使用的结合疫苗有 B 型流感嗜血杆菌(以下称 Hib)疫苗等。

(4)重组疫苗:在基因水平上制备的疫苗有以下几种。

①基因工程疫苗:将可表达有效抗原的目的基因插入大肠杆菌、酵母菌或牛痘苗的核酸序列中进行表达,如乙肝疫苗。

②基因重组疫苗:通过强弱毒株之间进行基因片段交换而获得的疫苗,目前正在研究并取得较为成功的重组疫苗有轮状病毒疫苗和流感病毒疫苗。

③转基因植物疫苗:将目的基因插入植物细胞,如土豆、香蕉中,或插入羊、牛等动物乳腺细胞中,基因表达的产物就是所需的疫苗,人们通过摄入这些植物或羊奶、牛奶便可获得

对某种疾病的免疫力,目前在国内外均已有成功的报道。

④DNA 疫苗:是目前研究最热门的,被认为最有前途的疫苗。DNA 疫苗是指将可编码某种抗原的质粒 DNA 直接导入动物或人的细胞,编码序列表达的蛋白质可刺激机体产生完全的免疫应答,这种质粒 DNA 便称为 DNA 疫苗。

3. 免疫程序

(1)WHO 推荐对所有儿童进行下列疾病的常规免疫接种:白喉、乙型肝炎、麻疹、百日咳、脊髓灰质炎、母体/新生儿破伤风。此外,B 型流感嗜血杆菌依资源而定,黄热病在地方性流行的国家接种,结核病在高发病率地区接种。

其他可能需进行免疫接种的情况,见表 9-4。

表 9-4　WHO 推荐的对儿童需要进行的其他常规免疫接种

疾　病	相关情况
霍乱	难民营
乙型脑炎	某些地方性流行区的高危人群
流行性感冒	严重疾病高危人群(如 50 岁以上者)
脑膜炎球菌性脑膜炎(A 群和 C 群)	在爆发期间,流行地区(脑膜炎流行带)
鼠疫	暴露后,高危者
狂犬病	特别在流行期间
伤寒	暴露于危险因素的易感者
风疹	女孩或所有人群
炭疽	职业高危人群

(2)我国国家免疫规划疫苗的免疫程序,见表 9-5、表 9-6。

表 9-5　我国国家免疫规划疫苗的免疫程序

疫苗	出生	1个月	2个月	3个月	4个月	5个月	6个月	8个月	18~24个月	4岁*	6岁
乙肝疫苗	第1剂	第2剂					第3剂				
卡介苗	1剂										
脊灰疫苗			第1剂	第2剂	第3剂					第4剂*	
百白破疫苗			第1剂	第2剂	第3剂				第4剂*		
白破疫苗											1剂*
麻疹疫苗								第1剂	第2剂**		

注:* 加强免疫;** 复种。

表 9-6 省级增加的免疫疫苗的免疫程序

疫 苗	年(月)龄				
	6 个月	8 个月	18～24 个月	4 岁*	6 岁
乙脑灭活疫苗		第 1、2 剂	第 3 剂*		第 4 剂*
/减毒活疫苗		第 1 剂	第 2 剂*		第 3 剂*
流脑 A 群/A+C 群	第 1、2 剂			第 3 剂*	第 4 剂*

注：* 加强免疫。

4. 评价

(1)疫苗及其免疫效果评价：具有严格科学的评价程序，其关键是评价疫苗的安全性和有效性。

(2)计划免疫评价指标

①免疫效果评价指标：包括免疫学效果和流行病学效果的评价指标。

免疫学效果：通过测定接种后人群抗体阳转率、抗体平均滴度和抗体持续时间来评价。

流行病学效果：可用随机对照双盲的现场试验结果来计算疫苗保护率和效果指数。

$$疫苗保护率(\%)=\frac{对照组发病率-接种种组发病率}{对照组发病率}\times100\%$$

$$疫苗效果指数=\frac{对照组发病率}{接种组发病率}$$

②计划免疫管理评价指标：计划免疫工作考核内容包括：组织设置和人员配备；免疫规划和工作计划；计划免疫实施的管理和各项规章制度；冷链装备及运转情况；人员能力建设及宣传动员；监测及疫情爆发控制等。具体考核指标为：

建卡率：以 WHO 推荐的群组抽样法，调查 12～18 个月龄儿童建卡情况，要求达到98％以上。

接种率：对象为 12 月龄儿童。

$$某疫苗接种率(\%)=\frac{按免疫程序完成接种人数}{某疫苗应接种人数}\times100\%$$

四苗覆盖率：即四种疫苗的全程接种率。

$$四苗覆盖率(\%)=\frac{四苗均符合免疫程序的接种人数}{调查的适龄儿童人数}\times100\%$$

冷链设备完好率：

$$冷链设备完好率(\%)=\frac{某设备正常运转数}{某设备装备数}\times100\%$$

(二)化学预防

群体化学预防或化学疗法主要考虑社区而非个体,不必依赖于出现明显的特征或症状。其目的是确保社区免受感染,或治疗疾病高度流行的社区人员。当实施群体化学预防或化学疗法措施时,应确定选择群体使用药物的策略(见表 9-7 和表 9-8)。

表 9-7 按系统或社区分发化学预防药物的方法

疾病	药物	剂量	目标人群	周期
丝虫病	阿苯哒唑＋海群生	400 mg(6 mg/kg)	社区>2 岁	1 年 1 次
(如与盘尾丝虫病共同流行区)	阿苯哒唑＋伊维菌素	400 mg(150 μg/kg,依身高而定)	>5 岁或 15 kg 个体(一般身高>90 cm)	1 年 1 次
土壤传播的肠道寄生虫病	阿苯哒唑＋或左旋咪唑或甲苯咪唑	400 mg 40 mg 片 500 mg	学龄儿童 学龄前儿童 孕妇(妊娠中晚期)	1 年 2 次 1 年 3 次 1 年 1 次
盘尾丝虫病	伊维菌素	150 μg/kg,依身高而定	>5 岁或 15 kg 儿童(一般身高>90 cm)	1 年 1 次,某些地区 1 年 2 次
血吸虫病	吡喹酮	40 mg/kg	学龄儿童	1 年 1 次
非性病密螺旋体病	苄星青霉素	60/120 万单位肌肉注射	全社区	1 年 1 次

表 9-8 选择性分发化学预防药物的方法

疾病	药物	剂量	目标人群	周期
麻疹	维生素 A	胶囊 20 万 IU 油性溶液 10 万 IU/mL	2～5 岁儿童 2 岁以下儿童	1 年 1 次 1 年 2 次
脑膜炎球菌性脑膜炎	氯霉素	油悬液肌肉注射瓶装 0.5 g/2mL 剂量	所有病人	一旦需要时

(三)食品和水安全

食源性疾病一般指感染性或中毒性的疾病,包括常见的食物中毒、肠道传染病、人畜共同传染病(动物源性疾病)、寄生虫(如蛔虫病)及化学性有毒有害物质造成的疾病,食源性疾病是当前世界上最广泛的公共卫生问题之一。

虽然世界各地的食源性疾病都有显著的增加,但是食源性疾病是可以控制的。针对食源性疾病的病原体(特别是生物性的)及某些国家成功的经验,WHO 提出了安全的食品制备规则:①选择经过安全处理的食品;②烹调食品要彻底加热;③做好的熟食品要立即食用;④注重熟食品的贮存;⑤经贮存的熟食品食前一定要彻底加热;⑥防止生食品污染熟食品;⑦反复洗手;⑧注意保持厨房用具表面的清洁;⑨防止昆虫、鼠类和其他动物污染食品;⑩使用洁净水。

(四)安全注射和灭菌

1. 安全注射

全球因不安全注射和滥用注射而导致每年有 800 万~1 600 万人感染乙型肝炎,230 万~470 万人感染丙型肝炎和 8 万~16 万人感染 HIV。

可灭菌注射器具在许多国家已使用多年,为确保使用可灭菌设备接种不伤害受种者和接种者,必须严格遵守程序,确保质量,包括使用时间蒸气温度(TST)斑点指示剂。2000年,WHO、UNICEF、UNPFA、国际红十字会和红新月会共同发起一项政策声明,要求到2003 年在扩大免疫规划中全部使用"自毁性"注射器具。

政府的责任是确保注射安全和合适使用。建立注射安全机构以协调卫生部各部门,包括健康促进、免疫接种、计划生育、基本药物规划、卫生保健服务机构、院内感染、供血机构和废物处理等部门。对注射频率、不遵守注射安全的原因以及注射相关的不良反应进行初步评价;注射安全和合适使用的基础是针对消费者和公立、私立及非专业卫生保健人员改变行为的策略,通过行为改变活动以减少滥用注射并达到注射安全;有效、安全和适合环境地管理"锐利"废物,是确保不再次使用一次性带针注射器和避免偶然针刺损伤的唯一方法。

WHO 推荐安全注射 10 项活动,见表 9-9。

表 9-9 安全注射的 10 项活动

对　象	改进安全注射的 10 项行动
病　人	当病人就诊时说明更愿意口服药物
	每次注射时需用灭菌注射器
卫生人员	尽可能避免给病人开可注射药物的处方
	每次注射使用灭菌注射器,并进行适当处理
免疫接种机构	分发疫苗时配以足量的"自毁"性注射器和"锐利物品"箱
	在每个卫生保健机构都可获得灭菌注射器和"锐利物品"箱
基本药物	包括在所有教育和行为改变活动中告诫不安全注射的危险性
HIV/AIDS 预防	确保"锐利物品"处置管理作为保健系统任务的一部分
卫生保健系统	监测注射安全作为卫生保健机构的一项重要质量指标
卫生部	安全和合适的国家政策与适当的费用、预算和财政相协调

2. 灭菌

所谓灭菌是指完全杀灭任何微生物（包括芽孢）的方法。灭菌所用的方法包括热力、离子辐射（X射线和γ射线）、化学方法（如甲醛）。

（五）血液安全

组织有序的输血机构，是安全有效地使用血液和血制品的必要条件。全球约 5%～10%HIV 感染是通过受病毒污染的血液和血制品传播的，还有许多接受血制品者获得乙肝及丙肝病毒、梅毒螺旋体及其他感染因子（如克氏锥虫感染）。通过血液安全策略，可以消除或实质性减少经输血传播的感染。

建立输血机构的重要策略包括：仅从低危人群的自愿无偿献血者中采集血液；对所有捐献的血液进行经输血传播传染因子的筛选，包括 HIV、肝炎病毒、梅毒螺旋体和其他感染因子；通过有效的临床用血（包括尽可能使用简单的输血替代物）以减少不必要的输血。

（六）媒介控制

目标虫媒的生态学和行为特征在很大程度上决定了选择的控制方法或方法的联合。控制方法包括改造环境（如排污）、机械性措施（防蚊剂、蚊帐）、化学性措施（杀虫剂或杀幼虫剂）或上述措施的联合（用杀虫剂处理的蚊帐和诱杀剂）。

【思考题】

1. 新发传染病对世界产生了哪些影响？
2. 传染病发生分哪几个传染过程和流行过程？
3. 过境口岸检疫有哪几种受控传染病？这些传染病具有哪些共同点？
4. 媒介控制有那几种方法？
5. 简述传染病监测对传染病防控的意义。
6. 如何预防和控制传染病的流行？
7. 计划免疫评价有哪些指标？
8. SARS 的流行带给我们哪些经验和教训？

（叶　曦　刘延丽）

第十章

慢性非传染性疾病的预防控制

第一节 慢性非传染性疾病概述

一、慢性非传染性疾病及其分类

慢性非传染性疾病（noncommunicable disease，NCD，慢性病）是长期的、不能自愈的、几乎不能被治愈的疾病。主要是指那些发病率、致残率、死亡率较高，有明确预防措施的疾病，其中大多数属于生活方式疾病，如高血压、糖尿病、肥胖、慢性阻塞性肺疾患（COPD）等。此类疾病一般无传染性，但某些慢性病的发生可能与传染因子有关或由慢性传染性疾病演变而成，如慢性活动性肝炎可转化为肝癌。但自杀、车祸、中暑等这些突然发生、病程很短的非传染性疾病，不属于慢性病的范畴。

慢性病是多种危险因素联合作用的结果，包括个人行为因素、环境因素、生物学因素及卫生保健因素等。慢性病已成为危害人类健康的主要疾病，而且其中的主要慢性病目前临床上缺乏满意的治疗手段，疾病也多难以逆转。临床上只能使慢性病患者的症状得到缓解、病情好转或延长生存期，但不能从根本上解除患者的痛苦。

慢性病是可以预防和控制的。由于慢性病的危险因素多数是由个人的生活方式和行为所致，这些因素是可以通过个人的努力而避免或去除的。通过健康教育使人们形成有益于健康的生活方式和行为，预防慢性病的发生；通过早期发现危险因素，在症状和体征出现前降低或去除危险因素，控制慢性病的发生和发展。

（一）对健康有重要影响的慢性病主要类型

（1）心脑血管疾病：包括高血压、血脂紊乱、心脏病和脑血管病等。

（2）肿瘤疾病：包括肺癌、肝癌、胃癌、食管癌、结肠癌等。

（3）代谢性疾病：包括糖尿病、肥胖等。

（4）精神疾病：包括精神分裂症、神经症（焦虑、强迫、抑郁）、老年痴呆等。

(5)口腔疾病:包括龋齿、牙周炎等。

(二)国际疾病系统分类法(ICD-10)对慢性病的分类

(1)精神和行为障碍:老年性痴呆、精神分裂症、神经衰弱、神经症(焦虑、强迫、抑郁)等。

(2)呼吸系统疾病:慢性支气管炎、肺气肿、慢性阻塞性肺部疾病等。

(3)循环系统疾病:高血压、动脉粥样硬化、冠心病、心肌梗死等。

(4)消化系统疾病:慢性胃炎、消化性胃溃疡、胰腺炎、胆石症等。

(5)内分泌、营养代谢疾病:血脂紊乱、痛风、糖尿病、肥胖、营养缺乏等。

(6)肌肉骨骼系统和结缔组织疾病:骨关节病、骨质疏松症等。

(7)恶性肿瘤:肺癌、肝癌、胃癌、食管癌、结肠癌等。

二、慢性病的流行概况

(一)发病率与死亡率居高不下

从历史发展进程来看,到19世纪后期,世界上所有国家导致发病和死亡的主要原因是传染性疾病的流行,包括伤寒、霍乱、天花、白喉和流感等。当这类疾病仍在许多发展中国家流行时,工业化和现代化社会的疾病谱(spectrum of disease)已发生了明显的变化。这种现象最初出现在发达国家,随后在许多发展中国家均有体现。尤其低收入和中等收入国家,除传染病之外,慢性病正在造成双重负担。WHO资料(2007年)显示,即使在最不发达国家,心脏病、中风、癌症和其他慢性病的影响也日益严重。统计表明,全球2005年有5 800万人因各种病因而死亡,其中慢性病造成的死亡人数达3 500万,慢性病占所有死亡的60%以上,这比所有传染病(包括艾滋病、结核病和疟疾)、孕产和围产期疾患以及营养不良所导致的死亡人数总和还要多一倍。

在我国,慢性病成为我国人群的主要死因,死亡和患病持续上升。

1. 我国慢性病死亡持续上升

慢性病已成为我国城乡居民死亡的主要原因,城市和农村慢性病死亡的比例高达85.3%和79.5%。即使在贫困地区,慢性病的死亡也已达到60%。从1991年到2000年,支气管肺癌、肝癌、乳腺癌、脑血管病、冠心病、糖尿病以及交通伤害死亡率均呈上升趋势,肺癌等六种慢性病占了总死亡的35.76%。

卫生部2006年发表的资料表明,我国1991—2000年慢性病死亡占总死亡的比例呈持续上升趋势,已经由1991年的73.8%上升到2000年的80.9%。2000年全国死亡人数731万,在近600万的慢性病死亡者中,死于心血管疾病250万、肿瘤140余万、慢性阻塞性肺部疾患128万、糖尿病直接死亡9万,分别占总死亡人数的34.2%、19.2%、17.5%和1.2%。

在 140 多万肿瘤死亡病例中,肺癌 30 万、肝癌 28 万、胃癌 26 万、食管癌 14 万、白血病 4 万、乳腺癌 2 万。250 万心脑血管疾病死亡者中,脑血管病 139.5 万、缺血性心脏病 51.5 万、高血压病 23.7 万。

2. 高血压成为影响我国居民健康的头号杀手

高血压发展到后期,会引起严重并发症,患者往往死于脑血管病、冠心病或高血压性心脏病等疾病。我国 18 岁及以上成年人高血压患病率为 18.8%,全国有高血压患者 1.6 亿,其中 18~59 岁的劳动力人口中有 1.1 亿人患病。1959 年至 2002 年的 40 余年间,我国 15 岁以上人群高血压患病率呈持续增长趋势,其中 1991 年至 2002 年的 10 年间,患病率上升 31%,患病人数增加 7 000 多万。

同时,我国人群平均血压水平也明显上升,2002 年我国男性收缩压和舒张压均值分别比 1991 年增加 4.1 mmHg 和 3.3 mmHg;女性分别增加了 3.6 mmHg 和 4.1 mmHg。

我国 10 组人群前瞻性研究结果表明,舒张压每升高 5 mmHg,脑卒中危险会增加 46%,冠心病和肾脏疾病的危险也会相应增加。目前,我国人群高血压知晓率、治疗率及控制率都处于低水平。了解血压升高的人中,有效控制率只有 6.1%,仅有约 323 万人。

3. 如不加控制,糖尿病将给我国居民健康带来严重威胁

2002 年,我国大城市、中小城市和农村 18 岁居民糖尿病患病率分别达到 6.1%、3.7% 和 1.8%。估计全国有糖尿病患者 2 346 万人,空腹血糖受损者约 1 715 万人,中老年人是糖尿病的主要受害人群。与 1996 年相比,仅仅 6 年时间,大城市人群患病率即上升 40.0%。

(二)疾病负担不堪重负

慢性病在世界上的分布,与其经济收入密切相关。2005 年全球慢性病死亡在不同经济收入的国家差异明显,高收入国家仅占 20%,而 80% 都发生在低收入和中等收入国家。除最不发达国家之外,在世界上所有其他国家,穷人比富人更有可能患慢性病。在全世界所有地区,穷人比富人更容易因慢性病而死亡。此外,慢性病还造成沉重的经济负担,将个人和家庭推向贫困。另外,几乎半数慢性病死亡过早地发生在 70 岁以下人群,慢性病死亡总数的四分之一发生在 60 岁以下人群。在低收入和中等收入国家,中年人特别容易罹患慢性病。与高收入国家相比,中、低收入国家的人群发病年龄更低,患病时间更长,往往伴随着一些本来可以预防的并发症,而且会更早地死亡。低收入和中等收入国家处于新旧公共卫生挑战的中心,在继续应对传染病问题的同时,在许多情况下经历着慢性病危险因素和死亡的快速增长,特别是在城市地区。这些慢性病危险因素和死亡的快速增长预示着这些国家未来将承受巨大的负担。

1. 严重影响劳动力人口的健康

2003 年我国居民因恶性肿瘤、脑血管病、心脏病、高血压及糖尿病五种慢性病就诊高达 6.51 亿人次,占门诊总人次数的 14.5%,其中仅心脏病就相当于所有传染病门诊人次数,两周就诊患者中,劳动力人口约占一半。2004 年,全国因患恶性肿瘤、脑血管病、缺血性心脏病、高血压及糖尿病五种慢性病出院的人次数高达 1 071.76 万人次,占总出院人次数的 16.1%。

慢性病多为终身性疾病,预后差,并常伴有严重并发症及残疾,使存活者的生命质量大大降低。以糖尿病为例,患者肾功能衰竭发生率比非糖尿病患者高 17 倍。2001 年对我国 30 个省市大医院住院的糖尿病病人调查发现:73%糖尿病患者患有一种以上的并发症,其中 60%患者合并高血压及心脑血管病变,1/3 合并糖尿病肾病,1/3 合并眼病。

2. 慢性病加重了个人、家庭及社会的经济负担

慢性病给个人、家庭及社会造成了沉重的经济负担,慢性病将对患者的生活质量产生严重影响,将造成患者过早死亡;将对患者家庭、社区和整个社会产生巨大的经济影响。WHO 估计我国今后 10 年由于心脏病、中风和糖尿病导致过早死亡而将损失的国民收入数额将达 5 580 亿美元(按购买力平价计算)。我国每年用于癌症患者的医疗费用近千亿元,虽然花费高昂,但中晚期癌症的治疗效果尚不满意,其不良预后不仅给患者家人和亲友带来巨大的痛苦,也影响了社会的稳定。据推算,2003 年我国仅缺血性脑卒中一项的直接住院负担即达 107.53 亿元,脑卒中的总费用负担为 198.87 亿元,占国家医疗总费用的 3.79%,占国家卫生总费用的 3.02%。慢性病给居民家庭和个人,尤其是给农村居民带来了沉重的经济负担。慢性病与贫困的恶性循环,将使人们陷入因病致贫、因病返贫的困境。

(三)危险因素水平持续上升

慢性病的危险因素广泛存在,如不健康饮食、不锻炼身体、使用烟草等。在世界所有地区、所有年龄组,无论是男性还是女性,这些危险因素都是导致绝大多数慢性病死亡的主要原因。WHO 预测,未来 10 年将有 3.88 亿人死于慢性病,其中每年至少有 490 万人死于吸烟,有 260 万人死于超重或肥胖,有 440 万人死于高胆固醇,有 710 万人死于高血压。今后 10 年传染病、孕产和围产疾患以及营养缺乏所导致的死亡总数将下降 3%,而同期慢性病死亡人数将增加 17%。这就意味着如果不采取紧急行动,到 2015 年,因各种病因而死亡的 6 400 万人中,将有 4 100 万人死于慢性病。

全球大约有 2 200 万 5 岁以下儿童超重,儿童超重和肥胖已成为日益显著的全球性公共卫生问题。在英国,2~10 岁儿童超重率从 1995 年的 23%上升到 2003 年的 28%。儿童和青少年 2 型糖尿病过去闻所未闻,而现在这类病例已经开始在全世界出现。

1. 超重和肥胖

我国人群超重和肥胖患病率快速上升,已成为城市儿童青少年突出的健康问题。1992 年至 2002 年 10 年间,我国居民超重和肥胖患病人数增加了 1 亿,其中 18 岁以上成年人超重和肥胖率分别上升 40.7%和 97.2%。2002 年,全国有近 3 亿人超重和肥胖,其中 18 岁以上成年人超重率为 22.8%,肥胖率为 7.1%。2000 年全国学生体质健康调查结果也表明,与 1985 年相比,男女学生的超重和肥胖检出率均成倍上升,尤以大城市更为突出。

2. 血脂异常

血脂异常是心脑血管疾病的重要危险因素。2002 年中国居民营养与健康状况调查首次获得了有代表性的我国人群血脂资料,我国成人血脂异常患病人数 1.6 亿,总患病率为 18.6%,其中高胆固醇血症、高甘油三酯血症及低高密度脂蛋白胆固醇血症的患病率分别为 2.9%、11.9%和 7.4%。从年龄分布看,中年人的血脂异常总患病率与老年几乎相同,高甘油三酯血症患病率中年组还略高于老年组,各年龄组的低高密度脂蛋白血症患病率相近。

3. 不合理膳食

人们偏离平衡膳食的食物消费行为亦日益突出,主要表现为:肉类和油脂消费的增加导致膳食脂肪供能比的快速上升,以及谷类食物消费的明显下降,食盐摄入居高不下。

4. 身体活动不足

随着我国工业化进程的加快和生活方式的改变,我国居民身体活动不足的问题日益突出,而人们自主锻炼身体的意识和行动并未随之增加。2000 年全国体质调研和 2002 年中国居民营养与健康状况调查结果一致表明:我国居民每周参加 3 次以上体育锻炼的比例不足三分之一,以 30~49 岁的人锻炼最少。

5. 吸烟率升高

吸烟状况应引起高度重视。我国是烟草生产和消费大国,生产和消费均占全球 1/3 以上。目前全国约有 3.5 亿吸烟者,2000 年由吸烟导致的死亡人数近 100 万,超过艾滋病、结核、交通事故以及自杀死亡人数的总和,占全部死亡的 12%。如不采取控制措施,预计到 2020 年死亡人数将达到 200 万,其中有一半人将在 35~64 岁之间死亡。2002 年我国男性吸烟率为 66.0%,女性吸烟率为 3.08%。与 1996 年比,尽管吸烟率略有下降,但随着总人口的增加,吸烟人数的绝对数仍然增加了 3 000 万。

另外,我国被动吸烟(非自愿吸烟)的比例高,2002 年全国行为危险因素调查显示,30% 的人在工作场所被动吸烟,60%的人在公共场所被动吸烟,88%的人在家庭被动吸烟。我国被动吸烟的主要受害者是妇女和儿童,尽管他们自己并不吸烟,但经常在家庭、公共场所遭受他人吸烟的危害,其中 55%的 15 岁以上女性每天都遭受被动吸烟的危害,儿童由于缺乏自我保护能力,被动吸烟的情况更为严重。更令人震惊的是我国医务人员的吸烟状况堪忧,据全国疾病监测系统和一项在六个城市进行的调查分析,男医生的吸烟率高达 50%以上。他们的行为不仅对患者产生了不良影响,也增加了全社会的控烟难度。

三、慢性病的发病特点

(一)疾病谱发生变化,慢性病成为居民主要死因

慢性病的发病率逐年上升,成为影响我国公众健康的最主要因素,如 2000 年部分城

市前五位主要疾病死亡原因构成中,恶性肿瘤、脑血管病、心脏病三项占总体疾病死亡原因的 63.40%。2005 年卫生部发布的前三位中国城市主要疾病死亡原因构成显示,癌症、心脑血管病、糖尿病等慢性疾病成为中国人死亡的主要原因,已与发达国家居民的死亡原因相近似。

(二)增长幅度加快,发病年龄提前

我国慢性病的流行呈现增长速度加快,发病年龄提前的特点。虽然慢性病的主要患病人群仍然是中、老年人,但年轻人发病的比例有逐渐上升的趋势,慢性病的低龄化已是一个全球性的公共卫生问题。究其原因,主要与年轻人的生活方式有关,如糖、脂肪和盐的摄入量增加;运动减少,导致许多青少年肥胖等。

(三)农村增长幅度大于城市

慢性病在农村人口中快速增长,与农村经济发展后,农民的生活方式改变有关,同时与农民缺乏医学知识、保健意识淡薄、卫生服务提供与利用不足也有关。

(四)一因多果、多因一果的疾病特点更为突出

慢性病一般属常见病、多发病,具有多种因素共同致病(多因一果),一种危险因素引起多种疾病(一因多果),相互关联,一体多病,个人生活方式对发病有重要影响的特点。例如,心血管病、肿瘤、慢性阻塞性肺部疾患和糖尿病具有共同的危险因素:吸烟、不健康的饮食、缺少体育锻炼等;而且这些慢性病之间又相互关联,如肥胖与胰岛素抵抗、胰岛素抵抗与糖尿病和心脑血管病的关系,高血压与心血管疾病和糖尿病的关系等。这也迫使慢性病的控制策略从单因素向多因素控制转变。

第二节　慢性非传染性疾病监测

一、慢性病监测概述

慢性病监测是慢性病的预防控制工作中的重要组成部分。它是指长期、系统地观察某种慢性病的发生和传播,调查其影响因素,确定其变动趋势和分布动态,并及时采取防治对策和措施,同时对其防治效果和经济效益做出评价,如此不断地进行修改和完善,以期达到控制和消灭疾病的目的。

慢性病预防的基础是识别那些主要的共同危险因素,并预防和控制这些危险因素。从

一级预防的观点来看,对已知能预测疾病的主要危险因素进行监测,是一个适宜的工作起点。

(一)WHO预防与控制慢性病的全球策略

1. 主要目的

(1)绘制正在出现的慢性病的流行图,分析其社会、经济、行为、政治的决定因素,为制定政策、立法和财政支持提供指导;(2)降低个体和群体对慢性病共同危险因素的暴露水平;(3)强化为慢性病患者提供的卫生保健。由于慢性病监测是公共卫生的一项基本职能,为此建立一体化的、系统的、可持续的慢性病及其危险因素数据系统收集方法已势在必行。

2. 全球策略

(1)按照WHO的定义,确定和描述慢性病的主要危险因素;(2)建立危险因素监测的协调方法,既坚持科学原理,又有充分的灵活性以适应当地的和地区性的需要;(3)提供技术材料和工具,包括培训,支持监测的实施;(4)实施有效的通信策略,为制定政策、干预项目、决策者、潜在的资金来源和公众提供数据资料;(5)利用新技术在国内和国家之间实现信息分享,以进行相互比较。

(二)我国的慢性病监测系统

为及时捕获人群慢性病及其危险因素的准确信息,中国CDC于2004年对全国疾病监测系统进行了调整,使全国疾病监测系统从原有的145个监测点扩展为161个,监测覆盖范围从1 000万人扩展为7 300万人。该系统承担了中国慢性病相关危险因素监测、全国伤害监测工作等常规监测工作。自2005年以来,中国CDC运用该系统开展了居民死亡原因登记、人口和出生监测,每年可产生50多万个死亡个案资料与相关数据。2006年全国第三次以肿瘤为重点的全死因回顾调查和全国以乙型肝炎为主的人群血清流行病学调查也在该系统内开展。至此,我国已初步建立了全国范围的慢性病及其危险因素监测系统。

我国慢性病及其危险因素监测系统将动态掌握慢性病及其相关危险因素在全国不同地区不同人群中的流行状况与变化趋势,进一步制定实施相应的预防干预措施,控制慢性病带来的危害。监测对象为全国15至69岁常住居民(在调查地居住6个月以上),暂不包括港澳台地区。采取集中调查和入户调查相结合的方式,每3年开展一次现场调查,时间为当年8月至10月。调查内容涉及吸烟、饮酒、饮食、身体活动、体重控制、健康状况、精神状况等方面情况,人体测量则包括对身高、体重、腰围和血压的测量,部分人群将测量空腹血糖。2007年,在中国CDC主持下开启了第二次以人群为基础连续系统的危险因素监测工作。截至2008年5月30日,中国CDC慢性非传染性疾病预防控制中心监测室已经完成了2007年死因监测数据的收集和初步审核工作。累计收集了31个省(自治区、直辖市)的161个监测点的死亡个案共计41万余例。

二、死因和病伤监测

(一)监测目的

通过监测,了解居民死亡水平、慢性病患病的分布及其变化趋势,确定主要死因、死亡或患病的分布及其变化趋势,找出威胁人群生命主要的慢性非传染性疾病的病因、致病机制,及影响健康和生命质量的因素,为制定和评价干预策略和综合防治措施提供科学依据。

(二)监测对象

针对死因监测,应将具有本地区常住户籍的居民属于登记和统计对象;而未在本地办理暂住证或临时户口的流动人口,属于登记对象不属于统计对象。

对于病伤监测的对象依监测目的而定。

(三)监测内容

1. 病因监测

所有疾病必须按《国际疾病分类》第 10 版(ICD-10)分类命名,以卫生部规定的"死亡医学证明书"作为统计凭证。按国家统计局批准的报表进行汇总。

2. 病伤监测

根据监测目的,收集当地主要的慢性病的基本信息,如恶性肿瘤、急性心肌梗死和心性猝死、脑卒中(指原发性脑实质出血、脑栓塞、脑血栓形成、蛛网膜下腔出血)、慢性阻塞性肺部疾患、糖尿病等。其他病种的选择应结合当地的具体情况确定,主要考虑该监测的病种是否是当地的主要死亡原因、疾病的严重程度以及是否具有有效的公共卫生防治技术而确定。

(四)质量控制

加强与户口登记、殡葬管理部门的协作,确保死亡登记完整、准确。如果卫生部门年报的死亡数低于公安部门年报数,则视为漏报。

加强与妇幼、计划生育部门的协作,确保新生儿死亡数、孕产妇死亡数登记在内。

建立死因报告不详或疑难案例的核查制度。

建立资料审核制度,包括基层卫生组织例会审核以及定期对"死亡医学证明书"填写合格程度的审核制度,确保死因报表与死亡证明书统计数据相符。

建立定期漏报调查和死因诊断准确性的评价制度。

病伤资料的获得,应该重复利用各种监测系统来获取准确的信息资料。

(五)资料分析与应用

(1)主要分析指标:对于死因分析:包括不同人群的死亡原因和地理特征、不同死亡原因的死亡率、死亡专率、死亡构成、校正死亡率、标化死亡率、最小死亡年龄、劳动人口死亡率、脆弱人口死亡率、期望寿命、期望健康寿命、死因顺位及前十位死因占总死亡的比重、地区别婴儿死亡率、新生儿死亡率、寿命表、去死因寿命表等。

对于病伤分析:应进行各种人群特征的构成比、发病率等描述性统计,包括不同人群特征的发(患)病率、地区别发(患)病率、校正发(患)病率、标化发(患)病率、最小发(患)病年龄、劳动人口发(患)病率等。

(2)趋势分析和预测:对于死因监测:绘制死因趋势图、死亡谱、早死经济损失与劳动力损失趋势、寿命损失年,有条件的机构还可进行趋势分析和预测等。

对于病伤监测:绘制慢性非传染性疾病的病种流行趋势图、疾病构成谱、疾病经济损失趋势、劳动力损失趋势、疾病调整生命年、伤残调整生命损失、健康寿命损失年等。

(3)每年进行横向和纵向分析,撰写工作总结和地区性技术分析报告。

三、行为危险因素监测

(一)监测目的

了解人群中慢性病的主要行为危险因素及其变化,为制定有效干预措施和效果评价提供科学依据。

(二)监测内容

调查地区和人群的人口学特征、健康状况和医疗服务,及吸烟、酗酒、不合理膳食、体育活动、高血压、高血脂、高血糖、肥胖和健康意识等。

(三)监测方法

以一个完整的行政区域为抽样单位,以居委会(村)或社区为抽样点,按照多阶段整群随机抽样的方法抽样。由调查员入户询问,填写专门设计的调查表。

四、WHO阶梯式监测方法

WHO慢性非传染性疾病与精神卫生司在《慢性非传染性疾病危险因素监测》总结报告中提出了"世界卫生组织阶梯式监测方法(WHO STEPS)"(WHO/NMH/CCS/01.01)。

WHO STEPS 是 WHO 推荐的慢性非传染性疾病监测工具,通过构建一种常用的方法,以定义调查、监测和监督工具中的核心变量,其目的是使不同时间和不同国家的数据资料有可比性。阶梯式监测方法为低收入和中等收入国家启动慢性非传染性疾病监测活动提供了一个切入点。这种监测方法是作为与各国,特别是那些缺乏资源的国家技术协作的一部分,是提供标准化资料和方法的一种简要途径。阶梯式监测方法的实施,在国家级水平上是战略性的、协调性的、能力建设的和可持续性的工作。

(一)监测的工作框架

阶梯式监测方法是 WHO 推荐监测慢性病的工具,WHO 为慢性病的危险因素、发病率和死亡率的监测提供了工作框架(表 10-1)。

表 10-1　世界卫生组织慢性病阶梯式监测方法

慢性病	第1步	第2步	第3步
死亡	年龄别和性别死亡率	年龄别、性别和死因别死亡率	年龄别、性别及死因别死亡率
疾病	年龄别和性别入院率或就诊率	三组主要疾病的率和主要状况:传染病、慢性病和伤害	病因别发病率或患病率
危险因素	主要危险因素问卷调查的报告	问卷调查加体格测量	问卷调查加体检测量加生物化学评价

引自:WHO STEPS,2001。

(二)选择核心危险因素的依据

某种"危险因素"是指某个个体的任何特征、特性或暴露,可使该个体发生慢性非传染性疾病的可能性增加。从公共卫生意义上讲,测量群体中的这些危险因素可用于描述人群中未来疾病的分布,而不是预测某个个体的健康状况。然后,有关危险因素的知识可用于改变人群中这些因素的分布。

由于与疾病有关的许多因素无法改变,任何监测系统强调应该监测的是易于纠正的和干预的危险因素。监测所选择的 8 种危险因素(见表 10-2),能够反映未来大部分慢性病的负担,并可为干预的成功与否提供测量和评价。例如,能够导致体质指数(Body Mass Index,BMI)增加、血压升高和血脂异常的不合理膳食和体力活动不足,加上吸烟,至少可以解释心血管疾病成因的 75%。因此,选择核心危险因素的依据是:①它们对慢性病的死亡率和发病率影响最大;②实施有效的一级预防是可能得到改善的;③已经证明对这些危险因素的测量是有效的;④按适宜的伦理学标准是可以进行测量的。

表 10-2 主要慢性病的共同危险因素

危险因素	疾 病			
	心血管疾病*	糖尿病	癌症	呼吸疾病**
吸 烟	√	√	√	√
酒 精	√	√	√	√
体力活动不足	√	√	√	
肥 胖	√	√	√	√
血压升高	√	√		
血 糖	√	√		
血 脂	√	√	√	

* 包括心脏病、脑卒中、高血压。

** 包括慢性阻塞性肺部疾患和哮喘。

(三)阶梯式监测方法的构成

为了使监测具有可持续性,阶梯式监测方法认为,小量的优质数据比大量的劣质数据或没有任何数据更有价值。阶梯式监测基本的工作概念框架列于表 10-3。通过问卷调查获得信息(第 1 步),体格测量(第 2 步),或采集血标本进行生物化学评价(第 3 步);涉及描述每个危险因素的三个模块包括核心模块、扩展的核心模块和可供选择的模块。

表 10-3 阶梯式监测方法中危险因素的评价

模 块	水 平		
	第1步:问卷调查	第2步:体格测量	第3步:生物化学评价
核 心	社会经济和人口统计学变量、烟草、酒精、体力活动不足、营养	体重、身高、腰围、血压测量	空腹血糖、总胆固醇
扩展核心	饮食方式、教育、家庭指标	臀围	高密度脂蛋白—胆固醇、甘油三酯
可选择的	与健康有关的其他行为、精神卫生、残疾、伤害	计时步行、步程器检查、皮褶厚度、脉率	口服葡萄糖耐量试验、尿液检验

引自:WHO STEPS,2001。

(1)第 1 步,以问卷为基础的评价:研究的第 1 步是根据监测对象自报的信息。第 1 步的核心模块包括目前和未来的健康状况、社会经济数据、吸烟和饮酒数据、营养状况及体力活动不足等一些指标。建议采用 WHO 关于吸烟率、酒精消耗的标准定义和国际通用的体力活动测量标准。所有国家和地区应该都能够承担第 1 步的核心项目。

（2）第 2 步，问卷调查和体格测量：研究的第 2 步包括第 1 步核心模块中的最低要求、简单的体格测量，如血压、身高、体重及腰围测量。第 1 步和第 2 步对大多数国家是合乎需要的和适宜的。

（3）第 3 步，问卷调查、体格测量和生物化学评价：研究的第 3 步是将第 1 步和第 2 步核心模块中的最低要求合在一起，再加上血液标本的检验。第 3 步额外要求的信息属于生物化学的范畴，因此，WHO 建议资源缺乏的地方不要开展，除非能使用低成本技术。

发展阶梯式监测最大的挑战之一是，在保证工具和方法的标准化与能适用于各个不同国家或地区的灵活性之间找到平衡点。阶梯式监测方法可使所有国家能够为改善全球健康主要指标趋势的信息做出贡献。

在当地资源和监测需求允许更全面地评价这些主要危险因素时，扩展基本的核心问题是可能做到的。阶梯式监测方法为核心模块和扩展的核心模块提供了评价指南及标准问卷。核心模块、扩展的核心模块和供选择的模块不同水平获取的总体信息见表 10-4。

表 10-4　每一步获取信息的模块清单

	核心	扩展的	供选择的（例子）
第 1 步的危险因素			
人口统计学资料	年龄（25～64 岁；以 10 岁为一组）、性别、教育（年限）、城市/农村	15～24 岁和/或 65～74 岁、种族、最高教育水平、职业、家庭收入	75～84 岁、家庭规模、婚姻状态、家庭环境等
烟草	现在每天吸烟者的比例（%）（加吸烟频率、年限）、既往每天吸烟者比例（%）、开始吸烟的平均年龄	吸烟量、戒烟持续时间、吸烟类型	被动吸烟、试图戒烟、信念、知识、态度、行为（KAB）等
酒精	现在及既往饮酒者的比例（%）	饮酒量：平均量、大量	酗酒、知识和态度等
营养	摄入大量/少量水果/蔬菜者的比例（%）	饮食模式	食品频率调查问卷等
体力活动不足	静坐位职业者（%）、业余时间静坐者（%）、与交通工具有关的体力活动	职业或业余活动中体力活动非常多者的比例（%）、平均能量消耗	职业和业余时间的平均能量消耗等
其他			其他危险因素（自报）、残疾、精神卫生、自我健康感受、口腔卫生、安全带使用、压力、暴力等

续表

	核心	扩展的	供选择的（例子）
		第 2 步扩展的危险因素	
肥胖	[M]身高、体重、腰围	[M]臀围	[Q]体重减轻史、最大体重减轻量；[M]生物阻抗测定等
血压	[M]平均收缩血压和舒张血压水平	[Q]高血压者治疗（饮食、药物）的比例(%)	[Q]血压测量、心脏病、脑卒中的知晓率(%)；依从治疗比例 [M]心率、心血管病家族史等
糖尿病	[B]空腹血糖平均水平	[Q]糖尿病治疗（饮食、药物、胰岛素）	[Q]糖尿病家族史 [B]口服葡萄糖耐量试验等
血脂	[B]血胆固醇平均水平	[B]甘油三酯 [B]高密度脂蛋白胆固醇	[Q]既往胆固醇知晓情况、既往治疗情况（饮食、药物）等
烟草			[B]一氧化碳 [B]血清可替宁（cotinine）等
酒精			[B]血清 γ-GT 等

说明：[Q]问卷为基础的信息，自填或由调查员填写；[M]体格测量；[B]生化检验。
引自：WHO STEPS,2001。

(四)建立慢性病监测系统

　　慢性病危险因素监测的第一步就是进行足够样本的"基线"调查，以能有充分的检验效能来发现危险因素随时间变化的趋势，然后进行重复调查以发现危险因素的变化趋势。收集资料的时间间隔取决于资料的性质和可利用于开展监测工作的基层机构情况。监测是连续（重复）地收集资料，而调查只是一次性的工作。在制订慢性病监测计划时，应考虑连续收集资料与定期收集资料是不同的（见表 10-5）。

表 10-5　连续收集信息与定期收集信息的对比

	连续收集	定期收集
资料收集	小型团队	大型团队或多个团队
资料可及性	开始较慢	较快得到横断面情况报告
趋势分析中资料的利用	连续的结果	经过三轮资料收集后的结果
健康干预的评价	连续监测的结果变化	资料收集的时间常与干预不相联系
预算	卫生预算的持续投资	每个循环的一次性投资

引自：WHO STEPS,2001。

信息的收集与利用相结合,对卫生政策的制定产生影响,是监测系统的特点。此外,监测还可用于评价卫生政策和预防干预的效果。研究与监测交互影响,可以确保所推荐的政策和干预措施是符合成本效益的,监测的方法是有效的。从这个意义上讲,高质量的数据可以改善决策。

组成一个综合监测系统的信息可以来自多种渠道,包括从以人群为基础的调查到经济活动数据的监测指标(见表 10-6)。

表 10-6 监测所需信息的来源

来源	信息
调查	以人群为基础的数据
疾病登记	发病率和病死率
医院活动数据	发病率和卫生服务利用指标
管理数据	出生、死亡、保险索赔、用药、卫生保健系统的运作、医院审计
集团消费数据	人均消费
经济活动数据	经济指标

引自:WHO STEPS,2001。

多数国家都建立了很好的传染病监测系统。传染病监测与慢性病监测有相似的功能,因此,二者可以利用相同的机构、程序和人员。经验和资源的共享还可避免重复工作,提出公共卫生规划的需求。但是,传染病与慢性病监测之间的一个主要区别是,前者侧重于识别患者个体和病例报告,而后者则强调人群的负担和危险因素与疾病的分布。因此,将二者结合起来是一种特殊的挑战,可能会使两种方法的有效性都受到限制,因而应在整个公共卫生监测系统内探讨如何在相同原理和同一后勤保障体系基础上,发挥二者的协同作用。

第三节 慢性病预防控制的策略与措施

疾病防治的策略是根据所在国家或地区的疾病现状而制定的指导全面工作、进行疾病防治的方针,也是防治疾病的战略。疾病防治的措施是指各种防治疾病的具体方法,也就是防治疾病的战术。因此,疾病防治策略与措施就是防治疾病的战略战术问题。预防策略与措施的选择应遵循三个原则:①有效性,即能从三级预防入手,对某类或某个疾病进行综合防治有效;②可行性,即能得到政府的立法和经济支持,并深受居民和病人的欢迎;③可用性,即得到社区的广泛应用,与社区已建立的行政、经济、卫生等措施不冲突并可相互促进。

一、全人群策略与高危人群策略

(一)全人群策略

全人群策略(population strategy)属于一级预防的范畴,以减少发病为目的,以控制主要危险因素为主要内容,以健康教育和健康促进为主要手段。为了进行有效的干预,干预策略和措施要有针对性,对于不同的危险因素要采取不同的干预策略和措施。要充分应用健康促进理论和方法,从健康教育、政策开发和创造支持性环境等方面入手,开展干预活动,以促使人们知识、态度、技能的提高和技能的应用,减少危险因素,促进健康。

1. 健康教育

采用交流互动的培训方法,以提高一般人群了解慢性病防治的知识和技能,树立慢性病可以预防的信念。交流方法包括媒体支持,小组专题讨论会,印刷材料、视听教材和项目学习等;培训方法包括技能培训、竞赛、调研式学习、小组讨论和示范等。

2. 促进政策的开发

包括政策、法规、政府和当地组织(学校、服务组织、商业组织)制定的非正式的规定。例如限制或禁止非健康行为的政策:公共场所禁止售烟,禁止向未成年人售烟,加大对酒后开车的惩罚力度,增加酒税等。鼓励健康行为的政策如在公共场所给工作人员提供锻炼机会,鼓励他们参加锻炼等。

3. 创造健康的支持性环境

改变物质、社会环境带来的变化,努力使环境得到改善。对健康的倡导:在公共场所设置更多的体育锻炼设施,商店提供低糖、低脂肪食品,抵制无益于健康的活动等。在制定干预措施时,强调综合防治;强调以社区为基础的干预;应用健康促进手段,改变不良行为危险因素。

4. 针对主要危险因素的干预

(1)吸烟干预

①预防控制目标:a. 减少不吸烟者被动吸烟的机会以保护不吸烟者;b. 通过消除吸烟的促动因素阻止新烟民的产生;c. 提高戒烟率,从而最终达到预防和控制因吸烟所致的疾病和死亡。

②控烟的有效策略及措施:对吸烟者的干预比治疗任何慢性病的效益都好,而实际工作中控烟效果却不理想。其原因是人们把吸烟作为个体行为进行干预,忽视吸烟行为与特定文化、习俗、社会经济环境的密切关联。为此应采取包括政策、环境改变在内的综合策略来开展控烟工作:a. 政府制定政策、制度和法律,在指定区域内禁止和限制吸烟;b. 提高香烟的单位价格(政府立法提高烟草税);c. 大众媒体教育,提醒与敦促儿童与青少年远离烟草,

提醒与敦促吸烟者戒烟;d. 采取多项措施戒烟,如电话随访、有关场所应用醒目标志劝阻戒烟的提醒系统、控烟培训、健康教育等;e. 减少接受戒烟治疗费用,医疗保险补偿戒烟治疗费用;f. 从经济上、制度上鼓励临床医生提供戒烟干预服务。

(2)静坐生活方式干预

① 静坐生活方式定义及有益健康的体力活动标准:体力活动(physical activity)是指"由骨骼肌活动引起的、能消耗能量的任何身体活动"。静坐生活方式(physical inactivity)的定义是"在工作、家务、交通行程期间或在休闲时间内,不进行任何体力活动或仅有非常少的体力活动"。发达国家体力活动的构成主要以休闲时间为主,发展中国家人们体力活动主要来自工作、交通行程及家务,休闲时间的体力活动非常少。

美国卫生总署(USSG)1996 年推荐的体力活动的标准是:"每个成年人在一周内的每一天或绝大部分天内都应该有累计 30 min 的中等强度的体力活动。"体力活动是控制体重的关键,若以控制体重为目的,特别是对那些从事静坐职业者,则"一周的每一天都要有 60 min 的体力活动"。可选择的常见体力活动形式为跳舞、快速走、篮球、骑自行车、足球、散步、跳绳、慢跑、快速跑、游泳、划船等。

② 静坐生活方式干预的策略及措施:针对三类可改变的决定因素进行有效促进体力活动行为的有效策略与措施:a. 信息策略及措施:全社会信息宣传运动,楼梯口、电梯旁定点宣传鼓励人们爬楼梯;b. 行为与社会策略及措施:学校体育课程、社区内建立社会支持干预和个体化的健康行为改变;c. 环境政策干预,创造人们能方便地进行体力活动的场所及获得相关信息。

(3)酗酒的干预

① 社区水平或全人群水平上的干预措施及策略:a. 立法限制允许购买及饮酒的法定年龄;b. 设立销售税、禁止低价销售的经济政策;c. 限制零售商数量、每天销售量及商店位置(如限制商店离学校的最短距离);d. 立法禁止酒后开车,定期检验驾驶员血中酒精浓度;e. 限制含酒精饮料的广告宣传及企业的赞助活动;f. 降低酒精饮料中酒精浓度的鼓励政策;g. 大众媒体教育,提醒及敦促人们尽量不饮酒或遵守低危饮酒标准(low-risk drinking)。

② 临床场所酗酒干预的策略及措施:临床场所的医务人员处于鉴定及干预酗酒、高危饮酒病人的有利位置,可早期筛检有酒精相关问题者并给予快速干预,同时对全部病人进行针对性健康教育。

酗酒干预主要通过一个筛检问卷将所有求诊者分为四类:不饮及低危饮酒、危险性饮酒、有害饮酒和有酒精依赖性症状,然后给予针对性快速干预措施,不仅对高危人群及已出现危害者进行干预和处理,也对低危和不饮酒者提供第一级预防。

(4)体重控制

营养学家认为,绝大多数的肥胖是由于高脂肪、高热量的不健康饮食习惯和活动较少的生活方式引起的,因此体重控制应以控制饮食及增加体力活动为主要措施。但要强调体重控制不仅仅是个人问题,不管膳食调整还是增加体力活动均与社区文化、习俗、社会经济状况、社区行为准则等密切相关,因此均需采取全人群和个体干预的双重策略。

(二)高危人群策略

即以高危人群为重点的三级预防。针对高危人群的人群特点和相关疾病的特点,实施主要危险因素的干预和监测,进行人群筛检,早期发现病人;对患者进行规范化治疗和康复指导,提高治愈率,减少并发症和伤残。

1. 一级预防

对高危人群进行健康生活方式和合理膳食的健康教育和健康促进。研究显示改变生活方式可防止80%的冠心病和90%的2型糖尿病的发生;通过合理饮食、适宜运动和保持正常体重可预防1/3癌症。

2. 二级预防

是指在疾病的亚临床期为阻止或减缓疾病的发展而采取的措施。鉴于慢性病的发生和发展过程较长,做到早发现、早诊断和早治疗是可行的,并可以明显改善预后。早期发现的措施包括筛查、定期的健康检查或自我检查,但疾病的筛查必须有严格的标准和适宜的筛查手段,检测方法要简便、安全、准确,对检出的患者要有有效的治疗办法,同时要考虑成本效益。对于缺少适宜的早期发现方法的疾病,应在出现症状后,及早进行干预和治疗。

3. 三级预防

鉴于慢性病病程长、致残率高的特点,必须加强对患者的规范化治疗和康复指导。由于卫生资源有限,寻求经济、有效的长期防治方案便成为迫切需要解决的问题。除药物治疗外,对一些轻型或不伴有合并症及其他危险因素的患者,首先应加强健康教育和健康促进,包括控烟、运动、膳食指导、减轻体重,控制食盐、油脂摄入等。对于病情较重的患者应进行规范用药和生活指导,并定期随访监测,防止或延缓并发症的发生,提高患者的生活质量。

二、慢性病的社区干预

(一)社区干预的概念

社区是因有共同特点而联系在一起的一组人群,可以是某种地点或地理区域,如村、乡、街道、区等,也可以是有共同兴趣或利益相关的一组人群,如非政府团体和组织、俱乐部、学会、协会、网民等,也可以是一个或整个社会系统,如卫生部门、教育部门、城市。社区范围可大可小,如小至一个医院、学校、工厂、商店,大至整个城市甚至国家。在慢性病干预中,我们常指的社区是居民社区,学校、医院等属于特殊的社区。

社区干预是指充分利用社区资源,在社会各部门的参与下,针对不同目标人群,在不同场所开展疾病防治和健康促进活动,通过改变生活方式和生活环境,使个体和社区增强控制影响健康诸因素的能力,以创造有利于健康的环境,预防疾病,提高健康水平。社区干预的主要策略包括政策和环境支持、公共信息、社区参与和发展、个人不良行为改变及技能提高和社区卫生服务评估与改进。

(二)社区干预的特点

(1)一体化干预:①由于慢性病具有共同的危险因子,所以用同一干预手段预防多种疾病;②一级、二级和三级预防相结合;③采用多种策略;④社会多部门参与。

(2)强调社区参与和增强社区自身发展能力。

(3)使不同社会和文化背景居民共同受益。

(三)社区干预策略的分析

社区干预策略分析就像一棵倒置的大树,树干是主要的健康问题,分支是问题的原因和决定因素、目标人群和行为改变因素。

1. 社区诊断

通过社区诊断确定社区需要解决的健康问题。

2. 分析问题原因和决定因素

确定主要健康问题后,进一步分析引起问题发生的主要原因和决定因素。健康的决定因素主要包括:①遗传/生物因素;②生活环境因素;③社会环境因素;④政策;⑤可利用的卫生服务。

3. 分析目标人群

(1)目标人群分类:根据目标人群的人口学特征进行分类,包括性别、年龄、民族、教育水平、经济水平等。对不同的目标人群进行分析,有针对性地开展干预活动。

(2)目标人群分级:根据干预的目标,可将目标人群分为三级,即一级目标人群、二级目标人群和三级目标人群。①一级目标人群是指他们的行为使他们自身或其他人处于发生疾病的危险,防治项目想要通过干预策略改变其行为的人群,如吸烟青少年。②二级目标人群是影响一级目标人群采取健康行为的人群,如吸烟青少年的家长和老师。③三级目标人群指政策制定者、政府官员、社区领导、专业人员,他们可以制定政策、法律和干预活动的方法,以促进健康行为的养成。

4. 分析行为改变因素

(1)倾向因素:为行为提供理论依据或动机的主观因素,包括知识、态度、信念和价值观;

(2)促进因素:个体和环境促进某行为形成的因素,如法律、技术支持、卫生服务可及性等;

(3)强化因素:激励行为维持、发展或减弱的因素,如社会风气,家庭、朋友、教师的支持,政策或物质奖励等。

5. 目标人群行为改变阶段性分析

针对目标人群行为改变的不同阶段采取不同的策略。

(四)社区干预策略的选择

对健康的主要问题及其影响因素分析后,就要针对问题的每一个原因制定措施。综合各方面的信息,进行正确的决策和解决问题是做好干预项目的关键。要点是实事求是地设定目标,找到达到目标的有效方法,耗费少、效益大。在干预的实践中还要注意信息的反馈,以调整计划。

(1)过去类似项目或目标人群显示为有效的战略,何种战略能够覆盖最大人群。

(2)社区自我参与和自助的能力(社区对解决问题的承诺、社区对解决问题的贡献)。

(3)耗费少,效益大。

(4)可行性:以实事求是的可行性分析研究和评价来贯穿始终。

(5)有效性(卫生利益):要注重有效性的分析,把达到目的看成是方案是否成功的最主要的目标。

(6)可维持性:即项目在原点的维持和扩大到其他点的能力。在评价某一干预策略的可维持性的时候,可考虑如下要点:①社区是否支持;②是否是花费少效益高的健康策略;③是否有效地达到和影响目标人群;④是否更容易和有效地融合到常规工作和行政管理中;⑤是否有效、经济、充分地利用资源;⑥是否有确定的组织机构使干预项目持续下去;⑦是否可进一步扩展;⑧受益时间的持久性。

(五)社区干预的内容

1. 社区健康促进活动

根据疾病的不同危险因子从以下几方面选择干预活动的内容:①政策和环境支持;②公共信息;③社区发展;④个人技能发展;⑤社区卫生服务的不断评估与改进。

2. 干预场所

健康促进的场所分为五类:市区、医院、社区、工作场所、学校。每个场所又根据干预的战略和不同的危险因子采取不同的干预措施。

(1)市区:政策环境支持和大众传媒教育是全市区干预的重点。

(2)学校:学校作为健康促进场所的主要原因:①儿童时期是养成健康行为最重要的阶段;②学校儿童的覆盖率最大;③健康信息在学校易传播给儿童。

健康促进学校的主要干预战略包括:①健康学校政策;②个人健康技能;③社区参与;④安全和健康的学校环境;⑤健康卫生服务。

(3)医院:医生对患者和人群的健康教育是十分有效的,医生的表率作用也是十分重要的。医院的简短干预包括：用简单的语句劝告有危险的人群，提供健康教育的文字材料和讲座。

（4）工作场所：包括运动、营养、体重控制、烟草控制与戒烟、自我保健、压力管理和员工支持等。

（5）社区：从整体上对社区居民的健康相关行为和生活方式进行干预，内容和范围涉及个人、家庭、群体身心健康等。

（六）社区干预的评价

社区干预评价是社区干预的重要组成部分，贯穿于干预的始终。其目的是通过评价监测干预活动的进展情况和效果，进行信息反馈以及随时调整计划，达到预期目标。干预评价主要可分为以下几类。

1. 干预过程评价

把干预活动开展后的情况与制定的目标和工作计划相比较，检查计划执行的动态过程。主要评价的内容包括：每项干预活动的目标是否达到，干预活动覆盖的人群及人群对活动的态度及满意度，干预活动按计划开展的情况，干预活动的可行性。

2. 干预效果评价

近期效果评价指标主要包括目标人群的知识、态度和行为的改变情况，政策出台情况，环境改变情况以及费用等。远期效果评价包括疾病及其危险因素的变化情况及经费效益对比等。

3. 社区干预评价方法

（1）干预活动快速评价：分为定性调查法和定量调查法。定性调查法：专题小组论、个别访谈、观察法、中心拦截调查法。定量调查法：抽样调查、特殊调查等。

（2）利用监测系统的监测结果评价：①行为危险因素监测，可评价目标人群的知识、态度和行为的变化情况；②人文环境监测，可评价政策和社区环境的改变；③死亡监测，可评价目标人群疾病死亡率变化；④发病监测，可评价目标人群的发病率变化。

三、慢性病的临床预防

（一）临床预防的内涵

临床预防（clinical prevention）是在临床场所对病伤危险因素进行评价和预防干预，是对健康者和无症状的"患者"采取的个体预防措施，是在临床环境下的第一级预防（健康教育和健康促进）和第二级预防（早期发现疾病等）的结合。在具体的预防措施上，它强调纠正人们不良的生活习惯，推行临床与预防一体化的卫生服务。

(二)临床医生在开展临床预防服务中的作用和优势

(1)临床医生比其他卫生工作者有更多的机会可以面对面地与病人及其家属交谈。调查显示我国大约78％的人每年至少要去看医生一次,平均每年3次。当患者出现健康问题时,患者更愿意到医院寻求医生帮助,将自己的不适、担心、忧虑讲出,而医生具备精湛的技能与丰富的医学知识,可以给患者合理的解释,并根据各个个体的特点,开展针对性医疗和预防保健服务。

(2)患者对医生的建议有更大的依从性。医生的权威性及出于对医生的信任,求医者对临床医生的劝告更易接受。因此,医生在处理主要健康问题的同时,可根据三级预防的要求,适时向患者提供预防保健服务。例如,病人进行血糖血脂检查等,通常是在医生建议下进行的。

(3)许多临床手段和方法只有在医院、在临床医生操作下才能运用。医院拥有大量先进检查设备,医生拥有相应技能,可开展多项临床服务,如根据病人健康状况,开展乳腺检查、宫颈涂片、直肠指检等筛检活动。尽早发现患者存在的健康隐患,及时进行健康教育,以及进行早期治疗。

(4)我国有180多万临床医务人员,是可贵的卫生人力资源,他们参与预防可以弥补目前慢性病预防工作的人才紧缺。

(三)临床医生可开展的慢性病临床预防服务的内容

(1)健康咨询(health counseling)和健康教育:通过收集求医者的健康危险因素,与求医者共同制订改变不良生活方式和行为的计划,随访求医者执行计划的情况等一系列有组织、有计划的教育活动,促使他们自觉地采纳有益于健康的行为和生活方式,消除或减轻影响健康的危险因素,预防疾病,促进健康,提高生存质量。这些是临床预防服务中最重要的内容。

(2)疾病筛检:根据求医者的性别、年龄和拥有的健康危险因素情况通过一定的临床检查手段,及时地发现未被识别的严重疾病。

(3)化学预防:指对无症状的人使用药物、营养素(包括矿物质)、生物制剂或其他天然物质作为第一级预防措施,提高人群抵抗疾病的能力,以防止某些疾病。

四、疾病预防策略中若干观念的转变

(一)从关注疾病转向关注危险因素

从预防疾病的观点出发,所有能够增加负性结局发生概率的因素都可以称为危险因素。在复杂的疾病因果链中包含着不同水平上的危险因素,科学研究可以关注那些更直接的、近端的危险因素,而预防疾病的实践活动就必须兼顾所有直接和间接的危险因素。很多时候,针对远端危险因素(如贫穷和教育等)进行的干预活动往往可以使人群整体健康状况得到更确实、有效的改善。

(二)预防策略重点的转移

(1)一级预防优于二级预防:通过一级预防降低危险因素水平是最可取的预防策略,因为这样可以确实地降低未来的暴露,进而降低疾病的发病率。当然,如果疾病过程是可逆的,同时又具备有效、可行的筛检方法和治疗手段,那么二级预防可以作为一级预防的非常有效的补充。

(2)全人群策略优于高危人群策略:尽管高危人群策略的干预成本低于全人群策略,但是增加了确定这组高危个体的筛检成本。另外,期望个体采纳一种与众不同的生活方式很难,最好的办法就是促使整个人群的行为规范和社会人文环境发生一致的改变,这样才能促进个体行为的改变。因此从长远看,采取全人群的预防策略可以收到更大的回报。但全人群策略与高危人群策略并不相互抵触,在综合权衡了人群中高危个体的比例、危险因素的性质、确定高危个体的成本等因素后,可采用高危人群策略作为全人群策略的有益补充。

(3)整合的危险因素管理优于单个危险因素的干预:很多疾病的发生都是多种危险因素共同作用的结果。危险因素之间具有关联性,可互为因果,也可能共同源自更潜在的或远端的危险因素。另外多个危险因素作用于疾病的发生时可能具有协同作用,联合作用远远大于单个危险因素作用的简单相加。这意味着整合的危险因素管理的效果要优于单个危险因素的干预。

【思考题】

1. 简述慢性非传染病流行病学的概念及国内外流行特点。
2. 简述慢性病发病的主要危险因素及危害。
3. 简述阶梯式监测方法的工作框架。
4. 简述阶梯式监测方法选择核心危险因素的依据。
5. 简述全人群预防策略和高危人群策略的概念及作用。
6. 简述社区干预和临床干预的异同点。

(赵本华)

第十一章

中毒的预防控制

第一节　毒物与中毒

一、毒物及其来源

毒物(toxicant,poison)是指接触机体或进入机体可导致中毒的物质。毒物是相对的概念,与非毒物之间并没有绝对的界限,主要取决于剂量的大小。一般来说,只将那些危险性较大,少量接触或摄入就可导致中毒的物质称为毒物。

(一)毒物的分类

毒物的种类繁多,其分类方法也不尽统一。毒物按其来源分生物性毒物(又可分为动物性毒物和植物性毒物)及化学性毒物(又可按用途分为工业性毒物、农业性毒物、药物性毒物及日常生活用化学品等)两大类。按其作用性质可分刺激性、腐蚀性、窒息性、麻醉性、溶血性、致敏性毒物等。按其作用的靶器官可分神经毒性、心脏毒性、肺毒性、肾毒性、血液毒性、生殖毒性、免疫毒性毒物等。按其物理状态可分固态(含粉尘)、液态、气态或蒸气态、气溶胶态(雾、烟)等。

从中毒的预防控制角度,一般按照毒物的来源和用途来分类,见表 11-1。

表 11-1　毒物按其来源和用途的分类

来　源	类　型	举　例
1. 工业毒物	(1)金属、类金属及其化合物	如砷、汞、铅、钡等
	(2)刺激性气体	如氮氧化物、氨、氯等
	(3)窒息性化合物	如氰化物、一氧化碳、硫化氢等
	(4)有机化合物	如甲醇、四氯化碳、苯、酚等

续表

来　源	类　型	举　例
2. 农用毒物(农药)	(1)杀虫剂	如有机磷杀虫剂、氨基甲酸酯类杀虫剂等
	(2)杀菌剂	如有机硫类杀菌剂等
	(3)杀鼠剂	如氟乙酰胺、毒鼠强等
	(4)除草剂	如百草枯、敌稗等
3. 植物性毒物	(1)含生物碱类植物	如曼陀罗、马钱子等
	(2)含甙类植物	如万年青、苦杏仁等
	(3)含毒蛋白类植物	如蓖麻子、巴豆等
	(4)含萜及内酯类植物	如苦楝子、雷公藤等
	(5)含酚类植物	如大麻子、狼毒等
	(6)含其他毒素类植物	如甜瓜蒂、八角莲等
	(7)其他	如毒蘑菇、油桐子等
4. 动物性毒物	(1)动物咬、蜇中毒	如毒蛇、毒蜘蛛等
	(2)有毒动物或器官	如河豚、鱼胆等
5. 日用化学品		如化妆品、清洁与洗涤用品、防虫杀虫用品、消毒剂等
6. 医用化学品		如各种剂型的药物、消杀剂等
7. 环境污染物		如存在于各种环境介质中的化学污染物
8. 放射性物质		如放射性核素、天然放射性元素等
9. 军事毒物		如军用毒剂、纵火剂、发烟剂等

(二)毒物的来源

(1)生产企业:主要来自生产过程中的工业化学品。跑冒滴漏、爆炸、火灾或违法操作规程等事故,可向外环境中排放大量毒物。

(2)食物:主要是受化学毒物污染的食品。食品在生产、加工、运输、销售等各个环节,均可受到化学毒物的污染,如在食品加工中错误使用化学品(如误将亚硝酸盐当作食盐使用)、违法使用化学品生产伪劣掺假食品(如使用瘦肉精、甲醇、氯丙醇等)、高毒农药污染食品、食品包装材料污染食品等。此外,还包括霉变食品(如变质甘蔗、臭米面等)、有毒动植物(如河豚、鱼胆、毒蘑菇等)等。

(3)药物:包括药物错用、药物过量使用、药物被毒物污染、药物滥用、用药途径错误等情形。

（4）化学事故：大多数化学事故是急性泄露，可因管理或操作失误引起，导致化学中毒、爆炸、火灾等效应。此外，还包括剧毒化学品（如氰化物、违禁鼠药等）在市场上无证销售，由于管理混乱将剧毒化学品当作普通化学品发放等。

（5）刑事案件：包括向食物或饮水中投毒，在公共场所使用剧毒物、窒息性或刺激性气体的恐怖行动，以及利用非食品非法加工和生产食品等。

二、中毒及其类型

中毒（intoxication，poisoning）是指机体过量接触化学物质引起代谢障碍或功能紊乱和组织损害的一种疾病。中毒不包括化学物质通过免疫或致癌、致畸、致突变作用机制所引起的损害。按中毒的发生、发展过程，可分为急性中毒、亚急性中毒和慢性中毒。中毒可由自杀、他杀或意外所致。中毒的类型包括食物中毒、职业中毒、化学事故中毒、药物中毒和刑事性中毒。

（一）食物中毒

《食物中毒诊断标准及技术处理原则》（GB 14938-94），将食物中毒定义为："摄入了含有生物性、化学性有毒有害物质的食品或把有毒有害物质当作食品摄入后所出现的非传染性（不同于传染病）的急性、亚急性疾病。"《食物中毒事故处理办法》（自 2000 年 1 月 1 日起施行），将食物中毒定义为："食用了被生物性、化学性有毒有害物质污染的食品或者食用了含有毒有害物质的食品后出现的急性、亚急性食源性疾患。"

食物中毒属食源性疾病的范畴，是食源性疾病中最为常见的疾病。食物中毒不包括因饮食不节引起的急性胃肠炎、食源性肠道传染病、食源性寄生虫病、与饮食有关的慢性疾病等。

1. 引起食物中毒的食品

包括：①被致病菌和/或被毒素污染的食品；②被化学品污染的食品；③外观与食物相似而本身含有有毒成分的物质，如毒蕈；④本身含有有毒物质，而加工、烹调不当未能将毒物去除的食品，如河豚；⑤由于贮存条件不当，在贮存过程中产生有毒物质的食品，如发芽的马铃薯、霉变粮食等。

其中，引起化学性食物中毒的食品有以下几种情况：①被有毒有害的化学物质污染的食品；②误为食品、食品添加剂、营养强化剂的有毒有害化学物质；③添加非食品级的或伪造的或被禁止的食品添加剂、营养强化剂的食品，以及超量使用食品添加剂的食品；④营养素发生变化的食品（如油脂酸败）；⑤使用禁用的兽药、农药，或兽药、农药残留严重超标的食品等。

2. 食物中毒的分类

食物中毒可按中毒食品、致病因子和临床表现进行分类。以下是按照《食物中毒诊断标准及技术处理总则》，以引起发病的致病因子进行分类。

(1)细菌性食物中毒：包括感染型细菌食物中毒和毒素型细菌性食物中毒。感染型细菌食物中毒主要临床表现为胃肠道综合征，并多伴有发热；而毒素型细菌性食物中毒通常以上消化道症状为主，突出表现为恶心、呕吐，但发热较为少见。

(2)真菌性食物中毒：包括食品中的某些霉菌在繁殖过程中产生的霉菌毒素引起的食物中毒和某些真菌天然含有有毒成分引起的食物中毒，后者也被称为毒蕈中毒。

(3)动物性食物中毒：是指某些动物性食品本身含有的有毒成分或动物组织分解产生的有毒成分引起的食物中毒。我国发生的动物性食物中毒主要是河豚中毒，近年来其发病有上升趋势。

(4)植物性食物中毒：系指某些植物食品本身含有的有毒成分引起的食物中毒。如含氰甙果仁、木薯、菜豆、毒蕈等引起的食物中毒。

(5)化学性食物中毒：指食用化学性有毒食品引起的食物中毒。如有机磷农药、鼠药、某些金属或类金属化合物、亚硝酸盐等引起的食物中毒。

(6)致病物质不明的食物中毒：由于采取不到食物中毒样品或采集到的样品无法查出致病物质或者学术上中毒物质尚不明的食物中毒。

食物中毒事故按照中毒人数、死亡人数、发生场所等分为一般食物中毒事故、较大食物中毒事故、重大食物中毒事故。一般食物中毒事故：中毒人数少于 30 人；较大食物中毒事故：中毒人数 30～49 人(包括 30 人)；重大食物中毒事故：死亡人数 1 人以上，中毒人数 50 人(包括 50 人)以上。

(二)职业中毒

劳动者在生产过程中接触化学毒物所致的疾病状态，称为职业中毒。如果劳动者接触一定量的化学毒物后，化学毒物或其代谢产物在体内负荷超过正常范围，但劳动者无该毒物引起的临床表现，呈亚临床状态，称为毒物的吸收。在我国，急性职业中毒事件时有发生，甚至酿成群死群伤的重大事故，其防制形势极为严峻。

1. 引起职业中毒的毒物

主要是指工业毒物，通常以固态、液态、气态或气溶胶的形式存在于生产环境中。最常见的毒物包括硫化氢、一氧化碳、氯气、氨气、苯、砷和重金属等。

2. 职业中毒的分类

职业中毒在职业病发病人数中占有很大的比例，是我国职业病防治的重点。根据职业中毒发病的迟缓，职业中毒可表现为急性、亚急性、慢性和迟发性中毒。卫生部和劳动保障部于 2002 年发布的《职业病目录》，将职业中毒分为 56 类：铅及其化合物中毒(不包括四乙基铅)、汞及其化合物中毒、锰及其化合物中毒、镉及其化合物中毒、铍病、铊及其化合物中毒、钡及其化合物中毒、钒及其化合物中毒、磷及其化合物中毒、砷及其化合物中毒、铀中毒、砷化氢中毒、氯气中毒、二氧化硫中毒、光气中毒、氨中毒、偏二甲基肼中毒、氮氧化物中毒、一氧化碳中毒、二硫化碳中毒、硫化氢中毒、磷化氢(磷化锌、磷化铝)中毒、工业性氟病、氰及腈类化合物中毒、四乙基铅中毒、有机锡中毒、羰基镍中毒、苯中毒、甲苯中毒、二甲苯中毒、正己烷中毒、汽油中毒、一甲胺中毒、有机氟聚合物单体及其热裂解物中毒、二氯乙烷中毒、四氯化碳中毒、氯乙烯中毒、三氯乙烯中毒、氯丙烯中毒、氯丁二烯中毒、苯的氨基及硝基化合物(不包括三硝基甲苯)中毒、三硝基甲苯中毒、甲醇中毒、酚中毒、五氯酚(钠)中毒、甲醛中毒、硫酸二甲酯中毒、丙烯酰胺中毒、二甲基甲酰胺中毒、有机磷农药中毒、氨基甲酸酯类农药中毒、杀虫脒中毒、溴甲烷中毒、拟除虫菊酯类农药中毒、根据《职业性中毒性肝病诊断标准》可以诊断的职业性中毒性肝病、根据《职业性急性化学物中毒诊断标准(总则)》可以诊断的其他职业性急性中毒。

2002 年卫生部制定的《职业病危害事故调查处理办法》将职业病危害事故分为三类：

(1)一般事故：发生急性职业病 10 人以下的。

(2)重大事故：发生急性职业病 10 人以上 50 人以下或者死亡 5 人以下的，或者发生职业性炭疽 5 人以下的。

(3)特大事故：发生急性职业病 50 人以上或者死亡 5 人以上，或者发生职业性炭疽 5 人以上的。

(三)化学事故中毒

WHO 对化学事故的定义为："两个或多个公众成员受到化学物质的暴露(或有受到暴露的威胁)。"化学毒物经大量排放或泄露后，污染空气、水、地面和土壤或食物，经呼吸道、消化道、皮肤或黏膜进入人体，引起群体中毒甚至死亡事故发生，称为化学事故(中毒)。

对于化学事故的类型，国内外至今尚无统一的划分标准，但通常可按以下几种方法分类：

1. 按有毒物质污染的主要对象分类

将化学事故分为空气污染、水源污染和地面(物体)污染三类。

2. 按事故的严重程度分类

(1)特大化学事故：是指大量有毒有害物质泄漏并迅速扩散，短时间内造成成百上千人员中毒伤亡，危害范围大并使城镇的综合功能遭到破坏，社会秩序混乱，必须进行社会动员，组织大量人力、物力、财力进行救援的灾害性事故。

(2)重大化学事故：是指突然发生并危及周围居民，且造成数十人急性中毒伤亡的事故。这类事故发生的几率比特大化学事故高，事故发生后也需动员有关方面的力量参与救援。

(3)一般性化学事故：是指由于工厂设备陈旧、故障或违反操作规程引起个别人发生中毒,事故危害范围一般限于局部区域内,且通常只需事故单位自己处理的事故。

3. 按有毒物释放形式分类

(1)直接外泄型化学事故,即由于某种原因使生产、使用、储存或运输中的有毒物直接向外释放而造成的事故。

(2)次生释放型化学事故,是指某些本来无毒或低毒的化学物品,在燃烧、爆炸后次生出有毒有害物质并向四周释放而造成的化学事故。

近年来,由于危险化学品管理不善,陆续出现剧毒化学品(如氯气、氨气、氰化物等)运输事故、工厂剧毒化工原料(如苯、氯气、硫化氢、氨气等)泄漏事故,不仅严重危害人体健康,而且破坏了社会安定。

(四)药物中毒

由于各种原因而错用药物、用药过量、用药途径错误或药物被毒物污染引起的中毒,称为药物中毒。常见的药物中毒包括过量服用中药或西药、药物滥用引起的中毒。一次大剂量服用药物可导致急性药物中毒。由于反复使用代谢较慢、毒性较大的药物,以至体内药物来不及代谢、排泄,或由于病人肝、肾功能不良,对药物的代谢、排泄功能发生障碍,从而使药物不断在体内积聚,达到一定浓度时使人产生一系列过量用药时才有的中毒症状,这类中毒称为药物的蓄积中毒。蓄积中毒多发生在诸如洋地黄、依米丁、士的宁、溴化物等代谢缓慢而毒性较高、用药安全范围较小的药物的连续应用中,由于每次用药量本身往往并未过量,故而常易被人们忽视。

(五)刑事性中毒

刑事性中毒是指导致人体中毒的刑事案件。如他杀中毒(投毒),是指以故意结束他人生命为目的的一种中毒,在我国是各种他杀方式中较常见的一种;生产、销售不符合卫生标准的食品罪,是指生产、销售不符合卫生标准的食品,足以造成严重食物中毒事故或者其他严重食物性疾患的行为;利用毒物在公共场所进行的恐怖事件等。

近年来,在刑事性中毒案件中使用较多的毒物有被禁用的农药和鼠药、砷化物、氰化物、铊等化学毒物。例如,毒鼠强为国家禁止生产、销售及使用的剧毒杀鼠剂,因其生产成本低廉,不法商贩为牟取暴利而导致毒鼠强在市场上的销售屡禁不止,中毒事件时有发生。

三、我国中毒事件发生的现状与特点

(一)食物中毒频繁发生

1987—1997 年,有统计的食物中毒事件共 17 532 起,46 万人中毒,3 570 人死亡。

2000—2007 年我国食物中毒起数、中毒人数、死亡人数和病死率,见表 11-2。

表 11-2 我国食物中毒基本情况分析(2000—2007 年)

年份	中毒起数	中毒人数	死亡人数	病死率/%
2000	696	18 262	157	0.86
2001	611	19 781	135	0.68
2002	128	7 127	138	1.94
2003	379	12 876	323	2.51
2004	381	18 929	268	1.42
2005	256	9 021	235	2.61
2006	596	18 063	196	1.08
2007	506	13 280	258	1.94

数据来源:根据卫生部官方网站的数据整理。

据统计,2000—2004 年我国食物中毒的原因主要是微生物性食物中毒,中毒起数和人数均为最多,但死亡人数以农药化学性食物中毒最多,因有毒动植物引起的食物中毒病死率最高。集体食堂、家庭和饮食服务单位是中毒的高发场所。

2005—2007 年,在全国报告的食物中毒事件中,涉及 100 人以上的食物中毒分别为 18起、17 起和 11 起。2006 年,微生物性食物中毒是报告起数和中毒人数最多的食物性中毒。微生物性食物中毒主要是由于食用了受细菌污染、腐败霉变的食品而引起,与食品加工、销售环节卫生条件差,公众的食品卫生意识淡薄等密切相关。有毒动植物食物中毒是死亡人数最多的食物性中毒。中毒原因主要以四季豆、扁豆、菜豆等加热温度、时间不够和误食毒蘑菇、河豚等有毒动植物引起为主。2007 年,有毒动植物引起的食物中毒的报告起数和死亡人数最多,分别占总数的 37.35% 和 64.73%。其中,526 人因食用毒蘑菇中毒,113 人死亡,死亡人数占食物中毒死亡总人数的 43.80%。

尽管 2003 年国家《突发性公共卫生事件应急条例》出台后,各级相关部门均加强了食物中毒报告制度建设,各地食物中毒的报告意识和报告管理水平有了较大提高,并开始通过中国疾病预防控制中心网络直报系统报告食物中毒,但食物中毒的漏报仍然是值得关注的问题。据 WHO 统计,发达国家食源性疾病的漏报率在 90% 以上,发展中国家的漏报率在95% 以上。由此推算,我国每年食物中毒病例数至少在 20 万~40 万。

(二)农药中毒居高不下

在 20 世纪 80 年代中期,我国每年发生农药中毒 10 余万例,病死率平均为 20%。据不完全统计,1992—1996 年全国共报告农药中毒 247 349 例(5 年),平均病死率为 9.95%。其中,生产性中毒占 24.7%,89.5% 是由高毒类有机磷农药引起的。1997—2003 年,全国共报告农药中毒 108 372 例(7 年),其中生产性中毒、生活性中毒分别占总中毒例数的 25.39%和 74.61%,病死率为 6.86%。杀虫剂是引起农药中毒的主要类别,占 86.02%,且以甲胺磷、对硫磷和氧乐果 3 种高毒类有机磷中毒为主。2000—2005 年,中国疾病预防控制中心中毒控制中心共接到有关中毒的咨询电话 11 073 个,处理相关中毒患者 37 489 人次,中毒类型的第一位是农药中毒,占 53.58%。

同食物中毒一样,农药中毒的漏报情况也较为严重,报告的病例数并不能完全反映我国农药中毒的实际情况。我国农药中毒病例数仍然居高不下,其严重性应引起全社会和从事公共卫生工作的人员的高度关注。

(三)职业性急性中毒不容忽视

职业中毒是我国已公布的 10 类 115 种职业病中病种数最多的一类,随着小化工行业向乡镇企业转移,急性职业中毒事故有不断增加的趋势。据全国职业中毒报告统计,在危险化学品生产行业中,我国每年发生职业中毒 5 万多例,农民工成为主要的受害者。从 20 世纪 90 年代中期至今,各地建立了工业园区,涉外企业纷纷落户城镇,部分国外受限制的有毒有害作业逐渐转移到我国,农民工接触危害因素范围不断扩大,职业中毒有群体发病的趋势。2001 年,卫生部接到职业中毒报告 222 起 756 例,死亡 110 例,其中同时死亡 3 人以上的重大事故共有 9 起 49 人,引起劳动者急性职业中毒的主要化学毒物为苯、硫化氢和一氧化碳等。2005 年,卫生部共收到全国急性职业中毒 326 起 613 例,死亡 28 例,病死率 4.57%。引起急性职业中毒的化学毒物主要是硫化氢、一氧化碳、砷化氢、苯、氨、磷化物、汞及其化合物、苯的硝基氨基化合物、铅及其化合物和氯气等。急性职业中毒主要发生在化工、煤炭和冶金行业。慢性职业中毒报告 1 379 例,居前三位的分别是铅及其化合物中毒、苯中毒、砷及其化合物中毒。慢性职业中毒主要发生在有色金属、化工、电子和冶金行业。2006 年,全国急、慢性职业中毒分别为 467 例和 1 083 例,各占诊断职业病病例总数的 4.05%和 9.40%。急性职业中毒以一氧化碳和硫化氢中毒为主,主要分布在煤炭行业和轻工行业;慢性职业中毒以铅及其化合物和苯中毒为主,主要分布在轻工、有色金属、冶金、电子和机械行业。

此外,药物中毒的危害也日渐突出。据有关研究发现,我国药物中毒发病率比欧美国家高 2~3 倍。药物滥用、药物依赖的危害十分严重,可以造成急性中毒。据卫生部的不完全统计,我国每年仅因药物中毒死亡人数就达 25 万人之多。刑事性中毒案件不断攀升,已成为危害公众安全和社会安定的隐患。

(四)我国中毒事件的特点

(1)中毒类型多样化:除化学危险品、药物中毒外,由有毒动植物、中药等引起的中毒也逐渐增多。据报道,全国大医院的中毒病例已占急诊就诊人数的 6%~8%,并表现为:农村地区主要为农药中毒,除有机磷农药中毒之外,鼠药中毒表现很突出。城市中毒病例中,药物中毒比例大幅度增多,最突出的是安眠药中毒,其次是治疗心脏病药物、降压药物等引起的中毒。此外,在吸毒药物中,海洛因、摇头丸中毒呈逐年上升趋势。

(2)中毒事件的突发性:中毒事件往往是在没有先兆的情况下突然发生的,作用迅速,危及范围广,造成惨重的人员伤亡和巨大的经济损失,对社会安定和社会秩序产生较大的震动。

(3)中毒事件的群体性:在较短的事件内可导致多人同时发生中毒,呈现群体发病的特征。

(4)中毒事件的隐匿性:中毒的病因不能被马上确定,容易导致误诊。中毒的危害会持续发生,事态的扩大不能得到很快遏制。

(刘延丽 范 春)

第二节 中毒的鉴定与处理

一、急性中毒诊断的原则

急性中毒是机体吸收毒物后产生的病变,因此要明确病因(毒物)与疾病(中毒)的因果关系。通过诊断可以掌握机体吸收毒物的证据,包括毒物的种类、中毒途径、中毒时间及可能吸收毒物的数量等。

急性中毒的诊断,主要依据中毒病人的病史、临床表现(包括症状与体征),并参考实验室检查结果,必要时作毒物分析及现场调查。最后,将病史、临床表现、实验室检查和毒物检测的结果加以综合分析,并做好鉴别诊断,才能较为正确地做出诊断。

(1)病人的中毒史较为明确时,如果有特征性的中毒表现,即可诊断为急性中毒。

(2)病人的中毒史不明确时,如果仅见到一些中毒所产生的临床表现,诊断较为困难,应重点采集病人接触某种毒物的历史,并对病人的生物材料进行毒物及其代谢产物的检测,有利于了解病人体内毒物的负荷水平,有利于正确地诊断。

(3)有些毒物中毒的症状和体征与常见的内科疾病相似,并且不同毒物中毒的临床表现又可能相近或重叠,有时同种毒物中毒个体表现也会有差异。因此,明确的病史可有助于做出正确的诊断,临床检查及实验室检查有助于了解毒物吸收后产生病变的脏器(系统)、中毒性质及严重程度等,最后需要进一步作毒物分析才能最后确定诊断。

二、毒物接触史

采集详尽的毒物接触史是诊断的首要环节。对于疑似急性中毒病人,首先应该询问毒物接触史或服药史。一般情况下,病人都能够正确讲述毒物接触史。但某些情况下可能很难正确采集毒物接触史,如服毒自杀者可能隐瞒或歪曲服毒史;幼儿可能由于中毒突发,家长不清楚接触了何种毒物;有的患者在诊治时已经昏迷不醒,陪送人员不知情或不能准确叙述毒物接触史。

(1)生产性中毒患者:应询问职业史、工种、生产过程、接触毒物的机会、种类、数量和途径、防护条件、同伴发病情况、中毒人数等。

(2)非生产性中毒(误服、自杀、他杀等)者:了解患者的精神、心理状态,本人或家人经常服用的药物。了解病人的主要临床症状、发病过程和初步处理经过,包括用过的治疗药物、剂量及对治疗的反应等。同时,应让陪送人员搜集中毒现场存留的物品,包括患者的剩余食物、呕吐物、大小便、器具、遗书遗物等。

(3)群体中毒:如诊断有困难,可调查现场情况,进一步了解毒物的种类、中毒的途径。对群体呼吸道中毒者,尽可能了解中毒发生时,空气中毒物的浓度、风向、风速、患者的位置及与毒源的距离等。

三、急性中毒的特殊临床表现

在紧急情况下,根据中毒患者的临床表现和简单中毒病史,即可做出初步诊断,迅速采取相应的救治措施。毒物中毒常有其特殊的临床表现,某些毒物可以引起各系统或组织出现异常的改变,其关系见表 11-3、表 11-4、表 11-5 和表 11-6。

表 11-3　呼气、呕吐物及体表气味与可疑毒物的关系

气味	可疑毒物
蒜臭味	大多数有机磷农药,无机磷、砷及其化合物
酒味	酒精(乙醇)、甲醇、异丙醇及其他醇类化合物
酚味	石炭酸(苯酚)、来苏水(甲酚皂溶液)
醚味	乙醚及其他醚类
刺鼻甜味(酮味)	丙酮、氯仿
苦杏仁味	氰化物及含氰甙果核仁(如苦杏仁)
梨味	水合氯醛
鞋油味	硝基苯
冬青油味	水杨酸甲酯
水果香味	硝酸异戊酯、醋酸乙酯
尿(氨)味	氨、硝酸铵

表 11-4 皮肤黏膜的异常改变与可疑毒物的关系

异常变化	可疑毒物
紫 绀	亚硝酸盐、苯的氨基和硝基化合物(如苯胺、硝基苯类)、磺胺、伯氨喹啉、非那西丁、氯酸盐、抑制呼吸及引起肺水肿的毒物
潮 红	抗胆碱药(如阿托品、洋金花等)、抗组胺药、乙醇
樱桃红	一氧化碳、氰化物
黄 色	磷、四氯化碳、对乙酰氨基酚、蛇毒、毒蕈、苯胺、蚕豆黄、硝基苯、磺胺、氯丙嗪、甲基睾丸素、喹诺酮类
多 汗	胆碱酯酶抑制剂(如有机磷毒物、毒扁豆碱、新斯的明等)、拟胆碱药(如毛果芸香碱)、毒蕈
无 汗	抗胆碱药(如阿托品、洋金花等)、抗组胺药(如扑尔敏、氯苯比胺、氯苯比丙胺等)、三环类抗抑郁药(如丙咪嗪、阿米替林、多虑平、氯丙咪嗪等)
接触性皮炎	多种工业毒物、染料、油漆、塑料、有机汞、苯酚、斑蝥、巴豆、有机磷农药
光敏性皮炎	沥青、灰菜、荞麦叶和花
脱 发	铊、砷、维生素 A、硫氰化物

表 11-5 人体五官的异常变化与可疑毒物的关系

异常变化	可疑毒物
瞳孔扩大	抗胆碱药、醚及氯仿、抗组胺药、苯丙胺类、可卡因、樟脑、乌头碱、巴比妥类药
瞳孔缩小	胆碱酯酶抑制剂、毒蕈、氯丙嗪、阿片类(如吗啡、可待因)、交感神经抑制药、拟胆碱药、巴比妥类药
视力减退	甲醇、硫化氢
听力减退	奎宁、奎尼丁、水杨酸盐类、氨基糖甙类抗生素
嗅觉减退	铬、酚
齿龈黑线	铅、汞、砷、铋
流 涎	胆碱酯酶抑制剂(有机磷毒物、毒扁豆碱、新斯的明等)、拟胆碱药(如毛果芸香碱)、毒蕈、砷及汞化合物
口 干	抗胆碱药、抗组胺药、苯丙胺类、麻黄碱

表 11-6　人体各系统的异常改变与可疑毒物的关系

系　统	异常变化	可疑毒物
呼吸系统	呼吸加快	呼吸兴奋剂、抗胆碱药
	呼吸减慢	阿片类、高效镇痛剂、镇静安眠药、有机磷毒物、蛇毒
	哮　喘	刺激性气体、有机磷毒物
	肺水肿	有机磷农药、毒蕈、刺激性气体及窒息性化合物(光气、双光气、氮氧化物、硫化氢、氯化氢、二氧化硫、氨、二氯亚砜)、硫酸二甲酯
循环系统	心动过速	抗胆碱药、拟肾上腺素类药、甲状腺素(片)、苯丙胺类、三环类抗抑郁药、可卡因、醇类
	心动过缓	胆碱酯酶抑制剂(有机磷毒物、毒扁豆碱)、毛果芸香碱、毒蕈、乌头、可溶性钡盐、洋地黄类、受体阻断剂、钙拮抗剂
	血压升高	拟肾上腺素药、苯丙胺类、有机磷毒物
	血压下降	亚硝酸盐类、氯丙嗪、各种降压药
消化系统	呕　吐	胆碱酯酶抑制剂(有机磷毒物、毒扁豆碱)、毒蕈、重金属盐类、腐蚀性毒物
	腹(绞)痛	胆碱酯酶抑制剂(有机磷毒物、毒扁豆碱)、毒蕈、斑蝥、乌头碱、巴豆、砷、汞、磷化合物、腐蚀性毒物
	腹　泻	毒蕈、有机磷毒物、砷、汞化合物、巴豆、蓖麻子
神经系统	兴奋、躁动	抗胆碱药、苯丙胺类、可卡因、醇类
	嗜睡、昏迷	镇静安眠药、抗组胺药、抗抑郁药、醇类(后期)、阿片类、有机磷毒物、麻醉剂(乙醚、氯仿)、有机溶剂(苯系化合物、汽油等)
	肌肉颤动	胆碱酯酶抑制剂(有机磷毒物、毒扁豆碱)
	抽搐、惊厥	氰化物、异烟肼、肼类化合物(如偏二甲基肼)、士的宁、胆碱酯酶抑制剂(有机磷毒物、毒扁豆碱)、毒蕈、抗组胺药、氯化烃类、三环类抗抑郁药、水杨酸盐
	瘫　痪	箭毒类、肉毒、高效镇痛剂、可溶性钡盐
泌尿系统	血　尿	磺胺、毒蕈、氯胍、酚、斑蝥
	葡萄酒色尿	砷化氢、苯胺、硝基苯等
	绿色尿	美蓝
	棕黑色尿	苯酚、亚硝酸盐
	棕红色尿	安替比林、辛可芬、山道年

四、实验室检查

(一)特异性指标的检查

适于有特异性指标的某些毒物引起的中毒。

(1)有机磷农药中毒:有机磷农药中毒时,体内胆碱酯酶被抑制,血中胆碱酯酶也被抑制。因此,测定血液胆碱酯酶活性可以协助诊断、判断中毒程度,观察复能剂的治疗效果及指导用药。此外,某些有机磷农药中毒时,其代谢产物从尿中排出,如对硫磷的代谢产物对硝基酚、敌百虫的代谢产物三氯乙醇,因此测定尿中的代谢产物可有助于诊断。

(2)一氧化碳中毒:一氧化碳中毒后,血液中可形成碳氧血红蛋白,因此测定血中碳氧血红蛋白的含量可作为一氧化碳中毒的诊断和治疗指标。

(3)亚硝酸盐、苯系的氨基和硝基化合物中毒:亚硝酸盐、苯的氨基和硝基化合物中毒时,血液中形成高铁血红蛋白,因此测定血中高铁血红蛋白的含量可作为亚硝酸盐、苯胺等中毒的诊断和治疗指标。

(二)非特异性指标

根据中毒患者的病情变化,进行有关的实验室化验检查和辅助检查,如血常规、尿常规、血清电解质、血糖、肌酐、尿素氮、肝酶、心肌酶、心电图、脑电图、肌电图、X 线、CT、MRI(核磁共振)等,可以了解各脏器的功能,早期发现并发症,及时给予有效的治疗。

五、毒物样品的检测

(一)毒物样品的采集与保存

供毒物分析的毒物样品包括呕吐物、排泄物、血液、脏器和中毒者吃剩的食品、药品以及其他一些与中毒有关的物品。中毒者死亡后,进行尸体解剖时,可采取各种脏器作为检材。采样后对所采样品必须注意妥善封装,最好使用洁净的玻璃瓶或瓷罐盛装。干燥的检材,如米、面、药片、粉末等,可用洁净白纸包装。所有检材都要加贴标签,注明检材名称、中毒者姓名、取材日期、送检要求等。如果送样后不能立即检验,一般应将样品放于冰箱中,以减少毒物的损耗,防止腐败变质。

(二)毒物样品的实验室检验程序

在实验室检验过程中,要设有空白试验和已知对照试验,以便检查操作是否正确、反应结果是否可靠。

1. 预试验

根据送检样品的颜色、气味等，可对毒物的性质进行初步判断，以便正确选择确证性实验，制定出合理的检验方法。

(1)颜色：某些毒物具有特殊色泽，可帮助推断毒物样品中可能存在何种毒物。例如，黄红色可能为氧化汞、氧化铅、碘化铅、硫化砷等；绿色可能为含砷农药巴黎绿、铜盐、三价铬化合物等；白色可能为砒霜、升汞、钡盐、吗啡、士的宁、氰化物等；黑色可能为氧化铜、硫化铜、硫化亚铜等。

如果检材系纯毒物，进行灼烧试验可确定是有机物还是无机物。根据灼烧时产生的蒸气的颜色或灼烧后升华物的颜色、结晶形状，可得出毒物线索。例如，砷升华后可得无色透明四面体、八面体结晶。

(2)气味：某些毒物具有特殊气味。例如，硝基苯、氰化物具苦杏仁味；有机磷农药为蒜味；六六六有霉味；滴滴涕有水果香味。

对某些毒物可进行化学性的预试验，缩小毒物检验范围。例如，生物碱加试剂产生沉淀；有些毒物（如砷、汞、氰化物、磷化物等）也可通过预试验予以排除。

2. 确证性实验（定性分析）

预试验得到毒物的线索后，必须再进行毒物的化学确证试验，如为无机化合物，检验它的阳离子和阴离子；如为有机化合物，检验各种官能团。检验时应先将毒物从检材中提取分离出来，以下为各类毒物常用的分离方法。①挥发性毒物：蒸馏法、气化法、微量扩散法；②非挥发性毒物：有机溶剂提取法、固相萃取法；③金属毒物：有机质破坏法；④阴离子毒物：水浸过滤法、透析法；⑤农药：有机溶剂提取法、固相萃取法。

确证性实验所选择的方法须灵敏可靠，采用的分析方法除常量、半微量分析外，还常常根据检验的需要采取微量分析，如点滴分析、显微结晶分析、色层分析等。在有条件的情况下，可运用仪器分析，如光谱、气相色谱和气质联用等分析方法。

3. 定量分析

在某些情况下，毒物的定量分析测定对判断是否为该毒物引起中毒致死的结论具有重要意义。例如，砷、铜等金属为人体组织正常成分，在此情况下必须做定量测定后，方可判定是否为引起中毒死亡的主要原因。进行含量测定时，应选择简便、快速、准确的方法。最常用的是比色分析法和气相色谱法，有时也用滴定分析法和液相色谱法。

4. 动物实验

有许多毒物的化学成分还不完全了解，或化学成分虽然清楚但无理想的检验方法。在这种情况下，化学方法对这些毒物常常无所适从，只能借助于动物实验，例如河豚毒素、有毒贝类及毒蕈碱等。动物实验方法简单，检材可不经提纯而直接自然进食或灌胃，有的可用分离后所得的残渣经皮下、肌肉和腹腔等途径注入动物体内。动物实验只是毒物分析中的一个辅助手段，必须与化学分析结合起来，才能正确地得出某种毒物存在与否的结论。

5. 检验结果的判断

当检验完毕后,必须细致、全面、客观地对检验结果进行分析,做出正确结论。当检验结果呈阳性时,还应与中毒症状及调查了解的情况相吻合,才能做出结论准确、可靠的结论。当检验结果为阴性时,应注意:①采取检材的部位是否正确,数量是否足用;②定性反应灵敏度如何,几种不同性质的检验方法,是否都一致呈现阴性;③全部操作过程或反应条件有无错误,阳性对照试验结果怎样;④毒物在机体腐烂过程中有无分解变化的可能;⑤是否为现有方法所不能检出的毒物。

六、急性中毒的救治

急性中毒的救治原则主要是阻止毒物继续作用于人体及维持生命。

(一)复苏和稳定生命体征

当毒物侵入机体,产生危及生命的全身性反应时,要迅速缓解威胁生命的中毒反应,维持呼吸和循环功能。应根据具体情况采取不同的措施,如保持呼吸道通畅,提供足量氧气,纠正低血压和心律紊乱,防治心力衰竭及水电失衡,呼吸心搏停止时施行心肺脑复苏术等。

(二)清除毒物以中止毒物对机体的侵入

包括脱离中毒环境,脱去染毒衣服,清除存在胃肠道内、皮肤表面、眼睛等处的毒物。

(1)对于经口(胃肠道)中毒的患者,清除未被吸收的毒物可采用催吐、洗胃、导泻、洗肠等方法。

(2)对于经呼吸道吸入中毒的患者,应立即将患者搬离中毒现场,搬至上风或侧风方向,使之呼吸新鲜空气。清除呼吸道分泌物和异物,保持气道畅通。必要时可用3％硼酸、2％碳酸氢钠或清水拭洗鼻咽腔及含漱。

(3)对于经皮肤接触而中毒的患者,立即脱去污染衣物,对染毒的皮肤用碳酸钠液(碱水)、肥皂水清洗,或用大量清水反复冲洗。特别注意毛发、甲床及皮肤皱褶处的清洗。

(4)当毒物(液滴或微粒)溅入眼内或结膜接触有毒气体时,用3％硼酸、2％碳酸氢钠或大量清水冲洗。

(三)排除已吸收进入血液的毒物

促进已吸收进入血液的毒物排出,可减轻中毒症状,改变临床过程,降低死亡率。促进已吸收毒物从体内排出常用而有效的方法包括利尿疗法和血液净化疗法。

(1)利尿疗法:最简单的利尿方法是足量补液(口服或静脉补液),不但可以增加尿量,而且可以稀释血中毒物的浓度。强化利尿(足量补液加利尿剂),通常用来排出那些大部分分布于细胞外液、与蛋白质结合少、主要经肾由尿排出的活性物质。强力利尿疗法适用于磺胺类、溴化物、苯丙胺类、水杨酸盐、苯巴比妥、醇类等中毒。

(2)血液净化疗法:可有效地清除体内有毒物质,达到促进已吸收毒物从体内排出的效果。因此,血液净化已成为现代急性中毒救治的重要手段。常用的血液净化疗法包括血液透析、血液灌流、血浆置换、换血疗法等。

(四)及时正确使用特效解毒药物

对于有特异性解毒药物的毒物中毒,应早期和正确地使用特异性解毒药物,用药时间较晚和使用方法不当则效果减低甚至无效。如有机磷杀虫剂中毒,需及时、足量和重复使用阿托品类抗胆碱药及中毒酶"重活化剂"。

解毒治疗是指在毒物中毒或药物过量中毒时,使用解毒剂/抗毒剂进行治疗。解毒剂系指能阻止毒物吸收、降低毒物毒性、除去附着于体表或胃肠道内的毒物、对抗毒物的毒作用的药物。根据其作用机制,可分为特异性解毒剂与非特异性解毒剂两类。特异性解毒剂专一性高,有特效解毒作用,疗效好,如阿片类中毒使用的抗毒剂纳洛酮;非特异性解毒剂作用广泛,可用于多种毒物中毒,但无特效解毒作用,疗效低,多用作辅助治疗,如常用的吸附剂活性炭。急性中毒时应立即使用非特异性解毒剂治疗;诊断明确后,有特异性解毒剂者应及早合理地使用特异性解毒剂治疗。常用的针对各种毒物中毒的特异性解毒剂见表 11-7。

表 11-7　各种毒物中毒的特异性解毒药

中毒类型	解毒药
金属中毒	二巯基丙醇、二巯基丙磺酸钠、二巯基丁二酸钠、依地酸二钠钙、喷替酸钙钠、五醋三胺钠锌、依地酸钠、羟乙基乙烯二胺三乙酸、青霉胺、去铁敏、半胱氨酸、巯乙胺、普鲁士蓝等
氰化物中毒	亚硝酸钠、亚硝酸异戊酯、4-二甲基氨基酚、对氨基苯丙酮、硫代硫酸钠、羟钴胺、依地酸二钴等
有机磷中毒	阿托品、东莨菪碱、碘解磷定、氯磷定、双复磷、双解磷、解磷注射液、苯克磷、贝那替秦、苄托品、丙环定、盐酸戊乙奎醚
高铁血红蛋白血症	亚甲蓝、甲苯胺蓝、硫堇
肼类中毒	应用维生素 B_6(又名吡多辛)作为拮抗剂进行治疗
甲醇中毒	乙醇、4-甲基吡唑
有机氟中毒	乙酰胺、烟酰胺、维生素 K_1
毒蛇毒虫咬蜇伤	蛇药(为我国研制的治疗毒蛇咬伤中毒的中成药,主要成分为七叶一枝花、过沟龙、黄开口、腰黄、蜈蚣、靳蛇等)、抗蛇毒血清
药物过量中毒	纳洛酮、烯丙吗啡、氟马西尼、毒扁豆碱、催醒宁、新斯的明、毛果芸香碱、乙酰半胱氨酸、蛋氨酸、亚叶酸钙、葡萄糖酸钙、地高辛抗体片段、鱼精蛋白

（五）对症和支持治疗

由于急性中毒作用迅速,病人到达医疗单位时,往往已造成机体各系统的损害。应及时处理,消除和减轻已出现的各种症状,保护重要器官,防止可能发生的并发症和迟发效应,使机体尽快恢复正常功能。

此外,还应使用特殊治疗手段(如血液透析、血液灌流、血浆交换、换血等血液净化疗法)加快毒物排出,缩短毒物作用时间,减轻机体损伤程度,最大限度地降低毒物对机体的损害。

（刘延丽　范　春）

第三节　食物中毒的预防控制

一、食物中毒的特点

（一）食物中毒的发病特点

食物中毒发生的原因各不相同,但发病具有如下共同特点:

(1)发病潜伏期短,来势急剧,呈爆发性,短时间内可能有多数人发病,发病曲线呈突然上升趋势。

(2)发病与食物有关,病人有食用同一污染食物史;流行波及范围与污染食物供应范围相一致;停止污染食物供应后,流行即告终止。

(3)中毒病人临床表现基本相似,以恶心、呕吐、腹痛、腹泻等胃肠道症状为主。

(4)人与人之间无直接传染。

（二）食物中毒的流行病学特点

(1)发病的季节性特点:食物中毒发生的季节性与食物中毒的种类有关,细菌性食物中毒主要发生在 5—10 月份,化学性食物中毒全年均可发生。

(2)发病的地区性特点:绝大多数食物中毒的发生有明显的地区性,如我国东南沿海省区多发生副溶血性弧菌食物中毒,肉毒中毒主要发生在新疆等地区,霉变甘蔗中毒多见于北方地区等。

(3)食物中毒原因分布特点:在我国,引起食物中毒的原因分布每年均有所不同,但据2000—2004 年的全国食物中毒的统计资料表明,微生物引起的食物中毒仍是最常见的食物中毒,占食物中毒总起数的 37.9%,占总人数的 50.7%;其次为化学性食物中毒,占总起数的 23.3%，占总人数的 14.9%；有毒动植物引起的食物中毒占总起数的 18.2%，占总人数的 12.4%；原因不明的食物中毒占总起数的 20.7%，占总人数的 22.0%。

(4)食物中毒病死率特点：食物中毒的病死率较低。2000—2004 年，全国共发生食物中毒 5 557 起，中毒人数 122 151 人，其中死亡 877 人，病死率为 0.72%。死亡人数以化学性食物中毒最多，达 382 人，占死亡总数的 43.5%。其次为有毒动植物引起的食物中毒，死亡人数为 369 人，占死亡总数的 42.1%。化学性食物中毒和有毒动植物引起的食物中毒病死率较高，分别为 2.1% 和 2.4%。

(5)食物中毒发生场所分布特点：2000—2004 年以集体食堂发生的食物中毒人数最多，占总中毒人数的 34.3%，饮食服务单位次之，占 26.7%。5 年内家庭发生食物中毒人数位列第三，但其发生食物中毒的起数和死亡人数均最多，病死率达 2.36%，大大超过其他场所。

二、食物中毒的调查与处理

(一)食物中毒应急处理的准备

根据《突发公共卫生事件应急条例》，各级政府应制定包括重大食物中毒事件在内的突发公共卫生事件应急分类预案，保证做到信息通畅、反应机制灵敏、指挥系统有效、应急准备充分。应急预案应包括下列内容：①重大食物中毒事件应急处理指挥部的组成和相关部门的职责；②重大食物中毒事件的监测与预警；③重大食物中毒事件信息的收集、分析、报告、通报制度；④重大食物中毒事件应急处理技术和监测机构及其任务；⑤重大食物中毒事件的分级和应急处理工作方案；⑥重大食物中毒事件预防、现场控制，应急设施、设备、救治药品和医疗器械以及其他物资和技术的储备与调度；⑦重大食物中毒事件应急处理专业队伍的建设和培训。

(二)食物中毒的报告

卫生部颁布的《食物中毒事故处理办法》(自 2000 年 1 月 1 日起施行)规定了食物中毒一般报告制度和食物中毒紧急报告制度。

(1)食物中毒一般报告制度：发生食物中毒或者疑似食物中毒事故的单位和接收食物中毒或者疑似食物中毒病人进行治疗的单位应当及时向所在地人民政府卫生行政部门报告发生食物中毒事故的单位、地址、时间、中毒人数、可疑食物等有关内容。

(2)食物中毒紧急报告制度：县级以上地方人民政府卫生行政部门对发生在管辖范围内的下列食物中毒或者疑似食物中毒事故，实施紧急报告制度：①中毒人数超过 30 人的，当于 6 h 内报告同级人民政府和上级人民政府卫生行政部门；②中毒人数超过 100 人或者死亡 1

人以上的,应当于 6 h 内上报卫生部,并同时报告同级人民政府和上级人民政府卫生行政部门;③中毒事故发生在学校、地区性或者全国性重要活动期间的应当于 6 h 内上报卫生部,并同时报告同级人民政府和上级人民政府卫生行政部门;④其他需要实施紧急报告制度的食物中毒事故。任何单位和个人不得干涉食物中毒或者疑似食物中毒事故的报告。

(三)食物中毒现场调查与处理

食物中毒的现场调查处理一般由省级卫生行政部门指定的专业技术机构(卫生监督机构或疾病预防控制机构)承担。专业技术机构在接到食物中毒报告时,应按照本地区《食物中毒应急预案》以及国家《食物中毒事故处理办法》、《食物中毒诊断标准及处理总则》、《食品卫生监督程序》等的要求,及时组织有关专业技术人员开展对中毒者的紧急救治、现场调查和对可疑食品的控制、处理工作等。同时,收集与食物中毒事件有关的违反《中华人民共和国食品卫生法》的证据。

(1)成立调查处理工作组:卫生行政部门或承担食物中毒调查工作的专业技术机构,在接到食物中毒的报告后,应立即做好人员和设备的准备工作,组成调查处理工作组,在规定的时限内赶赴现场。

(2)有效控制现场,尽快了解中毒基本情况:到达中毒现场或可疑食品加工场所后,应采取有效控制措施,责令暂时停止可疑中毒食品继续销售,也不得擅自处理剩余食品或对工具或设备进行消毒。同时,向有关食品生产经营单位讲明已经掌握的中毒情况,告知其如实提供食品加工情况、配合进行食物中毒调查处理的法律义务。

(3)积极组织救治中毒者:在中毒发生场所,应及时组织人员将中毒者送医院救治,对出现特殊中毒体征的病人提出救治建议。与救治单位及时互通信息,将调查发现的可疑致病因子及时告知救治单位,以便进行有针对性的治疗。对中毒者,要逐一进行认真、全面的调查,并填写"食物中毒事故个案调查登记表"。

(4)调查可疑中毒食品的加工销售过程:通过对可疑中毒食品加工销售过程的调查,确定引起中毒事件的具体原因,并提出控制致病因子污染、繁殖或残存的关键环节及其控制措施,以防止再次发生类似的中毒事件。

(5)样品采集:现场调查人员应尽一切努力及时采集中毒现场可能引起食物中毒的各种样品,包括食品样品采集、涂抹样品采集、中毒者大便样品采集、中毒者呕吐物采集、中毒者血液采集、中毒者尿液采集,以及食品加工人员带菌情况采集、水样采集等。

(6)现场快速检测:采集的食物中毒样品应送具备条件的实验室进行全面检验分析。在实际工作中,为快速查明食物中毒致病物质和中毒食品,以便及时采取具有针对性的控制措施和指导救治中毒者,可在现场进行快速检验,也可进行简易的动物实验。

(7)食物中毒的初步诊断:现场调查与检测完毕后,对已经获得的信息进行讨论、分析。按照《食物中毒诊断标准及处理总则》以及各种食物中毒的诊断标准,对是否是食物中毒和中毒食品、致病因子、中毒原因尽量做出初步诊断。

(8)防止食物中毒续发:及时采取切断中毒食品、消除中毒原因等临时控制措施,防止食物中毒续发。具体措施可包括:责令停止销售、食用并封存中毒食品或可疑食品及其原料;责令收回已售出的中毒食品或有证据证明可能导致食物中毒的食品;封存被污染的食品用具,并责令进行清洗消毒;消除造成食物中毒的隐患。当调查发现中毒范围仍在扩展,属于重大食物中毒时,应立即向当地政府和上级卫生行政部门报告。

三、细菌性食物中毒的防制

近年食物中毒统计资料表明,我国发生的细菌性食物中毒多以沙门氏菌、变形杆菌和金黄色葡萄球菌食物中毒为主,其次为副溶血性弧菌、蜡样芽孢杆菌食物中毒等。

(一)细菌性食物中毒的分类

细菌性食物中毒(bacterial food poisoning)根据其病原和疾病发病机制可分为感染型、毒素型和混合型三种:

(1)感染型:病原菌随食物进入肠道,在肠道内继续生长繁殖,靠其侵袭力附于肠黏膜或侵入黏膜及黏膜下层,引起肠黏膜的充血、白细胞浸润、水肿、渗出等炎性病理变化。典型的如各种血清型沙门氏菌感染等。除引起腹泻等胃肠道综合征之外,这些病原菌进入黏膜固有层后可被吞噬细胞吞噬或杀灭,病原菌菌体裂解后释放出内毒素,内毒素可作为致热源刺激体温调节中枢引起体温升高,因而通过食物引起的感染型食物中毒的临床表现多伴有发热症状。

(2)毒素型:大多数细菌能产生肠毒素或类似的毒素,尽管其分子量、结构和生物学性状不尽相同,但致病作用基本相似。由于肠毒素刺激肠壁上皮细胞,激活其腺苷酸环化酶或鸟苷酸环化酶。在活性腺苷酸环化酶的催化下,胞浆内环磷酸腺苷(cAMP)或环磷酸鸟苷(cGMP)浓度增高,可促进胞浆内蛋白质磷酸化过程,并激活细胞有关酶系统,改变细胞分泌功能,使 Cl^- 的分泌亢进,并抑制肠壁上皮细胞对 Na^+ 和水的吸收,导致腹泻。常见的毒素型细菌性食物中毒有金黄色葡萄球菌食物中毒。

(3)混合型:副溶血性弧菌等病原菌进入肠道后,除侵入黏膜引起肠黏膜的炎性反应外,还可以产生肠毒素引起急性胃肠道症状。这类病原菌引起的食物中毒是致病菌对肠道的侵入及其产生的肠毒素的协同作用,因此,其发病机制为混合型。

(二)细菌性食物中毒的发病原因及特点

1. 发病原因

(1)致病菌的污染:牲畜屠宰时及畜肉在运输、贮藏、销售等过程中受到致病菌的污染。

（2）贮藏方式不当：被致病菌污染的食物在不适当的温度下存放，食品中适宜的水分活性、pH 及营养条件使食物中的致病菌大量生长繁殖或产生毒素。

（3）烹调加工不当：被污染的食物未经烧熟煮透或煮熟后食品加工工具和食品从业人员带菌者的再污染等，也可引起中毒。

2. 流行病学特点

（1）发病率及病死率：细菌性食物中毒在国内外都是最常见的一类食物中毒，病死率因致病菌而异。常见的细菌性食物中毒，如沙门菌、葡萄球菌、变形杆菌等病程短，恢复快，预后好，病死率低。但李斯特菌、小肠结肠炎耶尔森菌、肉毒梭菌、椰毒假单胞菌食物中毒的病死率分别为 $20\%\sim50\%$、$34\%\sim50\%$、60%、$50\%\sim100\%$，且病程长，病情重，恢复慢。

（2）发病具有明显季节性：细菌性食物中毒全年皆可发生，但夏秋季高发，以 5—10 月较多。这与夏季气温高，细菌易于大量繁殖和产生毒素密切相关；也与机体防御功能降低，易感性增高有关。

（3）多发于动物性食品：动物性食品是引起细菌性食物中毒的主要食品，其中畜肉类及其制品居首位，其次为禽肉、鱼、乳、蛋类。植物性食物如剩饭、米糕、米粉则易出现金黄色葡萄球菌、蜡样芽孢杆菌等引起的食物中毒。

（三）细菌性食物中毒的防制原则

1. 预防措施

（1）加强卫生宣传教育：改变生食等不良饮食习惯；严格遵守牲畜宰前、宰中和宰后的卫生要求，防止污染；食品加工、储存和销售过程要严格遵守卫生制度，做好食具、容器和工具的消毒，避免生熟交叉污染；食品食用前加热充分，以杀灭病原体和破坏毒素；在低温或通风阴凉处存放食品，以控制细菌繁殖和毒素的形成；食品加工人员、医院、托幼机构人员和炊事员应认真执行就业前体检和录用后定期体检制度，应经常接受食品卫生教育，养成良好的个人卫生习惯。

（2）加强食品卫生质量检查和监督管理：卫生监督部门应加强对食堂、食品餐饮点、食品加工厂、屠宰场等食品相关部门的卫生检验检疫工作。

（3）发展快速可靠的病原菌检测技术：根据致病菌生物遗传学特征和分子遗传特征，结合现代分子生物学等检测手段和流行病学方法，分析病原菌变化、扩散范围和趋势等，为大范围内食物中毒的爆发时的快速诊断和处理提供相关资料，防止更大范围内的传播和流行。

2. 处理原则

（1）现场处理：将患者进行分类，轻者在原单位集中治疗，重症患者送往医院或治疗，即时收集资料，进行流行病学调查及细菌学的检验工作，以明确病因。

（2）对症治疗：迅速排出毒物，常用催吐、洗胃法。同时治疗腹痛、腹泻，纠正酸中毒和电解质紊乱；抢救呼吸衰竭。

(3)特殊治疗:对细菌性食物中毒通常无须应用抗菌药物,可以经对症疗法治愈。症状较重考虑为感染性食物中毒或侵袭性腹泻者,应及时选用抗菌药物,但对金黄色葡萄球菌肠毒素引起的中毒,一般不用抗生素,以补液、调节饮食为主。对肉毒毒素中毒应及早使用多价抗毒素血清。

四、真菌性食物中毒的防制

(一)赤霉病麦中毒

赤霉病麦引起中毒的有毒成分为赤霉病麦毒素,已经鉴定的至少有 42 种,其中主要有DON、NIV、镰刀菌烯酮-X、飞毒素等。这一类毒素都属于单端孢霉烯族化合物,是镰刀菌产生的霉菌代谢产物。赤霉病麦毒素对热稳定,一般烹调方法并不能去毒。摄入数量越多,发病率越高,发病程度越严重。

1. 流行病学特点

麦类赤霉病每年都会发生,一般情况下,我国每 3~4 年有一次麦类赤霉病大流行,每流行一次,就发生一次人畜食物中毒,一般多发生于麦收以后食用受病害的新麦,也有因误食库存的赤霉病麦或霉玉米而引起中毒的。

麦类赤霉病多发生于穗期多雨、气候潮湿地区。在全国各地均有发生,以淮河和长江中下游一带最为严重,黑龙江省春麦区也常有发生。

2. 预防措施

预防赤霉病粮中毒的关键在于防止麦类、玉米等谷物受到霉菌的侵染和产毒。主要措施有:

(1)制定粮食中赤霉病麦毒素的限量标准,加强粮食卫生管理。

(2)去除或减少粮食中病粒或毒素。①及时烘晒:对于已感染赤霉病的小麦,收获后应及时晾晒。或者采用加热烘干或低热通风干燥,降低小麦含水量,防止霉菌继续繁殖。②分离处理:由于赤霉病麦粒轻,比重小,可用比重分离法分离病粒或用稀释法使病粒的比例降低。③加工处理:由于毒素主要存在于表皮内,可用打麦清理法、碾皮处理法、压制麦片法等去除毒素。毒素对热稳定,一般烹调方法难以将其破坏,可用病麦发酵制成酱油或醋,达到去毒效果。

(3)加强田间和贮藏期间的防霉措施。包括选用抗霉品种,降低田间水位,改善田间小气候;使用高效、低毒、低残留的杀菌剂;还应及时脱粒、晾晒,降低谷物水分含量至安全水分含量;贮存的粮食要勤加翻晒,注意通风。

(二)霉变甘蔗中毒

霉变甘蔗中毒是指食用了保存不当而霉变的甘蔗引起的急性食物中毒。甘蔗霉变主要是由于甘蔗在不良条件下长期储存,如过冬,导致微生物大量繁殖所致。霉变甘蔗质地较软,瓤部外观色泽比正常甘蔗深,一般呈浅棕色,闻之有霉味。霉变甘蔗含有大量有毒霉菌及其毒素,这些毒素对机体神经系统和消化系统有较大损害。霉变甘蔗切成薄片后在显微镜下可见有真菌菌丝侵染,从霉变甘蔗中分离出的产毒真菌为甘蔗节菱孢霉。新鲜甘蔗中甘蔗节菱孢霉的侵染率极低,仅为 0.7%～1.5%,但经过 3 个月储藏后,其污染率可达 34%～56%。长期贮藏的甘蔗是节菱孢霉发育、繁殖、产毒的良好培养基。

1. 流行病学特点

霉变甘蔗中毒常发生于我国北方地区的初春季节,2—3 月为发病高峰期,多见于儿童和青少年,病情常较严重甚至危及生命。

2. 预防措施

目前尚无特殊治疗,主要在于预防。加强宣传教育,教育群众不买不吃霉变甘蔗;甘蔗必须于成熟后收割,收割后注意防冻,防霉菌污染繁殖。贮存期不可过长,并定期对甘蔗进行感官检查,严禁变质的霉变甘蔗出售。

五、动物性食物中毒的防制

(一)河豚中毒

河豚(globefish),又名河鲀,我国沿海各地及长江下游均有出产,属无鳞鱼的一种,在淡水、海水中均能生活。河豚味道鲜美,但由于其含有剧毒,民间有“拼死吃河豚”的说法,可见食用河豚要冒生命危险。

1. 有毒成分的来源

引起中毒的河豚毒素(spheroidine)是一种非蛋白质神经毒素,可分为河豚素、河豚酸、河豚卵巢毒素及河豚肝脏毒素。其中河豚卵巢毒素毒性比氰化钠大 1 000 倍,0.5 mg 可致人死亡。河豚毒素为无色针状结晶,微溶于水,易溶于稀醋酸,对热稳定,煮沸、盐腌、日晒均不能将其破坏。

河豚毒素主要存在于河豚的肝、脾、肾、卵巢、卵子、睾丸、皮肤、血液及眼球中,其中以卵巢毒性最大,肝脏次之。在通常情况下,河豚的肌肉大多不含素毒或仅含少量毒素,但产于南海的河豚不同于其他海区,肌肉含有毒素是其一大特征,应引起注意。

不同种类的河豚,不同季节及不同部位其毒性也有不同。每年春季(2—5 月份)为河豚卵巢发育期,毒性最强,6—7 月份产卵后,卵巢退化,毒性减弱。

2. 流行病学特点

我国共有河豚 40 余种,一年四季均含有毒素,鱼体大小与毒力强弱无关。河豚中毒多发生在沿海居民中,以春季发生中毒的起数、中毒人数和死亡人数最多。引起中毒的河豚以新鲜鱼为主,其次为河豚的内脏,也有冷冻的河豚和河豚干引起的中毒。引起中毒的河豚来源以市售途径为多见;因捡食被人丢弃的鲜河豚或河豚内脏也是导致河豚中毒的另一个重要原因;也有沿海渔民食用自己捕获的河豚引起的中毒。

河豚中毒的特点是发病急速而剧烈,潜伏期一般在 10 min 至 3 h。起初感觉手指、口唇和舌有刺痛,然后出现恶心、呕吐、腹泻等胃肠症状。同时伴有四肢无力、发冷,口唇、指尖和肢端知觉麻痹,并有眩晕。重者瞳孔及角膜反射消失,四肢肌肉麻痹,以致身体摇摆、共济失调,甚至全身麻痹、瘫痪,最后出现语言不清,血压和体温下降。一般预后不良。常因呼吸麻痹、循环衰竭而死亡,致死时间最快在食后 1.5 h。

3.预防措施

(1)加强卫生宣教,首先让广大居民认识到河豚有毒不要食用;其次让广大居民能识别河豚以防误食。

(2)水产品收购、加工、供销等部门应严格把关,防止鲜河豚进入市场或混进其他水产品中。

(3)新鲜河豚必须统一收购,集中加工。活河豚加工时先断头,放血(尽可能放净)、去内脏、扒皮,肌肉经反复冲洗,加入 2%碳酸钠处理 24 h,然后用清水洗净,制成干鱼或罐头,经鉴定合格后方可食用。不新鲜的河豚不得食用,内脏、头、皮等专门处理销毁,不得任意丢弃。

(二)鱼类引起的组胺中毒

鱼类引起组胺(histamine)中毒的主要原因是食用了某些不新鲜的鱼类(含有较多的组胺),同时也与个人体质的过敏性有关,所以组胺中毒是一种过敏性食物中毒。

1.有毒成分的来源

海产鱼类中的青皮红肉鱼,如鲐巴鱼、鲥鱼、竹夹鱼、金枪鱼等鱼体中含有较多的组氨酸。当鱼体不新鲜或腐败时,产生自溶作用,组织蛋白酶将组氨酸释放出来。污染于鱼体的细菌,如组胺无色杆菌或摩氏摩根菌产生脱羧酶,使组氨酸脱羧基形成大量的组胺。一般认为当鱼体中组胺含量超过 200 mg/100 g 即可引起中毒。

2.流行病学特点

组胺中毒在国内外均有报道。在温度 15~37 ℃,有氧、弱酸性(pH 值 6.0~6.2)和渗透压不高(盐分含量 3%~5%)的条件下,组氨酸易于分解形成组胺,组胺中毒多发生在夏秋季。

组胺中毒临床表现的特点是发病快、症状轻、恢复快。病人在食鱼后 10 min~2 h 内出现面部、胸部及全身皮肤潮红和热感,全身不适,眼结膜充血并伴有头痛、头晕、恶心、腹痛、腹泻、心跳过速、胸闷、血压下降。有时可出现荨麻疹,咽喉烧灼感,个别患者可出现哮喘。一般体温正常,大多在 1~2 d 内恢复健康。

3. 预防措施

(1)防止鱼类腐败变质,禁止出售腐败变质的鱼类。

(2)鱼类食品必须在冷冻条件下贮藏和运输,防止组胺产生。

(3)避免食用不新鲜或腐败变质的鱼类食品。

(4)对于易产生组胺的青皮红肉鱼类,家庭在烹调前可采取一些去毒措施。首先应彻底刷洗鱼体,去除鱼头、内脏和血块,然后将鱼切成两半后以冷水浸泡。在烹调时加入少许醋或雪里红或红果,可使鱼中组胺含量下降 65% 以上。

(5)制定鱼类食品中组胺最大允许含量标准,我国规定为低于 100 mg/100 g。

六、植物性食物中毒的防制

(一)毒蕈中毒

蕈类(mushroom)通常称蘑菇,属于真菌植物,各地山林、平原均有生长,种类繁多。在我国目前已鉴定的蕈类中,可食用蕈 300 多种,有毒类约 80 多种,其中含剧毒能对人致死的有 10 多种。毒蕈(toxic mushroom)与可食用蕈不易区别,常因误食而中毒。

1. 有毒成分的来源

不同类型的毒蕈含有不同的毒素,也有一些毒蕈同时含有多种毒素。

(1)胃肠毒素:含有这种毒素的毒蕈很多,主要为黑伞蕈属和乳菇属的某些蕈种,毒性成分可能为类树脂物质、苯酚、类甲酚、胍啶或蘑菇酸等。

(2)神经、精神毒素:主要存在于毒蝇伞、豹斑毒伞、角鳞灰伞、臭黄菇及牛肝菌等毒蘑菇中。这类毒素主要有四大类:①毒蝇碱(muscarine),存在于毒蝇伞蕈、丝盖伞属及杯伞属草、豹斑毒伞蕈等毒蕈中;②蜡子树酸(ibotenic acid)及其衍生物,存在于毒伞属的一些毒蕈中;③光盖伞素(psilocybin)及脱磷酸光盖伞素(psilocin),存在于裸盖菇属及花褶伞属蕈类;④幻觉原(hallucinogens),主要存在于桔黄裸伞蕈中。

(3)溶血毒素:鹿花蕈(gyromitrin)(也叫马鞍蕈)中含有马鞍蕈酸,属甲基联胺化合物,有强烈的溶血作用。此毒素具有挥发性,对碱不稳定,可溶于热水,烹调时如弃去汤汁可去除大部分毒素。这种毒素抗热性差,加热至 70℃ 或在胃内消化酶的作用下可失去溶血性能。

(4)肝肾毒素:引起此型中毒的毒素有毒肽类、毒伞肽类、鳞柄白毒肽类、非环状肽的肝肾毒等。这些毒素主要存在于毒伞属蕈、褐鳞小伞蕈及秋生盔孢伞蕈中。此类毒素为剧毒,如毒肽类对人类的致死量为 0.1 mg/kg·bw,因此肝肾损害型中毒危险性大,死亡率高(国外报告为 60%~80%,重庆报告为 37%),一旦发生中毒,应及时抢救。

(5)类光过敏毒素:在胶陀螺,又称猪嘴蘑中含有光过敏毒素。

2.流行病学特点

毒蕈中毒一般在云南、贵州、四川三省发生起数较多。近年来,福建、云南、四川、贵州和江苏等省报道因误食亚稀褶黑菇而中毒者较多,病死率高。毒蕈中毒多发生于春季和夏季,在雨后,气温开始上升,毒蕈迅速生长,常由于不认识毒蕈而采摘,引起中毒。

3.预防措施

预防毒蕈中毒最根本的方法是不要采摘自己不认识的蘑菇食用;毫无识别毒蕈经验者千万不要自采摘蘑菇食用。毒蕈与可食用蕈很难鉴别,民间百姓有一定的实际经验,如在阴暗肮脏处生长、颜色鲜艳、形状怪异、分泌物浓稠易变色、有辛辣酸涩等怪异气味的蕈类一般为毒蕈。但以上经验不够完善,不够可靠。

(二)含氰甙类食物中毒

指因食用苦杏仁、桃仁、李子仁、枇杷仁、樱桃仁、木薯等含氰甙类食物引起的食物中毒。

1.有毒成分的来源

含氰甙类食物中毒的有毒成分为氰甙,其中苦杏仁含量最高,平均为 3%,而甜杏仁则平均为 0.11%,其他果仁平均为 0.4%~0.9%。木薯中亦含有氰甙。当果仁在口腔中咀嚼和在胃肠内进行消化时,氰甙被果仁所含的水解酶水解释放出氢氰酸并迅速被黏膜吸收入血引起中毒。

2.流行病学特点及中毒症状

苦杏仁中毒多发生在杏子成熟的初夏季节,儿童中毒多见,常因儿童不知道苦杏仁的毒性食用后引起中毒;还有因为吃了太多凉拌杏仁(加工未完全消除毒素)而造成的中毒。苦杏仁中毒的潜伏期短者 0.5 h,长者 12 h,一般 1.0~2.0 h。木薯中毒的潜伏期短者 2.0 h,长者 12 h,一般为 6.0~9.0 h。

3.预防措施

(1)加强宣传教育:向广大居民,尤其是儿童进行宣传教育,勿食苦杏仁等果仁,包括干炒果仁。

(2)采取去毒措施:加水煮沸可使氢氰酸挥发,可将苦杏仁等制成杏仁茶、杏仁豆腐。木薯所含氰甙 90%存在于皮内,因此食用时通过去皮、蒸煮等方法可使氢氰酸挥发。

七、化学性食物中毒的防制

(一)亚硝酸盐中毒

亚硝酸盐具有很强的毒性,其生物半衰期为 24 h,摄入 0.3~0.5 g 就可致中毒,1~3 g 可致人死亡。亚硝酸盐摄入过量会使血红蛋白中的二价铁离子氧化为三价铁离子,使正常血红蛋白转化为高铁血红蛋白,失去携氧能力导致组织缺氧。另外亚硝酸盐对周围血管有麻痹作用。

1. 流行病学特点

亚硝酸盐食物中毒每年均有发生,多数由于误将亚硝酸盐当作食盐使用而引起食物中毒,也有食入含有大量硝酸盐、亚硝酸盐的蔬菜而引起的食物中毒,多发生在农村或集体食堂。

2. 预防措施

(1)加强对集体食堂尤其是学校食堂、工地食堂的管理,将亚硝酸盐和食盐分开贮存,避免误食。

(2)肉类食品企业要严格按国家标准规定添加硝酸盐和亚硝酸盐,肉制品中硝酸盐不得超过 0.15 g/kg,最终残留量不得超过 20 mg/kg。

(3)保持蔬菜的新鲜,勿食存放过久或变质的蔬菜,剩余的熟蔬菜不可在高温下存放过久;腌菜时所加盐的含量应达到 12% 以上,至少需腌制 15 d 以上再食用。

(4)尽量不用苦井水煮粥,不得不用时,应避免长时间保温后的水又用来煮饭菜。

(二)砷中毒

砷是有毒的类金属元素。它在自然界的分布极为广泛,存在于地壳、土壤、海水、河水、大气及食物中。砷的化学性质复杂,化合物众多,在自然界中以 As^{3-}、As^-、As^0、As^+、As^{3+}、As^{5+} 的形式存在。人类摄取砷的主要途径是饮水和食物,食物中含有机砷和无机砷,而饮水中则主要含有无机砷。

1. 流行病学特点

砷中毒多发生在农村,夏秋季多见,常由于误用或误食而引起中毒,也有故意投毒引起的食物中毒。

2. 预防措施

(1)对含砷化合物及农药要健全管理制度,实行专人专库、领用登记。农药不得与食品混放、混装。

(2)盛装含砷农药的容器、用具必须有鲜明、易识别的标志并标明"有毒"字样,并不得再用于盛装食品。拌过农药的粮种亦应专库保管,防止误食。

(3)砷中毒死亡的家禽家畜,应深埋销毁,严禁食用。

(4)砷酸钙、砷酸铅等农药用于防治蔬菜、果树害虫时,于收获前半个月内停止使用,以防蔬菜水果农药残留量过高;喷洒农药后必须洗净手和脸后才能吸烟、进食。

(5)食品加工过程中所使用的原料、添加剂等其砷含量不得超过国家允许的标准。

(三)有机磷农药中毒

有机磷农药在酸性溶液中较稳定,在碱性溶液中易分解失去毒性,故绝大多数有机磷农药与碱性物质,如肥皂、碱水、苏打水接触时可被分解破坏,但敌百虫例外,其遇碱可生成毒性更大的敌敌畏。

1.流行病学特点

有机磷农药是世界上应用最广泛的农药之一,也是我国生产使用最多的一种。我国目前食物中有机磷农药残留是相当普遍和严重的。从地域状况看,南方比北方严重,污染的食物以水果和蔬菜为主,尤其是叶菜类;从污染的季节看,夏秋季高于冬春季,夏秋季节气温高,害虫繁殖快,农药使用量大,污染严重。

2.预防措施

在遵守《农药安全使用标准》的基础上,应特别注意以下几点:

(1)有机磷农药必须由专人保管,必须有固定的专用贮存场所,其周围不得存放食品。

(2)喷药及拌种用的容器应专用,配药及拌种的操作地点应远离畜圈、饮水源和瓜菜地,以防污染。

(3)喷洒农药必须穿工作服,戴手套、口罩,并在上风向喷洒,喷药后须用肥皂洗净手、脸,方可吸烟、饮水和进食。

(4)喷洒农药及收获瓜、果、蔬菜,必须遵守安全间隔期。

(5)禁止食用因有机磷农药致死的各种畜禽。

(6)禁止孕妇、乳母参加喷药工作。

(李红卫)

第四节　职业中毒的预防控制

近年来,我国职业中毒危害有不断加重的趋势,呈现以下特点:急性中毒明显多发,恶性事件有增无减;硫化氢、一氧化碳等窒息性气体以及苯中毒问题比较突出;新的职业中毒不断出现;中小企业和个体作坊的职业中毒呈上升趋势;农民工成为职业中毒的主要受害者。我国职业中毒人数在职业病发生人数中占有相当大的比例,是职业病防制的重点。

一、职业中毒的表现与诊断

职业中毒可累及全身多系统的变化,其临床表现较为复杂,与中毒类型、毒物的靶器官有明显关系。例如,有些毒物(如一氧化碳、硫化氢、氯气、光气等),因其毒性大、蓄积性作用不明显,在生产事故中常引起急性中毒;有些毒物(如重金属类毒物),在产生环境条件下,常表现为慢性中毒。同一种毒物,不同中毒类型对人体的损害有时可累及不同的靶器官,如急性苯中毒主要影响中枢神经系统,而慢性苯中毒主要引起造血系统的损害。

(一)职业中毒的表现形式

(1)急性职业中毒:通常是指在一次或一个工作日内接触生产中有害因素而引起的职业中毒。可在接触毒物后立刻发病(如吸入高浓度硫化氢)或数小时后发病(如吸入光气、氮氧化物等)或 1～2 d 后发病(如吸入高浓度溴甲烷、四乙基铅等)。

(2)慢性职业中毒:由于长期受到职业有害因素的影响所导致的职业中毒。常为低浓度、长期接触,往往在接触毒物几个月,甚至数年后才发病。

(3)亚急性中毒:介于急性中毒和慢性中毒之间,一般在接触毒物一个月内发病,如急性铅中毒。

(二)职业中毒的主要临床表现

职业中毒按主要受损系统而具有不同的表现。

(1)神经系统:多种职业有害因素可选择性地作用于神经系统而导致损害,如金属、类金属及其化合物、窒息性气体、有机溶剂和农药等。临床表现为中毒性脑病、多发性神经炎和神经衰弱综合征。

(2)呼吸系统:引起呼吸系统损害的毒物主要是刺激性和窒息性气体,如氯气、光气、氮氧化物、二氧化硫、硫酸二甲酯等。一次大量吸入某些气体(如氨、氯、二氧化硫),可引起喉痉挛、声门水肿,甚至发生肺水肿,严重时可发生呼吸道机械性阻塞而窒息死亡;有些高浓度刺激性气体(如氯气),可使鼻黏膜内神经末梢受到刺激,引起反射性呼吸抑制;麻醉性毒物及有机磷农药可直接抑制呼吸中枢;有些毒物(如二异氰酸甲苯酯)可引发过敏性哮喘;一些毒物(如砷、铬等)还可引起肺部肿瘤及肺纤维化、肺气肿等。

(3)血液系统:许多毒物对血液系统具有毒性作用。例如,苯和三硝基甲苯、有机氯农药可损伤造血功能,引起白细胞、血小板减少,甚至再生障碍性贫血;苯的氨基、硝基化合物及亚硝酸盐可导致高铁血红蛋白;砷化氢、锑化氢、硒化氢、有机磷农药、苯胺、苯肼、硝基苯等可引起溶血性贫血。

(4)消化系统:消化系统的损伤包括口腔病变、胃肠病变和肝损伤。例如,汞中毒可引起口腔炎;汞盐、三氧化二砷急性中毒导致急性胃肠炎;四氯化碳、氯仿、砷化氢、三硝基甲苯中毒导致急性或慢性中毒性肝病。

(5)循环系统:有些毒物以心脏作为靶器官之一,引起循环系统的损害。例如,锑、铊、有机汞农药、四氯化碳和有机溶剂等可直接损害心肌;镍通过影响心肌氧化与能量代谢,引起心功能降低、房室传导阻滞;某些氟烷烃(如氟利昂)可使心肌应激性增强,诱发心率紊乱,促使室性心动过速或引起心室颤动;亚硝酸盐可导致血管扩张,血压下降;一氧化碳、二硫化碳与冠状动脉粥样硬化有关,使冠心病发病增加。

(6)泌尿系统:职业性泌尿系统损害主要表现为急性中毒性肾病、慢性中毒性肾病、中毒性泌尿道损害以及泌尿道肿瘤。例如,四氯化碳、砷化氢、铅、汞、镉等可引起泌尿道损害;β-萘胺、联苯胺可引起泌尿系统肿瘤。

(7)生殖系统:毒物对生殖系统的损害包括毒物对接触者和对后代发育的影响。其中,毒物对接触者生殖系统的影响包括对生殖器官的损害和对内分泌系统的影响;对后代发育的影响是指胎儿结构异常,发育迟缓,功能缺陷甚至死亡等。例如,铅对男性可引起精子数量减少、畸形率增加和活动能力减弱;对女性则引起月经周期和经期异常、痛经和月经血量改变等。

(8)皮肤:毒物对皮肤的损害包括接触性皮炎(如有机溶剂)、光敏性皮炎(如沥青、煤焦油)、职业性痤疮(如矿物油类、卤代芳烃化合物)、皮肤黑变病(如煤焦油、石油)、职业性皮肤溃疡(如铬的化合物、铍盐)、职业性疣赘(如沥青、煤焦油)、职业性角化过度和皲裂(如脂肪溶剂、碱性物质)等。有的毒物还可以引起皮肤肿瘤,如砷、煤焦油等。

(三)职业中毒的诊断

职业中毒属于国家法定职业病范畴,而法定职业病的诊断及诊断程序国家均有明确的规定。2002年5月1日开始实施的《中华人民共和国职业病防治法》、《职业病目录》中规定的56种职业中毒以及以国家标准形式确定的职业病诊断标准,是正确诊断职业中毒的依据。正确的诊断,不仅仅是医学上的问题,而且直接关系到劳动者能否享受劳动保险待遇和正确执行劳动保护政策。

对于职业中毒的正确诊断,应考虑下列因素:

(1)病人的职业史:定性和定量地获取有关工种、接触职业有害因素的机会和接触程度、工作环境条件资料、工龄等接触史资料。必要时,对职业中毒者的有害因素接触史和现场危害进行现场调查和评价。

(2)体格检查:根据劳动者接触的职业有害因素所致疾病的特点和临床表现,有针对性地进行体格检查。

(3)实验室检查:对于临床表现不明显的职业中毒,应依靠实验室的检查结果进行正确诊断。实验室检查包括:测定生物材料中的有害物质,以检测体内有害物质的符合水平,如尿、发、指甲中的重金属含量;测定毒物代谢产物,如接触苯之后,可测定尿中酚、马尿酸或甲基马尿酸;测定机体受毒物作用后的生物学或细胞形态的改变,如接触苯之后,可检查血常规,必要时检查骨髓象等。

根据上述资料,经过综合分析,得出诊断结论。对于慢性职业中毒,往往需要长期动态随访,才能做出最后判断。在职业中毒的诊断中,应排出职业因素以外的因素所导致的疾病,可通过职业流行病学的方法予以鉴定。没有证据否定职业中毒危害因素与病人临床表现之间的必然联系的,在排出其他致病因素后,应当诊断为职业病。承担职业病诊断的医疗卫生机构在进行职业病诊断时,应当组织三名以上取得职业病诊断资格的执业医师集体诊断。

二、职业中毒的调查与处理

为了规范职业病危害事故的调查处理,及时有效地控制职业病危害事故,减轻职业病危害事故造成的损害,根据《中华人民共和国职业病防治法》,卫生部于 2002 年制定了《职业病危害事故调查处理办法》(自 2002 年 5 月 1 日起施行)。县级以上卫生行政部门负责本辖区内职业病危害事故的调查处理。重大和特大职业病危害事故由省级以上卫生行政部门会同有关部门和工会组织,按照规定的程序和职责进行调查处理。

职业病危害事故调查处理的主要内容包括:①依法采取临时控制和应急救援措施,及时组织抢救急性职业病病人;②按照规定进行事故报告;③组织事故调查;④依法对事故责任人进行查处;⑤结案存档。

(一)准备工作

为确保职业中毒发生时能够及时开展现场调查处理工作,有效地控制和减少职业中毒造成的危害和影响,在平时做好充分的各项应急准备工作是十分必要的。

1. 组织、指挥和通信等工作的准备

(1)组织和人员:卫生监督机构和疾病预防控制部门应组建相应的急性职业中毒应急处理小组,小组应包括有关领导、卫生监督员、卫生专业技术人员、有关医务技术人员、检验技术人员等。

(2)分工:急性职业中毒调查处理小组人员必须有明确的职责分工,互相配合,并指定有关科室和人员进行业务值班。

(3)车辆:要保证急性职业中毒调查处理小组的交通车辆的配备或优先使用权。

(4)通信:有条件的单位应配备必要的通信工具。

2. 调查表及文书的准备

包括:①"急性职业中毒患者现场劳动卫生学调查表";②"职业中毒报告卡";③"急性职业中毒个案调查表";④"现场采样记录表";⑤有关样品"送检单";⑥有关卫生监督执法文书等。

3. 现场调查采样仪器设备的准备

应装备急性职业中毒现场监测必需的采样仪器设备,并做好的专人保管和准备工作,以便急用。

主要的现场监测必需的采样仪器设备包括:

(1)现场快速监测检验仪器,如快速检气管、快速气体采样仪、采气袋、100 mL 采气针筒等;

（2）便携式、直读式的气体监测仪器，如一氧化碳测定仪、硫化氢气体测定仪、二氧化碳测定仪、氮氧化物测定仪等专用仪器，以利于在较短的时间内明确发生中毒的原因；

（3）充电式的个体气体和粉尘测定仪；

（4）直读式干湿温度计、风速仪和气压表；

（5）各种采样脚架、吸收管、橡胶管、橡皮膏、砂轮、采样箱等必备物品。

4. 防护器材的准备

为保护现场调查人员的身体健康，防止发生意外中毒事故，便于开展现场第一线的调查处理工作，调查处理小组应配备一些必需的个人防护设备，如安全帽、防护手套、防护眼镜、防护鞋、防护衣、防护口罩、具有针对性的有效防毒面具、供气式防护面具等。

5. 急救治疗药品的准备

有条件开展现场急救处理工作的卫生监督执行机构和疾病预防控制部门，应配备一些现场急救和治疗需要的药品和器材。①氰化物解毒剂：亚硝酸异戊酯、3％亚硝酸钠、4-二甲氨基苯酚等；②高铁血红蛋白还原剂：美蓝；③有机磷解毒剂：解磷定、氯磷定、阿托品等；④金属络合剂：EDTA、促排灵、二巯基丙磺酸钠、二巯基丁二酸钠、青霉胺等；⑤其他如便携式输氧设备、听诊器、注射器材等。

（二）职业中毒的报告

发生职业中毒事故时，用人单位应当立即向所在地县级卫生行政部门和有关部门报告。县级卫生行政部门接到职业中毒事故报告后，应当实施紧急报告：①特大和重大事故，应当立即向同级人民政府、省级卫生行政部门和卫生部报告；②一般事故，应当于 6 h 内向同级人民政府和上级卫生行政部门报告。接收遭受职业中毒患者的首诊医疗卫生机构，应当及时向所在地县级卫生行政部门报告。

职业病中毒事故报告的内容应当包括中毒事故发生的地点、时间、发病情况、死亡人数、可能发生原因、已采取措施和发展趋势等。

地方各级卫生行政部门按照《卫生监督统计报告管理规定》，负责管辖范围内职业中毒事故的统计报告工作，并应当定期向有关部门和同级工会组织通报职业病中毒事故发生情况。职业病中毒事故发生的情况，由省级以上卫生行政部门统一对外公布。任何单位和个人不得以任何借口对职业病中毒事故瞒报、虚报、漏报和迟报。

（三）现场调查

到达中毒现场后，应与事件处理现场负责人取得联系，并获得配合。如果中毒现场尚未得到控制，应根据获悉的资料和调查得到的资料，立即就中毒事件的现场控制措施、中毒患者人数统计、检伤以及急救处理、救援人员的个体防护、现场隔离带设置、人员疏散等提出建议，并在确保调查人员安全的情况下开展调查工作；如果中毒现场已经得到了控制，应先了解中毒事件的概况(时间、地点、中毒人数、救治情况等),再进行现场勘察。

急性职业中毒的现场调查工作主要开展以下几项内容的调查工作,并填写急性职业中毒患者现场调查的相关表格。

(1)一般情况调查:主要调查发生急性职业中毒的单位名称、性质及隶属情况、单位地址、联系电话、引起职业中毒的原因、接触人数、中毒人数、死亡人数、发生中毒的时间、地点(车间)、产品名称及生产多长时间、有无各类规章制度、中毒发生时的现场状态、中毒者的主要症状和体征等。

(2)职业史的调查:主要调查接触工人、中毒者和死亡者的职业史及可能接触的有毒有害物质情况等。

(3)工艺过程:了解简单的生产工艺过程,对生产过程中的有关化学物质要进行了解、记录,并调查其简单的化学反应式。

(4)中毒经过和原因的调查:急性职业中毒的经过,包括从发生中毒前的操作情况、操作人员情况、使用的仪器设备、原料、产品及机器运行情况以及中毒发生时的情况和发生后的情况等。同时,应向临床救治单位进一步了解相关资料(如中毒者状况、抢救经过、实验室检查结果等),并采集中毒者的生物样品留待检验。

(5)防护情况的调查:调查生产环境有无有效的防护设备和防护措施,了解工人个体的防护情况、工人卫生情况和安全生产教育情况等。

(四)现场监测

为及时了解发生急性职业中毒的原因,为急性职业中毒的诊断提供依据,要进行现场监测工作,对可疑毒物进行浓度监测并采集样品留至实验室分析。现场空气或其他样品的毒物浓度即使已被稀释也应监测,必要时可在事后模拟现场进行检测作为参考。

1. 样品采集

在了解毒物种类和估测逸散数量及事件发生的具体过程和发生地情况后,再采集有代表性的样品,采样量应足够满足多次重复测定的需要。

(1)环境样品:当毒物以气态和蒸气态形式存在时,使用吸收管、固体吸附剂管、采气瓶或采气袋进行采集,采集方法以集气法为主;当毒物以气溶胶形式存在时,使用滤料(如微孔滤膜、过滤乙烯滤膜等)、采样夹和冲击式吸收管采集;当存在形式不明时,可使用采气瓶或采气袋采集;当毒物呈固态或液态时,一般直接用适宜的工具采入有螺丝扣盖子的玻璃或无色的聚乙烯、聚四氟乙烯容器中,4 ℃冷藏保存。

(2)生物样品:主要为中毒患者或中毒死亡者的血液、尿液。一般情况下,血液样品采集量为 10 mL,尿液样品采集量为 50~100 mL。

2. 现场快速检测

急性职业中毒事件中常用的现场快速检测方法主要有以下四种。

(1)检气管法:具有简便、快捷、直读等特点,可根据检气管变色柱的长度测定出被测气体的浓度。可快速检测一氧化碳、氨气、氯气、二氧化碳、二氧化硫、甲醛、砷化氢、苯、甲苯、二甲苯、甲醇、乙醇、乙烯等多种有毒气体。

(2)比色试纸法:具有简便、快速、便于携带的特点,适用于各种状态的有害物质的测定。常用比色试纸检测的物质包括氨气、有机氯农药、一氧化碳、光气、氢氰酸、硫化氢、甲醛、乙醛、二氧化氮、次氯酸、过氧化氢等。

(3)气体检测仪:具有操作简便、快速、直读、精确度高、可连续检测等特点。适于检测的气体包括一氧化碳、二氧化碳、氧气、氢气、臭氧、一氧化氮、二氧化氮、氯乙烯、肼、二氯化氯、甲烷、乙烷、氮气、氯气、二氧化硫、氟化氢、硫化氢、砷化氢、光气、磷化氢、氰化氢、甲苯等。

(4)气相色谱/质谱分析仪和红外线谱仪:精确度高、检测范围广,适用于未知毒物和多种混合毒物存在的现场。可为车载式或其他能够现场使用的分析仪,用于各种挥发性有机物的检测。

(五)职业中毒事故的处理

1. 用人单位应采取的处理措施

发生职业中毒事故时,用人单位应当根据情况立即采取以下紧急措施:

(1)停止导致职业病中毒事故的作业,控制事故现场,防止事态扩大,把事故危害降到最低限度;

(2)疏通应急撤离通道,撤离作业人员,组织救险;

(3)保护事故现场,保留导致职业病中毒事故的材料、设备和工具等;

(4)对遭受或者可能遭受急性职业中毒的劳动者,及时组织救治、进行健康检查和医学观察;

(5)按照规定进行事故报告;

(6)配合卫生行政部门进行调查,按照卫生行政部门的要求如实提供事故发生情况、有关材料和样品;

(7)落实卫生行政部门要求采取的其他措施。

2. 卫生行政部门应采取的处理措施

卫生行政部门接到职业中毒事故报告后,根据情况可以采取以下措施:

(1)责令暂停导致职业中毒事故的作业;

(2)组织控制职业中毒事故现场;

(3)封存造成职业中毒事故的材料、设备和工具等;

(4)组织医疗卫生机构救治遭受或者可能遭受急性职业中毒的劳动者。

3. 职业中毒事故调查组及其职责

职业中毒事故发生后,卫生行政部门应当及时组织用人单位主管部门、公安、安全生产部门、工会等有关部门组成职业中毒事故调查组,进行事故调查。事故调查组成员应当符合下列条件:①具有事故调查所需要的专业知识和实践经验;②与所发生事故没有直接利害关系。

职业中毒事故调查组的职责:①进行现场勘验和调查取证,查明职业中毒事故发生的经过、原因、人员伤亡情况和危害程度;②分析事故责任;③提出对事故责任人的处罚意见;④提出防范事故再次发生所应采取的改进措施的意见;⑤形成职业病事故调查处理报告。

4. 卫生行政部门对职业中毒事故的处理

职业中毒事故调查组进行现场调查取证时,有权向用人单位、有关单位和有关人员了解有关情况,任何单位和个人不得拒绝、隐瞒或提供虚假证据或资料,不得阻碍、干涉事故调查组的现场调查和取证工作。卫生行政部门根据事故调查组提出的事故处理意见,决定和实施对发生事故的用人单位的行政处罚,并责令用人单位及其主管部门负责落实有关改进措施建议。职业中毒事故处理工作应当按照有关规定在 90 d 内结案,特殊情况不得超过 180 d。事故处理结案后,应当公布处理结果。

三、职业中毒的综合防制措施

预防职业中毒必须采取综合治理措施,从根本上消除、控制或尽可能减少毒物对劳动者的损害。应遵循"三级预防"原则,推行"清洁生产",重点做好"前期预防"。通过改进生产工艺和生产设备,合理利用防护设施及个人防护用品,以减少劳动者接触毒物的机会和程度。

(一)根除毒物或降低毒物浓度

从生产工艺中消除有毒物质,可用无毒或低毒的物质代替有毒或高毒的物质,例如用无苯材料代替苯和二甲苯;降低毒物浓度,减少人体接触毒物水平;严格控制毒物逸散,避免直接接触。

对于逸出的毒物,要防止其扩散,采取密闭生产和局部通风排毒,以减少接触毒物的机会;经通风排出的毒物,必须加以净化处理后方可排放,或直接回收利用。

(二)合理安排工艺和生产工序布局

采用的生产工艺、建筑与生产工序的布局应符合职业卫生要求。对于有毒物逸散的作业,应在满足工艺设计要求的前提下,根据毒物的毒性、浓度和接触人数等对作业区实行区分隔离,以免产生叠加影响。有害物质的发生源应布置在主要作业场所的下风侧。

(三)加强个体防护

加强个体防护是防制职业中毒的重要措施。劳动者在生产过程中应准确选用和使用个人防护用品。个人防护用品包括呼吸防护器、防护帽、防护眼镜、防护面罩、防护服、皮肤防护用品等。在有毒物质作业场所,应设置必要的卫生设施,如盥洗设备、淋浴室、更衣室和个人专用衣箱等。此外,还应教育劳动者养成良好的卫生习惯,制定工作场所的卫生防护制度,以减少职业中毒的发生。

(四)健全职业卫生服务

健全的职业卫生服务在预防职业中毒中极为重要。应按照国家的规定,定期或不定期监测作业场所空气中毒物浓度,将其控制在国家标准浓度以下。对接触有毒物质的劳动者实施上岗前体格检查,排除职业禁忌症。对于已经上岗的劳动者进行定期健康监护检查,发现早期的健康损害,以便及时处理。因地制宜地开展各种体育锻炼,组织劳动者进行有益身心健康的业余活动,以增强劳动者的体质。

(五)强化安全卫生管理

企业的各级领导必须强化法制观念,在工作中认真贯彻执行国家有关预防职业中毒的法规和政策。企业要重视职业中毒的防制工作,结合企业内部接触毒物的性质和使用状况,制定预防措施和安全操作规程。建立相应的安全、卫生和处理应急事故的组织领导机构。做好管理部门与作业者职业卫生知识的宣传教育,使有毒作业人员充分享有职业中毒危害的知情权,企业安全卫生管理者应尽"危害告知"义务,共同参与职业中毒危害的预防与控制。

(张永兴)

第五节 化学事故中毒的预防控制

一、化学事故中毒发生的原因

导致化学事故中毒发生的原因很多,无论在化学品的生产过程中,还是在化学品的储存、运输、使用过程中,违规操作或管理不善,都可导致化学品大量泄露,造成化学品急性中毒事故。爆炸、火灾还可造成连锁式反应而引发化学事故中毒的发生。自然灾害(如地震)、战争等可造成危险化学品的大量逸散,造成人体中毒。

(一)生产和使用化学品过程中造成中毒事故的发生

(1)超量生产化学品:突击生产任务,超出常规的生产量,而防护措施又不到位时,易发生化学品急性中毒,多见于挥发性的有机溶剂的生产。

（2）生产设备跑冒滴漏：如果设备检修、更新不及时，造成跑、冒、滴、漏，造成急性中毒事故。此外，生产环境拥挤、缺乏通风设备以及设备检修过程中的麻痹大意等，也是造成中毒事故的重要原因。

（3）违反操作规程：违反操作规程进行野蛮作业，是当前造成化学品事故的主要原因。管理不善、制度不严、执行不力以及个人防护缺乏或使用不当，成为安全事故的隐患。

（4）盲目生产化学品：对使用的原料不了解，盲目生产化学品，又不采取相应的防护措施，极易造成中毒事故的发生。

（二）化学品在储运过程中造成中毒事故的发生

（1）储存不当：仓库内未分类储存，易燃易爆危险化学品存放不当，造成爆炸、火灾或泄漏事故。

（2）储藏的化学品包装不严：包装不严而造成化学品泄露的事故时有发生。

（3）运输过程违章：超载运输危险化学品、超速行驶导致交通事故，致使化学品大量泄露，对周围环境造成严重污染。此外，运输过程中对化学品未加防护措施，使化学品受热膨胀而引发爆炸。

（4）储运容器未能专用：储藏、运输化学品的容器不是专用，也不清洗，后装入的化学品与容器中残留的化学品发生化学反应，造成爆炸事故。

（三）其他原因造成中毒事故的发生

（1）偷排、误排化学品：人为或错误地将含有危险化学品的废水排放到厂外，造成中毒事故的发生。

（2）误食或投毒：误食含有有毒化学品的食物或饮水（污染或投毒造成的）而造成中毒。

（3）自然灾害：如地震造成管道、储存化学品的容器破裂，使化学品大量逸散，造成大量人员伤亡；易燃化学品可引起火灾，而火灾又能引起化学物品爆炸、泄露、蒸发，造成化学品急性中毒。

（4）战争：战争中使用的化学武器，可造成化学品中毒。

二、化学事故中毒的临床表现与诊断

（一）化学事故中毒的主要临床表现

（1）神经系统：可表现为植物神经功能失调、中毒性周围神经病和中毒性脑病等。例如，轻度急性中毒或急性中毒恢复期经常出现神经衰弱症候群、植物神经功能失调和迷走神经亢奋等症状，如苯、甲苯、四乙基铅等急性中毒时较为多见；有机磷、氯丙烯、正己烷、二硫化碳、砷、铊等中毒时,表现为多发性神经炎;当接触高浓度苯、汽油等毒物时,可出现中毒性脑病。

(2)呼吸系统:轻度中毒时,可引起急性鼻炎、咽喉炎、气管炎与轻度肺水肿,如氨、硫酸二甲酯、氯化苦等引起的中毒;中毒及重度中毒时,表现为咳嗽频繁,咳大量泡沫样痰,胸闷、气短,并有紫绀,在胸部能可听到大量细小或中等的水泡音,胸部 X 片可见弥漫性点状或片状阴影;极重度中毒病例(如氯气中毒)有时可以引起立即死亡,多由于声门水肿造成窒息而致。

(3)心血管系统:砷、锑、钡、有机汞等对心肌具有直接损害作用;一氧化碳等可影响血液的携氧能力,造成组织缺氧,间接损害心肌;砷化氢、硝基苯等可引起溶血,苯胺等可形成高铁血红蛋白,间接损害心肌。

(4)消化系统:汞、锑等引起口腔炎;三氧化二锑、三氧化二砷、磷化氢、铊等引起急性胃肠炎;四氯化碳、三硝基甲苯等引起中毒性肝炎。

(5)造血系统:主要表现为高铁血红蛋白血症,如苯的氨基、硝基化合物等;溶血性贫血,如苯肼、苯胺、铅等;造血功能障碍,如苯等。

(6)泌尿系统:汞、镉、砷、铊、磷、有机氯等引起肾功能衰竭。

(7)皮肤:主要表现为皮肤的化学灼伤、烧伤、糜烂、溃疡等,如氢氟酸。

(8)其他:主要是损伤人体免疫功能以及急性中毒事件后的长期影响,如致癌、致畸、致突变等,如联苯胺、氯乙烯、烷化剂、镉等。

(二)化学事故中毒的诊断

化学品事故中毒,多数是由生产或非生产中发生事故而引起的。由生产事故引起的化学品中毒,可以参照上述职业中毒的诊断来进行。下列介绍的主要是针对非生产中发生的事故所致的中毒的诊断问题。

(1)接触史:是否有接触非生产事故的历史。了解事故现场的环境状况、事故发生的过程、接触者的接触方式、接触时间等。

(2)现场调查:调查事故所排放的化学品种类、特性、对周围环境的污染情况、污染的范围、事故现场周围居民区的居民的健康状况等基本信息、对毒物是否能引起此次急性中毒事故、危害程度等做出卫生学评估。

(3)病史:详细询问所接触化学物的名称、接触后引起的症状、目前主要症状及进展。同时要询问既往史。

(4)体格检查:针对患者所接触的化学品的特性,有针对性地进行体格检查,为中毒的诊断提供重要依据。

(5)实验室检查:除一般检查外,还应根据化学品的特性及体格检查时的阳性体征,做出必要的特殊检查。例如,一氧化碳中毒时,必须检验血中碳氧血红蛋白;接触苯、甲苯、二甲苯时,须分别检验尿中酚、马尿酸、甲基马尿酸;接触氰化物时,应检验尿中硫氰酸盐含量;有机磷中毒时,应检验血胆碱酯酶活力是否下降。

(6)其他检查:包括 X 射线、心电图、脑电图、肌电图、脑血流图、肝血流图等。

根据以上调查、检查和检验所获得的资料,加以综合分析,并做鉴别诊断,以得出正确的结论。

三、化学事故中毒的调查与处理

为及时、准确地掌握化学事故中毒的性质和原因,积极开展有效的防范措施及防止事故危害的蔓延,为中毒患者的急救治疗提供正确的依据,或对已采取的急救治疗措施给予补充或纠正,将事故的危害减少到最低限度,必须及时、快速、准确、科学、规范地进行事故的调查与监测。

(一)化学事故中毒调查处理的程序

(1)接报告人要详细询问并记录。

(2)接报告人要告知报告人:除及时抢救病人外,要保护现场,保留可疑化学物品。

(3)接报告人要立即按规定向有关部门及领导报告。

(4)组成调查组,做调查前的准备工作(包括人员、采样物品、交通工具、调查记录表及相机、录像设备等)。

(5)现场调查。

(6)现场监测、实验室检测。

(7)依法采取临时控制和应急救援措施,指导现场处理工作。

(8)根据现场调查、监测和实验室检验结果,得出中毒性质的结论。

(9)告知抢救病人的医院,可对原定的急救治疗措施给予补充或纠正。

(10)及时按规定向有关部门及领导报告事故调查情况及结果。

(11)撰写事故调查处理报告,并结案归档,由监督部门依法查处。

(二)调查处理的内容

1. 接报告人详细询问、记录的内容

包括化学事故中毒的详细地点、单位名称及负责人、报告人的信息、化学事故中毒的发生时间、中毒人数和程度、住院情况、目前现场的详细情况等信息。

2. 化学事故中毒的报告

按一次事故所造成的危害后果严重程度,将事故分为三类:①一般事故:发生 10 人以下急性中毒;②重大事故:发生 1~4 人死亡,或者发生 10~49 人急性中毒;③特大事故:发生

5 人以上死亡,或者发生 50 人以上急性中毒。

无论事故大小,用人单位(或首先发现者)应当立即以最短的时间、最快的方式向所在地卫生行政部门和有关部门报告。县级卫生行政部门在接到化学事故中毒报告后,应实施紧急报告:①对于特大或重大事故,应以最短的时间、最快的方式分别上报同级人民政府、省级卫生行政部门和卫生部;②对于一般事故,应于 6 h 内上报同级人民政府和上级卫生行政部门;③首诊医疗卫生机构接收遭受或可能遭受化学事故中毒的患者时,应及时向所在地卫生行政部门报告。

化学事故中毒报告的内容包括事故发生的时间、地点、发病情况、死亡情况、中毒发生的可能原因、已采取的处理措施以及发展趋势等。

3. 现场调查与检测

按照事故的等级,县级以上卫生行政部门应及时组织有关单位主管部门、公安、安全生产部门、工会等有关部门组成化学事故中毒调查组,进行事故调查。调查组成员应具有事故调查所需要的某一方面的专长,并与发生的事故没有直接利害关系。

(1)事故调查组的职责:①进行现场勘察和调查取证,查明事故发生的经过、原因、人员伤亡情况和危害程度;②分析事故责任;③提出对事故责任人的处罚意见;④提出防范事故再次发生所应采取的措施的意见;⑤形成事故调查处理报告。

(2)事故调查的内容:①询问有关事故发生的原因;②调查中毒者的发病情况,包括发病人数、主要症状、中毒程度、病人诊治情况等;③调查责任单位安全管理工作情况;④在现场进行勘察,主要是对现场发生中毒事故的化学品的气味、颜色、状态等进行感官调查;⑤个案调查,对与中毒者的基本情况进行了解,如自然状况、事故发生时的情形、主要症状和体征、接受安全教育的程度等。

化学事故中毒的现场检测内容与方法同职业中毒。

4. 临时控制和应急救援措施

事故调查组应依法采取临时控制措施和应急救援措施,指导现场处理工作。包括:①停止导致化学事故中毒的作业,控制事故现场,防止事态扩大,将事故危害降到最低限度;②疏通应急撤离通道,组织疏散;③保护事故现场,保留导致事故的材料、设备和工具等;④对遭受或可能遭受急性中毒危害的人员,应及时组织救治、进行健康检查和医学观察;⑤按照规定进行事故报告;⑥事故责任单位应配合卫生行政部门进行调查,按照卫生行政部门的要求如实提供事故发生情况、有关材料和样品;⑦落实卫生行政部门要求采取的其他措施。

卫生行政部门在接到化学事故中毒报告后,根据具体情况可采取以下措施:①责令暂停导致化学事故中毒的作业或运输等;②保存造成中毒危害事故的材料、设备和工具等;③组织控制中毒危害事故现场(如人员的撤离、清洗、消毒、掩埋等);④组织医疗卫生机构救治遭受或者可能遭受急性中毒危害的人员。

5. 事故调查报告

根据现场调查与检测结果,进行综合分析、判断、撰写调查报告。内容涉及:①中毒发生的单位、时间、地点、中毒发生的经过及现场处理情况;②引起急性中毒的毒物名称、理化性质、中毒原因分析;③临床资料分析,包括中毒人数、死亡人数,中毒者的主要症状和体征、实验室检验结果、治疗过程及效果等;④环境检测结果与评价;⑤模拟实验或动物实验结果;⑥事故调查的结论;⑦改进意见及要求等。

四、化学事故中毒的预防控制措施

(一)生产与使用中的防控措施

同"职业中毒的综合防制措施"。

(二)储运过程中的防控措施

(1)分类储藏,合理存放。易燃、易爆、剧毒化学品应有专用储藏室或专用柜,实行双人、双锁管理。遇火、遇潮等容易燃烧、爆炸或产毒的化学危险品,不得在露天、潮湿、漏雨和低洼容易积水的地点存放。

(2)容器专用,严密包装。运输、包装容器应专用,应严格检查容器和包装是否严密、有无渗漏等。

(3)隔潮隔热,装料适量。遇热、遇潮等易燃烧、爆炸的化学品,在装运时应采取隔潮、隔热措施;遇热膨胀的化学品,不能装料过量,要留有膨胀的空间,避免遇热膨胀而发生爆炸事故。

(4)文明运输,避免事故。运输、装载化学品必须做到轻拿轻放,不超载、不超速行驶,防止撞击、拖拉和倾倒。

鉴于化学事故中毒的突发性、灾害性、紧迫性、危险性和复杂性等特点,组织制定化学事故中毒的应急救援预案已刻不容缓。

【思考题】

1. 毒物与中毒是否有必然的联系?请阐述你的观点。
2. 根据毒物的来源和用途,可将毒物分成哪几类?各类毒物可能来自哪些途径?
3. 中毒的类型包括哪些?各类中毒有哪些特点?
4. 为什么说毒物接触史在中毒的诊断中是至关重要的环节?
5. 针对某种毒物中毒,特异性指标的检测有何意义和作用?
6. 简述特效解毒药物在中毒患者救治中的独特作用。

7. 简述食物中毒的发病特点。

8. 简述职业中毒的表现形式。

9. 针对各种中毒的诊断，你认为应该遵循的共同原则是什么？

10. 中毒的调查处理有何共性内容？

11. 为何要制定应对各类中毒事件的应急预案？

12. 化学品事故中毒能够避免吗？请阐述理由。

（刘延丽　范　春）

第十二章

促进健康的因素与特殊人群的健康保障

第一节 促进健康的因素与利用

人类所处的自然、人为、社会环境中存在着许许多多对人类健康有利,而且有些是人类生存必需的因素。例如,适时的日照、清洁的大气、宜人的气候、洁净的水源、有益的微量元素和天然有机生物活性物质等自然条件和因素,对控制人体生物节律、保持正常代谢、调节体温、增强免疫功能、促进生长发育等具有十分重要的作用。此外,青山绿水、鸟语花香、奇花异草等美景奇观,使人轻松愉快、舒适满足,得到美的享受,对人的心身健康具有重要作用。随着生活水平的提高,人类对健康有着新的理解和更高的要求,充分利用有利的环境因素,增进人类健康变得更加重要和迫切。

一、对人体健康有利的因素

促进人类健康的环境因素按其属性分为物理性因素、生物性因素、化学性因素及社会、心理、行为因素。

(一)物理性因素

生物圈中充足的阳光和适宜的气候是人类生存的必要条件。环境中气温、气湿、气流、气压等气象条件,大气中的太阳辐射及空气负离子等均与人类健康有密切关系。因此,促进健康的物理性因素主要包括太阳辐射、气象条件、空气离子、声波、振动、地磁场等。

(二)化学因素

环境中的化学因素成分复杂,种类繁多。大气、水、土壤中含有各种无机和有机化学物质,组成比较稳定,其中许多成分含量适宜时是人类生存和维持身体健康必不可少的。促进健康的化学性因素分为无机化合物和有机化合物。

(三)生物性因素

整个自然环境是一个以生物体为主的有机界与无机界构成的整体,生物体包括动植物、昆虫、微生物等。目前已经知道大约有 200 万种生物,这些形形色色的生物物种构成了生物物种的多样性。正是生物多样性使星球上的生命得以生存和延续。通过森林吸收二氧化碳温室气体,人类才得以呼吸空气;通过土壤、微生物和气象变化去除水中的污物,人类才得以喝到水。促进健康的生物性因素主要包括微生物、动物和绿色植物等。

(四)社会、心理、行为因素

人类生活在社会中,社会的经济、政治、文化、教育、科学技术、家庭、生活方式、风俗习惯、卫生服务及人口等因素,不仅与人类生活和健康有直接关系,而且各因素之间又互相影响。如社会的政治制度、经济水平及文化传统,不仅直接影响人们的文化教育水平、生活方式和卫生服务质量,也决定了对上述自然环境的保护、利用、改造的政策和措施。随着人们健康观念和医学模式的改变,社会心理因素对人类健康的影响正日益受到人们的重视。社会、心理、行为因素主要包括经济、文化、教育、科技、风俗习惯、医疗卫生服务等。

二、促进健康的物理性因素与利用

所有生命体(包括人和动、植物)都生活在环境中,常受外场(如红外线、可见光、紫外线和地磁场等)的作用。研究表明,它们对生物组织的形成、发育和生物信息的调制等有着重要作用,即它们对生命体的结构、功能、健康有极大影响。

(一)太阳辐射与利用

太阳是一团炽热的熔融物体,似一个巨大的热核反应堆。在反应过程中,产生大量辐射能。太阳辐射(solar radiation)是产生各种复杂天气现象的根本原因,是地球上光和热的源泉。当太阳辐射透过大气层时,由于大气层中灰尘、雾、水汽等能吸收太阳辐射,故一般来讲仅有 43% 的能量到达地面。太阳光谱由红外线、可视线和紫外线组成。太阳辐射中波长小于 290 nm 的一切射线,在大气圈平流层都已被臭氧层吸收,不能到达地球表面,避免了宇宙射线、短波紫外线等有害射线对地球表面生物的杀伤作用。

1. 紫外线的生物学作用

第二届哥本哈根光学会议将紫外线辐射(ultraviolet radiation)分为三段:A 段(UV-A)波长 320～400 nm,也称为长波紫外线;B 段(UV-B)波长 275～320 nm,也称为中波紫外线;C 段(UV-C)波长 200～275 nm,也称为短波紫外线。适量的紫外线照射对机体是有益的,紫外线主要生物学作用如下。

（1）抗佝偻病作用（anti-rachitic effect）：这是 B 段中波长（290～320 nm）紫外线的作用。因皮肤和皮下组织中的麦角固醇和 7-脱氢胆固醇在 UV-B 作用下可形成维生素 D_2（麦角钙化醇）和 D_3（胆钙化醇），经肝脏羟化酶作用而生成 25-羟基胆钙醇[$25-(OH)-D_3$]，后者在甲状旁腺素辅助下经肾脏由羟化酶转化为活性 1,25-二羟胆钙醇[$1,25-(OH)_2-D_3$]，可促进体内钙吸收并调节钙磷代谢，以维持骨骼的正常生长发育。

（2）色素沉着作用（pigmentation）：又称晒黑作用，主要由波长为 300～400 nm 紫外线引起。UV-A 可以使皮肤细胞中的黑色素原通过氧化酶的作用，转变成黑色素而沉着于其中，色素沉着作用是人体对光刺激的一种防御反应。被色素吸收的光能变成热能后，使汗液分泌增加，增强局部散热，保护皮肤不致过热；同时，色素还可防止短波射线深入内部组织，避免内部组织受害。

（3）杀菌作用（germicidal effect）：波长 260 nm 左右的 C 段紫外线具有杀菌作用。紫外线使蛋白质发生变性解离；核酸中形成胸腺嘧啶二聚体，从而使 DNA 结构与功能受损，导致细菌死亡。对真菌、放线菌、病毒和一些生物的卵都有一定的杀灭效果。不同细菌对不同波长紫外线的敏感性不同，但紫外线波长愈短，杀菌效果愈好。一日之中，中午 12 时到下午 2 时紫外线强度最大、波长最短，空气中的细菌数量也最少。冬季和多云天气，紫外线对空气的杀菌作用大大减弱。

（4）其他作用：长波紫外线还可增强免疫功能，通过刺激体液及细胞免疫活性而增强机体的免疫反应，提高人体对感染的抵抗力。紫外线可提高组织的氧化过程，加速酶促反应，增加血红蛋白，使血液中红细胞和白细胞数目增多，加速创伤愈合。紫外线还可兴奋交感神经系统。上述作用均可增强机体抗病能力。

2. 红外线的生物学作用

波长在 760 nm～1 mm 的电磁波是红外线（infrared ray），红外线生物学作用的基础是热效应，故又称热射线。红外线可分为三部分，即近红外线（波长 0.75～1.50 μm）、中红外线（波长 1.50～6.0 μm）、远红外线（波长 6.0～1 000 μm）。近红外线穿入人体组织较深，约 5～10 mm，能直接作用到皮肤的血管、淋巴管、神经末梢及其他皮下组织；远红外线多被表层皮肤吸收，穿透组织深度小于 2 mm，因而只能作用到皮肤的表层组织。

远红外线具有较好的热效应，机体通过皮肤吸收红外线，使照射部位或全身血管扩张，血流速度加快，引起温度升高，加速组织内各种物理和化学过程，促进新陈代谢和细胞增生，引起一系列的生理效应。其中最显著的是温热效应和共振效应。

（1）改善人体微循环，增强人体新陈代谢；促进血液循环，使血压降低，高血压症状得到改善。

（2）提高机体血液中吞噬细胞的吞噬功能，从而提高人体的免疫力和抗病能力。

（3）具有消炎、消肿、活血镇痛作用。

（4）激活生物大分子的活性，活化组织细胞。

(5)共振效应:人体中 $60\%\sim70\%$ 是由水分子构成的,当 $8\sim15~\mu m$ 的远红外线作用于人体,产生"共振吸收"效应后,人体内不容易被吸收的大水分子集团产生共振,重新组合成较小的水分子团,血液循环得到改善,尤其是微循环得到明显的改善。

(6)护肤美容:远红外线照射人体产生共鸣吸收,能将引起疲劳及老化的物质,如乳酸、游离脂肪酸、胆固醇、多余的皮下脂肪等,不经肾脏而直接从皮肤代谢。

(7)减少脂肪:远红外线能使体内热能提高,促进脂肪组织代谢、分解,消耗多余脂肪,进而有效减肥。

(8)非热效应:红外线可以引起蛋白质分子中的酰胺键的量子振动,使生物能量顺利地从一处传递到另一处,使生命体处于正常状态,保持生命体的生长、发育及健康。

3. 可视线的生物学作用

可视线(visible light)的波长为 $400\sim760~nm$。可视线作用于视觉器官产生视觉。视觉分析器对不同波长可视线的色觉是不同的,因而呈现出紫、蓝、绿、橙、红等不同颜色。可视线通过视觉器官改变人体的紧张及觉醒状态,使机体的代谢、脉搏、体温、睡眠和觉醒等生理现象发生节律性变化。适宜的照度可预防眼睛疲劳和近视,提高情绪和劳动效率。

(二)地磁场与利用

地球是一个充满磁力线的磁场,人类无时无刻不受地球磁场的作用与影响,因此地球磁场同空气、水、阳光一样是人类赖以生存不可缺少的要素之一。人在地球磁场作用下,相应形成了人体自身的磁场,并与人体自身的生物电产生的生物磁场达到一种相对应的磁场平衡。人体的细胞是具有一定磁性的微型体。因此外界磁场的变化都会影响人体的生理机能,这种变化通过神经、体液系统发生电荷、电位、分子结构、生化和生理功能的改变,从而调整人体的生理功能。

磁场的生物效应:①促进细胞代谢,活化细胞,从而加速细胞内废物和有害物质排泄,平衡内分泌失调;②促进血液循环,改善微循环状态;③促进炎症消退,消除肿胀和疼痛;④调整血压,特别是降低血压的作用;⑤提高红细胞的携氧功能,降低血液黏度;⑥增强和改善人体免疫功能,提高人体对疾病的抵抗力;⑦抗衰老作用,消除体内积存的自由基;⑧改善血脂代谢,降低胆固醇;⑨消除疲劳,促进体力恢复;⑩镇静神经系统,消除失眠和精神紧张。

我国早在 2 000 多年前就知道用磁石和其他矿物质混合在一起当药治病。磁疗对多种疾病的治疗效果较好,而且具有安全性好、省时方便、无痛无损等诸多优点,因此,外科、内科、妇科、儿科、眼科、耳鼻咽喉科等多种疾病及衣食住行,均用磁疗法治疗、保健。

(三)空气离子化与利用

空气中的气体分子在一般状况下呈中性。在某些外界因素的作用下,空气中的气体分子或原子的外层电子逸出,形成带正电的阳离子即空气正离子,一部分逸出的电子与中性分子结合成为阴离子即空气负离子。这种产生空气正、负离子的过程称为空气离子化(air ionization)或空气电离。自然界中空气负离子的产生有三大机制:一是大气分子受紫外线、宇宙射线、放射性物质、雷电、风暴等因素的影响发生电离;二是瀑布的冲击、海浪的推卷及暴雨的跌失等水的喷筒电效应(也叫 Lenard 效应)使水分子裂解产生大量的负离子;三是森林的树冠、枝叶的尖端放电以及绿色植物的光合作用形成的光电效应产生空气负离子。空气离子的形成是阴、阳离子成对出现的。一部分离子相互中和,又成为中性气体分子;一部分离子可把周围 $10\sim15$ 个中性气体分子吸附到一起,形成质量较轻、直径较大的离子,称轻离子(n^+/n^-);一部分轻离子与空气中的灰尘、烟雾等结合,形成重离子(N^+/N^-)。

自然界中空气离子不断地发生,又不断中和而消失,保持动态平衡状态。通常情况下,大气中负离子浓度约为 400 个/cm^3。WHO 规定,清新空气中负离子含量不应低于 1 000 个/$cm^3\sim1\,500$个/cm^3。我国提出清洁空气中负离子数要求在 10^3 个/cm^3 以上,重、轻离子比值应小于 50。按每 cm^3 中负离子的个数来划分,大气中负离子浓度和健康的关系如表 12-1 所示。

虽然负离子对人体的作用机制并未完全清楚,但大量的动物研究和临床实践已证实空气负离子具有多种生物效应,并能影响人体的多项生理指标。空气离子疗法临床上作为呼吸系统、循环系统等疾病的辅助治疗手段,可使一些疾病好转或症状减轻。

表 12-1　不同的负离子浓度对健康的影响

级别	数量	对健康的影响
1	≤600	不利
2	600~900	正常
3	900~1 200	较有利
4	1 200~1 500	有利
5	1 500~1 800	相当有利
6	1 800~2 100	很有利
7	≥2 100	极有利

(1)改善肺器官功能,改善呼吸系统绒毛的清洁工作效率。吸入负离子 30 min 后,肺能增加吸收氧气 20%,多排出二氧化碳 14.5%。可减轻气喘病的痛苦。

(2)负离子具有明显的降低血压、增强心肌功能以及镇痛、改善睡眠、促进新陈代谢、调节和促进人体生长发育等作用。

(3)具有较高的活性,有很强的氧化还原作用,破坏细菌的细胞膜或细胞原生质活性酶的活性,从而达到抗菌杀菌的目的。

(4)使人精神振奋。负离子能消除疲劳,增加警觉性,增加想象力,提高工作效率。

(5)增强免疫系统功能。负离子能减少对寒冷和流感的过敏,提高身体的天然解毒能力,使激素的不平衡正常化,消除身体上血清基和组胺过多引起的不安,避免过敏性反应及"花粉症"的产生。

(6)其他。负离子对于呼吸道、支气管疾病、慢性鼻炎、鼻窦炎、偏头痛、更年期综合征、慢性皮肤病等具有显著的辅助治疗作用,使身体各器官的功能更加有效,且无任何副作用。

(四)气象因素与利用

气象因素包括气温、气湿、气流、气压等。天气是指一定地区在一定时间内各种气象因素的综合表现,主要为气温、气湿、气压、风、云、雨、雪等大气状态在短时间内的变化。而气候是指某地区长期天气变化情况的概括,即最常见的具有代表性的天气特征。气象因素与太阳辐射综合作用于机体,对机体的冷热感觉、体温调节、心血管功能、神经功能、免疫功能和新陈代谢功能有调节作用。室内环境小气候适宜(冬暖夏凉,干燥,防止潮湿,必要时应有通风、采暖、防寒、隔热等设备)、光线充足、空气清洁、安静整洁等对机体可起到良性调节作用,使中枢神经系统处于正常状态,提高机体各系统的生理功能,增强抵抗疾病的能力,防止疾病的传播,起到增强体质、延长寿命的作用。

(五)声波与利用

自古以来就有听松涛闻溪水有益身心的说法。鸟语、虫鸣、溪水潺潺、松涛阵阵,宛如大自然的交响曲,不但可陶冶情操,使人心旷神怡,而且能给人体的神经系统以良好刺激,从而改善对机体的调节功能。从生理学观点来看,人们生活离不开声音,声音是我们交流的重要工具,优美美妙的音乐对身心健康有着极其重要的促进作用。

音乐的生理效应和心理效应:能控制、平衡人的中枢神经系统,调节平抑人的内分泌系统、消化系统,改善心血管及免疫系统机能。尤其是音乐在心理治疗方面的效果最为突出。如运用音乐治疗、康复、养生、美容、胎教、心理调养、抑制癌细胞生长、改善甲状腺症状、恢复肝功能、提高免疫力、镇静催眠、健脑益智等。音乐治疗被广泛用于精神病抑郁症治疗、疼痛治疗、高血压冠心病治疗、脑部疾病治疗等领域。

(六)振动与利用

由于振幅和频率的不同,振动的表现形式多样。人体内很多的生理功能都是通过振动完成的,日常听到的声音就是通过鼓膜感受声波的振动而产生的;人体中的内脏、肌肉及细胞时时刻刻都在振动,心脏有节律的收缩与舒张有利于血液运行,保证了氧气、营养的交换以及体内代谢的正常。

现在利用振动治疗疾病的手段很多。例如,中医的推拿治疗,主要是利用一套独特按揉手法对穴位、经络、神经、组织、肌肉、关节等进行不同程度的振动刺激,从而起到松弛肌肉、消除疲劳、促进血液循环、促进新陈代谢等作用。推拿治疗的原理就在于手指对穴位的振动频率和力度。

　　机械高频振动人体肌肤，进行局部刺激的按摩，可促使刺激部位血液循环，加速新陈代谢，调节中枢神经系统，获得健身、理疗的效果。对末梢血管病患者做共振效应疗法，可大大改善供血状况；通过脂肪运动，消除身上多余的赘肉，安全有效地减肥；按摩头部，益智健脑，减轻神经衰弱、弱视等现象；按摩颈部，可增强大脑记忆力，预防肩周炎；按摩脑部，可增强脸部血液循环及生理机能和机体组织的活力，延缓衰老。

三、促进健康的化学性因素与利用

(一)无机化合物与利用

1. 微量元素的生物学效应

　　必需微量元素不能通过机体自身合成，必须从外界摄取。由于新陈代谢，每天都有一定量无机盐通过各种途径排出体外，故必须通过膳食补充。它们的需要量很小，但对生命活动过程的作用极大。

　　(1)参与酶的构成和酶的激活，影响酶的活性。在人体内约50％～70％酶含有微量元素，它们在酶蛋白结构中起着特异活化中心的作用。锌与80多种酶的活性有关，锌参与构成醇脱氢酶、超氧化物歧化酶、血管紧张素转化酶等；铁参与构成细胞色素氧化酶、过氧化氢酶等；硒参与构成谷胱甘肽过氧化物酶等。

　　(2)参与某些蛋白质的合成，发挥特殊功能。如人体血红蛋白分子含有 4 个 Fe^{2+}，与卟啉环络合成血红素。血红素中的 Fe^{2+} 是载氧功能的中心，起到运送氧的作用。

　　(3)参与激素及其辅助因子的合成，与内分泌活动密切相关。如碘是甲状腺素的重要组成成分，锌对体内胰岛素的合成、贮藏、分泌及其活性具有重要的影响，铬是糖耐量因子的必需成分，作为胰岛素的辅助因子而发挥作用。

　　(4)维持正常的生殖功能。锌、铜、硒和锰等微量元素对维持正常生殖和生育功能具有重要作用。除影响某些与生殖发育有关的酶以外，还有其直接作用的效应。锌能增加精子的稳定性，有利于精子正常功能的发挥。此外，研究还表明，微量元素对生长发育、机体免疫功能、感官机能等均有明显影响和重要作用。

2. 氧气的生物学作用

　　氧气是生命之源。充足的氧气能改善人体的生理、生化环境，促进新陈代谢，改善微循环状况，起到治疗疾病、缓解症状、促进康复、预防伤风感冒的作用，甚至对癌症和心脏病的康复也有一定的作用。人通过呼吸与外界进行气体交换，从空气中吸入氧气，呼出二氧化碳，以维持生命活动。在一般情况下，空气的各组分几乎是恒定的，氧气占大气总量的

20.93％。30％是人体最适合的氧浓度，医学界将30％的氧浓度称为"富氧"，又称"生命氧"，临床用于治疗各科的急性、慢性缺血缺氧性病症和因缺氧引起的继发性疾病。富氧疗法还能增强体能，延缓衰老；美容养颜，永葆青春；醒脑提神，提高工作效率，提升学习成绩；促使乳酸消除，迅速消除疲劳；保护孕妇身体健康和胎儿优生；解酒等。

3. 水的生物学作用

水是生命之源、健康之本、百药之王。水是构成机体的重要成分，成人体内水分含量占体重的65％左右，儿童可达80％左右。人体内的一切生理和生化活动如体温调节、营养物质输送、代谢产物排泄等都需在水的参与下完成。水能溶解和携带人体必需和非必需的物质和元素。天然水中含有多种元素和矿物盐类，如人体30多种必需微量元素大部分通过水的溶解和携带进入人体，饮水是人类矿物盐类和必需微量元素的来源之一。同时，水也是构成自然环境的基本要素，是地球上不可替代的自然资源。水不但为人的生理功能所需，还与人们的日常生产、生活关系密切，水在保持个人卫生、改善生活居住环境、工农业生产及促进人体健康等方面起着重要作用。

(二)有机化合物与利用

有机化合物通常指以碳氢为主及含氧、氮、硫等元素的化合物。有机化合物对人类具有重要意义，地球上所有的生命形式，主要是由有机物脂肪、蛋白质、糖、血红素、叶绿素、酶、激素等组成的。生物体内的新陈代谢和生物的遗传现象，都涉及有机化合物的转变。此外，许多与人类生活有密切关系的物质如石油、天然气、棉花、染料、天然和合成药物等，均属有机化合物。

1. 维生素的生物学作用

维生素是人体必需的一类微量的低分子有机化合物，以本体或可被人体利用的前体形式存在于天然食品中。维生素的种类很多，自然界存在的常见重要维生素大约有十几种。目前仍然根据其溶解性分为脂溶性维生素和水溶性维生素两大类。脂溶性维生素有维生素A、D、E和K四大类。维生素在体内既不供给热能，也不构成人体组织。人体每日需要量很少，但体内不能合成或合成数量不能满足生理需要，必须由食物供给。维生素参与机体重要的生理过程，是生命活动不可缺少的物质，许多维生素是辅酶的组成成分或是酶的前身。如维生素A可维持正常视力和皮肤健康；维生素D可促进钙的吸收；维生素E具有抗氧化、提高细胞免疫功能、延缓衰老等作用；维生素C可保护细胞组织免受氧化损伤，增强免疫力，防止坏血病和牙龈出血；叶酸有助于红细胞的生成，防止巨幼细胞性贫血和胎儿神经管畸形；维生素B_1、B_2参与能量代谢等等；其他一些B族维生素在孕期还有减轻胃部不适，促进食欲，减少妊娠反应的作用。

2. 蛋白质的生物学作用

蛋白质(protein)是构成人体组织、调节各种生理功能不可缺少的物质，可促进机体生长发育,参与许多重要物质的转运,并供给热能。正常成人体重的 16%～19% 是蛋白质,人体内蛋白质始终处于不断分解又不断合成的动态平衡之中,借此可达到组织蛋白不断更新和修复的目的。

3. 脂类的生物学作用

脂类(lipids)包括脂肪(fat)和类脂(lipoid)。脂类的主要生理功有:供能与储能;提供脂溶性维生素并促进其消化吸收;增加食物美味促进食欲,增强饱腹感,延缓胃排空;供给必需脂肪酸(Essential Fatty Acid,EFA)。

4. 碳水化合物的生物学作用

碳水化合物(carbohydrate)也称糖类,是由碳、氢、氧三种元素组成的一类化合物。碳水化合物的生理功能有:①人体主要的供能营养素;②为脂肪酸、甘油、氨基酸等有机物代谢提供条件;③参与构成重要的生命物质,如 RNA 中的核糖、DNA 中的脱氧核糖,多种酶、多种血清蛋白等。此外,还参与受体结构、细胞间信息传递、解毒反应等。膳食纤维能通便防癌,降低血清胆固醇、餐后血糖,辅助防治糖尿病,吸附某些食品添加剂、农药、洗涤剂等化学物质,促进健康。

(三)hormesis 效应

除了必需微量元素和营养素以外,某些物质在高剂量下产生有害效应,而在低剂量时却具有某种有益的效应或刺激作用(stimulatory effects),即 hormesis 效应。hormesis 效应多译成"兴奋效应"。近来的研究发现,即使传统意义上是有毒的物质,在极低剂量下也会表现出对机体的有益效应。如氰化物、二噁英剧毒物及镉、铅、汞等在低剂量下表现出 hormesis 效应。以微量的二噁英喂养大鼠,则会抑制肿瘤的发生;低水平的糖精、多种多环芳烃、X 线和多种 γ 射线源等都可在某种物种中降低肿瘤的发生率;少量饮酒可减少冠心病和中风的发生率。Calabrese 认为,毒物刺激作用显示了一种过度补偿效应,低剂量有害物质刺激机体的有益反应,正常功能得以加强,使机体更好地抵御以后的刺激。因此,我们认识环境因素对机体的影响,不能绝对化,要用辩证统一的思维方法去理解、分析和判别。

四、促进健康的生物性因素与利用

(一)动物与利用

从进化的历史看,各类动物都比人类出现得早,人类是动物进化的最高级阶段,从这个意义上说,没有动物就不可能有人类。同时,由古代类人猿进化成人类以后,人类生活所需要的一切都直接或间接地与动物有关,离开了动物,人类就无法很好地生存。

(1)动物为人类生活提供了丰富的动物蛋白质物质资源。

(2)提供牛黄、鹿茸、麝香、龟板等动物药材。

(3)动物为人类提供了丰富多彩的丝绸、毛皮衣着原料。

(4)动物是传播花粉的使者,繁殖植物。

(5)土壤动物为人类活化土壤,长期提供免费的肥料,促进植物的生长;维持自然界的物质循环;是诊断土壤是否健康的指示生物。

(二)植物与利用

绿色植物是生命之源。绿色植物通过光合作用直接或间接地为其他生物提供食物和能量,并对维持生物圈中的碳氧平衡和水循环发挥着重要作用。据测定,一公顷树林一天可以消耗一吨二氧化碳,放出 0.73 t 氧气。

(1)绿色植物不仅美化环境,而且净化空气,降低噪声。如生长茂盛的野牛草的叶面积是其占地面积的 19 倍,可大量吸附空气中的颗粒物。有些植物能吸收空气中的二氧化硫、氟化氢、氯、臭氧等有害气体。树木还具有反射和吸收噪声的作用,并可以阻隔放射性物质和辐射的传播,故绿化可阻隔和降低噪声,过滤和吸收辐射及放射性物质。

(2)调节小气候,使空气增湿和降温。植物能不断吸收热量,使其附近气温下降;植物叶面大量蒸发水分,有调节湿度的作用;成片的树林能减低风速,防止强风侵袭。

(3)对人类有良好的生理和心理作用。绿化带的小气候对机体热平衡的调节有良好作用。许多植物的分泌物有杀菌作用,如树脂、香蕉等能杀死葡萄球菌,桉树、薄荷、蒜、洋葱等能杀死致人感冒的病菌。绿色植物可以产生具有保健功效的负离子。绿色环境能使人产生满足感、安逸感、活力感、舒适感,可丰富生活、陶冶情操、消除疲劳,可调节视神经紧张度,使人精神焕发,有益于身心健康。

植物花卉和中草药花卉种类繁多,既能药用、食用,又能美化净化环境。中医药是我国五千年文化的重要组成部分,对中华民族的繁衍昌盛发挥着重要作用,为人类抵抗疾病做出了巨大贡献。如华佗用丁香、香草、檀香、红花、菊花等植物治疗呼吸道疾病或外伤,方剂流传至今。

(三)微生物与利用

微生物无处不在,我们无时不生活在"微生物的海洋"中。人体皮肤、口腔、肠道及大气、水、土壤等各种环境都存在各种各样微生物。

(1)微生物在物质循环中的作用:在生物圈内的物质循环过程中,微生物在有机物的矿质化过程中有着不可替代的作用。如碳、氮、磷、硫等循环中都需要各种微生物的活动。固氮菌在常温常压条件下即可完成氮的转化过程,为作物提供丰富的养分,同时又不会造成亚硝酸盐的残留而污染环境,起到了很好的节能降耗、保护环境的作用,所以固氮菌是当前无公害农产品生产中广泛推广应用的肥料产品。如果没有微生物,世界早已是动、植物尸体堆积如山,布满全球,人类所制造的垃圾和各类毒性物质对环境的污染、对人类的危害将不堪设想。

(2)微生物与环境保护:工业迅猛发展的同时也给人们带来了一定的环境污染。在众多的污水、废水处理方法中,生物学的处理方法因具有经济方便、效果好的突出优点而被广泛应用。微生物能将水体中的有机物分解成二氧化碳、硫化氢、甲烷、氨等气体;能使汞、砷等对人类有毒的重金属盐在水体中进行转化,以便回收或除去;利用白僵菌和苏云金杆菌治理虫害,减少农药对环境的污染。当前开展循环经济的一个重要支柱就是微生物技术。如把作物秸秆制成沼气用于照明、取暖或发电,残渣再制成肥料;获得新的资源和产品如生物能源、生物农药、生物肥料等防治环境污染。

(3)有益于人体健康:人体肠道中含有很多种微生物,其中主要有大肠杆菌、产气杆菌、变形菌、粪产碱菌、产气荚膜梭菌、乳酸杆菌和螺旋体等,它们在肠道中能合成核黄素、维生素 B_{12}、维生素 K 等多种维生素和氨基酸以供人体吸收利用;乳酸菌帮助消化、提供必需的营养物质;它们组成生理屏障防止杂菌侵入和繁殖等。医学应用乳酸菌制剂(乳酶生)来治疗消化不良、肠道内菌群紊乱症;利用大肠杆菌大量生产药物胰岛素;利用一些真菌生产青霉素、四环素等抗生素药物;利用酵母菌用于制作面包、馒头、酒类(红酒、白酒等);利用乳酸菌制作泡菜、奶酪、酸奶、酱、酱油、葡萄酒等。

五、促进健康的社会、心理、行为因素与利用

(一)促进健康的社会文化因素

广义的文化指物质文化和精神文化的总和;狭义的文化即精神文化,指人类精神财富的总和,包括思想意识、宗教信仰、文学艺术、科学技术、风俗习惯、教育、法律、道德规范等。

(1)思想意识对健康的影响:思想意识的核心是世界观,它决定着人们的其他观念,如人生观、道德观、价值观等。观念决定了个体的自我健康意识,不仅是影响心理健康的重要因素,也是认识自己躯体状况的重要因素。思想意识是人的精神的重要组成部分,它支配着个人的行为。

(2)宗教对健康的影响:宗教是以神的崇拜和神的旨意为核心的信仰和行为准则的总和。宗教伦理、教义、观念意识、思想强烈地影响人的心理过程及行为。一方面,宗教信徒把自己的人生曲折或难题归于天命,从而达到心理平衡。从健康的角度,这是有利的。西方研究表明,虔诚的基督徒往往能坦然地面对绝症,从而减轻了疾病带来的精神压力。另一方面,宗教通过教规、教令及教徒的信仰来影响人的行为。宗教大多有教化人们养身修行、劝恶从善的宗旨,如佛教有不杀生、不好淫、不饮酒的戒条。宗教的某些规定对健康起积极作用,如犹太教对男性婴儿都要举行割礼,即包皮环切仪式,因此,犹太人中阴茎癌几乎匿迹,犹太妇女子宫颈癌的发生率也极低。

(3)科技发展对健康的影响：纵观医学发展史，科学技术的发展带动着医学的发展。如进化论的建立和显微镜的发明为生物医学模式创造了条件；X线的发现导致放射医学的创立；放射性同位素的发现促进了核医学的发展；激光从实验到医学应用仅用了半年。科学技术的发展促使医学诊疗水平提高，使许多疾病能够早诊早治而使缓解率、治愈率大大提高。

随着科学技术的进步，生产过程自动化，人们从繁重的劳动中解放出来，避免了一些职业危害，减少了职业病的发生。

(4)教育对健康的影响：教育通过培养人的文化素质来指导人的生活方式。一般来说，文化知识水平较高的人容易接受和正确掌握卫生保健知识，能够了解疾病的危害和预防的方法，主动预防并合理利用卫生服务。并且，文化知识水平的提高使人们更加关注自身的生活环境，注重生活质量，保持良好的家庭环境和心理环境，积极地维护自己的健康。研究表明，婴儿死亡率随母亲教育水平的提高而降低。据印度调查，营养不良与家庭主妇的教育程度有关，主妇为文盲的家庭中营养不良者占94%，而中学文化水平的主妇家庭中营养不良者仅9%。

(5)风俗习惯对健康的影响：风俗习惯是人们在长期共同生活中约定俗成的，为某一地区或民族人群遵循的行为规范。风俗习惯与人的日常生活联系极为密切，贯穿于人们的衣、食、住、行等各个环节。风俗习惯有良好的风俗，也有消极的风俗。如我国自宋代起就有春节前大扫除、端午节采集艾叶和菖蒲驱蚊虫等习俗，这对讲究卫生、防病治病有积极意义。西方人的分餐进食方式即比围坐一桌共享菜肴卫生得多。

(二)促进健康的经济发展因素

在社会因素中，社会经济因素对健康的影响往往起着主导作用。健康与经济发展存在着相互依存、互相促进的关系。随着社会经济迅速增长，人们的工作、生活条件得到改善，营养水平提高，用于教育和医疗保健的投资增加，人类健康状况有很大改善，平均期望寿命显著增长。从英国结核病死亡率下降的情况可以看到社会经济因素对人类健康产生的影响，1882年结核杆菌未被科赫发现之前，英国的结核病死亡率已经下降了一半；1945年才发现抗结核药物，而药物被发现以前的半个多世纪中，结核病死亡率又下降了一半，这说明结核病死亡率与社会经济发展、生活水平、营养和居住条件的改善密切相关。另外，人群健康水平提高了，意味着劳动力质量提高，又能促进社会经济发展，而社会经济发展又是人类健康水平的根本保证。

(三)促进健康的心理因素

近代心身医学的研究发现中枢神经、内分泌和免疫三个系统互相影响，使心理因素转变为生理因素，任何心理刺激都可作为一种信息传到大脑，产生一定的情绪和生理变化。丹麦心理学家约多·贝克曼认为，心理因素对人的免疫系统产生很大影响。他观察了374名都有稳定的工作也没有慢性病的男女,发现他们中间那些没受过挫折折磨、性格开朗、为人随和、心情乐观和充满爱心的人,流感、咽炎、伤风等病不易患病、复发,或者很快痊愈。

(四)促进健康的行为因素

行为是有机体在外界环境刺激下引起的反应,包括内在的生理和心理变化。S-O-R 行为表示式中,S 代表刺激,O 代表有机体,R 代表行为反应。人类行为的分为本能行为和社会行为两类。行为医学(behavioral medicine)主要研究行为因素与健康的关系,也为人类预防和控制慢性病开辟了一个新途径。促进健康的行为有:

(1)日常健康行为:日常生活中一系列有益于健康的基本行为,如合理营养、平衡膳食、积极锻炼、适量睡眠和积极休息。

(2)预警行为:指预防事故发生前和事故发生时正确处置的行为,如使用安全带,及溺水、车祸、火灾发生后的自救。

(3)保健行为:指正确、合理地利用卫生保健服务,维护自身身心健康的行为,如定期体检、预防接种、及时就诊、遵医嘱服药等。

(4)戒除不良嗜好:戒除烟、酒、赌博、性乱等行为。

(5)避开环境危害的行为:主动回避生活和工作的自然环境与社会心理环境中对健康有害的各种行为。如采取措施减轻环境污染,积极应对紧张事件。

近年来,国内外学者研究证明,适度的紧张是保持健康的一剂良药。著名的心血管病专家怀特说,生活本身就是紧张,人若善于对待生活中的干扰和紧张,它便不是健康的威胁,而恰恰是健康的促进剂。科学家们发现,当一个人处于适度紧张的生活和工作时,心脏加强收缩排出更多的血液,以供给全身各器官组织,这对改善心血管系统功能,减少心血管疾病的发生,提高抗病能力,防止过早衰老是十分有益的。适度的紧张能增强大脑的兴奋程度,提高大脑的生理功能,使人思维敏捷,反应迅速。英国马里奥斯·基里亚齐斯认为紧张疗法是抗衰老的一种新途径,适度的紧张可以使人体增加有助于修补身体细胞的蛋白数量(包括脑蛋白),有助于提高人的天然免疫力,可以预防老年痴呆症、关节炎和心脏病。国外心理学家通过对数百名大公司经理进行观察、分析后发现,处于适度紧张状态下的经理,其生病和生重病的机会比工作轻松的同事要少得多。美国心理学博士雷米曾作过一项研究,发现适度忙碌而紧张的名人们,通常要比普通人的寿命高出 29%。因此,适度的紧张不仅利于自我调整,也是我们生活中不可或缺的内容。

(五)促进健康的卫生服务因素

卫生服务是社会因素中直接与健康有关的一个重要方面,是人类征服疾病、控制疾病的重要措施。包括预防、医疗、护理和康复等服务。一个国家,一个民族,要求得生存发展,国民必须具有健康的身体,这是一个基本条件。要保证国民的身体健康,国家和社会就需要加强卫生服务,体现在医疗政策、制度和经费保障,人力、物力、财力的投资力度,提供增进健康、预防疾病、治疗伤病以及促进身心健康等方面。如开展针对性的健康教育,提供安全饮用水和基本卫生设施,改善食品供应及合理营养,开展妇幼保健和计划生育,以及地方病的预防和控制、常见病和外伤的妥善处理、主要传染病的免疫接种、提供基本药物等,以满足人民的健康保健需求。

(六)促进健康的家庭、社区因素

美好、健康的家庭是社会安定的必要条件,也是家庭成员身心健康的重要因素。家庭可以通过遗传、社会化、环境和情感反应等途径影响个人的健康或疾病的发生、发展和转归;个人的健康问题也可影响整个家庭的内在结构和功能。家庭是解决个人健康问题的重要场所和有效资源。患病的成员往往要求家庭做出一定的反应,如适当改变家庭角色、生活习惯、空间分配、感情交流方式等。家庭的支持可以增加病人对医嘱的顺从性,家庭还可以提供有关疾患的重要线索,特别是婴幼儿患病时主要由家人提供线索。

社区是以家庭为基础的共同体,是血缘群体和地缘群体的统一。同一个社区中的人具有共同的文化习俗和生活方式,人们通过一系列的相互作用而使自己的许多需要得到满足,由此获得一种归属感和认同意识。人们在生活的社区中成长,学习知识,了解彼此,互相帮助,满足各种需要。许多角色都是和社区联系在一起的,社区对于人的社会化及身心健康有着明显的作用和影响。如参加老人会、在社区机构担任义务性的顾问式的工作等,这些活动对老人的身心健康起着重要作用。

(汪耀珠)

第二节　公共卫生干预

公共卫生干预在改善健康、促进经济发展的同时,也创造文明、健康的社会环境。通过公共卫生干预,如全国范围的预防接种,有效控制了传染病的发生,既减轻了个人和家庭的医疗费用,也大大减少了因病而发生的社会成本。职业病防治、环境治理等措施使一些疾病明显减少,促进了国民经济的发展。与此同时,由于公共卫生干预具有社会性和群体性,通过广泛的健康宣传及广泛覆盖的公共卫生项目,改变人群不良卫生习惯,改善人们的生理、心理和社会健康状况,创造了一个文明、健康的社会环境。

一、公共卫生干预计划与服务

卫生部门根据对公共卫生形势的分析,确定公共卫生干预的目标、策略与措施。公共卫生干预目标的制定,主要应考虑公共卫生对人群健康威胁的严重程度,有无明确有效的干预手段和经费投入的多少。同时,还可以把目标分解成远期目标、中期目标和近期目标。公共卫生干预要讲究策略,根据具体情况而制定指导全面工作的方针,如基本原则、主要策略和组织机构等;同时也要注意干预措施,措施是实现预期目标所需要采取的具体行动方法、步骤和计划。只有在正确的公共卫生策略指导下,采用合理措施,即选择有明确健康效益、投入少、群众易于接受的干预措施,才能达到预期的预防效果。策略着眼全局,措施立足局部,二者密切相关。不考虑措施可行性而制定的策略,可能会落空;而仅凭局部经验,缺少策略指导的措施,其效必甚微。

策略和措施可以是针对全球性的,也可以是针对一个国家或者一个地区的,可以是针对全人群的疾病与健康状况,也可以是就单个疾病而制定的。确立防治目标、策略与措施时,要有不同阶层、不同部门的参与,并根据实际情况制订出科学、合理的时间进度和工作计划。

公共卫生干预过程具体表现为公共卫生干预的计划设计、执行与评价三个环节。从公共卫生调查监测活动中得到的信息用于制订公共卫生干预计划,执行和评价公共卫生干预活动。为使有限的公共卫生资源发挥出较大的效益,针对社区重点人群中需要优先解决的健康问题,科学地制订公共卫生干预计划,是公共卫生干预必不可少的重要内容。每项公共卫生干预活动,不论周期长短都必须有科学的、周密的计划设计。公共卫生干预计划设计程序包括五步骤:公共卫生需求评估、明确优先项目、确定计划目标、确定公共卫生干预计划、制订公共卫生干预计划的评价。

将实际的工作情况及其结果与预定的规划目标加以比较,从而判断公共卫生干预工作的质量、数量及产生的实际效果。在制定公共卫生干预规划时,就应确定评价的内容与方法。

评价的类型包括:

(1)形成评价:贯穿在规划设计的过程中和规划实施的早期,用以保证规划的科学性和可行性。常用方法有专家论证、可行性评估、调查问卷的预调查与修改、公共卫生干预预试验等。

(2)过程评价:对计划的执行情况进行评价。用数据说明做了哪些事,是否完成了计划要求及完成的质量。

(3)成效评价:对计划目标的实现程度进行评价,用数据科学地说明公共卫生干预取得的成效。

公共卫生服务是一种面向社区和全人群,与WHO的人人健康目标相吻合,为人群提供最基本的医疗、预防保健服务,符合公平性原则的服务;公共卫生服务是一种成本低、效果好的服务,但又是一种社会效益回报周期相对较长的服务。政府在公共卫生服务中起着举足轻重的作用,并且政府的干预作用在公共卫生工作中是不可替代的。许多国家对各级政府在公共卫生中的责任都有明确的规定和限制,以利于更好地发挥各级政府的作用,并利于监督和评估。我国政府始终把预防为主放在首位,作为卫生工作的基本原则。

总结国外及我国近 50 年开展群众性爱国卫生运动、发展公共卫生的历史经验与教训,公共卫生干预的重点为:为全民提供绝大部分常见病、多发病的基本医疗服务,特别是成本效益好的服务项目,如围产期和分娩保健、治疗婴幼儿的严重疾病、结核病、性传播疾病、意外伤害、高血压、糖尿病、精神病等的防制,计划免疫,传染病、突发公共卫生事件的预防控制,农村改水改厕、饮食和营养教育、计划生育、食品药品与职业安全、学校卫生等公共卫生服务。

二、公共卫生干预的手段和措施

在公共卫生工作上,政府责无旁贷。在个人和市场无法负责的情况下,政府对公共卫生应该负有主导的责任,政府必须对体系布局、资源配置、服务重点和技术路线选择、服务质量及价格等进行干预。在干预手段上,要建立起包括法律手段、经济手段在内的支持和约束机制。政府对公共卫生领域的干预手段包括指导(inform)、规定(regulate)、责令(mandate)、公共资金资助(finance)及提供(provide)卫生服务(设施及人员)。要解决我国卫生领域中突出的深层次问题,提高经济效益,必须综合运用多种干预手段。

(1)综合利用资助与提供卫生服务等手段,集中力量解决资源配置不合理和分配不公平问题,保证公共产品和具有良好外部效益的产品的生产。具体地说,就是要加强公共卫生规划,把有限的公共卫生经费更多地用于疾病监控、计划免疫、传染病控制、卫生监督和卫生法规建设等方面;要根据"区域卫生规划"的原则调整现行的卫生资源配置状况,加大向贫困地区和贫困人口投入的力度,尽快使贫困人口获得基本医疗服务。

(2)综合运用各种干预措施,逐步、稳妥地建立医疗服务和医疗保险市场,发挥市场在资源配置中的作用。例如,指导的手段可以通过向消费者提供信息来极大地减少消费的盲目性;规定和责令的手段可以很好地规范市场,解决"市场失灵"的问题;资助和提供的手段可以有效地改善公平性。当前,要特别重视农村合作医疗制度的恢复和完善,使几亿农民特别是贫困人口能够享有一个切实可行、行之有效的医疗保险制度。

(3)充分利用指导的手段,提高全社会的健康保健意识和医疗卫生常识。健康教育和卫生宣传是符合成本效益原则的干预措施(曾经被忽视),通过健康知识的普及促进健康水平的提高,是政府提高公共卫生领域经济效益的明智选择。

三、公共卫生干预的效果评价

由于受资源稀缺性的制约,效果评价成为卫生服务项目的必然组成部分,而通过对项目信息的准确收集和系统分析,对今后类似项目的计划设计和实施可以提供借鉴。卫生项目评价在国外已有一百多年的历史,在欧美的一些国家,项目评价已经向着专业化、商业化的方向发展,比如美国的前景工作组(future groups),已经成为 WHO、UNAIDS 等国际组织和基金的重要支持和顾问机构组织,参与对各种卫生服务项目的评价和运行。

（一）公共卫生干预的效果评价内容

包括近期效果评价——知识、态度、技能、环境条件(评估行为改变的倾向、促成、强化因素);中期效果评价——行为的形成或改变;远期效果评价——健康与疾病状况、社会经济效益。

（二）公共卫生干预的效果评价指标体系

(1)近期效果评价指标

①反映目标人群卫生知识方面变化的指标:知识知晓(合格)率、获得保健知识或服务的途径、公众参与项目的比例等;②反映目标人群态度方面变化的指标:健康相关态度形成(持有)率、部门间合作程度等。

(2)中期效果评价指标

①反映健康知识、行为、态度的变化:健康行为形成率、健康行为改变率;②健康中间结果的变化:如孕产妇对产前保健的知信行的变化等;③卫生部相关政策、规章制度的制定:如孕产妇系统保健制度的建立等。

(3)远期效果评价指标:反映健康与疾病状况、生活质量变化,采取干预措施的传染病、慢性病的发病率和死亡率。

（三）公共卫生干预的评价方法

(1)查阅资料:查阅文件、工作记录、健康档案、宣传资料、统计报表等。

(2)现场检查:查看印刷和影像资料、实物、报刊及影视专栏、健康教育过程等。

(3)入户调查:通过发放调查表,了解居民掌握卫生惠民政策、健康知识的情况,以及对相关服务的满意度。

(4)评价结果:应结合公共卫生健康促进项目的特点来选择资料统计分析方法。由于公共卫生健康促进项目的长期性,可用时间序列分析方法,以了解随着时间的推移,项目目标的实现程度;由于项目的多层次性,可用回归树模型、多水平模型,从不同层面进行分析。例如在分析产前保健利用影响因素时,不仅要考虑个人层面因素如孕妇的文化程度、职业等,还要考虑乡镇层面因素如乡镇政府的支持程度、卫生院的条件等因素。

四、公共卫生干预的伦理学问题

公共卫生中也存在很多需要思考的伦理学问题。例如有限的卫生资源如何在贫富、城乡人群中合理公平分配,以维护社会公正;一些发达国家将有污染的工业转移到发展中国家生产,侵犯了人类环境平等,有悖公共卫生伦理学原则;当健康与经济发展相冲突时,政策应该如何倾斜等。公共卫生伦理学的视角以人群为中心,在一定条件下,个人利益应该服从集体利益,其目标是构建一个健康的社区或社会。公共卫生伦理学是人类有关促进人群健康、预防疾病和伤害的行动规范,这些规范体现在一些原则和价值理念之中,对促进人群健康、预防疾病的行动起指导作用。将公共卫生伦理学与医学伦理学加以比较,可以看出医学伦理学往往强调个人利益,尤其是知情同意、自主选择、隐私等重要性,并不强调伙伴关系、公民权利和义务、社区等重要价值;而公共卫生伦理学以人群为基础视角,与医学伦理学以病人为中心不同,公共卫生伦理学关注的不仅仅是人群中每个人的利益,必须在公共卫生中赋予公共利益以重要的伦理地位,在一定条件下,个人利益应服从人群集体利益。医学伦理学在经历了医德学、传统医学伦理学和生命伦理学之后,目前正在向健康伦理学阶段发展。当前,医务人员的伦理道德观念正由面向单个病人扩大到面向整个社会,朝着探讨提高人口质量、从根本上促进人类健康的方向发展,这与公共卫生的终极目标是一致的。

政府对公共卫生有无责任、有多大责任,是首先必须解决的伦理问题。公共卫生、促进健康、预防疾病和伤害,是公民健康的重要保障。在个人和市场无法负责的情况下,政府对公共卫生应该负有主导的责任,其中包括政府要与愿意参与公共卫生的个人或非营利性组织进行协调。政府对公共卫生的责任体现在资源的公正分配上。政府有责任保证公共卫生信息的开放性和透明性,这也是公共卫生伦理决策的关键路径。信息不透明,不利于政府、公共卫生机构与公众的沟通,公众就不容易理解政府或公共卫生机构采取的防控政策和措施,从而影响相互之间的信任,归根到底会影响公共卫生达到其促进健康、预防疾病和伤害的目的。此外,政府及卫生部门在进行公共卫生伦理决策时,应树立科学的健康观,树立"以人为本,健康第一"的思想,所从事的一切工作都要以是否对公众健康有益为标准,把公众健康作为反映社会政治、经济、文化和自然生态发展优劣的主要综合指标之一,把促进公众健康作为执政党、政府及全社会的主要责任和共同目标,通过政治、经济、文化的协调、和谐发展和改革来促进公众健康。WHO指出要多关心那些没有能力享受卫生服务的人群,这是最重要的公共卫生伦理问题之一。

实施公共卫生干预与服务的伦理原则:

(1)使目标人群受益,避免、预防和消除对他们的伤害,在实施过程中尽量避免出现不良健康结果。

(2)尊重自主的选择和行动。应该在尊重社区内个人权利的基础上改善社区健康。公共卫生机构应为社区及时提供决策信息。这些公共卫生项目和政策在制定和实施时应该因地制宜,尊重社区内不同的价值观、信仰和文化。

(3)受益和负担公平分配(分配公正),并确保公众参与,包括受影响各方面的参与(程序公正)。在实施前需要获得社区的同意,以保证公共卫生政策制定的合理性和公平性。

(4)信息透明和告知真相。公共卫生应及时建立有效实施保护和促进健康政策和项目的信息系统。在获得信息后及时行动,通过立法、行政等方式予以实施。

(5)保护隐私和保密,遵守诺言。公共卫生项目和政策应该能增进生态和社会环境。公共卫生机构如果预测信息公布后对个人或社区有害,则应对该信息予以保密。

(6)建立和维持信任。公共卫生机构的工作人员能胜任其工作,机构工作有效,并能取得公众的信任。

五、针对常见疾病的公共卫生干预

医学的最高目标在于预防疾病、控制疾病、治疗疾病,最终消灭疾病,促进人类健康。因此,应该采取一切干预措施预防、控制传染病、慢性非传染性疾病以及亚健康状态的发生,促进人人健康。

(一)传染病的干预

传染病的预防和控制是各国面临的极为重要的公共卫生问题。20世纪50年代,我国开展的"爱国卫生运动",使天花、鼠疫、霍乱等严重威胁公众健康的烈性传染病发病率和死亡率大幅度下降,人口期望寿命大幅度提高。传染病干预措施包括传染病报告和针对传染源、传播途径和易感人群的免疫接种、心理干预、危机干预等多种预防措施。免疫接种是控制传染病最成功的干预措施。此外,传染病公共卫生危机因其突然性、不确定性、危害性,带给人类不安全感、不稳定性,给公众情绪行为造成冲击,引起社会公众普遍出现心理压力与恐慌情绪,破坏社会稳定,因此,采取心理干预、危机干预必不可少。公众对危机事件缺乏正确判断,导致非理性行为;舆论与谣言失控,引起公众恐慌心理,影响社会秩序稳定;社会恐慌心理与公众的非理性行为会造成社会损失,不利于解决危机。公共卫生危机对公众造成很多心理问题,政府与医疗机构需要对民众进行危机心理教育与心理干预,缓解民众的心理压力,保持积极情绪与理性行为,更好地解决危机。

公共卫生危机心理干预支持对策包括:

(1)了解公众在危机时的心理需求。当人们面临危机,以其个人的资源和现有的应对机制无法解决问题时,就产生心理需要。因为危机事件对人类和人类社会具有危害性后果,如果危机处理得好,个体会尽快摆脱不良情绪的困扰,使危机转化。处理不好则会出现不良后果,如产生心理问题,甚至出现心理障碍。

(2)通过大众传媒等方式进行信息沟通和危机心理健康教育。信息沟通的目的主要在于揭开危机事件的"神秘面纱",使公众真正了解实情,同时明确压力源,阻断谣言给人们带来的不必要恐慌。

(3)开展专业心理咨询辅导,建立心理支持系统。危机的发生有时非人力所能控制,但人可通过有效措施把危机的灾难性后果减到最低。这就需要心理干预与心理调试的策略。所谓的心理干预是指以心理辅导的方式给予处于困境或遭受挫折即处于危机状态下的个体关怀支持及使用一定的心理治疗方法进行干预,使人恢复心理平衡,学会应对突发性事件的技巧,使人的情绪、认知、行为重新回到危机前的水平甚至高于危机前的水平。危机心理干预是一种以疏导为手段,尽量解除或改善可能发生的心理危险及心理障碍的精神卫生措施,需要全社会的参与和支持。危机心理干预的具体方法包括心理热线、面对面的心理咨询、网络心理咨询服务、心理治疗等。开办这些活动的主要目的是为了直接了解人们的内心需求,缓解公众的心理压力,并给予必要的指导和咨询。此外还可根据需要建立心理档案。

(二)慢性非传染性疾病的干预

随着社会的进步和经济的发展,人类的寿命延长,行为生活方式也在发生着变化,在传统的传染性疾病得到有效控制的同时,慢性非传染性疾病及新的传染性疾病问题正日益突出,成为发展中国家承受的最大威胁和疾病负担。当前,全球每年有 80% 的心血管疾病发生在发展中国家。在我国以心脑血管病、肿瘤、糖尿病等为代表的慢性病已经成为严重威胁我国公众健康的重要卫生问题,并成为医疗费用过度增长的重要原因。我国现有冠心病患者 1 000 万,高血压患者超过 1 亿,慢性病占全国总死亡的 70% 以上,慢性病发生率也有增高的趋势。我国慢性病形势严峻,而且来势凶猛,是 21 世纪面临的最主要的疾病负担和社会经济发展负担。慢性病的国内外病因研究证实,它是一组以社会生活方式因素致病为主的疾病。慢性病的主要危险因素包括吸烟、过量饮酒、不合理膳食、缺少体育锻炼、超重、精神紧张、环境污染、高血压、高血脂。因此,慢性病预防是完全可能的。美国和西方一些国家一度过分强调专科技术的作用,但收效甚微。事实上,已经有充分的证据表明广泛开展健康教育和健康促进,采取群体预防措施能够有效遏制慢性病的发生和死亡。如我国首钢、天津和平区开展社区高血压防治后,脑卒中发病率和死亡率都有明显下降。社区慢性病防治对一种疾病采用多项干预措施和用一种干预措施防治多种慢性病,从管理学和卫生经济学角度分析,这都是一种低投入、高效益的慢性病防治规划。

慢性病社区综合防治中社区干预策略包括:①政策和环境支持;②收集和监测公共信息;③社区发展和个人技能发展;④社区动员;⑤社区多方位服务。

1999 年 10 月,WHO 西太区的慢性病防治策略包括:①建立慢性病预防和控制的联盟以支持慢性病防治的倡导、实施和资源流通。②发展国家政策和方案,提高发展和贯彻国家政策和方案的能力。③发展慢性病监测:评估和监测慢性病、主要危险因素及健康需求。④加强一级预防:预防控制第一阶段的危险因素,如提供健康教育及生活方式咨询;发现高危人群,比如采用胸部检查/宫颈筛查,并且提供预防保健措施;实施诸如控烟、减少高脂肪和盐的摄入、减少酒精的摄入、体育锻炼及减重的计划。⑤发展综合的、以社区为基础的干预计划。⑥加强初级卫生保健系统中慢性病的预防控制。⑦发展二、三级预防以控制确定的糖尿病及其并发症。⑧建立并加强国家预防控制慢性病的能力。⑨应用现代通信技术加强地区和国家慢性病的数据库和网络建设。

(三)亚健康状态的干预对策

对亚健康状态处理得当,则身体可向健康转化;反之,则患病。因此,对亚健康状态的研究是 21 世纪生命科学研究的重要组成部分。中国亚健康人群占总人中的 70%,约为 9 亿人。随着生活节奏的加快,社会竞争日趋激烈,工作生活压力大,容易疲劳,如不注意保养,很容易受到疾病的困扰。亚健康状态的形成与很多因素有关,比如遗传基因的影响、环境污染、紧张的生活节奏、心理压力过大、不良的生活习惯、过度疲劳等,都可以使健康的人逐渐变为亚健康状态。亚健康状态的主要原因是心理压力过大、不良生活方式等。摆脱亚健康状态不能只靠医师的诊治、药物的疗效,而主要靠自己采取积极主动的措施来阻断和延缓亚健康状态。只有保持良好的心理平衡和积极的社会应激能力,同时保证合理的饮食、适量的运动,戒除烟酒等不良嗜好,建立科学的生活方式,才能走出亚健康,远离亚健康。

亚健康简便可行的干预措施包括:①合理膳食;②克服不良生活习惯;③适当运动;④培养多种兴趣爱好;⑤放松心情;⑥积极消除疲劳;⑦有针对性地选用保健品。

六、针对健康危险因素的公共卫生干预

影响健康的主要因素包括环境因素、行为生活方式、医疗卫生服务、生物遗传因素,预防这些因素对健康的影响,已远非单纯应用生物医学的方法所能解决,需要注意致病的社会、心理等因素。例如,糖尿病病人不能只依靠生物化学的治疗方法。改变不良生活方式的措施、疾病发现的早晚、病人与医生合作的程度以及自我保健等方面对健康起着重要的作用。由此可知,保持和促进每个人的健康,以达到最佳的健康状态,关键在于医务人员与个人、家庭和社会的密切合作。积极开展健康教育、环境教育,把健康知识、环境保护知识教给每一个人,不断增强自我保健意识,提高健康水平。

(一)环境保护

20 世纪中叶,环境问题席卷全球,成为全人类面对的共同问题。人们认识到不保护环境,人类可能会毁掉自己赖以生存的家园。环境保护是健康促进的重要措施,旨在保证人们生活和生产环境的空气、水、土壤不受“工业三废”即废气、废水、废渣和“生活三废”即粪便、污水、垃圾,以及农药、化肥等的污染,避免环境污染和职业暴露对健康造成危害。可通过合理发展工农业生产、改造现有工矿企业,以降低和消除生产和生活过程中的各种有害物质对环境的污染。

(1)环境监测工作,以国家颁布的标准如大气卫生标准、三废排放标准、饮水及饮食卫生标准、农产品农药残留限量标准等为依据,监测有害物质含量是否超过国家的标准,以期作为改善环境,保护公众不受致病因子危害的根本保证。

(2)各国在将环境保护作为国内立法重点。我国为了保护生态平衡,保护自然环境,自改革开放以来,国家制定了一系列法律和法令,健全和完善了环保法律法规。

(3)改善环境基础设施,加强执法力度。

(4)做到环境保护市场化、产业化、社会化、全民化、生活化和日常化。建设资源节约型环境友好型社会,通过国家立法、学校教育,以及传播媒介和舆论的宣传、监督等,使爱护自然、保护环境、维护生态平衡成为人们一切活动的基本准则。

(二)健康保护

健康保护是对有明确病因(危险因素)或具备特异预防手段的疾病所采取的措施,在预防和消除病因上起主要作用。如长期供应碘盐来预防地方性甲状腺肿;增加饮水中的氟含量来预防儿童龋齿的发生;改进工艺流程,保护环境不受有害粉尘的侵袭,以减少肺癌和尘肺的发生;通过孕妇保健咨询及禁止近亲婚配来预防先天性畸形及部分遗传性疾病等。

(三)健康教育与健康促进

1. 健康教育

健康是 21 世纪社会、经济发展的核心。在影响健康的四大因素中行为生活方式的影响占的比例已经超过了 50%,并且仍呈上升趋势。大量资料证明,从心脑血管疾病、恶性肿瘤到呼吸道感染等,都与行为和生活方式密切相关,可以通过改变行为和生活方式来达到预防的目的。健康教育是一项通过传播媒介和行为干预,促使人们自愿采取有益于健康的行为和生活方式,避免影响健康的危险因素,达到促进健康的目的。20 世纪 60 年代以来美国医务界在政府的支持下对导致心血管疾病的吸烟、饮烈性酒和食用高脂肪饮食等不良嗜好和生活方式采取健康教育和社会干预措施,取得了明显的效果。1980 年与 1963 年相比,居民的吸烟率下降了 27%,白酒和食用动物油的消费量分别下降了 33% 和 39%,参加体育锻炼的人数增加了 25%,而同期的冠心病和脑血管病的死亡率分别下降了近 40% 和 50%。有些疾病,如艾滋病,在目前尚无有效疫苗预防情况下,健康教育是唯一有效的预防办法。

健康教育是通过有计划、有组织、有系统的教育活动,促使人们自愿地改变不良的行为,消除或减轻影响健康的危险因素,预防疾病,促进健康和提高生活质量。健康教育的核心问题是使个体或群体自觉改变不健康的行为生活方式。这是一个有计划的、系统的教育活动。通过诊断调查、制定干预方案、实施干预方案、评价干预效果这一完整的活动,促使人们建立健康行为。健康教育的干预措施主要为健康信息传播,但健康教育是包含多方面要素的系统活动。健康教育的首要任务是致力于疾病的预防控制,但也帮助病人更好地治疗和康复,同时还帮助普通人群积极提高健康水平。目前健康教育已成为各国实现人人享有卫生保健这一战略目标的重要支柱,也是当前许多国家设法摆脱巨额医疗费用的一条有效出路。

2. 健康促进

健康促进是通过创造促进健康的环境使人们避免或减少对致病因子的暴露,改变机体的易感性,保护健康人免于发病。1986 年,第一届国际健康促进大会发表的《渥太华宪章》中给出的定义是"健康促进是促使人们提高、维护和改善他们自身健康的过程",并提出健康促进的五个活动领域,即制定促进健康的公共政策,创造健康支持性环境,强化社区行动,发展个人技能,及调整卫生服务方向和三项基本策略即倡导、赋权、协调。健康促进可定义为以教育、组织、法律(政策)和经济学手段对对健康有害的行为、生活方式和环境进行干预,促进健康,是对行为和环境的矫正。健康促进的核心是获得能力和参与。

当今国际社会把健康促进提高到前所未有的高度,号召各国把这些原则和概念转化为行动,特别强调健康促进规划的各种方法必须基于多部门多学科共同参与的原则,并按其紧迫性、可变性和可行性做出抉择,通过健康教育和卫生立法等手段引导人们改变不良的生活方式。由于影响人的健康的因素是多方面的,维护公众健康的责任不可能仅仅由卫生部门担当,而需要全社会共同承担,采取综合性手段。以控烟为例,吸烟有害健康,几乎人人皆知,但烟草行业仍然兴旺,吸烟人数有增无减。需要实行综合治理性控烟规划。比如,对卫生人员来讲,应以群众喜闻乐见的形式大力宣传吸烟的危害,指导吸烟者戒烟;政府要制定法规进行干预,比如提高烟税、烟价,禁止烟草广告和促销活动,禁止向未成年人销售烟草及其制品等;社区、工矿企业等部门单位要建立无烟区、无烟单位,开展争创无烟车间等控烟活动;家属、亲友要承担起监督的责任,协助吸烟者戒烟,预防戒烟后再吸烟。健康促进的实施特别要考虑可操作性。利用有限的资源来开展确实有效的健康促进项目至关重要。具体的实施方法也应该是多种多样的,应结合各种人群的不同情况,探索各种适宜的方法。例如在学校健康促进中,要了解学校的现有的卫生状况、学生法制观念、卫生知识及卫生行为水平、自我保健能力是否已形成等;在医院健康促进中,医院环境的改善、医生的健康处方以提高个人保健能力、面向社区健康促进的知识讲座及护士在病人中的宣教等都是较好的方法;在社区健康促进中,城市和农村有着很大的不同,方法应该是灵活的,应积极开拓新的健康促进场所,尝试新的健康促进方法。

健康促进的措施:

①政府,特别是卫生部门,应当在制定减少危险的政策方面发挥更有力的作用,包括更多地支持开展科学研究,改进监测系统和更好地传播全球信息。

②国家应高度重视制定有效的专项政策,预防全球正在不断上升的健康危险,例如烟草消费、不安全的性行为、不健康的饮食习惯和肥胖。

③应当使用成本—效益分析方法确定不同优先程度的预防或减少危险的干预措施,最优先采取经济有效、承担得起的干预措施。

④通过部门合作和国际合作减少重大的健康危险,诸如不安全的饮水和卫生设施或教育

欠缺等,可产生巨大的健康效益,特别是在贫穷的国家应当予以加强这方面的政策和措施。

⑤同样应当加强国际合作和部门合作,改进危险因素管理,提高公众的健康危险意识和认识。

⑥必须平衡兼顾政府行动、社区行动和个人行动。例如非政府组织、地方团体、新闻媒体和其他各方面应当为社区行动提供支持。同时,应当提高个人的健康意识,增强个人技能,鼓励个人在吸烟、不健康的饮食习惯、过量饮酒和不安全的性行为等问题上做出积极的、有助于提高生活质量的决定。20世纪50年代,我国开展的"爱国卫生运动",使天花、鼠疫、霍乱等严重威胁公众健康的烈性传染病和新生儿破伤风及寄生虫病、地方病的发病率和死亡率大幅度下降,人口期望寿命大幅度提高,健康促进在我国的公共卫生工作中发挥了重要作用。

3. 健康教育与健康促进的关系

健康教育与健康促进密不可分。健康促进的概念比健康教育更为完整、广义,健康促进框架包含了健康教育,而健康教育是健康促进战略中最活跃、最具有推动作用的具体工作部门;健康教育需健康促进的指导和支持,健康促进需要健康教育来推动和落实。健康教育在健康促进中起主导作用,健康促进也为健康教育提供强有力支持的政策、组织和法规等手段。健康教育是健康促进的核心,需要多方环境的支持,健康促进是健康教育发展的结果。

(汪耀珠)

第三节 脆弱人群、亚健康人群及其健康问题

一、脆弱人群与亚健康人群

(一)脆弱性及脆弱人群

"脆弱性",又名易患病性,是指个体的生物学特征、个人资源和环境支持等方面的"不平等性"。

其中,生物学特征是不可改变的,而个人资源和环境支持是能改变的。

在国际医学科学组织理事会(CIOMS)和WHO制定的《涉及人的生物医学研究的国际伦理准则》(2002)中,第13条"涉及脆弱人群的研究"。对脆弱人群的解释是:"脆弱人群是指那些相对(或绝对)无能力保护自身利益的人。更正式地说,他们可能没有足够的权力、智能、教育、资源、力量或其他必需的素质来保护他们自己的利益。"

脆弱人群是指那些身体健康状况较差,或经济等方面能力有限,获取卫生服务的能力较

差的人群。脆弱人群的主要特征：①如不积极加以预防，而是单纯采取疾病后治疗手段，极易造成社会、家庭以及个人的沉重负担；②自我健康维护能力差，需要他人关怀；③因为自身或社会方面的压力，而逃避社会参与。这类人群包括贫困人群、危险职业的从业者、婴幼儿、儿童（特别是离异家庭的儿童及孤儿）、特殊时期的妇女、老年人、残疾人、病人，甚至可以包括农民工等部分流动人口。本章所提及的脆弱人群，仅涉及儿童、妇女和老年人。

（二）亚健康及亚健康人群

亚健康是介于健康与疾病之间的"中间状态"，虽然机体没有表现出器质性病变，但有功能性改变。此时人们尚未患病，但已有程度不同的各种患病的危险因素，具有发生某些疾病的高危倾向；机体虽无疾病，但活力降低，适应能力不同程度减退，是机体各系统生理功能和代谢过程低下的状态。罗马医学家格林把这一特殊状态命名为"第三状态"，也有人称之为"灰色健康"。"第三状态"表现为近似健康，又近似病态，但既非健康，又非生病。经过个体努力，"第三状态"可以转化为健康，也可能转变为"疾病"。亚健康人群普遍存在"六高一低"特征，即高负荷（心理和体力）、高血压、高血脂、高血糖、高体重、免疫功能低，它约占人群的 $25\%\sim28\%$ 。

二、脆弱人群的主要健康问题

人们生活所处的社会状况直接影响着他们拥有健康的机会，而脆弱人群的社会状况堪忧。实际上，诸如贫困、粮食无保障、社会排斥和歧视、不利的住房条件、不健康的幼儿期状况以及低职业地位、低社会地位等因素，都是国家间及国家内大多数疾病、死亡和卫生不平等现象的重要决定因素。所以脆弱人群疾病的发病率、死亡率较其他人群高，而卫生服务的可及性较其他人群低。要使全世界最脆弱的人群改善健康和促进卫生公平，需要全球的共同努力和参与。

（一）儿童的主要健康问题

儿童健康是全球尤其是发展中国家面临的一个严重的公共卫生问题。据 WHO 和联合国儿童基金会（UNICEF）估计，全球每年有 1 400 万 5 岁以下儿童死亡，其中 2/3 死于腹泻、呼吸道传染病、麻疹及新生儿破伤风。儿童是世界的未来，保障儿童的健康，减少儿童的死亡率，关系到人类的生存和发展。

儿童卫生保健历来是各国政府卫生工作的重要内容，也是 WHO、UNICEF、联合国人口基金会等国际组织的工作重点。随着医学技术的发展，在国际组织和各国政府的努力下，儿童的生存环境、健康水平有了显著提高。

尽管儿童的健康水平有了明显的改善，但贫富差距仍然威胁着儿童的健康。在经济不发达地区,贫困可导致儿童营养不良,接触环境毒物机会增多,增加哮喘和意外伤害的发生率,也可诱发抑郁、孤独等,从而不利于儿童心理的发展。由于计划免疫的覆盖率较低,不发达地区传染病仍是儿童的主要死因。而在发达国家,由于膳食结构不合理,高能量、高脂肪食物摄入过多,以及缺乏运动,肥胖症、性早熟已成为儿童面临的新的健康问题。

中华人民共和国成立以后,儿童卫生工作得到国家的重视和保护。国家颁布了一系列的纲领、条例和法律,保护儿童的健康,妇幼卫生被列为卫生工作的三大支柱之一。《中国儿童发展纲要》对儿童的健康发展提出了具体目标;《母婴保健法》、《未成年人保护法》对保护儿童的健康权益提出了具体的保障措施,有力地促进了中国儿童健康状况的改善。

但是,作为人口众多的发展中国家,仍然面临诸多的问题和挑战。例如,儿童发展的整体水平仍然需要提高,儿童发展的环境需要进一步优化;地区之间、城乡之间儿童生存、保护和发展的条件、水平存在明显差异;贫困尚未消除,仍有数百万儿童生活在贫困中;随着流动人口数量的增加、城镇化水平的提高和农村人口的转移,这些人群中儿童的保健、教育、保护问题亟待解决;艾滋病病毒携带者和艾滋病患者中的儿童数量呈上升趋势;侵害儿童权益的违法犯罪行为时有发生。因此,改善儿童生存、保护和发展条件,促进儿童健康成长,仍是今后一个时期的重要任务。

1. 婴幼儿期的主要健康问题

(1)新生儿期:从出生后脐带结扎起到满28 d为止的4周,称新生儿期,出生不满7 d的为新生儿早期。此期易发生体温不升、出血、溶血、呼吸困难综合征等,再加上分娩过程带来的产伤、窒息、颅内出血等,发病率和死亡率最高,占婴儿死亡率的1/2~2/3。新生儿早期的死亡数占总死亡数的2/3左右。

(2)婴儿期:从出生到满1岁之前,为婴儿期(包括新生儿期)。由于以乳类为主又称乳儿期。此阶段生长发育迅速,为一生中第一个生长高峰,需要的热能和营养素多,但消化功能又不完善,因此很易引起营养不良和消化功能紊乱,甚至影响到生长发育。加上免疫功能正在发育中,来自母体的免疫力在6个月后已消耗殆尽,因此感染性疾病发生率高,尤其以呼吸道和消化道感染最常见。

(3)幼儿期:从满1周岁到3周岁前。此阶段生长稳步增长,较1岁前有所减慢,但智能发育迅速。由于自身免疫功能仍未发育完善,因此容易患各种传染病和感染性疾病,意外事故的发生也明显增加。儿童的饮食从乳类逐渐转化为成人饮食,应保证营养和预防消化功能紊乱。

2. 学龄前期儿童的主要健康问题

学龄前期是指从满3周岁到6~7岁入小学前。体格生长稳步增加,每年体重约增长2 kg,身高增加7 cm左右,智力发育迅速。此期儿童由于自制力差,加之不良的饮食及生活习惯,容易引发肥胖。由于学龄前期儿童自身免疫力发育基本完善,呼吸道感染和腹泻的发生率相对减少,但在幼托机构中与其他孩子接触密切,因此一些传染病(如腮腺炎、水痘、甲型肝炎、痢疾等)的传染机会比较多,需加强这些传染病的预防。同时,随着年龄增大,自身免疫性疾病和意外事故发生率增高,是此期预防的重点。

3. 中小学生的主要健康问题

(1)童年期(小学学龄期):从因病缺课原因看,上呼吸道感染和其他呼吸系统疾患以及消化道疾病占主要位置。同时,与清洁卫生习惯和学生生活环境有密切关系的蛔虫、沙眼、龋齿、近视、脊柱弯曲异常、结核病、意外事故等,发生率比学龄前儿童明显增多。

(2)青春期(中学学龄期):此时期与卫生习惯和生活条件有密切关系的沙眼和蛔虫感染率明显减少,而与学习负担有关的近视明显增多;风湿病、肾炎、肝炎、结核病、胃病等也比小学阶段有所增多;青春期女生月经异常(包括痛经)也较多见。此外,青春期的心理卫生问题也较其他年龄段突出,如青少年对性发育的困惑,独立意向发展与依附的矛盾心理,学习压力以及吸烟、吸毒、酗酒、自杀、少女怀孕、犯罪等社会行为问题,应引起高度重视。

4. 儿童的心理卫生问题

儿童正处于迅速生长发育阶段,躯体日渐增大,功能越来越成熟,心理发展快,性格也逐步形成,故儿童时期是一生身心健康的奠基时期。此期易受各种不良因素影响,导致疾病的发生和性格行为的偏离,使体格、精神发育受阻,并可影响成人后的健康。同时,随着社会政治、经济、文化的迅速发展和变革,人类生活节奏普遍加快,生活方式、思想观念相应起了很大的变化,各方面矛盾加剧,这些都在不同程度上增加了儿童心理上的紧张。由于当前我国独生子女占多数,家长对子女往往期望过高,或溺爱娇纵,对儿童心理社会发育带来不良影响,致使儿童心理、精神、行为问题显著地增加。

(1)儿童常见的心理健康问题:儿童心理卫生专家认为,我国儿童的心理卫生问题,除智力低下和行为偏离外,较多地表现在日常生活中,如饮食、言语、睡眠、动作、情绪等方面。饮食方面可出现偏食、挑食、厌食、贪食等;言语、语言问题方面有语言发育迟缓、构音障碍、口吃等;睡眠方面则表现为入睡困难、睡眠不安、梦魇、梦游等;情绪方面常表现为焦虑、恐惧、抑制、胆怯、脾气暴躁、行为冲动等。上述这些精神心理方面的异常,往往不为家长所重视,发展下去将对孩子的身心健康造成很大危害。故必须自幼注意维护儿童心理健康,及早发现偏离,并加以矫治。

(2)影响儿童心理健康的因素

①遗传素质:儿童的身心健康与遗传素质密切相关。下一代秉承上一代父母双方的遗传因子,任何一方有遗传性疾患都可能传至下代,影响其体格生长和精神、神经发育。不少遗传性疾病都伴有智力发育不全、精神异常或躯体畸形等,从而影响健全的心理发展。

另外,儿童出生后即表现有不同的天赋气质特点,其中"易养型"儿童约占40%,"难养型"儿童约占10%,"启动缓慢型"儿童约占15%,其他35%属于"中间型"。气质无好坏之分,与长大后形成的性格特点有一定关系,但也可因环境影响和教育训练而发生相应的改变。

②环境与教育:在正常的遗传条件下,周围环境与教育对儿童的精神心理发育起决定性的作用。出生后儿童在不同的环境中生活,接受来自周围人物不同的刺激,对其身心健康产生巨大影响,往往是造成儿童心理健康与否的决定因素,包括家庭因素、托幼机构和学校因素以及社会因素等。

5. 意外伤害及其预防

儿童意外伤害的发生随年龄、性别的不同而有一定差异。男性高于女性,这种性别差异随年龄增长而加大;在不同年龄的儿童少年中,以 15～19 岁意外伤害的死亡率最高,1～4岁次之,5～9 岁和 10～14 岁死亡率较低。非致死性意外伤害以 3～8 岁较高,6～14 岁较低。世界各国的调查结果显示,儿童意外伤害最常见的原因是交通事故、跌落、烧伤、溺水、中毒和自杀等,不同国家存在一定的差别。我国意外死亡为车祸、跌伤、溺水、自杀较高;非致死性意外伤害以跌伤、体育运动伤、动物咬伤较多见。

(二)妇女的主要健康问题

妇女卫生历来被各国政府视为卫生工作的重点内容之一,也是 WHO、联合国人口基金会等国际组织的工作重点。例如,1975 年提出"联合国妇女十年",1978 年国际初级保健会议将妇幼保健和计划生育列为初级保健八大任务之一,1987 年国际母亲安全会议建立了"母亲安全"项目,1994 年国际人口与发展大会提出生殖健康新概念,1995 年妇女健康被列为第四届世界妇女大会的主题之一。一系列的国际会议强调了妇女保健工作的重要意义,提高了妇女保健工作的水平。

新中国成立以后,妇女保健得到国家的重视和保护。国家颁布了一系列的纲领、条例和法律来保护妇女的健康。《中国妇女发展纲要》对妇女的健康发展提出了具体目标,《母婴保健法》、《妇女权益保障法》等对保护妇女的健康权益提出了具体的保障措施,有力地促进了中国妇女健康状况的改善。

但是由于我国妇女保健工作起步较晚,且人口众多,难免存在着发展不平衡等问题,妇女保健水平存在城乡差别、东西部差别。改革开放后,西方性自由、性解放思想和性传播疾病的传入,少女怀孕和性病发病率逐年上升。流动人口的增多,给流动人口中的孕产妇保健工作带来麻烦。人口平均寿命的延长,进入更年期、老年期的妇女人群日益增大,而针对这些群体的保健服务尚未很好地列入议程。因此,做好妇女保健工作任重而道远,需要来自各方的关注和不懈的努力。

1. 女性在不同时期主要健康问题的表现

(1)女童的健康问题主要有以下几个方面:①幼女外生殖器娇嫩,且暴露在外,容易被感染和受损伤;②生殖器官发育畸形及缺陷,不仅影响生殖,还有心理问题,必须重视;③有或无激素功能的良性及恶性肿瘤,不仅是手术问题,还需进行细胞抑制及放射治疗,这些治疗措施将给生长中的机体带来一定的损害;④发育成熟的障碍,如发育迟缓或加速。女童常见的妇科疾病有感染、损伤、肿瘤、畸形及性早熟等。

(2)少女的健康问题:随着体格的发育成长,少女抵御疾病的能力不断加强,这个阶段的患病率和死亡率远低于婴儿期及幼儿期。但是除了疾病之外,基于少女的心理和行为特点,极容易染上一些不良行为习惯,如吃零食、不良嗜好、冒险等,都会对健康造成危害甚至死亡。因此,少女健康问题的特点是大多与行为、环境因素有关,心理问题比生理问题更为突出。常见的健康问题有如下几种。①心理问题:少女易发生抑郁,由于其表现与成人不同,常常被家人和专业人员所忽视;②不良饮食习惯:节食、滥食和偏食所引起的营养不足与过度;③不良嗜好:吸烟、酗酒、吸毒等;④意外伤害:自杀和意外死亡等;⑤过早的性行为引起的意外妊娠和性病。

(3)生育期妇女的健康问题:生育期妇女要经历结婚、怀孕、分娩、哺乳等特殊生理过程,还要承担家务和社会生产双重劳动。所以,此期的妇女健康问题更不容忽视。常见的健康问题有如下几种。①婚后的健康问题:包括婚后的性健康问题、避孕、意外妊娠及相应的心理健康问题等;②孕后的健康问题:孕早期妊娠反应,孕后期出现腹胀、便秘、痔疮等健康问题,孕妇情绪不稳,猜疑、担心身体状况或胎儿情况,临近分娩时会产生恐惧、陌生、孤独、紧张、焦虑等情绪问题;③分娩的健康问题:分娩过程易出现软产道撕裂、出血,产妇抵抗力下降,原发或继发宫缩无力,产后出血增多等;④产褥期的健康问题:由于子宫尚有创面,乳房分泌功能旺盛,极易发生感染和其他病理改变。我国孕产妇死亡的主要原因有产后出血、妊娠高血压综合征、产褥感染和内科并发症。

(4)更年期及老年期妇女的健康问题:更年期是妇女从成年进入老年期必经的阶段,是介于生育期和老年期之间的一段时期,是妇女从有生殖能力到无生殖能力的过渡阶段,是一个逐步变化的过程。老年期是指65岁以上,全身各系统逐步走向衰退的阶段。做好更年期、老年期妇女的保健工作,对维护健康、延缓衰退、提高生活质量有重要意义。

① 更年期妇女常见的健康问题:除了易出现慢性疲劳、性功能障碍、肥胖及由此引发的糖尿病、高血压、高血脂和冠心病等疾病外,更年期妇女还易出现更年期综合征、更年期功血、老年性阴道炎、尿路感染等常见的妇科疾病及低雌激素水平相关疾病,如骨质疏松症等,此期还是妇科三大恶性肿瘤(子宫颈癌、子宫内膜癌及卵巢癌)的高发年龄。

② 老年期妇女常见的健康问题:老年期妇女的健康问题大部分是在更年期健康问题的基础上发生、发展的,包括常见的妇科疾病、低雌激素相关性疾病及性健康问题等。

2. 孕妇和乳母的营养问题

(1)孕妇的营养问题:孕妇营养状况不仅关系到孕妇自身健康,且直接影响胎儿健康和出生、婴儿的体格生长和智力发育,加强孕期营养对优生优育、提高人口素质十分重要。孕期,除常态能量消耗外,由于胎盘、胎儿、母体组织增长,基础代谢能量消耗额外增加,因此,孕妇一般每天需要增补能量。妊娠全过程孕妇体重要增加,发现体重不增或增重过少、过多又无其他病理情况,应从膳食上增加或减少能量的摄入量,以保证体重正常增长,避免胎儿过大或过小。孕期营养不良常会对母亲和胎儿造成下列影响。①对孕妇的影响：缺铁引起的缺铁性贫血，维生素和钙缺乏引起的肌肉痉挛、骨质疏松和骨质软化症，蛋白质或维生素缺乏引起的水肿、妊娠高血压综合征，重要器官功能障碍如心力衰竭等，乳房发育障碍，影响分娩后乳汁分泌；②对胎儿的影响：新生儿低体重（不足 2.5 kg），早产（孕期不足 37 周）发生率增加，围生期新生儿死亡率增高，孕后期蛋白质摄入不足可直接影响胎儿脑细胞的增殖和发育，某些营养素缺乏或过多可直接导致胎儿畸形。

（2）乳母的营养问题：分娩后母体的内分泌出现明显的改变，乳腺开始分泌乳汁，母乳中含有大量的蛋白质、脂肪、矿物质和维生素等营养物质，且乳母的营养状况影响着乳汁的质和量，故乳母的营养不仅要满足母体本身的需要，同时也要满足分泌乳汁的需要。乳母营养不足是造成乳汁分泌不足的主要原因，这不仅影响乳母健康，也会影响婴儿的生长发育。

乳母对各种营养素的需要量均有所增加，因此，在膳食中应选用营养价值高的食物，食物要多样化，并注意合理搭配，适当增加餐次，多喝汤汁，以利泌乳。哺乳期妇女吸烟、饮酒、进食刺激性食物或长期服用某些药物，均可通过乳汁影响婴儿，应引起注意。

乳母膳食中蛋白质、脂肪和碳水化合物的合理能量比分别为 13％～15％、20％～30％、55％～67％。

乳母（以轻体力劳动为例）的每日食物摄入量建议为：粮食类（多种杂粮）450～600 g，牛奶 250 g，蛋黄 100～150 g，鱼、肉类 100～200 g，大豆类食物 50～100 g，蔬菜 400～500 g，水果适量。每周食用 1～2 次动物肝脏，并经常食用骨头汤、虾皮等食物。

3. 女性生殖健康

1994 年 9 月在埃及开罗召开的国际人口与发展会议已经把生殖健康的概念写进了《行动纲领》，这标志着国际社会对生殖健康概念的普遍接受。

（1）生殖健康的主要内容：①有满意、安全的性生活；②有生育能力；③可以自由而负责任地决定生育时间及生育数目；④夫妇有权知道和获取他们所选定的安全、有效、负担得起和可接受的计划生育方法；⑤有权获得生殖保健服务；⑥妇女能够安全地妊娠并生育健康的婴儿。

（2）女性生殖健康的内涵：1994 年 6 月，在北京召开的国际妇女生殖健康研讨会上，代表们围绕生殖健康的定义、内涵、外延、需求对策等进行了广泛的研讨。会上总结出生殖健康概念的基础是男女平等，提出生殖健康是为了强调妇女的社会地位和生殖权力。妇女生殖健康是一个含义深刻、涉及面很广的新概念，其实际目的是保证妇女在不同生理阶段健康、安全和幸福；妇女在性生活、生育方面既与男子平等，有自主权，又对社会负有责任和义务。

此次会议提出了妇女生殖健康的定义及内涵：①妇女生殖健康，包括妇女整个生命周期的不同生理阶段，应当得到健康、安全和幸福；②妇女有生殖能力并应获得调节生育的权利；③妇女在妊娠、分娩过程中应获得优质保健服务，以保证母婴安全；④妇女有权利和义务抚育儿童健康成长,并获得社会对儿童的各项保健服务;⑤妇女有正常、和谐和安全的性生活,不担心意外妊娠及可能发生性传播疾病;⑥生殖是妇女生殖健康的核心,应得到良好的避孕节育技术服务及与生殖有关的医疗保健服务,包括意外妊娠能获得安全的人工流产;⑦生殖不只是涉及妇女的健康和权利,男子是必需的参与者,因此,生殖健康、生殖权利与社会责任都必须将男性包括在内,女性在生殖过程中面临的风险远远超过男性,男性应当在维护与促进生殖健康上承担更大的责任;⑧完善和提高生殖健康服务质量,保证和提高妇女的生殖健康,必须有相应的服务体系。

(3)影响女性生殖健康的因素

①经济和社会的发展水平:经济和社会的发展水平对生殖健康的实现起着直接制约作用,是影响生殖健康实现的基本因素。在贫困的社会经济条件下,孕妇和儿童的健康得不到基本保障,很难设想有较高的生殖健康水平。

②妇女的经济和社会地位:妇女的经济和社会地位在很大程度上是由经济和社会发展水平决定的。提高妇女地位,保障妇女的合法权益,促进妇女参与发展是实现社会进步的重要手段,是促进生育率降低、实现生殖健康的重要措施。

③提供优质服务:为妇女提供优质服务是生殖健康的核心。优质服务应当包括妇产科医疗技术服务和避孕节育、妇幼保健等服务。提供优质服务是实现生殖健康的根本保证。为公众提供丰富的避孕节育、优生优育、妇幼保健等科普知识是优质服务的重要工作内容。

④生活方式:生活方式是影响生殖健康的重要决定因素。一定的生活方式是在一定的经济发展水平下的思想观念、文化传统在生活中的具体表现。不同的生活方式反映了不同的生活质量,也带给人们不同的健康状况。一些不良的生活方式会严重影响妇女的生殖健康。

⑤不良的社会习俗和社会风尚:不良的社会习俗、社会风尚以及性道德和性观念等对生殖健康有着重要影响。比如,在非洲的中西部和阿拉伯半岛,盛行割礼的习俗。

4. 存在的主要问题

尽管从全球来看,妇女的健康状况已有了显著改善,但仍存在以下问题:

(1)贫富差距依然干扰着妇女健康水平的改善。在一些贫困地区,特别是发展中国家,妇女社会、经济地位低下仍然是普遍存在的现象和问题,妇女受歧视依然严重。女性在喂养、就诊、求学和就业等方面都不如男性,早婚、早孕和妊娠又加重了妇女生理和心理负担,再加上缺医少药,许多可以预防的孕产期并发症、合并症仍严重威胁着妇女的安全。

(2)随着人口流动性的增大,妇女中性传播疾病的发病率回升,妇女正面临艾滋病的严重威胁。此外,少女妊娠的问题已不容忽视。

(3)在部分国家和地区,由于居民文化水平的落后,封建思想的残余,使性摧残(包括女阴环切)、性暴力、堕女胎、溺女婴等问题依然存在。

(三)老年人的主要健康问题

在自然界中,人类同任何生物一样,都要经过生长、发育、成熟和死亡的过程。所以,随着年龄的增长,人体的生理、代谢及形态结构逐渐出现衰退,并出现相应的疾病和功能障碍。20 世纪初,老年医学在欧美发达国家先行开展。随着发达国家老龄化社会的到来,与之相适应的老年医学、老年心理学、老年社会学及老年生物学四大分支学科得到了迅速发展,共同构成内涵广泛的老年学。国际老年学学会于 1950 年在比利时成立,学会的宗旨是"科学为健康的老龄化服务"。老年学在 20 世纪 80 年代蓬勃发展,至 2008 年共召开了 18 届国际老年学大会,其中,第 18 届国际老年学大会于 2005 年在巴西的里约热内卢召开,会议的主题是"积极老龄化"。近年来,国际老年学学会的学术活动非常活跃,在这种形势下,老年医学、老年保健学飞速向前发展。

1. 老年人主要健康问题的表现

(1)结构及功能衰老:人体形态与结构的变化在 50 岁之后日趋明显,其变化与遗传、性别、职业、环境、生活方式、行为等有关。常出现的健康问题是骨质疏松、驼背、下肢长骨弯曲等导致身高逐渐减低。身体趋于肥胖,血总胆固醇也随之增加。由于肌肉萎缩、脂肪增加、弹力纤维变脆和钙化,老年人表现体力下降,肌肉不结实、弹性下降,易疲劳、行动缓慢、反应迟钝等。

(2)代谢衰退:老年人体内代谢的速度逐渐减慢。糖代谢功能下降,表现为老年人易患糖尿病。糖代谢异常和糖尿病患者多数有高脂血症,动脉粥样硬化是糖尿病的重要并发症之一。老年人血中脂质明显增高,易患高脂血症、高血压、冠心病及脑血管病。血清蛋白浓度随年龄增加而逐渐降低,球蛋白相对增加,因而出现水肿,低蛋白血症及肝肾功能降低、DNA 修复功能下降等。无机物代谢异常表现为骨关节变形,骨中骨胶原、蛋白等有机成分减少,因此容易骨折。

(3)各系统生理功能衰退:老年人各系统生理功能的衰退,导致很多疾病的出现。例如,呼吸系统生理功能的下降,易出现肺气肿、易感染等疾病;由于心脏功能的下降、传导系统的退行性变,易出现心律不齐、传导阻滞、血压上升等疾患;消化系统易出现口腔黏膜溃疡、便秘等问题;神经系统上表现为记忆力减退、注意力不集中、失眠、动作迟缓、运动震颤麻痹等;生殖系统上表现为生殖能力下降、性功能减退;由于免疫系统功能下降,老年人也成为肿瘤的高发人群。

2. 老年人的心理健康问题

老化是人在年龄增长过程中,是由强健转为衰弱的标志。良好的生活环境、健康的心理,有助于延缓人体的衰老。而评价一个人的心理是否老化比评价其身体强健与否要复杂得多。

(1)老年人心理健康的一般原则:乐观的情绪、和睦的家庭、规律的生活、适量的运动、不断的学习、充实的生活,注意用脑卫生,生活在社会群体之中,学会情绪的自我调节等。

(2)老年心理健康标准:性格健全,开朗乐观,热爱生活;情绪稳定,善于自我调适,有自控能力;社会适应良好,能应对应急事件,有承受和康复能力;人际关系和谐,有一定的交往能力;认知功能基本正常。

(3)老年人常见的心理健康问题:由于心理问题而导致行为异常的表现可以是严重的,也可以是轻微的。根据 WHO 的估计,在同一时期里,几乎可以有 20%～30% 的人有不同程度的行为异常表现,而在老年人群中,比例会更高。

①神经性抑郁:一种以抑郁性情感为突出表现,同时具有神经性症状的心理疾患。主要表现为悲伤、绝望、孤独感和自卑、自责等。该症在发病前大多能够找到精神因素,如生活中的不幸、工作中的挫折和困难、人际关系中的失败等。该症的发生与性格有相当大的关系,自尊心很强的人,在受到意外的挫折后很容易产生自卑的心理而发病。

②疑病性神经症:以疑病症状为主要临床表现的神经症。患者对自身健康状况或身体的某一部分过分关注,怀疑患了某种严重的躯体或精神疾病,但与实际健康状况不符,虽然医生对疾病解释或客观检查正常,仍不足以消除患者的固有成见。通常疑病症患者伴有紧张、焦虑和抑郁,四处求医多方检查,采用一般性说服方法无法消除其思想顾虑。

③焦虑性神经症:是神经症中常见的一种,以持续性精神紧张或发作性惊恐状态等焦虑情绪为主要症状,同时常伴有头晕、胸闷心悸、呼吸困难、口干、尿急尿频、出汗、震颤等明显的植物神经系统功能紊乱的症状。

④过度应激反应:老年人的身体和心理都处于退行性的变化过程中,无论是大喜、大悲还是强烈的意外刺激,造成的过度应激反应都会较快地使人进入衰竭期。因此,应该避免让老年人承受意外的刺激,对于处于应激状态的老年人应该及时提供心理支持。

⑤偏执型人格障碍:又称妄想型人格。进入老年期,一些人原有的消极人格特征会进一步向极端方向发展,还有些人由于某种挫折因素,导致人格的消极变化,出现偏执等倾向。

3. 老年人的营养问题

影响老年人长寿和健康的疾病有恶性肿瘤、脑血管疾病、心血管疾病、糖尿病、骨质疏松症、老年性痴呆、老年慢性支气管炎等疾病。这些疾病的发生和发展受遗传、环境、社会心理、免疫功能、抗氧化能力和体育锻炼等因素的影响,这些因素又相互联系、相互影响。营养因素在人体的健康、疾病和长寿中有着重要的关系,合理的营养可以减少疾病、增进健康、延长寿命。

(1)与营养有关的老年人常见疾病:人体从食物中获取营养,这是维持生命活动和健康的必要条件。老年人的生理活动和病理变化,衰老出现的早迟和出现的程度都与营养有密切关系。合理的营养是减少疾病发生和延年益寿的一个重要因素。

①与营养有关的心血管疾病:常见的有动脉粥样硬化、高血压、高血脂、冠心病等疾病,这些疾病的发生与膳食营养有很密切的关系。

②与营养有关的代谢性疾病:其中典型的代表是糖尿病,肥胖是很重要的原因之一。肥胖人外周组织中使胰岛素发挥生物效应的受体减少,而且常伴随受体缺陷,因而对胰岛素敏感性降低,导致血糖水平增高。

③与营养有关的脑血管疾病:高血压、糖尿病、肥胖、高脂饮食、嗜酒等都可以诱发脑血管疾病,常见的是脑卒中。这些方面都可以通过合理饮食、合理营养加以控制,防止这些疾病的进一步发展。

④膳食营养与骨质疏松:老年人对钙的吸收率降低、肾脏功能降低、活动量减少等因素都会影响钙的吸收利用率,若膳食营养中再缺乏钙质的摄入,就会出现骨质疏松问题。

⑤与营养有关的肿瘤问题:近年来研究证明,膳食中热量摄入过多,脂肪的质和量以及其他营养因素与肿瘤的发生有着密切的关系。概括起来有以下几点:

a. 营养比例失调或缺乏:如长期缺铁地区,食管上段癌高发;大量吸烟和嗜酒者,其上消化道癌症明显增多;平时膳食中缺乏维生素 A、C、E,易诱发食管癌和宫颈癌。

b. 食品污染:最常见的是食物霉变,如从粮食、花生中分离出来的黄曲霉素是强烈的致癌因子。

c. 烹调不当:鱼肉等动物蛋白质食品,烹调时烧焦后,其中的色氨酸可形成一种强致癌物——氨甲基衍生物;绿叶蔬菜切后长时间搁置,可还原产生致癌物亚硝酸盐。

(2)合理调节膳食:由于老年人生理功能和代谢发生明显减退,对慢性非传染性疾病的易感性增加,对营养的消化吸收能力下降,摄入减少,常呈负平衡状态,如不能给予科学调剂,将明显影响老年人健康及寿命,因此,老年人的合理营养和合理膳食应引起高度重视。

适宜老年人合理膳食的原则为:①供给适当的能量以维持标准体重,供给足够的优质蛋白质,低脂肪、低胆固醇,以维持氮平衡及组织器官功能,降低心脑血管疾病发生率;②多吃蔬菜、水果、杂粮等高膳食纤维食物,合理食用保健品;③控制食盐,每日不超过 6 g;④避免暴饮暴食,常向专业人员咨询,及时调整膳食结构及标准。

三、亚健康人群的主要健康问题

处于亚健康状态的人,虽然没有明确的疾病,但出现精神活力和适应能力的下降,如果这种状态不能得到及时的纠正,容易引起心身疾病,包括心理障碍、胃肠道疾病、高血压、冠心病、癌症、性功能下降、倦怠、注意力不集中、心情烦躁、失眠、消化功能不好、食欲不振、腹胀、心慌、胸闷、便秘、腹泻、感觉疲惫等。然而体格检查并无器质上损伤,主要是功能性的问题。处于亚健康状态的人,除了易疲劳和不适,不会有生命危险。但若受到严重刺激,易出现猝死。

据我国卫生部门对 10 个城市上班族的调查,处于亚健康状态的人占 48%,其中沿海城市高于内地城市,脑力劳动者高于体力劳动者,中年人高于青年人。有专家预言,亚健康状态是 21 世纪人类健康的头号大敌。它是潜伏在人体内部的"隐形杀手",以"积劳成疾"的慢性自杀方式向疾病和死亡迈进。

(一)亚健康产生的原因

亚健康状态是时代的产物,在高速运转的现代社会,人们的生活节奏也逐渐加快。人们在现代社会中不但要面临生老病死的难题,还要承受竞争、就业、工作挫折、人际矛盾、婚恋纠纷等压力,更要面对生态环境污染、自然灾害等问题。这些困境使人超负荷工作,给人带来极大的精神紧张及精神压力,最终促使了亚健康的发生。造成亚健康状态的原因可以归纳为以下几点。

(1)生活快节奏及现代生活方式:生活的快节奏、竞争激烈、人际关系的日益紧张,加上生活环境中的不良影响使人处于精神高度紧张状态中。当人在感受压力时,机体会出现一系列的生理变化,如脉搏加快、血压增高、肌肉紧张。现代人的生活方式常常导致运动不足,体力劳动明显减少,部分人超重及肥胖,相应地出现了一些亚健康状态。

(2)工作特征、状况及习惯:工作本身的特征,如难度太大、过度紧张、无聊及单调的工作均可引起各种消极情绪。另外,一些外界因素如工作组织、人事安排不当,也可以造成心理压力,产生心理挫折,加之不良的工作习惯,如夜以继日地工作、不会劳逸结合等,均会造成亚健康状态。

(3)饮食状况:现代人饮食习惯较以前已经发生了明显变化,现代人进食较精细,以油炸油腻食物较多,饮食不节制,无规律,这种饮食习惯往往导致便秘、肥胖等亚健康状态。

(4)个性特征:不良的个性特征极易造成亚健康状态。此类个性特征包括:内心矛盾重重、敏感多疑、过分关心自我、自傲自大、固执己见、消极厌世、缺乏乐群性等,长期的心理冲突不能自拔,使自己的心理和行为与外界形成一种不和谐的状态,导致亚健康状态的出现。

(5)信息过量:众所周知,信息需要大脑去分析、研究、综合、判断,这就是"信息的消化"。如果大量的信息短时间输入大脑,大脑来不及分解消化,只能囫囵吞枣,未经分析处理的信息积存在一起,头脑便会杂乱无章。时间一长,就会出现"信息消化不良综合征"。此时,人会感到头痛、眩晕,昏昏沉沉,眼睛发花,烦躁易怒,胸闷气短,心率加快或心律不齐,并会影响正常思维。国际劳工组织所发表的一份报告称,信息技术革命使得英国、美国、芬兰、德国和波兰的工人出现了许多精神健康问题。在英国有 30% 的工人有与工作有关的精神健康问题。

(二)亚健康的主要表现

亚健康状态的人仍然可以从事正常的工作和学习,但是常常会在身体上、心理上和社会功能方面出现某些不适症状,主要表现有以下几点。

(1)躯体性亚健康:表现为慢性疲劳综合征,如浑身乏力、容易疲劳、失眠多梦、头痛头晕、胸闷气短、食欲不振等。

(2)心理性亚健康:表现为紧张、焦虑、情绪低落、急躁易怒、记忆力下降、注意力不集中、睡眠不稳、忧郁苦恼、闷闷不乐等心理障碍。

(3)社交性亚健康:表现为社交恐惧、社交厌烦、家庭不和睦、人际关系紧张或者自闭、孤立无援、难以承担社会责任等。

(4)性亚健康:表现为性恐惧、性厌恶、性冷淡、性不和谐等性功能障碍。

有的人可以兼具数种类型。亚健康的人还可以有其他的表现,例如,有的疑似心脏功能有问题,有的疑似有胃病,但经过检查却未见异常,这种状态可以持续很长时间,但最终不是向健康转化就是向疾病靠拢。

(三)亚健康的易患人群

(1)学生,尤其是那些处于升学压力下的毕业班学生。

(2)脑力劳动者、中老年人、月经期和更年期的妇女,都容易出现第三状态的征象。

(3)具有不良生活习惯者,如经常饮酒、饮用浓咖啡、吸烟的人,及有不良饮食习惯、不重视健康的生活方式、熬夜工作等的人。

(四)面临的问题

亚健康状态在经济发达、社会竞争激烈的国家和地区中普遍存在,人数一直呈逐年增加的趋势,成为国际医学界研究的热点之一。亚健康概念的提出并非偶然,正是现代人注重健康,重视在疾病前防范其发生、发展的健康新思维的充分体现。虽然亚健康在症状上表现的是医学领域的问题,但从整体看,它与社会环境、经济文化、心理因素及自身体质密不可分。

由于亚健康问题的研究刚刚起步,目前还面临着许多问题,其中最突出的有以下几点。

(1)对导致亚健康状态的确切病因、发病机制、危险因素还没有达成共识:现在的研究表明,亚健康是多种致病因素综合作用的结果,既有社会学、心理学因素,也有环境、生活方式和遗传学因素的不良影响,是多因素作用的结果,然而具体的发生机制、危险因素仍不明确。

(2)诊断标准未统一:关于亚健康状态,尤其是慢性疲劳综合征的诊断,各国在诊断标准上都有一定的区别。我国亚健康研究起步较晚,各地关于亚健康的诊断标准也没有统一。

(3)缺乏有针对性的治疗措施:有关亚健康的研究多数局限于高等教育人群和高收入人群,而对整个社会人群亚健康状态的研究仍然较少。对亚健康的干预与治疗仍缺乏规范、行之有效的治疗方案。

(王 娟 刘文龙)

第四节　儿童、妇女、老年人的健康保障

一、儿童的健康保障

儿童期是人的生理、心理发展的关键时期。为儿童成长提供必要的条件,给予儿童必需的保护、照顾和良好的教育,将为儿童一生的发展奠定重要基础。

(一)儿童保健发展规划

2001 年,在《90 年代中国儿童发展规划纲要》基本实现的基础上,我国又颁布了《中国儿童发展纲要(2001—2010 年)》(以下简称《纲要》)。《纲要》按照《中华人民共和国国民经济和社会发展第十个五年计划纲要》的总体要求,根据我国儿童发展的实际情况,以促进儿童发展为主题,以提高儿童身心素质为重点,以培养和造就 21 世纪社会主义现代化建设人才为目标,从儿童与健康、儿童与教育、儿童与法律保护、儿童与环境 4 个领域,提出了 2001—2010 年的目标和策略措施。

《纲要》坚持"儿童优先"原则,保障儿童生存、发展、受保护和参与的权利,提高儿童整体素质,促进儿童身心健康发展。儿童健康的主要指标达到发展中国家的先进水平;儿童教育在基本普及九年义务教育的基础上,大中城市和经济发达地区有步骤地普及高中阶段教育;逐步完善保护儿童的法律法规体系,依法保障儿童权益;优化儿童成长环境,使困境儿童受到特殊保护。

(二)卫生保健服务与实施

儿童保健是研究儿童各个年龄阶段的生长发育规律、生理、心理特点及其影响因素,并积极采取措施加强各种有利条件,防止各类有害因素,以促进儿童健康成长的综合性防治医学。通过对散居儿童和集体儿童的系统管理,降低儿童的发病率和死亡率,促进身心健康发育,从而提高整个民族的素质。儿童保健的主要对象是 6~7 岁以下的儿童,以 3 岁以下的婴幼儿为重点,目前有些地区已将儿童年龄扩展到 18 岁,从新生儿保健直到青春期保健。

在我国,儿童保健的社会服务在组织形式上有两大体系,一是专司制定方针、政策,提出具体要求,监督保健政策和策略落实情况的保健管理组织体系;二是负责执行儿童保健业务具体工作的儿童保健执行机构体系。近些年来,随着人们对健康概念认识的深化以及医学模式的改变,心理学工作者、社会学工作者、教育工作者和精神科医师等也加入了儿童保健的行列。儿童心理保健机构应运而生,改变了以往只重视儿童身体保健,而忽视儿童心理保

健和社会适应能力培养的倾向,从而将儿童保健工作的水平提高了一个新的台阶。

根据《中国儿童发展纲要(2001—2010)》,儿童保健工作的基本任务是:

(1)系统管理新生儿、体弱儿(佝偻病、营养不良、缺铁性贫血、早产儿及低体重儿等),建立管理档案,建立访视制度和定期随访。

(2)做好妊娠期保健,加强产前检查,防止先天畸形儿和遗传性疾病儿的出生,达到优生的目的。

(3)防治儿童常见病、多发病,尤其是影响婴幼儿健康的佝偻病、婴儿腹泻病、肺炎、缺铁性贫血四大疾病。调查发病因素,制定防治措施,降低儿童患病率和死亡率。

(4)监测生长发育情况,是儿童保健工作重要任务之一。系统、定期地进行体格检查,早期发现和消除不利于儿童生长发育的因素,发现疾病,及时矫治。

(5)加强传染病和免疫规划管理,也是儿童保健工作一项重要任务。制订免疫规划的年度计划,建立、使用和管理免疫卡,使接种疫苗的儿童达到和保持高度免疫水平,有效控制相应传染病的流行。

(6)加强健康教育,广泛宣传优育、优教知识,增强群体(家庭)的保健能力。宣教的内容包括:①合理营养与平衡膳食;②儿童心理发展;②体格锻炼;④良好生活和卫生习惯的形成;⑤早期教育,形成良好的个性品质,增强对个人、家庭、社会的责任感和对复杂社会的适应能力。

(7)做好集体儿童保健工作。建立合理的卫生保健制度,即儿童和工作人员入幼儿园(托儿所)前体格检查制度,晨间检查和全日健康观察,建立合理的生活制度;加强膳食管理,制定食谱及营养计算;有组织、有计划地开展适合年龄特点的各种形式体育活动;注重早期教育,把教育贯穿于各项活动中;做好疾病和传染病的预防与管理;防止意外事故;定期检查和评价集体儿童机构保健工作。

(8)搞好儿童保健的统计,为开展儿童保健工作提供科学依据。

(三)计划免疫

计划免疫是针对危害儿童健康的一些传染病(如麻疹、百日咳、破伤风、乙型肝炎、流行性乙型脑炎等),利用安全有效的疫苗,按照规定的免疫程序,有计划地进行预防接种,以期提高儿童免疫力,达到预防和控制直至最后消灭相应传染病的目的。

我国施行儿童计划免疫并要求凭有效的免疫接种证才可为儿童办理入托、入园和入学。认真实行儿童计划免疫预防接种,大大提高了我国儿童的健康水平。

1. 计划免疫程序

计划免疫程序是国家对不同年(月)龄儿童接种何种疫苗的具体规定。我国现行的计划免疫程序见第九章的表9-5。每个儿童何时接种何种疫苗,主要是基于产生理想免疫的起始月龄。为使机体产生有效的保护作用,疫苗必须接种足够的次数。根据《疫苗流通和预防接种管理条例》,疫苗分为两类。

(1)第一类疫苗:指政府免费向公民提供,公民应当依照政府的规定接种的疫苗,包括国家免疫规划确定的疫苗、省级人民政府在执行国家免疫规划时增加的疫苗,以及县级以上人民政府或者其卫生行政部门组织的应急接种或者群体性预防接种所使用的疫苗。

(2)第二类疫苗:指由公民自费并且自愿受种的其他疫苗。

2. 接种方法、禁忌症及疫苗种类

(1)常用的接种方法有:①皮内注射法,主要用于卡介苗,部位为左臂三角肌下缘外侧;②皮下注射法,是预防接种较常用方法,用于麻疹、流行性脑脊髓膜炎、乙型脑炎等疫苗,部位为上臂外侧三角肌附着处;③肌肉注射法,适用于含吸附制剂的生物物品如百白破、乙肝、狂犬病疫苗等,部位为上臂外侧三角肌;④口服法,主要用于脊髓灰质炎疫苗。

疫苗在接种时严格执行无菌操作规程,杜绝交叉感染的发生。

(2)常见的接种禁忌症:①发热、急性传染病及其恢复期;②严重的心、肝、肾等器质性疾病;③严重的皮肤病;④有过敏史者;⑤先天性免疫缺陷者所有活疫苗均不应接种;⑥接种第1针百白破疫苗后发生强烈反应的儿童,不再接种第2针。

(3)疫苗种类:目前国家免疫规划确定的疫苗包括皮内注射用卡介苗(BCG)、重组乙型肝炎疫苗(HepB)、口服脊髓灰质炎减毒活疫苗(OPV)、吸附百白破联合疫苗(DPT)及吸附白喉破伤风联合疫苗(DT)、麻疹减毒活疫苗(MV)。

3. 接种卡、证的使用和管理

预防接种卡、证是儿童免疫接种的依据和凭证,是计划免疫管理的基础工作。《中华人民共和国传染病防治法》第12条规定,国家实行有计划的预防接种制度,对儿童实行预防接种证制度,以法律的形式将预防接种证规定下来。当婴儿出生后尽快到当地相关部门建立预防接种卡、领取预防接种证。预防接种卡由卫生防疫部门存档,接种证由儿童家长妥善保管,不仅提醒家长按时打预防针或口服疫苗,而且也可避免漏种、重种、错种现象,同时也是孩子报户口、入托、入学的有力佐证。

(四)意外伤害的预防

意外伤害是儿童青少年致伤、致死、致残的最主要的原因。根据我国学校卫生年报资料及相关调查表明,意外伤害也已成为我国儿童青少年死亡的首位原因,儿童少年的意外伤害遵循着"冰山模式"。意外伤害不仅使无数儿童无辜的丧生,还造成大批青少年致伤、致残而需要给予医学照顾。这不仅给受伤害的儿童少年带来生理和心理上的严重后果,而且给家庭生活投上阴影,带来巨大的负担;同时考虑社会给予的医疗、照顾,以及人力、物力资源的消耗,在某种意义上来说,儿童青少年意外伤害给社会带来比其他疾病更多的损害和更大的经济损失。因此,儿童青少年意外伤害被视为当今最严重的社会、经济、医疗和公共卫生问题之一。

儿童青少年意外伤害的预防涉及范围广泛,没有任何一种单独的力量可以在降低意外伤害的发生率、死亡率方面获得成功;要建立有效的预防方案,必须包括医学、行为、环境、教育、司法、行政等多个领域的参与。以加强自我保健意识和能力为主,辅以相应的干预措施和法律法规,需要儿童青少年、医师、家长、教师、警察、心理学家、社会活动家等多人群的共同努力。

目前,我国关于儿童青少年意外伤害预防对策的研究尚未系统起步。因此,应建立意外伤害的信息报告和监测系统,利用计算机网络完成全国意外伤害信息的收集和分析,以便为有关部门提供可靠的决策依据。

二、妇女的健康保障

妇女的健康问题是全世界各个国家共同关心的问题。妇女是家庭的核心,妇女的健康直接影响到家庭及整个社会的卫生保健水平;妇女是人类的母亲,妇女的健康直接关系到子代的健康和出生人口的素质,直接关系到人类生存和发展。妇女发展作为全球经济和社会发展的重要组成部分,受到国际社会的普遍重视。我国政府也始终把维护妇女权益、促进妇女发展作为义不容辞的责任。

(一)妇女保健的难点和热点问题

WHO 在分析全球妇女健康的情况后,在 1995 年的第四次世界妇女大会上提出了 8 个妇女健康的重要课题。

(1)营养:提供足够的营养是保障健康的一个重要内容。女孩和妇女进食不足会导致低体重、贫血、生长发育障碍,并有损后代健康。除了贫困及社会地位低下会引起妇女营养不良外,缺乏营养知识、并发疾病(特别是寄生虫病),以及传统的食物禁忌都会引起或加重营养不良。营养过度或不平衡会导致肥胖,增加心血管疾病的发病是另一个值得注意的问题。

(2)生殖健康:妇女承担着生殖健康方面的最大负担。全球每年约有 2 亿妇女怀孕,其中约有 5 000 万人未能达到足月妊娠,有 2 000 万人不安全流产,60 万孕产妇死亡,近 2 000 万母亲长期致残。每年育龄妇女中有 1.5 亿性传播疾病的发生,100 多万艾滋病病毒新感染者。因此积极开展生殖保健服务非常重要。

(3)工作和劳动环境的保护:要扩大劳动保护的范围,家务劳动也包括在内。妇女参加家务劳动的时间长,不仅消耗大量精力、体力,还可能接触污染的水源,接触燃料和烹饪所产生的烟雾毒气。妇女参加的社会生产劳动大多集中在非正规或管理不健全的低技术、低工资企业内,可能受有毒有害物质的危害。农村中的劳动常接触农药。这些有害因素可能影响生殖功能,必须加强防护。

(4)传染性疾病:疟疾和结核是世界上流行最广泛的两大传染病。疟疾会引起恶性贫血,可引起死胎、流产。结核近年来死灰复燃,发病率有所回升。妇女在幼年和生育期最易感染结核,且病情发展迅速。

(5)非传染性疾病:随着人口老龄化,非传染性疾病对健康的影响更加突出。绝经后妇女的心血管疾病、糖尿病、癌症和骨质疏松症等已成为影响老年妇女的主要疾病。

(6)滥用物品:吸烟、吸毒及酗酒在妇女中特别是年轻妇女中有增加的趋势,需加以制止。吸烟可引起胎儿生长发育迟缓,增加提早绝经和骨质疏松危险;妇女酗酒更易发生肝硬化;妇女吸毒又常与卖淫相联系。

(7)精神卫生:妇女常经历着过度的忧郁和焦虑,女性忧郁症发病率几乎是男性的 2 倍,这与妇女低下的社会经济地位和常遭受婚姻不幸、不孕、单亲家庭及遭受暴力等有关。保护妇女精神健康极为重要。

(8)暴力:妇女在家庭内或家庭外常会遭受暴力的危害。家庭内暴力在所有社会、各种发展水平的国家、各种社会经济文化条件下都有发生,其形式包括殴打、乱伦、性虐待、性蹂躏等。因此,防止各种暴力对妇女的侵袭也是妇女健康保障的一项工作。

(二)妇女保健发展规划

1995 年制定和颁布了《中国妇女发展纲要(1995—2000 年)》(以下简称"95 纲要"),是我国妇女发展的重要里程碑。在国务院和地方各级政府的积极努力下,在包括非政府组织在内的社会力量的大力支持下,"95 纲要"的主要目标基本实现,为 21 世纪的妇女发展奠定了良好的基础。

为了更好地维护妇女权益,提高妇女整体素质,加快实现男女平等的进程,发挥广大妇女在社会主义现代化建设中的重要作用,我国政府制定并颁布了《中国妇女发展纲要(2001—2010 年)》(以下简称《纲要》)。《纲要》确定了 2001—2010 年妇女发展的总目标和主要目标。同时,充分考虑第四次世界妇女大会《行动纲领》提出的妇女发展 12 个重要领域,借鉴世界上其他国家制定妇女发展规划的做法,以"95 纲要"的实施成效为基础,根据我国妇女发展迫切需要解决的实际问题和 2001—2010 年的可持续发展,《纲要》确定了 6 个优先发展领域,即妇女与健康、妇女与经济、妇女参与决策和管理、妇女与教育、妇女与法律、妇女与环境,并把促进妇女发展的主题贯穿始终。

(三)妇女保健服务与实施

妇女保健是一门以预防为主的学科,属预防医学、妇产科学的分支,为三者的交叉学科。妇女保健是从预防的观点出发,研究妇女的身心特点及影响身心发展的社会、自然环境和行为方式等因素,通过有效措施,促进有利因素,控制和消除不利因素,达到预防和控制疾病,降低孕产妇的发病率和死亡率,保障和促进妇女身心健康和社会适应能力等目标的一门医学科学。

1. 妇女保健工作的实施

新中国成立以来,党和政府十分重视妇女保健工作,把妇女的健康作为卫生工作的一项重要任务,妇女保健事业得到了国家政策、法律、法规及资金的支持而不断发展,并取得了巨大的成就。在工作的实施上,采取了下列措施:

(1)颁布系列法规,加强制度管理:自 1980 年开始试行妇幼卫生工作条例,并于 1984 年正式颁布执行后,陆续颁布了《中华人民共和国母婴保健法》、《女职工劳动保护规定》、《母婴保健专项技术服务标准》、《中华人民共和国母婴保健法实施办法》、《婚前保健工作规范》(修订)、《产前诊断技术管理办法》和新婚姻法等法律法规,给优生、计划生育工作和妇女保健工作提供了法律保障。

(2)健全组织机构,充实专业队伍:根据妇女卫生工作条例对妇女卫生工作的任务、组织机构和人员及政策等规定,成立各级行政和专业保健机构,农村三级妇幼保健网得到巩固与发展。近年来,不少 5 年制妇幼卫生专业本科生充实到妇幼卫生战线上,成为骨干力量。农村基层保健低学历人员通过继续教育提高了专业理论水平。

(3)做好妇幼保健工作的关键是建立、健全妇幼保健网:妇幼保健网一般为三级网:①三级网为省或地、市的妇幼保健院(所)及综合医院中的妇产科;②二级网为县级的妇幼保健院(所或站)及县综合医院中的妇产科等;③一级网由地区、县以下的乡、镇、厂矿等医院内的妇幼保健站(室)组成,也包括村卫生站的妇幼保健人员。

2. 妇女保健的基本任务

根据《中国妇女发展纲要(2001—2010)》,妇女保健的基本任务是:

(1)普及科学接生,提高产科工作质量,实行围产(生)期系统管理,降低孕产妇和围生儿的死亡率。

(2)做好女童期、青春期、婚前期、妊娠前期、妊娠期、分娩期、产褥期、哺乳期、节育期、更年期和中老年期等女子一生各期的身心保健。

(3)定期进行妇女常见病、多发病及性传播疾病的普查普治,调查分析发病原因,制定预防保健措施,降低发病率,提高治愈率。

(4)协助有关主管部门制定劳动保护条例及规定,做好各年龄阶段职业妇女的劳动保健。

(5)提高全民环境保护意识,大力开展妇女环境保健知识的活动,将环境保健切实贯穿于婚前期、妊娠前期、妊娠期各个阶段中,保护妇女生殖健康。

(6)开展健康教育,指导妇女形成良好的生活行为(不抽烟、不酗酒)、卫生行为和性行为。

(7)加强计划生育技术指导:①做好计划生育技术咨询,让育龄夫妇知情,并选择安全有效的节育方法;②普及节育科学技术及避孕技术指导;③加强节育手术质量管理,提供安全可靠的计划生育技术服务,防止手术并发症;④进行计划生育技术的调查研究。

(8)做好妇女保健统计工作,为开展妇女保健工作提供科学依据。

三、老年人的健康保障

老年人是一组特殊的群体，由于生理上的退化，老年人成为多种慢性病、多种器官损害、活动能力减退、生活不能自理的高危和高发人群。根据国家统计局在 2005 年进行的全国 1‰人口抽样调查数据，2005 年末我国总人口为130 756万人。60 岁及以上的人口为14 408万人，占总人口的 11.03%，其中 65 岁及以上的人口为10 045万人，占总人口的 7.69%。与第五次全国人口普查相比，60 岁及以上人口的比重上升了 0.76%，其中，65 岁及以上人口比重上升了 0.73%。因此，我国正面临着人口老龄化的严峻形势和压力，面临着人口年龄结构比例严重失调的一系列社会、经济问题。所以普及老年人医疗保健知识，提高老年人自我保健水平，保障他们的身心健康，成为当今医疗的重要课题。

(一)老年人与人口老龄化

1. 老年人的年龄划分标准

WHO 对老年人年龄有两个标准：发达国家将 65 岁以上的人群定义为老年人，而在发展中国家(特别是亚太地区)则将 60 岁以上人群称为老年人。

老年期常被视为生命中的一个阶段，事实上对老年期还可以再划分为不同阶段。WHO 根据现代人生理心理结构上的变化，将人的一生分为了五个年龄段：44 岁以下为青年人，45~59 岁为中年人，60~74 岁为年轻的老年人，75~89 岁为老年人，90 岁以上为长寿老年人。根据 WHO 的划分标准，中国作为一个发展中国家，将 60 岁作为老年年龄界线。

2. 人口老龄化与老龄化社会

(1)人口老龄化。简称为人口老化，它是指社会人口中一定年龄(60 或 65 岁以上)老年人占总人口比例(即老年人口系数)较高的一种发展趋势。

(2)老龄化社会。①发达国家的标准：65 岁以上人口占总人口比例的 7% 以上，定义为老龄化社会(老龄化国家或地区)。②发展中国家的标准：60 岁以上人口占总人口比例的 10%以上，定义为老龄化社会(老龄化国家或地区)。我国到 1999 年底，60 岁及以上人口占我国总人口比例的 10.09%，全国开始进入老龄化社会。

随着我国人口的老龄化，老年人口已占我国人口总数的 11%左右。老年人是我国社会进步、经济发展、政治稳定的一支重要力量。保障老年人"老有所养、老有所医、老有所乐、老有所为"是全社会的责任。

(二)老年人保健的任务

(1)开展老年医学保健知识的宣传和教育。向老年人及其家属和全社会广泛宣传医学保健知识,使人人享有卫生保健。

(2)诊断和治疗老年疾病。老年人常常患有骨质疏松、老年痴呆、老年心血管疾病等,研究老年人患病的特点和规律,制定特别的治疗方案,建立不同于一般临床医学的诊断学和治疗学。

(3)"治未病"和为"老而不衰"提出适当的对策。"治未病"是预防保健的任务。对老年人来说,就是要建立预防老年病和抗衰防老的手段,应该从年轻时就着手抓起。另外,对老年疾病的认识,也应有"年龄差"的观点,同一种疾病对老年人来说,未必有青年人一样的症状。在许多疾病的诊断和治疗中,如果忽略了年龄差别,就容易误诊误治。

(4)研究和探讨衰老的机制。

(5)营造有利于老年人生命质量提高的优良环境。从社会学的观点出发,在老年人社会中,建立老年人群体的社团组织,营造保障老年人生命质量的优良环境,对老年人生活的社会环境、生存条件、心理状态等方面给予有力保障,使老年人老当益壮,精力充沛,老有所为。

(三)老年人保健服务的实施

1. 老年保健设施规划

在规划新区建设和旧区改造时,要将老年保健设施作为配套项目纳入规划,保证需要的用地面积和规定的建筑面积。

2. 构建社区老年卫生保健体系

重要的是采取有效政策和措施支持社区老年卫生保健工作的健康发展。

3. 常见病、多发病的防治和保健

对于高血压病、冠心病、糖尿病、老年白内障等老年常见病、多发病的防治和保健工作,政府应拨专款予以防治。高血压是老年人患病率最高的慢性病,老年人高血压患病率约为40%,糖尿病也是近年来随着人们生活水平的提高上升最快的慢性病。这两种疾病既是一种症状,又是诱发心脑血管、肾脏等严重疾病的危险因素。由于慢性病病程长、治愈率低、医疗费用高,对个人及家庭、社会都造成很大的压力。

4. 建立老年病防治专门机构

老年人的慢性病患病率总体上已达70%左右,但目前老年病防治机构还比较少,许多医院也没有专业的老年病科室。因此,建立老年病防治专门机构,加强和重视社区老年保健工作十分必要。

(王 娟 刘文龙)

第五节　亚健康人群的健康保障

在人生的某一时期,都有可能会处于亚健康阶段。目前,白领阶层、知识分子、企业老板、经理、秘书、律师、医生、自由职业者、大中学生等是高发人群。处于亚健康状态的人,犹如身处悬崖边缘,拉一把就可以回到安全的健康地带,推一下就可以掉入疾病深渊。在此期间进行全面保健,对于预防疾病具有事半功倍的效果,同时能及时、有效地使亚健康的人回到健康状态,并保障身体健康,延年益寿。

长期以来,人们一直高估医学的能力,同时又忽略了自身的能动性。殊不知许多疾病的发生与否,在很大程度上取决于自身的防范。发现亚健康、调治亚健康、把握自身健康的主动权,将成为21世纪医学发展的主流趋势。

保持健康的关键是及时摆脱亚健康,走出生命的第三态,从亚健康走向健康。假如罹患疾病之后再去治疗,就为时已晚,其效果远不如在亚健康时就采取措施。这些措施是一个系统工程,包括一系列的自我保健措施,如合理营养、体育锻炼、戒除烟酒、心理平衡、改善环境、建立良好的生活方式等。具体措施主要有:

(1)改变不良的生活习惯及饮食习惯。科学合理地摄入营养是预防亚健康状态发生、促进亚健康状态向健康转化的重要因素。

(2)适量运动。劳逸结合,平时注意锻炼身体,适当参加一些户外有氧活动。运动可以保持脑力和体力的协调,提高心肺功能,改善脂肪和糖代谢,减轻肥胖,防止骨质疏松,提高免疫力。还可使情绪乐观、精力充沛,改善心理素质。

(3)戒除不良生活习惯。其中戒烟限酒非常重要,很多疾病都与吸烟、饮酒有关。

(4)提高心理素质,增强心理承受能力。有科学的人生观、价值观,淡泊名利,知足常乐,保持健康的心理状态,提高心理素质,是抵御疾病的有力武器。

总之,应采取综合措施,包括加强宣传教育,树立新的健康观,改变不良的生活方式,优化社会环境和自然环境,建立良好的饮食结构,培养健康的心理素质,使社会、生理、心理都达到完美的状态。远离亚健康、消除亚健康,应该成为构建和谐社会的重要内容,也是全社会的奋斗目标。

【思考题】

1. 简述紫外线、红外线的生物学效应。
2. 简述空气负离子的生物学效应。
3. 试述声波、振动、地磁场的生物学效应。
4. 简述 hormesis 效应。

5. 促进健康的行为有哪些？

6. 简述卫生服务质量与健康的关系。

7. 简述心理因素的生物学效应。

8. 公共卫生干预的手段和措施是什么？

9. 如何进行公共卫生干预的效果评价？

10. 如何对传染病、慢性非传染性疾病、亚健康状态进行公共卫生干预？

11. 简述脆弱人群的定义及特征。

12. 简述计划免疫的接种方法、禁忌症及常见的预防接种反应。

13. 简述生殖健康的概念及影响生殖健康的因素。

14. 简述亚健康的概念及亚健康的主要表现。

（王　娟　刘文龙）

第十三章

有害因素的控制技术与效果评价

第一节 卫生工程基本原理

一、卫生工程概述

目前,与人类生活息息相关的主要生活环境问题概括起来有饮用水污染、空气污染特别是室内空气污染、固体废弃物污染以及职业场所有害因素影响等。

卫生工程(hygiene engineering)就是综合运用以物理学、化学和生物学等为基础的工程手段,提出环境污染物和环境有害因素的控制和治理技术措施,以达到预防疾病,促进健康,提高生命质量的卫生学目标。

(一)卫生工程的主要研究内容

随着科学技术的发展和社会的进步,传统的环境污染物与新出现的环境污染物控制以及人们对环境越来越高的要求,均是目前卫生工程学主要的研究方向和需要解决的问题。卫生工程学主要研究的内容包括:

(1)饮用水净化。对水源水的物理、化学及生物处理方法,饮用水的深度处理技术、回收利用方法,微污染水源水的生物处理技术及水质净化技术的联用等。

(2)污水处理。污水的一级、二级处理技术及污水的高级处理技术、污水回用技术等。

(3)空气污染控制。空气污染特别是室内空气污染的控制技术,空气中化学污染物、生物污染物、颗粒物的净化技术等。

(4)固体废弃物处理。固体废弃物的处理单元操作,城市生活垃圾、工业废弃物、特殊废弃物的无害化处理和资源化技术。

(5)职业有害因素控制。常见的职业性有害因素如粉尘、有害气体、高温、噪声等的控制措施。

(6)污染物控制措施效果评价。根据卫生学要求以及现有治理技术水平,建立污染物控制措施的卫生安全性和功能性评价指标、评价方法,并形成相应的技术标准和规范。

(二)环境污染物控制技术的基本类型

环境污染物控制技术按照基本原理可分为分离技术和化学反应技术两大类。在实际应用中,应根据不同的污染物对象、具体的净化技术方式以及不同的目的单独应用某一类技术或综合应用分离与反应技术。

二、污染物分离去除技术原理

分离(separation)是将某种/类污染物与传输介质或其他污染物分离开,从而达到去除污染物或回收有用物质的目的。在环境污染控制工程领域中,所涉及的均为污染物与水体、大气、土壤和固体废弃物等介质的混合体系(均相和非均相),这就需要将污染物从中分离出来。例如,在水处理中,需要从水中去除悬浮颗粒、各种化学污染物和病原微生物;在空气净化中,需要分离去除空气中的粉尘和各种气态污染物等。因此,分离是去除污染物、净化环境的重要手段。

在污染控制领域,根据污染物性质的不同,常用的分离技术可分为机械分离和传质分离两大类,沉降、过滤属于机械分离,吸收、吸附、萃取、膜分离属于传质分离。

(一)沉降分离

1. 沉降原理

沉降(sedimentation)分离主要用于颗粒物的分离。其基本原理是将含有颗粒物的流体(水或气体)置于某种力场(重力场、离心力场、电场或惯性场)中,使颗粒物与连续相的流体之间发生相对运动,沉降到器壁、器底或其他沉积表面,从而实现颗粒物与流体的分离。

沉降分离广泛用于水处理和空气净化中。在水处理中,用于从水或废水中去除如砂砾、黏土颗粒、污泥絮体等各种颗粒物;在空气净化中,用于去除气体中的粉尘、液珠等。

2. 沉降类型

(1)类型:沉降分离包括重力沉降、离心沉降、电沉降、惯性沉降和扩散沉降。

①重力沉降(gravity sedimentation)和离心沉降(centrifugal sedimentation)是利用待分离的颗粒与流体之间存在的密度差,在重力或离心力的作用下,使颗粒和流体之间发生相对运动。

②电沉降(electric sedimentation)是将颗粒置于电场中使之带电,并在电场力的作用下使带电颗粒在流体中发生相对运动。

③惯性沉降(inertial sedimentation)是指颗粒物与流体一起运动时,由于在流体中存在的某种障碍物的作用,流体产生绕流,而颗粒物因惯性力的作用在流体中发生相对运动。

④扩散沉降(diffusive sedimentation)是利用微小粒子布朗运动过程中碰撞在某种障碍物上,从而与流体分离。

各沉降的特征见表13-1。

表 13-1　沉降类型与特征

沉降过程	作用力	特征
重力沉降	重力	沉降速度小,适用于大颗粒的分离
离心沉降	离心力	适用于较大颗粒的分离
电沉降	电场力	适用于带电微粒(0.1～20 μm)的分离
惯性沉降	惯性力	适用于 5～20 μm 以上粉尘的分离
扩散沉降	热运动	适用于微细粒子($<$0.01 μm)的分离

(2)重力沉降的应用:重力沉降是最简单的沉降分离方法,应用广泛。在水处理中,重力沉降可用于水与颗粒物的分离,即沉淀池。最典型的形式是平流式沉淀池,原水从进水区进入沉淀池,沿池长向出水口方向水平流动,原水中的颗粒物在流动过程中发生沉降,沉淀到池底部。

在气体净化中,常用的重力沉降设备是降尘室。降尘室是一个封闭的设备,内部是一个空室,气体从降尘室入口进入,在流向出口的过程中,气体中的尘粒在随气体向出口流动的同时向下沉降,最终落入底部的集尘斗中,使气体得到净化。

(3)离心沉降的应用:离心沉降是将流体置于离心场中,依靠离心力的作用来实现颗粒物从流体中沉降分离的过程。离心沉淀设备有两种类型:旋流器和离心沉降机。

①旋流器:旋流器的特点是设备静止,流体在设备中旋转运行而产生离心作用,可用于气体和液体非均相混合物的分离,其中用于气体非均相混合物分离的设备叫旋风分离器,用于液体非均相混合物分离的称为旋流分离器。

在大气污染控制工程中,旋风分离器作为一种常用的除尘装置,主要用于去除气体中粒径在 5 μm 以上的粉尘。

旋流分离器用于分离悬浮液,在水处理中,可用于高浊水泥沙的分离、暴雨径流泥沙分离、矿厂废水矿渣的分离。

②离心沉降机:离心沉降机通常用于液体非均相混合物的分离,其特点是装有液体混合物的设备本身高速旋转并带动液体一起旋转,从而产生离心作用。离心沉降机主要用于悬浮液的固液分离。

(4)其他沉降的应用

①电沉降的应用:在环境领域,大气除尘的电除尘器就是应用电沉降的原理。电除尘器的优点是除尘效率高,可以去除 0.1 μm 以上的颗粒;阻力小,气体经过电除尘器的压降一

般不超过 200 Pa。

②惯性沉降的应用:惯性沉降是利用由惯性力引起的颗粒与流线的偏离,使颗粒沉降在障碍物上。利用惯性沉降原理进行颗粒物分离的称为惯性除尘器,主要用于从气体中分离粉尘。

(二)过滤分离

1. 过滤概述

过滤(filtration)是分离液体和气体非均相混合物的常用方法。其基本过程是混合物中的流体在推动力(重力、压力、离心力等)的作用下,通过过滤介质时,流体中的固体颗粒被截留,而流体通过过滤介质,从而实现分离。

过滤既可以分离液体非均相混合物,实现液—固分离,也可以用于分离气体非均相混合物,实现气—固分离。过滤可以分离粗大的颗粒,也可以分离细微粒子,甚至可以分离细菌、病毒和高分子物质。通常情况下,过滤在悬浮液的分离中应用最广泛,如水处理中的滤池、污泥脱水用的真空过滤机和板框式压滤机等。

过滤介质种类繁多,常用的过滤介质有固体颗粒、滤布、多孔固体和微滤、超滤多孔膜等。

2. 过滤分类

(1)按流体流动的推动力分类

①重力过滤(gravity filtration):在水位差的作用下使悬浮液通过过滤介质进行过滤,如水处理中的快滤池等。

②压力差过滤:在加压条件下使过滤介质两侧形成一定压力差进行过滤,可用于水处理、气体除尘,如加压过滤砂池等。

③离心过滤(centrifugal filtration):在利用悬浮液旋转产生的惯性离心力的作用下,使流体通过周边的过滤介质,从而实现颗粒物分离。

(2)按过滤原理分类

①表面过滤(surface filtration):表面过滤的主要特征是随着过滤过程的进行,悬浮液中的固体颗粒被截留在过滤介质表面。

②深层过滤(deep bed filtration):利用过滤介质间的间隙进行过滤的过程,其特征是过滤发生在过滤介质层内部。

3. 过滤原理

(1)表面过滤:采用的过滤介质的孔径一般比待过滤流体中的固体颗粒的粒径小,过滤时这些固体颗粒被过滤介质截留。实际上,表面过滤所用的过滤介质的孔不一定都小于待过滤流体中所有的颗粒物粒径。在刚开始过滤时,小颗粒可能会进入过滤介质孔道内,但随着过滤的进行,细小的颗粒会在过滤介质的孔道内发生架桥,形成滤饼,随后逐渐增厚的滤饼层成为真正有效的过滤介质。

表面过滤技术通常应用在过滤流体中颗粒物浓度较高或过滤速度较慢的情况下。污泥脱水中使用的各类脱水机(如真空过滤机、板框式压滤机等)、给水处理中的慢滤池、袋式除尘器等均为表面过滤设备。

(2)深层过滤:深层过滤通常发生在以固体颗粒作为过滤介质时。由固体颗粒堆积而成的过滤介质层通常较厚,过滤通道长而曲折,过滤介质层的空隙大于待过滤流体中的颗粒物粒径,因此过滤时,颗粒物随流体可以进入过滤介质层,在拦截、惯性碰撞、扩散沉淀等作用下颗粒物附着在介质表面。

深层过滤一般适用于待过滤流体中颗粒物含量少的场合,如饮水净化、室内空气净化等。

(三)吸收

1. 吸收的定义与类型

(1)吸收的定义:吸收(absorption)是依据混合气体各组分在同一液体溶剂中的物理溶解度(或化学反应活性)的不同,而将气体混合物分离的操作过程,是混合气体分离常用技术之一。吸收的本质是混合气体组分从气相到液相的相间传质过程。

吸收法常用来净化气态污染物,例如,可采用碱性吸收剂吸收废气中的 SO_2、NO_x、HCN 等有害气体。吸收法具有处理气体量大、吸收组分浓度低、吸收效率和吸收速率要求较高等特点。

(2)吸收的类型

①按溶质和吸收剂之间发生的作用:吸收过程可分为物理吸收和化学吸收;

②按混合气体中被吸收组分的数目:吸收过程可分为单组分吸收和多组分吸收;

③按吸收过程中温度是否变化:吸收分为等温吸收和非等温吸收。

2. 物理吸收

物理吸收(physical absorption):如果气体溶质与吸收剂不发生明显反应,而是由于在吸收剂中的溶解度大而被吸收,称为物理吸收。

吸收过程是一种典型的溶质由气相向液相的两相传质过程,这个过程可以分解为以下三步:①溶质由气相主体传递至气、液两相界面的气相一侧,即气相内的传递;②溶质在两相界面由气相溶解于液相,即相际传递;③溶质由相界面的液相一侧传递至液相主体,即液相内的传递。

3. 化学吸收

如果溶质与吸收剂(或其中的活性成分)发生化学反应而被吸收,称为化学吸收(chemical absorption)。化学吸收是气相中的溶质 A 被吸收剂吸收后,与吸收剂或其中的活性组分 B 发生化学反应的吸收过程,这是气、液相际传质和液相内的化学反应同时进行的传质过程。

（四）吸附

1. 吸附的定义

吸附是通过多孔固体物料与某一混合组分体系接触，有选择地使体系中的一种或多种组分附着于固体表面，从而实现特定组分分离的方法。其中被吸附到固体表面的组分称为吸附质，吸附吸附质的多孔固体称为吸附剂（adsorbent）。

吸附质附着到吸附剂表面的过程称为吸附，而吸附质从吸附剂表面逃逸到另一相的过程称为解吸（desorption）。通过解吸，吸附剂的吸附能力得到恢复，这个过程称吸附剂再生。

2. 吸附的分类

（1）按作用力性质分类

①物理吸附：由吸附质分子与吸附剂表面分子间存在的范德华力所引起，当吸附剂表面分子与吸附质分子间的引力大于流体相内部分子间的引力时，吸附质分子就被吸附在固体表面上，这种吸附也称范德华吸附。

②化学吸附：由于吸附剂和吸附质之间发生化学反应而引起的，又称活性吸附。化学吸附的强弱取决于两种分子之间化学键力的大小。

（2）按吸附剂再生方法分类

①变温吸附（Temperature Swing Adsorption，TSA）：在变温吸附循环中，吸附剂主要靠加热法得到再生，一般加热是借助预热清洗气体来实现，但每个加热—冷却循环需要数小时至数十小时，因此，只适用于处理量较小的分离。

②变压吸附（Pressure Swing Adsorption，PSA）：变压吸附的循环过程是通过改变系统压力来实现的，系统加压时吸附质被吸附剂吸附，系统降低压力，则吸附剂发生解析，再通过惰性气体的清洗，吸附剂得到再生。由于压力改变可以在极短的时间里完成，所以其广泛用于大量气体混合物的分离。

（3）按分离机理分类

①位阻分离：当流体通过吸附剂时，只有足够小且形状适当的分子才能扩散进入吸附剂微孔，而其他分子被阻挡在外。

②动力学分离：借助不同分子的扩散速率之差来实现。

③平衡分离过程：通过流体的平衡吸附来实现。

3. 吸附的应用

吸附的应用范围很广，既可以对气体或液体混合物中的某些组分进行大吸附量分离，也可以去除混合物中的痕量杂质。随着合成沸石分子筛、炭分子筛等新型吸附剂的开发，吸附分离技术得到了迅速发展。

吸附在实际中主要应用于：①气体或溶液的除臭、脱色；②室内环境中有害气体吸附分离;③气体预处理及痕量物质的分离。

(五)其他分离过程

1. 离子交换(ion exchange)

离子交换剂是一种带有可交换离子的不溶性固体。通过固体交换剂中的离子与溶液中的离子进行等当量的交换来去除溶液中某些离子的过程称离子交换,离子交换主要用于水处理中的除盐软化及去除重金属离子等。

2. 萃取(extraction)

在预分离的原料混合液中加入一种与其不相溶或部分互溶的液体溶剂,形成两相体系,在充分混合的条件下,利用混合液中被分离组分在两相中的分配差异,使该组分从混合液中转移到液体溶剂中,从而实现分离。

萃取的特点是:可在常温下操作,无相变;萃取剂选择适当可以得到较高的分离效率;对于沸点非常相近的物质可以进行有效分离。

萃取法主要用于水处理,通常用于萃取工业废水中有回收价值的溶解性物质。

3. 膜分离(membrane separation)

膜分离是以具有选择透过功能的薄膜为分离介质,通过在膜两侧施加一种或多种推动力(压力差、浓度差、电位差等),使原料中的某组分选择性地优先透过膜,从而达到混合物分离和产物的提取、浓缩、纯化等目的。

与传统分离技术相比,膜分离技术具有以下优点:①膜分离过程不发生相变,能耗较低,能量的转化效率高;②膜分离过程可在常温下进行,特别适用于对热敏感物质的分离;③不需投加其他物质,可节省化学药剂;④膜分离装置简单,可实现连续分离,适应性强,操作容易。

三、污染物化学反应去除技术原理

(一)化学反应概述

进行化学转化的过程就是化学反应的过程,按照参与反应物质的相的类别来分,可分为均相和多相(非均相)反应,均相反应含气相反应和液相反应,而多相反应含液—液相反应、气—液相反应、液—固相反应、气—固相反应、固—固相反应和气—液—固三相反应。

在化学反应装置中进行化学反应时,必然伴有放热或吸热的热效应。对于多相反应,必然存在处于不同相的物质间的质量传递。在反应设备中必然存在流体流动或固体颗粒的流动,不同结构的反应器中又存在着不同的流动形式。

化学反应过程是一个综合化学反应与动量、质量、热量传递交互作用的宏观反应过程。常见的化学反应去除技术主要有催化反应、氧化反应和电化学反应。

(二)催化反应技术

涉及催化剂的反应称为催化反应(catalytic reaction),如脱硫催化剂、烃类氧化催化剂、氮氧化物转化催化剂、汽车尾气净化三效催化剂以及污水处理中的酶催化剂获得了广泛的应用。

1. 光催化反应

光催化反应是化学反应与催化反应的融合,是在光和催化剂并存时才发生的化学反应。由于该反应吸收光子能量,其反应速率比单纯的催化反应快。目前,光催化技术已应用在金属离子废水、纺织与染料废水、有机化合物废水的处理,饮用水的净化、挥发性有机物的净化、环境中异味的去除及杀菌等。

2. 电催化反应

电催化是使电极、电解质上的电荷转移,加速反应的一种催化作用。电催化反应速度不仅由催化剂的活性决定,还与电场及电解质的性质有关。电催化反应与常用的化学催化反应有本质的区别,常规的化学催化反应,反应物和催化剂之间的电子传递在限定区域内进行,电子的转移无法从外部加以控制;而电催化反应的反应条件、反应速度易于控制,并可使一些剧烈的电解或氧化还原反应得以实现。现阶段,电催化反应技术在处理含有机物废水和含铬废水、烟道气及原料煤脱硫,气体中 SO_2、NO_x、CO_2 的去除等方面应用较广。

3. 光电催化反应

光电催化反应可以看成是同时具有光催化、电催化特性的反应,它既是光催化的特例,也是电催化的特例。其突出的特点是其形成的电子具有更高的氧化或还原能力。

(三)氧化反应技术

1. 氧化反应原理

对于某些有毒有害、化学性质稳定而难以用生物降解等方法处理的污染物,可以通过化学反应改变污染物形态,使其转变为无毒无害的物质,或者转化为易于用其他方法进一步处理的物质。氧化法可分为化学氧化、光氧化、电化学氧化等方法。

2. 空气氧化反应

(1)空气氧化反应的原理

空气氧化是用空气中的氧气作为氧化剂的氧化反应。在空气氧化过程中,由于氧化能力较弱,主要用来氧化还原性较强的物质,若使用高温氧化,几乎所有的有机物分子结构会被破坏,有的还会完全氧化为 CO_2、H_2O、N_2 等。

在液相中进行的空气氧化过程称为湿式氧化(湿式燃烧)或水热反应,在此基础上发展了亚临界、超临界水热氧化技术,即将湿式燃烧的反应温度和压力提高到接近或超过水的临界点时进行的湿式氧化。

（2）空气氧化反应的应用

空气氧化常用于地下水除铁、锰，通过曝气，即空气氧化过程，可将铁、锰分别氧化为 $Fe(OH)_3$ 和 MnO_2 沉淀物，可经过滤去除。

空气氧化还用于工业废水脱硫。空气氧化法是在碱性环境中，将废水中还原形态的硫氧化为无毒的硫代硫酸盐或硫酸盐。

3. 氯化氧化反应

氯化氧化剂是含氯的化合物，常见的有氯气、液氯、二氧化氯、次氯酸钠和漂白粉等。氯化氧化广泛应用于污水治理中，如医院污水、无机物与有机物氧化、污水脱色、除臭、消毒等。

（四）电化学反应技术

1. 电化学反应的定义

电化学方法与技术，就是利用外加的电场作用，在特定的电化学反应器内，通过一系列的化学反应、电化学过程或物理过程，有效去除大气、水、土壤等环境中的有机污染物。

利用电化学技术解决环境污染问题是电化学技术应用的一个主要内容。电化学反应技术在有毒物质去除和污染物回收与利用方面显现了独到的优势，特别是在膜材料与电极制备方面发展尤为迅速。

2. 电化学反应的应用

电化学方法在水处理方面应用广泛，在环境污染物去除的其他领域，如工业废气、土壤污染物去除等方面也表现出独到的优势。

（1）电化学氧化有机污染物：电化学水处理技术的基本原理在于使污染物在电极上发生直接的电化学反应，即直接电化学氧化；或利用电极表面产生的强氧化性活性中间物质使污染物发生氧化还原转变，即间接电化学氧化。

气相中的污染物可先用电解质溶液加以吸收，再用电化学法将其转化为低毒性物质；对固相中的污染物，可以将电极插入土壤，通直流电，以地下水或外加电解质作为电解液，并辅以外抽提系统将污染物去除。

（2）电化学提取与回收重金属：电化学法提取和回收废水中重金属的反应本质上是还原反应。

电沉积是利用电解液中不同金属组分的电位差，使自由态或结合态的金属离子在阴极析出的过程，主要用于溶解性金属离子的回收。

电渗析是在外电场作用下，依靠选择性透过膜的独特功能，使离子从一种溶液进入另一种溶液，从而达到对离子化污染物的分离、浓缩。

（刘 凡）

第二节　饮水净化工程技术与效果评价

一、概述

水是良好的溶剂且具有较高的比热容,是人体维持正常生理活动的必要因素。机体从外界环境中摄取的各种营养成分通过水输送到机体的各个部分,水能将溶于其中的某些物质离子化,使之成为细胞代谢的必需形态,同时溶于水中的各种代谢废物通过排泄器官排出体外。

人们在饮水的同时,也将水中所含有的各种有益和有害的物质带入体内,对人体健康产生重要影响。水质被污染的机会多,成分复杂。饮用水受病原体污染可引起介水传染病的流行,尤其是肠道传染病的爆发流行;饮用水化学性污染虽不占主导地位,但对人体健康的危害较为严重。

人们日常生活中的饮用水主要是以地面水、地下水及降水为水源,将其贮存并处理后作为饮用水和生活用水。根据供水方式的不同,可将其分为集中式供水和分散式供水。在我国,饮水的生物性污染和化学性污染是同时存在的,但总体而言,以生物性污染为主。

集中式供水的水源水质较好,通过水处理设备进行了严格的净化和消毒,严密的输水管道有效防止水在运输过程中受到污染。但集中式饮用水供应范围大,一旦水源及供水过程中受到各种化学物质及致病微生物污染,又未经有效净化、消毒处理时,可引起大范围的急性和慢性中毒及传染病的流行。分散式供水过程一般未经净化消毒处理,水质较差。

二、饮用水常规净化技术

不论取自何处的生活饮用水源水,都不同程度地含有各种各样的杂质,若不经净化、消毒等处理,很难达到生活饮用水卫生标准的要求。因此要用物理、化学和物理化学的方法来改善水源水质的感官性状和细菌学指标,使之达到生活饮用水卫生标准的要求。

生活饮用水常规净化处理包括混凝、沉淀(或澄清)、过滤、消毒。

(一)混凝

1. 混凝的原理

用化学物质来澄清浑水称混凝(coagulation),所加入的物质称混凝剂(compound coagulant),有些混凝剂本身在澄清浑水中只起辅助作用,称助凝剂。

(1)电性中和作用：投加于水中的混凝剂经水解后形成带正电荷的胶体，与水中带负电荷的胶体相互吸引，使彼此的电荷中和而聚集。

(2)吸附架桥作用：一些呈线型结构的高分子混凝剂，以及金属盐类混凝剂在水中形成线型高聚物后，均能吸附胶体颗粒。当吸附颗粒增多时，上述线型分子会弯曲变形和成网，使颗粒间的距离缩短而相互黏结，并逐渐形成粗大的絮凝体。

(3)压缩双电层作用：水中的黏土胶团具有吸附层和扩散层，合称为双电层，双电层中正离子浓度由内向外逐渐降低，最后与水中的正离子浓度大致相等，如向水中加入大量电解质，正离子就会挤入扩散层使之变薄，进而挤入吸附层，使胶核表面的负电性降低。

2. 混凝剂

常用的混凝剂有金属盐类和高分子化合物两类，前者如铝盐和铁盐，后者如聚合氯化铝和聚丙烯酰胺等。

(1)混凝剂

①铝盐：铝盐有明矾、硫酸铝、铝酸钠和三氯化铝等。铝盐的优点是腐蚀性小，使用方便，混凝效果好，且对水质无不良影响；缺点是水温低时，絮状体形成慢且松散，效果不如铁盐。

②铁盐：铁盐包括三氯化铁和硫酸亚铁等。三氯化铁的优点是适用的 pH 值范围较广，絮状体大而紧密，对低温低浊水的效果较铝盐好；其缺点是腐蚀性强，易潮湿，水处理后含铁量高。硫酸亚铁又称绿矾，因亚铁只能生成简单的单核络合物，故混凝效果差，且残留于水中的亚铁会使水显色，使用时需将亚铁氧化成三价铁。

③聚合氯化铝：聚合氯化铝的优点是对低浊度水、高浊度水、严重污染的水和各种工业废水都有良好的混凝效果；用量比硫酸铝少；适用的 pH 值范围较宽；凝聚速度快，凝聚颗粒大，沉淀速度快，过滤效果好。但其产品多为土法生产，质量不易保证。

④聚丙烯酰胺：聚丙烯酰胺是一种非离子型线型高分子聚合物，具有吸附架桥作用。聚丙烯酰胺的优点是对低浊度和高浊度水效果均好，其缺点是价格昂贵，产品中常含有微量未聚合的单体，毒性很高。

(2)助凝剂

助凝剂的作用：一是调节或改善混凝条件，如原水碱度不足，可加石灰；用氯将亚铁氧化成高铁；二是改善絮状体结构，如铝盐产生的絮状体细小而松散，可用聚丙烯酰胺或活性硅酸等助凝。

3. 影响混凝效果的因素

(1)水温的影响：水温对混凝效果有明显的影响，温度低时絮凝体形成缓慢，絮凝颗粒细小松散。为提高低温水混凝效果，常用方法是增加混凝剂投加量和投加高分子助凝剂。

(2)水的 pH 值和酸碱度的影响：在不同 pH 值的情况下，铝盐和铁盐的水解、缩聚产物不同，对其混凝效果影响较大；高分子混凝剂受 pH 影响较小。

(3)水中悬浮物浓度的影响:水中悬浮物浓度很低时,颗粒物碰撞速率大大减少,混凝效果差。

(4)水中微粒的性质和含量:微粒含量过少时,明显减少微粒碰撞的机会;微粒含量过多,则不能充分混凝。微粒的化学性质及其带电性也影响混凝效果。

(5)水中有机物和溶解盐的含量:水中有机物对混凝有阻碍作用,溶解盐类对铝盐的混凝有促进作用。

(6)其他影响因素:混凝剂的种类和用量、混凝剂的投加方法、搅拌强度和反应时间均可影响混凝效果。

(二)沉淀和澄清

1. 沉淀的原理

沉淀(precipitation)是水中悬浮颗粒依靠重力作用,从水中分离出来的过程。

(1)自由沉淀:自由沉淀(free settling)是指水流速度减慢或静止时,水中的悬浮颗粒在沉淀过程中,彼此没有干扰,只受重力和水流阻力作用而沉淀,使水得到初步澄清。

(2)絮凝沉淀:絮凝沉淀(flocculating precipitation)指胶体颗粒在沉淀过程中,悬浮颗粒彼此碰撞,发生接触凝聚使其粒径和密度增加,形状发生变化而沉淀。

(3)拥挤沉淀:拥挤沉淀(crowded precipitation)指当悬浮物浓度大于 5 000 g/L 时,颗粒下沉过程中彼此干扰,在清水和浑水之间形成明显的交界面,该交界面逐渐下沉。

(4)压缩沉淀:压缩沉淀(compression precipitation)指颗粒浓度高时,颗粒在相互支撑的条件下受重力作用被进一步压缩沉淀。

2. 沉淀池

(1)平流式沉淀池:平流式沉淀池为矩形水池,上部为沉淀池,下部为污泥区,池前部有进水区,池后部有出水区。混凝后的原水流入沉淀池后,沿进水区整个截面均匀分配,进入沉淀池,然后缓慢地流向出口区,水中的颗粒沉于池底,沉积的污泥连续或定期的排出池外。平流式沉淀池具有处理效果稳定,运行管理简便,易于施工等优点,不足是占地面积比较大。

(2)斜板与斜管沉淀池:斜板与斜管沉淀池的工作原理是:在沿水流流动方向上设置多层隔板,使颗粒的最大垂直沉淀距离缩短,即缩短了颗粒沉淀分离所需的时间。池中隔板倾斜设置,使板上的沉泥可借助重力滑落到池底。

斜板与斜管沉淀池具有停留时间短、沉淀效率高、占地省等优点;缺点是费用高,因水流在斜板之间停留时间短而稳定性差,斜板上易产生积泥和藻类滋生问题,需定期冲洗。

3. 澄清池

(1)澄清池的原理:絮凝和沉淀属于两个过程,水中脱稳杂质通过碰撞结合成相当大的絮凝体,在沉淀池内沉淀。澄清池将两个过程综合于一个构筑物中完成,主要依靠活性泥渣层达到澄清目的。当脱稳杂质随水流与泥渣层接触时,便被泥渣层阻留下来,使水得到澄清。

澄清池有两大特点,一是利用积聚的泥渣与水中脱稳颗粒相互接触、吸附,能充分利用泥渣的絮凝活性;二是将混合、反应和泥水分离等放在同一池内完成。

(2)澄清池分类

①泥渣悬浮型澄清池:又称泥渣过滤型澄清池。加药后的原水由下而上通过悬浮状态的泥渣层时,水中脱稳杂质与高浓度的泥渣颗粒碰撞凝聚并被泥渣层拦截下来,由于悬浮层拦截了进水中的杂质,悬浮泥渣颗粒变大,沉速提高。

②泥渣循环型澄清池:为了充分发挥泥渣接触絮凝作用,可使泥渣在池内循环流动。泥渣循环型澄清池中大量高浓度的回流泥渣与加过混凝剂的原水中杂质颗粒具有更多的接触碰撞机会,且因回流泥渣与杂质粒径相差较大,故絮凝效果好。

(三)过滤

在水处理中,过滤(filtration)通常是指用石英砂等粒状材料作为滤料层截留去除水中颗粒杂质的处理技术,相应的处理构筑物称为快滤池或简称为滤池。在以地面水为水源的饮用水处理中,过滤通常置于混凝沉淀之后,过滤后出水的浊度满足生活饮用水水质标准的要求。

1. 过滤的原理

(1)过滤理论

①表层过滤:表层过滤的颗粒去除机理是机械筛除,过滤介质按其孔径大小对过滤液体中的颗粒进行截留分离。

②深层过滤:深层过滤去除的机理主要是接触絮凝,即颗粒的去除是通过水中悬浮颗粒与滤料颗粒接触凝聚,水中颗粒附着在滤料颗粒上而被去除。

(2)过滤的净水原理

①筛除作用:水通过滤料时,比滤层孔隙大的颗粒被截留;随着过滤的进行,被截留的颗粒增多,滤层孔隙越来越小,较小的颗粒也被截留。

②接触凝聚作用:水在滤层孔隙内流动,一般呈层流状态,而层流产生的速度梯度会使细小絮状体和脱稳颗粒不断旋转,并跨越流线向滤料表面运动,当它们接近滤料颗粒表面时,会产生接触吸附。

2. 滤池

滤池的形式很多,常用的滤池有慢滤池、普通快滤池、双层和三层滤料滤池、接触双层滤料滤池、虹吸滤池、无阀滤池、移动冲洗罩滤池和压力滤池等。

滤池的工作可分为三期:①成熟期:滤料很清洁,过滤效果差,需实行初滤排水。②过滤期:滤料表面已吸附一层絮凝体或形成生物膜,净水效果良好。③清洗期:在过滤过程中,滤层孔隙不断减少,水流阻力越来越大,终因产水量大减或出水水质欠佳而需停止过滤。

3. 影响过滤效果的因素

(1)滤层厚度和粒径:滤层过薄,水中的悬浮物会穿透滤料层而影响出水水质;过厚会延长过滤时间。滤料粒径大,筛滤、沉淀杂质的作用小。

(2)滤速:指水层通过过滤层整个面积的速度。滤速过快会影响滤后水质,滤速过慢过滤效果好,但影响出水量。

(3)进水水质:进水的浑浊度、色度、有机物、藻类等对过滤效果影响很大,其中影响最大的是进水的浊度,要求浊度低于 10 度。

(4)滤池类型:慢滤池因滤料粒径小,过滤效果好,去除微生物的效果一般在 99% 以上。而快滤池一般在 99% 以下,有时甚至远低于 90%。

(四)消毒

饮用水消毒(disinfection)的目的是杀灭水中对人体健康有害的绝大部分病原微生物,包括细菌、病毒、原生动物的孢囊等,以防止通过饮用水传播疾病。饮用水的消毒方法有氯消毒、二氧化氯消毒、臭氧消毒、紫外线消毒等。

1. 氯化消毒

氯化消毒应用历史最久,使用最广。它的优点是经济有效,使用方便,剩余消毒剂对管网水有安全保护作用;缺点是对于受到有机污染(包括天然的腐殖质类污染和人为的化学污染)的水体,加氯消毒可以产生对人体有害的卤代消毒副产物,如三卤甲烷类、卤乙酸等物质。

常用的氯消毒剂有以下几种:氯、漂白粉、漂白粉精、有机含氯消毒剂、次氯酸钠等。含氯化合物中具有杀菌能力的有效氯成分称为有效率,含氯化合物分子团中氯的价数大于 -1 者均为有效氯。

(1)氯化消毒基本原理:氯消毒主要是通过其氧化作用来杀灭微生物。氯溶于水后,可生成次氯酸 HClO,次氯酸可水解生成次氯酸根(ClO^-)。氯的杀菌作用机制是由于次氯酸体积小,电荷中性,易于穿过细胞壁;同时,它又是一种强氧化剂,能损害细胞膜,使蛋白质、RNA 和 DNA 等物质释出,并影响多种酶系统,从而使细菌死亡。氯对病毒的作用在于对核酸的致死性损害,病毒缺乏一系列代谢酶,对氯的抵抗能力较细菌强,氯较易破坏疏基键,但较难使蛋白质变性。

氯可与水中存在的一定量氨氮发生可逆反应,形成一氯胺和二氯胺,氯胺是弱氧化剂,杀菌作用不如次氯酸强,需要较高的浓度和较长的接触时间。

(2)氯化消毒常用方法

①普通氯化消毒法:当水的浊度低,有机物污染轻,基本上无氨无酚时,加入少量氯即可达到消毒目的的一种消毒法。此时产生的主要是游离性余氯,所需接触时间短,效果可靠。原水为地表水时,往往会有三卤甲烷等氯化副产物,使水具有致突变性。

②氯胺消毒法:本法的优点是三卤甲烷类物质的形成明显减少;如先加氨后加氯,则可

防止氯酚臭;化合性余氯较稳定,在管网中可维持较长时间,使管网末梢余氯得到保证。缺点是氯胺的消毒作用不如次氯酸强,接触时间长,费用较贵;需加胺而操作复杂;对病毒的杀灭效果较差。

③折点氯消毒法:加氯后在水中形成适量的游离性余氯,其优点是消毒效果可靠;能明显降低锰、铁、酚和有机物含量,并具有降低臭味和色度的作用。缺点是耗氯多,且产生较多的氯化副产物。

④过量氯消毒法:当水源受到有机物污染严重,或在野外工作、行军等条件下,需在短时间内达到消毒效果时,可加过量氯于水中。消毒后的水用亚硫酸钠、亚硫酸氢钠、硫代硫酸钠或活性炭脱氯。

2. 二氧化氯消毒

(1)二氧化氯消毒的原理

二氧化氯是极为有效的饮水消毒剂,对细菌、病毒及真菌孢子的杀灭能力均很强。其对微生物的杀灭原理是:二氧化氯对细胞壁有较好的吸附和渗透性,可有效地氧化细胞内含巯基的酶;可与半胱氨酸、色氨酸和游离脂肪酸反应,快速控制蛋白质的合成,使膜的渗透性增高;并能改变病毒衣壳,导致病毒死亡。

(2)二氧化氯消毒的特点

二氧化氯在饮用水消毒中有其独特的优点:①可减少水中三卤甲烷等氯化副产物的形成;②当水中含氨时不与氨反应;③能杀灭水中的病原微生物;④消毒作用不受水质酸碱度的影响;⑤消毒后水中余氯稳定持久,防止再污染能力强;⑥可除去水中的色和味,不与酚反应形成氯酚臭;⑦对铁和锰的去除效果好。

其缺点是:①二氧化氯具有爆炸性,必须现场制备立即使用;②制备含氯低的二氧化氯较复杂,其成本较其他方法高。

3. 臭氧消毒

(1)臭氧消毒的原理

臭氧是极强的氧化剂,加入水后即放出具有很强氧化能力的新生态氧,可氧化细菌的细胞膜而使其渗透性增加,细胞内容物漏出;也可影响病毒的衣壳蛋白,导致病毒死亡。臭氧用于饮水消毒的投加量一般不大于 1 mg/L,要求接触 10~15 min,剩余臭氧为 0.4 mg/L。

(2)臭氧消毒的特点

臭氧消毒的优点是:①消毒效果较二氧化氯和氯气好,用量少,接触时间短;②不影响水的感官性状,同时还有除臭、色、铁、锰、酚等多种作用;③不产生三卤甲烷;④用于前处理时尚能促进絮凝和澄清,降低混凝剂用量。

其缺点是:①投资大,费用较氯化消毒高;②水中臭氧不稳定,控制和检测臭氧需一定的技术;③消毒后对管道有腐蚀作用,故出厂水无剩余臭氧,需要第二消毒剂;④与铁、锰、有机物等反应,可产生微絮凝,使水的浊度提高。

4.紫外线消毒

波长 200～250 nm 的紫外线具有杀菌作用,其中以波长 254 nm 的紫外线杀菌作用最强。紫外线对病原微生物杀灭作用的原理是:当微生物被照射时,紫外线可透入微生物体内作用于核酸、原浆蛋白与酶,使其发生化学变化而造成微生物死亡。

紫外线消毒的优点是所需接触时间短,杀菌效率高,不改变水的物理化学性质;不产生残留物质和不良异味。缺点是消毒后水中无持续杀菌作用,价格昂贵。

三、饮用水深度净化技术

饮用水深度净化是指在市政供水原有常规净化的基础上,对水质再进行净化处理。由于水源污染及常规净化的局限性以及输配水管网的某些缺陷,降低了生活饮用水的某些感官性状,同时可能残留微量有机污染物,在某些给水系统表现得更为突出,因此生活饮用水的深度处理日渐重要。常用的饮用水深度净化技术有活性炭吸附、离子交换、电吸附、反渗透、膜技术等。

(一)活性炭吸附

1.活性炭吸附原理

活性炭是用含碳的原料经高温炭化和活化后,形成含有丰富孔隙结构的产品,分为粒状炭(GAC)和粉状炭(PAC)两大类。

活性炭是一种非极性吸附剂,对水中非极性、弱极性有机物质有很好的吸附能力。其吸附作用主要是物理表面吸附作用。对于物理吸附,它的选择性低,可以多层吸附,脱附相对容易,这有利于活性炭吸附饱和后的再生。

活性炭在高温制备过程中,炭的表面形成多种官能团,这些官能团对水中的部分离子有化学吸附作用,可去除多种重金属离子。其作用机理是通过螯合作用。它的选择性较高,属于单层吸附,脱附较困难。

2.活性炭吸附的应用

(1)生活饮用水预处理,可以使用粉状炭吸附水中的有机物和臭味物质。

(2)生活饮用水深度处理在欧洲已被广泛采用,我国目前仅极少数水厂采用活性炭。

(3)优质直饮水、纯净水和家用净水器中一般都需使用粒状活性炭,吸附水中有机物,并对水进行脱氯处理。

3.臭氧活性炭联用技术

臭氧和活性炭联用可提高出水水质,消除臭味,与单一净化技术相比,联用技术可使出水水质明显提高。在应用臭氧和活性炭去除饮用水中有机物的过程中,发现活性炭滤料上有大量的微生物,出水水质很好并且活性炭再生周期明显延长,于是发展成为一种有效的给水深度处理方法,称为生物活性炭(BAC)法。在目前水源受到污染,水中氨氮、酚、农药以及其他有毒有害有机物经常超过标准,而水厂常规水处理工艺又不能将其去除的情况下,生物活性炭法将是饮用水深度处理的有效方法之一。

生物活性炭的特点是:①增加了水中的溶解氧,有利于好氧微生物的活动,促使活性炭部分再生,从而延长再生周期。②将溶解和胶体状有机物转化为较易生物降解的有机物,将某些分子量较高的腐殖质氧化为分子量较低、易生物降解的物质并成为炭床中微生物的养料来源。③臭氧如投加在滤池之前还可以防止藻类和浮游植物在滤池中生长繁殖。④完成生物硝化作用,将 NH_4^+ 转化为 NO_3^-。⑤将溶解有机物进行生物氧化,可去除 mg/L 级浓度的溶解有机碳(DOC)和三卤甲烷前体物(THMFP),以及 ng/L 到 μg/L 级的有机物。

(二)离子交换法

1. 离子交换法原理

离子交换剂具有离子交换能力,水处理中所使用的离子交换剂有离子交换树脂、磺化煤、钠沸石等,目前所用的主要为离子交换树脂。水的软化处理主要使用强酸性阳离子交换树脂,水的除盐处理主要使用强酸性阳离子交换树脂和强碱性阴离子交换树脂。

离子交换软化的基本原理是:用钠型强酸性阳离子交换树脂中的钠离子交换去除水中的 Ca^{2+}、Mg^{2+} 硬度,饱和的树脂再用 5%～8% 的食盐溶液再生。处理后,水中致硬离子 Ca^{2+}、Mg^{2+} 全部去除,替换成非致硬的 Na^+ 离子,但是处理后水的含盐量没有降低。

离子交换除盐的基本原理是:用 H 型强酸性阳离子交换树脂中的 H^+ 交换去除水中的所有金属阳离子,饱和的树脂用 3%～4% 的盐酸溶液再生。原水经过离子交换除盐处理后,水中的各种离子均被去除。

2. 离子交换法的应用

离子交换法是水软化除盐处理最常用的方法,具有处理程度高,出水水质好,技术成熟,设备简单,管理方便,价格适宜等特点,得到了广泛应用。

在工业给水处理中,离子交换法是水的软化除盐处理基本技术,在生活饮用水的处理中,离子交换技术主要用于以高硬度地下水为水源水的生活饮用水软化处理。离子交换法也可以用于高含盐量水源水的生活饮用水除盐处理。

(三)电吸附技术

1. 电吸附技术原理

电吸附技术(electrosorb technology,EST)是利用带电电极表面吸附水中离子或带电粒子的现象,使水中溶解性离子及其他带电物质在电极表面富集浓缩而达到水的净化。

原水从一端进入由阴阳电极形成的通道,从另一端流出;原水在阴阳电极之间流动时受到电场力的作用,水中带正/负电荷的离子或粒子会向阴/阳极迁移,被该电极吸附,储存于该电极表面形成的双电层中。随着离子或带电粒子在电极表面的富集和浓缩,水中的溶解性盐类、胶体颗粒及其他带电物质的浓度降低,达到水的除盐、软化、除氟等净化的目的。

当电极双电层达到饱和后,停止通电,然后将正负电极短接,使储存在双电层中的离子脱离电极,随水流排出,电极由此得以再生。

2. 电吸附技术的特点

(1)能耗低:在低电压直流电场作用下,消耗相当低的能量用于离子的迁移和双电层的吸附,可有针对性地去除水中某种特定的离子。

(2)技术集成度高:所有过程都是由程序自动控制的,可通过调节水流速度或电压,控制不同离子的吸附量,从而有效地用于水中过量离子的去除,同时保留水中其他有益健康的矿物元素,制备符合卫生标准的饮用水。

(3)电极上不发生明显的化学反应,用于电极再生的废水可被再次利用。

(4)电极材料寿命长达 10 年,耐腐蚀,可用酸清洗。

(四)反渗透技术

1. 反渗透技术原理

当纯水和盐水被理想半透膜隔开,理想半透膜只允许水通过而阻止盐通过,此时膜纯水侧的水会自发地通过半透膜流入盐水一侧,这种现象称渗透。与渗透相反,反渗透(reverse osmosis)是在浓溶液一边加上比自然渗透压更高的压力,扭转自然渗透方向,把浓溶液中的溶剂压到半透膜另一边的稀溶液中,这是和自然渗透相反的方向,故称反渗透。

反渗透的透过机理有以下几种:氢键理论、优先吸附—毛细孔流理论、溶解扩散理论等。目前一般认为溶解扩散理论较好地说明了膜透过现象,当然其他理论也能对反渗透膜的透过理论进行解释。

溶解扩散理论假定膜是无缺陷的“完整的膜”,溶剂与溶质透过膜的机理是由于溶剂与溶质在膜中的溶解,然后在化学位差的推动力下,从膜的一侧向另一侧扩散,直至透过膜。

2. 反渗透技术的应用

我国反渗透膜的应用始于 20 世纪 70 年代后期,90 年代起在饮用水处理方面获得普及,现在反渗透已进入到家庭饮用纯水。

国内反渗透膜应用最大的领域为大型锅炉补给水,各种工业纯水、饮用水的市场规模次之。今后有潜力的应用领域有发电厂冷却循环水的排污水处理、大型海水淡化、苦咸水淡化、大型市政及工业废水处理等。

(五)微滤膜技术

1. 微滤膜技术原理

微滤膜也称为微孔滤膜,属于筛型精滤介质,表面截留微粒、污染物,达到净化、分离、浓缩等目的。

(1)机械截留作用:膜具有截留比其孔径大,或者大小相当的微粒的筛分作用。

(2)物理作用或吸附截留作用:膜和被分离粒子之间存在电性能或吸附性能而形成的截留作用。

(3)架桥作用:因为架桥作用,致使比膜孔径小的微粒也能被截留下来。

(4)网络型膜的网络内部截留作用:这种截留将微粒截留在膜的内部,造成难于清洗的深层污染。

2. 微孔滤膜过滤器

常用的微孔滤膜可分为平板式与筒式。筒式滤膜又称为滤芯,分为缠绕滤芯、溶喷滤芯和折叠滤芯。

(1)平板式微孔滤膜过滤器:由于平板式微孔滤膜较薄,因此在过滤器中必须设置承受膜两侧压力差的支撑体,以保护膜在压力下不易破裂。过滤器应密封,以保证过滤过程中完全隔离不发生窜流。

(2)筒式微孔滤膜过滤器:筒式微孔滤膜强度较好,能承受一定的压力,缠绕滤芯与溶喷滤芯有一定的厚度,一般使用中不需要有支撑体。折叠滤芯由平板膜折叠而成,需要一定的保护。筒式微孔滤膜两端与过滤器接触点需要密封,以防过滤前后发生窜流。

(六)超滤技术

1. 超滤技术原理

超滤是一种膜分离技术,能够将溶液净化、分离或者浓缩。超滤是介于微滤和纳滤之间的一种膜过程,膜孔径范围为 $0.05~\mu m$(接近微滤)$\sim 1~nm$(接近纳滤)。超滤的典型应用是从溶液中分离大分子物质(如细菌)和胶体。

超滤过程可能同时存在三种情况:①溶质在膜表面及微孔壁上吸附;②粒径略小于膜孔的溶质在孔中停留,引起阻塞;③粒径大于膜孔的溶质被膜表面机械截留。

2. 超滤技术的应用

(1)作为反渗透或纳滤膜的预处理。

(2)饮用水处理,用于对水中浊度、微生物等颗粒的去除。

(3)挥发性有机物 VOCs 的膜吹脱去除,超滤能有效去除 $20\% \sim 50\%$ 的三卤甲烷前体物。

(七)纳滤技术

1. 纳滤技术原理

与超滤及反渗透等膜分离过程一样,纳滤也是以压力差为推动力的膜分离过程,是一个不可逆过程。其分离机理可以运用电荷模型(空间电荷模型和固定电荷模型)、细孔模型以及静电排斥和立体阻碍模型等来描述。与其他膜分离过程比较,纳滤的一个优点是能截留透过超滤膜的小相对分子质量有机物,又能透析反渗透膜所截留的部分无机盐,也就是浓缩与脱盐同步进行。

2. 纳滤技术的应用

(1)软化:膜软化水主要是利用纳滤膜对不同价态离子的选择透过特性而实现的。膜软化在去除硬度的同时,还可以去除其中的浊度、色度和有机物,其中出水水质明显优于其他软化工艺。

(2)去除水中有机物:在饮用水处理中,多用于脱色、去除天然有机物与合成有机物、三致物质、消毒副产物(三卤甲烷和卤乙酸)及其前体和挥发性有机物,保证饮用水的生物稳定性。

(3)去除挥发性有机物:地表水和地下水中的大多数挥发性有机卤化物(HOVs)是致癌物质,常规的 HOVs 去除工艺有如下缺点:形成毒副产物,污染物转移进入空气或固相中及原水中微污染浓度的变化等。而膜技术则避免了副产物的产生和污染物的转移,并使HOVs 的回用成为可能。

四、饮水净化效果的卫生学评价

《城市供水水质标准》(CJ/T 206-2005)规定了供水水质要求、水源水质要求、水质检验和监测、水质安全性规定。城市公共集中式供水企业、自建设施供水和二次供水单位,在其管理范围内的供水水质应达到标准要求,用户受水点的水质也应符合标准规定。

(一)水质监测

集中式供水单位必须建立水质检验室,配备与供水规模和水质检验要求相适应的检验人员和仪器设备,并负责检验水源水、净化构筑物出水、出厂水和管网水的水质。

水质监测采样点的设置应具有代表性,应分别在水源取水口、出厂水口和居民经常用水点处。

管网水的采样点数,一般按供水人口每两万人设一个点计算,供水人口在 20 万以下,100 万以上时,可酌量增减。在全部采样点中,应有一定的点数选在水质容易受污染的地点和管网系统陈旧部位等。每一采样点,每月采样检测应不少于两次,细菌学指标、浑浊度和肉眼可见物为必检项目。

对水源水、出厂水和部分有代表性的管网末梢水至少每半年进行一次常规检验项目的全分析。对于非常规检验项目,可根据当地水质情况和存在问题,在必要时具体确定检验项目和频率。

（二）水质检验项目和检验频率（表 13-2）

表 13-2　水质检验项目和检验频率

水样类别	检验项目	检验频率
水源水	浑浊度、色度、臭和味、肉眼可见物、CODMn、氨氮、细菌总数、总大肠菌群、耐热大肠菌群	每日不少于一次
	全部常规项目和非常规项目	每月不少于一次
出厂水	浑浊度、色度、臭和味、肉眼可见物、余氯、细菌总数、总大肠菌群、耐热大肠菌群、CODMn	每日不少于一次
	全部常规项目和非常规项目中可能含有的有害物质	每月不少于一次
	全部非常规项目	以地表水为水源:每半年检测一次;以地下水为水源:每一年检测一次
管网水	浑浊度、色度、臭和味、余氯、细菌总数、总大肠菌群、CODMn(管网末梢点)	每月不少于两次
末梢水	全部常规项目和非常规项目中可能含有的有害物质	每月不少于一次

注:①常规项目和非常规项目均指《生活饮用水标准》2006 中列出的项目。

②当检验结果超出水质指标限值时,应立即重复测定,并增加检测频率。

（三）水质评价指标

通过对水质性状的监测,包括常规检测项目和非常规监测项目,通常用合格率来表示水质的合格程度。

（1）出厂水检验合格率:浑浊度、色度、臭和味、肉眼可见物、余氯、细菌总数、总大肠菌群、耐热大肠菌群、CODMn 共 9 项的合格率。

（2）管网末梢水检验合格率:浑浊度、色度、臭和味、余氯、细菌总数、总大肠菌群、CODMn 共 7 项的合格率。

（3）综合合格率:常规检验项目的加权平均合格率。按加权平均进行统计:

$$综合合格率\% = \frac{管网水\ 7\ 项各单项合格率之和 + 42\ 项扣除\ 7\ 项后的综合合格率}{7+1} \times 100\%$$

$$管网水\ 7\ 项各单项合格率(\%) = \frac{单项检验合格次数}{单项检验总次数} \times 100\%$$

（刘　凡）

第三节　室内空气净化技术与评价

一、概述

为了改善和提高室内空气质量,创造健康、舒适的办公和生活环境,人们通常采用各种空气净化技术,去除室内空气污染物。

室内空气的净化方法,按作用原理可分为如下几种。①化学方法:氧化、还原、离子交换、光催化;②物理方法:通风、吸收、吸附;③生物方法:杀菌、生物氧化。目前常用的室内空气净化技术主要有过滤、吸附、静电捕集、负离子、光催化等。

室内空气污染来源广、种类多、危害大,因此减少或消除多种污染物就显得尤为重要。但是采用某一种室内空气污染控制技术,只能对空气中的某些污染物有一定的去除效果,还难以对室内空气中的多种污染物进行净化处理。

二、常用室内空气净化技术

(一)纤维过滤技术

1. 纤维过滤技术概述

纤维过滤技术(fibrous filtration technology)是一种常见的空气净化技术,即以纤维为过滤介质,采用过滤的原理进行空气净化。纤维过滤材料可以有效地拦截尘埃粒子,是目前最经济、最有效的对于小于 10 μm 颗粒物的净化方法之一。

为了达到良好的过滤效率,过滤介质中的纤维数量要尽可能多,而为了减少气流阻力,纤维要尽可能细,同时,作为过滤材料的纤维介质应安全,不易老化,成本低廉。目前广泛使用的材料有玻璃纤维、聚丙烯纤维、聚酯纤维、植物纤维等。

2. 过滤技术的原理

(1)过滤理论:空气过滤理论的研究开始于 20 世纪,其已由早期的经典过滤理论发展到现代过滤理论和微孔过滤理论。

早期的经典过滤理论主要以"单一纤维模型"为基础,认为过滤效率由三种机制决定:惯性效应、截流效应、扩散效应。整个颗粒的捕集依靠多种捕集机理的联合作用。

现代过滤理论认为,过滤效率是截留效应、布朗扩散效应、重力效应、沉淀效应与压力效应的集合。过滤可能存在的机理(作用)包括拦截、惯性碰撞、扩散、静电效应、库伦吸引—排斥、电泳力、重力。

（2）过滤理论研究现状：当前纤维过滤理论的研究主要集中在提高过滤效率和降低压力损失方面，对稳态过滤阶段研究较多，而对于非稳态过滤阶段研究较少。

过滤理论的研究目前尚不完善，不同结构过滤器的捕集效率和压力损失的理论计算，空气及多分散颗粒分布参数对捕集效率和压力损失的影响，过滤器的负荷特性对捕集效率及压力损失的影响，以及滤料的结构特性对捕集效率及压力损失的影响等问题，都有待解决。

3. 过滤技术在空气净化方面的应用

过滤技术除了在工业废气排放处理上得到广泛应用外，还被用于对室内空气中的颗粒物进行净化处理，同时对空气中的微生物亦有阻留作用。

一般地，可将过滤器分为三种类型：粗效过滤器，主要用于阻挡 10 μm 以上的沉降性微粒和各种异物；中效过滤器，主要用于阻挡 1～10 μm 的悬浮颗粒物；高效过滤器，主要用于过滤 1 μm 以下的亚微米级颗粒。

对于普通的集中空调系统而言，为去除空调送风中的微生物和可吸入颗粒物，可设置一级中效或高效过滤器即可满足要求。对于室内空气净化器，通常采用一级超高效过滤器与其他净化技术组合，而达到净化微小颗粒物的目的。对于医院洁净手术室、三级以上生物安全实验室和二级以上实验动物房，均需要设置三级过滤器即粗效、中效和高效（或超高效）过滤器，才能达到规定的环境要求。

（二）光催化氧化技术

1. 光催化氧化技术概述

光催化氧化技术（photo-catalysis-oxidation technique）是指光催化剂在紫外光的照射下，产生具有强氧化能力的空穴，其能量相当于 15 000 K 的高温，可以直接杀灭细菌和分解有机物。

与传统的净化技术相比，它具有五个主要特点。①广谱：能选择性地把空气或水中的多种有毒有机物分解，同时可以杀菌；②彻底：光催化技术解决了传统空气净化方法存在的二次污染问题；③安全：常温条件下就可反应，能耗小，理论上最终产物为 CO_2 和 H_2O；④高效：氧化能力强，可以在很短的时间内完成降解功能；⑤持久：催化剂很稳定，只起催化作用，本身不损失，理论上光催化剂可以长期发挥作用。

2. 光催化氧化技术原理

光催化氧化技术的基本原理：TiO_2 可以作为光催化反应的催化剂。当 TiO_2 受到波长小于或等于 387.5 nm 光照射时，价带上的电子会被激发，同时在价带上产生相应的空穴。光致电子和空穴一旦分离后，便可迁移到粒子表面的不同位置，当光致空穴被粒子表面吸附的水或羟基俘获时，便形成强氧化自由基。该自由基可以氧化有机物，达到净化空气的目的。

3. 光催化氧化技术在空气净化方面的应用

(1)光催化氧化技术的基本应用:光催化氧化技术作为一种的新的污染治理手段日益受到重视,由于光催化氧化过程可以在常温常压下进行,特别适用于人类生存空间的气体净化。该方法可以去除挥发性有机物、含氯有机物、芳香族有机物、含氧有机物、含氮有机物、含硫有机物等,也可以杀灭室内空气中的微生物。

(2)光催化氧化技术的应用前景:光催化用于水污染治理方面的研究已有 20 余年的历史,但是应用于气相污染物治理的研究刚刚起步。虽然从有关的研究结果看光催化氧化法处理气相污染物具有良好的应用前景,但是光催化氧化技术本身还存在一些局限性,如光源利用率低、催化效率较低等问题。

当前光催化技术处理气相污染物的研究方向为:通过光催化剂的改性,提高催化剂的光活性;利用普通光替代紫外灯作为激发光源;研究和开发有效的光催化剂 TiO_2 的载体和载带方法,避免催化剂利用率低的缺陷;研究开发高效多功能集成式实用光反应器,并定量研究各种因素对光催化反应速率的影响,优化光催化反应体系。

(3)光催化氧化反应技术的实际应用:光催化技术应用在室内空气净化方面目前主要有两类产品,一类是具有光催化功能的室内装修材料,另一类是具有光催化功能的室内空气净化产品。

将 TiO_2 等光催化剂复合到传统的装修材料(如墙砖、壁纸、家具贴面、墙壁涂料等)中,便得到具有光催化功能的新型装修材料。当室内空气中的挥发性有机物在气体对流和浓度扩散作用下与这些装修材料表面接触时,发生氧化从而达到净化目的。

将 TiO_2 光催化剂有效地载带到活性炭、陶瓷、沸石等比表面积大的载体上,制成滤芯安装在空调器、暖风机、空气净化器上,便形成了具有光催化功能的新型室内空气净化产品。利用这些产品原有的风机,可强制室内空气循环,增加了空气中有机物与光催化剂的接触概率和接触时间,进一步提高了净化效率。

(三)静电捕集技术

1. 静电捕集技术概述

静电捕集技术(electrostatic collection technology)是利用高压放电使气体电离,颗粒荷电后向捕集极板移动而从气流中分离出来,从而达到净化空气的目的。

目前,静电技术广泛用于室内颗粒物等的净化。静电技术有以下特点:①装置阻力低;②可处理的空气量大;③可净化的粒子粒径范围较宽;④容易产生臭氧(O_3)。

2. 静电捕集技术的原理

含有颗粒(粉尘、微生物)的气体在高压电场中通过时,由于阳极发生电晕放电(正电晕放电)使气体被电离,产生大量的正离子和电子。此时带正电(携带正离子)的颗粒,在电场力的作用下向阴极板(捕集板)运动,到达阴极后放出所带的正离子,尘粒则沉积于阴极板上,排出净化的气体。

静电捕集颗粒须具备两个条件:一是存在使这些粒子荷电的电场,通常采用电晕放电的方式;二是存在使荷电粒子分离的电场。一般的静电技术采用荷电电场和分离电场合一的方法。

静电技术存在两种不同的荷电机理。一种是离子在静电力作用下做定向运动,与粒子碰撞使其荷电,称为电场荷电;另一种是离子的扩散现象导致粒子荷电,称为扩散荷电。直径大于 $0.5~\mu m$ 的颗粒以电场荷电为主,直径小于 $0.2~\mu m$ 的尘粒以扩散荷电为主,直径介于两者之间的颗粒则兼而有之。

3. 静电捕集技术在室内空气净化方面的应用

静电捕集技术主要用于室内空气中颗粒物和微生物的净化,常见的产品是安装了静电捕集装置的室内空气净化器。

静电捕集装置中使粒子荷电的方式有正电晕放电和负电晕放电两种,室内空气净化器多采用正电晕放电,与负电晕相比,正电晕由于容易从电晕放电过渡到火化放电,所以只能施加较低的荷电电压,但正电晕放电产生的臭氧少,污染小。

静电捕集装置在工作时是将空气中的粉尘和微生物收集在阴极上,随着这些污染物沉积量的增加,静电装置的荷电电场和分离电场的场强均会降低,从而影响静电装置的净化效率。因此静电捕集装置需要经常清洗,保持清洁。

(四)生物过滤法

1. 生物过滤法概述

生物过滤法(biofiltration)利用微生物降解或转化空气中的挥发性有机物质以及硫化氢、氨等恶臭物质。生物过滤技术具有工艺设备简单、能耗小、处理费用低、效果好等优点。

生物过滤法是一项主要用于废气污染的控制技术,可利用此项技术处理低浓度、高流量的挥发性有机物和臭气,而在生活和办公等室内空气污染控制中应用较少。

2. 生物过滤法的原理

(1)生物过滤法基本原理:过滤器中的多孔填料表面覆盖着生物膜,废气流经填料床时,通过扩散作用,污染物被传递到生物膜,与膜内的微生物相互接触而发生生物化学反应。在较好的操作条件下,污染物能被较完全地降解为 CO_2 和 H_2O,在处理 H_2S、还原态的硫化氢或卤代烃时,还可分别生成无害的硫酸盐或氯化物。

(2)生物脱臭原理:生物脱臭技术是利用固定在载体上的微生物,分解 H_2S、NH_3、有机溶剂等有害、发臭气体,使之成为无害、无味气体,从而达到除臭的目的。

在水、微生物和氧存在的条件下,利用微生物的代谢作用氧化分解发臭物质,以达到净化气体的目的。生物脱臭大致可分为三个过程:①发臭物质被载体(固定有微生物)吸附的过程;②发臭物质向微生物表面扩散、被微生物吸附的过程;③利用微生物的代谢作用,将发臭物质氧化分解成无臭味物质的过程。

3. 生物过滤法在空气净化方面的应用

生物过滤法是研究较早而技术相对比较成熟的一种大气污染控制技术。生物滤器和生物滴滤器能够处理的化合物有丙酮、丁酮、丁醇、甲醇、异丙醇、乙醚、甲苯、苯、乙苯、二甲苯、苯乙烯、甲基叔丁基醚、乙酸乙酯、次甲基氯、乙烷、戊烷、天然气、飞机尾气、硫化氢、二硫化氢、硫醇、氨气和各种来源的有机废气。

(五)臭氧法

1. 臭氧法概述

臭氧由于其强氧化性,被广泛用于对空气的消毒。臭氧是一种广谱杀菌剂,可杀灭细菌繁殖体和芽孢、病毒、真菌等。臭氧灭菌具有广谱性、高效性、洁净性、方便性、经济性等特点。臭氧还有很强的除臭能力,空气中的烟味、腥味、臭味等异味,使用臭氧都可以除掉。

2. 臭氧法原理

(1)臭氧消毒原理:臭氧的灭菌机理属于生物化学氧化反应。臭氧极不稳定,分解时释放出自由基态氧,自由基态氧有强氧化能力,可以穿透细胞壁,氧化分解细菌内部氧化葡萄糖所必需的葡萄糖氧化酶,也可以直接与细菌、病毒发生作用,破坏其细胞器和核酸,分解DNA、RNA、蛋白质、脂质类和多糖等大分子聚合物,使细菌的物质代谢及生长和繁殖过程遭到破坏,还可以渗透细胞膜组织,侵入细胞膜内作用于外膜脂蛋白和内部的脂多糖,促进细胞的溶解死亡,并且将死亡菌体内的遗传基因、寄生菌种、寄生病毒粒子、噬菌体、支原体及热源(细菌病毒等代谢产物、内毒素)等溶解变性灭亡。

(2)臭氧的发生技术

①光化学法(紫外线法):利用光波中波长小于 200 nm 的紫外线,使空气中的氧气分解并聚合生成臭氧。该方法产生的臭氧纯度高,对湿度、温度不敏感,但是产量低。

②电化学法(电解法):利用直流电源电解含氧电解质产生臭氧气体。电解法产生的臭氧浓度高,成分纯净。

③电晕放电法:利用交变高压电场,使含氧气体产生电晕放电,电晕中的自由高能电子离解氧分子经碰撞反应又聚合成臭氧,这种方法只能得到含臭氧的混合气体,而不能得到纯的臭氧。

3. 臭氧法在空气净化方面的应用

(1)杀菌消毒:臭氧是广谱、高效、快速杀菌剂,可迅速杀灭各种致病菌、病毒等。臭氧比氯气、漂白粉、高锰酸钾的杀菌速度快,杀菌效果与过氧乙酸相当,当其浓度超过一定阈值后,消毒杀菌可以在很短时间内完成。

与其他化学消毒剂一样,臭氧同样会对人体健康造成危害。尽管臭氧很不稳定,可以很快分解,但是在使用臭氧对室内空气杀菌消毒时,也必须在室内没有人员的情况下进行。

(2)除臭及除异味:自然界引起臭味与腐败味的主要成分是氨、硫化氢、甲硫醇、二甲硫化物、二甲二硫化物等,臭氧可以与它们发生化学反应将其氧化分解为无毒、无臭的物质,从而达到除臭的效果。

(六)其他空气净化方法

1. Fenton 法

Fenton 试剂是 Fe^{2+} 和 H_2O_2 的组合,该试剂作为强氧化剂的应用已具有一百多年的历史,在精细化工、医药化工、医药卫生、环境污染治理等方面得到了广泛的应用。

2. 空气负离子

空气负离子能降低空气污染物浓度,起到净化空气的作用。其原理是借助凝结和吸附作用,它能附着在固相或液相污染物微粒上,从而形成大离子并沉降下来。

在污染物浓度高的环境里,若清除污染物所损失的负离子得不到及时补偿,则会出现正负离子浓度不平衡状态,存在高浓度的空气正离子现象,会使人产生不适感。自然界中空气负离子的浓度水平也反映了空气质量的优劣,空气负离子浓度越高,空气污染就越低,空气质量就越好。

负离子发生器是一种人工产生空气负离子的装置,当空气通过这一装置时被电离产生大量的负离子,并将这些负离子释放到室内空间中。高浓度的负离子同空气中的灰尘和病菌悬浮颗粒物相碰撞使其带负电,这些带负电的颗粒物会吸引其周围带正电的颗粒物(包括空气中的细菌、病毒、孢子等),从而积聚增大并沉积下来,起到净化空气的作用。

三、室内空气净化技术的卫生学评价

我国室内空气污染的特征表现为在城市居室主要为室内装饰装修所产生的甲醛、苯和氡的污染,在农村家庭主要为燃料燃烧产生的可吸入颗粒物、二氧化硫和一氧化碳的污染,在公共场所主要为集中空调系统引起的军团菌、真菌等生物性污染。采用室内空气净化技术就是要降低室内空气中生物性、化学性和放射性污染物的浓度水平,使公众生活和工作的环境达到相应标准和规范即《室内空气质量标准》、《公共场所集中空调通风系统卫生规范》的要求。

(一)空气净化装置概述

(1)室内空气净化器(indoor air cleaner):室内空气净化器主要是指在家庭、办公室和公共场所等环境使用的分离或去除空气中一种或多种污染物,内设送风机的额定电压为 220 V,额定频率为 50 Hz 的空气净化装置。

(2)集中空调净化消毒装置:安装在集中空调的空气循环系统中如风管、风机箱、送风口、回风口等处,对空调系统中循环的空气首先具有微生物去除功能,还可兼有去除颗粒物和挥发性有机物功能的装置。

(二)卫生安全性评价指标

无论是室内空气净化器还是集中空调净化消毒装置,在对其进行评价时均要包括卫生安全性和净化效果两个主要方面。

对于净化器和净化装置卫生安全性的原则要求是装置本身不得向环境释放有毒有害物质,具体到某一个装置可能会有哪些卫生安全问题与这个装置采用的净化技术种类有关。不同的净化技术可能产生的有害物质种类也不同,如静电和负离子技术其装置本身可能会产生臭氧,催化氧化技术可能会产生挥发性有机物,活性炭和纳米材料可能会产生可吸入颗粒物,紫外灯消毒杀菌可能会有紫外线泄露等。另外空气净化器带有风机,工作时会产生机械噪声和空气动力噪声,能够对人的生活及健康状况产生影响,因此噪声亦属于卫生安全性指标。

目前有关卫生标准和规范中规定的净化器和净化装置的卫生安全性指标为臭氧(O_3)、总挥发性有机物(TVOC)、可吸入颗粒物(PM10)、紫外线和噪声五项。室内空气净化器的设备噪声限值一般为 A 计权声功率级噪声不大于 55 dB。

(三)净化效果评价指标

1. 室内空气净化器

(1)风量:额定风量指空气净化器在额定频率和额定电压条件下运行时的处理风量,处理风量值应为额定风量的±10%。

(2)洁净空气量:洁净空气量(Clean Air Delivery Rate,CADR)是表示空气净化器性能的指标。按下式计算:

$$CADR = V(K_e - K_n)$$

式中,CADR:洁净空气量,m^3/min;

  V:实验室容积,m^3;

  K_e:总衰减常数,min^{-1};

  K_n:自然衰减常数,min^{-1}。

(3)净化效率:净化效率是表示空气净化器在额定风量下去除空气污染物能力的高低,这是一项衡量室内空气净化器质量的主要性能指标。用下式计算:

$$\gamma = \frac{CADR}{Q}$$

式中,γ:净化效率,%;

  CADR:洁净空气量,m^3/min;

Q:额定风量,$m^3/\min$。

空气净化器对可去除的空气污染物的净化效率应≥50%。

(4)寿命:空气净化器的使用寿命不应小于 8 500 h。该数值是根据空气净化器每天连续工作 24 h,累计运转一年(365 d)计算得出的。

2. 集中空调净化消毒装置

(1)阻力:空调净化消毒装置安装在集中空调的空气循环系统中,在空调系统正常运行情况下,净化消毒装置的阻力不应对空调系统风量造成明显影响,因此装置的阻力应≤50 Pa。在相应的风速或风量条件下,分别测定净化消毒装置前后空气的全压或静压,按下式可以得出装置的阻力。

$$\Delta p = p_{ti} - p_{to} - \sum \Delta h$$

式中,Δp:净化消毒装置阻力,Pa;

　　　　p_{ti}:净化消毒装置前断面空气平均全压,Pa;

　　　　p_{to}:净化消毒装置后断面空气平均全压,Pa;

　　　　$\sum \Delta h$:装置前测定断面到装置入口及装置出口到后测定断面的管道阻力之和,Pa。

(2)去除效率:去除效率是净化消毒装置去除空调送风中微生物、颗粒物和气态污染物能力的主要指标,由净化装置入口、出口空气污染物浓度之差与入口空气污染物浓度比值的百分数表示。净化消毒装置的去除效率应≥50%,如果装置对于微生物的去除效率达到了90%以上,则认为该装置具有空气消毒功能。

以净化消毒装置在集中空调系统中使用时通过的风速为实验条件,分别测定装置前后管道空气中 PM10 颗粒物或其他污染物的浓度,按下式得出装置的去除效率。

$$\eta = \frac{C_1 - C_2}{C_1} \times 100\%$$

式中,η:污染物去除效率,%;

　　　　C_1:装置入口处污染物浓度;

　　　　C_2:装置出口处污染物浓度。

(3)连续运行效果:连续运行效果是净化消毒装置寿命(如过滤式等不可再生)或使用周期(如吸附、静电等需要清洗或再生周期)的评价指标,采用在高浓度污染物条件下装置连续运行 24 h,运行前后去除效率下降的百分数表示。

$$\frac{\eta_i - \eta_t}{\eta_i} \times 100\%$$

式中,η_i:连续运行前装置的污染物初始去除效率,%;

　　　　η_t:连续运行 24 h 后装置的污染物去除效率,%。

(四)评价方法

室内空气净化器的评价在 30 m^3 空气实验舱中进行,空调系统净化消毒装置的评价在空气动力学实验台上进行。室内空气净化器和空调系统净化消毒装置通过了全部指标的检验,即卫生学评价合格。

(刘 凡)

第四节 职业有害因素卫生工程控制技术与效果评价

一、粉尘的控制

(一)通风除尘概述

1. 作业场所通风

作业场所通风是指利用专门的技术手段,合理地组织气流,控制或完全消除作业过程中产生的粉尘、有害气体、高温和余湿,向车间送入新鲜的或经专门处理的洁净空气,为劳动者创造适宜的劳动环境和劳动条件,达到保护劳动者身心健康的目的。

作业场所通风除尘的目的就在于防止粉尘污染以及一些有毒、刺激性气体对车间内空气以及对室外大气的污染。因此,一方面需要捕集生产设备产生的粉尘(连同运载粉尘的气体),阻止其散发到室内,污染室内空气;另一方面需要净化含尘气体,使其中的粉尘符合排放标准值以后排入大气,防止其污染厂区及居住区的大气。

工业通风是控制作业场所粉尘和有害气体污染、改善作业场所内微小气候的重要卫生技术措施之一。

2. 通风除尘系统的组成

通风除尘系统主要由吸尘罩、风道、除尘器和风机组成。

①吸尘罩:通过抽风,控制并隔离尘源,不使粉尘外溢。

②风道:输送含尘气体。

③除尘器:是从含尘气流中把粉尘分离出来并加以收集的设备。

④风机:使含尘空气从吸尘罩流经风道、除尘器并排入大气所需要的设备。

(二)通风除尘的分类

1. 按通风系统的工作动力分类

(1)自然通风:自然通风(natural ventilation)是以风压和热压作用使空气流动而成的一种通风方式,即依靠室外风力造成的风压与室内外空气的温差而形成的热压。这种通风完全依靠自然形成的动力来实现生产车间内外空气的交换,特别是当生产车间有害气体、粉尘浓度相对较低或者温、湿度较高时,可以得到既经济又有效的通风。

(2)机械通风:机械通风(mechanical ventilation)是利用通风机产生的压力,克服沿程流体阻力,使气流沿风道的主、支网管流动,从而使新鲜空气进入劳动场所,污浊空气从劳动场所排出。

利用机械通风可将室外新鲜空气按生产车间工艺布置特点分送到各个特定的地点,并可按需分配空气量,对排出车间的废气可进行粉尘或有害气体的净化、回收,减少对大气环境的污染。

2. 按生产车间实施的换气原则分类

(1)全面通风:全面通风(general ventilation)是用新鲜空气来稀释或全部替换车间内污浊空气,从而使车间内工作地点空气中有害物质的含量不超过卫生标准规定的最高容许浓度。如果车间内有害物质的扩散不能控制在一定范围内,或是有害物质散发的位置不固定时,要采用全面通风。

(2)局部通风:局部通风(local ventilation)是在作业场所局部地区建立良好的空气环境,或是从发生源处收集有害物质,以防其沿整个车间扩散的通风系统。在劳动环境中,局部通风比全面通风的投资小、效果好。

(3)混合通风:局部通风常与全面通风同时使用,称为混合通风。

(三)常用除尘设备

1. 除尘器概述

从含尘气体中利用各种物理方式分离、去除和捕集固态或液态微粒,然后加以收集(回收)的设备称除尘器(dust separator)。

除尘器的种类很多,根据除尘器的除尘机制不同可分为重力、惯性、离心、过滤、洗涤、静电六大类;根据气体净化程度的不同可分为粗净化、中净化、细净化和超净化四类。目前常用的除尘器分类是机械式除尘器、湿式除尘器、过滤式除尘器和静电除尘器。

2. 重力及离心力除尘器

(1)重力沉降室:使含尘气体中的尘粒借助重力作用自然沉降而将其分离捕集的一种除尘装置。其构造简单,造价低,施工容易,管理方便。

重力沉降室的性能特点为含尘气流水平速度越小,越能捕集微细颗粒,沉降室高度越小,长度越大,除尘效率越高。

(2)旋风除尘器:迫使含尘空气作旋转运动,借助离心力把尘粒从气体中分离出来。其结构简单,设备费低,维护管理容易,既可作为独立的除尘设备,又可作为其他除尘设备的前处理除尘器。

3. 过滤式除尘器

(1)简易袋式除尘器:使含尘气体通过纤维过滤,将尘粒分离捕集下来。含尘气体通过滤料时,黏附在其表面的尘粒层逐渐形成一个过滤层,使滤料变得密致,提高捕集微细尘粒的能力,当尘粒的黏附达到一定量时,必须进行清灰,否则阻力过大,阻止空气通过。

(2)脉冲袋式除尘器:一种带有脉冲吹气清灰装置的袋式除尘器,它依靠周期性地向过滤袋急骤喷吹压缩空气以清除过滤袋上的积灰。具有处理能力大,阻力低,除尘效率高等优点。

4. 洗涤除尘器

冲击式水浴除尘器是用液滴、液膜、气泡等洗涤含尘气体,使尘粒黏附并相互凝聚,而将尘粒分离。其除尘机理是主要靠尘粒撞击到水滴而黏附其上,微细的颗粒有扩散作用,易与水滴接触,含尘气体增湿,尘粒相互凝聚。另外,尘粒接触液膜和气泡也会黏附其上。因此,冲击式水浴除尘器中形成大量的液滴、液膜、气泡,与含尘气体充分接触,能提高气液分离效能,从而获得较高的除尘效率。

5. 静电除尘器

利用高电压下的气体电离和电场力作用,使尘粒荷电后从含尘气体中分离出来。

二、有害气体的控制

(一)通风

排除有毒有害气体可采用全面通风及局部排风方式进行。

1. 全面通风的气流组织

全面通风效果的好坏,在很大程度上取决于车间内气流组织是否合理。车间内的气流组织依赖设置在一定位置上的送风和排风口来实现。按全面通风的原则,车间内送风口应设在有害浓度较小的区域,排风口则应尽量布置在有害物产生源附近或有害物浓度最高区,以便最大限度地把有害物从车间内排除。

全面通风有三种送排风形式:

(1)下送上排:从车间下部的送风口送入新鲜空气,直接在操作地区散开,然后流向车间上部,经排风口排出。这种气流组织方式多用于散发有害气体或余热的车间,新鲜空气可依最短的线路迅速到达工作地点,途中受污染的机会较小,大部分在车间下部工作地点作业的工人直接接触空气。

(2)上送下排:新鲜空气从车间上部的送风口送入,通过工作地点,从车间下部的排风口排出,气流路线较为通畅且以纵向运动为主,涡流区较少。这种气流方式可用于无热源存在的车间。

(3)上送上排:送风口布置在车间上部,自上而下送风,气流通过工作地点后再返至上部,经排风口排出。采用这种方式时,由于送出的新鲜空气先经过车间上部然后才到达工作地点,可能在途中受到污染,且因气流的路线不很通顺,往往有较多涡流,所以使用较少,只有在车间下部不便布置排风口时才采用。

2．局部通风的气流组织

与全面通风比较,局部通风的气流组织比较简单,主要靠吸气罩(排风罩)实现。吸气罩有以下几种形式:

(1)密闭吸气罩:将设备局部或全部地密闭起来再吸风,依靠在罩内造成一定的负压,保证在一些操作孔、观察孔或缝隙处自外向里进气而有害物不外溢。

(2)侧吸罩:有害物质发生源位于罩外一定距离处,依靠吸气罩的作用在罩口之外一定距离范围内造成足够的吸引风速,使有害物定向进入罩内。

(3)接受式吸气罩:其罩口应迎着有害物的散发方向,并尽量靠近污染源,同时要防止车间内横向气流的干扰,必要时安装挡板。

(4)下部吸气罩:其罩口位于污染源的下方,在某些场合采用下部吸气罩具有一些优点,如不占据空间,不妨碍操作,工人体位舒适等,但其缺点是需要设地下风道。

(二)有害气体源控制

1．排毒柜

排毒柜是用于控制有害气体的一种局部排气装置,它属于密闭罩,把有害气体发生源完全置于柜内,柜上设有开闭自如的操作孔和观察孔。为防止在操作过程中从柜内逸出有害气体,柜内需抽风造成负压。这类排毒柜密闭程度好,用较小的抽风量即可控制有害气体不从柜内逸出。

2．伞形排气罩

伞形排气罩也是应用十分广泛的一种局部排气罩,通常安装在有害物发生源的上方,罩面与发生源之间的距离视有害物的特性和工艺操作条件而定,当发生源只产生有害物而发热量不大时(一般指有害气体的温度不高于周围空气的温度),伞形排气罩在发生源处形成一定的上升风速,将有害气体吸入罩内;当散发源散发害物且散热量较大时,伞形排气罩将热致诱导气流量全部排走。

3．槽边吸气罩

槽边吸气罩是专门用于各类工业池槽上(如酸洗槽、电镀槽、盐浴炉池、油垢清洗池等)的一种局部排风装置。它利用安装在工业池槽边缘的一侧、两侧或整个周边的条缝吸气口,在槽面上造成一定的横向气流,将槽内散发的有害气体或蒸气吸收。

(三)有害气体的净化技术

为了防止大气污染,保护环境,用通风排气的方法从车间内排出的各种有害气体需采取适当的净化处理措施。对于一些经济价值较大的物质,应尽量回收,综合利用。有害气体的净化方法有燃烧法、冷凝法、吸收法和吸附法。

1. 吸收法

气体吸收的基本原理是利用气体混合物中各组分在某种液体吸收剂中的溶解度不同，将其中溶解度最大的组分分离出来。对于通风排气而言，就是将有害气体或蒸气和空气的混合物与适当的液体接触，使有害气体或蒸气溶解于液体中，达到废气净化目的。

吸收过程分为物理吸收和化学吸收。物理吸收一般并不伴有明显的化学反应，可以当作单纯的物理溶解过程；化学吸收过程伴有明显的化学反应。

2. 固体吸附法

吸附是用多孔性的固体物质处理气体混合物，使其中所含的有害气体或蒸气被吸附于固体表面上，以达到净化的目的。符合有害气体净化所需要的吸附剂均有多孔结构，且在每单位质量固体物质上均具有巨大的内表面，而其外表面往往只占总表面积的极小部分。

3. 冷凝法

冷凝法适用于净化、回收蒸气状态的有害物质，利用物质在不同的温度下具有不同的饱和蒸气压这一性质，冷却气体，使处于蒸气状态的有害物质冷凝成液体，从废气中分离出来。冷凝回收常用作为吸收、吸附、燃烧法的预处理，预先回收某些可以利用的纯物质和减轻这些方法的负荷。

4. 燃烧法

燃烧法是利用废气中某些有害物质可以氧化燃烧的特性，将它燃烧变成无害物质。燃烧净化只能处理那些可燃的，或在高温下能分解的有害气体。因此，燃烧净化不能回收废气中含有的物质，只是把有害物质烧掉，或从中回收燃烧氧化后的产物。

燃烧净化法主要用于含有机溶剂及碳氢化合物的废气处理，这些物质在燃烧过程中被氧化成二氧化碳和水蒸气。

三、高温的控制

(一)高温控制

(1)改进工艺，尽可能地采用机械化和自动化措施，以避免和减少人与热源的接触。

(2)移走热源和合理地布置热源，以减少散入车间的热量或将热量尽快排出。①尽快将热源移至车间外；②尽量布置在车间外；③尽量布置在天窗下面；④采用对流为主的自然通风时，尽量布置在夏季主导风向的下风侧。

(3)采用隔热措施。①建筑隔热：外窗遮阳，屋顶隔热，屋顶喷水；②设备隔热：热绝缘、热屏挡。

(4)自然通风。

(5)局部机械送风。

(6)个体防护,根据需要提供给作业人员手套、鞋、鞋罩、护腿、围裙、隔热面罩和防护服等。

(二)隔热措施

隔热的作用在于隔断热源的辐射作用,同时还能相应减少对流散热,将热源的热作用限制在某种范围内。隔热的优点不仅因为它所隔离的热量比较大,而且因为它所隔离的是辐射形式的热,对减轻人体的热负担有很大意义。

1. 建筑物隔热

①外窗遮阳:利用不锈钢材料遮挡太阳光线,使阳光不能直接射入车间内。

②屋顶隔热:屋顶采取必要的隔热措施后,能较大幅度的减少太阳辐射强度,并能降低屋顶内表面温度,从而减少屋顶对人体的热辐射。目前,常采用的方式有通风屋顶和通风屋顶下加保温层。

③屋顶淋水:在炎热地区,对轻型结构有坡屋面的建筑,可采用屋顶淋水隔热降温措施。水在蒸发时要吸收大量的蒸发潜热,而这部分热量是从屋顶所吸收的太阳辐射热中取得的,从而降低屋顶的太阳辐射热量,也使屋顶内表面温度有所降低。

2. 设备隔热

高温车间对热设备采取隔热措施,可以减少散入车间工作地点的热量,防止热辐射对人体的危害。高温车间采用的设备隔热方法很多,一般可分为热绝缘和热屏障两类。

①热绝缘:是在发热体外包一层导热性能差的材料后,由于热阻的增加,发热体向外散发的热量就会减少。

②热屏蔽:主要用来把工作地点和发热体两者隔开来,热屏蔽在高温作业中应用广泛。

(三)通风降温

为了降低车间内空气温度,必须在采取各种隔热措施的同时,对整个车间内进行全面换气,即设法把车间内被加热的空气排出去,而把车间外的冷空气换进来。实现全面换气的方法一般有自然通风和机械通风两种。

四、噪声的控制

(一)噪声控制原理

1. 噪声控制方法

声学系统一般是由声源、传播途径和接受器三个环节组成,根据上述三个环节,分别采取控制噪声的措施。

①控制噪声源。这是根本措施,包括降低激发力,减小系统各环节对激发力的影响以及改变操作程序或改造工艺过程等。

②控制噪声传播途径。这是噪声控制中的普遍技术,包括隔声、吸声、消声、隔振、阻抗失配等措施。

③接受器上加载保护措施隔离噪声。对于人,可佩戴耳塞、耳套、有源消声头盔等;对于精密仪器,可将其安置在隔声间内或隔振台上。

2. 机械噪声控制

①机械噪声源:机械部件的往复运动或转动时的不平衡,都将导致周期性的作用力,从而引起机器的振动或撞击而引起的声音为机械噪声。

②机械噪声源的控制方法:控制机械噪声最根本的办法是消除或减小引起振动的激励力;使激励力的频率不要接近机器的共振频率,以免激发起大幅度的振动;调整或降低机械部件对外激发产生的响应,降低声辐射;采用具有较高内耗系数的材料制作机械设备中噪声较大的零部件,或在振动部件的表面上附加外阻尼,降低其声辐射效率。

避免运动部件的冲击和碰撞,降低撞击部件之间的撞击力和速度,延长撞击部件之间的撞击时间。

另外,在固定零部件接触面上,可增加特性阻抗不同的黏弹性材料,减少固体声传递;在振动较大的零部件下安装减震器,以隔离振动,减少噪声的传递。还有,提高运动部件的加工精度和光洁度,选择合理的公差配合,控制运动部件之间的间隙大小,降低运动部件的振动振幅,采取足够的润滑油减少摩擦力,对于降低机械噪声也是有效的方法。

3. 气流噪声控制

①气流噪声源:单极子:媒质中流入的质量或热量不均匀时形成单极子声源,或称作简单声源。偶极子:由两源强相同,相距 $l(l \ll \lambda)$,相位差 180°的单极子组成。

②气流噪声控制方法:选择合适的空气动力机械设计参数,减少气流脉动,减小周期性激发力;降低气流速度,减小气流压力突变,以降低湍流噪声;降低高压气体排放压力和流速;安装合适的消声器。

(二)噪声控制技术

1. 吸声技术

吸声指声波通过媒质或入射到媒质分界面上时声能减少的过程,通过材料(结构)的黏滞性和热传导效应实现声能的转换。

其原理是:声波在媒质中传播,引起的质点振动速度各处不同,存在速度梯度,使相邻质点间产生相互作用的摩擦力和黏滞阻力,阻碍质点运动,通过摩擦力和黏滞阻力做功将声能转化为热能,同时,由于声波传播时媒质质点疏密程度各处不同,因而媒质温度各处不同,存在温度梯度,从而使相邻质点间产生了热量传递,使声能不断转化为热能耗散掉,这就是吸声材料或吸声结构的主要吸声机理。

采用吸声材料装饰内表面,如墙壁或屋顶,或在工作场所内悬挂吸声体吸收辐射和反射的声能,可以使噪声强度减低。

2. 隔声技术

隔声指利用屏障将声源与接收者分开的措施。在声学处理中,常利用墙板、门窗、罩体等把各种噪声源与接收者分隔开,使接收者一边的噪声能够降低,这种使噪声在传播到接收者的途径中,受到人为设置的构件的阻碍,而得到降低的过程,称为隔声。

利用一定的材料和装置,将声源或需要安静的场所封闭在一个较小的空间中,使其与周围环境隔绝起来,即隔声,如隔声室、隔声罩。

3. 消声技术

消声是指即允许气流顺利通过,又能有效阻止或减弱声能向外传播的装置。

其原理是:利用腔与管的适当组合,一方面可以利用管道截面突变使沿管道传播的声波向声源方向反射回去,从而使声能反射回原处;另一方面是利用几个界面的反射,使原来第一个向前传播的声波又回到原点,并再次折回向前传播,该点与尚未被反射的第二个向前传播的声波汇合,而且两者在振幅上相等,在相位上相差 180 度的奇数倍,从而相互干涉而抵消。

消声是降低动力性噪声的主要措施,用于风道和排气管,常用的有阻性消声器和抗性消声器,二者联合使用效果更好。

五、职业有害因素控制技术的效果评价

职业有害因素工程控制措施的效果评价应该从以下两个方面进行:一是采用了控制措施后作业场所空气中化学性有害物质和物理性有害因素是否达到有关职业卫生标准限值的要求,二是采用了控制措施后职业人群体内生物效应剂量是否降低。

(一)效果评价标准

根据《建设项目职业病危害评价规范》,卫生工程防护设施的控制效果评价依据为:每个评价测试点职业有害因素的检测浓度/强度均值全部符合相应职业卫生标准的要求,该控制装置的效果评价为合格。

检测浓度/强度均值的计算方法为:粉尘浓度均值取各检测数据的几何平均值;毒物浓度均值当各检测数据为正态分布时取算术平均值,当各检测数据为偏态分布时取几何平均值;噪声取等效 A 声级。

(二)评价检测点的设置原则

(1)检测点应设在有代表性的劳动者接触有害物质的地点。

(2)空气中有毒有害物质浓度高、劳动者接触时间长的作业点应作为重点检测点。

(3)检测仪器、采样器等的设置高度应有代表性,如粉尘、毒物的检测仪器高度应在劳动者呼吸带处,噪声检测仪器应在劳动者耳朵位置等。

(三)控制效果的检测评价

(1)化学性有害物质的检测评价:化学性有害物质的检测评价反映了工程控制措施对于化学性有害物质的控制效果。

作业场所空气中的化学物质,大多来源于生产过程中逸出的废气和烟尘,一般以气体、蒸气、雾、烟、尘等不同形态存在,有时则以多种形态同时存在于空气中。因此应根据不同化学物质在空气中的不同存在形态,选用不同的采样方法和采样仪器,对作业场所空气中的化学性有害物质浓度进行检测检验,以评价工程控制措施的效果。

(2)物理性有害因素的检测评价:物理性有害因素的检测评价反映了工程控制措施对于物理性有害因素的控制效果。

物理性有害因素的特征不同于化学性有害因素。必须应用专门的仪器,根据有害因素特点,对采用了相应工程控制措施后的车间或工作环境中物理性有害因素的强度进行测量,评价其效果。

(3)人体内生物效应剂量的检验评价:通过生物监测的手段,得到人体接触有害物质程度及可能的潜在健康影响水平的变化,来评价工程措施的控制效果。

生物监测(biological monitoring)指定期、系统和连续地检测人体生物材料中毒物和/或代谢产物含量或由其所致的生物易感或效应水平,并与参比值进行比较。

能够作为生物监测的指标,称为生物标志物(biomarker),它是机体与环境因子(物理、化学或生物学)相互作用所引起的任何可测定的改变,包括环境因子在机体内的变化,以及机体在整体、器官、细胞、亚细胞和分子水平上各种生理、生化改变,这些改变必须有明确的生物学意义。

生物监测的目的是了解毒物进入机体的相对量及其生物效应剂量,是职业性有害因素评价的重要组成部分。

(刘　凡)

第五节　污水处理与效果评价

为了防止自然水体污染,工业和城市生活污水在排放前必须进行处理,解决废水问题,应当遵从下列原则:

(1)改革生产工艺,大力推行清洁生产,减少废物排放量,尽量不用或少用水,尽量不用或少用易产生污染的原料、设备及生产方法。

（2）尽量采用重复用水和循环用水系统，使废水排放量减到最少。

（3）将生产过程中进入水中的有用的物质和能源回收利用，既防治了污染又创造了财富。

（4）对废水进行妥善的处理与处置，使无回收价值的成分无害化。

一、污水处理概述

按照不同的处理程度，废水的处理可以分为一级处理、二级处理、三级处理等。一级处理主要是利用物理方法去除废水中较大的悬浮物质。一般来说，它是整个处理系统的预处理单元。二级处理主要利用生物法，处理后一般可达到排放标准。三级处理也称高级处理或深度处理。

（一）污水的一级处理

一级处理（primary treatment）即机械处理工段，是通过机械处理，如格栅、沉淀或气浮，去除污水中所含的石块、砂石和脂肪、油脂等。它是利用物理作用分离污水中呈悬浮状态的固体污染物质的处理方法，主要有筛滤法（格栅、筛网）、沉淀法（沉砂池、沉淀池）、气浮法、过滤法（快滤池、慢滤池等）和反渗透法（有机高分子半渗透膜）等。

一级（机械）处理中格栅、沉砂池、初沉池等构筑物，以去除粗大颗粒和悬浮物为目的，处理的原理在于通过物理法实现固液分离，将固体污染物从污水中分离，这是普遍采用的污水处理方式。一级（机械）处理是所有污水处理工艺流程必备工程（尽管有时有些工艺流程省去初沉池），属于整个污水处理流程中的预处理阶段。一般经过一级处理后，悬浮性固体去除率为 70%～80%，而生化需氧量的去除率只有 25%～40%左右，废水的净化程度不高。

一级处理投资少，动力消耗低，可去除一部分有机物，减小后续二级生物处理负荷。但仅采用一级处理，难以有效控制水污染，采用强化一级处理可以较少的投入，提高有机物和其他污染物的去除率，降低城市二级污水处理厂的投资。

一级处理强化技术分为两类：一类侧重于物化机理，另一类侧重于微生物的絮凝吸附原理。

化学强化一级处理工艺对 TP、SS、BOD_5 和重金属等的处理效果较好，耐冲击负荷的能力也较强。系统的基建投资和占地面积小于活性污泥法（包括 A/O、A_2/O 等工艺），而且运行管理灵活简便，处理过程稳定可靠，近期投资环境效益好。同时采用高效絮凝剂技术，具有投资低廉（为生化法的 1/5～1/10），运行费用低的优点。

微生物絮凝剂强化一级处理，由于微生物絮凝剂絮凝效果好、投加量少、适用面广、无二次污染、絮体易于分离等优点，因而在废水脱色、油水分离、污泥脱水、畜牧场废水处理等方面已有广泛应用,效果显著。

生物絮凝吸附法强化一级处理工艺是利用微生物的絮凝吸附作用强化机械处理,生物法强化一级处理则主要利用微生物的絮凝吸附作用快速去除污染物,同时伴有少量的生物氧化。与二级生物处理的本质区别在于二级生物处理主要利用生物氧化作用,将有机物矿化。这就决定了强化一级处理必然要比二级生物处理产生更多的污泥,但由于不投加任何药剂,其产泥量比物化处理少。

考虑经济与环保的要求,城市污水强化一级处理的适用情况主要有:

(1)对于低浓度的城市污水经过强化一级处理直接达标排放。我国许多中小城镇的污水处理即采用此种方式,其优点是可以较少的投资削减较大量的污染负荷。

(2)分步实施,近期内先建一级半处理厂,经过强化一级处理取得较好的投资环境效益,待有条件时再建完整的二级处理工艺。

(3)对于以二级生物处理为主的城市污水处理厂,通过强化一级处理,去除难于用生化处理去除的有机物、重金属和无机盐,同时减轻二级处理的负荷,降低能耗。

(二)污水的二级处理

污水二级处理(生化处理),是目前各国处理有机废水的主体工艺,处理装置一般设在一级处理之后,以去除悬浮物和溶解性可生物降解有机物为主要目的。为了去除污水中呈胶体和溶解性状态的有机污染物质,通常采用生物处理法。生物处理构筑物是处理流程中最主要的部分,利用微生物的代谢作用,将污水中呈溶解性、胶体状态的有机污染物转化为无害物质,从而达到排放的要求,一般去除率能达到90%以上,有机污染物可达到排放标准,处理后的五日生化需氧量(BOD_5)可降至$20\sim30$ mg/L。其工艺构成多种多样,可分成活性污泥法、吸附生物降解法(AB法)、厌氧/好氧法(A/O法),厌氧、缺氧/好氧法(A_2/O法)、序批式活性污泥法(SBR法)、氧化沟法、稳定塘法、土地处理法等多种处理方法。日前大多数城市污水处理厂都采用活性污泥法。生物处理的原理是通过生物作用,尤其是微生物的作用,完成有机物的分解和生物体的合成,将有机污染物转变成无害的气体产物(CO_2)、液体产物(水)以及富含有机物的固体产物(微生物群体或称生物污泥),多余的生物污泥在沉淀池中经沉淀池固液分离,从净化后的污水中除去。

1. 影响污水生化处理过程微生物活性的因素

在污水生化处理过程中,影响微生物活性的因素可分为基质类和环境类两大类。

(1)基质类影响因素主要有:营养物质,如以碳元素为主的有机化合物即碳源物质、氮源、磷源等营养物质以及铁、锌、锰等微量元素;另外,还包括一些有毒有害化学物质如酚类、苯类等化合物,也包括一些重金属离子如铜、镉、铅离子等。

(2)环境类影响因素

①温度:温度对微生物的影响很广泛,尽管在高温环境(50～70 ℃)和低温环境(－5～0 ℃)中也活跃着某些类的细菌,但污水处理中绝大部分微生物最适宜生长的温度范围是 20～30 ℃。在适宜温度范围内,微生物的生理活动旺盛,随温度的增高而增强,处理效果也越好。超出此范围,微生物的活性降低,生物反应过程就会受影响。一般地,控制反应进程的最高和最低限值分别为 35 ℃和 10 ℃。

②pH 值:活性污泥系统微生物最适宜的 pH 值范围是 6.5～8.5,酸性或碱性过强的环境均不利于微生物的生存和生长,严重时会使污泥絮体破坏,菌胶团解体,处理效果急剧恶化。

③溶解氧:依处理过程中氧的状况,生物处理可分为好氧处理系统与厌氧处理系统。

在所有影响因素中,基质类因素和 pH 值决定于进水水质,对这些因素的控制,主要靠日常的监测和有关条例、法规的严格执行。对一般城市污水而言,这些因素大都不会构成太大的影响,各参数基本能维持在适当范围内。温度的变化与气候有关,对于万吨级的城市污水处理厂,特别是采用活性污泥工艺时,对温度的控制难以实施,在经济和工程上都不是十分可行的。因此,一般是通过设计参数的适当选取来满足不同温度变化的处理要求,以达到处理目标。因此,工艺控制的主要目标就落在活性污泥本身以及可通过调控手段来改变的环境因素上,控制的主要任务就是采取合适的措施,克服外界因素对活性污泥系统的影响,使其持续稳定地发挥作用。

溶解氧是生物反应类型和过程中一个非常重要的指示参数,它能直观且比较迅速地反映出整个系统的运行状况,运行管理方便,仪器、仪表的安装及维护也较简单,这也是近十年我国新建的污水处理厂基本都实现了溶解氧现场和在线监测的原因。

2. 好氧处理系统

(1)活性污泥法:活性污泥是由复杂的微生物群落与污(废)水中的有机、无机固体物混凝交织在一起构成的絮状物,对生活污水的 BOD_5 去除率可达约 95%,去除悬浮固体物也达 90%左右,是一种使用最广的好氧二级处理方法。其简单流程相当于一个有部分细胞返回的完全混合型的均一连续培养系统。进入曝气池的污水与污泥相接触,使污水得到净化。净化过程包括两种作用:一是生化作用,污水中的有机物为微生物所代谢。二是物理吸附、化学分解等物理、化学作用。活性污泥在曝气池中呈悬浮状态,而在沉淀池中因重力而沉淀实现固液分离,沉淀下来的活性污泥被连续回流到曝气池,以维持污水处理所需的一定污泥浓度。多余的污泥被排出。

污水处理过程中的微生物是一个按一定需要组合起来适应污水的极为复杂的群落,包括细菌、真菌、藻类、原生动物和极少数的后生动物。其中异养细菌的数量最多,作用最大,除膨胀的活性污泥外真菌一般数量较少,藻类也少,相当数量的原生动物起重要作用。活性污泥法一般用自然的混合微生物群体来处理污水,也可以用人工选育的(包括从自然环境中分离或遗传工程菌)一种、两种或多种微生物组合菌群。

(2)生物膜法:生物膜法也是一种常用的生物处理方法。净化污水的主要原理是附着在滤料表面的生物膜对污水中有机物的吸附与氧化分解作用。根据介质与污水的不同接触方式,又有不同的处理装置与方法,包括生物滤池法、生物转盘法、生物接触氧化法等。生物滤池法被广泛使用。生物膜的功能和活性污泥法中的活性污泥相同,其微生物的组成也类似。

对好氧生物反应而言,保持混合液中一定浓度的溶解氧至关重要。当环境中的溶解氧高于 0.3 mg/L 时,兼性菌和好氧菌都进行好氧呼吸;当溶解氧低于 0.2~0.3 mg/L 以至接近于零时,兼性菌则转入厌氧呼吸,绝大部分好氧菌基本停止呼吸,而有部分好氧菌(多数为丝状菌)还可能生长良好,在系统中占据优势后常导致污泥膨胀。一般地,曝气池出口处的溶解氧以保持 2 mg/L 左右为宜,过高则增加能耗,经济上不合算。

3. 厌氧处理系统

厌氧处理系统用来处理高浓度有机污水。处理过程去除各种病原微生物,降解有机物,并获得大量的沼气作为能源。因此也称为沼气发酵。

从复杂的有机物(碳水化合物、蛋白质、脂类)变成甲烷(CH_4),要经历一个复杂的生物化学过程。首先在发酵细菌作用下,有机物被解聚,转化成脂肪酸、乙醇、CO_2、氢和氨。而后产氢产乙酸的细菌把乙醇和脂肪酸(主要是丙酸、丁酸和长链脂肪酸)转化成乙酸、H_2 和 CO_2。最后乙酸的甲基被直接还原产生甲烷,CO_2 被还原也产生甲烷。已经证明产生的甲烷中主要来源于乙酸。

4. 生态工程处理方法

污水处理生态工程是生态学原理和工程处理设施相结合的污水处理方法。由于这种处理方法和污水的资源化密切相关,因此也称为污水资源化生态工程。稳定塘(氧化塘)、土地处理系统、水生植物处理系统等都可以划归于这个范围。污水生态工程处理方法与常规的二级处理方法相比,具有投资省、运行管理费用低的优点,同时处理后的出水可以被再生利用,进行资源化,这种方法尤为适合经济不发达的第三世界国家。占地面积大是其应用的主要障碍。

5. 氮、磷去除技术

氮和磷是造成水体富营养化的主要营养元素,去除 N 和 P 是污水处理的重要目标。在生物除磷脱氮型污水处理厂,一般不推荐曝气沉砂池,以避免快速降解有机物的去除。

(1)氮去除:生物脱氮的代表工艺流程是缺氧—好氧[A-O(anoxic-oxic)]系统。污水流经系统的缺氧池、好氧池和沉淀池,并将好氧池的混合液和沉淀池的污泥同时回流至缺氧池。废水中的含氮化合物可在厌氧池、好氧池中发生氨化作用,在好氧池中发生硝化作用,回流混合液把大量硝酸盐带回厌氧地进行反硝化作用,氮化物被转化成 N_2O 和 N_2,从而挥发到空气中,达到脱氮的目的。

(2)磷去除:生物脱磷的代表性工艺流程是厌氧—好氧[A-O(anaerobic-oxic)]系统。污泥中的细菌在厌氧条件下吸收低分子的有机物(如脂肪酸),同时将细胞原生质中聚合磷酸盐异染粒的磷释放出来,取得必要的能量,在随后的好氧条件下,所吸收的有机物将被氧化并提供能量,同时从废水中吸收超过它生长所需的磷,并以聚磷酸盐的形式贮存起来,通过排放污泥可达到去磷的目的。活性污泥的脱磷细菌主要是不动杆菌属、气单胞菌属、假单胞菌属的细菌。

(三)污水的三级处理

三级处理又称深度处理或高级处理,是在一级、二级处理后用来进一步处理难以降解的有机物、磷和氮等及能够导致水体富营养化的可溶性无机物等。基本处理方法有混凝(化学除磷)、沉淀(澄清、气浮)、过滤、消毒。对水质要求更高时采用的深度处理单元技术有活性炭吸附法、反渗透、除氨、离子交换法、臭氧氧化法和电渗析法等。通过三级处理,BOD_5能进一步降到 5 mg/L 以下。根据处理的目标和水质的不同,有的污水处理过程并不一定包含上述所有过程。

深度处理的主要方法:

1. 混凝

混凝是向水中投加药剂,通过快速混合,使药剂均匀分散在污水中,然后慢速混合形成大的可沉絮体。混凝基本去除或降低的物质如下:

(1)悬浮的有机物和无机物,可去除 1 μm 以上的颗粒,进而也去除了由这些颗粒——主要是生物处理流失的生物絮体碎片、游离细菌等形成的 COD。

(2)碱性磷酸盐,通常可以降至 1 mg/L 以下。

(3)用石灰可去除一些钙、镁、二氧化硅、氟化物。在碳酸盐硬度高的污水中,用石灰可去除更多的钙和镁。

(4)去除某些重金属,石灰对沉淀镉、铬、铜、镍、铅和银特别有效。

(5)降低水中细菌和病毒等生物的含量。

2. 化学除磷

在常规污水处理厂中的预处理和二级处理只能部分除磷,专门设计的生物除磷工艺可以取得较好的除磷效果,但有时候也达不到排放标准。当出水水质对磷的要求很高时,或条件更适宜用化学法而不适宜用生物法时,通过技术经济比较,可以选用化学除磷,或将生物除磷与化学除磷结合起来使用。化学除磷就是向污水中投加药剂与磷反应,形成不溶性磷酸盐,然后通过沉淀过滤,将磷从污水中除去。但化学除磷会显著增加污泥量,因为除磷时产生金属磷酸盐和金属氢氧化物絮体,它们以悬浮固体形式存在,最终变成处理厂污泥。在设计化学除磷的污水厂时,要充分重视污泥处理与处置问题。

3. 活性炭吸附

在污水处理中使用活性炭,可去除水中残存的有机物、胶体粒子、微生物、余氯、痕量重金属等,并可用来脱色、除臭。活性炭在污水处理中一般应用在生物处理后。为了延长活性炭工作周期,常在炭前加过滤,典型的流程如下:

原水→ 预处理→ 生物处理→ 过滤→ 炭吸附→ 消毒→ 排出

在二级出水混凝沉淀和过滤的情况下,活性炭吸附的设计需要考虑下列数值:①接触时间;②水力负荷;③操作压力;④炭层厚度;⑤炭柱数;⑥反冲洗;⑦炭的 COD 负荷。

(四)污水回用

目前污水处理已经从传统意义的"污水处理"转变为"水回用"。城市污水回用就是将城市居民生活及生产中使用过的水经过处理后回用。有两种不同程度的回用:一种是将污水处理到可饮用的程度,而另一种则是将污水处理到非饮用的程度。对于前一种,因其投资较高、工艺复杂,非特缺水地区一般不常采用。多数国家则是将污水处理到非饮用的程度。中水,是废水的二次利用,就是城市污水经过处理后达到国家规定水质标准的再生水,因为它的水质指标低于生活饮用水的水质标准,但又高于允许排放的污水的水质标准,处于二者之间,所以叫作"中水"。

1. 再生水用于工业的工艺流程

不同用途工业用水要求的水质存在差异,再生水用于工业再生工艺流程也有所选择,下面介绍再生水用于工业的几个典型流程。

(1)城市废水回用用于工业循环冷却的再生水处理流程

城市废水→常规二级处理→澄清、过滤、杀菌→除氯胺,水质稳定→再生水
|←　　　二级处理　　　→|← 深度处理 →|← 用水处理系统 →|

上述流程工艺简单可靠,技术成熟,管理方便,在我国当前国力情况下,易于实现。技术与经济指标都有其先进性。该流程的核心是利用循环冷却水系统去除氯胺的强大功能,使在污水处理厂中采用常规活性污泥法成为可能,如此则可以大大减少再生处理费用。在实际应用中,掌握冷却系统的几个控制参数:碱度、温度、生物膜量、停留时间、水中磷含量等,即可有效地发挥冷却系统的凉水与解析氯胺的双重功能。

上述流程特别适用于城市废水回用于电厂,这对推广废水回用具有重要意义。采用上述工艺流程的示范工程长年的运行结果表明,氯胺可以控制在电力系统要求的标准 1 mg/L以下,对铜的腐蚀率判定为"几乎不腐蚀";火力发电厂使用再生水不论新建厂或老厂,凝气器管材都仍旧可以使用铜质材料,不会产生不利影响。

(2)城市污水回用于化工循环冷却水的再生流程

城市污水厂二级处理出水→ 颗粒填料生物接触氧化→ 混凝沉淀→ 双层滤料过滤→

回用

该流程的特点是进一步去除二级水中的 COD 和 SS。由于颗粒填料生物接触氧化(简称生物陶粒)选用 2～4 mm 陶粒(或炉渣),其表面充满孔洞,可以提供巨大的表面积供微生物生长,可以进一步去除二级出水中一般方法难以降解的溶解性 COD,并能去除部分氯胺。生物陶粒—过滤工艺可以使二级出水中 COD 去除 40％以上,使出水 COD≤40 mg/L,SS≤5 mg/L,NH_3-N 去除率＞30％。由于是生物和物理处理,其运行费用要比投加化学药剂的混凝沉淀—过滤工艺低。

(3)城市污水回用于钢铁工业的处理流程

该流程简称为城市污水 A_2/O 生物脱氮除磷工艺。长污泥龄、不投加碳源的生物脱氮除磷工艺是该流程的关键技术。该流程不设一沉淀池,可提高进入 A_2/O 系统的碳氮比。在脱氮、除磷的同时可去除以 COD 及 BOD 综合指标代表的有机物。处理出水不但有机物指标可以达到甚至超过常规生物处理出水的水平,而且氮、磷的去除率也很高。

(4)石油化工废水回用于冷却的处理流程

石油化工废水经达标处理后的水→ 生物接触氧化→ 絮凝沉淀→ 精密过滤→ 杀菌→回用

石油化工系统在生产工程中消耗大量新鲜水,同时排出大量对环境有影响的废水。将经过二级处理后,本应排放的废水再经过深度处理,可回用在本厂循环水补充系统,达到节水、环保同步。

上述流程中生物接触氧化主要负担对水中 COD、BOD、油、NH_3-N、总 P 的去除作用,絮凝沉淀主要负担着对水中 SS、胶体和磷的去除作用,同时还进一步降低水中 COD;精密过滤主要担负着对水 SS 的去除作用。在污水深度处理全流程停留时间 3～3.5 h 条件下,出水中 COD 在 13～30 mg/L 范围,SS＜5 mg/L,NH_3-N＜5 mg/L,总 P＜1 mg/L,可以达到作为石化系统循环冷却补充水水质要求。

(5)其他工业用水处理流程

再生水用于工业工艺用水:污水厂二级出水→ 过滤→ 活性炭→ 出水或污水厂二级出水→ 过滤→超滤→ 出水。

再生水用于低压锅炉用水:污水厂二级出水→ 过滤→ 磺化煤或离子交换树脂软化→进锅炉。

2. 再生水回用于生活杂用水的工艺流程

生活杂用水是指包括城市绿化、建筑施工、洗车、扫除洒水、建筑物厕所便器冲洗等生活用水。再生水回用的处理流程在进行预处理——格栅、调节、除油脂、除毛发等后根据原水的不同可分为以下几类:

(1)原水为城市污水厂二级处理出水时流程:污水厂二级处理出水→混凝沉淀→过滤→

消毒→杂用水。

(2)原水为建筑物中不包括粪便污水的杂排水时流程:杂排水→混凝沉淀→过滤→消毒→杂用水或杂排水→生物处理→过滤→消毒→杂用水。

(3)原水为建筑中或建筑小区内包括粪污水在内的生活污水时流程:生活污水→生物处理→过滤→消毒→杂用水或生活污水→生物处理→混凝沉淀→消毒→杂用水。

上述流程中混凝沉淀也可用澄清、气浮代替。生物处理可分别选用活性污泥法、生物滤池、生物接触氧化法等。膜处理技术、活性炭吸附也可选用。

3. 再生水回用于农田灌溉的工艺流程

利用再生水进行农田灌溉在国内外已有很长的历史,我国目前污灌农田面积已经超过2 000万亩。我国1992年发布和实施的新的《农田灌溉水质标准》,对污水灌溉提出严格要求,严禁使用污水灌溉生食的蔬菜和瓜果;对于水作、旱作和蔬菜,必须将污水处理达标才能灌溉。对于旱作和蔬菜,常规二级处理加消毒可以满足要求。对于水作,对氮磷的要求高,需要采用强化二级处理脱氮除磷,或采用常规二级处理加过滤等补充处理才能达标。也可与清水同时灌溉,降低氮磷含量。

4. 再生水回用于景观水体的工艺流程

再生水回用于景观水体要注意水体的营养化问题,以保证水体美观。要防止再生水中存在病原菌及有些毒性有机物对人体健康和生态环境的危害。

5. 再生水用于地下水回注的工艺流程

(1)再生水回注地下含水层、补充地下水,用以防止海水入侵,防止因过量开采地下水而造成地面沉降,或用以重新提取作灌溉用水,或重新提取作生活饮用水。

(2)再生水回注地下含油层,增加油井压力,用以开采石油。可能影响注水能力的污染指标中,浑浊度或悬浮物是首要指标。要设法防止回灌井的堵塞。为防止对地下含水层的污染,回注水水质要求较其他回用领域要求严格,要采取深度处理中多种单元技术的组合才能满足对回注水水质的要求。

我国回注油田地下,以生活污水为原水的再生处理流程如下:原水→沉砂→初沉→生物处理→物化处理→过滤→杀菌→脱氧→回注。

以石油污水为原水的再生处理流程如下:原水→隔油→气浮→生物处理→过滤→活性炭→杀菌→脱氧→回注。

二、污水处理效果的卫生学评价

在现有的世界各国再生水回用水质标准中,卫生学控制指标仍以总大肠杆菌和粪大肠杆菌为主。免疫学法和分子生物法在环境微生物学中的应用增加了在自然界中(如土壤和水)病原体微生物含量较低的时候被检出的可能性。荧光抗体(Fluorescent Antibody，FA)法可用于个别病原体如贾第鞭毛虫和隐孢子虫的定性和定量的测试。聚合酶链反应(PCR)方法学的应用有助于检测到低含量的病原体微生物。这些灵敏度高的检测方法虽然使得监测更加准确，但一般只有有限的实验室能够具备相应的人员和设备条件，分析时间长达4周。

实用和可行的方法是检测既能指示粪便污染又能反映污水处理和消毒效果的微生物。常用的指示微生物是总大肠杆菌和粪大肠杆菌。因为总大肠杆菌在环境中的出现，尤其是粪大肠杆菌的出现，意味着水体受到了温血动物和人类粪便的污染，也意味着许多相关病原体的存在。肠道致病菌与自然界作用的方式和大肠杆菌相似，所以总大肠菌群数的降低程度可间接反映致病菌相应数量级的减少。

但国内外的研究表明，总大肠菌群数并不足以反映病毒、原生动物和寄生虫卵的存在，许多肠道病毒对化学消毒剂的抵抗力更大。以总大肠菌群数和粪大肠菌群数作为卫生安全控制指标的科学性受到了挑战。不少研究者开始寻找可替代的指示微生物或可直接检测病原微生物的方法。

目前评价再生水中病原体微生物对人体健康的影响主要有两种方法。

(一)现实风险评价方法

也称低技术/低费用/控制风险方法，以流行病学研究为基础，结合现有污水处理技术对病原体的处理效果，分析再生水回用的健康风险。世界各国现有的再生水回用水质标准多采用此法制定，如 WHO 污水回用于农业的安全指南、美国回用水指南等，即现有再生水水质标准是以再生水回用的经验和对现有污水处理技术可有效地去除病原体的认可为前提制定的。

(二)定量风险评价方法

也称高技术/高费用/低风险方法。它定量地评价再生水在回用过程中暴露于病原体的人类健康风险。其评价程序与化学污染物风险评价程序相同，包括如下几步。①危害识别：识别再生水中可能含有的人们关注的病原体；②暴露评价：确定再生水在使用过程中，人暴露于病原体的途径、持续时间和暴露量；③剂量—反应关系评价：根据病原体的剂量反应关系，估算与人实际暴露水平相似的条件下的感染概率；④风险特征分析：依据暴露和剂量—反应的假设，计算理论风险。

再生水卫生安全问题已受到广泛的关注，只用大肠菌群或粪大肠菌群作为再生水的生物学指标，尚不能反映再生水中所有病原微生物存在情况。随着检测技术的发展，病毒和原生虫正在成为关注的生物学指标。再生水经过有效的处理工艺处理和消毒后，可以使水质和病原微生物降低至安全使用水平。我国再生水利用仍处于起步阶段，应继续加强对再生水安全性的基础研究和跟踪研究,提出再生水的生物学指标、标准和检测方法。

(周宏伟)

第六节　固体废弃物处理与效果评价

一、污泥的处置技术

(一)污泥的概念与分类

污泥(sewage sludge)泛指水处理与废水处理中产生的固液混合物,其固体含量一般在 $0.25\%\sim12\%$ 之间。随着人们对生态环境保护意识的增强,环保法规中污水排放标准迅速改进,促使城市下水道的接管率持续提高,工厂普遍设置符合标准的废水处理设备,随之各种污泥的产量也日益增加。按照污泥的来源与处理方式大致可分成三大类:

1. *初级污泥或化学污泥*

这类污泥是指来自生产工艺过程聚集的污秽杂物,经由初步混凝后,以重力沉降或溶气浮除等初级废水处理分离所得到的污泥。其悬浮固体水合物与多数溶解性有机物尚未经微生物消化分解,污泥颗粒的絮凝形成主要靠化学絮凝药剂聚集等化学处理,粒径相对较小($<100~\mu m$)而致密。

2. *二级污泥或生物污泥*

这类污泥是指由生物处理方法所产生的污泥。主要由初级污泥在暴气池与悬浮状态的好氧微生物及污水中的溶解性有机物接触,摄取水中生物分解成分进行生长繁殖而形成的,称为活性污泥。此外还可以将微生物附着在固体基质上形成生物膜,这个过程中会产生少量的生物污泥。二级污泥结构松散,含水量极高,平均粒径在 $100\sim500~\mu m$ 之间,脱水性差。

3. *三级污泥或消化污泥*

初级污泥与二级污泥混合后在消化槽中进一步处理所形成的污泥即为三级污泥或消化污泥。在对污泥的消化处理过程中,可以分解未能分解的有机物,破坏污泥的高比表面积结构,将吸附于其上的水分剥除成为自由水,改善沉降性与脱水性。

(二)污泥的处置技术

1. *污泥的填埋*

填埋(landfill)是从传统的堆放和土地处置发展起来的一种最终处理技术,不是单纯的堆、填、埋,而是一种按工程理论、土地标准,对固体废弃物处理技术进行有效管理的综合性科学工程方法。在填埋方式上,它已从堆、填、埋、覆盖向包容、屏蔽、隔离的工程贮存方向发展。当污泥能当作资源化利用时,通常的、最经济的出路就是填埋。污泥可单独填埋,也可与垃圾等其他固体废弃物一起填埋,填埋场通常分为无人工衬层(隔离填埋污泥产生的渗透滤液进入地下水体的通道)的填埋场和有人工衬层的卫生填埋场,其填埋操作要求与垃圾填埋场类似。

2. 焚烧与能源化

焚烧(incineration)是指在高温焚烧炉内(800~1 000 ℃),固体废物中的可燃成分与空气中的氧气发生剧烈的化学反应,转化为高温的燃烧气和性质稳定的固体残渣,并放出大量的热量。

污泥中含有一定量有机成分,经脱水干燥的污泥可焚烧处理。在日本,该方法已经占污泥处理总量的60%以上,欧盟也在10%以上。干燥污泥焚烧从技术要求来说比垃圾焚烧简单,接近于劣质煤燃烧。为了防止焚烧过程中产生二噁英等有毒气体,焚烧温度应高于850 ℃。污泥焚烧所产生的焚烧灰具有吸水性、凝固性,因而可用来改良土壤、筑路等,也可作为砖瓦和陶瓷的原料,另外,污泥灰也可以作为混凝土混料的细填料。

污泥焚烧的处理法是最彻底的方法,其优势在于可以迅速和较大程度地使污泥达到减量化,且在恶劣天气条件下不需存储设备,既解决了污泥的出路问题,又充分地利用了污泥中的能源,而且污泥不需要作杀灭病原菌的处理。焚烧的缺点在于一次性投资大,运行费用高,管理水平和设备维修要求高。焚烧的烟尘如果直接排放,污泥中的重金属物质会随着烟尘扩散而污染空气。另外,其成本高,如果采用机械脱水,则焚烧成本是其他工艺的2~4倍。如果采用自然脱水,虽然成本降低了,但时间长,占地面积大;而且晾晒时,污泥的臭气会污染空气。近年来,焚烧法由于采用了合适的预处理手段,实现了污泥热能的自持,因此能满足越来越严格的环境要求和充分处理不适宜于资源化利用的部分污泥。对于城市中远离填埋场而造成运输费用提高的场合,使用焚烧法处置可能是经济有效的。

3. 污泥的资源化与利用

(1)堆肥化与农用资源化:堆肥化(composting)就是在人工控制下,在一定的湿度、温度、C/N比和通风条件下,利用自然界广泛分布的细菌、放线菌、真菌等微生物发发酵作用,人为地促进可生物降解的有机物向稳定的腐殖质生化转化的微生物学过程。堆肥化的产物称为堆肥。根据堆肥化过程中微生物氧气的需求情况,可能把堆肥化方法分为好氧堆肥和厌氧堆肥两种。好氧堆肥是在通风条件好,氧气充足的条件下借助好氧微生物的生命活动分解有机物,通常好氧堆肥堆温高,一般在55~60 ℃,极限可达80~90 ℃,所以好氧堆肥也称为高温堆肥;厌氧堆肥则是在通气条件差、氧气不足的条件下借助厌氧微生物发酵堆肥。

污泥堆肥是一种无害化、减容化、稳定化的综合处理技术。它充分利用好氧的嗜温菌、嗜热菌的作用,将污泥中有机物分解,并杀死传染病菌、寄生虫卵与病毒,提高污泥肥分。

城市污水处理厂含有 N、P 等农作物生长所必需的肥料成分,其有机腐殖质是良好的土壤改良剂,将之农用具有良好的环境效益和经济效益,有广阔的应用前景。污泥农用的种类主要是污泥堆肥肥料和干燥污泥肥料。影响污泥农用推广的主要因素是可能引起地表水和地下水的污染。目前对重金属污染研究较多,研究内容包括施用污泥肥料后土壤耕作层重金属的变化、施用田农作物各部分富集量、存在形态及影响因素等。因此,在污泥作为农用肥料应用时,应采取相应措施控制重金属的危害。

(2)材料化:污泥的材料化利用,目前主要是制造建筑材料,其处理的最终产品是在各种类型的建筑工程中使用的材料制品,故无须依赖土地作为其最终消纳的载体,同时还可能替代一部分用于制造建筑材料的原料,因而同时具有资源保护的意义。污泥作为建筑材料的制造原料使用,基本途径可按对污泥预处理方式的不同分为两类:一是污泥脱水、干化后,直接用于制造建材;二是污泥进行以化学组成转化为特征的处理后,再用于制造建材,其中典型的处理方式是焚烧和熔融。一般而言,前者适合于主要由无机物组成的污泥,而后者适合于有机组分多的污泥。

污泥的建材利用大致可以归结为以下方法:制轻质陶粒、制熔融资材和熔融微晶玻璃,生产水泥等,制砖已经很少应用。过去大都以污泥焚烧灰作原料生产各种建材,近年来为了节省投资(建设焚烧炉),充分利用污泥自身的热值,节省能耗,直接利用污泥作原料生产各种建材的技术已开发成功。

二、垃圾的处置技术

目前国内外广泛采用的城市生活垃圾消纳方式主要有卫生填埋、堆肥和焚烧等。

(一)卫生填埋

垃圾的土地填埋处置,首先需要科学选址,在设计规划基础上对场地进行防护、防渗处理,然后按严格的操作程序进行填埋操作和封场。要制定全面管理制度,定期对场地进行维护和监测。填埋技术主要应用于城市生活垃圾的卫生填埋。垃圾填埋应严格遵守《生活垃圾填埋污染控制标准》。其卫生要求主要包括以下几方面。①场址选择:填埋场址应在当地主导风向的下风侧,地下水流向的下游,距居民区 500 m 以上。地质条件是透水性差的黏土或岩层,地下水位距最下层填埋的废物至少 1.5 m。有防渗漏的衬底(衬底要铺至少 30 cm 压实的细砂和黏土或铺沥青)。②填埋要求:边填边压实。③设排气管。废物中可生物降解的有机物最终转化为挥发性有机酸和甲烷、二氧化碳、一氧化碳、氨、硫化氢等。但气体中主要是甲烷和二氧化碳。甲烷因密度小于空气易向大气扩散,将其收集起来,净化后可做燃料,防止污染大气。④设排水管收集浸出液,进行处理后达到排放标准向地面水体排放。

最近 20 年以来,人们逐渐认识到这种大规模的混合填埋会引发很多难题,不但占用土地,还对周围土壤造成严重污染。目前人们掌握的填埋技术还不足以完全消除垃圾填埋带来的负面影响。有些国家已经从这种环境破坏中得到教训并且颁布了对将来垃圾填埋加以严格限制的法规。限制垃圾填埋的法律法规主要基于三点:通过避免和减少垃圾来普遍降低填埋的数量和体积,禁止填埋含有易于溶出有害物质的垃圾,禁止填埋含有残留有机物超过5％的物质。在瑞士从2000年1月1日起实行禁止填埋含有有害物和有机物而未加以处理的垃圾的法律,德国也从2005年1月1日开始实行,法国和奥地利从2004—2007年起(按地区分期)实行。

(二)焚烧

垃圾焚烧具有经济合理、消毒彻底、减容率高、处理量大、稳定性好等优点,但同时得注意到焚烧处理技术也存在一些问题,主要表现在以下几方面:①投资和运行费用高;②操作运行复杂;③焚烧使垃圾利用率降低;④同时也能带来严重的二次污染,如尾气中排放的CO_2、NO_x、二噁英、呋喃等有毒气体,需设尾气净化装置。

垃圾焚烧应严格遵守《生活垃圾填埋污染控制标准》(GB 16889-1997)。其卫生要求如下:①焚烧炉设在当地主导风向的下风侧,距居民区500 m以上。②烟囱高度至少30 m,以利烟气扩散。③垃圾应在焚烧炉内充分燃烧,烟气在后燃室内应在不低于850 ℃的条件下停留不少于2 s,防止燃烧不完全产物污染大气。④垃圾的水分和灰分分别不应超过50％和45％。

(三)堆肥化

城市生活垃圾含有较多的易被生物降解的有机物,可以通过高温堆肥化处理,使生活垃圾中的有机物向稳定的腐殖质转化,形成堆肥。堆肥化是城市生活垃圾的一种重要的处置方式。

三、粪便的处置技术

人体排泄的粪便中含有大量的致病微生物和寄生虫卵。每克新鲜粪便中,含有大肠杆菌$5×10^6\sim10^8$个,肠道病毒$10^5\sim10^8$个空斑形成单位;霍乱和伤寒患者排泄的粪便中,每克粪便含病原菌$10^8\sim10^9$个。每毫升含粪生活污水含$1\sim100$个肠道病毒形成单位、$10^6\sim10^7$个大肠杆菌。由于人口的过快增长,单位面积土地承受人类排泄物的数量越来越大,如不将居民区内的粪便、垃圾进行合理收集和处理,势必造成环境污染,不但污染周围土壤,而且污染地面水和地下水源,对人类健康造成严重危害。为预防疾病,提高肥效,保护环境,粪便的管理和无害化处理显得尤为重要。粪便的处理尚处于初级阶段,处理方法也仅限于堆肥、贮存、发酵复合肥以及沼气处理。

(一)混合高温堆肥

经筛分的生活垃圾中有机物与粪便混合堆成条形堆料,混入粪便可调节肥堆的湿度,提高肥力。当堆肥温度升高 50 ℃以上并保持一定时间,可杀死粪便中的致病菌和虫卵。水冲厕所由于水分含量大不适用。

(二)发酵复合肥

粪便脱水后,与生活垃圾中的有机物或秸秆混合,至密闭的容器内厌氧发酵 20 d,经风干后,成团粒结构,可包装出售,易于运输,便于使用。

(三)贮存

容积达 1 000 m³ 的大型贮粪池在上海、烟台、成都、合肥、青岛、九江等地均有建造,可作为粪便的一级处理,并能回收沼气,贮存期一般为 2～3 个月。青岛地区采用中温发酵,相对较短的时间便能达到无害化的卫生要求。此法无须外加能源,无害化处理效果也不错。

(四)沼气发酵

自 20 世纪 50 年代以来,中国就开始提倡应用沼气技术处理粪便。沼气厌氧发酵处理可以有效地杀灭致病菌和寄生虫卵,控制苍蝇孳生繁殖的条件,对防止环境受粪便污染很有效果。在密闭的沼气池中处理粪便,可以降低周围环境中苍蝇密度的 63.5%。特别是在农村,沼气发酵处理粪便不仅可以增进农民健康水平,改变农村脏、乱、臭的面貌,使农民的生活环境质量得到进一步提高,而且发酵产生的沼气可以用于照明和烹饪,解决农村供电和燃料不足带来的不便。沼渣中生物性致病因子的无害化,均需高温堆肥处理。

四、医疗废物的处置技术

医疗废物(medical waste)是一种特殊的污染物,指在医疗、预防、保健、医学科研和教学及其他相关活动中产生的具有直接或者间接感染性、毒性及其他危害性的废物。主要分为感染性废物、病理性废物、损伤性废物、药物性废物、化学毒性废物。医疗废物通常带有大量细菌和病毒,污染环境,传播疾病,威胁健康,具有高危险性和强传染性,是我国《国家危险废物名录》47 类危险废物中的首要危险废物。医疗废物如果处理不当,将会引起二次传染和环境污染,严重影响人们的身体健康。随着许多新技术、新药品、新病症的出现,医疗废物处理日益受到人们的重视。

　　医疗废物处置的目的主要是杀死病源微生物,使垃圾废物稳定化、安全化和减量化。目前,医疗废物处理技术包括高温焚烧法、等离子法、化学消毒法、高压蒸汽灭菌法、微波辐射、高压消毒技术等。

(一)消毒法

　　医疗废物的消毒方式主要有高压蒸汽灭菌法、化学药剂消毒灭菌法和微波消毒。

1. 高压蒸汽灭菌法

　　适用于受污染的工作培养基、注射器等,蒸汽在 130 kPa,121 ℃下维持 20 min 能杀灭常见致病微生物。高压蒸汽消毒的原理是在高压下蒸汽能穿透生物体内部,将微生物的蛋白质凝固变性而死亡。蒸汽灭菌装置有立式蒸汽高压灭菌器和卧式蒸汽高压灭菌器等。

2. 化学消毒

　　通常使用的消毒剂有含氯消毒剂、洗涤消毒剂和甲醛等。化学消毒常用于传染性液体废物的消毒,目前用于大量的固体废物消毒在成本上有一定难度。

3. 微波消毒

　　是利用高频电磁波杀菌,生物体在微波作用下吸收能量,产生电磁共振效应,加剧分子运动。微波能迅速转化为热能,使生物体升温加快,消毒效果好。微波可穿透物体,使其内部和外部同时升温,尤其是含水量高的物体最容易吸收微波。微波照射医疗废物上的蜡状芽孢、杆菌芽孢,均能获得较好的杀菌效果。消毒时使用频率通常为 915 MHz 和 2 450 MHz。

(二)焚烧处置法

　　目前,焚烧是医疗废物处理置最常用的方法。该方法不仅对微生物有机体的破坏效率非常好,而且废物减量化程度大,达到 90%～95%。我国提倡对医疗废物进行集中处理,在其他处理处置技术尚未具规模的条件下,医疗废物焚烧处置方式在我国现阶段仍然是首要选择,并将在未来相当长的一段时间内占据主要地位。

　　医疗废物焚烧处理时应严格遵守《医疗废物焚烧技术要求》中规定,要达到以下要求:①医疗废物焚烧炉的技术性能要求及医疗废物焚烧装置的大气污染物排放限值见表 13-3 和表 13-4。②焚烧炉主燃室炉膛容积热负荷和断面热负荷的选择应满足废物在 1 000 kcal/h 低位热值时,炉膛中心温度不低于 750 ℃的要求。炉膛尺寸的选择应保证医疗废物在炉膛内有足够的停留时间,确保废物充分燃尽。③医疗废物焚烧炉出口烟气中的氧气含量应为 6%～10%(干烟气)。④医疗废物焚烧炉运行过程中要保证系统处于负压状态,避免有害气体逸出。⑤炉体表面温度不得高于 50 ℃。⑥焚烧炉排气筒高度应该按照《危险废物焚烧污染控制标准》(GB 18484-2004)的规定执行。

表 13-3 医疗废物焚烧的技术要求

焚烧温度/℃	烟气停留时间/s	焚烧残渣的热灼减率/%	焚烧去除率/%	燃烧效率/%	排气最低允许高度/m (≤300 mg/h)
≥850	≥1.0	<5	≥99.99	≥99.99	20

表 13-4 医疗废物焚烧装置的大气污染物排放限值

检测物质	热解焚烧炉烟气排放设计值	GWKB 3-2000 标准限值
烟尘	≤45 mg/m³	80 mg/m³
烟气黑度	<1 级(格林曼黑度)	<1 级(格林曼黑度)
氮氧化物	≤250 mg/m³	400 mg/m³
氯化氢	≤40 mg/m³	75 mg/m³
二氧化硫	≤100 mg/m³	260 mg/m³
一氧化碳	≤80 mg/m³	150 mg/m³
二噁英	≤0.8 ng/m³(TEQ ng/m³)	1 ng/m³(TEQ ng/m³)
铅	≤1.0 mg/m³	1.6 mg/m³
镉	≤0.08 mg/m³	0.1 mg/m³
汞	≤0.12 mg/m³	0.2 mg/m³

(三)等离子体法

等离子体强化熔炉技术是美国于 20 世纪 90 年代开始研发用于处理危险废物的新技术,经过十几年的研发,现在已达到工业化水平。

等离子体是一种具有高热焓、高温、快反应时间、能力集中、电热转换率极高(大约90%)的新热源。在 1/1 000 s 内即可达到 1 200~3 000 ℃,有机物在等离子体中迅速脱水、热解、裂解,产生 H_2、CO、C_nH_m 等混合可燃气体,再经过二次燃烧达到减容化、无毒无害化。该技术特点是:高温(1 300~10 000 ℃),能量集中,分解速度快;占地面积小,结构可小型化,一个中型医院占地面积仅 100 m² 左右;电热转换率极高,占 90%以上;操作简单,启动、停机快,可全自动控制;对于含汞的挥发性金属物质的处理不适宜;投资和运行费用非常高。

各种医疗废物处理方法对废物的适应性如表 13-5 所示,不同的废物可以选择合适的处理技术。

表 13-5　各种医疗废物处理方法对废物的适应性

处理方法	感染性废物	解剖废物	锐器	药品	细胞毒类物质	化学药剂废物
又燃烧室回转窑焚烧炉	√	√	√	√	√	√
单燃烧室焚烧炉	√	√	√	×	×	×
热分解焚烧炉	√	√	√	部分	×	部分
等离子体法	√	√	√	√	√	√
高温灭菌法	√	×	√	×	×	×
微波辐射法	√	×	√	×	×	×
化学消毒法	√	×	√	×	×	×

五、固体废物的资源化利用

预防废弃物的产生(资源保护)和废弃物再利用(资源回收)是固体废弃物管理中的重要问题。固体废弃物资源化方法有许多种,按利用方式可分为两类,即循环再利用和通过工程手段利用,而通过工程手段回收利用又可分为加工再利用和转换利用。

(1)循环再利用:是指对废物中的有用物质的利用,如啤酒瓶的回收再利用。

(2)加工再利用:是指废物中的某些物质经过加压、加温等物理方法处理,其化学性质未发生改变的利用,如废塑料的熔融再生,用废塑料、废纸生产复合板材等。

(3)转换利用:是指利用废物中某些物质的化学和生物性质,经过一系列的化学或生物反应,其物理、化学和生物性质发生了改变的利用,如垃圾的焚烧、堆肥化等。

根据工作完成的难度、设备及投资成本等,可将固体废弃物资源化利用技术分为初级资源回收技术、中级资源回收技术及高级资源回收技术三大类。

(一)初级资源回收技术

由废弃物再加工生产原料的过程以前称为回用(salvage),现在称为回收(recycling)。最简单、最常用的回收技术是消费者在废弃物产生的源头将其分类,称为源分类(source-separation)。这种方式最节省能量消耗。对于更严格的回收利用目标,则必须寻找更加细致的回收方案。一般而言,可供选择的回收方式包括:①路边收集;②弃置中心;③废物加工站;④废物转运站;⑤堆肥;⑥废弃物收集和处理;⑦轮胎回收。

对于居民来说,路边收集非常方便,不需要将废物送到回收中心。对于资源回收,有两种基本的路边收集方式。第一种方式为住户自备储存箱或储存袋,住户将废物自行分类并放入适当的储存箱。在收集当天,将储存容器放置到路边。采用此法的主要缺点是购置储存容器的成本较高。第二种方式是仅给住户提供一个储存箱,用于回收所有的可回收物质,然后由路边收集人员将这些物质分类放入回收车辆。

另一种回收替代方案为设置弃置中心。因为回收工作与社区有关,因此设计的弃置系统应环绕社区且应考虑到实际社区的范围大小。为评估和选择最适宜的弃置系统,必须考虑一些关键因素,如弃置中心的位置、待处理的物质、服务人口、弃置中心数目、运行和公众信息等。当弃置中心仅用来协助路边收集时,其规模可以比较小。如果弃置中心是社区中唯一或主要的回收系统,则必须进行仔细规划,需要考虑周围的交通流量、废物的储存和收集。

第三种主要回收方法是物料处理回收站。在这种情况下,由政府将可回收的物料运送至处理中心,利用机械和人工手段进行分类回收。

(二)中级资源回收技术

1. 破碎和分离

作为中级处理技术的第一步,可在处理中心将某些物料回收。其中最可能回收的物质包括纸、有色金属和黑色金属。城市固体废弃物一般在通过输送带时用手工将纸去除,然后进入破碎机,黑色金属可以用磁分离机分离。在大型社区,当固体废弃物收集量每周超过1 000 t时,在处理时应考虑将汽车和卡车轮胎进行分离和破碎。在沥青混凝土厂可以利用破碎后的轮胎作为原料。轮胎在填埋场是个扰人的问题(因为无论将其填埋多深,轮胎常会在填埋场表面突出来),因此将轮胎回收利用无疑是有益的。

2. 堆肥化

富含可生物降解有机物的垃圾经过堆肥化处理后形成堆肥。堆肥是良好的土壤改良剂,堆肥可以起到以下作用:①改进土壤结构;②增加土壤保持水分的能力;③减少溶解性氮的浸出;④增加土壤缓冲能力。应该强调指出,堆肥并不是一种有价值的肥料,因为它仅含1%或更少的主要营养物,如氮、磷、钾等。

3. 甲烷回收

在卫生填埋场中,甲烷是废弃物中有机物经厌氧分解的产物。除气体井和收集系统外,还需应用一些氧化处理设备。这些处理过程至少应包括脱气、气体冷却或去除高级烃类。这样得到的气体为低含热值气体,其热值为18.6 MJ/m³。如果进一步去除二氧化碳和某些烃类,则可得到高含热值气体,这种气体可以直接用管线供给用户使用,其热值约37.3 MJ/m³。填埋场所产生的填埋气体量为每年每千克固体废弃物产生0.6~8.7 L气体,平均产生速率为5 L/(kg·a)。回收甲烷气体的技术适合应用在小规模填埋场(小于11 hm²),主要是由于气体处理设备的复杂性及投资成本问题限制了该技术应用于大规模填埋场(大于6 511 hm²)的甲烷气体回收。除非利用其他可行的技术,否则大规模填埋场所产生的气体会直接排入大气中。

(三)高级资源回收技术

高级资源回收技术系统的成功应用取决于其对能量的回收,因此首先要考虑固体废弃物作为燃料的利用价值。虽然固体废弃物并不是很好的燃料,但从另一个角度看,由于其成本低,看起来似乎很吸引人。然而,将固体废弃物作为燃料时,也会有些看不到的隐性成本。只有首先将废弃物中的金属和玻璃去除,并减少其颗粒尺寸,改善其物理特性,固体废弃物才能在传统的燃煤电厂中燃烧。另一种替代方案是建造特殊的电厂,直接以收集到的固体废弃物为燃料,这样做需要增加一些成本。

六、固体废弃物处置效果的卫生学评价

固体废弃物经过不同的处理后,达到"减量化、无害化、资源化"的目的,经过处理后,还要对其处置效果进行卫生学评价。固体废弃物处置效果的卫生学评价依据是国家或地方已经公布的各种卫生标准、环境保护法和相应的技术规范,必要时可参考国外的卫生标准和技术规范。例如我国目前已公布的环保法和技术标准有固体废弃物、水、大气和噪声污染防治等,以及生活饮用水卫生标准、地面水环境质量标准、生活垃圾填埋环境监测技术标准、大气环境质量标准等许多项国家标准。

固体废弃物处置效果的评价内容与范围至少应包括两方面,即废物评价和环境影响因子评价。

(一)废物评价

在评价处理效果时对工程所在地区的固体废弃物现状调查相当重要。对废物和垃圾的分布和堆集地点也要详细调查,主要了解当前对废物的处理状态,在重点堆集地要取样测试,研究废物的构成和化学成分。

对废物的污染现状调查可了解废物不安全堆放造成对环境污染的危害程度。废物的污染程度除与废物本身的组成和化学成分密切相关外,还与地区的气候条件和水文条件密切相关。所以在对废物污染现状进行调查时,也要调查地区的气象要素。例如在我国南方多雨炎热的气候条件下,新鲜有机垃圾弃置几小时后或当天就会发酵腐烂,向大气散发有害气体。在被废物污染的水域或土壤中采取试样,进行测试,可以掌握废物的主要有害成分,可为废物处理提供有价值的数据。对废物污染现状的了解可以证实进行废物处理的必要性和重要意义。

总之,废物评价的要点就是要准确掌握废物成分,并对其增长率给予准确预测。对废物的污染和环境的危害程度做出正确评价,并为废物处理可能产生的危害提出控制建议。

(二)环境影响因子评价

环境影响因子主要指大气、水、声和生态环境。评价基础应以区域和场地周围的自然地理资料为主,例如气象、土壤、地表水资料等。

1. 大气环境的卫生评价

应以区域气象资料为主,论证在当地气象条件下对固体废弃物处理散发的有害气体的容纳和扩散能力,确定可自然降解的能力,预测在扩散范围内可能对居民造成的危害。

对大气环境的主要评价因子可包括 CH_4、H_2S、NO_x、NH_3、CO_2、CO、HF、HCl、TSP(总悬浮颗粒)、二噁英、沼气和微生物气溶胶等,首先要评价其浓度对填埋场内作业人员是否有危害,以及在场外一定范围内对居民的影响。

2. 水环境的卫生评价

原则上固体废物处理不允许对任一水环境造成危害,特别是地下水更不能被污染,这一目标主要靠严密的工程措施来保障。进行卫生评价时,首先要搞清楚区域大的水循环系统和场地周围小的水循环系统,并且要确定小循环系统与大循环系统的水力关系,以及地下水与地表水的水力联系。然后再对各水循环系统作风险评价和圈定出可能造成污染的范围,并对危害程度做定量分析,制定出预防措施。

进行水环境卫生评价时,主要评价水质的物理因子、化学因子和生物因子。

物理因子主要包括温度、味、色、浊度、固体(总固体、悬浮性固体、溶解性固体)。化学因子包括有机和无机成分。无机成分包括含盐量、硬度、pH、酸度和碱度、铁、锰、氟化物、硫酸盐、硫化物、重金属(汞、铅、铬、铜、锌等)、氮(氨、亚硝酸盐、硝酸盐)、磷等。有机物包括 BOD_5、COD、DO(溶解氧)、酚类、油等。

3. 噪声的卫生评价

固体废弃物处理场地工程施工时对声环境的影响,主要应考虑机械设备运行时产生的噪声,但无高的噪声源存在。施工期间的噪声只对作业人员有一定的影响,对居民不会产生大的影响。一般情况下场地都离居民区较远,所以对噪声的卫生评价不作为重点。

4. 生态环境的卫生评价

任何一项工程建设都要对自然生态环境造成一定影响,固体废弃物处理工程也不例外,但固体废物处理工程与其他工程不同,它是消纳废物的工程,除对工程用地的原有生态产生破坏外,还对其周围环境有一定的影响。

作卫生评价时,对生态环境影响评价的主要因子是扬尘、恶臭、有害气体,以及含有害物质的扬尘颗粒对人、动物、植物生长的影响和应采取的必要的预防措施。

【思考题】

1. 常用的分离技术有哪两类?各包括那些?这些常用的分离技术的基本原理是什么?谈谈你对分离技术应用于污染物净化方面的看法。

2. 常见的化学控制技术有哪些?请列举三种你认为应用广泛的技术,并介绍其原理及其在有害因素控制方面的应用。

3. 饮用水消毒的常用方法有哪些?这些方法的特点及使用的范围是什么?

4. 饮用水的深度处理技术有哪些？列举三种常用的深度处理技术，并说明其基本原理及应用范围。

5. 室内空气净化方法依原理可分为哪几类？目前常用的室内空气净化方法有哪些？请列举三种，并写出该净化方法的原理、特点及应用范围。

6. 我国《室内空气质量标准》中规定的主要空气质量指标有哪些？并简要叙述其卫生学意义。

7. 简述作业场所通风的定义，并简要叙述局部通风和自然通风的原理及适用范围。

8. 常用的除尘器有哪些？它们的原理是什么？

9. 有害气体的控制方法有哪些？

10. 简述常用的有害气体净化方法及其原理。

11. 职业有害因素控制技术的效果评价标准是什么？以高温为例，简要叙述如何对高温的控制技术进行效果评价。

12. 试述生物膜法净化污水的原理。

13. 常规的城市污水处理厂二级生物处理工艺的主要去除对象是什么？为什么要加上脱氮除磷功能？

14. 如何从卫生学角度评价污水处理效果？

15. 固体废物给社会经济生活带来了哪些影响？

16. 应该如何处理和利用我国的固体废弃物？

17. 对固体废弃物处理时应注意哪些问题？

（周宏伟）

第四篇 公共卫生政策与管理

第十四章

公共卫生政策与法规

公共卫生政策与法规是改善公共卫生事业发展方向,提高公众健康水平的有力保障。本章主要介绍公共卫生政策的相关基本概念,公共卫生政策系统,我国公共卫生政策研究的现状、趋势,政策分析的基本原理以及常用的政策分析方法。同时阐述公共卫生政策制定和实施的一般步骤与方法,简介我国现行的公共卫生政策。阐明卫生政策评估的性质、意义,卫生政策评估的基本思路以及卫生政策系统评价的基本步骤。另外还将介绍公共卫生法律法规的制定与实施,简述我国现行的公共卫生法律体系及相关的法律制度。

第一节 公共卫生政策概论

一、政策

在我国古汉语中,"政策"一词常常是被分开使用的。其中,"政"是指政治、政权和政事等,"策"是指谋略和计谋。在日本明治维新期间,引进了一些西方科学术语,如"policy"一词翻译成汉字"政策",后传入中国,就成为了现代汉语中"政策"一词。

政府部门发布的各种法律、法令、法规、规定、条例等,都是政策的样本。关于政策究竟是什么,不同学者对它给予了不同的诠释。

托马斯·戴伊(1987)认为:"凡是政府决定做的或不做的事情就是公共政策。"

戴维伊·斯顿(1953)认为"政策是对全社会的价值做权威性的分配",换言之,"一项政策的实质在于通过那项政策不让一部分人享有某些东西而允许另一部分人占有它们"。

孙光(1988)在《政策科学》中认为:"政策是国家和政党为了实现一定的目标而确定的行

动准则,它表现为对人们利益进行分配和调节的政治措施和复杂过程。"

张金马(1992)在《政策科学导论》中将政策解释为:"党和政府用以规范、引导有关机构、团体或个人行为的准则或指南,其表现形式有法律、规章、行政命令、政府首脑的书面或口头声明以及行动计划与策略等。"

综上所述,政策是各种组织(包括国际社会、国家、政党、部门)为了实现一定的目标,在某特定时期用以规范、引导有关机构、团体或个人行为的一系列法律、法规、规定、条例等的总称。

二、公共卫生政策

公共卫生工作是一个国家社会生活条件中十分重要的领域,关系到国民的健康水平和身体素质。从某种角度来讲,公共卫生工作是一切社会事业的基础。公共卫生发展不仅是卫生部门的职责,而且与社会和经济发展的各个部门联系紧密;公共卫生发展既促进社会和经济的发展,同时公共卫生发展又依赖社会和经济的发展。因此,公共卫生政策是整个国家政策体系的一个重要组成部分。

公共卫生政策是各层次的执政中心或决策中心,如国际组织、国家、地区用以规范、引导卫生事业发展方向,调节卫生资源配置,协调各利益群体的利益、矛盾等,为最终提高公众的健康水平、维护社会稳定、推动社会发展所采用的手段或途径。

(一)公共卫生政策的特点

公共卫生政策既具有一般政策的共同特点,又拥有公共卫生事业的独特特征。公共卫生政策的特点,可以概括为以下四个方面:

1. 公共卫生政策既具有鲜明的阶级性,又有一定的共同性

公共卫生政策同一般政策一样,代表着统治阶级的利益与意志,具有鲜明的阶级性。同时,由于卫生事业是全人类的共同事业,与人类健康有关的环境因素和生物因素是基本一致的,因此,很多公共卫生政策,特别是技术性公共卫生政策,在一定程度上又具有共同的特点。

2. 公共卫生政策既具有特定的部门性,又有广泛的社会性

各级卫生单位以及与卫生工作有关的工作者,既是公共卫生政策制定的主要承担者,也是公共卫生政策的贯彻实施者或组织实施者,因此说公共卫生政策具有其特定的部门性。同时,随着社会的发展,医学模式的转变,医学社会化、生产社会化、生活社会化的同步发展,任何一项卫生政策,所面向的都是大小不同的"社会",而且在很多方面还可依靠政府的力量,利用卫生政策手段来解决一些社会卫生问题,所以公共卫生政策又具有广泛的社会性。

3. 公共卫生政策既具有相应的强制性,又具有相对的说服教育性

公共卫生政策作为执政党的一种意志,要求其客体对象必须执行和服从。一方面,有些类型的公共卫生政策,特别是法制型公共卫生政策,是公共卫生政策定型化、条文化了的一种形式,具有严格的强制性。另一方面,由于公共卫生政策的社会性,它涉及对象主要是群体对象,大量的公共卫生政策需要在宣传发动、说服教育后,才能被人们所理解和自觉接受,政策才得以顺利实施。因此,公共卫生政策又有一定的说服教育性。

4. 公共卫生政策既具有很强的时效性,又有持续的稳定性

任何一项公共卫生政策,都是在一定的现实条件下而存在的,受严格的时间性和空间性制约。一旦客观形势发生变化,不符合新的现实条件,它就成为过时的公共卫生政策。一般来说,不同时期应该有不同的公共卫生目标,相应地应该有不同的公共卫生政策。公共卫生政策的时效性,要求不断研究新的公共卫生政策的内容,以适应新的现实的需要。另一方面,由于大量的卫生保健任务,不是在一个短时期内能够完成的,有的卫生保健任务,需要多年甚至多代人的努力才有可能完成,只要公共卫生政策所服务的任务没有完成,公共卫生政策就应该保持持续和稳定。因此,公共卫生政策相对一般的政策,又具有持续稳定性的特点。

(二)公共卫生政策系统的构成

公共卫生政策系统是公共卫生政策运行的载体,是政策过程展开的基础。公共卫生政策作为整个卫生事业的核心部分,其构成内容十分丰富。

公共卫生政策的基本系统构架应包括以下内容:

1. 公共卫生政策目标

公共卫生政策是为了实现一定的公共卫生工作目标而制定的,公共卫生政策必须先有目标,没有工作目标的卫生政策是没有任何实际意义的。因此,公共卫生政策的目标是形成公共卫生政策的基础。

2. 公共卫生政策的主体与客体

政策主体是政策运行过程中不可或缺的要素,是政策制定及运行过程的基础和前提条件。公共卫生政策的制定者是公共卫生政策的主体。公共卫生政策的客体是公共卫生政策所发生作用的对象。没有主体和客体的公共卫生政策是不存在的。

3. 公共卫生政策价值

政策价值指政策主体通过政策作用于政策客体而能实现政策主体自身的利益和意志,以及政策客体在政策作用下能够反映和体现政策所能实现的目标和效能。简言之,政策价值是政策主体的需求与政策客体的有用性在政策中的凝集与统一。

4. 公共卫生政策内容

政策内容是指政策内部所包含的由政策主体、政策客体、政策价值等组成的内部系统,

是政策价值的具体体现。公共卫生政策的具体内容包括公共卫生政策主体、政策客体、政策价值、政策目标和具体内容规定、政策原则、政策方法、政策措施、手段和方式、障碍与控制、政策评价、政策效益、政策的适应范围及要求等。

5. 公共卫生政策形式

政策形式是政策的外部表现形式。常见的政策表现形式有法令、法规、规划、计划、制度、方针、措施和条例等。

6. 公共卫生政策效果

通常把公共卫生政策的效果分为目标内效果和目标外效果两方面。不同的公共卫生政策有不同的效果,效果的大小、好坏是判断和评价公共卫生政策成败的基本依据。

7. 公共卫生政策环境

公共卫生政策环境分为社会环境和自然环境两大部分。社会环境主要包括政治、经济、文化、宗教、伦理、民俗、人口、教育、科技、法制等,它对公共卫生政策有着直接而重要的影响。自然环境主要指地理地貌、区域面积、气候条件、山川河流等,它对公共卫生政策有影响或制约作用。

(三)公共卫生政策的研究范畴

1. 公共卫生政策与政策环境的关系

在实际生活中,无论是一项具体的政策还是许多政策组成的集合,都不能离开一定的环境而存在。政策环境直接影响、制约着公共卫生政策的实施与效果。

2. 公共卫生政策系统的主体与客体

公共卫生政策的客体是指公共卫生政策所作用的对象,包括政策制定与实施所要改变的状态、政策执行中政策直接作用的对象,及政策所要解决的核心问题,即利益冲突。认识公共卫生政策客体是为了把握和改造政策客体,这是政策客体和政策主体最本质的关系。在实践中,要从公共卫生政策客体的实际情况出发制定、实施政策,要认识和把握具体政策客体的特殊性。

3. 公共卫生政策的运行机制

公共卫生政策的运行机制关系到政策的制定、实施、控制、调整和终结等政策运行质量和状况,一般说来,其内容包括公共卫生政策的运行体系和公共卫生政策的运行规律。公共卫生政策的运行体系一般由信息系统、咨询系统、决策系统、实施系统和监督系统等构成。政策运行规律主要包括政策效力作用规律、政策利益调控规律和政策生命周期规律。

4. 公共卫生政策的方法学研究

目前国内公共卫生政策研究还缺乏专门的研究方法,缺乏系统的对政策研究方法的研究。常常是借用或综合其他学科的研究方法。现在常用的方法有社会实验法、调查研究法、系统分析法、试验研究法、比较研究法、定性和定量分析相结合的方法等。

三、我国的公共卫生政策简介

我国的公共卫生政策是以党和国家的路线、方针、政策为依据,在正确认识和分析我国卫生事业的基本特征、性质、地位和作用的基础上,结合社会发展的不同历史时期的实际而制定出来的。从新中国建立至今,在我国公共卫生事业发展中,逐步产生和形成了具有中国特色的公共卫生政策,这些政策对我国公共卫生事业的发展和进步起到了重要作用。我国目前的公共卫生政策主要体现在以下几个方面:

(一)卫生资源政策

所谓卫生资源,就是在一定社会经济条件下,国家、社会和个人对卫生部门人、财、物投入的总称,是开展卫生服务的必要基础。当前我国卫生资源的基本政策是:以社会主义初级阶段理论为指导,紧密结合卫生工作的实际,努力开发,合理分配,正确使用卫生资源,充分发掘现有卫生资源的潜力,不断提高卫生资源利用的社会效益和经济效益。

(二)医政管理政策

医政管理是指对医疗活动的行政管理,即按照医疗工作的客观规律,依据卫生工作方针政策,对医疗活动进行计划、组织、控制和评价的过程。我国目前的医政管理政策为:坚持社会主义办医方向;坚持把社会效益放在首位,全心全意为人民服务;医务工作者在思想上、政治上、行动上与党中央保持一致;不断提高医务工作者的思想政治素质和职业道德水平;坚持防治结合的方针;坚持中西医结合的方针。

(三)预防保健政策

贯彻落实预防保健政策就必须坚决贯彻"预防为主"的根本方针;加强预防保健机构的建设;大力开展爱国卫生运动;将健康教育纳入公民素质教育的重要内容等。

(四)初级卫生保健政策

各级政府和有关部门对初级卫生保健应承担相应的责任,并将各级政府任期目标责任制纳入社会经济发展的总体规划;加强基层卫生建设,实行科学管理,提高初级卫生保健管理水平。

(五)卫生经济政策

当前卫生经济政策主要体现在中央和地方政府对卫生事业的投入及费用结构;拓宽卫生筹资渠道,发展卫生事业;完善政府对卫生服务价格的管理,实行成本价和市场价并存;加强卫生机构的经济管理,勤俭办卫生事业等。

(六)药品管理政策

积极探索药品管理体制改革;建立并完善基本药物制度、处方药与非处方药分类管理制度和中央与省两级医药储备制度;改进和加强药品价格管理,对药品实行分类管理;整顿与规范药品流通秩序,切实为百姓提供优良的医疗服务。

(七)医学教育政策

建立并完善医学教育制度,加强医学院校师资队伍的建设,重视学术带头人与技术带头人的培养;改善医学院校的办学条件,提高教育质量和办学效益;深化医学教育改革,加快发展全科医学,培养全科医生,以配合和适应卫生体制改革的需要。

(八)医学科技政策

(1)贯彻"科学技术是第一生产力"的思想,坚持医学科技为社会主义现代化建设服务的方向,有计划、有重点地对严重危害我国公众健康的疾病集中力量攻关,力求有所突破。

(2)深化卫生科技体制改革,优化结构,分流人员,增强卫生科研机构的活力。

(3)积极开展和扩大卫生领域的国际交流与合作,引进先进技术、智力和管理经验。

第二节　公共卫生政策分析

公共卫生政策是政策中的一个领域,具有政策的一般特点和规律,同时由于其针对的是卫生系统,所作用的领域是卫生事业,因此卫生事业本身所具有的性质、特点和规律使得对公共卫生政策的研究在某些方面不同于其他领域的政策研究。

公共卫生政策分析是一个过程,可以看作是对整个公共卫生政策过程(政策问题的确认、政策规划、政策执行、政策合法化、政策评估、政策反馈、政策终结)的分析,也包括对政策环境的分析,如国家政治、经济、社会文化环境,参与者以及其他团体,如立法、司法、行政、利益团体、民众等在政策制定系统中发生影响与作用的机制。

一、公共卫生政策分析的基本原理

在公共卫生政策的分析研究中,由于各国的国情和科学技术水平的不同,会存在这样或那样的方法学的差异。但对于公共卫生政策分析和研究的一般方法而言,各个国家在这方面的基本原理是一致的。这些基本原理包括实证原理、价值原理、规范原理、可行性原理和优化原理。

(一)实证原理

公共卫生政策分析的实证原理,是指在公共卫生政策分析的全过程中都必须进行实证的分析,政策分析的结论必须依据客观的事实和数据资料,不能凭空假设。

政策研究的实证分析是研究者对公共政策(或政策问题)的本来面貌的了解过程,是对政策、政策问题、政策对有关政策问题的影响方向和影响程度等进行客观描述、观察、分析和推理的过程。

实证分析的过程所要回答的问题是:政策问题究竟如何?已经采取了什么政策?这些政策是在什么时候制定和实施的?政策实施的效果如何?

实证分析是政策研究中发现基本事实的手段,也是政策制定或调整的必要前提和基础性工作。只有对政策问题有准确的了解,才能把握政策设计或调整的正确目标,制定的政策也才有针对性。实证分析实际上是对政策问题的现状进行分析,其寻求的目标是客观事实,而不是人们对客观事实的看法或评价。

由于政策的主体和客体都是人,政策研究者也是社会化的人,完全不带有任何价值色彩或规范色彩的"纯粹"实证研究在现实中是很少见的,绝对客观的事实也是难以得到的。尽管如此,政策研究者还是有责任减少先入为主的观念,通过自身努力,尽量降低主体参与度,设法增加客体参与度,力求实证分析能够"证实"。在政策研究的过程中,不要将"期望什么"和"客观上是什么"这样两个根本不同的问题混同起来。

(二)价值原理

公共卫生政策分析的价值原理,是指政策研究应该对政策受益者或受损者关于政策问题的价值判断进行分析。脱离价值观的政策研究是不存在的。不符合政策作用对象价值观的决策往往缺乏可行性。价值研究的基本目的包括:确认某个目标是否值得争取,采取的手段是否可以接受,以及对原有体制改进的效果是否"良好"等。

政策的价值研究所要回答的问题包括:政策制定的目的是什么?实施政策后的受益者是谁?为了达到什么样的目标?政策的实施会有多大风险?政策实施应优先考虑什么?

在公共政策的形成过程中,各利益群体都会尽量把自己的利益要求输入到政策制定系统中去。政府也会依据自身利益的需求,对复杂的利益关系进行调整,实现对社会公共利益权威性的分配。一项政策的产生,是包括政府在内的各种利益群体通过竞争、博弈与合作,而达到利益相对均衡的结果。

在制定与执行政策的过程中,政府虽然很想给社会的相关组织与个人带来利益,但由于社会资源的有限性,尤其是政府手中可运用资源的有限性,无力满足社会的一切需求,至多能做其中的一些事情。政府的政策一旦实施,虽给社会中某一群体增加了实际利益,但同时也会间接影响到社会其他利益群体的利益。一旦某些组织或个人利益受到了威胁，产生了被剥夺感，他们会反对该项政策，想方设法要求政府采取行动保护他们的利益；而那些能够获得新利益的人则会拥护、支持该项政策。政策执行的动力是利益，其阻力与困难也来源于利益。

（三）规范原理

政策分析的规范原理是指政策研究必须表明，"什么该做和什么不该做"；若该做，则"如何做"？缺乏规范分析的政策研究是盲目的、无效的研究。

规范分析寻求的是公共政策的目标以及为达到目标采取的行动和手段。正是在规范分析的范畴内，才能确定和优选出待选择的各种政策方案。

政策的规范研究所要回答的问题是：应该确定什么政策目标？应该如何去做才能实现政策目标？公共政策研究中规范分析的基本结论是：如果要尽可能地达到某种政策目标，那么在特定政策环境下就应该采取某种规定的行动。

在实际政策研究中，如果能够进行正确的规范分析，往往得出的结论就比较正确，设计出来的政策方向也比较正确，政策效果亦比较明显。因此，在政策研究中应该做到：

（1）避免用研究者自身的价值观或用决策者所持的价值观简单地代替社会公众的价值观，并且在此基础上提出解决政策问题的规范性目标和意见。

（2）在规范分析中对政策问题解决的程度和目标的设计上，避免出现盲目攀比现象。攀比提出的政策目标往往是不可行的。如果后续政策研究环节没有把握好，制定出来的政策往往是可望而不可即的。

（3）在确定如何达到政策目标的途径上，要避免不切实际照搬或挪用别处的经验。同样的政策措施由于政策环境的不同，实施条件有很大的差异，得出的政策效果也会明显不同。

（4）避免用语含混。例如，"要严格控制医疗费用"，却没有更规范地明确要把费用控制在什么范围内，这样的政策由于不作量化不便于落实和检查。因此，政策语言规范性不够，也是造成有人"钻政策空子"的一个重要原因。

（四）可行性原理

公共卫生政策分析的可行性原理，是指任何政策研究都必须根据规范分析所确定的政策方向和目标来设计不同的政策方案，并分析所设计的方案是否可行。可行性分析是对规范分析中所提出的方案进行经济、技术和政治等方面的考察，以确认该方案是否处在客观现实的能力之中。

可行性分析所要回答的问题包括：实施政策能否可行？决策者或有关公众是否会同意、允许政策实施？

在可行性分析中，最重要的是对政策方案在政治上、经济上和技术上的可行性进行分析。政治可行性分析指的是对政策方案被决策者或当事人接受的可能性的分析；经济可行性分析是指对需要使用资源的可能性的分析;技术可行性分析是指对达到政策目标所需的科技手段的可能性的分析。此外,可行性分析还包括对其他因素的可行性分析,如伦理道德、生态环境和文化等方面的可行性分析。这些因素的可行性有时也是不可忽略的。

(五)优化原理

公共卫生政策分析的优化原理,是指任何政策方案不可能一蹴而就,必须经过反复比较、分析、筛选,才能制定出比较令人满意的政策。政策优化分析不仅是对多个政策方案的优选,也包括对单个政策方案的不断修订和完善。

政策优化分析的起点往往是各种可行方案或某个可行方案。但是,可行的不一定是更好的。由于受各种主客观条件的限制,在各方面都十全十美的公共卫生政策是不可能有的。此外,一项公共卫生政策既有其有利的影响,也有其不利的作用。政策优化分析不是寻求绝对最优方案,而是从各种可行方案中选择最为满意的方案,并通过试点、修正和完善,使之更好地发挥政策效益,使有限的政策资源投入能够最大限度地解决社会公共卫生问题,从而切实提高人们健康水平,给社会的进步和经济的发展注入更大的活力。

判断政策是否更佳的基本方法是"成本—效果分析",即在同样的政策费用支出下能否收到更好的政策效果,或者在取得同样的政策效果下所付出的代价是否更小。但实际操作中,往往缺乏对政策"费用—效果"准确的定量把握,特别是关于政策的机会成本常被忽视。

在公共卫生政策分析中,要避免用决策者倾向的政策方案作最优方案。有些研究人员简单地把决策者喜欢的政策方案作为目标方案,千方百计论证其优越性,结果往往是把更好的方案遗漏掉了。但是,在政策分析中完全不考虑决策者的倾向也不可能,毕竟决策者是政策形成过程中的关键人物,他的倾向会对政策选择产生客观影响。为了克服这种问题,可将决策者的倾向作为一项参数,给予适当的权重。

二、公共卫生政策分析的基本方法

政策分析是一项技术性很强的工作,有关政策分析的技术和方法发展很快,在卫生政策分析方面,常用的方法有相关利益集团分析法(stakeholder analysis)、政策图解法(political mapping)、政策网络分析法(policy network analysis)、场力分析法(force-field analysis)和 SWOT 分析法(Strengths, Weakness, Opportunities and Treats analysis)等。本节将重点介绍三种方法:相关利益集团分析法、政策图解法和 SWOT 分析法。

(一)相关利益集团分析法

1. 相关利益集团

相关利益集团是指某些个人、团体或者机构,他们的利益与某个政策的目标密切相关,不管是现实的还是潜在的,在政策目标实现后,他们的利益会受到不同程度、不同方面的影响。例如,一项将农民工纳入城镇职工医疗保险对象的措施,地方政府为了当地建设、增加财政收入,可能持消极态度或抵制心理;医疗机构会支持,因为医疗服务利用率提高;部分企业为了自身利益,节约成本,可能反对该政策;农民工会欢迎,因其健康有了保障;医疗保险机构可能会支持,因增加了保险覆盖面,保险金的稳定性提高。这些团体都是相关利益集团。

2. 相关利益集团分析

相关利益集团分析是政策分析中常用的一种方法。通过分析政策制定或实施过程中涉及的相关利益集团及其对政策目标的影响力,决策者可以更好地了解哪些人、哪些团体可能影响决策。同时,明确这些人或团体的利益和能够用来影响组织决策的力量,即他们所动用的资源,包括可见和不可见的资源。其中,可见的资源如人力、物力和财力,不可见的资源如政治影响力、信息以及与关键人物的特殊关系等。

相关利益集团分析的主要研究对象是对某政策存在重要正面或负面利益影响的集团。某政策出台往往会牵涉相关集团(如某类人群、团体、机构)的利益,导致各集团利益增强或受损,由此他们会对该政策的制定、执行、监管产生正面或负面影响,甚至通过干预改变政策的预期结果。因此,在政策制定前,要明确政策相关集团的利益、所能动用的资源、动用资源影响政策的能力,然后采取积极的行动去平衡各集团的利益或调整原政策,以减少实施阻力,达到预期目标。

3. 相关利益集团分析的步骤

(1)确定相关利益集团:根据下面的提示,分析某个政策目标可能对哪些人产生影响并列出相应的清单。具体包括:①谁可能从中得到好处? ②谁可能受到负面的影响? ③是否找到了容易受到伤害的群体? ④是否找到了支持者和反对者? ⑤这些相关利益集团之间的关系是什么?

公共卫生政策相关的相关利益集团一般包括:卫生行政部门、卫生服务提供者群体(医生、护士、药剂师等)、卫生服务消费者、保险公司、药品和医疗用品生产经营者等。

(2)估计相关利益集团的利益以及政策目标对其利益的可能影响:某些集团的利益可能并不容易判断,尤其是当这些利益是"隐藏"的、多方面的或者是与政策目标相冲突的时候。

通常采用下面的提示来发现这些利益:①某个相关利益集团在政策目标实现后可能得到的益处是什么? ②这个集团哪些方面的利益与政策目标相冲突? ③这个集团拥有的资源是什么?

要回答这些问题,需要做深入的研究。对于正式的组织,可以掌握并分析他们现有的资料。例如政府,有正式发布的法律、法令和部门规章、工作报告、领导讲话、年报资料等作为分析的依据;而对于非正式的组织,如群众,就需要进行直接或者间接的调查研究,例如与这些利益集团直接接触或者从了解他们情况的知情人那里获得有关的信息。

(3)评价相关利益集团动用资源的能力:当某一个集团的利益与政策目标相符合或者相冲突的时候,它都有可能动用其资源来支持或者反对政策目标的实现。这些资源可以分为五类:经济或者物质资源、社会地位或者威望、信息或获得信息的渠道、合法性和影响力等。例如,著名经济学家依靠其拥有的知识和信息,能够极大地影响一个国家的宏观经济政策,这是物质资源的例子;董事会拥有法定权力来影响总经理的经营决策,是合法性的例子。动用资源的能力又可分成五个等级:很高、高、中等、低、很低,或者运用更细的十一等级划分法。

(4)判断各个相关利益集团的立场:根据他们的利益与政策目标的关系,确定它们是支持还是反对政策目标的实现。同样,用等级划分的方法,把他们的立场从支持到反对分成多个等级。

4. 相关利益集团分析的优缺点

相关利益集团分析能够让决策者更好地了解哪些人、哪些团体可能影响决策,他们的利益和他们所拥有的资源如何,以估计这些集团影响力的大小,从而使决策者心中有数,对重要的集团加以关注,保证政策目标的实现。但是,由于相关利益集团分析更多地关注了各个集团本身,对于可能影响决策的所有团体缺乏一个整体的了解。所以,相关利益集团分析常在政策分析的前期进行,而且要与政策图解法结合起来,才能够更加明确地找出重要的相关利益集团。

(二)政策图解法

宏观政策图解法、微观政策图解法和政策网络分析都属于政策图解法的范畴,但是宏观政策图解法一般用于国家的大政方针以及法律的制定;后两种方法可以应用于更加微观的领域,如某部门(卫生部)的规章制度制定等。从字面上理解,某一个团体可能宏观上支持某一个政策,但对于其中的若干细节可能持反对意见。在这种情况下,需要进行微观层面的分析。

1. 宏观政策图解法

政策体系中有两个重要成分,一是众多的参与者(团体和个人),二是巨大的信息量。在实际生活中,涉及某一政策体系的参与者可能多达上百个,政策分析家要想在这样复杂的体系中,使用如此浩大的信息量分析每个参与者影响政策的能力是十分困难的。这种情形非常类似出门旅行寻找路线时遇到的问题。地图图解法能够帮助我们确定主要方向,暂时忽略众多的分叉、小路。宏观政策图解法,就是借助地图图解,找出主要的利益相关集团,并在地图上标注出它们之间以及它们和政策制定者之间的相互关系,以达到简化环境因素,精简信息量的目的。

政策地图和地理地图一样,也有水平和垂直两个维度。地图中央表示政策制定者,因为它是问题的中心。纵轴表示各个可能的政策参与者,如政党、社会团体、外部参与者和其他施加压力的团体。横轴表示的是这些团体对政策制定者的支持程度,越靠近中央,支持程度越高,反之越低。支持者分为核心支持者和道义或观念支持者,反对者分为法律反对者和反抗者。核心支持者和反抗者的立场一般都比较坚定,几乎不可能改变,而道义支持者和法律反对者的立场则不是绝对的,他们可能左右漂移,所以是政策制定者最需要关注的对象。如在劳务工密集的工业区发展社区卫生服务,劳务工是坚决的拥护者,他们的立场永远也不会改变。某些政府部门往往是道义支持者和法律反对者,出于机构的性质,他们可能支持,但是出于部门自身的利益,他们可能不会真正动用资源来支持这个政策。所以,他们的实际立场可能是中立的,所谓的支持仅限于盖章签字、派代表出席会议而已。

宏观政策图解需要考虑两个重要的变量:政策参与者是支持还是反对该政策的制定,及政策参与者是处在政策制定者的左边还是右边。

对于第一个变量,可以依据五个方面的问题来判断:①该团体基本同意政策博弈的根本规则;②该团体同意新政策的目标、目的和策略;③该团体对于政策制定者和执行者达到目标的权力至关重要;④该团体对于实施某些重大政策具有影响力;⑤该团体可以获得很多好处。完全符合这五项的团体,可以归于核心支持者,而且是该政策实施的最主要参与者。符合第一条是必需的,但是仅仅符合第一条,是不能占据中心地位的。对于第二个变量,基本上依据的是主观判断。划分左右,目的是根据研究的目的,把保守派和改革派、左派和右派区分开来。

2. 政策网络分析

如果希望重点关注某一个特定的政策,不把无关的参与者纳入考虑的范畴,可以应用政策网络分析。

政策网络分析通过如下步骤,绘制政策网络图:

(1)辨明政策的通过和实施要经过哪几个关键点?

(2)每一个步骤的关键人物是谁?

(3)政府官员如何接近这些关键人物?

(4)政府官员如何对这些步骤施加影响?

图 14-1 是某国家卫生系统的政策网络图。假定卫生部长打算增加农村卫生投资预算。在这个决策过程当中,关键人物是卫生部长、财政部长、总统和议会,此外还有一些可能影响决策的其他人物,如财政部官员具体决定着预算编制、项目开放或者关闭;卫生协会和医学会可能会结成联盟,与卫生部长一起对总统施加压力;议会的预算和财政委员会有可能批准或者驳回总统提交的预算法案,此委员会中有无议员对农村卫生真正感兴趣? 应该通过什么机制来影响这两个委员会的决策? 卫生部长应当准备足够的信息,在议会讨论和听证会上增加议员的兴趣。同时,还应当关注有间接关系的团体,即政策的接受者——市长联合会、全国合作协会和农业协会等,它们与议会有密切的关系,它们的影响至关重要。需要注意的是,不仅要与关键人物接触,而且要把他们动员起来。如果卫生部长不积极,就无法达

到目标;但仅有卫生部长的努力是不够的,还要考虑各个关键环节对这个目标的贡献大小。

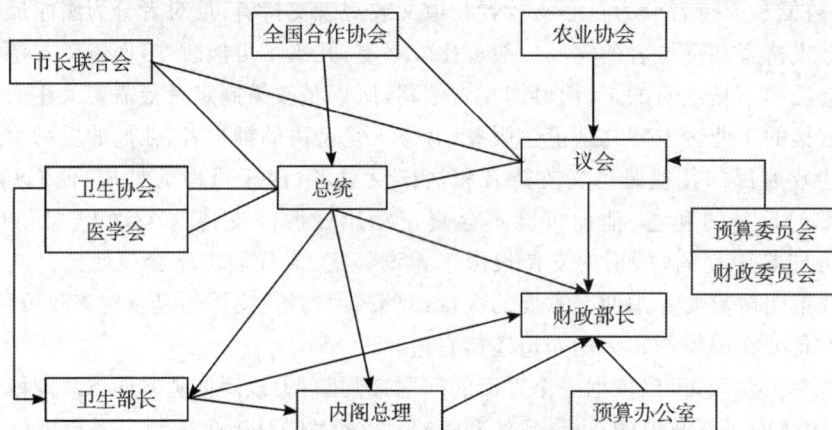

图 14-1 某国家卫生系统的政策网络图

(三)SWOT 分析法

前面所述的分析方法是针对一个组织的目标和政策的外部环境的分析。但组织目标或者政策实施的成功,还取决于组织内部的因素。SWOT 分析就是把组织内外影响成功的因素进行综合分析,了解组织的优势(strengths)、劣势(weaknesses)、机会(opportunities)和挑战(threats)。进行 SWOT 分析,往往需要一个团队,团队的成员来自组织内部的不同部门和组织外部的相关人员,如顾客、患者等。

1. 优势、劣势、机会和挑战

(1)优势:指组织拥有的任何内部资产(包括技术、技能、资金、商务关系),这些内部资产可以帮助组织实现目标,克服劣势,如熟练的人力、成熟的知识和技术、与服务对象的良好关系等。界定优势的关键问题是:本组织擅长什么? 组织在竞争中做得如何? 组织的资源如何等。

(2)劣势:指组织内部的一些不足,可能会阻碍组织实现目标,如缺乏动力,缺乏交通设施,产品和服务提供方面存在问题,声誉不好等。界定劣势的关键问题是:我们哪里做得不好,我们的服务对象对哪里不满意(缺乏某种长处)等。

(3)机会:指任何有利于组织实现一个特定的目标的外部环境或者趋势,如顾客的购买力提高,高质量新产品市场出现,对本组织产品有利的新技术开发成功等。界定机会的重要问题是:你希望看到若干年之后发生什么样的变化等。

(4)挑战:指任何不利于组织实现一个特定的目标的外部环境或者趋势,如出现了一个新的竞争者,顾客缺乏购买力,政府对本组织产品流通的限制政策等。界定挑战的重要问题是:有什么东西是别人有而我们没有的,哪些未来变化会影响我们的组织等。

2．SWOT 分析要解决的问题

（1）组织的目标是什么？

（2）组织的服务对象需要什么？

（3）组织与竞争对手的不同之处是什么？

（4）组织如何改善自己的服务？

（5）组织如何区分内部条件（优势和劣势）与外部环境（机会和挑战）？

3．SWOT 分析的步骤

在对组织的上述问题意见达成一致之后，分析团队就可以通过头脑风暴法找出该组织的所有优势、劣势、机会和挑战。在分析之前，可以选出一个主持人，负责发放卡片，分析分四个步骤，每个步骤只分析一个内容（如优势）。每个步骤完成后，对所提出的内容进行归纳，在团队内基本认同后，再进行下一个步骤的分析。如果大家都觉得分析某一个内容（如挑战）有难处，就可以设计一个情境，把问题放在具体的情境当中进行分析。

SWOT 分析让组织最终找出自己的优势并使之得到最大的发挥，找出自己的劣势并尽量克服，面对挑战，利用一切可能的机会发展自己。

第三节 公共卫生政策的制定与实施

一、公共卫生政策的制定

(一)卫生政策问题的提出

1. 卫生政策问题的构建

公众关注的问题成为政策问题，国家权力机构或政府部门将问题的梳理和解决纳入政策制定过程，叫作政策问题的构建。什么样的问题能够进入政策议程？群众对卫生系统的不满、对卫生系统进行改革的迫切要求，只有在特定的条件下才能够成为政策问题。卫生政策问题的界定离不开更大的社会和政治环境。影响政策问题构建的因素包括：

（1）大众传播媒介的力量：媒体的力量不可低估，不管是在发达国家还是在发展中国家，只要媒体拥有一定的自由，就可以把个别人关注的问题变成群体关注的问题，提高大众和政治精英的注意力，引起社会对某个问题的讨论。

（2）问题解决的可能性：如果有解决的手段，问题就可能被提上议事日程。最典型的例子就是当国际组织给予支持的时候，一些问题就会得到特别的重视，如口服补液、母乳喂养和计划免疫措施都是受到国际支持的项目。

(3)政策的倡导者：组织中的个人经历特别是领导者的经历会影响组织倡导的宗旨，即一些问题会有选择地进入政策倡导者的视野。例如，同样是针对精神疾患发病率高的事实，公共卫生工作者更关注宏观的社会环境变迁，如下岗问题；临床医生更关注患者的内心世界改变，如心理卫生。所以公共卫生工作者会呼吁解决社会问题，而临床医生则呼吁解决心理卫生问题。

(4)自然灾害或者经济危机：地震、水灾等自然灾害会引起人们对灾害卫生管理和预警系统的重视。如2003年，传染性非典型肺炎（SARS）的流行催生出《突发公共卫生事件应急条例》。

(5)政治时机：一些始终没有进入政府议事日程的重大问题，可能由于选举或者突发事件而成为政府关注的重点。如反恐怖问题在"9·11"事件之后被多国政府作为优先政策。

(6)新的社会角色进入：政府人事更迭，可能使改革的速度加快，从而使某些久拖未决的法规被迅速制定出来。

(7)社会文化的影响：主要是价值观和信仰的影响，在某些社会中容易被解决的问题，在另外一些社会中就可能需要特别的关注。如我国少数民族地区与汉族地区的计划生育政策就有所不同。

(8)重要人物的影响：一个具有决定力量的领导者可能会使看上去不可能发生的事情成为现实。

综合以上各种因素的影响，才能够产生某一时期的特定卫生政策问题。

2. 建立卫生政策问题的条件

政治学家肯顿（John Kingdom, 1995）认为，一项卫生改革政策要想取得成功，最好要满足以下三个条件：①符合客观实际，即它确实是专家和群众所认可的热点问题；②有解决的可能性；③符合政治事件发展的规律，即上面所提到的影响政策问题构建的一些因素。

对卫生工作者来说，最复杂、最难以把握的是政治事件发展的规律，因为卫生领域的专家很少受到政治学方面的培训。所以，卫生领域的专家应当更加关注某一项政策方案的政治可行性（political feasibility），即符合政治事件发展的规律。政治可行性并非有或无，而是从0到1连续变化的。政策方案能否被承认、能否被采纳、能否获得政治承认，取决于利益相关集团（支持者和反对者）的地位、技巧和承诺。他们所拥有的资源量如何？他们准备动用多少资源来支持或者反对这项预期政策？他们运用资源的能力如何，即他们是否有效地说服了民众，有效地与关键政治人物达成了协议？根据以上的判断，卫生政策的制定者应该具有说服动摇的中间派别支持新政策的能力，说服中间派别动用他们的资源来保证改革的持续进行。同时，改革政策的领导者至关重要，有能力的领导者能够克服困难，依靠他们的创新精神和负责任的态度，使得不太可能的事情成为可能，因为改革意味着损害一部分群体的根本利益。所以，进行一项政治上可行的卫生改革，不仅需要良好的政治愿望，还需要政治技巧(political skills)、政治分析(political analysis)和政治策略(political strategies)。通过上节介绍的政策分析方法,可以达到政治分析的目的。

(二)卫生政策的制定

在政策方案的制定过程中有两个基本要素:一是目标,二是方案。确定目标是前提,拟定方案是基础,选择优化方案是关键。

1. 确定政策目标

卫生政策目标,是政策制定者要实现的一种理想状态和衡量目标实现的一系列指标。政策目标与政策问题密切相关。不同的政策主体(如卫生部和财政部)对政策认同程度可能不同,同一政策主体的不同行动主体(如卫生部、省卫生厅和市卫生局)对同一目标的重要性认同程度也可能不同,关键在于这些认同程度之间不应当存在着根本性的冲突。

政策目标的正确性,可以参照以下标准:

(1)政策目标具体明确:有助于明确政策目标所需要的各种资源,明确制约目标实现的各种可控和不可控条件。目标明确,各个利益相关集团就会明确地表示自己的态度和立场。例如,我国自2000年起把医疗机构划分为营利和非营利两类,这个政策的总目标就非常明确,要对所有的医疗机构进行分类管理。相应地,针对不同类别的医疗机构,卫生、财政和税收政策也都有所不同,在操作过程中,政府需要对这些不同的政策进一步具体化。

(2)政策目标有效协调:一个政策往往是多目标的,这些目标有主要和次要目标、近期和远期目标、相互补充和相互对立目标。政策目标的协调,就是要尽量强调它们之间的一致性、同向性,克服它们之间的冲突性。

(3)政策目标与手段要统一:政策系统往往是多层次的,由总目标和子目标构成。子目标是总目标实现的手段,下一级目标是上一级目标的手段。例如,初级卫生保健是实现人人享有卫生保健这个全球健康总目标的手段,它又是改水改厕、健康教育、计划免疫等手段的目标。

2. 设计政策方案

备选方案的设计是个动态的过程,包括设想、分析、初选、评定、淘汰等环节。人们一般把这个过程分成两个阶段:广泛搜寻和精心设计。广泛搜寻,就是完成对政策方案轮廓的设想,一般从经验和已有知识入手;精心设计,就是要把每个备选方案尽量细化,更重要的是,要对方案可能产生的结果进行预测(这些结果包括由于技术、政治和经济诸方面的原因可能产生的后果),尽可能全面而科学地做出估计,反复测算,尽可能经得起怀疑者和反对者的挑剔。

备选方案库应当具有以下特征:①拟定的所有方案都应当进入方案库;②方案之间必须相对独立,如方案甲不能包括方案乙;③拟定的方案在考虑经济可行性、技术可行性的前提下,必须考虑政治可行性。

3. 备选方案的选定

没有任何一个政策方案是十全十美的,但是政策的制定者可以通过科学的方法优选出相对完善的政策。对于备选方案的最终选定,一般可依据以下原则:

(1) 最大限度地实现政策目标;

(2) 最少地消耗各种政策资源;

(3) 对多种风险具有最大的应变性;

(4) 在政策实施中产生最小的负面效应。

选择备选方案的方法有很多,最常用的有效用分析、决策树法、灵敏度分析、优序图分析和层次分析等。在影响较大的政策方案初步选定之后,还要进行试点,发现问题,完善政策设计,才能最终确定备选方案。

4. 方案的论证

不同政策方案的提出者,由于价值观、利益和掌握的知识不同,对卫生问题的看法也不同。寻找证据支持自己的主张、反驳他人看法的过程就是政策论证。例如国家重大改革方案需要经过论证来做出最后的选择,没有经过认真论证的政策是存在风险的。论证的目的主要是再次检验政策提出的理由,促使提出者审慎地对待自己的结论,反思分析的方法;同时通过这种批判式的交流活动,使得相互冲突的组织在说服与争论中达成相互理解,接受所认同的政策主张。

5. 方案的合法采用

政策方案被选出来之后,未必立即付诸实施。它需要依照一定的法律程序予以审定,即合法化(legalization),才具有约束力。例如,我国的卫生相关政策分为法律、条例和部门规章三个等级,取得合法地位的部门不同,约束力度也不同。卫生相关法律需要经过人大审议通过后发布实施,卫生相关条例需要国务院签署生效,而部门规章则由卫生部颁布。方案获得合法采纳的过程,也是利益相关集团之间利益的协商、协调过程,有时需要耗费很长的时间。在中国虽已制定了大量的卫生法规,但迄今为止还没有统揽整个卫生事业的母法。

二、卫生政策的实施

卫生政策实施是指政策内容付诸实践的过程。过去人们比较重视政策方案的制定,不太注重政策的实施过程。然而从 20 世纪 60 年代开始,人们发现一个极其严重的现象,即政策执行者把政策引向一个人们并不期望的目标,甚至是相反的目标。政策意图和政策结果之间出现的巨大的差距,促使人们重视政策实施的过程。

美国学者史密斯(T. B. Smith,1973 年)提出的"史密斯政策执行过程模型",简称"史密斯模型"对于卫生政策实施具有较大的影响。模型指出,理想化的政策、执行机构、目标群体和环境因素为政策执行过程中牵涉到的四大重要因素。

(一)理想化的政策

大量事实表明,政策之所以在执行中出现问题,很重要的原因是由于政策本身的不完善。理想化的政策是政策能否成功实施并取得预期效果的前提和基础。一项理想的政策应该具有三个特点:可行性、合理性和合法性。可行性包括政治可行性、经济可行性和技术可行性。合理性指政策的制定要遵循科学的原则和步骤。合法性指政策内容的合法性和政策制定程序的合法性。

(二)政策执行机构

政策的制定者往往并不具体执行政策。如果把政策的执行权交给一个自身利益与政策目标相冲突的机构,不可避免会让政策走样。所以,公共卫生政策的执行权应当交给公共卫生政策的支持者,或者至少是与当事者无关的第三方机构。

(三)目标群体

目标群体是指政策对象。与政策制定者和执行者相比,政策目标群体的范围要大得多。政策的预期效果要看目标群体的接受程度,以及政策执行者和目标群体之间的互动关系。政策刚出台的时候,很多目标群体因为不理解而抵触政策,此时,政策执行者应当多做宣传教育工作,让目标群体更多地理解政策。当目标群体了解到政策内容,特别是与自己利益相关的内容后,一般会分成支持者(政策接受者)和反对者(政策不接受者)两大利益相关集团,并会根据对他们利益的影响程度来决定动用资源的多少。

(四)环境因素

环境因素是指影响政策实施或者受政策实施影响的要素。在史密斯模型中,政策执行者和目标群体之外的其他政策实施影响因素都可以看作是环境因素。环境因素包括社会制度因素、经济因素、科学技术因素、文化因素、人口因素、自然资源和生态因素以及心理因素等。

政策实施是一个动态过程。在政策实施过程中,会出现很多与设想不符合的结果,需要仔细考察,确定究竟是政策目标本身的不足还是执行过程当中的偏差。在这个过程中,及时的信息反馈至关重要。一旦发现政策目标与方案需要大的调整,就要进行追踪决策,其目的是为了对原政策在实施过程中产生的偏差进行纠正,让所得出的方案比原来的更好。如果实践证明目标是正确的,方案总体上是合理的,偏差的出现源于认识问题,就要采取控制措施,纠正偏离目标的行为,而不需要对政策方案进行调整。

第四节　公共卫生政策评价

一、公共卫生政策评价的性质、目的与意义

目前,不同的学者从不同学科领域或角度来理解评价(evaluation),并给出许多有关评价的概念。尽管在概念上存在一些分歧,但都公认评价是客观实际与预期目标进行的比较。评价是一个系统地收集、分析、表达资料的过程。

政策评价(policy evaluation)是指按照一定的价值标准,由具备专业资质的评价者作为主体,运用公认的科学研究方法,包括社会科学和自然科学研究方法,排除政策执行过程中环境等非政策因素的干扰,对政策进行价值判断的过程,并以此作为确定政策去向的依据。政策评价不仅能使我们了解政策的效果如何,还能全面检测、控制,最大限度保障政策的先进性和实施的质量,从而也成为取得预期效果的关键措施。政策评价是对政策运行全过程的判断。

(一)政策评价的性质

1. 政策评价是政策运行科学程序中的重要组成部分,贯穿于政策运行全过程

政策运行全过程包括政策的制定、实施和评价。在这一过程中,政策评价最主要的作用是判定政策实施后是否实现目标,达到预期效果。另一方面,政策评价还需在政策制定和实施阶段进行,关注政策的合理性、可行性和合法性,并对政策实施的进度和质量进行评估。

2. 比较是政策评价的基本原理

政策评价的实质是在不断地进行比较,包括"前后比较、对照比较、现况和标准比较"。

3. 确定价值标准是政策评价的前提

政策评价本身是一种认识,是评价主体将一定事实与自己的价值标准对比的认识,是评价主体价值取向的直接反映。这种价值取向可以是合法性标准、合理性标准、投入产出标准、系统—功能标准或公平与可持续发展标准。

4. 测量是政策评价的重要手段,准确的信息是评价成功的保障

所谓测量,是用一定的标准和工具,按一定的方法去获得反映客观事物某种状态或特征的信息。只有通过应用评价指标的定量、定性测量,才能得出准确的评价结论。

(二)政策评价的目的与意义

1. 政策评价是检验政策效益和效果的基本途径

一项政策正确与否,只能以实践作为唯一的检验标准。而政策评价就是在大量收集

政策实际执行效果和效益信息基础上,运用科学方法分析判断政策是否实现了预期目标,在多大程度上实现了预期目标,以及政策所产生的社会效益、经济效益、生态效益如何等。

2. 政策评价为确定政策去向提供依据

为了达到预期的效果,政策执行一段时间后,政策决策者必须根据政策执行的实际情况,决定政策是"延续、修正、终止还是法律化",而政策评价正是做出这种决定的主要依据。例如,有些政策的目标虽然暂时尚未达到,但是实践证明本身是有成效的,那么原定的政策就可以继续执行下去;由于政策问题和政策环境的复杂性,实际情况往往跟预定目标发生或大或小的偏差,因此必须对执行过程中遇到的新情况、新问题进行关注,或是通过对政策问题认识的深化,对政策做出相应的调整和修改;当通过评价发现决策失误,或是环境发生了某些突变,导致政策的继续执行无助于解决问题,甚至会加重问题,修正政策也不可行,只有终止原政策的执行并制定出新的政策来代替原有的政策。

3. 政策评价是改善政策执行不力,提高行政效率的重要保障

政策执行不力与行政效率不高常常是一直困扰一些政府部门运营的两大难题,通过政策执行过程的评估能够及时发现执行中存在的问题,迅速加以纠正,可以有效地监督、预防执行机关怠于执行、执行走样,保证政策被正确贯彻实施,促进行政效率的提高。

二、公共卫生政策评价的基本思路

政策评价的基本过程和相应工作在技术方面并不复杂,遵循一般科学研究的模式,包括设计、现场考察和调研、数据整理和分析、报告撰写等。其中关键是能否收集到完整的信息,以准确反映政策的价值并为确定政策去向提供依据。只要评价者对系统运作规律有足够的了解,并且熟知研究的基本程序,完成政策评价的工作并不困难。

政策评价的基本思路或需要完成的主要任务包括:①如何选择评价主体;②特定政策是否需要进行评价;③政策评价需要回答哪些问题,收集哪些信息;④如何收集评价所需信息;⑤如何保证评价信息反映政策的实际效果;⑥如何将评价资料信息表达为效果描述;⑦如何依据效果描述作出评价结论。

其基本要求和操作特点详见表14-1。

表 14-1 政策评价的基本框架

政策评价需要回答的问题	基本要求	对应操作要点
如何选择评价主体	评价过程的客观公正性	选择评价主体,熟悉特定政策过程
特定政策是否需要进行政策评价	政策制定过程的延续性,政策评价的功能性体现	政策评价的必要性分析、可行性分析

续表

政策评价需要回答的问题	基本要求	对应操作要点
政策评价需要回答哪些问题，收集哪些信息	全面体现评价系统功能；信息收集要全面、系统	明确评价任务，构建评价指标体系
如何收集评价所需信息	可操作性、时效性	制定评价实施计划，依计划实施评价
如何保证评价信息反映政策的实际效果	数据资料完整性、代表性	数据质量监控
如何将评价资料信息表达为效果描述	方法选择科学性，定性定量相结合，多维度组合分析	评价综合分析
如何依据效果描述做出评价结论	以分析结果为依据，逻辑推理、归因分析；结论科学合理，反映政策实情	做出评价结论，撰写评价报告
评价结论如何表达	评价结论面向不同对象，以结论为依据，表达清楚，逻辑严密	

三、公共卫生政策评价的步骤及常用方法

围绕着实现政策评价的基本目的与意义，完成其中的关键任务，并遵循评价的原则，通常将政策评价的操作步骤分为六步：明确政策评价主体、政策评价可行性分析、制订政策评价计划、实施政策评价计划、综合分析、完成政策评价报告。在每一步骤中都将应用相应的科学研究方法。

(一) 明确评价主体

明确评价主体，即确定谁来主持和进行政策评价。明确评价主体中推荐使用的方法是不同主体利弊分析。评价主体包括内部评价主体和外部评价主体。

内部评价主体指决策者、执行者或是决策部门内部评价机构，由他们主持的内部评价有以下优点：①对于组织及其政策方案以及实施过程有着较为全面透彻的了解；②具有不断监控与评价活动所需各种条件的制度基础；③在某一个既定组织内，负责政策评价的个人或机构有机会直接影响执行过程，评价结论易于转换为确定政策去向的依据。

外部评价主体指外部专业评价机构（如政策研究机构）、舆论媒体和客体评价者。外部评价的优点是：①利于维持评价的客观性与正确性；②善于运用科学的评价标准及评价方法来检验政策的基本理论及政策的实际效果；③某些时候并不依赖于组织的有限资源开展评价工作；④对政策执行客体的主观感受与需求可能比内部评价主体有更准确的认识。

通过对评价主体行为特征的分析，如何选择适当评价主体是这一阶段的工作重点。值得采取的基本策略是以外部第三方评价为主，在此基础上，通过制度保障消除其在获取资

料、结论反馈等方面的障碍,达到兼顾评价的客观公正性、方法的科学性及结论反馈的渠道畅通的目的。

(二)政策评价可行性分析

政策评价的可行性分析,是在正式开展政策评价之前,先开展的相应背景分析,明确在特定政策环境下,政策评价能否做到客观公正、系统全面,能否达成政策评价的基本目的。背景分析的内容包括:

(1)分析政策评价制度化情况。明确目前要开展的评价在哪些方面有制度保障,哪些方面没有制度保障,对缺乏制度保障可能带来的问题,及如何进行弥补等。

(2)分析政策评价所需要的外部条件和主要影响因素,如相关人员尤其是决策者的重视程度、评价结论反馈机制的畅通程度、评价所需资源的保障程度。

(3)分析政策评价所需要的内部条件和主要影响因素,如:政策评价主体是否相对独立;政策目的、目标是否明确;各方对政策目的、目标认识是否一致;政策效果是否可以测量,是否相对稳定。

(4)总结归纳分析结果,明确本次政策评价工作的可行性,以及在这种条件下进行的评价的结果的可信度。

(5)从制度层面和技术层面,寻找弥补可行性分析所暴露的不足的针对性策略和方法。

评价制度化分析、环境分析中常用方法为规范—差距分析法和情景分析法;评价制度化缺陷的弥补的常用方法为根源分析程序和对比分析法;评价可行性分析中需遵循可行性原则,其常用方法为规范—差距分析法。

(三)制订政策评价计划

明确了政策评价的主体及完成了可行性分析,意味着政策评价的工作从制度层面进入了技术层面。制订政策评价实施计划是技术工作第一步,通俗地讲,政策评价实施计划是要告诉人们:什么人、出于什么目的、根据什么标准、采用什么方法、对什么政策进行的评价。换言之,政策评价包含了五个要素,即评价者、评价对象、评价目的、评价标准和评价方法,其中评价者是评价的主体,评价目的是评价的出发点,评价标准是评价的准则,而评价方法则是评价赖以实现的手段。对于特定政策的评价,就是由这五要素有机结合所构成的活动过程。因此评价实施计划就是对上述要求用书面方式作系统、详细的记述与说明;同时对前一环节已在制度层面达成的意向在评价实施计划中加以具体落实,并对安排及使用加以详细说明。简言之,制订评价实施计划的产出就是形成书面的计划,并落实相应的资源。其具体步骤及方法如下:

1. 系统收集信息

一是收集政策评价计划的基本形式结构的信息,包括评价依据、目的意义、评价目标、评价内容和难点、评价方法、技术线路、日程安排、评价产出、评价主体的基础和条件、经费预算、人力安排等;二是继承和吸收前期政策制定过程所有工作的信息,包括问题根源、影响因素、政策目标(体系)、具体措施方法、预期效果等。同时分析和掌握所收集信息的不足和缺陷之处,以做到心中有数。

2. 研制和构建政策评价的指标体系

根据政策评价的目标如"解决问题程度、措施合理程度、社会影响和震荡程度"等来构建指标体系。

3. 形成评价实施计划

(1)明确资料收集对象和收集方法:除已有的统计资料、文献等,政策评价指标测量值的确定多依赖社会调查,要明确是采取定性调查还是定量调查,是普查还是抽样调查,如果采用抽样调查用哪种方式进行抽样。

(2)明确指标测量方法:大部分评价指标通过社会调查获得,但有些指标也需要用实验方法加以测量,如评价空气质量的指标。计划中必须明确需要收集的指标及描述。

(3)明确分析方法:政策评价的基本方法包括前后对比分析法、专家评定法和自我评价法等。

(4)明确时间安排:为评价规定时间安排、说明不同阶段应该做什么。

(5)明确经费安排及人员准备。

4. 落实评价实施及分析阶段所需的资源

落实评价实施及分析阶段所需的资源,确保必需的人力、物资、资金准备落实到位。

(四)实施政策评价计划

当政策评价计划被各方认可后,最主要的是实施政策评价计划。

对政策进行评价,必然要收集两类数据,一是政策直接作用对象对政策的主观感受的数据,二是对政策运行前后社会系统相关系数的变动值。要获得这些数据,除利用现有资料和采取实验法获得外,开展社会调查是最重要的手段。政策评价中,社会调查常用的方法是问卷调查与定性访谈。其中问卷调查是最常用的,主要优势在于可以获得定量数据,便于后期的定量分析;定性访谈虽然缺乏对数据资料的定量,但是在发现评价实施中存在问题的广度方面、探索问题原因的深度方面较问卷调查更有效,往往可以发现一些研究者和决策者没有察觉或没有引起重视的问题,因此常以定性访谈作为问卷调查的补充,使评价结论更为全面。

数据收集过程中要对数据进行质量控制,要注意以下问题:

(1)问卷设计要科学、合理:问卷设计要围绕评价目标、指标体系和内容,尽可能选用封闭式问题,选项设置遵守穷尽性和排他性;对于敏感问题的提问要采用间接的方式等。具体原则请参考相关书籍。

（2）调查过程中要培训调查员：根据实际情况如调查对象特点、时间经费限制及调查方法的信度效度来选择具体调查方法（电话调查、通信调查、自填问卷或专家咨询、焦点组访谈、头脑风暴法），并且要提前对调查员进行培训。

（3）在大样本量的调查中，由于费用和人力原因，很难完全依据随机抽样原理进行抽样设计，在这种情况下，对观察样本是否可以代表总体，可以通过调查后的检验来进行判断，如玛叶指数（Myer's index）测算、拟合度检验等。

实施政策评价计划的资料收集常用的方法有实验法、常规资料提取法、社会调查方法和意向论证法，资料质量控制中常用的方法为调查质量控制措施、数据质量与代表性检验方法。

（五）综合分析

政策评价的分析阶段，遵循一般的数据处理思路，关键是注意逻辑和条理。

1. 数据库的建立与资料录入

根据不同对象、性质的调查表，形成库名有条理、字段表述清楚的原始数据库系统。录入中进行逻辑判断和校验控制，统一缺失值、异常值的处理方法。按访谈报告的基本格式，对定性访谈资料逐份总结和归纳其中的观点，可半定量处理的，形成规范的表格和数据库。

2. 数据库的整理和描述性统计

对录入的现场数据和提取的现有统计资料进行合并整理，结合特定政策所构建的统计指标体系，对各指标进行描述性统计和分析，从不同角度定量、系统、全面地反映政策运行前后政策对象和社会环境的状态，尤其注重其中的变化。

3. 对统计指标进行综合分析，量化表达政策效果

同样的数据资料，如选用不同的分析方法，得出的评价结论侧重点会不一样。对现有统计资料和社会调查的结果，应当运用统计描述、比较分析、因素分析、计量分析、技术经济分析等多种分析方法进行定量分析，以避免单一方法可能存在的缺陷，分析结果将作为评价结论的直接依据。

几种常用的比较方法：

（1）不设对照的前后对比分析法：通过比较目标人群在政策实施前后有关指标的情况反映政策实施的效果。这是最简单的一种比较方法，但很难确定政策效果是由政策本身引起的，还是其他混杂因素引起的。

（2）简单时间系列对比分析：不设对照组，在对目标人群进行多次观察之后，实施政策，再多次观察实施效果，这样可以了解目标人群在没有实施政策时情况的变化趋势，并了解政策实施后目标人群各项指标的变化规律，有可能提示政策实施前后与效果的反应关系。

(3)类实验设计对比分析:设立与接受政策实施的目标人群相匹配的对照组,通过对实施组、对照组在政策实施前后变化的比较来评价政策实施的效果。该方法优点在于通过与对照组的比较,可以有效消除一些混杂因素,如时间因素、测量与观察因素对政策实施效果的干扰,从而能更科学准确地评价政策的效果。

(4)实验设计对比分析:本方法将研究对象随机分为两组,一组是实施组,对其施加政策影响,一组为对照组,不对其施加政策影响,然后比较这两组在政策执行前后的情况,以确定政策的效果。这种方法排除了非政策因素地影响,所得到的政策效果较为准确,但具体操作难度大。

(六)政策评价报告

在综合分析的基础上,明确评价结论,完成评价报告,在报告中应注意的主要事项为:

1. 报告是否客观公正地完成了既定计划的目标、指标体系和评价内容

(1)是否定性/定量表达了特定政策解决问题的程度;(2)是否定性/定量表明了特定政策方案中采取措施的合理程度,是否涵盖了表达合理程度的基本指标;(3)是否定性/定量明确了特定政策带来的社会影响,是否涵盖了表达影响程度的基本指标;(4)是否定性/定量检验了被评价政策制定过程的科学性、合理性、逻辑性和可操作性;(5)是否提供了确定政策潜在去向的依据。

2. 报告是否规范,是否符合基本的格式要求

评价报告不是科研文章,重点不应放在报告思路、运用方法、得出结论的新意和创新上,而是如何反映政策效果与不足。另外,政策评价报告往往会针对不同的服务人群,如决策机关、执行机关、大众传媒等,在内容上有所侧重。总的来说,政策评价报告应包含如下内容:

(1)内容摘要:说明政策评价的对象(政策名称)、进行评价的理由、运用的评价方法、评价后的主要发现与建议。

(2)政策背景与环境简述:描述政策形成的过程、所要达成的目标、可供利用的政策资源及可能的政策环境阻力等。

(3)政策的主要特征简述:强调政策目标和指标、执行时所用资源、每项活动负责执行的机构或成员、目标人群的反应情况、已经完成的执行进度等。

(4)政策评价计划和实施过程简述。

(5)主要结论与初步建议:是报告的重点和关键,需要将综合分析的主要结论定性定量论述清楚,主要是评价目标和指标。

(6)附录:包括主要结论的分析和过程、结果和表述。

总之,完成报告阶段可分为推导评价结论和撰写评价报告两个子步骤,这一阶段中常用的方法为逻辑推导和因果分析法,报告需符合一定的格式。

第五节 公共卫生法律法规简介

一、卫生立法的概念与依据

(一)卫生立法的概念

卫生法是指由国家制定或认可,并以国家强制力保障实施的,用于调整在保护人群卫生与健康活动过程中所形成的各种社会关系的法律规范的总和。

卫生法律法规的制定,即卫生立法,是指具有卫生立法权的国家机关,依照法定职权及程序,运用一定的技术,所进行的制定、认可、修改、废止卫生法律的专门活动。

卫生立法有狭义和广义之分。狭义的卫生立法专指全国人民代表大会、全国人民代表大会常务委员会,依照法定程序,制定卫生法律这一特定规范性文件的活动。广义的卫生立法是指具有卫生立法权的国家机关,根据法定职权并通过法定程序制定卫生法律及其他一切规范性卫生法律文件的活动。它除了全国人大及其常委会的卫生立法活动外,还包括国务院、地方人民代表大会及其常务委员会、民族自治地方的人民代表大会、地方人民政府制定的卫生规范性法律文件的活动。除制定上述卫生规范性法律文件的活动外,对这些规范性法律文件的修改或废止活动,也属于卫生立法的范畴。

卫生立法活动有以下几个特点:①立法活动的主体是特定国家机关,享有立法权的国家机关的范围,不同的国家、同一国家在不同的历史时期也会有所不同;②卫生立法活动必须依照法定权限、法定程序进行;③卫生立法活动的结果是颁布对全社会具有普遍约束力,并以国家强制力保障实施的行为规范。

(二)卫生立法的依据

宪法是卫生立法的法律依据。宪法是国家根本大法,其对卫生工作的规定是高度概括和原则的,卫生立法必须以宪法的规定为法律依据,对宪法内容进一步具体化。

我国现阶段社会物质生活条件是立法的科学依据。卫生立法受到人口因素、地理环境因素,以及物质生活资料的生产方式(生产力、生产关系)等的制约。

卫生方针、政策是卫生立法的政策依据。卫生立法的过程就是将经过实践证明的符合生产力发展要求、符合社会发展方向的,切实可行的卫生方针、政策上升为国家意志的过程。

二、卫生立法体制

卫生立法体制是指有关国家卫生立法权限的划分及其立法机构设置的制度。我国的卫生立法体制实行中央集中领导下的、中央和地方两级、多层次的形式,即"一元、两级、多层次"的立法体制。根据我国的《宪法》和《立法法》的规定,有权制定卫生法的国家机关及其权限是:

(一)全国人民代表大会及其常务委员会

全国人民代表大会及其常务委员会行使我国卫生法律的立法权。其中全国人民代表大会有权制定我国的卫生基本法,全国人民代表大会常务委员会有权制定卫生基本法之外的其他卫生法律;有权制定和修改卫生法律,批准和废除与外国签署的医药卫生条约及国际卫生协定;有权撤销国务院制定的与《宪法》和法律相抵触的地方性医学法规。

(二)国务院

国务院是我国制定行政法规的国家机关,它有权根据《宪法》和法律就医疗卫生管理事项制定医学行政法规,向全国人大常委会提出医疗卫生的立法议案,有权改变或者撤销卫生部和各地方政府颁布的与法律、法规相冲突的卫生规章。

(三)卫生部

卫生部是我国主管医药卫生工作的行政机关。它有权就医药卫生管理事项制定、发布医学行政规章,颁布和修改国家卫生标准和国家药品标准。

(四)地方国家权力机关

地方国家权力机关指省、直辖市的人民代表大会及其常务委员会,民族自治地区的人民代表大会及其常务委员会,省、自治区人民政府所在地的市和经国务院批准的较大的市人民代表大会及其常务委员会。以上地方国家权力机关在不与《宪法》、法律、行政法规相抵触的前提下,有权制定我国地方性卫生法规,但是它们只在各自的辖区内生效。

三、卫生立法程序

卫生立法程序是指国家机关在制定、修改和废除卫生规范性文件中所需遵守的法定的形式、时间和顺序的总称。它包括卫生法的制定程序、卫生法的修改程序以及卫生法的废止程序三个方面。

一般而言,卫生法的修改或废除在原制定机关进行,其程序也与制定程序基本相同。目前,我国卫生法律、法规、规章的制定工作的主要依据是宪法、全国人大组织法、地方组织法、立法法、全国人民代表大会及其常务委员会议事规则、国务院行政法规制定程序暂行条例、法规规章备案规定等。

(一)卫生法律的制定程序

(1)提出法律案:根据《立法法》的规定,全国人大教科文卫委员会和国务院可以向全国人大常委会提出卫生法律案。

(2)审议法律案:列入全国人大常委会会议议程的卫生法律案,由有关的专门委员会进行审议,提出审议意见,印发人大常委会会议。卫生法律案一般应当经三次人大常委会会议审议后再交付表决。

(3)通过法律案:卫生法律案经过全国人大常委会审议,在听取各方面意见并对法律草案加以修改,形成卫生法律草案修改稿;经人大常委会分组会议审议后,由法律委员会根据常委会组成人员的审议意见对法律草案修改稿作进一步修改,形成法律草案表决稿,可交付表决,由人大常委会全体组成人员的过半数通过。

(4)法律公布:全国人大常委会通过的卫生法律由中华人民共和国主席签署主席令予以公布。

(二)卫生行政法规的制定程序

《立法法》规定,国务院根据宪法和法律,制定行政法规。

(1)卫生行政法规立项:卫生部、国家计划生育委员会、国家药品监督管理局、国家中医药管理局、国家出入境检验检疫局等卫生行政部门根据需要和社会发展状况,提出立法项目草案,由部(局)务会议审定后上报国务院。经国务院统一部署,决定立法项目名称、等级和起草部门,具体工作由国务院法制办组织实施。

(2)卫生行政法规起草:卫生行政法规由国务院组织起草。具体起草工作由卫生行政部门等分别负责。起草法规内容涉及两个以上部门时,应以一个部(局)为主起草,必要时成立专门的起草小组。拟定好起草提纲及内容后,广泛征求意见,进行论证与调研。

(3)卫生行政法规草案报送和审查:卫生行政法规起草工作完成后,起草单位应当将草案及其说明、各方面对草案主要问题的不同意见和其他有关资料送国务院法制办进行审查。国务院法制办向国务院提交审查报告和草案修改稿,审查报告应对草案主要问题做出说明。

(4)卫生行政法规的通过和公布:卫生行政法规草案经国务院常务会议通过或总理批准后,由国务院总理签署国务院令公布,或经国务院批准由国务院主管部门发布。

(三)卫生规章的制定程序

《立法法》规定国务院各部委可以根据法律和国务院的行政法规令,在本部门权限范围内制定规章。

(1)编制规章,制定规划:各职能司按部、委(局)的部署提出年度卫生立法计划建议项目,送卫生法制与监督司或政策法规司统一编制部、委(局)下一年度立法计划,并由部、委(局)务会议审定。

(2)拟定规章草案:制定专业性规章以各职能司为主,卫生法制与监督或政策法规司参与配合。卫生行政法规规定由卫生行政部门等制定实施细则的,应在制定起草行政法规的同时进行起草实施细则的工作。其起草程序与行政法规起草程序相同。起草时可以请医药卫生社会团体以及法律专家参与论证。

(3)审查规章草案:规章送审稿由起草单位经由卫生法制与监督司或政策法规司审核后,交部、委(局)务会议讨论通过。

(4)部门规章的公布、备案:部门规章由部长、委主任或局长签署命令后予以公布。已经通过的规章,应当在30天内向国务院或法律规定的其他机关报送备案。每年1月底以前,卫生部、国家计划生育委员会、国家药品监督管理局、国家中医药管理局、国家出入境检验检疫局的卫生法制与监督司或政策法规司将上一年度制定的规章目录报国务院法制办备查。

(四)地方性卫生法规的制定

《立法法》规定,省、自治区、直辖市的人大及其常委会,省、自治区人民政府所在地的市、经济特区所在地的市和经国务院批准较大市的人大及其常委会可根据本行政区域的具体情况和实际需要,在不同宪法、法律、行政法规相抵触的前提下,可以制定地方性法规。

(1)地方性卫生法规案的提出:享有地方性法规制定权的地方人民代表大会召开时的主席团、常务委员会、本级人民政府等可以提出议案。

(2)地方性卫生法规案的审议:由主席团将议案提请地方人民代表大会讨论,或先交付议案审查委员会审查后提请地方人民代表大会讨论。

(3)地方性卫生法规案的表决和公布:议案经全体代表过半数通过后,由地方人大常委会公布施行。省、自治区的人民政府所在地的市和国务院批准的较大市的人大及其常委会制定的地方性法规,须报省、自治区的人大常委会批准后施行。通过后的地方性卫生法规须报全国人大常委会和国务院备案。

(五)地方性卫生规章的制定程序

《立法法》规定,省、自治区、直辖市和较大的市的人民政府,可以根据法律、行政法规和本省、自治区、直辖市的地方性法规,制定地方政府规章。

(1)由享有地方性卫生规章制定权的地方卫生行政部门负责规章的起草,涉及其他职能部门的,由有关职能部门予以配合,并广泛征求意见形成讨论稿。

(2)由当地人民政府法制局(办)组织有关方面医药卫生法律专家参与论证并形成征求意见稿。

(3)经当地人民政府法制局(办)常务会议形成送审稿。

(4)送审稿报送当地人民政府常务会议批准后公布施行。

(5)当地人民政府常务会议批难的地方性卫生规章,须报送国务院卫生行政部门备案存查。

四、卫生法实施

卫生法的实施,是指卫生法律规范在实际生活中的具体运用,是卫生法律规范作用于卫生社会关系的特殊形式。卫生法的实施包括卫生法的遵守、卫生法的执行、卫生法的施用、卫生法制监督四个方面。

(一)卫生法的遵守

卫生法的遵守,即卫生守法,是指公民和其他卫生社会关系的主体自觉遵守卫生法律,从而使卫生法律得以实现的活动。卫生守法是卫生法实施的一种最基本最主要的形式。它包括卫生社会关系主体积极行使卫生权利和切实履行卫生义务两个方面。在现代社会,对卫生守法的理解不能简单认为是卫生社会关系对卫生法的被动遵守。卫生守法是对卫生法治的理解、支持和参与,运用法律维护自己的卫生权利,是对卫生法实施的重要支持。

(二)卫生法的执行

卫生法的执行,即卫生执法,是指国家卫生行政机关通过制定、实施卫生行政法规以及将卫生法律的一般规定作用于卫生行政相对人或卫生事务的活动。随着社会经济与卫生发展的需要,国家卫生行政机关积极的执法行为予以落实,尤其是在政府职能转变以后,卫生行政机关的主要职能就是卫生行政执法。

(三)卫生法的施用

卫生法的施用,即卫生司法,是指国家司法机关依照法定职权和程序运用卫生法律处理具体卫生案件的活动。卫生司法是卫生法实施的一种特殊形式。其特殊性在于卫生守法和执法是有关主体主动实施卫生法的活动,而卫生司法则是被动的,是在卫生守法和执法状态遭到破坏或无法继续时产生的卫生法实施形式。因此,它是卫生法实施的终端形式,是卫生权利的救济状态,也是国家意志的终局性制度保障。

(四)卫生法律监督

狭义的卫生法律监督是指有关国家机关依照法定职权和程序对卫生立法、执法、司法等卫生法制运行环节的合理性所进行的监察、控制和督导;广义的卫生法律监督则是一切国家机关、政治或社会组织和公民对卫生法制全部运作过程的合法性所进行的监察、控制和督导。不论是广义还是狭义的解释,卫生法律监督都是卫生法制运作过程中不可或缺的机制,是权力制约体系的组成部分,因而是现代民主政治和卫生法治的基本运作机制。

五、我国公共卫生法律制度及体系建设

20 世纪 80 年代以来,随着我国改革开放和法制建设的不断发展与完善,公共卫生法制建设也取得了令人瞩目的成就。20 年间,我国已经颁布了十几部卫生专门法律、几十个卫生行政法规和千余件卫生部门规章,还有难以计数的地方性卫生法规和地方政府卫生规章,而且作为世界卫生组织的成员国,我国已经加入了《国际卫生条例》等多个国际卫生方面的条约。这些已经颁布和实施的法律法规,对于调整各类卫生法律关系,协调卫生资源配置,维护公共卫生秩序,加强监督执法管理,防病治病,正确处理医患双方权利义务关系,保障公民健康权益发挥了重要作用。

公共卫生法律体系在我国整个法律体系中,属于行政法中的一个法律部门,它是以保护公民健康为根本宗旨,由各类医药卫生方面的规范性文件组合而成的。

由于公共卫生法所调整的社会关系的广泛性、复杂性和多样性,我国公共卫生法规的体系,除了宪法和基本法律中有关卫生方面的规范外,目前尚未有一部轴心法律——卫生基本法,现存的公共卫生法主要由全国人大常委会制定和颁布的卫生专门法律、国务院及卫生部颁发的卫生行政法规、地方卫生法规和其他卫生规章等构成。

宪法是国家的根本大法,宪法中有关卫生方面的规定,在我国公共卫生法体系中具有至高无上的地位,享有最高的法律效力。整个公共卫生法的制定和实施,均不得与之相抵触。

基本法律是全国人民代表大会通过和颁布的规范性文件。基本法律中与医药卫生有关的条款,如《刑法》、《刑事诉讼法》、《婚姻法》中有关保护公民健康的条款,也属于卫生法律体系的内容,它们在卫生法律体系中的地位和效力低于宪法,高于其他卫生法规。

公共卫生专门法律是全国人大常委会制定和颁布的专门应用于卫生领域的法律。我国现行的卫生专门法律主要有:《传染病防治法》、《职业病防治法》、《食品卫生法》、《执业医师法》、《献血法》、《母婴保健法》、《国境卫生检疫法》、《人口与计划生育法》、《红十字会法》、《药品管理法》。这些法律的地位低于宪法和基本法律,但由于是全国人大常委会制定颁布的,因此在全国范围内有效,各级行政机关和地方立法机关制定的卫生法规都不得与之相抵触。

卫生行政法规是国务院及卫生部发布的关于卫生行政管理方面的条例、规定等规范性

文件,如国务院颁布的《医疗事故处理条例》、《艾滋病防治条例》、《突发公共卫生事件应急条例》、《学校卫生工作条例》、《公共场所卫生管理条例》、《乡村医生从业管理条例》等。这类规范性文件在我国卫生法体系中的地位低于全国人大常委会制定的卫生专门法律,高于地方卫生法规,在全国范围内有效。

地方卫生法规,包括各省、直辖市人民代表大会及其常委会制定的医药卫生方面的条例、办法等规范性文件和民族自治地方的权力机关制定的医药卫生方面的自治条例和单行条例。这类规范性文件一般都是为了在本地区贯彻落实卫生行政法规,结合本地区的实际情况而制定的,其地位低于卫生行政法规,只在制定机关所辖范围内有效。

其他卫生规章包括各省、市、县和民族自治地方的行政机关(主要是卫生行政机关如卫生厅、局等)制定的卫生条例、规章和各种卫生组织、卫生单位、群众组织内部制定的卫生章程、办法、公约等规范性文件。这类卫生规范性文件的效力在卫生法体系中是最低的,只适用于某个比较狭小的特定区域。

【思考题】

1. 公共卫生政策分析的基本原理有哪些?
2. 试述公共卫生政策分析的相关利益集团分析法。
3. 试述公共卫生政策制定的主要步骤。
4. 卫生政策实施的"史密斯模型"的主要内容是什么?
5. 如何进行卫生政策系统评价?
6. 公共卫生法律的立法程序有哪些?
7. 公共卫生法律实施的概念和基本形式是什么?

(周　欢)

第十五章

公共卫生服务与健康管理

公共卫生服务是一项以预防为基本策略,投资小、社会长期效益显著的社会公益事业,其意义不仅仅局限在保障公众健康,更重要的在于它是保护人力资源、提高生产力水平、促进经济发展和社会进步的重要源泉和动力。随着我国老龄化、急性传染病和慢性病的双重负担及环境恶化的加剧,公共卫生服务需求在不断增长,以个体和群体健康为中心的管理模式即健康管理在市场的呼唤下和相关科学技术进展的基础上诞生了。健康管理是对健康人群、亚健康人群和疾病人群的健康危险因素进行全面监测、分析、评估、预测、预防和维护的全过程。其实质是预防医学与临床医学的结合,实现三级预防。因此本质上健康管理应该属于公共卫生服务的范畴。作为在卫生行业中工作的一员,有必要在宏观上了解公共卫生系统的主要构成、相关法律法规、公共卫生服务的筹资、资源配置和评价等基本内容。同时,对于新兴的健康管理这门学科和行业的基本概念、内容和方法也应该有所了解,从而更好地维护人群的健康。

第一节 公共卫生服务的组织结构及服务内容

一、卫生系统与卫生组织机构

(一)卫生系统的概念及其组成

卫生系统(health system)是在一定的法律和规章制度所规定的范围内,提供以促进、恢复和维护健康为基本目的的活动的总体。侠义的卫生系统也可看作是在一定法律和政策的框架内的组织网络,旨在组织、分配和利用现有的社会资源为全社会提供卫生保健服务,通过保证公平、效益和效果平衡,卫生机构与服务人群的互动,实现维护人民的健康和提高生活质量的目的。

我国的卫生系统由卫生服务、医疗保障和卫生执法监督三部分组成。卫生服务是卫生部门使用卫生资源向居民提供预防、保健、医疗和康复的过程;医疗保障系统是社会保障体系的重要组成部分,它通过资金的筹集,为卫生服务提供合理的物质资源的支持;卫生执法监督系统是政府管理社会卫生工作的重要保障,是依法对影响人民健康的物品、场所、环境等进行监督和管理,控制危险因素,保护公众的健康权益。

(二)卫生组织机构

卫生组织机构是卫生系统的重要组成部分,其设置的形式和层次,决定了卫生系统运行的效率和效果。卫生组织机构一般分为卫生行政组织、卫生服务组织和群众性卫生组织。

1. 卫生行政组织

卫生行政组织是在卫生工作方面行使国家政权的公务机关,它执行国家卫生方针、对卫生事业进行管理,在公务人员的集体意识支配下,经由职权、职责分配构成的具有层级与分工机构组织。我国从中央到地方按行政级别设立的卫生行政组织为中央卫生部、省(自治区、直辖市)卫生厅、市卫生局和县(含县级市、市辖区)卫生局四级。

卫生行政组织的基本职能包括:

(1)规划。制订中长期卫生事业发展规划和年度实施计划,卫生资源配置标准和卫生区域发展规划,用法律、行政、经济等手段加强宏观管理,调控卫生资源配置,实行卫生工作全行业管理。

(2)准入。建立和完善有关法律法规和管理制度,对卫生机构、从业人员医疗技术应用、大型医疗设备等医疗服务要素以及相关的健康产品实行准入制度,保护人民的健康和安全。

(3)监管。依法行政,实施卫生监督;规范医疗卫生服务行为,加强服务质量监控,打击非法行医,整顿医疗秩序,规范医疗广告等。

(4)卫生经济调控。制定和实施卫生筹资等卫生经济政策,确保公共卫生服务和弱势人群基本医疗服务的供给,促进健康公平。明确不同类型医疗卫生事业的补助政策、税收政策和价格政策,通过购买服务的方式引导医疗服务,提高效率。

(5)发布医疗卫生有关信息。定期发布医疗机构服务数量、质量、价格和费用信息,引导病人选择医院、医生,减少医务人员与患者之间因信息不对称而带来的市场缺陷。

(6)促进公平竞争。营造和规范医疗服务领域有序、平等竞争环境,促进医疗卫生服务多样化和竞争公平化。

(7)其他。加强中介组织和学术团体的作用,加强行业自律、质量监督和医疗技术管理等。

2. 卫生服务组织

卫生服务组织是由为提高全民健康水平而提供医疗卫生服务的各级各类专业机构组成的有机整体,卫生服务机构可分为医疗机构、预防保健机构、妇幼保健机构、医学教育机构、医学科学研究机构,军队、企业医疗卫生服务机构以及其他卫生组织机构等。

(1)医疗机构:医疗机构是指从事疾病诊断、治疗活动的医院、卫生院、门诊部、诊所、卫生所(室)以及急救站等卫生事业单位。设置医疗机构应当符合医疗机构设置规划和医疗机构标准。任何单位和个人未取得《医疗机构执业许可证》不得行医。我国医疗机构实行等级管理,共分三级。一级医院是指直接为一定人口的社区提供预防、医疗、保健、康复服务的基层医院。在城市,大多已改制为社区卫生服务中心。二级医院是指为多个社区提供综合医疗卫生服务和承担一定教学、科研任务的医院。三级医院是指提供高水平专科性医疗卫生服务和执行高等教学、科研任务的区域性以上的医院。根据医院的服务范围不同,医院分综合性医院和专科医院;根据医疗机构的经营目的、服务任务,以及执行不同的财政、税收、价格政策和财务会计制度,医疗机构又分为非营利性和营利性医疗机构。其中,非营利性医疗机构是指为社会公众利益服务而设立和运营的医疗机构,不以营利为目的,其收入用于弥补医疗服务成本,实际运营中的收支结余只能用于自身的发展,如改善医疗条件、引进技术、开展新的医疗服务项目等。营利性医疗机构是指医疗服务所得收益可用于投资者经济回报的医疗机构。目前,非营利性医疗机构在我国医疗服务体系中占主体和主导地位。医院内部的设定根据医院管理的需要而定,一般设行政管理、医务、医疗、护理、科教、财务、设备管理、总务、保卫、病案管理等科室。

(2)预防保健机构:我国的预防保健机构是在原来卫生防疫站等单位的基础上,分别建立与卫生行政部门级别相对应的疾病预防控制中心、妇幼保健院(所、站)和卫生监督所。

①疾病预防控制中心是实施政府卫生防病职能的专业机构,集疾病监测与分析、预防与控制、检验与评价、应用科研与指导、技术管理与服务、综合防治与健康促进为一体,以预防和控制危险因素、疾病、伤害和失能,提高全人群健康水平和生命质量为目标。在继续加强传染病预防和控制的同时,积极开展对慢性非传染性疾病的预防和控制,快速应对突发公共卫生事件,重点加强疾病预防的技术决策、信息综合、防治实施、应用研究和预防服务等功能。

②妇幼保健机构是由政府举办,不以营利为目的,具有公共卫生性质的公益性事业单位,是为妇女儿童提供公共卫生和基本医疗服务的专业机构。妇幼保健机构应坚持以群体保健工作为基础,面向基层,预防为主,为妇女儿童提供健康教育、预防保健等公共卫生服务。在切实履行公共卫生职责的同时,开展与妇女儿童健康密切相关的基本医疗服务。县以上的妇幼保健专业机构,一般以妇幼保健为中心,以临床为基础,开展医疗、保健、教学和科研工作。妇幼保健院一般都设有床位和门诊;妇幼保健所一般不设正规床位,但有门诊及观察床;而妇幼保健站则不设床位及门诊,主要工作是深入基层开展妇幼保健业务指导和普及妇幼卫生知识。在农村卫生院和城市街道医院中,一般都设有妇幼保健组或妇幼保健专职人员以负责基层妇幼保健工作。

③卫生监督所是同级卫生行政部门在其辖区内,依照法律、法规行使卫生监督职责的执行机构。卫生监督的重点是保障各种社会活动中正常的卫生秩序,预防和控制疾病的发生和流行,保护公民的健康权益。卫生监督的管理范围包括卫生许可管理,还包括对各级各类

卫生机构、个体诊所和采供血机构的监督管理,以及卫生专业人员的执业许可和健康许可。

(3)群众性卫生组织:群众性卫生组织是发动群众参加,开展群众性卫生工作的组织保证。这类组织可分为三类:由国家机关、人民团体的代表组成的群众性卫生机构;由卫生专业人员组成的学术团体;由普通群众中的卫生积极分子组成的基层群众卫生组织。在我国影响比较大的群众性卫生组织有:爱国卫生运动委员会、中华医学会、中华全国中医学会、中国医师协会、中国中西医结合研究会、中国药学会、中华护理学会、中国防痨协会、中国红十字会、卫生工作者协会、中国农村卫生协会、中华预防医学会、全国中药学会、初级卫生保健基金委员会等。

二、基本卫生服务

2007 年召开的全国卫生工作会议指出,在医疗卫生服务和医疗卫生保障方面,要着力建设四项基本制度:一是建设覆盖城乡居民的基本卫生保健制度;二是建设多层次的医疗保障体系;三是建立国家基本药物制度;四是建立科学、规范的公立医院管理制度。而四项基本制度中的关键和基础就是建立人人享有的基本卫生保健服务。

十六届六中全会《关于卫生改革和发展决定》提出的基本卫生保健制度,就是一种由政府组织向全体居民免费提供公共卫生服务和按成本收费提供基本医疗服务的健康保障制度。可以认为,基本卫生保健服务是由公共卫生服务和基本医疗服务两大部分所组成的。

(一)公共卫生服务

公共卫生服务是指为保障社会公众健康,以政府为主导的有关机构、团体和个人有组织地向社会提供疾病预防与控制、妇幼保健、健康教育与促进、卫生监督等公共服务的行为和措施。公共卫生服务同其他行业的服务相比,具有明显的特点。

(1)社会性:公共卫生服务是一项典型的社会公益事业,其意义不仅仅局限在保障公众健康,更重要的在于它是保护人力资源、提高生产力水平、促进经济发展和社会进步的重要源泉和动力。

(2)公共性:服务主要表现为纯公共产品或准公共产品的供给,具有非排他性和消费共享性的特点。

(3)与健康相关:提供这种服务的直接目的是为了保障社会公众的健康,所采取的措施必须遵循医学科学理论和知识。

(4)成本低,社会长期效益显著:公共卫生服务以预防为基本策略,投资小,社会长期效益显著。

(5)政府主导:对公共产品的供给政府应承担主要责任,表现为政府统一组织、领导和直接干预以及必要的公共财政支出。

(二)基本医疗服务

基本医疗服务是政府提供保障居民进行正常生活、劳动,促进健康的必要手段,它指在现有医疗水平下医疗机构所能提供、居民能够承受、技术适宜、疗效确切的以恢复劳动者劳动能力或者维持基本生活质量为目的的诊疗服务。或者说,基本医疗服务是在一定的社会经济发展、医学技术水平进步和文化人口特征的条件下,为全体居民提供的、在医疗技术上具有合理性、需方有经济承受能力,并在疾病诊治过程中必需的医疗服务,即技术合理性、有经济承受能力和医疗服务必需性三者的交集。

根据当前卫生政策、社会经济发展水平、医疗机构的布局和功能、医疗服务及其市场的特点以及医疗服务的特征,上述对基本医疗服务范围的界定在技术上有一定的难度,因此有专家建议通过医疗服务的场所来界定基本医疗服务,可以避免技术性界定的缺点,有效地实现政策目标,即将基本医疗服务界定为:由社区卫生服务机构提供的医疗卫生服务,以及经社区卫生服务机构审核转诊到高级别医疗机构的医疗服务。根据服务场所来界定,基本医疗服务的范围包括以下两个方面:一是在现行医疗服务内容框架下,由社区卫生服务机构对常见病、多发病和诊断明确的慢性病等患者提供的医疗服务;二是对一些复杂性疾病或疑难性疾病患者,经过社区卫生服务机构转诊到高级别医疗机构进行检查和治疗所享受的医疗服务。其他形式的医疗服务内容,均不在基本医疗服务的范围内。基本医疗服务的特征表现为:

(1)广泛性。广泛性主要反映基本医疗服务的保障对象和范围。基本医疗服务的覆盖面应当包括每一个居民,换句话讲,这种医疗服务是居民能够普遍、广泛地使用,并且这种使用很少存在竞争性和排他性。

(2)公平性。居民所享受基本医疗服务的水平是公平的。无论何时何地,无论其身份和地位,居民都能享受到同等的医疗服务。无论何时何地,无论其身份和地位,不同疾病或疾病的不同程度都能得到其对应的医疗服务。

(3)必需性。首先,在服务需求性上,基本医疗服务是针对严重影响居民健康水平的医疗服务。其次,在服务供给上,这种医疗服务应该是经济的、适宜的服务,不仅具有成熟的医疗技术,而且这种医疗技术是有效的、可靠的和经济的。再次,在服务承担能力上,服务供给和利用是社会经济承受得起,并且能够充足供应。

三、医疗保障制度

医疗保障制度(medical insurance system)又称医疗保险制度,是指一个国家或地区为解决居民健康问题,按照保险原则而筹集、分配和使用卫生基金的综合性措施。医疗保障的含义反映在两个方面:其一,它是一种全部或部分增加医疗保健资金的手段;其二,它是解决和保障医疗服务的途径。因此,医疗保障制度是以居民医疗保健事业的有效的筹资机制身份出现的。

(一)医疗保障制度的分类

(1)自愿保险(voluntary insurance):保险业务由私人承办,被保险者自愿登记,定期交纳保险费作为医疗保险基金,以享受约定范围的免费医疗服务,开业医生则从保险公司领取报酬。

(2)社会医疗保险(social medical insurance):是由国家通过法制强制实施的一种医疗保障制度,带有义务性和强制性,故又称义务保险或强制保险(compulsory insurance)。社会医疗保险一般由政府承办。它按单位工资总额和个人收入的一定比例筹集或交纳,政府酌情给予不同形式的补贴(如减免税收)。各国社会医疗保险提供的医疗服务内容不同,但一般来说主要提供基本医疗服务。它对病人医疗费用的补偿一般有起付线、共付率、最高偿付额等多种限制;对供方的支付方式则有按人头付费、按病种付费、按服务项目付费、按次均门诊单价付费等。

(二)我国的医疗保障制度

公费、劳保医疗制度是我国建国以后对城镇职工医疗保障方面的两个制度,但已经不能适应当前社会发展的需要。进入 21 世纪,我国开始积极地推进多层次医疗保障体系的建设,包括商业医疗保险、镇职工基本医疗保险、新型农村合作医疗制度、医疗救助制度等,其中城镇职工基本医疗保险制度和新型农村合作医疗制度是基础和核心。

1952 年,政务院发布的《关于全国各级人民政府、党派、团体及所属事业单位的国家工作人员实行公费医疗预防的指示》以及在此前后颁布的《劳动保险条例》等政策法规标志着以公费医疗和劳保医疗为主的城镇免费医疗制度的确立。

经过 30 多年的实践证明,公费医疗、劳保医疗制度,对防病治病,保证城镇职工及国家干部的健康,促进社会主义建设事业的发展,保障社会稳定,发挥了重要的作用。但是,由于公费医疗、劳保医疗制度都是在计划经济体制下建立的,随着我国经济社会的不断发展和人民对健康卫生需求的不断提高,原有的公费医疗体制在医疗费用筹资、支出、管理等方面暴露出很多问题,突出表现为覆盖面小、医疗保障不平衡等。而且医疗开支急剧增加,国家财政不堪重负,而真正有病的患者得不到必要及时的医疗保健。

为了消除上述弊端,促进我国社会主义市场经济体制的建立和发展,从 1994 年底开始,国务院确定在镇江和九江两市进行试点,对公费医疗、劳保医疗制度实行根本改革,与此同时,海南省、深圳市等也在继续推行自己的医疗保险制度改革试验。1998 年,国务院颁发《关于建立城镇职工基本医疗保险制度的决定》,1999 年又发布了 6 个配套文件,形成了三个目录管理、两个定点管理和一个费用结算管理的基本医疗管理体系。

四、公共卫生服务质量保证与依法行医

卫生服务质量必须要有法律来保证,从事卫生服务的人员必须依法行医。相关卫生法律法规的实施,对规范卫生服务行为,保护和增进公众健康以及保证公共卫生服务质量起到了重要的作用。

(一)规范预防保健方面的法律制度

为了加强预防保健工作,维护广大人民群众的身体健康,我国先后制定了《传染病防治法》、《职业病防治法》、《国境卫生检疫法》、《国内交通卫生检疫条例》,《突发公共卫生事件应急条例》,《艾滋病监测管理的若干规定》、《公共场所卫生管理条例》及《学校卫生工作条例》等。这些法律、行政法规,确立了预防保健方面的法律制度,包括传染病预防控制制度、突发公共卫生事件应急制度、职业病防治制度、公共场所和学校卫生管理制度以及妇女儿童健康权益和公民生殖健康权益保障制度。

(二)规范医疗机构、人员以及医疗救治行为方面的法律制度

为了规范医疗机构的医疗行为,提高医务人员的职业道德与业务素质,促进医学技术的发展,提高医疗救治技术,降低病死率,制定了《执业医师法》、《乡村医生从业管理条例》、《医疗机构管理条例》、《医疗废物管理条例》、《医疗事故处理条例》等。这些法律、行政法规主要确立了规范医疗机构管理的制度和规范卫生技术人员管理的制度等法律制度。

(三)规范与人体健康相关的食品、药品、化妆品和医疗器械管理方面的法律制度

为了加强对食品、药品、化妆品、医疗器械等与人体健康相关产品的监督管理,保证其产品质量,保障公民身体健康,制定了相应的法律制度。

第二节　公共卫生服务的需求与供给

一、公共卫生服务体系

广义的公共卫生服务系统包括政府公共卫生的管理部门、公共卫生服务提供机构、公共卫生学术机构以及其他主要从事提供公共卫生服务的机构在内的各机构组织。这些机构组织通过改善环境卫生条件,预防控制传染病和其他疾病流行,培养良好的卫生习惯和文明的

生活方式,达到预防疾病,促进人群健康的目的。

我国公共卫生所取得的成就得到了国际社会的充分认可和积极评价。但是,这些辉煌的成就主要是在 20 世纪 80 年代以前取得的。而 80 年代以后,比如平均期望寿命和婴儿死亡率这两个指标的进步速度与世界上其他国家相比是非常缓慢的。改革开放后,由于公共卫生在筹资、管理、组织运行方式以及服务提供内容方面发生了较大的变化,虽然 20 世纪 80 年代以来传染病的发病率仍然有大幅下降,但是 90 年代以后下降速度开始放慢,1997 年以后甚至有回升的迹象,肝炎、肺结核、血吸虫病等传染病和一些地方病在中国部分地区死灰复燃。由于在系统内部运行效率及应对突发公共卫生事件等方面明显不足,2003 年,"非典"波及全国 26 个省、市、自治区,对中国社会、经济以及其他各个方面都产生了很大的影响。目前,我国公共卫生服务系统还存在一些问题和矛盾,主要表现在以下几个方面:

(1)公共卫生服务系统和医疗服务系统割裂造成公共卫生和医疗双方绩效下降。医疗卫生体制改革促使公共卫生职能逐渐转向只依靠专职机构,医疗系统与公共卫生系统分道扬镳,两者的互补难以发挥。医疗服务机构的医生只关注个体的疾病诊断治疗,没有形成治病救人方面的整体观,对传染病的群体发病现象越来越忽视;在公共卫生服务领域,越来越强调预防医学的实验室检验检测技术和群体预防措施,难以提供个体化预防保健服务。"非典"的爆发充分暴露了中国的公共卫生和医疗系统割裂的尖锐矛盾。

(2)城乡差距扩大,基层公共卫生体系建设滞后。城市因其优越的地理位置和发展的重视,使得市民可以享受到一定的公共卫生服务。而占全国面积绝大多数的农村地区,受农村合作医疗制度覆盖面窄、作用小以及卫生机构缺乏、卫生人员素质低的影响,其公共卫生服务的供给水平严重滞后,不能适应农村公共卫生服务的需要。

(3)政府投入不足,公共卫生服务机构服务行为发生严重偏移。由于政府投入不足,为了增加收入,在政府的默许和某种程度的鼓励下,公共卫生服务机构只能自己"开源节流"。所谓"节流"就是缩减原来免费提供的公共卫生服务项目,特别是面向群体的预防,血吸虫病的灭螺计划、疾病监测、健康教育等服务开展越来越少。所谓"开源"就是进行创收,一是对原来免费但在政府监督下又不能不提供的服务开始收费,二是扩展有偿业务,主要是对食品业、旅馆服务业进行卫生监督,逐渐形成了"有偿业务畸形发展,不赚钱的业务日渐萎缩"的局面,这在一定程度上受到了企业领域放权让利改革的诱导。

(4)公共卫生筹资方式不合理,地区差距不断扩大。由于各地公共卫生的资金来源主要依赖于地方,加之转移支付制度的不完善,不能解决各地财力悬殊的问题,中央政府对卫生支持的力度很弱,各地差距加大。经济实例强的省份和地区有更多的财力和物力投入到公共卫生领域,而经济相对落后的地区却没有能力投入更多的财力进行公共卫生领域的建设,而这些地区恰恰是传染病、地方病的高发区,因此产生了累退效应。

(5)公共卫生多头领导,公共卫生服务效率降低。由于卫生机构改革后行使公共卫生管理职能的机构众多(卫生部、国家质检总局和食品监督管理局三个部门),所以在处理重大突发公共事件时往往出现多头领导,职责不清,不能形成一个高效的运作机制,延误了处理突发事件的最佳时机,导致事态扩大,给人民健康和国家经济带来巨大损失。

二、公共卫生服务需求与供给

(一)我国的公共卫生服务需求与供给

1. 卫生服务需要(health service need)

需要主要取决于居民的自身健康状况,是依据人们的实际健康状况与"理想健康状态"之间存在差距而提出的对医疗、预防、保健、康复等服务的客观需要,包括个人察觉到的需要(perceived need)和由医疗卫生专业人员判定的需要,两者有时是一致的,有时是不一致的。只有当一个人觉察到有卫生服务需要时,才有可能去寻求利用卫生服务。例如,某个人实际存在健康问题或患有疾病但尚未察觉,然而,当医学检查确诊存在某种疾病或障碍时才需要得到卫生服务,如贫血、高血压、糖尿病、乳房肿块、沙眼、神经症、心理障碍等。对这部分人来说,就不会有寻求卫生服务的行为发生,这种情况对健康极为不利。

2. 卫生服务需求(health service demand)

卫生服务需求是从经济和价值观念出发,在一定时期内、一定价格水平上人们愿意而且有能力消费的卫生服务量。需求的形成必须具备两个条件:即消费者的购买愿望和消费者的支付能力。卫生服务需求一般可以分为以下两类。

(1)由需要转化而来的需求:人们的卫生服务需要只有转化为需求,才有可能去利用卫生服务。但在现实生活中,并不是人们所有的卫生服务需要都能转化为需求。需要能否转化为需求,除了与居民本身觉察到有某种或某些卫生服务需要外,还与其收入水平、社会地位、享有的健康保障制度、交通便利程度、风俗习惯以及卫生机构提供的服务类型和服务质量等多种因素有关。在我国农村地区,尤其是一些"老、少、边、穷"地区,大量的卫生服务需要还不能或者难以转化为需求。

(2)没有需要的需求:通常由不良的就医和行医两种行为造成。有时候居民提出的一些"卫生服务需求",可能经医疗卫生专家按服务规范判定是不必要的或被认为是过分的要求。例如,有些公费和劳保医疗者就医时要求医生多开药,延长住院时间,甚至代家人开药等而过度利用卫生服务;另一方面,在不规范的卫生服务市场条件下,由医疗卫生人员诱导出来的需求。由于经济利益的驱动,为了创收,往往给病人做一些不必要的检查、治疗、开大处方等。上述两种情况均导致没有需要的需求量大量增加,具有这类需求的人常常与真正需要卫生服务的人竞争有限的卫生资源,进而造成卫生资源的浪费和短缺。

3. 卫生服务供给(health service provision)

卫生服务供给和卫生服务需求是相适应的,后者是前者产生的前提条件,而前者是后者得以实现的基础。卫生服务的供给应该具备两个条件：提供卫生服务的愿望和提供卫生服务的能力。

4. 卫生服务利用（health service utilization）

卫生服务利用是需求者实际利用卫生服务的数量，直接反映卫生系统为人群健康提供卫生服务的数量，是人群卫生服务需要量和卫生资源供给量相互制约的结果。

5. 卫生服务需要、需求、利用之间的关系

卫生服务需求由需要转化而来，人们的卫生服务需要只有转化为需求，才有可能去利用卫生资源，需求才有可能得到满足。但在实际生活中，由于种种主观和客观的原因，并不是人们所有的需要都能转化为需求。需要能否转化为需求，除取决于个体自身的需要外，还与个体的收入水平、家庭人口、职业、文化程度、社会地位、风俗习惯以及卫生服务机构的设置和服务质量等多种因素有关。因此，医疗需求不能全面准确地反映居民对卫生服务的实际需要。现阶段，一方面在我国农村贫困地区，还存在大量卫生服务需要不能或难以转化为需求的现象。同时由于经济利益的驱动，卫生服务机构中部分医务人员存在诱导需求现象，从而导致没有需要的需求大量增加。卫生服务需求能否得到满足取决于卫生服务的供给量。事实上，由于卫生资源有限、配置不合理，以及存在服务质量差、效率低、资源浪费等现象，人们对卫生服务的需求都难以得到全部满足。

因此，研究居民健康状况、卫生服务需要（求）量、利用量及卫生资源配置相互之间的联系，分析需要（求）量、利用量的满足程度及其影响因素，是合理组织卫生服务、评价卫生系统工作效率和潜力，解决卫生服务供需矛盾，提高卫生事业社会效益和经济效益的常用的、有效的方法与手段，也可以为制定卫生事业发展规划、方针、政策以及加强现代化管理提供科学依据。

（二）我国公共卫生服务需要与供给之间的矛盾

公共卫生服务领域包括计划免疫、疾病监测、妇幼保健、健康教育、卫生监督、监测、评价及特种行业人员预防性健康查体等各项预防保健项目，主要由各级卫生防疫、保健部门承担并实施。随着社会经济的发展和人民生活水平的提高，目前我国公共卫生服务出现的较突出的"供需不平衡"情况，严重制约了公共卫生服务应有的作用和功能。

一方面，公共卫生服务的供给不足。由于固有的"重治轻防"、"重眼前利益轻长远效益"的观念，各级政府尤其是基层政府对公共卫生领域的重视程度和投入数量不足，卫生防疫部门所占有的物质资源和人力资源不能满足业务开展的需要，因此，所提供的公共卫生服务数量和质量也必然有限和欠缺。同时，部分基层政府以发展市场经济为由，片面强调市场对卫生资源的配置作用，试图完全用市场机制下的价格杠杆来实现公共卫生服务的供求平衡，进一步减少卫生防疫部门的预算内支出，甚至"断奶"，实行所谓"自收自支"的政策，从而导致卫生防疫部门的工作更加捉襟见肘，大大减少了投入性服务项目的开展，并且为了创收，出现了"以执法监督养疾病控制"、开办医疗门诊与医院争夺病员等情况,严重影响了公共卫生服务的正常开展。

另一方面,公共卫生服务的需要及需求明显增加。随着社会的发展,我国居民的疾病谱发生了很大的变化,由原来的以传染病危害为主转变为以传染病和慢性非传染性疾病共同危害,即面临所谓疾病的"双重负担"。从客观上讲,社会对卫生服务的需要明显增多,公共卫生服务的需要量也必然会随之增加。从疾病控制的角度讲,在消灭传染病的过程中,免疫接种等预防措施曾经起到了决定性的作用,并仍是今后控制传染病的根本途径;另外,对目前危害日趋严重的慢性病、伤害、精神疾患等非传染性疾病,若采取可行的预防措施,如人群干预、早期筛查等,则完全能有效地控制疾病的发生和伤残、死亡等不良后果。因此,在目前"双重负担"的卫生状况下,公共卫生服务的作用更为突出。同时,生活水平的提高,使得人们已不满足于生命的延长而是更加注重生活质量,从而对以预防保健为主的公共卫生服务的需求相应增加。可见,目前我国公共卫生服务的状况为"供不应求",这一供需矛盾必然加重我国疾病"双重负担"的局面,限制卫生体制改革的进程。

三、公共卫生服务评价

卫生服务评价是综合运用定量和定性研究方法,对卫生服务项目的相关性、可行性、适宜性、运行进展、效果、效率、影响和可持续性等方面进行科学、系统的评估,为改善卫生服务绩效、提高人群健康水平提供信息依据。这里所指卫生服务评价的对象,包括卫生服务(含卫生技术)、卫生项目、卫生政策、卫生系统等,并不刻意区分它们之间的区别。

公共卫生服务是卫生服务的一个组成部分,公共卫生服务的评价与卫生服务评价的原则应该是一致的,只是在评价范围方面更具有针对性,即针对公共卫生服务领域的技术、项目、政策或整个公共卫生系统所进行的科学、系统的评估。

(一)公共卫生服务评价的基本内容

(1)相关性评价:是指公共卫生服务、项目或政策是否必要,开展是否有意义,这决定了其存在的基本合理性,如一个项目的目标、范围、深度和覆盖率等是否解决了一个健康问题或卫生管理的问题,以及它们之间的对应关系。

(2)可行性评价:可行性是指从法律、政治、技术、社会、资源、组织等角度,分析公共卫生服务、项目或政策具体实施的可能性。

(3)适宜性评价:适宜性是指根据先验判断,一个项目在多大程度上能解决针对的问题,比如一个项目应该达到多大的规模,在多大范围内实施才能产生期望的效果,一个项目在多大程度上解决了问题等。项目的适宜性评价是基于已建立的准则,对项目的绩效进行评价,这些准则是在卫生项目设计时建立的。

（4）运行进展评价：运行进展是对项目活动的跟踪，了解进展情况，对项目是否按照项目计划去实施执行进行监控。这种评价是管理过程的重要组成部分。

（5）效果评价：在公共卫生服务评价中，效果评价是指公共卫生服务的结果是否达到预期的目标，重点是公共卫生服务的直接产出或短期、中期的结果。

（6）效率评价：效率是指是否能够以更经济的代价获得项目的期望结果。效率评价越来越受到重视，因为资源是有限的。

（7）影响评价：影响评价是指项目的长期效应。影响重点关注随着时间的推移，由于项目和项目的特征所导致的变化。影响评价必须利用健康状况、生命质量和健康完好状态等长期效应指标。

（8）可持续性评价：可持续性是指在初始投资后项目效应持续存在的可能性，因此，评价是判定当初始的外部投资撤出后，项目是否能够获取必要的经费和资源以便维持。

（二）公共卫生服务评价的基本方法

根据评价的阶段和评价的主要内容不同，评价的方法也各不相同，主要分定量分析和定性分析。前者需要对评价对象精细观察测量，并进行量化。资料分析常常用统计学方法，其结果以文字描述和解释与统计图表、统计模型相结合的方式进行阐述。后者不是靠数据、统计来进行的，重点是对事件的理解和评述。

1. 定量研究方法

（1）描述性研究方法：通过观察公共卫生服务项目全过程的各种现象，描述事物的时间、空间和人间分布，为卫生服务评价提供线索和基础信息。其主要的研究方法包括横断面研究分析、时间序列趋势分析、现场评审和比较分析。

（2）分析性研究方法：是观察研究的较高层次研究，一般有周密的设计和比较严格的对照，能进行比较分析，可以探讨疾病的病因和卫生问题的原因。主要包括流行病学研究方法、经济学评价方法（成本—效益分析、成本—效果分析和成本—效用分析）、综合评价方法（综合指数法、综合系数法、加权综合法、模糊分析法和层次分析法等）、质量评价方法、运筹学方法、理论模型评价法等。

（3）实验性研究方法：是指在研究人员的控制下，人为地施加某种研究因素或消除某种因素（干预措施），然后比较研究的结果。这种研究不仅要设立严格的对照，而且要人为施加干预因素。主要包括临床试验和社区干预试验。

2. 定性研究方法

（1）参与性观察：也称实地观察，是指评价者参与到评价对象的真实"环境"中，观察、收集和记录研究对象在这一环境中的真实表现的信息。包括深入访谈、行为观察、网络分析和非正式访谈等。

（2）个人深入访谈：是指一个访谈者与一个被访者面对面进行交谈。在调查的主题较复杂或很敏感,或者"伙伴压力"等情况下,使用个人访谈能更为全面、真实地了解所需的内容,在某种情况下它是唯一可用的研究方法。

(3)焦点组讨论:是指为了了解有关人们行为的信念、态度以及经历等信息,将一组人聚集在一起,就某一特定的问题进行深入的讨论。专题小组讨论所需进行的次数一般按照不同的专题来确定。

(三)公共卫生服务的经济学评价

1. 经济学评价的必要性

资源的有限性可能是促成经济学评价(economic evaluation)的首要原因。经济学评价可以为决策者解决许多问题,帮助其选择相对较优的方案。在公共卫生服务领域,经济学评价可以用于干预不同时点的选择,如预防神经管畸形,是婚前保健时进行增补叶酸的健康教育,还是孕前学校进行增补叶酸干预,或是孕中期实施孕母血筛查及超声筛查与诊断;也可以用于卫生保健的干预地点的选择,如对糖尿病病人的治疗是住院治疗、门诊医疗还是家庭医疗,是在三级综合医院还是基层社区卫生服务中心提供医疗保健服务等。经济学评价还可以用于同类项目的不同规模的选择,如流感疫苗的接种对象确定是高危人群还是每个人,女性乳腺癌的筛检是针对20岁以上妇女还是40岁以上妇女。另外,经济学评价还可用于不同疾病干预策略的选择,如到底是投入艾滋病的健康教育还是改善医院急诊室的设施条件,是将投资用于急性传染性疾病的控制还是用于慢性非传染性疾病的干预等。经济学评价亦可用于促进健康的不同方式,如污染控制、交通安全和食品卫生监督项目的比较。

2. 经济学评价的方法

经济学评价主要分成本—效益分析(Cost-Benefit Analysis,CBA)、成本—效果分析(Cost-Effectiveness Analysis,CEA)和成本—效用分析(Cost-Utility Analysis,CUA)。三种方法的区别之处在于以何种方式测量卫生服务的结果。成本—效益分析就是将某项目的效益与其成本进行比较。分析时,要找出直接效益、间接效益和直接成本、间接成本,并且纳入分析过程。对项目的成本和效益进行量化且转化成统一的货币单位。通过比较各种备选方案的全部预期效益和全部预计成本的现值进行评价,作为决策者进行选择和决策时的参考和依据。

成本—效果分析同样是比较某个项目的效果和成本,但它仅仅要求把成本进行货币化,而对效果则不需货币化。在卫生服务领域,成本—效果分析主要是评价使用一定量的卫生资源(成本)后的个人健康效果。

成本—效用分析,是成本—效果分析的一种发展,在评价效果时,不仅注重健康状况,而且注重生命质量,采用一些合成指标,如质量调整生命年(QALYs)和失能调节生命年(DALYs)。

(四)公共卫生服务的综合绩效评价

之所以对一个组织或项目进行绩效评估,有这样一句名言:"如果我们不能评估一个活动,那么我们就无法控制它;如果我们不能控制它,那我们就更谈不上管理它了"。绩效评估(performance assessment)是指应用经济学投入产出理论和方法对目标事物或方案所产生的成绩和效果所做的综合性评估。目前绩效评估的理论与方法还处于探索阶段。

1. 公共卫生服务绩效评价指标体系的设计原则

在《中国政府公共服务:体制变迁与地区综合评估》一书中,作者提出在设计公共卫生服务绩效评价指标体系时应遵循六个基本原则。

(1)充分性(adequate)原则:作为一个有机整体,通过所选指标以及相关指标特定方式的结合能从各个不同角度全面地反映出基本公共卫生服务的客观状况,利用它们能够为绩效评价提供一个较为充分的测度基础。

(2)层次性(hierarchical)原则:指标体系应根据研究系统的结构分出层次,并在此基础上将指标分类,这样才能使指标体系结构清晰,便于从不同层次和不同角度进行分析评价。

(3)独立性(independent)原则:指标体系中的各种指标应力求保持相对独立性,应该从不同角度进行测度。

(4)清晰性(clear)原则:指标概念界定应准确,无歧义,并且能够进行量化,便于计算。

(5)经济性(economic)原则:指标数据的获取应在合适的成本范围内。

(6)公开性(available)原则:为了便于第三方独立机构根据指标对绩效评价结果进行复核或避免版权、保密等方面可能出现的不必要的纠纷,数据来自公开出版渠道或商业性数据库。

根据公共卫生的基本服务内容,可以对资源投入、公共卫生系统运行的过程及产出进行评估。但是,值得注意的是,与其他公共服务一样,公共卫生服务的投入、产出与效果之间的关系,并不像对企业的分析中的投入产出关系。后者的投入产出是一种直接对应关系,有什么投入,对应相应的产出。一般来讲,公共卫生服务不可能找到投入产出的直接对应关系,关键原因在于,一是公共服务从投入提供到产出,特别是到产生实际效果,常常存在时滞,更不能立即转化为效果;二是公共服务的产出与效果除了受到投入因素影响外,还受到其他因素的影响,投入不是导致结果的唯一原因。另外,公共服务的产出有时难以用货币单位度量,与传统的产出相比显得有些另类。因此,在设计公共卫生绩效评价指标时,应充分考虑到公共卫生服务系统本身的运行规律和特点。

2. 绩效评估的几种主要方法

(1)"3E"评价法:在 20 世纪 60 年代,美国会计总署率先把对政府工作的审计重心从经济性审计转向经济性(economy)、效率性(efficiency)、效果性(effectiveness)并重的审计,俗称"3E"评价法。所谓经济是指投入成本的节约程度;效率指标反映所获得的工作成果与工作过程中的资源消耗之间的对比关系;效果指标通常用来描述政府所进行的工作或提供的服务在多大程度上达到了政府的目标,是否满足了公众的需求。由于政府在社会中所追求的价值理念如平等、公益、民主等和"3E"评价法单纯强调经济性之间存在矛盾与冲突,"3E"评价法暴露出一系列的不足,因此后来又加入了公平(equity)指标,发展为"4E"。但实际上类似于公平、伦理等完全可以通过指标设计将其纳入"效果"的评估。

(2)标杆管理(基准)法:标杆管理法的关键在于指标体系的设计要科学、合理、全面。除了经济层面的指标外,标杆管理的指标体系还包括政府提供的公共产品如教育质量的比较评估,政府在公益性活动中所作努力的指标等,指标体系的内容在一定程度上引导着政府努力的方向。因此,标杆管理可以使政府全面考虑自身在社会中应承担的责任,从而对社会的全面发展起到领导作用。另一方面标杆管理在评估方法上具有独特性,通过比较来实现评估。标杆管理法的第一步是确定标杆,作为政府奋斗的目标。在每一个实施阶段结束后都把结果与确定的标杆相比较,进行阶段性的总结评估,以对下一阶段的方法作出调整,直至最后达到标杆水平,确定更高的标杆。这里比较和评估完全融为一体,通过比较实现评估,以评估促进与更高水平的比较。

(3)平衡计分卡法:1992年哈佛商学院教授罗伯特·S.卡普兰和大卫·P.诺顿开发出了一种新型的侧重于企业的绩效评估方法—平衡计分卡法。该方法从四个角度来管理组织的绩效:顾客、财务、内部流程、学习与成长,并要求彼此之间保持适度的平衡。平衡计分卡的平衡计分指标体系分为三个层次:第一层次包括四个领域,即财务、顾客、内部流程、学习与成长。第二层次即上述每个领域所包含的内容。财务领域主要是组织怎样满足股东的需求,一般情况下主要指股东与合伙人。顾客领域就是所面临的服务对象。内部流程领域主要是指高效的内部业务流程设计。学习与成长领域主要是工作人员的自我学习和提高的能力。第三层次即每一领域内的每一内容上的具体的、可量化的测评指标。

(4)层次分析(AHP)法:层次分析法是由美国匹兹堡大学教授 T.Satty 在 20 世纪 70年代中期提出的。它是将复杂问题分解为多个组成因素,并将这些因素按支配关系进一步分解,按目标层、准则层、指标层排列起来,形成一个多目标、多层次的、有序阶梯状结构的模型。通过两两比较的方式确定层次中诸因素的相对重要性,然后综合评估主体的判断确定诸因素相对重要性的总顺序。层次分析法的基本思想就是将组成复杂问题的多个元素权重的整体判断转变为对这些元素进行"两两比较",然后再转为对这些元素的整体权重进行排序判断,最后确立各元素的权重。利用层次分析法,不仅可以降低工作难度,提高指标权重的精确度和科学性,而且通过采取对判断矩阵进行一致性检验等措施,有利于提高权重确定的信度和效度。同时,计算矩阵特征向量时,可以利用和积法、幂法和方根法等多种思路,并可以应用计算机来处理数据,具有较强的可操作性。

(5)数据包络分析法(DEA)法:DEA 方法是评价同类组织之间投入产出相对效率的一种有效手段。该法具有以下三点优势:①只需确定好作为投入产出的各项指标,无需获得生产函数的具体形式;②适用于解决多投入、多产出下的投入产出效率评价;③DEA对各指标的量纲没有要求,只要各同类单位某项具体指标使用同一量纲即可。DEA方法的这些优点恰好能满足政府公共服务效率评价的要求。首先,政府在公共服务方面的人、财、物投入最终转化为各种具体的公共服务,通常我们只能够确定那些产出与投入有关,至于背后的转换关系在现实中很难估计。其次,公共服务的涉及面较广,属于典型的多投入、多产出情况。此外,衡量公共服务投入、产出的指标,很多都无法以货币或其他某个特定量纲度量,而使用DEA正好能回避这一点。

第三节　公共卫生资源配置与公共卫生筹资

一、卫生资源优化配置

(一)基本概念

1. 卫生资源(health resource)

是卫生部门所拥有和使用的人、财、物、技术和信息等各种要素的总和,是投入到卫生部门的物化劳动和活劳动的表现,是卫生服务活动生产和再生产的物质基础。卫生资源包括硬资源和软资源两大类。卫生硬资源指卫生人力、物力、财力等有形资源;卫生软资源指医学科技、医学教育、卫生信息、卫生政策与法规、卫生管理等无形资源。由于卫生软资源的有效表示、特别是其量化较困难,因此,定量研究中涉及的卫生资源指卫生硬资源。

2. 卫生资源配置(health resource allocation)

卫生资源配置是指卫生资源在卫生行业(或部门)内的分配与转移(流动)。卫生资源配置包括两层含义,一是卫生资源的分配,称为初配置,其特点是卫生资源的增量分配;二是卫生资源的流动,称为再配置,其特点是卫生资源的存量调整。

3. 卫生资源优化配置

卫生资源优化配置包括两层含义:一是实现卫生服务供需平衡,这是卫生资源配置的一级优化(初步优化),称为合理配置;二是实现效率效益最大化,在卫生服务供需平衡基础上,实现有限卫生资源的充分有效利用,获得最大的卫生服务效益(即投入最小产出最大化)。这是卫生资源配置的二级优化(最终优化),称为优化配置。

(二)卫生资源优化配置的原则

卫生资源优化配置的基本出发点是满足人民群众的基本医疗卫生保健需要。卫生资源优化配置应遵循需要原则、公平原则和效益原则,在需要和公平原则下,重视效益原则。公共卫生资源优化配置同样需要遵循上述原则,其宗旨是满足全体居民的公共卫生服务需要。

1. 需要原则

按需要配置资源,实现卫生服务供需平衡,这是卫生资源优化配置的基本原则。

2. 公平原则

即人人都能享受医疗卫生保健服务,至少都能享受到基本的医疗卫生保健服务。社会公平是社会主义卫生事业性质和宗旨的要求与体现,是卫生资源优化配置的基本准则。

3. 效益原则

在需要和公平的原则下,重视和提高卫生服务利用效率及效益,这是卫生资源优化配置的目标原则。提高卫生资源利用的综合效益,实现卫生资源配置最佳化和效益更大化是卫生资源优化配置的核心和目标。

(三)卫生资源优化配置的手段

卫生资源配置有三种手段或方式,即市场调节、计划调节和市场与计划相结合的复合调节三种。

1. 市场调节

指由市场需要和市场机制来配置卫生资源,即根据市场实际情况,运用市场的供求机制、价格机制和竞争机制来配备卫生资源。市场调节是卫生资源配置的基本手段,是较低层次的调节,称为微观调节或一级调节。市场调节较多地考虑了市场情况和经济效益大小,体现了卫生服务的商品性和公益性。

2. 计划调节

是以政府的指令性计划和行政手段为主的卫生资源配置方式,其主要表现是统一分配卫生资源,统一安排卫生机构、发展规模、服务项目、收费标准等等。计划调节是卫生资源配备的重要手段,是较高层次的调节,称为宏观调节或二级调节。卫生资源配置的计划调节,在计划经济的体制下,采用单一的行政手段来配置卫生资源。在社会主义市场经济体制下,扩大到行政、经济和法律三种手段并用,同时逐步弱化行政手段,强化经济和法律手段。计划调节是从全局和整体利益出发来规划卫生事业发展规模和配置卫生资源,较多地体现了卫生事业的整体性和公平性。

3. 复合调节

是市场调节和计划调节有机结合的卫生资源配置方式,它是建立在政府宏观调控下,以市场调节为基础,计划调节为主导的卫生资源配置方式,即建立在政府宏观调控下的社会主义市场经济的卫生资源配置模式。

卫生资源配置的实践证明,单一市场调节或计划调节都不利于卫生资源合理有效配置和卫生事业的发展。只有使市场调节和计划调节有机地结合起来,发挥各自的长处和优点,才能实现卫生资源的优化配置和促进卫生事业不断发展。因此计划与市场有机结合的复合调节是实现卫生资源配置的有效手段。如何实现市场与计划两种调节的有机结合,是实现卫生资源配置的关键。

(四)卫生资源优化配置的方法

1. 对应调整法

即在对卫生资源分布、结构和利用现状进行调查分析研究的基础上,针对存在的问题,采取相应措施进行调整,做到卫生资源配置的布局和结构合理,使卫生资源得到充分有效利用,实现卫生资源合理有效配置。

2. 最优化方法

即研究卫生资源配置的科学性,采用供需平衡和最优规划法,定量研究卫生资源优化配置,根据研究结果指导和进行卫生资源的分配与调整,达到卫生资源优化配置。卫生服务供需平衡指卫生服务供给与社会人群健康需要之间达到相对的动态平衡,也就是供需相等。卫生服务供需平衡是卫生资源优化配置的基础,没有供需平衡,也就没有优化配置,但实现了供需平衡不等于达到优化配置。供需平衡的最优化,才能实现卫生资源优化配置。

(五)我国卫生资源配置结构现状、存在的问题及改革的重点

一般而言,绝大多数的卫生服务(基本的医疗服务和预防保健服务)均应由基层医疗卫生机构提供,而高技术性的专家服务仅占少数。因此,合理的卫生资源的配置应该成"正三角"形态。然而目前卫生资源的配置却是一种"倒三角"形态。一是大医院的卫生资源远远大于基层医疗机构的资源量,社区卫生机构配置的资源量不但数量少,且质量不高;二是预防保健、农村和基层医疗机构资金相对不足,由于生存的压力,预防保健机构出现重有偿服务,轻无偿服务的不良倾向。那些具有更大社会效益的基本医疗服务和预防保健却因筹资困难而发展缓慢,甚至难以为继。

每一位公民都具有同等的健康权力,都有权享受国家为他们提供的应得的卫生服务,特别是公共卫生服务,政府应在立法上给予保障。因此,卫生资源的配置要以公平性原则为前提,针对目前的卫生管理体制和卫生资源配置等方面存在的问题和弊端,理顺各级政府对有关层次卫生资源配置和管理的关系与职责,加强上级政府对卫生资源配置的宏观调控力度,对卫生资源进行合理配置,对现有不合理的卫生资源架构进行科学的调整,构建结构合理、功能齐全的卫生服务体系,以发挥卫生资源的整体效益,实现卫生事业的可持续发展。具体来讲,应做好以下几方面的工作:①加强中央和省级政府对下一级卫生资源配置的宏观调控力度。②进一步明确医疗机构的属地化管理。③改革地(市)级政府的卫生投入方式。④对我国城乡、地区卫生资源配置进行战略性调整。⑤加大对预防的投入,实现医、防卫生资源配置结构合理化与协调发展。⑥全国实施区域卫生规划。

二、公共卫生人力资源分析

卫生人力是卫生资源中最重要且具活力的一种，是制定与实现国家卫生发展计划的组成部分。卫生人力是指经过专业培训、在卫生系统工作、提供卫生服务的人员，包括已在卫生部门工作和正在接受培训的人员。卫生人力资源分析主要研究卫生人员的数量、结构和分布。公共卫生人力资源属于卫生人力资源的一部分，因此，对公共卫生人力资源的分析与普通卫生人力资源分析的原则与方法是一致的。

(一)卫生人力资源分析的内容

1. 数量

卫生人员数量可用绝对数和相对数表示。绝对数表示卫生人力实际拥有量。为了表达不同时期、不同地区卫生人力的水平，通常用相对数来表示，如用每千人口医师数或每名医师服务人口数来表示。

2. 结构

人力结构可反映卫生人力的质量，说明人力结构的合理性。卫生人力作为一个人才群，合理结构应包括三方面。

(1)年龄结构：合理的年龄结构有助于发挥不同年龄层次的长处，保持卫生人力的延续性和稳定性。

(2)专业结构：不同专业人员提供不同的服务。

(3)职称结构：职称反映一定的技术水平。在一个人才群中，只有一种类型人才，即使水平很高，效率也不一定很好。不同职称人员应有合适比例。

3. 分布

从卫生人员的地理分布来看，发达国家与发展中国家之间卫生人力存在严重不平衡状况。在一个国家内部，卫生技术人员的地理分布也存在不平衡状况，大多数国家集中在城市，广大农村普遍缺少卫生技术人员。

(二)我国基本卫生人力资源诊断

总的来讲，我国基本卫生人力资源存在着数量不足、素质不高、结构不合理及配置不平衡等问题，是普及基本卫生服务的主要障碍。

1. 基本卫生人力数量不足

据卫生部统计，2004年卫生人员总数达到535.7万人，卫生技术人员439.3万人。中国卫生人员的千人拥有量已经接近世界平均水平。但是，提供基本卫生服务的公共卫生、疾病防控及农村卫生人才十分短缺。据卫生部统计，2005年，我国农村每千人口拥有的医生数仅为 0.96 人,比全国平均水平低 30% 以上。社区卫生发展缓慢,缺乏为群众提供基本医疗服务和预防保健服务的人才,服务能力有限。

2. 基本卫生人力素质不高

农村卫生专业技术人才缺乏,专业素质低,全国乡镇卫生院具有大专学历的人员只占 10.00%,无专业学历者高达 21.60%。据重庆市统计,乡村医生中没有专业学历的人数占医生总数的 20.00%,而有本科学历的仅占 2.77%,其中,在各乡村卫生院院长中就有 31.52% 的人没有专业学历。另外,在职称方面,乡村医生中具有中级职称以上的人很少,具有执业(助理)医师资格的人仅有 5.47%。基层卫生行政管理人员素质较低,缺乏现代管理思想、知识和技能。

3. 卫生人力结构不合理

全国医疗机构的卫生人力约占总量的 88.00%,而预防、保健和专科防治机构的卫生人力只占近 7.00%,缺少全科医生和护士。高、中、初 3 级卫生技术人员构成比为 1∶0.43∶0.15,远低于世界卫生组织制定的中等发达国家标准,中级人员比例偏少。

4. 卫生人力配置不平衡

目前,城市卫生人力已相当充足,城市中大医院集中了过多的卫生技术人员。而农村仍然缺乏,我国农村人口中拥有的农村卫生技术人员,仅占全国总数的 37.5%。就地域而言,东部沿海发达省份的卫生技术人员远远高于西部欠发达地区。

5. 基本卫生人力逆向流动

有调查显示,人才流动由小医院流向大医院,由北方及内陆省份医院流向南方沿海发达省份医院;乡镇医院好医生流向了待遇好的城市大医院;新毕业的大专生、本科生不愿到条件艰苦的乡镇卫生院工作。如此逆向流动使乡镇医院医生的素质能力越来越差。

(三)基本卫生人力的发展策略

基本卫生人力资源开发必须与国民经济发展、卫生事业发展相协调,以满足全体人民基本卫生服务需要为目标,按照基本卫生服务均等化原则,增加基本卫生人力数量、提高基本卫生人力素质,调整卫生人力结构和布局。

1. 营造基本卫生人力资源配置良好环境

必须发挥政府在基本卫生人力资源配置中的主导作用,在高校毕业生就业、人员聘用、收入分配、职称晋升及培训教育等方面制定能够使合格基本卫生人才"留得住"的优惠政策。

2. 建立符合市场经济规律要求的卫生人力资源市场

必须变卫生人力资源使用权单位所有为社会所有,使卫生人力资源能够真正在地区之间、城乡之间以需求为导向流动起来,鼓励和支持城市卫生人员向基层和西部地区流动。

3. 调整结构、合理布局

限制城市大型医院盲目扩张,将城市、大医院"富裕"的卫生人力资源分流至农村、社区等基层卫生服务机构。鼓励和组织大中型医疗、预防保健和计划生育技术服务机构的高、中级卫生技术人员,采取多种形式到农村、社区卫生服务机构提供技术指导和服务。

4. 构建和完善基本卫生人才培养体系

高等院校要充分发挥学科建设和人才培养方面的优势,主动适应卫生事业发展对基本卫生服务人才的需求,通过整合教学资源,加强全科医学和社区护理学科教育,为基层培养出"用得上"的基本卫生人才。对从事基本卫生服务的人员,可以采取脱产或半脱产的方式进行岗位培训,或毕业后医学教育以及采用多渠道、多种方式开展具有全科医学特点、针对性和实用性强的继续教育活动。

5. 加强对基本卫生人力的使用和管理

完善乡村医生、全科医师及护士等基本卫生技术人员的任职资格制度和聘用办法。制订科学的岗位设置和岗位管理办法,全面推行聘用制度和岗位管理制度,健全各项配套措施。深化收入分配制度改革,研究制定岗位和绩效相结合的工资分配办法和特殊岗位津贴办法,建立重实绩、重贡献和向关键岗位及优秀人才倾斜的收入分配机制。完善聘后管理,坚持能进能出、能上能下。

6. 加强卫生管理干部岗位培训

充分利用现有资源,开展卫生管理干部培训,建立卫生管理干部岗位培训和持证上岗制度,推动专职卫生管理干部队伍建设。

7. 制定基本卫生人力政策

在基本卫生人力配置标准、规划、聘用和管理政策、岗位设置和岗位分类及结构比例、收入分配制度与激励机制等方面,需要加强政策研究,制定切合实际的相关政策和措施,保证普及基本卫生服务目标的实现。

三、公共卫生服务筹资

(一)公共卫生服务的属性与政府职责

1. 公共卫生服务的属性

按照医疗卫生产品的竞争性程度(使用的边际成本)与排他性程度(排他容易程度)的不同,可以将医疗卫生产品划分为三类:①竞争性和排他性双低的纯公共产品,包括疾病预防控制、健康教育和营养干预等,这些领域中市场不起作用,应完全由政府提供;②竞争性高而排他性低的混合物品,包括预防接种和妇幼保健,是一种准公共产品,实行政府提供与市场收费相结合的制度;③竞争性和排他性双高的私人物品,指一般的医疗保健和康复服务,一般应实行个人支付市场解决的方式。其中,第一类和第二类都属于公共卫生服务的范畴。

公共卫生服务提供的是预防疾病、促进健康的特殊的劳务商品。从经济学的角度看,它所提供的服务项目主要属于公共物品,并具有明显的正外部性。公共物品是相对于私人物品而言的,是由集体消费的物品,它具有消费的非排他性和非竞争性,即该物品被消费时无法阻止其他人消费,也不会减少其他人的消费:如健康教育、改水、改厕、环境治理等服务都属于公共物品。商品的外部性又称外部效应,指某种经济活动给与这项活动无关的第三方带来的影响,它分为正外部性(给第三方带来利益)和负外部性(给第三方带来损害)。公共卫生服务具有明显的正外部性,体现为社会公益性,如计划免疫,不仅使受种者(消费者)产生了抗体,避免了相应传染病的侵害,同时还在人群中形成了免疫屏障,使未种者(第三者)也减少了被感染的机会;戒烟的干预措施使吸烟者减少了患慢性病的风险,也减少了周围人群被动吸烟的机会,从而有利于全人群的健康。

2. 政府在公共卫生服务提供中的职责

如前所述,公共卫生服务具有非排他性、非竞争性的公共物品的属性,而与公共物品相关的市场失灵有两种形式:消费不足和供给不足。对于非竞争性产品,排他不可取,因为它导致消费不足。但是如果没有排他,供给不足问题又会出现。例如,在公共卫生体系中,政府及其疾病控制中心所提供的防治"非典"的服务就是一种公共产品,从这类服务中,受益的人多一个,其边际成本几乎等于零,因此满足消费的非竞争性这一特点;其次,这类产品在道义上不具备排他的可能性,理应惠及国家中的每一个公民。如果这类服务由市场提供,在提高收费门槛,将一部分人排除在受益范围之外的条件下,就会出现消费不足的现象,服务供给者的利润难以保障,如若不进行排他,那么势必要降低收费标准,这样利润动力不足,又会导致供给的缺乏。

对于具有正外部性的商品,如果仅仅依靠市场的作用,由消费者和医疗卫生机构来自主决定供求,则会出现这样的情况:消费者鉴于预防接种对于自身的效用不明显,或者说其产生的正外部效应不能有效地内部化,不会给予这类服务以应有的重视,但同时还可以享受到其他人进行预防接种后给整个社会带来的利益,因而不可避免地造成搭便车的问题;而供给者则因为这类服务的利润不如医疗服务高,而出现供给不足的问题。因此考虑到预防免疫的公益性、少数人不合作给整个社会带来的福利损失以及市场的失灵,国家应该承担起提供预防免疫的任务,甚至强制性地给每个社会成员提供这种服务。再如,妇幼卫生保健虽具有医疗的私人产品特征,如产前检查和分娩。但同时妇幼卫生保健又具有保障妇女健康、关心下一代成长的强大的正的外部效应,而儿童的健康状况,对一个国家劳动力资源供给的潜在影响是不言而喻的,其正的外溢效应也十分显著。因此,对于这种具有"公"与"私"两种属性相结合的准公共产品,政府也必须发挥作用,不能将其推向市场。

在公共卫生服务提供的过程中,虽然消费者可以比较容易地评估公共卫生服务提供者的服务态度,但通常缺乏必要的知识和信息来监督和评估服务的数量和质量,因为这需要足够的专业卫生知识,这样,信息的不对称性就影响了此类服务交易的进行。市场在解决信息不对称性问题上面临的失灵,客观上要求有一个具有相当权威和公信力的组织,成为能够秉持中立公平立场的裁判员,向消费者直接提供卫生监督(信息)这种公共服务。如果政府不能通过监管以提供信息解决信息不对称性的问题,则政府可以直接进入,以直接提供的形式,解决公共产品的数量、质量的不可度量性问题。

最后,公共卫生保障的是人的生存权,而生存权被认为不应该由市场控制,公共卫生服务不应该仅仅依据个人的收入提供,公共卫生这种"特定平等主义"(specific egalitarianism)的性质要求政府履行政府促进社会公平的职能。

综上所述,公共卫生服务由于其公共物品属性、较强的外部性、信息的不对称性、服务本身的特定平等性以及政府对于正义的伦理要求使得这类服务纳入到公共服务的范畴,由政府来干预或直接提供。具体来讲,可以分为以下几类:

(1)政府必须提供费用的项目:卫生监督执法、疾病预防与疫情监测、健康教育等纯公共卫生服务,政府应采取全额补助的方式,因为,这类卫生服务不具有竞争性和排他性,而且具有效用的不可分割性,是市场完全失灵的领域,不可能通过市场机制有效地实现卫生资金筹集和卫生资源合理配置。

(2)政府提供主要费用的项目:计划免疫、传染病、地方病防治、计划生育和妇幼保健等卫生服务和准公共卫生服务,不仅使消费者及其家庭受益,同时,也给其他人和社会带来明显的外部正效应。所以,政府应根据不同类型卫生服务的特点采取不同的补助方式。原则上政府对基础设施建设和人力提供资金支持,但因这类服务具有效用的可分割性和排他性,消费者直接受益,所以,也应向消费者收取少量的使用费,作为财政经费不足的补充。

(3)政府提供适当费用的项目:基本医疗服务具有竞争性、排他性和效用可分割性的个人消费特征,在市场经济条件下,市场机制可产生一定的作用。其供给以收费补偿为主,政府提供适当补助,保证正常运转,并通过医疗保险制度实现对消费者的基本医疗保障。

(二)我国公共卫生服务筹资结构特点

对公共卫生服务筹资的分析有助于评价筹资的合理性以及公共卫生发展的适宜性,从侧面为公共卫生筹资运作机制的完善提供理论依据。我国公共卫生服务的筹资来源存在以下几方面的特点:

1. 公共卫生费用在卫生总费用中所占的比重较低

在我国卫生总费用中,公共卫生费用所占的比重偏低,公共卫生费用仅占 9.79% 的比重,而医疗费用开支则占 78.66%。在政府对卫生的投入中,公共卫生服务经费所占的比重也在逐年减少。政府对公共卫生投入的减少意味着对本来已经"食不果腹"的公共卫生费用无疑是雪上加霜。政府卫生投入中,公费医疗开支则在逐年增加,从 1990 年的 24% 上升到 2000 年的 30%,这也说明政府将有限的卫生资源用于一部分人的临床服务上,相比之下,成本效益较高的公共卫生事业则备受冷落。有资料表明,从 1980 年到 1995 年的 15 年间,卫生总费用以每年 6% 的速度递增,而公共卫生经费每年则仅以 4.8% 的速度递增。因此,公共卫生费用占卫生总费用的比例明显下降。"非典"之后,政府虽然加大了对公共卫生的投入力度,但偏重基础设施的建设,用于构筑公共卫生的应急反应体系,而公共卫生筹资缺乏有效的、具有持续性的财政政策支持。

2. 政府对公共卫生的投入的比例呈下降趋势,政府在公共卫生领域内的责任不到位

政府对公共卫生的投入经费,反映了公共卫生机构对政府投入的依赖程度,也反映了政府对公共卫生服务的宏观调控能力和重视程度。在国家财政投入的卫生事业费中,公共卫生投入的绝对数额在上升,但相对数额在下降,公共卫生投入由 1990 年占卫生事业费的19.02%减少到 1995 年的 12%,直至 1998 年的 10.87%,政府对卫生防疫站资金的投入比例占其收入的比重也在逐年下降,1997 年与 1994 年相比,城市防疫站由 42.6%下降到38.8%,县级防疫站由 40.25%下降到 34.8%。如果实行政府全额拨款,则它们必须提供免费的公共卫生服务。而如果政府投入比例较小,为了生存,就必须提供有偿服务来弥补其收支差额。

3. 政府投入的对象构成和投入结构不合理,不同地区间投入不均衡

卫生事业费投入结构中,中央财政支出在卫生事业费中所占比重逐年下降,地方财政的支出比重逐年上升。2000 年与 1991 年相比较,中央财政用于卫生事业费的支出占国家财政卫生事业支出的比重由 2.59%下降到 1.49%,地方财政的投入则逐渐增大。根据卫生服务供方和需方筹资测算结果,在 1998 年的农村卫生费用中,政府预算拨款的 95.2%投入了供方,4.8%投入了需方,属供给投入为主的模式。据农村税费改革与卫生筹资政策调查研究显示,我国政府投入占农村卫生费用的比重低下。政府拨款的 68%用于医疗,22.7%用于公共卫生,而且主要集中在县级预防保健机构,从而造成农村预防保健服务经费严重不足,尤其是乡村两级,这种投入结构极大地影响了农村预防保健工作的全面开展。横向上比较,不同的经济发展水平对政府公共卫生投入的影响较大,富裕地区对公共卫生的投入越来越多,而贫困地区对公共卫生的投入较少。

4. 政府投入只能勉强维持公共卫生机构人员的基本工资,公共卫生发展步履艰辛

从全国范围看,2001 年政府投入只占防疫机构总支出的 41.47%,只能满足人员费用的支出。防疫机构开展业务所需的费用缺口必须要通过开展有偿服务来弥补。在公共卫生机构的经费支出构成中,人员经费所占比重大,且经济发展水平越低,人员费用所占的比重越大。

从城乡二元结构看政府对公共卫生投入的变动趋势,1992 年,政府投入除能覆盖人员费用外,尚有 10%左右的结余可用于开展业务;而 1997 年政府对农村公共卫生的投入还不能维持基本的人员费用,尚有近 2%的缺口。

5. 公共卫生费用筹资渠道中,业务收入成为公共卫生机构收入的主渠道

在政府对公共卫生的经费支持力度下降的前提下,公共卫生机构既要维持自己的生存,又要根据国家的政策开展相应的业务,于是就出现了"既让马儿跑,又让马儿不吃草"的局

面。因此,开展有偿服务的业务收入便成为公共卫生机构收入的主要来源。2001 年全国防治防疫机构总收入为 113.93 亿元,其中政府投入占 40.43%,业务收入占 54.12%,其他占 5.46%,政府投入低于业务收入。不难看出公共卫生机构总的筹资特点为:政府投入所占份额逐步减少,业务收入逐渐成为公共卫生机构经费的主要来源。

以上筹资结构的特点带来了一些积极的和消极的效应。积极方面,增加了公共卫生活力,与业务收入相联系的激励机制提高了公共卫生机构的生产效率,有效地减轻了政府的财政负担。但更多的则是消极效应,主要有以下几个方面:①减少了免费公共产品的供给;②有偿服务的开展有可能降低具有外部正效应的预防保健服务的需求与利用;③地方财政投入的不均衡,导致居民对公共卫生利用的公平性受到负向影响;④政府投入减少,业务收入成为收入的主渠道,期间形成的经济激励机制不可避免的形成公共卫生服务的畸形供给。

(三)公共卫生服务筹资策略

1. 强化政府筹资责任,加大对公共卫生的投入力度

在公共卫生筹资中,应充分体现政府在公共卫生中的职责,发挥公共财政的作用,建立长期、稳定和合理的投入比例的可持续性公共卫生筹资机制。根据国际经验以及我国按人均 GDP 在世界的排名,可以粗略估算,我国财政用于公共卫生事业发展的支出如果能够达到 GDP 的 1.50%是比较理想的。

2. 完善中央政府转移支付制度

中央政府承担的职能主要是消除享受基本公共卫生服务方面存在的差异,通过中央政府的转移支付制度,提高基本公共卫生服务的公平性。以经济欠发达地区、县、乡级为转移支付的重点,缩小地区之间、城乡之间公共卫生服务水平的差距。

3. 拓宽公共卫生筹资渠道

政府卫生支出是我国公共卫生筹资的主要来源。从大卫生观出发,公共卫生是一个全社会的概念,所以,应尽快调整公共卫生筹资政策,鼓励社会各界投资公共卫生事业建设,改变公共卫生投资形式单一的局面,积极吸纳社会各方面的非政府资金,鼓励企业和个人投资卫生事业。另外,可尝试通过发行公共卫生债券、彩票,加大征收烟草或酒类税收等方式筹集公共卫生经费。

4. 适时调整公共卫生投入结构

公共卫生的投入结构要根据公共卫生需求的变化适时调整,针对危害大、波及广的重大公共卫生问题以及突发事件,要适时调整公共卫生投入结构,给予关注及重点资金支持。

5. 因地制宜,确定公共卫生优先项目

在公共卫生筹资的过程中,要注重效率和公平性,各地应根据实际情况确定公共卫生优先项目。如在东部经济比较发达和老龄化比较严重的地区,政府在做好防治急性传染病的同时,应加强慢性非传染性疾病的防治和老年保健服务的提供,加强行为干预;在西部经济

比较落后的地区,政府应加强急性传染病、地方病和血吸虫病的防治工作,加强农村改水和改厕工作。

6. 调整公共卫生筹资政策

市级公共卫生机构应行使宏观调控、技术指导的职能,公共卫生财政投入的重心应下移,应以基层公共卫生机构为重点,加强基层单位解决实际问题的能力,真正起到基层单位的哨点作用。目前我国对社区公共卫生服务和农村卫生的加大投入正是筹资政策转变的体现。

第四节 健康管理

一、健康管理概述

(一)健康管理的起源

20 世纪 60—70 年代美国保险业最先提出健康管理的概念。随着人们生活水平的不断提高,饮食结构和生活方式发生了变化,以糖类(碳水化合物)为主要的饮食被以蛋白质和脂肪为主的饮食所代替;以体力劳动为主要工作的形式被以脑力和轻微体力劳动为主要工作形式所代替。这种以饮食过量或结构不合理同时运动量不足、看似舒适的不良生活方式,在一定条件下变成了温柔的杀手,在不知不觉中毁掉了人们的健康。面对不良的生活方式和行为的挑战,美国政府从 20 世纪 60 年代开始改变战略,改变人们不良的饮食习惯、提倡多参加业余体育活动等,为此耗费 200 亿美元,取得了初步成果:生活方式疾病的发病率下降了 50%,其中脑卒中发病率下降 75%,高血压发病率下降 55%,糖尿病发病率下降 50%,肿瘤发病率下降 1/3,人均寿命延长 10 年。与此同时,美国保险业提出了健康管理的新理念,即由医生采用健康管理和评价的手段来指导病人自我保健,大大降低了医疗费用,为保险公司控制了风险,也为健康管理事业的发展奠定了基础。

(二)健康管理的概念

健康管理(health management)是指对个体或群体的健康进行全面监测、分析、评估、提供健康咨询和指导以及对健康危险因素进行干预的全过程。它是由健康管理师利用医学基础、医学临床、营养保健、中医养生、心理保健、康复医学、环境医学、运动医学以及安全用药等多方面知识,在进行健康信息管理的基础上,针对不同人群的不同特点,开展健康教育与健康促进、健康咨询与指导,使人群或个体在健康方面达到最佳状态,最终达到延长寿命、提高生活质量的目的。

(三)健康管理的内容与步骤

1. 健康管理的基本内容

健康管理首先是收集健康信息,即收集个人或群体的健康及生活方式相关的信息,发现健康问题,为评价和干预管理提供基础数据;其次是健康危险因素评价,即对个人或群体的健康现状及发展趋势做出预测,以达到健康警示的作用,并为干预管理和干预效果的评价提供依据;最后是健康促进干预管理,即通过个人或群体健康改善的行动计划,对不同危险因素实施个性化的健康指导,这是最实质性的、最重要的一个环节,也是整个健康管理过程的核心。通过上述过程达到改善健康状况,防治慢性非传染性疾病的发生和发展,提高生命质量,降低医疗费用的目的。

2. 健康管理的基本步骤

(1)第一步:健康状况的信息采集,即寻找、发现健康危险因素的过程。信息采集的途径包括日常生活调查、正常体检(健康体检)和因病检查等方式。采集的信息中既有患者的年龄、性别、身高、体重等基本信息,还包括家族史、膳食习惯、生活方式等多方面资料。

(2)第二步:健康状况的评价和预测,即认识健康危险因素的过程。根据采集到的各种信息,对被管理者的健康状况进行评估,确定处于何种健康状况,并系统分析存在的危险因素及其发展变化趋势,为促使其改变不良的生活方式、降低危险因素做好前期工作。

(3)第三步:健康促进、行为干预、咨询指导,即解决健康危险因素的过程。根据评估、预测结果,制订个性化的健康计划,并督促实施,把健康理念和健康计划转化为健康行为,指导被管理者采取正确的生活方式和行为来减少发病危险。这是整个健康管理过程的核心。

在此过程中,要通过各种途径,与被管理者保持联系,对其给予及时的咨询和科学指导,并对其健康状况的改变及时了解,定期进行重复评估,给个人提供最新的健康维护方案。健康管理是一个长期的、连续不断且循环更新的过程。

(四)国内外健康管理现状

随着健康管理概念的提出,健康管理在世界范围内特别是欧美发达国家得到了较快的发展。20 世纪 90 年代,美国企业决策层意识到员工的健康直接关系到企业的效益及发展,这种觉悟使健康管理第一次被当成一项真正的医疗保健消费战略,企业决策层开始改变为员工的健康投资导向。与此同时,德国、英国、芬兰、日本等国家逐步建立了不同形式的健康管理组织。在美国经过 20 多年的研究得出了这样一个结论:90% 的个人企业通过健康管理后,医疗费用降低到原来的 10%。10% 的个人企业未参加健康管理,医疗费用比原来上升90%。美国太平洋联合铁路公司为其员工提供健康管理服务,除了人群的健康指标有了很大改善外,其效益费用比是 3.24∶1。其中高血压为 4.29∶1,高血脂为 5.25∶1,戒烟为

2.24∶1,体重为1.69∶1。

我国是发展中国家,随着国家经济的发展,人们生活水平的提高,对健康管理的需求迫切而且巨大,主要体现在以下几个方面。第一,我国已步入老龄化社会,老龄化虽然起步晚,但速度快,数量大,同时地区发展不平衡,另外,人口老龄化超过经济发展的承受力,这种"未富先老",犹如"穷人得了富贵病",困难可想而知。第二,我国慢性病患病率迅速上升,慢性病相关危险因素的流行日益严重。2002年中国居民营养和健康调查表明:我国18岁及以上成年人高血压患病率为18.8%,1991—2000年10年间,高血压患病率上升了31%;全国18岁及以上居民糖尿病患病率在大、中城市和农村分别达到6.1%、3.7%和1.8%。与1996年相比,大城市人群患病率上升40%。更不容乐观的是,2002年全国有近2亿人超重和肥胖,1992—2000年10年间,超重和肥胖人数增加了1亿,其中18岁以上成年人超重和肥胖率分别上升了40.7%和97.2%。第三,医疗费用急剧上涨,个体、集体和政府不堪重负。据统计,过去10年,我国门诊和住院费用由1 363亿元增加到5 838亿元,其中30%归因于老年人医疗费用的增长。巨额的医疗费用给个人、家庭、集体和政府都造成了沉重的经济负担。第四,健康保障模式的改变。自1998年我国改革公费、劳保医疗制度至今,我国社会医疗保险覆盖率大幅度下降。到2003年止,城镇职工基本医疗保险制度改革覆盖人口仅1.3亿。同时由于过高的筹资水平、过高的节余率以及过高的自付比例使得新制度难以发挥应有的医疗保障作用。

在我国,人们的健康意识,特别是城镇居民的健康意识正在发生着巨大的变化。健康的消费需求已由简单、单一的医疗治疗型,向疾病预防型、保健型和健康促进型转变。患者群体、保健群体、健康促进群体、特殊健康消费群体和高端健康消费群体逐步形成。预防性医疗服务及体检市场的兴起、健康保险及社保的需求、人们对健康维护服务的需求、医疗市场分化的结果使得健康群体受到越来越多的关注,也催生了健康管理在国内的诞生。以人的"个性化健康需求"为目标,系统、完整、全程、连续、终身解决个人健康问题的健康管理服务显然在中国有着巨大的需求及潜力。但是必须看到的是,目前国内在健康评估、健康维护、健康产品、服务模式、运行模式、服务范围上都与国际水平存在着一定的差距,健康管理专业人才紧缺,以及健康管理市场还很无序,我国在健康管理学术理论、技术研究以及健康管理服务系统和运营模式建立等方面还有许多工作要做。虽然健康管理在中国才刚刚起步,然而我们有理由相信,健康管理在健康保险领域、在企业以及在社区卫生服务中具有广阔的应用前景。

二、健康档案的建立与管理

实施健康管理首先应将目标对象的健康信息尽可能完整地收集起来,为挖掘隐藏的危险因素做好全面的基础性资料准备。健康信息采集是指通过病史询问、全面的体格检查以及实验室和器械检查等手段或过程,获得目标顾客的第一手资料,为建立真实、可靠的健康信息数据奠定基础,为进一步评估和指导提供依据。而健康档案就是记录个体及群体健康状况及相关信息的系统化文件。它不同于一般的健康记录文件,具有综合性、持续性、科学性的特征。作为健康相关信息的载体,健康档案是实施健康管理的基础,也是制订健康管理计划的依据。健康档案分为个人健康档案、家庭健康档案、社区健康档案,分别是针对个人、家庭和社区提供健康管理服务的依据。

(一)建立健康档案的原则

(1)真实性原则:信息的真实性是有效实施健康管理的关键。建立档案应该在向服务对象说明健康档案的内容、用途并征得其同意之后建立,以得到其配合获得真实的信息。

(2)目的性原则:建立健康档案的目的是收集健康相关信息,综合观察和分析健康问题,为实施健康管理提供依据,因此信息的记录形式应易于整理和分析。运用计算机管理是一种较为有效的形式。

(3)及时更新的原则:健康档案是个体或群体健康相关信息的持续记录,包括各种信息的演变过程,所以应及时更新内容,防止成为"死档"。

(4)完整性原则:影响健康的因素是多方面的,个人及群体涉及的危险因素很多,因此建立健康档案应考虑到影响健康的各种因素,防止重要的健康信息漏掉。

(二)健康档案的内容

1. 个人健康档案

(1)基本内容:个人一般资料、生活习惯及嗜好、既往健康状况、心理健康状况、生活事件等。

(2)周期性健康检查记录:是针对服务对象的年龄、性别、职业等个人健康危险因素制定的综合性健康检查方案。其提供的信息不但可以起到早期发现疾病的目的,也可以为制定健康促进方案提供依据。

(3)预防接种记录:包括各个年龄阶段的计划免疫记录。

(4)健康问题记录:健康问题可以是已经确诊的某种疾病、某些生理指标的异常、也可以是影响正常生活的心理问题、工作压力、人际关系紧张等。健康问题应该以表格的形式记录,项目包括问题名称、发生日期、管理计划、管理效果等。

2. 家庭健康档案

(1)家庭基本资料:家庭一般情况、居住环境、住宅特点等。

(2)家庭成员资料:家庭中每个成员都应该有一份健康档案,可将个人健康档案直接列入家庭健康档案中。

(3)家庭结构和家系图:家系图是用来描述家庭结构、家庭遗传问题、成员间关系和家庭重要事件等情况的图,是相对稳定的家庭资料。

(4)家庭评估:包括家庭结构(即家庭成员组成及其相互关系)评估和家庭功能评估(包括适应度、合作度、成长度、情感度和亲密度等)。

(5)家庭主要健康问题:记录家庭发生的各种生活事件、不良习惯、情感危机、成员患病等与健康有关的问题,其记录形式与个人健康问题相同。

(6)家庭健康干预计划:根据收集的家庭及家庭成员的基本资料,确定家庭主要健康问题,并提出有针对性的综合性的家庭健康干预计划。

3.社区健康档案

(1)社区基本资料:社区地理位置、自然和人文环境特征;社区产业及经济状况;社区组织现状。

(2)社区卫生服务资源:卫生服务机构、卫生人力资源等。

(3)社区卫生服务状况:各类卫生服务机构的门诊和住院服务情况。

(4)居民健康状况:社会人口学资料、患病和死亡资料等。

(三)健康档案的管理

居民健康档案记载了居民一生中有关健康问题的全部,应集中存放,专人负责,居民每次就诊时,调档、就诊、登记、归档,并应逐步发展微机化管理。

(1)建立健全制度:制定有关健康档案的建立、保管、使用、保密等制度,完善相应的设备,配备专职人员,妥善保管健康档案。

(2)健康档案的建立:社区居民要每人建一份个人健康档案,根据居民类别(儿童、妇女和老人)在前述个人健康档案的基础上相应地建立保健记录,有慢性病者还要建立慢性病随访记录。

(3)健康档案的保管和使用:健康档案要统一编号、集中存放在社区卫生服务中心(站),由专人负责保管。

居民健康档案建立后应定期或不定期地分析其间的有关内容,及时发现个人、家庭和社区的主要健康问题,有针对性地提出防治措施,做到物尽其用,充分发挥健康档案在提高居民健康水平中的作用。

(四)健康信息的共享与发展

健康信息实现区域内互通、共享,有利于社区卫生服务工作的开展,建立完整、规范、准确的居民健康档案,将为我国信息的共享奠定良好的基础。

(1)建立健康档案后,用流行病学和统计学方法可分析居民健康状况指标以及影响其发生的社会生活环境或条件及生活方式和行为等暴露因素。健康档案是分析社区卫生问题存在原因的主要依据,同时也可预测卫生问题的发展趋势及可能发生的卫生问题,有助于卫生行政决策部门确定卫生工作重点及制定卫生策略。

(2)可以更好地研究社区特殊人群即妇女、儿童、青少年和老人的生理特点及健康防病的需求并提供连续性、周期性的卫生服务;跟踪慢性病患者的疾病发展情况;早期发现并跟踪各种心脑血管疾病、糖尿病的易感者等。

(3)连续完整的健康档案易于估计社区居民卫生服务需求量,合理利用现有卫生资源,控制医药费用过快增长,可以为卫生计划决策提供依据。

(4)可以利用健康档案资料进行投资效益分析,也可对社区卫生服务和医院服务作直观的比较。

(5)应用软件的开发实现包括常见病、多发病和已经确诊疾病、候诊、出诊、转诊、定期访视、部分住院等信息管理、社区慢性病防治信息管理、社区传染病防治信息管理、社区妇幼保健信息管理以及社区脆弱人群保健和心理保健等信息管理等。

三、健康风险评估

风险不仅存在于人们所有社会生产生活活动中,也存在于人类自身的生、老、病、死过程中,健康风险一旦发生,会给个人、家庭和社会带来一定程度的损失。健康风险同样需要积极地管理和应对。健康风险评估则是进行健康风险管理的基础和关键。

(一)健康风险评估的概念

健康风险评估(Health Risk Appraisal,HRA)是一种方法或工具,用于描述和估计某一个体未来发生某种特定疾病或因为某种特定疾病导致死亡的可能性。这种分析过程目的在于估计特定事件发生的可能性,而不在于做出明确的诊断。概括来讲,健康风险评估是对个人的健康状况及未来患病和/或死亡危险性的量化评估。

(1)健康状况:健康的多维性、阶段性和连续性成为人们对健康认识的最重要的三个方面。多维性是指健康包括躯体健康、心理健康和社会适应能力;阶段性和连续性是指从绝对健康到绝对死亡,个体要经历疾病低危险状态、中危险状态、高危险状态、疾病产生、出现不同的预后等多个阶段,且各个阶段动态连续,逐渐演变。近年来,健康风险评估的重点已经从评估确定的健康结果,如患病、残疾、死亡等,扩展到评估个人的健康功能,如完成日常生活活动的能力、自报健康水平等。同时,越来越多的人认识到,健康风险评估需要阶段性地连续进行,即进行周期性的健康检查及健康风险评估。

(2)未来患病和/或死亡危险:这是健康风险评估的核心。即依据循证医学、流行病、统计等原理和技术,预测未来一定时期内具有一定特征的人群的病死率或患病率。如今的HRA其实质是运用一些简化的尺度和标准,将人群按照健康危险水平进行分层或健康评分,这些方法具有结果表达简单、易于理解等特点,在某种程度上弥补了患病率、病死率由于统计概念上的复杂性而给普通大众造成的"神秘"错觉,显示出了较强的生命力。

(3)量化评估:这是健康风险评估的一个重要特点,即评估结果是量化的、可对比的。常见的评估结果指标有:患病危险性、健康年龄、健康分值等,其基本思路都是将健康危险度的计算结果通过一定的方法转化为一个数值型的评分。

(二)健康风险评估的目的

(1)帮助个体综合认识健康危险因素:健康风险评估通过对健康状况及未来患病危险性的全面考察和评估,有利于帮助个体综合、正确地认识自身健康危险因素及其危害。

(2)鼓励和帮助人们修正不健康的行为:健康风险评估通过个性化、量化的评估结果,帮助个人认识自身的健康危险因素及其危害与发展趋势,指出了个人应该努力改善的方向,有利于医生制定针对性强的系统教育方案,帮助人们有的放矢地修正不健康的行为。

(3)制定个体化的健康干预措施:对健康风险评估结果进行详细分析,有利于制定有效而节约成本的健康干预措施。

(4)评价干预措施的有效性:健康风险评估通过自身的信息系统,收集、追踪和比较重点评价指标的变化,可对健康干预措施的有效性进行实时评价和修正。

(5)健康管理人群分类:健康风险评估的一个重要用途就是根据评估结果将人群进行分类。分类的标准主要包括健康风险的高低和医疗花费的高低两类。健康风险评估后的各个人群,可依据一定的原则采取相应的策略进行健康管理。

(6)其他目的:如根据评估数据进行健康保险费率的计算以及健康保险费用的预测等。

(三)健康风险评估的种类与方法

从不同的角度出发,健康风险评估可进行多种分类。按应用的领域区分,可分为临床评估(体检、门诊、入院、治疗评估等)、健康过程及结果评估(健康状况评估、患病危险性评估、疾病并发症及预后评估等)、生活方式及健康行为评估(膳食、运动习惯评估)、公共卫生监测与人群健康评估(环境、食品安全、职业卫生等)。

从评估功能的角度,对健康风险评估种类及其评估方法作如下介绍。

1. 一般健康风险评估

通过问卷、危险度计算和评估报告三个基本模块进行的健康风险评估。

(1)问卷:主要组成包括生理、生化数据、生活方式数据、个人或家族健康史、其他危险因素如精神压力以及态度和知识方面的信息等。

(2)危险度计算:在疾病危险性评价及预测方面一般有两种方法。第一种是建立在单一危险因素与发病率的基础上,将这些单一因素与发病率的关系以相对危险性来表示其强度,得出的各相关因素的加权分数即为患病的危险性。该方法简单实用,为很多健康管理项目使用。第二种是建立在多因素数理分析基础上,即采用统计学概率理论的方法来得出患病危险性与危险因素之间的关系模型。所采取的数理手段,除常见的多元回归外,还有基于模糊数学的神经网络方法及基于 Monte Carlo 的模型等。

相对危险性反映的是相对于一般人群危险度的增减量。一般人群的危险度是按照人口的年龄性别死亡率来计算的。如果把一般人群的相对危险性定成 1,那么其他的相对危险性就是大于 1 或小于 1 的值。个人的相对危险性乘以一般人群的相对危险性就是若干年后死于某种疾病的概率。而绝对危险性是指未来若干年内患某种疾病的可能性,一般都以发病率来表示。

(3)评估报告:与健康风险评估的目的相对应,个人报告一般包括健康风险评估的结果和健康教育信息,其中健康教育信息是依据个人的评估结果针对性地给出。人群报告则一般包括对受评估群体的人口学特征概述、健康危险因素总结、建议的干预措施和方法等。评估结果是健康风险评估的主要内容,其表达方式可多种多样。可以预见的是,随着互联网的不断普及,通过网络发布健康教育信息会成为一种重要的教育形式。

2. 疾病风险评估(disease specific health assessment)

疾病风险评估的目的区别于一般的健康风险评估,它指的是对特定疾病患病风险的评估。疾病风险评估的方法直接来源于流行病学的研究成果,其中前瞻性队列研究和对以往流行病研究成果的综合分析及循证医学是最为主要的方法。前者包括生存分析法、寿命表分析法,后者包括 Meta 分析、合成分析法等,具体方法可参见相关流行病、统计和循证医学书籍。

疾病风险评估主要有以下四个步骤:第一,选择要预测的疾病(病种);第二,不断发现并确定与该疾病发生有关的危险因素;第三,应用适当的预测方法建立疾病风险预测模型;第四,验证评估模型的正确性和准确性。

需要说明的是,首先,所选择的疾病病种一般为人群高发、危害严重及现代医学对之已有较好干预/控制效果的疾病。其次,流行病学的研究成果对于发现和确定与该疾病发生有关的危险因素,并随之建立有效的疾病预测模型起着至关重要的作用,同时,危险因素的个数及其作用随着医学研究的进展和新发现,应能恰当地体现在预测模型中。再次,模型应该具有较好的正确性和准确性,即预测的结果应和实际观测的结果具有一致的方向性和较好的相关性与敏感性。最后,不同的评估工具可能有不同的患病危险性表示方法。

【思考题】

1. 我国公共卫生服务需要与供给之间的矛盾主要表现在哪些方面?
2. 简述公共卫生服务的经济学评价的主要种类及其差异。
3. 公共卫生资源优化配置的主要原则是什么?
4. 政府在公共卫生服务筹资中的职责是什么? 为什么?
5. 试述健康管理的基本步骤。

(王 芳)

第十六章

公共卫生标准及其体系

公共卫生标准是保障健康的基准,它是预防医学和临床医学研究与实践的产物,对维护公众健康、促进经济和社会发展具有十分重要的作用。因此,了解卫生标准的相关理论、我国的公共卫生标准及其体系建设的现状,以及国内外有关公共卫生标准等,对于认识我国公共卫生标准发展规律,寻求建立具有中国特色的公共卫生标准体系以及指导公共卫生标准的快速发展,均具有重要的现实意义。

第一节 公共卫生标准概述

一、卫生标准与卫生基准

(一)卫生标准

在《标准化基本术语》(GB393511-83)中,将标准定义为:是对重复性事物和概念做的统一规定。它以科学、技术和实践经验的综合成果为基础,经有关方面协商一致,由主管机构批准,以特定形式发布,作为共同遵守的准则和依据。该定义确切地指出标准的特定性、科学性、协调性、权威性和专用性。

《标准化基本术语》中对卫生标准(health standard)的概念描述为:卫生标准是指为保护人的健康,对食品、医药及其他方面的卫生要求制定的标准。

卫生部于 2006 年 8 月 1 日发布的《卫生标准管理办法》第二条规定:"卫生标准是指为实施国家卫生法律法规和有关卫生政策,保护人体健康,在预防医学和临床医学研究与实践的基础上,对涉及人体健康和医疗卫生服务事项制定的各类技术规定。"

卫生标准一方面应具有一般"标准"的共性特征,同时又具有卫生行业的特殊性,它还具有医药卫生科学的基本属性和性质。这就决定了卫生标准既是医药卫生科学的重要内容,又是我国卫生法律法规体系的重要组成部分,也是我国政府进行卫生管理的重要技术依据。综合上述分析,一个完整、全面的卫生标准定义,既要包含"卫生标准"所具有的"标准"共性,也要体现"卫生"行业的特性,应当概括为:卫生标准是以保障人群健康为目的,以医药卫生科学成果和实践经验为依据,针对与人的生存、生活、劳动和学习等有关的各种自然、人为环境因素和条件所作的一系列量值规定,以及为保证实现这些规定所必需的技术行为规定与管理要求,经有关方面协商一致后,由主管部门批准,并以特定程序和形式颁发的统一规定。可见,卫生标准的对象是人和围绕人类生存、生活、劳动、社交等所涉及的各种环境,卫生标准的主要内容是针对与人群健康有关的人类生活环境(空气、土壤、水、食物和民用建筑)和工厂劳动环境中的物理的、化学的和生物学的因素所作的限量或适量的规定,以及有关的技术行为规定。在一定意义上,卫生标准为卫生行政管理提供了管理的目的与目标,也是政府实施卫生监督执法的手段与工具,它不仅是进行各种卫生执法监督和疾病防治的法定依据,而且是进行规划设计、卫生监测、环境质量评价以及采取各种治理措施和评价措施效果的依据,还是制定污染物排放标准的依据。总之,卫生标准是保护人体健康,保障人身安全,建立和保存人类生存和生态环境的技术依据和基础;是提高食品、保健品、化妆品、消毒产品等各类健康相关产品质量的重要技术保证;是减少不合格产品,保护人类健康,提高生存质量的重要措施之一,应用先进的卫生标准,建立科学的生产、管理制度,必将促进社会、经济发展。

卫生标准按适用范围可分为国家标准、行业标准和地方标准。原则上,对需要在全国范围内统一的卫生技术要求,应制定国家卫生标准;对需要在全国卫生行业范围内统一的技术要求,应制定行业卫生标准;对局部地区适用的卫生技术要求,应制定地方卫生标准。卫生标准按实施性质可分为强制性标准和推荐性标准。保障人体健康、安全的标准和法律、行政法规规定强制执行的标准是强制性标准;其他标准是推荐性标准。

(二)卫生基准

卫生基准(health criteria)与卫生标准是两个不同的概念。卫生基准是通过科学研究得出的对人群不产生有害或不良影响的最大浓度。根据环境中有害物质和机体之间的剂量反应关系,考虑敏感人群和暴露时间而确定的对健康不会产生直接或间接有害影响的相对安全剂量(浓度),它不考虑社会、经济、技术等人为因素,不具有法律效力。例如,在 WHO 环境卫生基准规则中规定,基准是指在环境和靶对象变异确定的特殊情况下,接触污染物或其他因素与危险或不良作用的数量之间的关系。这里的"靶"(target)包括了生物、人群或资源。"接触"(exposure)包括了特殊物理或化学因子对靶对象的作用浓度和作用时间的概念。"危险"(risk)是指接触某种污染物而引起不良作用预期发生的频率。所以,卫生基准是一个纯卫生学概念,它是完全从保护人群健康角度出发,不考虑社会的条件和承受能力,根据环境中和产品中有害因素对人群(包括敏感人群)健康不产生直接的或间接的不良影响而制定的安全量值。

(三)卫生基准与卫生标准的异同

1. 区别

卫生基准是根据物质与特定对象之间的剂量—效应关系而确定的,是自然科学的研究结果,卫生基准相当于"对健康无不良影响"的要求,它不考虑社会、政治、经济等因素,它也不具有法律效力;而卫生标准则是以卫生基准为其科学依据,并考虑实现标准的社会经济和技术等条件,卫生标准是自然科学成果和社会因素综合权衡的产物,是由国家立法或政府部门等权威机构批准颁布的,一般具有法律效力,是社会共同遵守的准则,是卫生立法的科学依据。因此,它属于上层建筑的范畴,制定标准实际上是一个立法过程。

例如,环境卫生基准,是一个纯卫生学概念。它是根据环境中有害物质和机体之间的剂量—效应关系,考虑敏感人群和暴露时间而确定的、对健康不会产生直接或间接有害影响的相对安全剂量(浓度),即最大无作用剂量(浓度)。它不考虑社会、经济、技术等因素,也不具权威性,但是它是制定环境卫生标准的主要科学依据。

2. 联系

卫生基准和卫生标准虽属两个不同的概念范畴,但它们之间的关系是紧密相连的。健康保护水平是卫生标准制定的基础依据,而健康保护水平又取决于卫生基准和社会条件。因此,卫生基准(即对健康无不良影响的量值)是确定对健康保护水平和制定卫生标准的重要依据。基准是标准的科学依据,基准数值决定了标准的基本水平。在一般情况下,若根本不考虑社会条件,卫生基准值应与卫生标准值一致;若考虑到社会条件,使卫生标准既要达到在安全方面可靠,又要达到在技术方面可行和在经济方面合理,一般卫生基准值等于或严于卫生标准值。如果考虑到政治、社会、经济技术和人们的较高要求等因素,标准值也可严于基准的水平。

另外,卫生基准和卫生标准的数值都不是一成不变的,由于卫生基准是通过大量人群资料和动物实验研究而确定的,因此,它也必须随着科学技术发展和人们认识客观事物水平的深化而变化;而卫生标准既然是以基准为科学依据,它当然会随卫生基准的变化而变化,而且也会随政治、社会、经济技术和人们的要求等条件而发生变化。

二、制定卫生标准的原则、依据与方法

(一)卫生标准的范围

1. 产品卫生标准

产品卫生标准,即涉及与人类健康有关的一切产品的卫生标准,也包括卫生产品中有益因素的功能性卫生标准和产品中有害因素的安全性卫生标准。诸如保健食品是否具有保健

功能、消毒药械是否具有消毒和灭菌功能,化妆品是否具有头发再生、滋润皮肤功能等,以及上述所有产品在使用上是否安全,对人体健康是否有害。对于其他产品的卫生标准仅限于产品的安全问题。例如,对于儿童玩具的原材料和颜色成分中有毒有害物质的卫生标准、居室装修材料中有机溶剂的卫生标准等。

2. 环境卫生标准

环境卫生标准所指的环境,包括人类生活环境、工作环境和学习环境的大环境,而不仅限于预防医学领域中环境卫生标准的狭义范畴。因为上述环境中存在很多各种各样的物理、化学、生物性有害因素,损害人类健康,因此环境卫生标准在卫生标准中占有极其重要的地位。

3. 管理卫生标准

管理卫生标准是指直接或间接地涉及有关人类健康的技术要求,主要是企事业生产组织管理标准和医学部门的工作管理标准及技术要求。例如,对工厂生产工艺的规定,可使工厂在生产过程中不产生或少产生有害因素;对医院一次性医疗用品的管理规定,可避免或减少医院交叉感染等。

以下所涉及的标准,主要是指产品卫生标准和环境卫生标准的制定原则、制定依据和制定方法。

(二)制定卫生标准的基本原则

1. 保护人体健康的原则

保护人体健康,使人体健康不受损害,是制定卫生标准的宗旨和最主要目的。因此,保护人体健康的原则是卫生标准制定的基础和准绳。这一原则主要是针对环境和产品的安全性方面的卫生标准。由于环境和产品中存在的或可能存在的有害因素是客观存在的,加之人体对少量有害因素具有一定的保护性反应和代偿功能,因此,一般来说,制定的卫生标准,不是规定在环境和产品中这些有害因素 100% 不存在,而是规定这些有害因素的量值。这个卫生标准量值的大小,取决于对人群健康的保护水平。保护水平愈高,有害因素卫生标准的量值愈小;反之亦然。

2. 维护消费者合法权益的原则

维护消费者合法权益是制定产品卫生标准的目的。这一原则是针对卫生产品功能性方面的卫生标准的。例如,针对卫生产品"消毒药械"的功能性,我国制定颁布了《消毒与灭菌效果的评价方法与标准》(GB 15981-1995),这项消毒标准为企业生产合格的消毒药械和卫生行政部门监督执法提供了科学依据,保证了产品的质量,维护了消费者的合法权益。随着科学技术和医学发展及公众生活水平的提高,今后卫生产品的范围、数量和品种将会愈来愈多,而且卫生产品形式多样、功能繁多,对这些产品中的一些产品功能的检验方法尚不够规范和完善,不适应社会发展和满足消费者的需求,这充分表明制定卫生产品功能性方面卫生标准工作的迫切与困难。

3. 促进国民经济和社会发展的原则

促进国民经济和社会发展是制定卫生标准的目的。制定卫生标准应遵循促进国民经济和社会发展的原则，既要考虑人群身体健康，又要结合国情，根据本国经济和技术水平，充分考虑经济上的承受力和技术上的可行性。如果单纯从保护人群健康角度出发，而不考虑国情所制定的卫生标准，其中绝大多数是难以实施的。同时也要根据国情，优先制定急需的标准项目和灵活掌握制定标准的依据。例如，20 世纪 50 年代末期至 60 年代中期，我国从国家安全出发和发展我国尖端国防工业的需要，在保护人群健康的基础上，灵活掌握制定卫生标准的依据，制定和实施一些行业或企业环境卫生标准。

4. 按卫生标准体系统筹安排的原则

按卫生标准体系的结构和层次，编制卫生标准项目，科学合理的安排。卫生标准体系是应用系统论和层次分析法等管理学理论，从医学的观点，对要制定卫生标准的对象予以科学的排列，并有机地组成体系。只有按照卫生标准的结构和内容，才能适应国民经济和社会发展的需要，才能保护人体健康，才能避免卫生标准制定的盲目性，减少实施卫生标准各部门之间的矛盾和不协调。

5. 卫生标准与标准检验方法相匹配的原则

卫生标准与其检验方法相匹配，是卫生标准研制和实施科学性的保障，是编制卫生标准项目计划的通用原则。卫生标准是基于科学研究提供的科学依据，而科学研究的第一步就是建立与卫生标准相关的检验方法，没有准确的检验方法，就没有科学的卫生标准。检验方法也属于技术标准的范畴，是研制和实施卫生标准的前提和科学保障，因此在编制卫生标准项目时也必须将环境或产品卫生标准和检验方法同步进行。

6. 卫生标准与卫生法规相配套的原则

卫生标准与卫生法规相配套，是为了使卫生标准的实施具有法律上和组织上的保障。卫生标准目的是保护人群健康、维护消费者合法权益、促进国民经济和社会发展，为达到上述目的，必须全社会贯彻实施这些卫生标准，如何使企事业在生产工作中保护环境卫生质量和保证产品卫生质量，如何使公众在生活、工作和学习环境中不受到有害因素的影响，都是依据有关卫生法规，全面实施卫生标准。因此，卫生标准与卫生法规相配套是编制卫生标准项目计划的原则。

7. 保持先进性和可行性的原则

卫生标准既然是医学科研成果与社会实践相结合的产物，就必然随着医学科研最新成果涌现和社会发展而发展。随着医学科研的新发展，积累了各种有害因素对健康影响的有关技术资料，同时随着社会发展，经济实力和技术水平不断提高，卫生标准也要进行适时修订和调整，使卫生标准保持其先进性和可行性。因此，跟随社会发展和最新科研成果是卫生标准制定的一项技术原则。

8. 选用合理的安全指标和功能指标的原则

选用合理的安全指标和功能指标,才能科学地反映环境中和产品中有害因素对人体健康的影响程度及医学产品功能的质与量,是制定卫生标准在技术方面的一个重要原则。

安全性卫生标准是从环境和产品中有害因素对人体健康影响考虑,即限制这些有害因素不致损害人体健康。有害因素随其剂量的不同,对人体的各器官系统影响是多方面的,损害程度亦异,因此检验指标很多。在技术上选用最敏感的指标,是卫生标准制定的原则。

功能性卫生标准是对卫生产品(对疾病的治疗、诊断、预防和保健等)功能的质与量的技术要求,即卫生产品是否有功能,有哪些功能,这些功能能达到什么程度。所涉及功能的范围广和检验难度较大,因此研究选用合理的功能指标是制定医学产品卫生标准的关键。

9. 积极采用国际与先进国家卫生标准的原则

科学是没有国界的。世界上很多国家,特别是一些发达国家已颁布了很多卫生标准,并积累了大量的有关技术资料,这为我国制定卫生标准提供了非常丰富的科技资源和有利条件。此外,我国在对外贸易中一个突出的问题是我国产品质量低,产品标准水平低于国际标准和国外先进标准,其中包括一部分卫生标准内容。为增强我国产品在国际市场的竞争能力,发展我国经济,采用和借鉴国际卫生标准和国外先进卫生标准,促进我国对外贸易发展,是目前我国一项重要的技术经济政策,也是制定我国卫生标准的一条技术路线,即"引进加验证"的原则。

(三)制定卫生标准的主要依据

1. 对健康的保护水平

从保护人群健康和社会条件两个方面综合考虑,确定对健康的保护水平是安全性卫生标准制定的出发点和基础依据。WHO 总结各国卫生标准时将健康的保护水平概括为四级:①一级保护水平是人体出现直接或间接的反应(包括反射性反应或保护性反应);②二级保护水平是人体感官出现反应;③三级保护水平是人体功能出现损害;④四级保护水平是人体功能出现急性中毒。不同的国家,根据和采用不同的对健康保护水平,制定和采用对有害因素量值不同规定的卫生标准。就是在同一国家的不同时期,根据不同的对健康保护水平,也制定和采用了不同量值的卫生标准。随着科学技术和经济发展、社会进步,对健康的保护水平必然随之而改变。

2. 对健康无不良影响

对健康无不良影响,从保护人群健康角度,这是对健康保护水平和卫生标准制定的最高要求。对健康无不良影响的量值即是卫生基准值的要求。卫生基准是一个纯卫生学概念。它是完全从保护人群健康角度出发,不考虑社会的条件和承受能力,根据环境中和产品中有害因素对人群(包括敏感人群)健康不产生直接的或间接的不良影响的安全量值,因此卫生基准相当于"对健康无不良影响"的要求。

3. 社会条件

社会条件是确定对健康保护水平的一个重要因素,是实施卫生标准在经济上和技术上的必要条件。因此,它是卫生标准制定的重要依据之一。对于卫生基准值、对于环境中和产品中有害因素不对人群健康产生不良反应的量值,全世界看法一致。但是,各国卫生标准值不一,其中有一些差异是很大的,这主要是由于各国社会的发展水平和提供条件及对健康保护水平的态度不同所致。

4. 生物学阈值

所谓生物学阈值是指环境中或产品中有害因素引起机体某些不良反应,并在统计学上显示与对照组也发生频率或反应程度上具有显著差异的最低量值,即为无可觉察的不良反应的量值。在人群流行病学调查和动物实验中观察到的人体或动物的生物学阈值,是确定卫生基准量值的重要科学参数,也是卫生标准制定的主要依据。在生物学阈下值中,其中最大的称为生物学最大阈下值,即为最大无作用水平。在流行病学和毒理学研究中找到生物学阈值和生物学阈下值,是确定对健康无不良反应量值和制定卫生标准的主要依据。

5. 剂量反应关系

剂量反应关系是确定生物学阈值和卫生基准的基础和依据。所谓剂量反应关系是指利用人或动物定量研究资料,在有限数量的人群或动物群体中能测出反应值的剂量范围内,观察到的剂量与反应之间的关系。根据剂量反应关系,可确定适用于人的剂量反应曲线,进而求得为评价危险人群在给定暴露环境中和产品中有害因素剂量下的危险度的卫生基准量值。

6. 毒物代谢动力学

通过人和动物的毒物代谢动力学研究,了解环境中和产品中有害因素在体内的代谢动态和毒理作用特点以及种间有害因素代谢动力学差异。因此,毒物代谢动力学是确定卫生基准值的依据之一。毒物代谢动力学研究,一般包括有害因素在体内的吸收率和吸收程度、体内分布方式、生物活化途径及速率、清除率、清除途径和程度等资料。

7. 毒物效应动力学

毒物效应动力学是较全面地表示有害因素的性质及其对机体的危害或不良作用的范围和强度,是确定有害因素的卫生基准值和安全系数的重要参数和依据。毒效动力学研究,一般包括毒性成分的鉴定、靶分子的性质、有无保护性或修复机理及其活性、靶组织在体外试验中的敏感性等。通过人和动物的毒效动力学研究,可从立体角度观察有害因素不同剂量和有害因素对机体各器官系统及细胞分子作用的动态资料,进而获得有害因素作用的靶器官、特异性指标、敏感性指标以及剂量效应关系。

8. 安全系数

实际工作中,无论基于毒理学实验研究,还是基于现场人群流行病学研究都存在着一些不确定因素(如种间和种内差异、毒性性质差异、研究资料完整性差异等),很难直接将这些量值推导到人来确定卫生基准值。安全系数，通常又称为不确定性系数，是确定卫生基准值时，用以说明生物体的种间和种内差异、有害效应的严重程度以及流行病学和毒理学资料适宜性方面的不确定性的一种系数。

9. 有害因素暴露特征

测定和估算有害因素暴露特征是确定对健康无不良影响量值的一个很重要的依据。所谓有害因素暴露是指有害因素在某一特定时间通过呼吸道、胃肠道、皮肤等途径与机体(人、动物)的接触。有害因素暴露特征主要包括在环境中和产品中有害因素暴露量的大小、暴露的频度、持续时间和途径。对健康不良影响的量值是由有害因素暴露特征与有害因素对人体健康影响两个方面互相作用综合考虑确定的，两者缺一不可。

10. 功能反应

功能反应是卫生产品功能性卫生标准制定的基础依据。所谓功能反应是指卫生产品对人体健康具有有益(包括促进健康和保护健康)作用的反应。例如，保健食品具有免疫调节、延缓衰老、改善记忆、促进生长发育等作用；消毒药剂具有杀灭或清除传染媒介上病原微生物，进而达到保护健康和预防疾病的有益作用。功能反应，主要包括以下三个方面的内容：①与对照组比较，效应差异达到了具有统计学意义的程度，这表明卫生产品确有功能反应；②在卫生产品应用范围内具有剂量反应关系，表明卫生产品功能反应随卫生产品剂量增高而增强；③最低反应量值，表明卫生产品发挥功能反应的最低剂量。

11. 功能指标

功能指标是评价功能反应的基础和必要条件，是卫生产品功能性卫生标准制定的重要依据。所谓功能指标是指卫生产品对人体健康是否具有有益作用的检测指标。例如消毒药剂，对于肝炎病毒污染是否具有消毒作用的功能指标是乙型肝炎表面抗原破坏试验；对于真菌污染是否具有消毒作用的功能指标是白色念珠菌定量杀灭试验等。

(四)制定卫生基准值的方法

现代生物学研究表明，人类从自然属性来讲，与一般动物体有许多共同点，如新陈代谢过程、遗传信息、防御功能等，因此，实验医学的建立和发展对基础、临床和预防医学起了巨大的推动作用。从观察致病因子对实验动物作用中显示出来的临床症状和检查指标的变化，选取最低的数值(亦即最敏感指标的限量)，再给予一定的安全系数，即为该污染物质的卫生基准值，是卫生标准的重要依据。

1. 毒理学方法

毒理学方法是研究制定环境和产品安全性卫生标准的重要方法。主要是通过各种毒理试验来确定有害因素与机体接触后，它对机体所显示的毒物性质、特点及引起毒物作用的最小阈剂量(浓度)，为制定该受试物在环境中的最高容许浓度提供毒理学方面的依据。

毒理学方法在研究制定环境和产品安全性卫生标准时具有以下优点：①可根据研究目

的和要求人为地控制有害因素的暴露水平和强度,这是流行病学现场调查难以做到的;②可通过活体组织检查和组织病理学,评价和确定有害因素对各器官系统和组织细胞的毒理作用。毒理学实验主要包括有:

(1)一般毒理学实验:主要通过以下实验来确定某因素作用的性质、特点及作用的最小阈剂量和最大无作用剂量(最大阈下剂量):①急性毒性试验;②蓄积毒性试验;③慢性毒性试验等。这些实验主要是借助于动物模型模拟引起人体中毒的各种条件,观察实验动物的毒性反应,再外推到人。由于动物,特别是哺乳动物和人体在解剖、生理和生化代谢过程方面有很多相似之处,成为利用动物实验的结果可以外推到人的基础。但同时由于人与动物存在种属差异关系,故将上述动物试验的结果外推到人,往往须加一定安全系数。

(2)特殊毒理学实验:从预防医学观点出发,只研究对健康有明显损害作用的一般中毒指标是远远不够的。已知化学物质凡能引起细胞遗传物质改变都可能影响下一代或者隔代动物的正常生长发育。近几年来,陆续发生小剂量滴滴涕对动物的内分泌、性机能产生不良影响,并有致突变和致癌作用。小白鼠繁殖五代表明,从第二代开始恶性肿瘤发病率增高,从第三代起白血病发病率也增加。已知在 150 种遗传性疾病中,有 26 种对污染物更敏感。因此必须借助遗传毒理学的方法(致癌试验、致突变试验、发育毒性和致畸作用试验),才能提出各种环境污染物对人类及有关生物的近期的或潜在的危害性,从而制定出较可靠的定量限制标准。

2. 流行病学方法

流行病学方法是研究制定环境和产品安全性卫生标准的常用方法。人群流行病学资料可直接反应人体对环境和产品中有害因素的反应,它比动物实验结果更可靠,更具有现实意义。毒理学实验是阐明摄入量与反应关系的决定性步骤,所得结果能在严格控制条件下加以重复。可是还没有实验的通用模式,所以在实验动物数量、时间和反应方面不能完全代替人。由于人类与各种有害因素之间的关系是复杂的,有许多因素在实验条件下是无法重现的。低浓度作用下的慢性实验,由于机体经历生命各个生长、发育阶段,适应、耐受或者代偿功能以及观察指标都在变动,动物的毒性反应与对照组往往差别很小或者没有,即使测得阈浓度,也要在接触人群中进行环境流行病学的剂量与效应关系的动态观察以检查实验结果的可靠程度,对那些使用面广的物质更应如此。

流行病学调查的目的:

(1)探索人类生活与工作环境中各种理化及生物有害因素的性质、数量、空间、时间分布、变化规律及产生根源。

(2)描述在上述环境中人群健康状况,研究人群接触有害因素的时间及其动态变化和健康受影响的程度(诸如某器官系统功能形态受损害、疾病、致畸、残废、死亡等)。

(3)探索人群中一些个体(如老人、儿童、妇女、孕妇、过敏体质)对有害因素的特异性反应。

(4)探索环境有害因素与人群健康之间的关系,进而为寻找环境中最大无作用量和最小有作用量提供人群资料。比如通过对某一地区环境介质中有害物质的种类、空间、时间分布的实际浓度的测定与从回顾性或前瞻性调查收集居民健康状况、发病率、患病率、死亡率等特异或非特异的材料在时间、空间、人群组中分布差异,分析污染与危害的相关程度,为进一步了解总摄入量与反应关系,评价最高容许浓度的安全程度,这对审查或修订环境卫生标准是非常重要的。制定安全性卫生标准时主要应用流行病学横断面调查方法、病例对照调查方法、定群调查方法和实验性研究方法等。

3. 其他方法

(1)快速计算方法:环境卫生标准是为工业企业设计、预防性卫生监督或环境影响评价管理服务的,是防止工业企业竣工后产生大量废物,污染大气、水源、土壤和食物链导致健康损害。据统计,全世界每年用于国民经济中的化学物质数以千计,但能提供有医学论据的环境卫生标准的物质只有数十种或数百种,实际的需要与制定卫生标准的速度之间存在着很大的差距。为缩短环境卫生标准的研究周期,寻找快速制定化学物质最高容许浓度的方法已成为迫切的问题。为此,近几年来,许多学者通过对毒理实验资料的分析,发现环境污染物的生物学活性与该物质分子结构、某些理化参数、急性和亚急性毒性及感官性状等之间具有相关的事实。从而提出了制定居住区大气、地面水和食物中最高容许浓度的一系列数学方程式,借以预测新化学物质的毒性和最高容许浓度的范围,来满足日常环境保护工作的急迫需要。实践证明这种方法是有广阔前途的,但是由于它没有考虑到污染物的致癌、致畸胎、致突变作用和影响性机能方面的作用,因此,此法不能代替以上毒理学和流行病学方法。

(2)人类受控实验(志愿者试验):美国从20世纪就开展了人类受控暴露实验研究,在尽可能接近实际环境条件,又可避免某些干扰因素的情况下,连续进行长达几周的人类受控暴露试验。科学家们认为,对人类暴露的试验研究,应只限于短期的、可逆的有毒效应。若要推断短期或长期的不可逆损害效应时,还必须依靠对实验动物的观察。显然,受控的人类暴露试验研究,将会提供更多的有价值的数据,以了解人群暴露于污染环境时所承受的危险水平,从而建立限制这些危险性的更为可靠的环境标准。

又如中国医学基金会,九名科研人员自愿者试验注射SARS(非典)疫苗,血液中的抗体增加是一般康复者的70倍。他们给自己注射疫苗的四点原因:第一是为了自我保护,因为直接从事SARS病毒研究;第二是疫苗已经过国家检定;第三是对自己的产品有信心;第四是依据惯例,疫苗研制者在开展临床实验前通常都是先给自己注射。

(3)生物检测法:直接对血、尿、痰液、粪便、呼气、毛发、指甲、乳汁、脂肪等生物材料中一种或多种有害物质含量的测定,进行同种物质在环境中的含量相关性的分析,据此提出卫生标准是较客观可靠的。按动物实验结果分别规定的大气、食物、水、土壤或职业性接触的以某一途径进入机体的最大阈下值作为自然条件下的安全剂量,因受技术方法和机体状态的影响,往往不能直接地代表作用于人体的剂量。而人体负荷量的测定,所受时空变化影响小,则能较真实地反映出各种途径侵入机体的一种或几种物质的总量。测定生物组织中的有害物质的代谢产物及其病理生理作用产物,还有助于阐明机体对某些有害物质的作用机制及间接推测有害物质进入人体的总量。但这种方法也有其局限性,因个体差异较大,大多数有害因素缺乏可用于测定剂量或体内负荷的理想的生物学指标。

(4)微宇宙技术(亦称"模式生态系统"):利用自然生态系统的生物学模型,将复杂和不均一的自然生态系统加以简化,并对其过程进行模拟,以得到各种定量数据的技术。这种生物学模型可以是自然生态系统中的一部分,也可以在实验室内模拟。微宇宙技术始于20世纪60年代,70年代有很大的发展。早期用于生态系统中群落的结构与功能的研究,近年来用于筛选有毒化学品的环境效应,了解有机毒性物质在环境中的实际浓度、半衰期和降解速率、合理地评价有机毒物的危险性。有机毒物对环境的危害并不完全取决于它的毒性,最主要的是看它在环境中的实际浓度和转变过程。因此,微宇宙技术已成为研究污染生态学、生态毒理学、污染物迁移转化规律,建立数学模型的有力工具。

总之,随着现代科学的发展,新兴学科的兴起,在研制卫生标准时引进了许多新技术、新概念、新方法,提高了标准研制水平和速度,能够使之更好的适应社会发展和保障人类健康的需求。

第二节 我国的公共卫生标准及其体系

一、卫生标准的发展与现状

卫生标准是卫生法规体系的重要组成部分,也是卫生监督执法的重要技术依据。卫生标准涉及人体健康与生命安全,在促进经济社会协调发展,维护产品和服务贸易良好秩序,保障广大公众群众身体健康与生命安全方面发挥着举足轻重的重要作用。一般而言,有健康问题的地方,就需要有卫生标准。所以,卫生标准涉及的领域非常广泛,内容十分丰富,涉及经济和社会的各个层面,卫生标准的完善程度反映一个国家经济发展水平和文明状况,国家越是发展、社会越是进步,标准化的程度越高、标准体系越完备。

人类自古就已认识到环境与健康和疾病有关,但是直至20世纪初、中期,随着新的科学技术革命以及汽车的普及和现代化大工业生产的迅猛发展,发达国家的环境污染日趋恶化,终于导致生态平衡和自然资源破坏,公害病屡屡发生,环境问题成为20世纪人类重大社会问题之一。此时,工业化国家政府才不得不采取强制性严格限制措施,控制污染,保护劳动和生活环境,以维护国民健康。最有效的措施之一是,利用预防医学的成果,以卫生学和卫生工作实践所获得的科学资料为依据,对维护人类生存和健康所必须的生活和劳动环境的质量提出明确的定量的要求,并以此作为国家卫生法令的组成部分正式颁布,成为采取其他各种控制技术和管理措施的法定的科学依据。20世纪初,一些工业化国家已颁布饮水中细菌学和感官性状的卫生标准;20世纪30—50年代,已有地表水、大气、放射防护和各种职业卫生与安全的卫生标准;20世纪70年代以来,环境中有害化学物质及物理因素卫生标准项目迅速增加。由于环境问题的全球性,许多国际组织也开始致力于制定国际通用卫生标准,以促进世界各国卫生标准的统一及发展中国家卫生标准的制定。如20世纪50年代,WHO已提出了国际饮水卫生标准;80年代WHO、ILO(国际劳工组织)、EEC(欧共体)先后提出了国际通用职业接触阈限值。各卫生标准的颁布执行,在1970—1980年代全球公害治理时期,起到重要作用。

我国早在20世纪50年代,就颁布实施了有关卫生标准,1955年首次颁布了《自来水水质暂行标准》,1956年颁布了《工业企业暂行设计卫生标准》,其中包括地面水和大气中有害物质最高容许浓度和车间空气中有害物质最高容许浓度。1960年首次颁发《电离辐射最高容许标准》;之后又陆续颁布了多种卫生标准,特别是改革开放以来,随着经济建设和卫生事业的发展,卫生标准事业取得了长足进步,20世纪80年代初,卫生部专门成立了全国卫生标准技术委员会,下设7个专业卫生标准委员会,到1997年其下设专业委员会发展至14个,至2006年年底已成立20了个专业卫生标准委员会。同时,卫生标准的数量不断增多,质量不断提高,覆盖范围不断扩大,对保障公众健康,促进经济社会发展发挥了重要作用。

第六届卫生部卫生标准委员会于2008年4月8日在北京成立。卫生部部长陈竺担任主任委员,副部长马晓伟担任副主任委员。第六届卫生标准委员会共聘任632名委员,人数比上一届增加了184人,人员结构也更加年轻化。第六届卫生标准委员会下设卫生标准管理委员会和食品卫生、环境卫生、职业卫生、放射卫生防护、学校卫生、化妆品、消毒卫生、职业病诊断、放射性疾病诊断、传染病、临床检验、血液、医疗服务、医疗机构管理、医院感染控制、卫生信息、病媒生物控制、寄生虫病、地方病、食品添加剂20个标准专业委员会。我国卫生标准工作范围已从以公共卫生为主,覆盖到整个医疗卫生领域。我国现行有效卫生标准共1 257项,其中第五届卫生标准委员会期间共制修订977项卫生标准,发布卫生标准621项。

2006年8月1日,卫生部正式发布实施新的《卫生标准管理办法》,以加强卫生标准工作程序化和规范化建设,保证卫生标准质量,促进卫生标准的实施。随着科学技术的发展,公众生活水平的提高,新技术、新产品的引进,卫生标准面临着新的更多的挑战和机遇,针对新形势的需求,增加新的卫生标准的卫生领域的研究,研制出新的标准和配套方法迫在眉睫,国家标准委组织于2007年3月正式发布的《标准化"十一五"发展规划》指出要加快标准制修订速度。"十一五"期间,力争实现每年制修订6 000项标准;标准制定周期控制在2年以内;标龄控制在5年以内;逐步解决标准制定速度慢和高新技术标准滞后的问题,为保障公众健康做出新的贡献。

二、我国的公共卫生标准体系

(一)标准体系与公共卫生标准体系

标准体系就是一定范围内的标准按其内在联系形成的科学有机整体。一个国家(或一个部门、一个企业)的所有标准,都存在着客观的内在联系,相互依存,相互衔接,相互补充,相互制约,构成一个有机整体。通过标准体系,可以对某一专业范围内的标准构成、标准数量、标准内容、彼此的关系有一个比较全面的认识与了解,可以作为制定标准计划的参考,避免标准制定的盲目性与混乱,使之对标准的主次、制定的先后,做到科学、有计划的安排。

公共卫生领域内的所有标准构成公共卫生标准体系,不仅包括现行标准,还包括正在申报的标准,正在制定和修订的标准,以及将来要制定的标准。影响标准体系构成的因素是多方面的,主要有以下方面:国民经济体系的管理体制和政策;国民经济体系的结构特点;科学技术的发展水平和特点;生产社会化和组织程度;资源条件;标准化自身在广度和深度的发展水平等。以上这些因素因时间、地点、条件而变化发展,因此,公共卫生标准体系的构成不是一成不变的,而是一个动态的发展过程,将随着科学技术的发展而不断的得到更新和充实。

将我国的所有卫生标准,按照其内在联系以一定的形式排列起来,就构成了卫生标准体系表。它是编制卫生标准研究规划的一项重要工作基础,对卫生标准的科学管理起到良好作用。通过卫生标准体系表,可以清楚地了解卫生标准的全面的科学组成,对于分析研究,综合平衡、确定各项目的轻重缓急以及组织协调,避免重复是非常重要的。对此,卫生部在颁布《卫生标准体系表》的前言中,对它的性质描述为:"标准体系表是一种指导性技术文件,是编制标准制定、修订规划和计划的基础,卫生标准体系表也将随着科学技术的发展而不断的得到更新和充实"。

(二)我国的公共卫生标准体系

1989 年 10 月 9 日,卫生部以卫监字(89)第 34 号文件批准颁布我国首部较完整的《卫生标准体系表》,它是根据 1985 年原国家标准局制定的《标准体系表编制原则和要求》制定的,在整个卫生标准体系内(图 16-1)划分为九个系列和三个层次,九个系列包括五大卫生(环境、劳动、食品、学校和放射卫生)、三大疾病(职业病、食源病和放射病)及综合性卫生标准;三个层次为卫生基础标准、专业基础标准与单项个性标准。所谓卫生基础标准是指它在整个卫生标准体系内,可作为其他标准的基础并广泛应用,具有广泛指导意义的标准;专业基础标准是指在卫生标准体系内某个学科范围内,成为其他标准的基础并普遍应用,并对本学科内其他标准具有广泛指导意义的标准,如环境卫生标准中的《环境污染物毒理学评价程

```
                    ┌──────────────────┐
                    │   卫生基础标准     │
                    └────────┬─────────┘
         ┌──────────────┐    │    ┌──────────────────┐
         │  环境卫生标准  │────┼────│  职业性疾病诊断标准 │
         └──────────────┘    │    └──────────────────┘
         ┌──────────────┐    │    ┌──────────────────┐
         │  劳动卫生标准  │────┼────│  食源性疾病诊断处理标准│
         └──────────────┘    │    └──────────────────┘
         ┌──────────────┐    │    ┌──────────────────┐
         │  食品卫生标准  │────┼────│   放射性疾病诊断   │
         └──────────────┘    │    └──────────────────┘
         ┌──────────────┐    │    ┌──────────────────┐
         │  学校卫生标准  │────┼────│   综合性卫生标准   │
         └──────────────┘    │    └──────────────────┘
         ┌──────────────┐    │    ┌──────────────────┐
         │  放射性卫生标准 │────┴────│      备    用     │
         └──────────────┘         └──────────────────┘
```

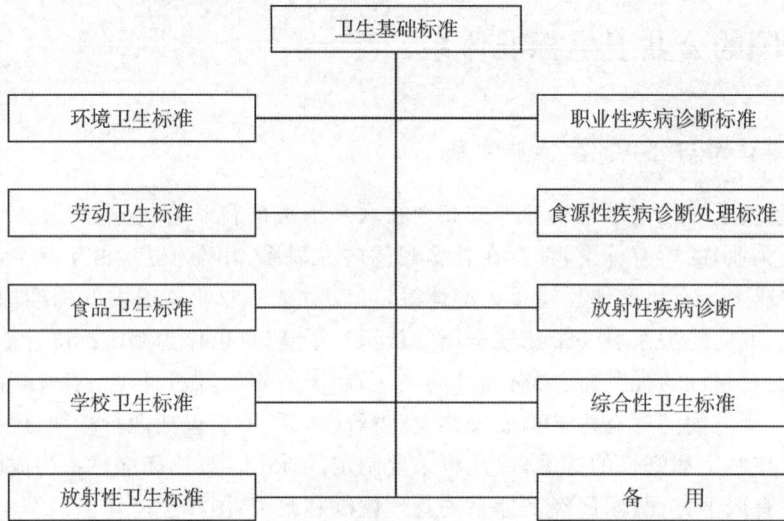

图 16-1　卫生标准体系的总体框架结构组成

序》和《环境卫生名词术语》等。单项个性标准是指直接表达一个标准化对象的单项个性特征的标准,如《公共场所卫生标准》、《公共场所卫生标准检验方法》等。

1. 环境卫生标准

环境是人类生存的物质基础,它的质量状况是人们最为关心的问题,这不仅直接影响人群健康,也是社会、经济发展的基本条件。我国政府一贯遵循以人为本的政策,保护居民安全、健康,保护生态环境,特别是强调在工业建设规划、设计时就要贯彻预防为主方针,保障人群的健康。环境卫生标准是对生活环境中与人群健康有关的各种物理、化学和生物因素的限值及相关技术行为做出的技术规定,经国家标准化部主管部门批准,并以一定形式发布的法定卫生标准。它是评价环境污染对人群健康危害的科学依据,我国首次于 1956 年颁布《自来水水质暂行标准》,后经 1956 年至 2006 年多次修订完善,形成了以《生活饮用水卫生标准》(GB 5749-2006)为代表的系列环境卫生标准。现行环境卫生标准有 165 项,涉及生活饮用水、公共场所、室内空气、农村环境卫生、家用化学品等方面的卫生与安全要求。

环境卫生标准体系(图 16-2)是卫生标准体系的重要组成部分,根据环境卫生标准对象、性质和适用范围的不同,环境卫生标准体系可分为环境卫生基础标准和各类环境卫生专业标准。环境卫生基础标准是制定各种环境卫生标准的基础。包括环境卫生名词、术语、代号等的标准化规定;环境污染物质毒理学评价程序(包括一般毒性、遗传毒性、毒物动力学);有毒物质的联合作用;制定居住区大气、室内空气、公共场所、地面水和土壤卫生标准的原则和方法;环境污染物生物材料检测规范;环境污染物所致健康危害判定标准的原则;环境医学影响评价的原则和方法等。各类环境卫生专业标准按照污染物在不同环境介质中的性

图 16-2 环境卫生标准体系

状、转归和侵入人体的途径不同共有 14 类。

(1)公共场所卫生标准:公共场所是人类生活环境的组成部分之一,是在自然环境或人工环境的基础上,根据公众活动的需要,由人工建成的具有服务功能的封闭式或开放式公共建筑设施,供公众进行学习、工作、旅游、度假、娱乐、交流、交际、购物、美容等社会活动的临时性生活环境。随着改革开放和市场经济的迅猛发展,公共场所类别覆盖面越来越广,如网吧、桑拿中心等。为了更好地贯彻《公共场所卫生管理条例》的精神,1996 年我国颁布了《公共场所卫生标准》,2000 年我国颁布了与其相配套的《公共场所卫生标准检验方法》,从而保证了我国公共场所的各个功能部位符合卫生学要求,对环境不增加污染负荷,减少或防止疾病的传播。

(2)日用化学品卫生标准:该类标准包括化妆品卫生标准、日用化学品(洗涤剂、驱虫剂、装潢材料、油漆等)卫生标准等。其中化妆品卫生标准是对化妆品的安全、卫生、功能质量及其检验方法的评价规程等做出的技术规定。卫生部制定的现行化妆品国家卫生标准有 18 项。包括产品标准 1 项,安全性评价程序和方法 1 项,化妆品皮肤病诊断及处理原则 7 项,检验方法标准 9 项。我国于 1987 年发布《化妆品卫生标准》,1989 年发布《化妆品卫生监督条例》,1996 年发布《化妆品生产企业卫生规范》,2002 年发布《化妆品卫生规范》。根据《化妆品卫生监督条例》,生产化妆品所需的原料、辅料以及直接接触化妆品的容器和包装材料必须符合国家卫生标准;生产企业在化妆品投放市场前,必须按照国家《化妆品卫生标准》对产品进行卫生质量检验;生产或者销售不符合国家《化妆品卫生标准》的化妆品,将受到相应处罚。随着化妆品产品的不断增多与消费人群的不断扩大,化妆品的安全卫生与功能效果也不断地引起消费者和企业的高度关注。不合格化妆品造成的接触性皮炎、光感性皮炎、皮肤色素异常、痤疮、毛发损害和指(趾)甲损害等机体损害以及由此引起的继发性感染性疾病将不仅损害我国消费者的健康权益,同时,也将严重地影响我国化妆品产业与市场的进一步发展。因此,化妆品卫生标准的制定与实施不仅保护了消费者的健康权益,同时,也为促进我国化妆品产业与市场的发展产生积极的作用。

(3)涉及饮用水卫生安全的产品卫生标准:该类标准包括饮用水输配水管材及有关产品的卫生标准、饮用水供水系统防护材料卫生标准、饮用水化学处理剂卫生标准、净水设备卫生标准及二次供水的卫生要求等。

(4)生活饮用水卫生标准:该标准是保证饮用水质适于直接饮用的标准,又是选择水源和水源卫生防护的重要依据,是开展饮水卫生监督和评价水质净化消毒效果的科学依据。我国于 2007 年 7 月 1 日起实施新的《生活饮用水卫生标准》(GB 5749-2006),代替原《生活饮用水卫生标准》(GB 5749-85)。新标准主要参照了现行的国际先进标准——世界卫生组织的《饮用水水质准则》、欧盟的《饮用水水质指令》和美国的《国家饮用水水质标准》,同时也考虑到了中国的国情。新标准中针对农药等有机污染的指标,从原来的两项增加至 20 项,成为增加最快的一类指标;另外新标准也考虑了其他一些威胁饮水安全的隐患,比如新出现的致病病原体、消毒副产物等问题;再者,新标准中有关感官性状的指标也从 15 项增加到了 20 项,基本实现了与国际接轨,达到了中等发达国家的水平。

(5)医院污水排放标准:医院污水排放标准是促进医院污水合理排放与处理,防止医院污水污染环境,降低水性传染病的发病率的重要技术法规。医疗机构水污染物排放标准(GB 18466-2005)自 2006 年 1 月 1 日起实施。本标准自实施之日起,代替《污水综合排放标准》(GB 8978-1996)中有关医疗机构水污染物排放标准部分,并取代《医疗机构污水排放要求》(GB 18466-2001)。由 1983 年 6 月 1 日中华人民共和国经济委员会和卫生部批准颁布。

(6)空气污染物卫生标准:该类标准是评价室内外空气是否被污染,污染程度和对健康的危害程度,以及评价各种防护措施效果的科学依据。其中大气卫生标准是为保护人群健康和生存环境,对大气中有害物质以法律形式做出的限值规定以及实现这些限值所作的有关技术行为规范的规定。WHO 将空气质量标准定为四级,建议各国以第一级容许水平为标准。

第一级:在小于此种浓度和接触时间内,根据现有的知识,不会观察到直接或间接的反应(包括反射或保护性反应)。

第二级:在大于此种浓度和接触时间内,对人的感觉器官有刺激,对某些植物有损害或对环境产生其他有害作用。

第三级:在大于此种浓度和接触时间内,可使人的生理功能发生障碍或衰退,引起慢性疾病和缩短寿命。

第四级:在大于此种浓度和接触时间内,可使对污染物敏感者发生急性中毒或死亡。

我国于1956年颁布的《工业企业设计卫生标准》中,明确规定了大气卫生标准。分别于1962年、1965年、1973年、2002年作了修订和补充。1982年颁布《大气环境质量标准》,1996年修订了此标准,并改称《环境空气质量标准》(GB 3095-96)。目前,我国已对大气中42种有害物质的浓度制定了卫生标准。其中每个污染物的标准均分为三级:国家规定的自然保护区、风景游览区、名胜古迹和疗养地等地区应执行一级标准;居民区、商业交通居民混合区、文化区、名胜古迹和广大农村等地区应执行二级标准;大气污染程度比较重的城镇和工业区以及城市交通枢纽、干线等地区执行三级标准。

为了控制室内空气污染,切实提高我国的室内空气质量,在借鉴国外相关指标、标准的基础上,结合我国的实际,我国第一部《室内空气质量标准》(GB/T 18883-2002)于2003年3月1日正式发布实施。该标准与国家标准委以前发布的《民用建筑室内环境污染控制规范》、《室内装饰装修材料有害物质限量标准》共同构成了一个比较完整的室内环境污染控制和评价体系,为广大消费者解决室内污染难题提供了有力的依据,也为装饰、餐饮等企业的施工操作提供了规范文件。该标准对室内污染进行了明确规定,标准中规定的控制项目不仅有化学性污染,还有物理性、生物性和放射性污染项目指标。住宅的室内空气质量必须达到标准的要求,才可保证室内空气不会对人体造成危害,达到舒适性标准的要求是"室内空气应无毒、无害、无异常嗅味"。《室内空气质量标准》对提高人们的室内环境意识,促进与室内环境有关的行业和企业从室内环境方面规范自己的行为,保障公众的身体健康,具有十分重要的意义。

(7)水源水卫生标准:该类标准是保证生活饮用水水源水的自净作用,保证生活饮用水水源水避免理化和微生物污染的卫生标准,又是合理选择水源以及进行水源卫生防护的重要依据。

(8)土壤及固体废弃物卫生标准:是防止土壤中的有害物因迁移到邻近环境而危害人体健康,并保证土壤自净作用的正常进行的卫生标准。

(9)住宅与规划卫生标准:是控制天然和人为的有害因素对人体健康的直接和间接危害,充分利用有益于身心健康的自然因素,为居民提供卫生良好的生活居住环境,保障身体健康而制定的标准。

(10)工业企业卫生防护距离标准:是为控制工业企业生产过程产生的各类有害因素,保证周围居民的健康而制定的标准。所谓卫生防护距离,系指产生有害因素的部门(车间或工段)的边界至居住区边界的最小距离。

(11)环境污染物所致健康危害判定标准:是从环境医学观点规定了环境某污染因子所致健康危害区的判定原则、观察对象及健康危害指标等的判定标准。

(12)环境射频辐射卫生标准:为控制射频辐射对环境的污染、保护公众健康、促进射频辐射技术发展而制定。本标准适用于一切人群经常居住和活动场所的环境射频辐射,不包括职业辐射和射频、微波治疗需要的辐射。

(13)环境医学评价技术规范:是从环境医学的角度,对规划和建设项目工程实施后影响区域内的环境医学特点,环境对健康影响的现状,以及预测工程项目运行后可能带来的环境医学问题的性质、程度和范围进行评价的技术规范。

(14)其他:包括保健用品卫生标准、旅游区卫生标准等。

与上述各类环境卫生标准相配套的检验方法标准,是科学的获取数据,使之具有可靠性、统一性和可比性的重要保证,也是各类环境卫生标准正确执行的重要手段。环境卫生标准体系中,各类环境卫生标准是直接为卫生监督和管理服务的,它是环境卫生标准体系的核心和主体,是法规实施的技术保证,而环境卫生基础标准是制定和实施环境卫生标准的技术支柱。

2. 劳动卫生标准

劳动卫生标准是为了预防、控制和消除职业病危害,保护劳动者健康,对职业活动中各种健康相关因素的卫生要求做出的技术规定。劳动卫生标准是制定劳动卫生法的基础,又是贯彻、实施法规的技术规范,是执行工业卫生监督和管理的法定依据。

劳动卫生标准包括化学毒物、粉尘、物理因素(噪声、振动、激光、微波、辐射等),以及作业场所气象条件、劳动负荷等卫生标准。卫生部制定的现行职业卫生标准有 161 项,包括工作场所中有害因素职业接触限值、空气中有害物质的监测方法及采样规范、职业病危害警示标识,以及多项基础标准和管理标准。

新中国成立前,我国的劳动卫生标准领域是一片空白。1956 年,我国国家建设委员会与卫生部批准发布了《工业企业设计暂行卫生标准》,这是我国第一个与劳动卫生有关的国家标准,之后分别于 1962 年、1972 年、1979 年先后修订成为《工业企业设计暂行卫生标准》(TJ 36-79),2002 年将《工业企业设计暂行卫生标准》(TJ 36-79)修订为两个标准:《工业企业设计卫生标准》(GBZ 1-2002)和《工作场所有害因素职业接触限值》(GBZ 2-2002)。其中《工业企业设计卫生标准》(GBZ 1-2002)适用于中华人民共和国领域内所有新建、扩建、改建建设项目和技术改造、技术引进项目的职业卫生设计及评价;该标准目的是为了保证工业企业设计符合卫生要求,控制生产过程中产生的各类职业危害,保障工人身体健康,促进生产发展;该标准中规定了工业企业的选址与整体布局、防尘与防毒、防暑与防寒、防噪声和振动、防电离和非电离辐射、辅助用室等方面的卫生要求,是建设项目职业病危害预评价的主要依据和规范。企业按照该标准进行设计,并且通过评价验收,企业投产后的职业危害控制就有了保证。《工作场所有害因素职业接触限值》(GBZ 2-2002)包含了我国所有职业卫生有害物质的接触限值,包括有 330 种化学物的 339 项接触限值,47 类粉尘的 70 项接触限值,以及 1 类生物因素和 9 类物理因素的接触限值。在该标准规定的容许浓度或强度下,劳动者即使每天 8 h 长时间、反复接触职业病危害因素,也不会产生急性或慢性的健康损害。所以,该标准是职业危害控制的一项基本标准。

向劳动者发出职业危害警示是有效地预防职业危害发生的一种重要措施,而且,职业危害警示还可以培养劳动者对职业危害的自我防范意识。为此,卫生部组织制定并批准发布了《工作场所职业病危害警示标识》(GBZ 158-2003),该标准要求对于可能产生职业病危害的工作场所、设备及产品的包装,必须设置警示标识。《工作场所空气中有害物质监测的采样规范》(GBZ 159-2004)规定了工作场所有害物质监测的采样方法和技术要求,对规范空气采样和保证有害物质的监测质量具有指导作用。

劳动卫生标准体系的层次分为劳动卫生专业基础标准与劳动卫生个性标准两层。个性标准,又依照标准化对象的特点划分为 10 个系列(图 16-3)。这些相关的劳动卫生标准为保护劳动者的健康发挥了重要作用,随着科学技术的进步和生产实践的发展,这方面的工作将不断得到完善。

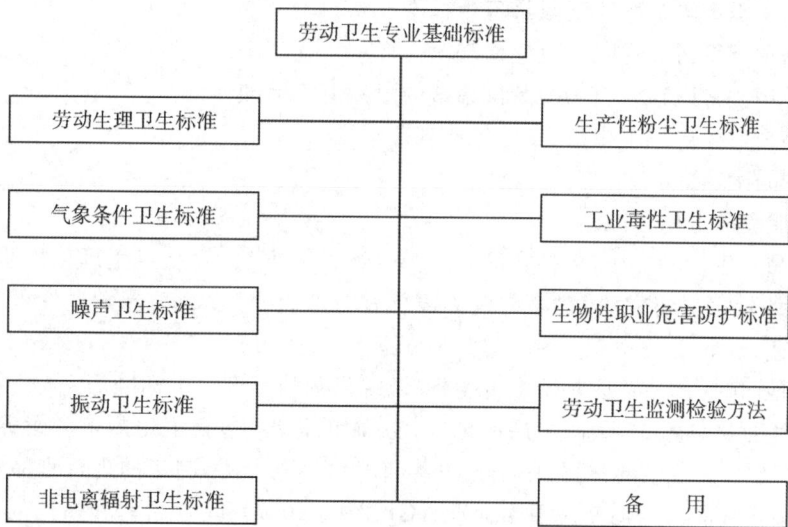

图 16-3 劳动卫生标准体系

3. 食品卫生标准

WHO 的调查表明,全球每年约有 1 000 万人死于食源性疾病,食品的安全问题仍然严重威胁着人类生命;食品的营养不足或过剩也同样影响着人类的健康,食品的质量对于改善人类身体素质及减少疾病发挥着重要作用,所以食品中与人类健康相关的卫生质量要素都必须受到严格的控制。食品卫生标准是对涉及食品安全、卫生、营养和保健功能的技术要求及其检验方法、食品安全性评价程序、食品生产加工的卫生要求、食物中毒的预防诊断等做出的技术规定。它是食品卫生法体系的重要组成部分,是维护我国主权与促进我国食品国际贸易的技术保障。

食品卫生标准的主要技术内容有原料要求、感官要求、物理化学性有害物限量指标、微生物指标、营养指标、保健功能指标、包装和贮藏要求、标签标识要求及检验方法等。按适用对象将食品卫生标准划分为:

(1)食品原料与产品卫生标准。依食品的类别分为21类食品卫生标准:粮食及其制品、食用油脂、调味品、肉与肉制品、禽肉、蛋类、水产类及其制品、乳与乳制品、冷饮、酒类、豆制品、茶叶、糖果、淀粉类、酱腌菜、食用菌、干果、坚果、炒制食品、蜜饯、小食品、营养强化食品、保健食品。

(2)食品添加剂使用卫生标准。

(3)营养强化剂使用卫生标准。

(4)食品容器与包装材料卫生标准。

(5)食品中农药最大残留限量卫生标准。

(6)食品中霉菌与霉菌毒素限量卫生标准。

(7)食品中环境污染物限量卫生标准。

(8)食品中激素(植物生长素)及抗菌素的限量卫生标准。

(9)食品企业生产卫生规范、良好生产规范。

(10)食品标签标准。

(11)辐照食品卫生标准。

(12)食品卫生检验方法,包括食品卫生微生物检验方法、食品卫生理化检验方法、食品安全毒理学评价程序与方法、食品中营养素检验方法、保健食品功能学评价程序与检验方法。

(13)其他,包括食品餐饮具洗涤卫生标准、洗涤剂消毒剂卫生标准等。

食品卫生标准体系中,为减少层次把这些方面的标准(包括卫生规范和营养标准)并列为12类(图16-4)。卫生部根据《中华人民共和国食品卫生法》制定的现行食品卫生标准有442项。其中,《食品添加剂使用卫生标准》(GB 2760-2007)和《食品营养强化剂使用卫生标准》(GB 14880-2007)对食品添加剂和营养强化剂在各类加工食品中的使用范围、使用量都作了具体规定,于2008年6月1日起正式实施,标准中各项指标均按照危险性评估原则和方法,结合我国食品消费量而制定。两项标准不仅是食品卫生监督管理的重要技术依据,同时,对于指导食品企业正确使用食品添加剂具有重要意义。标准中对26大类、2 000多种食品添加剂和营养强化剂在各类加工食品中的使用范围、使用量都作了具体规定,各项指标均按照危险性评估原则和方法,结合我国食品消费量数据而制定。凡是标准中未予规定的物质,均不得在食品生产加工过程中使用。凡标准中规定了使用范围和使用量的物质,均不

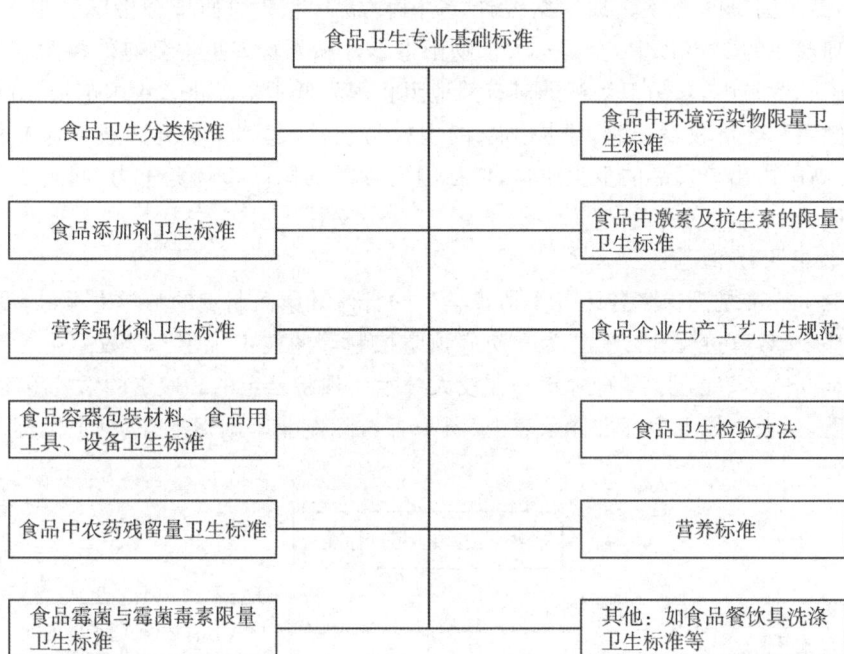

图 16-4　食品卫生标准体系

得超量和超范围使用。

国家质检总局和国家标准委发布的《预包装食品标签通则》和《预包装特殊膳食用食品标签通则》两项强制性国家标准,对食品标签有了一些新规定。这两项标准于 2005 年 10 月 1 日起实施。新标准进一步强化了食品标签的真实性,不允许利用产品名称混淆食品的真实属性欺骗消费者对于消费者关心的甜味剂、防腐剂、着色剂,新标准要求必须标示具体的名称,如添加了防腐剂苯甲酸钠,添加了甜味剂糖精,不能只标示防腐剂或甜味剂,必须标出苯甲酸钠和糖精。较长时间贮存不易变质的包装食品如乙醇含量 10% 以上的饮料酒、食醋、食盐、固态糖等,可以免除标示保质期。新标准提倡并鼓励一般食品标签标示能量和营养成分,特殊膳食用食品必须标示营养成分。新标准还允许符合一定条件的一般食品和特殊膳食用食品标示营养素含量水平声称、营养素含量比较声称和营养素作用声称,如低能量、低脂肪、低(无)胆固醇、无糖、高钙,并可以在标签上印出"钙是构成骨骼和牙齿的主要成分,并维持骨骼密度"、"叶酸有助于胎儿正常发育"等营养知识。新标准还明确了营养成分的标示方法及转基因食品的标示要求。

目前的食品卫生标准体系与国际食品法典标准的一致性明显提高,设置的指标也趋于一致。

总之,食品卫生标准的制定与实施,有效地保障了食品的卫生质量,降低了食源性疾病的发生,提高了国民的身体素质。据统计,全国食品卫生平均抽检合格率已由 20 年前的 60% 提高到现在的 90% 以上,全国重大食物中毒事件和死亡率也得到有效控制。在日益增加的食品国际贸易中,食品卫生标准对有效地阻止国外低劣食品进入中国市场,防止我国消费者遭受健康和经济权益损害,维护国家的主权与利益,起到了重要的技术保障作用。同时,它为提高国内出口食品的卫生质量,增强国内食品的国际市场竞争力,起到了重要的技术支持作用。

4. 学校卫生标准

学校卫生标准是为保障各级各类学校学生的身体健康而制定的与学生学习有关因素如学习生活环境、教育过程、心理、行为和疾病预防控制等的技术规定。学校卫生标准涉及的人群对象是 0~18 岁的儿童、青少年和在校大学生。现将已定的和应定的学校卫生标准,按标准的性质,列在学校卫生标准体系表中(图 16-5),除专业基础标准外,将个性标准共划分为 8 个系列。

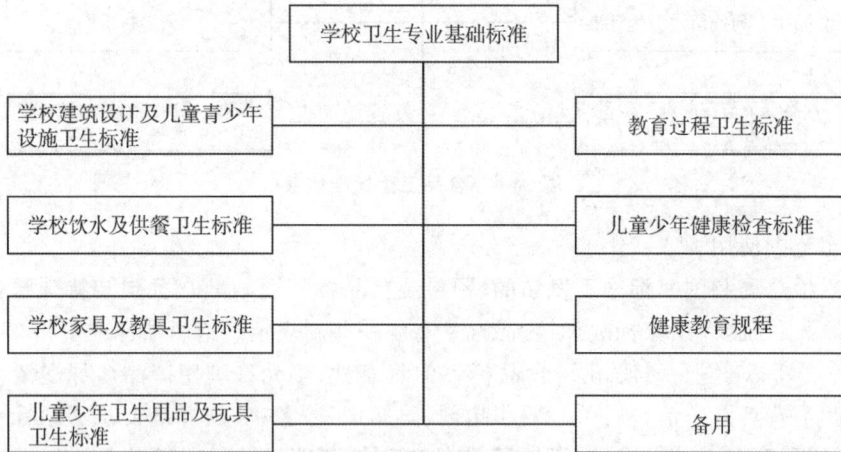

图 16-5 学校卫生标准体系表

(1)学校建筑设计及儿童青少年设施卫生标准:包括学校及托幼机构的建筑设计要求,以及学校环境设施卫生要求。例如,《盲学校建筑设计卫生标准》(GB/T 18741-2002)。

(2)学校饮用水及供餐卫生标准:包括学校和托幼机构餐饮设施卫生要求、餐饮质量要求、宿舍(公寓)卫生要求等。例如,《学生营养餐生产企业卫生规范》(WS 103-1999)和《学生营养午餐营养供给量》(WS/T 100-1998)。

(3)学校家具及教具的卫生标准:包括学校家具、教具及儿童青少年使用的各类产品的卫生标准。例如,《学校课桌椅功能尺寸》(GB/T 3976-2002)和《中小学生教科书卫生标准》(GB/T 17227-1998)。

(4)儿童卫生用品及玩具卫生标准。

(5)儿童青少年健康检查及管理规范:包括儿童青少年健康检查技术要求、疾病诊断标准、健康管理规范、健康监测技术规范等。例如,《儿童少年斜视的诊断及疗效评价》(WS/T 200-2001)。

(6)健康教育规程:包括不同年龄阶段健康教育的基本内容和要求等。例如,《中、小学生健康教育规范》(GB/T 18206-2000)。

(7)教育过程卫生标准:包括对儿童青少年学习、体育活动、生产劳动限制的卫生标准,以及托幼机构、学校等教育机构教师及其他工作人员的健康要求。例如:《中小学生体育锻炼运动负荷卫生标准》(WS/T 101-1998)。

(8)其他备用,为学校卫生事业今后的发展,制定新标准备用。

学校卫生标准体系表中,除包括有关学校的卫生标准外,还包括了校外及学前儿童设施,这是目前的现状和今后的发展所决定的。另外,学校卫生标准体系表中也列入了属于规程、规范性质的项目。如"健康教育规程"、"健康检查规程"以及"小学教师、托幼机构工作人员结核病愈后允许恢复工作的健康标准"等。

卫生部根据《学校卫生工作条例》、《托儿所、幼儿园卫生保健管理办法》制定的现行学校卫生标准有 24 项。其中国家标准 16 项,卫生行业标准 8 项。学校卫生标准是贯彻执行学校卫生法规,对学校卫生进行监督执法的重要技术依据。通过深入贯彻学校卫生标准,可以改善学校教学环境,保证儿童青少年用品的安全、卫生,提高学生生活服务质量,规范学生健康检查及管理要求,对保障和促进我国儿童青少年的健康成长,提高未来国民素质具有深远影响。

5. 其他卫生标准

(1)放射卫生防护标准:该标准是为保护放射工作人员和公众免受放射性健康危害而对辐射照射限值、控制水平以及相应的行为规范等做出的技术规定。随着核能和核技术的日益广泛应用,大到核电站,小到夜光表,还有 x 射线透视、CT 检查和放射治疗,都是电离辐射在国民经济和公众生活中广泛应用的例子。电离辐射的应用在给人类带来巨大利益的同时,也带来了辐射危害,防护不当会对人体造成损伤或遗传影响。通过放射卫生防护标准的实施,可以将电离辐射对人体的照射控制在允许水平以下,避免一切不必要的照射,控制放射源的安全,防止放射事故的发生。卫生部根据《中华人民共和国职业病防治法》、《放射工作卫生防护管理办法》制定的现行放射卫生防护标准有 90 项,包括电离辐射、核设施及其场所、放射性同位素和射线装置、放射性产品和仪器、放射防护器材和仪表、放射事故的卫生评价和医学应急等卫生标准。其中《医用 X 射线诊断卫生防护标准》(GBZ 130-2002)、《医用电子加速器卫生防护标准》(GBZ 126-2002)、《医用放射性废物管理卫生防护标准》(GBZ 133-2002)等近 30 项医用辐射防护标准,涉及医生和患者的辐射防护、诊断或治疗工作的质量保证和医院放射性废物的管理等方面,为促进电离辐射的医学应用和保障医患双方的健康与安全发挥了重要作用。住宅中氡所造成的照射是公众照射中颇为引人关注的一个问题,卫生部制定的有关公众照射防护的标准中,很早就有关于住宅氡和建材放射性及其测量方法的标准《住房内氡浓度控制标准》(GB/T 16146-1995)、《建筑物表面氡析出率的活性炭测量方法》(GB/T 16143-1995)等,为选用合格的建材、建造符合卫生标准的住宅提供了依据,为居民的健康提供了保障。

(2)放射性疾病诊断标准:该标准是对电离辐射所致各种疾病的预防、诊断、治疗及有关的管理措施等做出的技术规定。卫生部制定的现行放射性疾病诊断标准有 35 项,其中包括放射性疾病诊断、治疗、远期效应医学随访、病因判断标准和剂量估算规范等方面。标准中涉及的放射性疾病包括:外照射及内照射导致的全身性疾病;电离辐射所致的放射性肺炎等器官和组织损伤;电离辐射诱发的恶性肿瘤;以及各种放射复合伤等。

随着核能和核技术的日益广泛应用,辐射风险也相应增加。《核电厂操纵员的健康标准和医学监督规定》(GBZ/T 164-2004)等卫生标准的实施为职业人群的生理及心理的健康安全提供了保障,也为和平开发利用核能,安全使用核能提供了技术支持。

(3)职业病诊断标准:2002 年 5 月实施的《职业病防治法》规定的"职业病"是指企业、事业单位和个体经济组织的劳动者在职业活动中,因接触粉尘、放射性物质和其他有毒、有害物质等因素而引起的疾病。职业病诊断标准是对职业病诊断过程中工作方法、诊断技术指标及技术行为做出的技术规定。卫生部根据新发布的《职业病目录》完善了配套的职业病诊断标准体系,现行的职业病诊断标准已达 95 项。2007 年 10 月 9 日,全国职业病诊断与鉴定工作会议在北京召开,到目前为止,已制修订各类职业卫生标准 636 项。卫生部已颁布实施了《职业病诊断与鉴定管理办法》、《职业病危害因素分类目录》等一系列《职业病防治法》配套规章和规范性文件,各地已经批准 356 家职业病诊断机构。但是,现行职业病诊断与鉴定规定还不够完善,各级卫生部门应加强对职业病诊断机构与鉴定组织的建设和管理,进一步完善职业病诊断与鉴定管理制度和职业病诊断标准。

近年来,随着科学的发展,社会的进步,对各项卫生标准的制修订频率提出了更高的要求。因此,"十一五"期间,国家标委会将加强卫生标准体系的研究工作,并根据各有关卫生领域研究的进展情况,对相应的卫生标准进行及时的修订,以充分保证各项卫生标准的科学性、权威性和实用性。

第三节　国际和国外卫生标准简介

随着现代科学技术的发展及国际贸易和科技文化交流的不断扩大,特别是贸易全球化和经济集团化、高新技术的迅猛发展,以及全球经济、文化、技术一体化进程的不断加快,对国际标准的需求日益增长,标准的国际化已成为每个国家的重要议事日程,也是我国卫生标准化事业的发展趋势。

一、国际标准概述

国际标准是指国际标准化组织（International Organization for Standardization，ISO）和国际电工委员会（International Electrotechnical Commission，IEC）所制定的标准，以及 ISO 确认并公开发布的其他国际组织制定的标准，其中包括很多卫生标准。国际标准是按一个严格的程序制定出来的，代表当时的科学技术发展水平，包含着科技成果的先进经验，因而国际标准能够为大多数成员国所接受。

（一）ISO

ISO 成立于 1947 年，是目前世界上最大、最有权威性的国际标准化专门机构组织，ISO 与 600 多个国际组织保持着协作关系。ISO 的宗旨是：在世界范围内促进标准化工作的发展，以利于国际物资交流和互助，并扩大在知识、科学、技术和经济方面的合作。ISO 主要任务是：制定国际标准，协调世界范围内的标准化工作，组织各成员国和技术委员会进行情报交流，以及与其他国际组织进行合作，共同研究有关标准化问题。ISO 标准的三大主题是名词术语、实验方法及产品质量指标和性能指标。除了电气和电子工程标准以外，ISO 的标准化工作包括其他所有技术领域，我国是 ISO 的发起国之一，也是 ISO 理事国之一。目前 ISO 有 140 个成员国，224 个技术委员会（TC），其中与卫生标准具有直接关系的技术委员会有 TC 94（工人安全防护设备技术委员会）、TC 116（室内采暖设备技术委员会）、TC 146（空气质量技术委员会）TC 147（水的质量技术委员会）等。ISO 的标准每 5 年复审一次，所以 ISO 标准的制定工作，随着科技的发展不断修订和完善。截止 2003 年底，ISO 制定的国际标准和标准类文件共计 14 251 项，检索 ISO 的国际标准的工具主要有《国际标准化组织标准目录》（ISO Catalogue），每年出版一次；《国际标准化组织标准草案目录》（ISO Draft International Standard），每年出版两次。1969 年 9 月 ISO 理事会决定把每年的 10 月 14 日定为世界标准日，此后，每年的 10 月 14 日，就成为世界各国标准化工作者开展宣传标准化，举行纪念活动的盛大节日。我国国家标准化管理委员会定于 2008 年 10 月 6—16 日在全国开展 2008 年世界标准日纪念宣传活动，主题是"标准与智能绿色建筑（Intelligent and sustainable buildings）"，旨在通过标准的实施和推广，将绿色理念与信息技术融入建筑之中，减少污染和能耗，为人类提供更加安全舒适的生活空间。随着国际贸易的发展，对国际标准的要求日益提高，ISO 的作用也日趋扩大，世界上许多国家对 ISO 也越加重视。

（二）IEC

IEC 成立于 1906 年，它是世界上成立最早的国际性电工标准化机构，负责有关电气工程和电子工程领域中的国际标准化工作。IEC 的宗旨是：促进电气、电子工程领域中标准化及有关问题的国际合作,增进各国间的相互了解。1947年ISO成立时,IEC作为一个电工部门被并入ISO,我国是IEC的成员国之一。目前IEC的工作领域已由单纯研究电气设备等问题扩展到电子、电力、微电子及其应用、通讯、视听、机器人、信息技术、新型医疗器械和核仪表等电工技术的各个方面。IEC标准的权威性是世界公认的,IEC标准已涉及了世界市场中的35%的产品。IEC现在有技术委员会(TC)89个,其中与卫生标准具有直接关系的技术委员会有IEC/TC 45(核用仪表技术委员会)、IEC/TC 50(环境实验技术委员会)、IEC/TC 62(医疗电气设备技术委员会)等。IEC标准在迅速增加,1963年只有120个标准,截止到2003年12月底,IEC已制定了4 885个国际标准。

(三)ISO确认的其他与卫生标准关系密切的主要国际组织

1. 食品法典委员会

食品法典委员会(Codex Alimentarius Commission,CAC)是联合国粮农组织(FAO)和世界卫生组织(WHO)于1962年建立的政府间协调食品标准的国际组织。CAC的工作宗旨是:通过建立国际协调一致的食品标准体系,保护消费者的健康(减少食源性疾病),促进公平的食品贸易(建立国际标准、方法、办法、消除贸易壁垒)。CAC的主要任务是:制定国际食品标准法规和食品中农药残留最大极限国际法规,制定食品添加剂安全使用规程,并对食品标准化实用指南做详细说明。CAC的标准涉及各类食品,符合CAC食品标准的产品可为各国所接受,并可进入国际市场。CAC目前有25个专业委员会,现有165个成员国,覆盖了全球98%的人口。我国是食品生产和消费大国,为保护我国消费者的健康及帮助我国食品生产、加工企业迎接入世后的挑战,我国也越来越重视与我国利益相关的标准的制定工作,关注如何更好地参与CAC的工作。1986年我国正式加入CAC,1999年11月成立了由来自卫生部食检所、各省市食检所及防疫站、大学、科研机构、专业协会等23单位的57名专家组成的"卫生部食品法典专家组"。2006年7月,CAC第29届会议在日内瓦召开,我国成为国际食品法典委员会(CAC)两个规范委员会(食品添加剂规范委员会和农药残留规范委员会)主席国,这是自1962年国际食品法典委员会成立以来,我国首次成为该委员会下设的专业委员会主席国。目前,我国食品卫生标准体系与国际标准还有一定距离,应继续加强CAC标准研究工作,了解CAC制定标准及各种活动的信息,积极参与国际标准的制定并提出利于我国国情的建议,为食品加工企业采用CAC标准提供科学指导并开展CAC标准的相关培训。

2. 国际劳工组织

国际劳工组织(International Labour Organization,ILO)成立于1919年,1946年成为联合国的一个专门机构。该组织宗旨是:促进充分就业和提高生活水平;促进劳资双方合作;扩大社会保障措施;保护工人生活与健康;主张通过劳工立法来改善劳工状况,进而"获得世界持久和平建立社会正义"。国际劳工组织的一项重要活动是从事国际劳工立法,即制定国际劳工标准(International Labour Standards)。标准名称包括国际劳工建议、实用操作规程和安全与卫生措施指南以及国际职业分类标准等。截至 2004 年 6 月有 177 个成员,中国是该组织创始国之一。1985 年该组织在北京设立分支机构——国际劳工组织北京局,负责与中国有关政府机关、工会组织、企业团体、学术单位等进行联系,并实施技术合作计划,协助中国发展职业技术培训。

3. 世界卫生组织

世界卫生组织(World Health Organization,WHO)为从事国际卫生工作的联合国专门机构,成立于 1948 年,中国是该组织的创始国之一。1981 年 WHO 在北京设立驻华代表处。WHO 的宗旨是:提高世界公众健康水平,协助各国政府加强卫生工作,促进流行病、地方病及其他疾病的防治工作,提供和改进公共卫生、疾病医疗和有关事项的教学与训练;促进营养、环境卫生及食品、生物制品与药物等的国际标准化。制定的标准有:国际生物学标准,国际生物学制备与国际生物制剂目录;国际卫生法规;食品添加剂与农药残留日允许摄入量;公共卫生中使用的农药规格;国际饮用水标准;欧洲饮用水标准;药品制造与质量管理规程等。在 WHO 出版物中,还有不少属于标准性质,例如《国际药典》(The International Pharmacopoeia)、《农药》(Pesticides)、《饮用水》(Drinking Water)等。

(四)我国与国际标准

随着国际贸易和科技文化交流的不断扩大,全球对于国际标准和国际先进标准的需求日益增大。我国已加入 WTO,国家提倡标准和国际接轨,在 WTO 的 29 个协议中,与标准有关的协议有《贸易技术壁垒协定》和《卫生和植物卫生措施协定》将要作为我国标准执行和推广中的准则。这就要求我国卫生标准化工作在开始时就要优先借鉴和引用国际标准和国外先进标准,采用国际标准和国外先进标准,是我国的一项重要技术经济政策,是技术引进的重要组成部分。同时积极参加国际标准化活动和国际标准的制定工作,跟踪国际标准化发展,积极承担国际标准化组织和国际电工委员会专业技术委员会秘书处工作,积极争取把我国标准或提案转为国际标准。从 1988 年起,我国被连续选为 ISO 理事国和技术局成员,IEC 执委会成员,同时参加了 ISO/IEC 近 300 个标准化技术委员会的活动。承担着国际标准化组织一些技术委员会的秘书处工作,也开始承担部分国际标准的起草工作,我国的某些国家标准已被采纳为 ISO/IEC 的正式标准,目前,虽然由我国负责起草的国际标准还不多,但它标志着我国的标准化工作和中国标准已经开始走向世界。1990 年我国在北京承办了 IEC 第 54 届年会,1999 年 9 月,在北京承办了 ISO 第 22 届大会,2002 年 10 月在北京承办 IEC 第 66 届年会。2006 年 7 月,我国卫生部在实质参与国际标准化事务方面迈上了新台阶,我国成为国际食品添加剂 CAC 主持国,并直接牵头部分国际食品标准的制修订工作。

2007 年 3 月,由国家标准委组织编制的《标准化"十一五"发展规划》正式发布,规划中指出要积极推动采用国际标准和国外先进标准。到 2008 年,相关联国际标准的采标率达到

60％；到 2010 年，相关联国际标准的采标率达到 85％。同时要加大参与国际标准化工作力度；积极参与国际标准制修订工作，要求"十一五"期间，自主提出 50 项国际标准新工作项目提案，重点参与 500 项与我国产业密切相关的国际标准制修订工作；另外要加大国际标准化人才培养力度，提高我国实质性参与国际标准化活动的能力。

随着社会的发展，对国际标准的要求日益提高，国际标准分类不断调整，数量不断增加，越来越被各国所重视和遵循；全世界都认识到采用国际标准是商品进入国际市场的有力竞争武器，并成为一种世界潮流。可以预料，国际标准制定权的争夺必将越来越激烈。

二、美国卫生标准概况

美国是世界上头号标准大国，对于卫生标准化体系而言，由于美国社会的多元性和自由化状态，形成了美国独特的分散化标准体系。美国官方（包括联邦政府和州政府）制定和发布标准，而且学术组织、团体及企业也制定和发布标准。除各企业、公司制定标准之外，尚有近 400 个专业机构和学会、协会团体制定和发布各自专业领域的标准，而参加标准化活动的则有 580 多个组织。其中某些具有权威性的学术团体也成为国际标准化组织 ISO 的成员。而 1982 年美国政府公布的《参加志愿标准的制定和使用》通知中说明，美国的标准是志愿采用，更使得美国卫生信息标准化工作的开展多元化现象明显。

美国食品药物管理局（Food and Drug Administration，FDA）为直属美国卫生和人类服务部（DHHS）管辖的联邦政府机构，致力于保护、促进和提高国民健康的政府卫生管制的监控机构。其主要职能为负责美国国内生产及进口的食品、药品、生物制品、化妆品、医疗器械，及具有放射性的电子产品的全面质量监督、认证和管理。所有食品、药物、生物产品、化妆品、医疗器械都在 FDA 的管制之列。所有 FDA 管制产品的标签之内容和大小都必须符合规定。通过 FDA 认证的食品、药品、化妆品和医疗器具对人体是确保安全而有效的。美国在很大程度上采用了 CAC 的标准。标准的制定也十分民主化，任何企业、团体或部门都可向 FDA 提出承担制定、修订食品标准的请求。在对食品安全进行管理时，FDA 采用两级管理方式，即：对于大多数食品和食物成分来说，采用良好生产工艺（GMP）规范，制定出一般的食品卫生和操作的标准。在实际过程中，GMP 可以确保食品的卫生安全。而对于一些高危险性食品，也就是那些如不按照规范操作可致严重健康危害（如低酸罐头食品中的肉毒梭菌问题）的食品，需要有更为详细具体的要求。因此 FDA 对低酸罐装食品、酸性食品以及鱼和海产品等制定了严格的标准。FDA 食品标准的两级管理模式是美国食品卫生标准工作的一个特色。

美国环境保护局（Environmental Protection Agency，EPA）隶属美国联邦政府，主要任务是制定环境保护和环境卫生的标准和法规，并通过监督检测保护环境。标准名称为《联邦法规汇编》第 40 卷《环境保护》。

美国政府工业卫生工作者协会(American Conference of Governmental Industrial Hygienists,ACGIH)是专门从事工业卫生的协会。主要任务是研究厂矿环境保护,制定有关测量和控制生产操作规程、厂矿中有害因素的卫生标准和检验方法等。

美国卫生教育与福利部(Department of Health,Education,and Welfare,HEW)为美国联邦政府一个职能部门,主要制定学校卫生标准。标准名称为《联邦法规汇编》第45卷《公共福利》。

近年来,由于计算机网络的发展,HL7(health level seven)应运而生,HL7组织成立于1987年,其总部位于美国密歇根州的安阿伯市,是美国国家标准协会(ANSI)认可的几个标准制定组织之一,这个标准制定组织专门为某一卫生领域如药剂、医疗设备、影像和保险业务等制定标准,HL7的宗旨是"为交流、管理和数据整合提供标准,以支持临床患者护理、管理和卫生服务评价"。尤其是提供灵活,高效的方法、标准、指导和相关服务以达到各个卫生信息系统之间的沟通。HL7标准是目前医药数据交换标准中应用最为广泛的一个国际标准,在1994年HL7已纳入美国ANSI国家标准,这将积极促使HL7的发展及推广。中国也有公司致力于HL7在我国的推广和使用,于2000年初建立了HL7中国协作中心。

三、其他国外卫生标准概况

1. 俄罗斯

当前俄罗斯的标准化和卫生标准工作基本上是苏联的继续和发展。1925年,正式成立全苏标准化委员会,设有20多个科学研究院,对国家标准进行审批和颁布。1940年,将全苏国家标准作为国民经济中必须采用的唯一标准文件形式,苏联国家标准"ГОСТ"的代号就是从这时开始使用的。国家标准化主导组织都是一些大型科研单位和企业。1990年,苏联国家标准化主导组织有近300个,主要任务是确保本专业的国家标准与专业标准以及技术条件具有较高的科技水平,协调本专业有关国家标准化和国际标准工作。苏联解体前1990年国家标准超过35 000个。其中苏联建立了用动物实验制定最高允许浓度(MAC)操作规程,确定了必要的实验程序,使其趋向规范化,对劳动卫生标准研制的发展做出了历史性贡献。苏联解体后,苏联的国家标准全部转化为独联体跨国标准。其标准的名称为"独联体跨国标准",标准符号采用前苏联国家标准符号,就是把前苏联标准原封不动的移过来,由独联体跨国标委(全称"独联体跨国标准化、计量与认证委员会")管理这些标准。根据俄罗斯联邦国家标准化与计量委员会2003年6月17日第63号决议,现行的全国标准仍保留国家标准原来规定代号。俄国标准平均有效期为5年。俄国标准检索工具有:《俄国国家标准目录》,每年出版一次;《标准与质量》和《标准通报》等。

2. 日本

(1)日本工业标准(Japanese Industrial Standard,JIS):编制JIS的机构是日本工业标准

调查会,成立于 1946 年,JIS 为国家级标准,标准对象除药品、农药、化学肥料、食品以及其他农产品另制定有专门技术规范或标准外,涉及各个工业领域。内容有产品标准、方法标准和基础标准。专业包括化工、医疗设备及日用品等。JIS 每 5 年审议一次。

(2)日本食品卫生协会:成立于 1948 年,主要制定食品添加机剂规格、标准、标志等。日本是一个食品工业比较发达的国家。1948 年颁布了《食品卫生法》,包括了清凉饮料、谷类制品以及肉制品等 30 种食物。对于任何不符合卫生标准的食品,政府将按照食品卫生法规定给予不同处罚,如停止销售、销毁、罚款甚至追究刑事责任。

(3)日本空气净化协会(Japan Air Cleaning Association,JACA):成立于 1963 年,主要是调研空气净化的技术发展,普及知识,改善环境卫生,制定标准等。标准名称为《日本空气净化协会标准》。

(4)日本保安用品协会:成立于 1948 年,主要工作是研究劳保用品、环境检测用品、射线防护用品等的标准。标准名称为《日本保安用品协会》。

3. 德国

德国标准化学会(Deutsches Institut fur Normung,DIN)是德国的标准化主管机关,作为全国性标准化机构参加国际和区域的非政府性标准化机构。DIN 大约有 6 000 个工业公司和组织为其会员,目前设有 123 个标准委员会和 3 655 个工作委员会,DIN 于 1951 年参加国际标准化组织,同时还是欧洲标准化委员会、欧洲电工标准化委员会(CENELEC)和国际标准实践联合会(IFAN)的积极参加国。DIN 制定的标准几乎涉及建筑工程、采矿、冶金、化工、电工、安全技术、环境保护、卫生、消防、运输、家政等各个领域。目前,DIN 标准总数超过 2.5 万个,每年大约制定 1 500 个标准。其中 80% 以上已为欧洲各国所采用。产品标准平均有效期为 5 年,安全标准为 10 年。

其他发布标准数量较多的国家还有英国、法国、印度等国家,它们大多都效仿美俄两国制定卫生标准的原则、理论和方法,或是不同程度的采用国际标准或美俄两国制定卫生标准。

尽管以上各国的标准运作体系形式不一,各有特点,但各国都是根据国情出发,有明显的地域政策影响和一定的历史渊源,就所采用的标准本身来讲,随着世界经济和文明的发展以及社会进步,标准趋同是一种世界趋势。

【思考题】

1. 什么是卫生标准和卫生基准?两者有什么区别与联系?
2. 制定卫生标准的原则和依据是什么?
3. 简述我国的环境卫生标准体系。

(苏艳华)

第十七章

公共卫生监督与管理

公共卫生功能除提供或管理实施相关公共卫生项目外,应将制定相关公共卫生法律法规作为其重要功能之一,制定公共卫生法律或相关规章制度,明确政府和社会各方所承担的责任,为公共卫生服务的开展奠定基础。公共卫生监督是国家以法律形式授予卫生行政主体行使的公共权力,管理社会事务的一种特定形式,

国家必须通过制定法律来调整、规范公共卫生领域中的行为。

公共卫生监管是国家卫生行政机构或行政性组织依据法律、法规对社会公共卫生事务进行监督管理的一种行政行为,是国家行政权力的重要组成部分。随着我国经济体制改革、市场经济体制建立以及我国加入 WTO 后,卫生监督工作出现了许多新情况与新问题,显现出以往卫生监督工作管理模式已经滞后,与经济发展和时代的要求不相适应,因此,进一步强化公共卫生监管对提高我国整体公共卫生水平显得尤为重要。

第一节 公共卫生监督与管理概述

一、公共卫生监督的概念

公共卫生监督是国家管理社会公共卫生事物的重要形式和手段,是公共卫生行政活动中的基本法律制度。公共卫生监督是指国家卫生行政部门,依据国家卫生法律、法规,维护公共卫生和医疗服务秩序,保护人民群众健康及其相关权益,对特定的公民、法人和其他组织所采取的能直接产生法律效果的卫生行政执法行为。

根据卫生部《关于卫生监督体制改革的意见》、《关于卫生监督体制改革实施的若干意见》以及《关于卫生监督体系建设的若干规定》中的规定,卫生监督概念有四层含义:

(1)卫生监督的主体是卫生行政部门。卫生行政部门设立卫生监督机构和卫生监督员,行使卫生监督职责。

(2)卫生监督是依据卫生法律、法规和规章的规定,对涉及人民群众健康的各种行为或活动所实施的卫生行政执法行为。

（3）卫生监督的相对一方是特定的公民、法人或者其他组织，即在卫生法律、法规和规章的执行过程中处于被监督的当事人。

（4）卫生监督的目的是维护正常的公共卫生和医疗服务秩序，保护人民群众健康及其相关法定权益。

公共卫生监督作用是维护人民群众健康权益，促进经济社会协调发展。依照国家法律法规规定，对社会公共卫生秩序进行监管，是"依法治国"国家基本方略的具体体现，也是推进"依法行政"的重要内容。

二、公共卫生监督的性质和职责

（一）公共卫生监督的性质

公共卫生监督是政府行使国家对社会公共卫生事物的行政管理职能，目的是保护公众健康。因此，公共卫生监督具有国家意志性、行政执法性、社会公益性和技术性。

卫生监督的行政性是其根本属性，是政府的行政行为，是政府公共职能的体现。在相当长的一段时间内，人们一直把卫生监督作为一般卫生服务看待。一般卫生服务包括医疗、预防、保健、康复等，因其具有同一性质，即具有商品属性，可以有偿服务。但是卫生监督并不等同于一般卫生服务，而是一种行政管理，所以不能成为商品。卫生监督是国家意志在卫生与健康领域的表现，是政府对社会事务实施的管理，是执法者依法对社会成员遵守卫生法规的监督，而不是某些集团利益、个人利益的反映。在强调卫生监督的行政性的同时，又必须承认它的技术性。卫生监督对技术要求比其他行政执法职能更为严格。为使公民的健康权益得到保障，在执法中必须以专业技术规范为标准，运用现代科学技术手段，基于监测、检验数据判定监督对象的合法性。所以，卫生监督是预防医学理论、技术与卫生政策法规的综合运用。卫生监督不仅是政府的具体行政执法行为，而且也是具有行政管理性质的业务技术行为。

（二）公共卫生监督的职责

卫生部在《关于卫生监督体系建设的若干规定》中明确了卫生监督的职责，主要是：依法监督管理食品、化妆品、消毒产品、生活饮用水及涉及饮用水卫生安全产品；依法监督管理公共场所、职业、放射、学校卫生等工作；依法监督传染病防治工作；依法监督医疗机构和采供血机构及其执业人员的执业活动，整顿和规范医疗服务市场，打击非法行医和非法采供血行为；承担法律法规规定的其他职责。

（三）公共卫生监督的任务

卫生执法监督的任务概括为以下几点：①加强市场监管，凡是涉及与人民健康和生命有关的事情都应依法监管,包括食品卫生监管、市场医疗行为监管、职业卫生监管等;②对医疗单位和医疗行为进行监管;③卫生系统内部执法行为的管理;④对卫生执法队伍执法行为的监督。

三、公共卫生监督的分类

(一)按公共卫生监督的性质分类

1. 预防性卫生监督

预防性卫生监督(preventive health supervision)主要指依据公共卫生法律、法规对新建、改建、扩建的建设项目所开展的涉及卫生审查和竣工验收等执法活动。开展预防性卫生监督旨在使工业企业和食品、化妆品、公共场所、医院以及放射性工作场所达到卫生要求,从"根源"上消除可能对公共卫生秩序和公众健康造成损害或伤害的潜在隐患或风险。如卫生许可前的卫生监督为预防性卫生监督,其主要任务是审查许可申请人是否具备或符合卫生许可的条件。

2. 经常性卫生监督

经常性卫生监督(regular health supervision)是指卫生监督主体依据卫生法律、法规对卫生监督行政相对人(以下简称行政相对人),包括公民、法人或其他组织遵守公共卫生法律、法规和规章的情况进行卫生监督的活动。主要内容有:①取得法定资格的情况,如许可证、健康证、执业证书等;②生产经营过程中的环境及卫生情况,如卫生设施的配置、使用及维护情况;③自身管理的情况,如卫生制度的制定及落实情况;④原料及产品的质量及贮存情况;⑤依法采取行政强制措施,如纠正或查处违法行为;⑥其他卫生情况。

(二)按公共卫生监督的行为方式分类

1. 羁束卫生监督行为和自由裁量卫生监督行为

羁束卫生监督行为指凡是公共卫生法律、法规和规章对行为的内容、形式、程序、范围、手段等作了较明确和具体规定的卫生监督行为。卫生监督主体在执法过程中只能因循规定。一旦执法主体未按照有关的法律规范执法,便构成行政违法行为,法院就可以判断其违法。

自由裁量卫生监督行为是指卫生法律、法规只规定了原则或者在规定的内容、形式、程序、范围、手段等方面留有一定的选择余地或幅度,而在执法实践中,卫生执法主体可以在符合立法目的和法定原则的前提下,在法定职责范围内自主裁量,对相对人做出适当处理的行为。

2. 依职权卫生监督行为和依申请卫生监督行为

依职权卫生监督行为是指卫生监督主体根据公共卫生法律、法规赋予的职权而无需行政相对人申请就能主动实施的行政行为，因其是不待请求而主动为之的行为，又称主动或积极监督行为。例如，卫生行政部门对经销《食品卫生法》禁止生产经营的食品的违法行为人所实施的行政处罚行为。

依申请的卫生监督行为，或称被动监督行为、消极监督行为，是指执法主体只有在行政相对人依法提出申请后方能实施而不能主动实施的行政行为。例如，对生产特殊化妆品进行审核并发给批准文号的行为。在依申请卫生监督行为中，对行政相对人的申请，卫生监督机关必须给予一定的答复，无论是拒绝还是批准，不得无故拖延或拒不答复。

3. 授益性卫生监督行为和侵益性卫生监督行为

授益性卫生监督行为是指卫生监督主体为相对人设定权利的行政行为，如卫生行政许可。侵益性卫生监督行为是指卫生监督主体为相对人设定义务或剥夺、限制其权益的行政行为，如卫生行政处罚。

二者并不是截然对立的，大多数卫生监督行为在为相对人设定权利的同时又设定了一定的义务，即授益性和侵益性并存，或者为了维护公共利益，而将原来的授益性行为转变为对相对人的侵益性行为，这一分类有助于我们加深对行政行为内容的认识。

4. 要式卫生监督行为和非要式卫生监督行为

要式卫生监督行为是指必须依据法定方式进行或必须具备一定的法定形式（如书面文字或特定意义的符号）才能产生法律效力和后果的行政行为。如卫生行政部门做出卫生许可决定，必须签发卫生许可证。非要式卫生监督行为是指卫生法律、法规并没有要求卫生监督行为必须具备某种法定形式，由卫生监督主体在不违背法律、法规强制性规定的前提下，依据情况自行选择适当方式或形式的卫生监督行为。如化妆品行业从业人员的健康检查通知既可以采用口头通知、也可以为书函等形式。二者在保障相对人权益、提高行政效率等方面有所侧重，但皆能达到告知被检者的目的。

5. 作为卫生监督行为和不作为卫生监督行为

作为卫生监督行为是指卫生监督主体积极地履行其法定的作为或不作为义务并使现有法律状态发生改变的行政行为。如实施卫生监督检查，做出行政处罚、采取强制执行等称为作为行为；也可以指对不符合法定条件和要求的生产企业依法不应颁发许可证却违法颁发了卫生许可证的行为。由此可见，作为卫生监督行为既包括合法的行政行为也包括违法的行政行为。

不作为卫生监督行为是指卫生监督主体不履行法定职责、放弃行使行政权、消极地对待其法定的义务、维持现有法律状态的行政行为。如：(1)某地发生伤寒病暴发，当地居民向卫生部门报告申请保护人身健康权，而卫生行政主体拒绝履行或不予答复的行为。(2)符合法定条件申请颁发卫生许可证，卫生行政主体拒绝颁发或不予答复的行为。(3)无正当理由不予受理依法提出的行政复议申请或者不按照规定转送行政复议申请的,或者在法定期限内不做出复议决定的。为了避免行政机关拖延履行或不履行其法定作为义务,《行政许可法》对行政许可"期限"问题作了较为明确具体的规定,以提高行政执法效率,保障相对人的合法权益。

(三)按卫生监督的对象分类

1. 公共卫生监督

公共卫生监督包括食品卫生监督、职业卫生监督、放射卫生监督、公共场所卫生监督、化妆品卫生监督、学校卫生监督以及传染病防治卫生监督。

2. 医疗卫生监督

医疗卫生监督包括依法监督医疗机构和采供血机构及其执业人员的执业活动,整顿和规范医疗服务市场,打击非法行医和非法采供血行为。

四、公共卫生监督的基本原则

(一)依法行政原则

依法行政原则是执法活动的最基本原则。国务院《关于全面推进依法行政实施纲要》对依法行政的基本原则做出了明确表述,卫生监督主体及执法人员应当严格遵守依法行政的基本原则,并将其落实于执法工作。

1. 以卫生法律、法规为依据

卫生监督的任务是执行国家卫生法律、法规,维护公共卫生秩序和医疗服务秩序,保护人民群众健康,促进经济协调发展。它直接涉及公众健康的根本利益。因此,必须在实施卫生监督过程中,依法保护他们的合法权益。

2. 适用卫生法律、法规准确无误

行政机关实施卫生监督,应当依照法律、法规、规章的规定进行;没有法律、法规、规章的规定,行政机关不得做出影响公民、法人和其他组织权利和义务的决定。

3. 在法律规定的权限内行使权力

行政机关依法履行经济、社会和文化事务管理职责,要由法律、法规赋予其相应的执法手段。行政机关违法或者行使职权不当,应当依法承担法律责任,实现权力和责任的统一。遵循有法可依、有法必依、执法必严、违法必究的依法行政的原则。

(二)遵守法定程序原则

依据行政法学原理,卫生监督的执法行为生效要件包括实体要件和程序要件,其程序要件要求卫生监督行为必须符合法定的形式,遵守法定程序,才能产生相应的法律效率。卫生监督程序是卫生行政执法主体依法对行政相对人做出具体卫生监督时应遵循的方法、步骤、时限及其所构成的行为过程。违反程序的行为主要表现在步骤、形式、方法、时限、顺序等方面。行政机关实施行政管理,除涉及国家秘密和依法受到保护的商业秘密、个人隐私外,均应当公开,注意听取公民、法人和其他组织意见;要严格遵循法定程序,依法保障行政管理相对人、利害关系人的知情权、参与权和救济权。

(三)以事实为依据原则

无论进行日常监督还是依法实施行政处罚,必须以客观事实为依据,不能主观臆造。同时还要做到定性准确,有错必究。一旦发现实施行为有错误,应及时纠正,否则,卫生监督机关和卫生监督人员要承担由此引起的法律责任。

(四)独立审理卫生违法案件原则

违反卫生法律法规的案件只能由卫生行政机关审查和处理;审查和处理卫生违法案件的依据是卫生法律法规,并按照法定的程序、原则、范围及程度进行;其他的机关、团体或个人无权干涉。

五、公共卫生监督程序

公共卫生监督程序是卫生行政机关依法行使职权的时间和空间的表现形式,即规范卫生行政机关实施卫生法规活动的过程、步骤和方式。公共卫生监督程序的法律规范是规定怎样执行和按照什么步骤执行实体法的执行规范。使卫生监督程序制度化、法律化,必然能够保证实体法的正确实施。这也是卫生法律体系中和其他各门法律体系中程序法的共同作用。

(一)公共卫生监督程序的分类

依照卫生监督程序适用对象的不同,卫生监督程序可以分为具体程序和一般程序。具体程序是卫生监督实施个别具体监督行为的程序。如卫生监督机关发放许可证、进行卫生监督、对违法行为进行制裁,就必须依据许可证发放程序、卫生监督程序、卫生行政处罚程序分别进行。一般程序又称抽象程序是规范抽象行政行为的方法、步骤和时限所构成的连续过程。抽象程序规范的行政行为产生的结果表现为一种法律规范,具有反复、多次适用的特点。卫生监督机关无论实施何种监督行为,排除法律专门的规定,均要适用一般程序,不得与一般程序规定相违背。

1. 公共卫生监督工作程序

(1)预防性卫生监督审查程序:①可行性研究阶段的审查。②设计阶段的卫生审查。卫生审查重点:建筑物的布置及其建筑材料是否符合卫生要求;工艺流程及设备布局是否合理;卫生防护措施的配置是否符合规定、有效。对于不符合卫生要求的设计,应提出具体意见,要求建设单位或设计单位按卫生审查意见修改设计;对于符合卫生要求的,同意其设计。③施工阶段的卫生监督。此阶段卫生监督的任务是对建设项目施工过程进行检查,监督建设施工单位按卫生行政部门审批的图纸进行施工。④项目竣工验收的卫生审查。项目竣工后,建设单位应向原审批的卫生行政部门提出卫生验收申请。卫生行政部门按照所审批的施工图纸进行验收,对验收合格的准予工程验收;对于工程验收不合格的,不能办理卫生许可证,并要求限期整改。

设计审查→施工监督→竣工验收,最终形成预防性卫生监督的全过程。预防性卫生监督程序全部结束后,开始转入经常性卫生监督程序。

(2)经常性卫生监督程序:经常性卫生监督是建立在预防性卫生监督基础之上的,各类卫生监督人员在执行经常性卫生监督任务时,应正确运用卫生法律、法规,遵照法定程序进行。经常性卫生监督程序一般有监督前准备、现场监督、监督后处理、总结等步骤。

①监督前的准备:是实施经常性卫生监督的一个重要环节。公共卫生监督人员应根据现场监督检查的对象、内容和目的,做好各项监督准备工作。

②现场监督:主要有表明身份、说明来意;查阅或索取资料;进行现场实际检查。现场检查应按事先确定的项目进行,既可以是全面的监督检查,也可以仅对某一项目或环节进行。必要时应采集相关样品进行检验或技术鉴定。

③监督后处理:卫生监督人员根据监督检查结果填写"监督记录",需要采样的则填写"采样登记录"。监督笔录须请被监督单位负责人或被监督人与卫生监督人员共同签字。若对记录内容有异议,允许其将意见写在监督笔录内;对拒绝签字的则应说明理由。卫生监督人员对被监督者应予以指导,并向卫生行政机关提出监督意见或行政处罚意见。

④总结:卫生监督人员要定期对卫生监督工作情况汇总,写出小结,立卷归档,特别是对违反有关卫生法规的案件,应找出问题,提出下一步卫生监督工作意见。

2.许可证发放程序

许可是一种要式行为。因此,相对人要求取得许可,就必须履行一定的程序,这样才有可能获得卫生行政机关的认可,即发放许可证。

(1)申请的提出。行政许可具有禁止的解除性质,即被许可的活动或事项对他人是禁止的,只有获得许可的人才能解除这种禁止,取得进行该项活动或事项的权利。因此,申请内容必须是卫生法规规定经许可方能进行的活动或事项。同时,申请人必须具备申请许可事项的行为能力,并有明确的申请许可的意思表达。

(2)申请的审核。卫生行政机关接到申请后,开始行政许可程序。一般包括程序性审核和实质性审核。必须在规定的时间内对申请人提出的申请及其附加材料进行认真的审查。如果书面审核及实地调查、核实、监测结果证明申请书所列事项与实际相符,确实具备取得该项许可证的资格和条件,由主管负责人代表卫生行政机关作出批准决定。相反,申请书所列事项与实际不符,或不符合规定的条件要求,卫生行政机关应以书面形式提出整改意见。

(3)许可证的颁发。卫生行政机关经审核符合规定条件或要求,批准申请人申请的,要颁发书面形式的许可证书。许可证应标明许可的内容、许可起止时间、许可证编号,并加盖发证机关印鉴。对不符合法定条件的应依法拒绝颁发许可证,并容许其具备条件时再次申请。

(4)对不予许可的救济。对于申请人的申请,卫生行政机关若不予许可,相对人将因此而失去从事该项活动的权利。对此,国家对相对人保留了救济途径,即相对人可以要求卫生行政机关复议或向法院提起行政诉讼。

3. 公共卫生行政处罚程序

卫生行政机关在对行政相对人实施卫生行政处罚过程中的方式和步骤,即称之为卫生行政处罚程序。从国外的经验和我国的卫生行政处罚的实践来看,授予被处罚人非诉讼程序上的参与权和卫生行政诉讼上的事后救济权,是保证卫生行政处罚合法、高效和减少卫生行政处罚争议的有效途径。这也是设立卫生行政处罚程序的根本目的之所在。

卫生行政处罚程序通常可以分为:一般程序和简易程序两种。

公共卫生行政处罚程序作为单项程序规范,属于非诉讼程序的范畴,是卫生行政处罚得以正确实施的基本保障。这种制度设计的目标是为了阻止违法的具体行政行为进入执行过程,保障行政相对人的合法权益不致因其未提起诉讼而受到违法具体行政行为的侵害。同时,采用非诉讼的形式也是为了简化程序,确保在较短的时间内,使用较小的成本,完成合法具体行政行为的强制执行。

(1)公共卫生行政处罚的一般程序

一般程序也称普通程序,是指卫生行政机关实施行政处罚的基本程序,除法律、法规有特别规定或者依法可以适用简易程序的案例以外,实施卫生行政处罚应该遵循的程序。根据现行的卫生法规的一般规定和卫生行政处罚实践中有关新的趋向和作法,将卫生行政处罚的一般程序归纳为以下几个步骤:

①立案

立案是一种要式行为,除依法可以当场决定行政处罚外,所有案件均应立案。凡违反卫生法规的行为,卫生行政机关认为具有可能构成行政处罚情节,拟追究法律责任时,均须予以立案。

②调查取证

立案后,由卫生行政机关指定卫生监督人员及时进行专案调查,其目的在于获取可以证明案件事实的各种证据。一般调查须由两人或两人以上参加。应首先向有关人员出示证件,表明身份,说明来意。调查记录的内容主要有:一般情况,如法人名称、地址、销售范围等;领证手续情况;本次违法事实、主要经过及造成的影响;一般卫生状况,如卫生设施、环境卫生状况等。调查记录填写完毕后,应由卫生监督人员和被调查单位法定代表人或被调查个人双方签字,若后者拒绝签字应注明理由。在调查的同时,还要取得视听、实物证据。取证过程中必须充分听取行政相对人的申辩和意见,并要记录在卷,以保证卫生行政处罚合法性和有效性。

③审核与决定

经过调查取证,由承办案件的卫生监督人员提出违法事实证据以及违反卫生法规的具体条款、经三名以上卫生监督人员合议后,提出应采取的行政处罚意见及适用条款,对重大案件,根据相对人的要求还要举行听证,而后提出处罚意见,填写"行政处罚审批表",然后按行政处罚审批权限进行审批。卫生行政处罚决定做出后,应在规定期限内及时向被处罚人送达处罚决定书,有些处罚决定书,除了应送达被处罚人外,还要送交有关单位和个人。应当及时告知当事人行政处罚认定的事实、理由和依据,以及当事人依法享有的权利、适用听证程序等。告知处理理由这一程序是对取证结果的回答,是各种卫生行政处罚的必经程序。告知的方式有口头和书面两种形式。

④执行

卫生行政处罚决定由原做出卫生行政处罚的卫生行政机关或被处罚人所在地的卫生行政机关执行。执行应从决定书送达之日起开始。一般督促当事人自觉地在限期内履行处罚决定;对罚款等处罚决定不履行、逾期又不起诉的,原处罚机关可填写"卫生行政处罚强制执行申请书",申请人民法院强制执行。

⑤结案

卫生行政处罚决定履行或者执行后,承办人应当制作结案报告。并将有关案件材料进行整理装订,加盖案件承办人印章,归档保存。

(2)公共卫生行政处罚的简易程序

依据《中华人民共和国行政处罚法》的规定,行政处罚的简易程序,又称为当场处罚程序,是指对法律规定的特定情况,由行政执法人员当场作出行政处罚决定,并当场执行。即在引起卫生行政处罚的原因情节十分简单、明了或者特殊情况下,卫生监督人员可以不必使用一般程序,而采用简易程序,当场做出卫生行政处罚。简易程序的内容在实质上应与一般程序的内容相一致,只是做了一定的简化。它一般包括告知身份、说明理由、制作笔录、书面决定以及告知申诉和诉讼的权利等。这些基本程序是必要的,一旦当事人提出异议,就应按一般程序处理,以保障当事人的权利。

在行政处罚简易程序中,作为基本法的《中华人民共和国行政处罚法》并没有明确规定简易程序中执法人员不得少于 2 人,而在一般程序中则明确规定执法人员不得少于 2 人,这不能不说是简易程序设计中的一个缺陷,另外在简易程序中也没有明确规定回避的问题。

4.公共卫生行政强制执行程序

卫生行政强制执行是一种具体的行政行为,它是指卫生行政机关在实施国家行政管理过程中,对不履行法定义务(作为或不作为)的当事人运用法定的强制措施,强制当事人履行其义务。

当相对人逾期不申请复议或者不提起诉讼,又不履行处罚决定的,对确属故意不履行,而不是由于客观原因使相对人难以履行的情况,可考虑申请法院强制执行。卫生行政机关申请法院采取强制执行的申请执行书应写明申请执行的事项和理由,同时附上作为执行根据的法律文书。

根据我国现行法律、法规的规定,卫生行政处罚决定需要强制执行时的具体程序是:

(1)审查立案

法院收到卫生行政机关的强制执行申请书及有关材料后,要从事实依据和法律依据两个方面进行审查核实。经审核认为卫生行政处罚决定正确、执行申请合法,且有关材料齐备后,立案予以执行。如果法院认为上述内容有问题,卫生监督机关须遵照法院的要求及时予以纠正。

(2)通知履行

对于立案执行的卫生处罚决定,法院要向被处罚人发送执行通知书,并明确履行期限。假如被处罚的相对人仍拒不履行,法院则将强制执行。

(3)执行

卫生强制执行由法院主持,特殊情况可请有关部门给予协助,如公安部门、卫生行政部门等。执行完毕,法院应将执行结果以书面形式通知申请执行的卫生行政机关。申请执行实施后,卫生行政机关应按规定交纳执行费用。

由于我国卫生行政立法的不完善以及卫生行政执法的不健全,在卫生行政强制执行的实践中,仍处于"执行难"的状况。

(二)公共卫生监督程序的基本原则

公共卫生监督程序的基本原则是指规范、确立卫生监督程序制度并贯穿于其中的准则。根据确立卫生监督程序基本原则的指导思想和卫生监督活动的固有特点,我国卫生监督程序的基本原则主要应包括以下几个方面:

1. 公正原则

卫生监督程序以公正作为一项基本原则,是实质性公正的前提。公开、公平与公正原则有三层含义:(1)有关行政许可的规定必须无条件地加以公布,未经公布一律不得作为实施行政许可的依据;(2)行政许可的实施和结果都应公开,唯有涉及国家秘密、商业秘密或者个人隐私的情形除外;(3)符合法定条件、标准的申请人,具有依法取得行政许可的平等权利。

为贯彻和保证卫生监督程序的公正性,要求卫生监督主体依法行政。为了避免造成卫生监督行为上有偏见的事实或嫌疑而设置的回避制度;为了使卫生监督决定更加符合实际、排除卫生监督人员的主观偏见而设置的调查制度;为了集思广益、使卫生行政决定更加公正而设置的合议制度;设置职能分离制度,即就有关相对人权益的问题卫生行政机关做出决定,特别是对相对人做出行政处罚决定,其实施的调查职能与裁决职能应予以分离的制度,皆是保证程序公正的具体体现。公开化是保证卫生监督活动得以正常进行的关键所在。卫生监督程序中的告知、听证等制度,是公开原则的具体体现。

2. 秩序原则

卫生行政执法必须依法进行,既包括遵守行政实体法,也包括遵守行政程序法,这是实现公共卫生执法效力和维护相对合法权益的保证基础。程序原则体现在几方面:①重要的公共卫生执法程序,如关系相对人合法权益的程序规划必须依法设定;②法定程序规则与行政实体法规范具有同等的法律功能,法定的步骤、方式与时限等必须遵守,如果违反了法律所规定的顺序就是程序违法;③违反法定程序的行为人必须承担相应行政责任。

3. 效率原则

效率是衡量各级卫生行政机关和卫生监督人员政绩的依据之一。从卫生监督程序上说,它要求卫生监督活动迅速及时、简便易行、程序规范,这也是设立法定程序的目的之一。

公共卫生监督程序在保障公正、准确的前提下尽量减少不必要的环节、手续,增加整个卫生监督系统各个环节的运转度。它不仅有程序法上的要求,更重要的是还有实体上的要求,以及政策、职业道德等方面的要求。体现这一基本原则的主要制度是时效制度。

4. 行为有据原则

卫生监督程序应有利于保障卫生行政机关和卫生监督人员在事实清楚、证据确凿的基础上对相对人的违法行为进行处理,这是行为有据原则的核心内容。

主要证据不足是卫生行政执法实践中常见的违法具体行政行为。所谓"主要证据不足的具体行政行为",就是指作出具体行政行为的行政机关提供的证据不能证实具体行政行为所认定的事实。很多人将"客观事实"作为行政机关处理案件的事实,行政机关处理案件的事实,是指证据证实的情况,而非通常意义上的"客观事实"。这一原则还要求卫生行政机关及卫生监督人员对相对人的违法行为进行查处时,监督行为不能超出法律规定的幅度和范围;行政手续必须合法、卫生监督行为的形式必须合法,如做出行政处罚决定就必须制作行政处罚决定书,且及时送达被处罚人,而绝不能采取口头的方式做出处罚决定并通知被处罚人。

第二节 我国公共卫生监督体系建设

一、公共卫生监督与管理的主体

在计划经济体制下,卫生监督组织机构是逐步发展起来的。虽然卫生行政部门也涉及卫生监督管理工作,几十年来卫生监督业务主要由卫生行政部门所属事业单位承担,替代政府行使卫生监督职能。例如,卫生防疫、妇幼保健以及医疗机构的业务管理和行政执法工作分别由卫生局以及市防疫站、结核病防治所、地方病防治所、职业病防治所、皮肤病防治所、社会医疗管理所和妇幼保健院等单位承担,形成卫生执法与业务管理不分的"双重身份"。影响了卫生执法的公正性、严肃性、权威性,难以形成执法合力。1995 年,全国人大常委会正式颁布施行《食品卫生法》,在《食品卫生法》中明确规定了卫生行政部门是卫生监督主体,这意味着卫生监督主体由事业单位回归卫生行政部门。1997 年《中共中央、国务院关于卫生改革与发展的决定》明确指出:"各级卫生行政部门是卫生执法监督的主体,各级政府要支持和维护卫生行政部门统一行使卫生执法监督权,改革完善卫生执法监督体制。"

二、公共卫生监督机构的设置

经中编办批准,于 2002 年 1 月正式成立卫生部卫生监督中心,成为卫生部行使卫生监督执法职能的执行机构。

2005 年末,卫生部卫生执法监督司更名为卫生部卫生监督局。

目前,我国已基本建立了从国家、省、地(市)到县四级卫生监督体系。全国共有卫生监督员约 10 万人,承担环境卫生、食品卫生、职业卫生、医疗机构和血站等监督执法的任务。截至 2005 年末,全国 31 个省和新疆生产建设兵团都已成立省级卫生监督机构,全国超过 95.4%的(地)市和接近 73.4%的(区)县成立了独立的卫生监督机构。现已基本建立了覆盖全国的公共卫生监督机构体系。

卫生监督机构建设原则表现为:

(1)总体规划,统筹兼顾。按照区域规划的总体要求,遵循国家确定的基本标准,整合现有卫生资源,加大投入,合理配置,避免重复建设。

(2)分级负责,加强管理。各级卫生行政部门要在当地政府的统一领导下加强对卫生监督机构建设的具体领导,分级负责。建设过程中严格执行国家基本建设管理的有关规定,加强管理,按期完成建设目标。

(3)因地制宜,分类指导。卫生监督机构的建设工作要与区域内国民经济和社会发展水平相适应,根据本地区的实际情况和监督工作的重点,明确建设规划的重点,切实提高卫生监督能力。

三、我国的卫生监督体制改革

围绕着新形势下如何加强卫生监督工作,20 世纪 90 年代,卫生部先后召开专题工作会议,探讨落实卫生监督职能的可行途径,提出了有关的政策措施,逐步推进卫生监督体制改革的进程。

在 1990 年 5 月举行的第一次全国卫生监督工作会议中提出了逐步建立"中国卫生监督立法体系"和"中国卫生监督体系"的方案,确定将行政执法、综合管理、监督监测适当分离作为卫生监督工作改革的基本原则。

1996 年,卫生部下发了《关于进一步完善公共卫生监督体制的通知》,着眼于分离行政管理行为和业务技术服务行为,揭开了卫生监督体制改革的序幕。

1997 年,《中共中央、国务院关于卫生改革与发展的决定》指出,到 2000 年初步建立起具有中国特色的包括卫生服务、医疗保障、卫生执法监督的卫生体系,在具体实施时要加快卫生立法步伐,完善以公共卫生、健康相关产品、卫生机构和专业人员的监督管理为主要内容的卫生法律、法规,建立健全相配套的各类卫生标准。明确指出了我国卫生监督体制的发展方向。

1998 年 11 月召开了新中国建立以来的首次全国卫生法制工作会议,会议主题是贯彻依法治国战略,全面推进卫生法制建设。提出要实现两方面职能的转变:一是把计划经济体制下卫生部门管理,逐步向市场经济新体制下管理卫生方面转变;二是在"管"卫生时,要把管理工作的重点从对直属医疗卫生单位和行业管理逐步扩大、覆盖到整个社会卫生管理领域。

2000 年 1 月,经国务院同意,卫生部、财政部、国务院法制办印发了《关于卫生监督体制改革的意见》(以下简称《意见》)。《意见》指出为适应我国社会经济发展、适应社会主义市场经济体制建立和法制建设新形势的需要,公共卫生监督体制必须逐步加以改革。《意见》要求,按照依法执政、政事开和综合管理的原则,调整卫生资源配置,理顺和完善现行卫生监督体制,建立结构合理、运转协调、行为规范、程序明晰、执法有力、办事高效的卫生监督新体制。

2000 年,卫生部发布的《关于卫生监督体制改革实施的若干意见》做出进一步规定,对卫生监督执行机构设置、主要工作职责、卫生监督队伍、监督执法经费、监督执行机构的内部制度建设和卫生监督检验机构的管理等问题进行了比较详细的阐述。同时,卫生部还出台了《疾病预防控制体制改革的指导意见》。卫生体制在原有基础上加快了改革步伐,"两项体制改革"在各地全面展开。

2005 年,卫生部发布了《关于卫生监督体系建设的若干规定》及《卫生监督机构建设指导意见》,对全面加强卫生监督体系建设、卫生监督机构的性质、任务做出了明确的规定,将卫生执法监督体系建设纳入政府公共卫生体系建设整体考虑。2005 年 6 月,卫生部印发《卫生监督稽查工作规范》和《卫生行政执法责任制若干规定》,进一步加强卫生监督队伍管理,强化内部制约机制,规范卫生行政执法行为,落实行政执法责任,提高卫生行政执法水平。

2006 年,卫生部为进一步深化卫生监督体制改革,印发了《关于卫生监督体系建设的实施意见》,明确了卫生监督体系建设的基本思路,对卫生监督机构设置、卫生监督机构人员编制、卫生监督人员管理、卫生监督经费、卫生监督技术支持能力建设、农村卫生监督网络建设等方面提出了明确要求,以指导各地卫生监督体系建设的实施。

卫生监督体制改革是卫生系统贯彻"依法治国"方略、推进"依法行政"的重要举措,是政府卫生行政改革和职能转变的重要组成部分。加强和完善卫生监督体系建设对坚持依法行政、加强党的执政能力、建设和谐社会具有重要的现实意义。随着卫生改革的进一步深入和卫生法制建设的不断加强,目前我国的卫生监督体系已经拥有相对独立的机构设置、人员编制、技术支持和经费投入,在促进社会经济发展、保护人民健康方面起着越来越重要的作用。

2008年3月27日在北京召开的全国卫生监督工作会议提出,卫生监督体制改革是卫生改革的重要内容,在研究医改方案及配套文件时,应将卫生监督体系建设纳入总体框架,整体部署。在制定2020健康中国战略规划时,要将卫生监督体系建设作为一项重要内容。从全国整体情况看,卫生监督体制改革还面临着一些矛盾和问题:一是政策不完善,保障措施不落实,卫生监督机构的发展建设明显滞后。二是各地改革进展很不平衡,尤其是执法一线的县级卫生监督机构改革阻力大,机构建设和管理体制还不健全,基层人员紧缺,执法条件差,难以保证执法重心下移。三是由于职能转变和观念转变不到位,卫生综合执法的管理体制和运行机制有待完善,医疗卫生行业管理与监督还未完全形成合力。四是各级卫生监督队伍建设急需加强,需要加强规范化管理,进一步提高依法行政的能力和水平。

2008年9月4日至8日在沈阳市召开的第九届全国卫生监督所(局、总队)长联席会议,充分肯定了各级卫生监督机构在面对各种重大事件、应急反应、保障公众卫生安全、开展依法监督、抗震救灾工作和北京奥运保障工作中的重要作用,肯定了几年来全国卫生监督工作在卫生部党组和各级政府的正确领导下,全国卫生监督体系建设、能力建设取得了显著成效,卫生监督执法力度和社会影响力不断加大,卫生监督员的综合素质明显提高,责任意识、形象意识进一步增强。

第三节 公共卫生监督的法律依据与制度建设

一、我国卫生法律制度建设的不同阶段

卫生法律制度的发展与国家经济社会发展的进程以及国家法制建设进程紧密相连。新中国建立以来,我国卫生法律制度建设,大体上经历了三个阶段。

第一阶段,新中国建立初期至"文革"开始,为我国卫生法律制度建设的探索阶段。新中国成立伊始,党和国家把关心和保障人民群众的身体健康和生命安全放在突出位置,及时制

定了"预防为主"、"面向工农兵"、"中西医结合"、"卫生工作与群众运动相结合"的四大卫生工作方针，并以此为依据先后制定了一系列卫生法律、行政法规。

这段期间，我国在卫生法律制度建设方面先后制定了《中华人民共和国国境卫生检疫条例》、《职业病范围和职业病患者处理办法的规定》、《放射性工作卫生防护暂行规定》、《医院诊所管理暂行条例》、《传染病管理办法》、《种痘暂行办法》、《国务院关于消灭血吸虫病的指示》、《食品卫生管理试行条例》、《工厂安全卫生规程》等上百件规章和规范性文件，为将我国卫生事业的发展纳入法制的轨道和卫生法律制度的建设发展奠定了基础。

第二阶段，"文革"时期，是我国卫生法律制度建设的停滞阶段。卫生领域没有制定新的法律、法规，已有法律、法规也处在无法发挥应有作用的阶段。

第三阶段，改革开放至今，是我国卫生法律制度建设的快速发展阶段。1982年宪法第21条规定："国家发展医疗卫生事业，发展现代医药和我国传统医药，鼓励和支持农村集体经济组织、国家企业事业组织和街道组织举办各种医疗卫生设施，开展群众性的卫生活动，保护人民健康。"第45条规定："中华人民共和国公民在年老、疾病或者丧失劳动能力的情况下，有从国家和社会获得物质帮助的权利。国家发展为公民享受这些权利所需要的社会保险、社会救济和医疗卫生事业。"为新时期卫生法制建设指明了发展方向。

随着社会发展，此阶段我国的卫生法制建设取得了显著成绩：

全国人大相继通过的有关法律有9部：1982年11月19日通过试行，1995年10月30日正式施行的《中华人民共和国食品卫生法》；1985年7月1日施行，2002年修订的《中华人民共和国药品管理法》；1987年5月1日施行的《中华人民共和国国境卫生检疫法》；1989年9月1日施行，2004年修订的《中华人民共和国传染病防治法》；1993年10月颁布施行的《中华人民共和国红十字会法》（下简称《红十字会法》）；1995年6月1日施行的《中华人民共和国母婴保健法》；1998年10月1日颁布实施的《中华人民共和国献血法》（以下简称《献血法》）；1999年5月1日实施的《中华人民共和国执业医师法》（以下简称《执业医师法》）；2002年5月1日实施的《中华人民共和国职业病防治法》等。

国务院颁布的法规有：《学校卫生工作条例》、《公共场所卫生管理条例》、《中华人民共和国尘肺病防治条例》、《食物中毒事故处理办法》、《女职工劳动保护规定》、《放射同位素高射线装置放射防护条例》、《化妆品卫生监督条例》、《艾滋病监测管理的若干规定》、《食盐加碘消除碘缺乏危害管理条例》、《医疗机构管理条例》、《血液制品管理条例》、《母婴保健法实施办法》、《突发公共卫生应急条例》等25个卫生行政法规。

卫生部颁布的《医师资格考试暂行办法》、《人类辅助生殖技术管理办法》、《转基因食品卫生管理办法》等卫生管理规章近400多项。

此外，还制定了大量的卫生标准、技术规程等。同时我国还参加了有关的国际卫生条约。所有这些不同层次、不同形式、不同效力的卫生规范，基本构成了我国的卫生法律体系。

但是，我国现有的卫生法律体系在规范化、合理化、科学化、系统化等方面还存在一些不足,如已有的卫生法规比较分散,有些卫生领域还没有法律法规,目前没有完整统一的公共卫生大法,有些卫生法规条文需要修改甚至废除等等。建立健全我国的卫生法律体系任务十分繁重。

二、我国现行的卫生法律制度的范畴

公共卫生的范畴包括疾病预防控制、卫生监督、妇幼卫生、农村卫生、采供血等。可将我国现行的卫生法律制度的范畴概括为以下几个方面:

(一)规范预防保健的法律制度

为加强预防保健工作,提高人民群众的身体健康,先后制定了《传染病防治法》及其实施办法、《职业病防治法》、《国境卫生检疫法》及其实施细则、《国内交通卫生检疫条例》、《突发公共卫生事件应急条例》、《艾滋病监测管理的若干规定》、《使用有毒物品作业场所劳动保护条例》、《尘肺病防治条例》、《放射性同位素与射线装置放射防护条例》、《公共场所卫生管理条例》、《学校卫生工作条例》等。这些法律、行政法规,为我国预防保健方面制度的建立明确了发展方向。

1. 传染病预防控制制度

(1)国家建立传染病监测预警制度,将预防措施向传染病发病前延伸,通过及时发现影响传染病发生、流行的因素,对传染病流行趋势进行预测、预警。同时,规定了监测、预警的具体措施和各有关单位的职责。

(2)强化医疗机构在传染病预防中的作用,尤其是要严格控制传染病在医疗机构内的传播。医疗机构应确定专门部门、人员,承担医疗救治中与医院感染有关的危险因素监测、安全防护、消毒和医疗废物处置工作,切断传染病在医疗机构内的传播途径。

(3)传染病疫情的报告、通报和公布制度。

(4)对传染病病人、疑似传染病病人以及与传染病病人密切接触者采取隔离、医学观察、治疗和控制传播措施。

(5)国内交通卫生检疫制度,国境口岸传染病检疫、监测和卫生监督制度等。

2. 突发公共卫生事件应急制度

在社会发展的过程中,发生重大传染病疫情、群体性不明原因疾病、重大食物和职业中毒以及其他严重影响公众健康的公共卫生事件是不可避免的。加强公共卫生领域安全,完善突发公共卫生事件应急处理机制,就必须高度重视卫生法制建设。在突发公共卫生事件的卫生法律制度建设中主要包括五个方面的内容:①规定中央与地方的应急管理体制与职责;②建立国家和省级两级突发公共卫生事件应急预案和启动制度;③突发公共卫生事件的报告与信息公布制度;④突发公共卫生事件的监测与预警制度;⑤突发公共卫生事件的应急处理措施。

3. 职业病防治制度

根据对职业病预防重于治疗、防治结合的特点,我国职业病防治主要确立了以下几项制度:①前期预防制度,包括国家职业卫生标准制度,职业病危害项目申报制度,建设项目职业病危害预评价制度等;②劳动过程职业病防护与管理制度,包括用人单位职业病防治责任制度(即用人单位采取的各项措施),职业病警示制度、监测制度、劳动者知情制度、职业病防治制度、紧急救援制度、工会监督制度等;③职业病诊断和职业病病人保障制度,包括职业病诊断和康复制度等;④职业病监督检查制度,卫生行政部门的监督检查制度等。

4. 学校卫生和公共场所管理制度

培养学生良好的卫生习惯,对学生健康进行监测和健康教育的制度,改善学校环境卫生,加强对传染病、学生常见病的预防和治疗制度等。

建立公共场所的卫生管理、卫生责任制度;对公共场所经营单位实行卫生许可证制度;公共场所直接为顾客服务的人员必须持有"健康合格证";公共场所危害健康事故的报告制度。

5. 妇女儿童健康权益和公民生殖健康权益保障制度

主要包括:①为了保障母亲和婴儿健康,落实各项技术管理措施,降低孕产妇死亡率和婴幼儿死亡率,使母亲和婴儿获得医疗保健服务;实行婚前保健服务制度、育龄妇女和孕产妇的孕产期保健制度以及婴儿保健制度,提高出生人口素质;②为了维护女职工的合法权益,对女职工实行特殊劳动保护制度,明确规定,禁止安排女职工从事特定项目和其他女职工禁忌从事的劳动,不得在女职工怀孕期、产期、哺乳期降低基本工资或者解除劳动合同;③为了加强对计划生育技术服务工作的管理,依法保护公民生殖健康和计划生育的权利,规定国家保障公民获得适宜的计划生育技术服务的权利。加强对农村和边远贫困地区妇幼卫生工作的支持力度,采取各种措施,加快这些地区妇幼卫生工作的发展,如免费向农村的育龄夫妻提供避孕、节育技术服务。确保公民享有生育、知情选择避孕方法、依法获得法律救济等权利和服务提供者的职责。

(二)规范医疗机构及医疗救治行为的法律制度

为提高医务人员的职业道德与业务素质和医疗救治技术,规范医疗机构的医疗行为,促进医学技术的发展,制定了《执业医师法》、《乡村医生从业管理条例》、《医疗机构管理条例》、《医疗废物管理条例》、《医疗事故处理条例》等。这些法律、行政法规主要确立了以下法律制度:

1. 规范卫生技术人员管理的制度

为加强医师队伍的建设,提高医师的职业道德和业务素质,保障医师的合法权益,实行执业医师资格考试制度和医师执业注册制度;医师从事的每一项医疗活动都直接涉及公民的生命和健康,以法律及时规范医师从事医疗技术活动,是保证医疗服务质量的最重要措施;为了保障农民获得初级卫生保健,稳定乡村医生队伍和提高乡村医生的业务素质,建立乡村医生注册、培训和考核制度。

2. 规范医疗机构管理的制度

对医疗机构执业实行许可证制度。医疗机构必须承担相应的预防保健义务,在特殊情况下医疗机构及其卫生技术人员必须服从县级以上人民政府卫生行政部门的调遣。对医疗废物的收集、运送、贮存等活动依法实施严格管理,并建立医疗废物无害化处置制度。为了保证医疗事故技术鉴定的科学性、公正性,实行由医学会负责对医疗事故进行技术鉴定的制度。同时,也为了保护患者和医疗机构及其医务人员的合法权益,维护医疗秩序,建立了医疗事故赔偿制度。

(三)规范健康相关产品和医疗器械管理的法律制度

为保证食品、药品、化妆品、医疗器械等与人体健康相关产品的质量,加强对其监督管理,保障公民身体健康,制定了《药品管理法》及其实施条例、《药品行政保护条例》、《血液制品管理条例》、《麻醉药品管理办法》、《放射性药品管理办法》、《精神药品管理办法》、《医疗用毒性药品管理办法》、《食品卫生法》、《食盐加碘消除碘缺乏危害管理条例》、《化妆品卫生监督条例》、《医疗器械监督管理条例》等。这些法律、行政法规为我国规范与人体健康相关产品质量的法律制度建立明确了发展方向。

1. 药品管理制度

(1)对药品监督管理:主要包括药品监督管理部门对从事药品研制、生产、经营、使用各项活动的监督管理工作,以及与药品有关的部门对与药品有关的事项进行监督管理的工作。药品监督管理部门主管药品监管工作的主要职责包括:对开办药品生产、经营企业进行审批、发放许可证;拟定、修订并监督实施药物非临床研究质量管理规范(Good Laboratory Practice,GLP)、药物临床试验质量管理规范(Good Clinical Practice,GCP);制定并监督实施药品生产质量管理规范(Good Manufacturing Practice,GMP)和药品经营质量管理规范(Good Supply Practice,GSP);审批新药、仿制药、进口药,并分别发放新药证书、生产批准文号、进口药品注册证;审批医疗机构的制剂室并发放许可证;审批医疗机构制剂的品种;对直接接触药品的包装材料实施监督管理;负责药品广告的审批并发放批准文号;负责对药品质量的监督检查,发布药品质量公告;对可能危害人体健康的药品可依法采取行政强制控制措施;对违反药品管理法有关规定的行为依法实施行政处罚等。

(2)对放射性药品、精神药品、麻醉药品、医疗用毒性药品实行特殊管理的制度。

(3)建立血液制品管理制度,对单采血浆站和血液制品生产单位实行严格的质量管理,预防和控制经血液途径传播的疾病,保证血液制品的质量。

2. 食品卫生管理制度

对食品、食品添加剂、食品容器、包装材料和食品用工具、设备等方面卫生要求、法律责任等进行了翔实的规定。根据卫生法,卫生部门已经根据食品工业的发展,颁布442个国家食品卫生标准。在污染物、添加剂、农药残留等方面给出了新的详细规定。形成了与食品卫生法基本配套的食品卫生标准体系:

①对食品基本要求的规定。防止食品污染和有害因素对人体的危害,符合应当有的营养要求,具有相应的色、香、味等感官性状。

②关于食品卫生监督管理体制的规定,国务院卫生行政部门主管全国食品卫生监督管理工作,国务院有关部门在各自的职责范围内负责食品卫生管理工作。

③对专供婴幼儿的主、辅食品特定营养与卫生要求的规定。

④食品生产经营过程必须符合法定的卫生条件和卫生要求及对生产经营食品的禁令性规定。

⑤对食品生产经营企业和食品生产人员实行卫生许可证和健康证的制度,在县级以上人民政府卫生行政部门设立食品卫生监督员的制度。

⑥对食品、食品添加剂、食品容器、包装材料、食品用工具、设备,以及用于清洗食品和食品用工具、设备的洗涤剂、消毒剂,必须按照国家卫生标准、检验规程进行监督管理。

3. 化妆品管理制度

①对化妆品生产企业实行卫生许可证制度;②对直接从事化妆品生产的人员,实行健康检查制度;③对进口化妆品、特殊用途的化妆品和化妆品新原料进行安全性评审制度;④对生产化妆品所需的原料、辅料以及直接接触化妆品的容器和包装材料,实行卫生标准管理制度。

4. 医疗器械管理制度

为保证医疗器械的安全、有效,对医疗器械实行分类管理和产品生产注册制度,规定了进口医疗器械的注册制度;进一步规范了医疗器械生产、经营和使用的管理,规定了医疗器械生产经营许可证制度;规定了对医疗器械的监督管理制度;对部分第三类医疗器械实行强制性安全认证制度。

(四)规范传统医学保护的法律制度

为继承和弘扬传统医学,保持和发扬中医药特色和优势,制定了《中医药条例》和《中药品种保护条例》。坚持中西医并重的方针,确立了保护、扶持、发展中医药事业制度。为了推动我国中药产业的发展,鼓励研制开发临床有效的中药品种,对质量稳定、疗效确切的中药品种实行分级保护制度。对中医医疗机构和中医从业人员进行规范化管理。

(五)规范卫生公益事业的法律制度

为促进卫生公益事业的全面发展,发扬人道主义精神,促进和平进步事业,制定了《红十字会法》、《献血法》和《红十字标志使用办法》。明确了中国红十字会的性质、开展工作的方式以及规范我国公民自愿参加红十字会的制度、红十字标志使用制度;确立了健康公民自愿献血的制度。

三、卫生法律制度建设的特点

卫生法律制度,是我国社会主义法制的重要组成部分。卫生法律制度建设,既具有我国法制建设的共同特征,又有自己的特点。卫生法律制度建设是以卫生保健为中心,保障公民的生命健康权益为主要目的。因此,卫生法律制度建设,不仅受到政治、经济、文化、社会习俗的影响和制约,还受到人们对自然规律的认识和科学技术发展水平的影响,并与医学科学的发展紧密相连。在卫生法律制度建设过程中,医学科学的许多特点得到突出的体现,使卫生法律制度建设与医学等自然科学既紧密联系又相互促进。全国人大常委会法制办对卫生法律制度建设特点的研究总结,对我国进一步做好卫生法律制度建设具有重要的指导意义。

(一)卫生法律制度建设,直接关系公民的生命安全和身体健康

卫生事业的发展主要是通过生活质量的不断提高和生命的不断延长来体现的。卫生法律制度建设,是以保障公民的生命健康为根本目标的,它直接涉及每一个人的切身利益,人人享有健康的生活,是人类社会发展进步所要达到的主要目标;我国的卫生法律制度建设基本上体现了保障公民生命安全和身体健康这一根本目标。在今后进一步加强和完善我国卫生法律制度建设中,更应该以对公民的生命健康高度负责的精神,在客观反映医学发展成果的基础上,根据我国经济社会发展的实际水平,进一步明确政府、有关社会主体的责任和义务,向公民提供与经济社会发展相适应的医疗保健服务,保障公民的身体健康和生命安全,不断提高全社会的健康水平。

(二)卫生法律制度建设,具有较强的科学性和专业性

卫生法律制度必须建立在科学的基础之上。医学科学,是在对疾病的病因分析、控制措施、治疗方法和技术规范的反复验证和实践中逐步发展起来的。卫生法律制度建设只有正确地反映医学科学的最新成果,才能提高法律、法规的质量,充分发挥法律制度对卫生事业发展的促进和保障作用。

(三)卫生法律制度建设,与国民经济和社会发展密切相关

卫生事业的发展,直接关系到国民经济和社会的发展。对疾病的预防治疗问题,客观上反映了一个国家的经济社会发展水平和社会进步程度。有时对一些疾病的防治问题,还可能演化成社会政治问题。例如,由于艾滋病和疯牛病的蔓延,曾经导致了一些国家政府的危机和社会的动荡。因此,卫生法律制度建设,既要适应经济和社会发展的实际水平,又要有

利于经济社会的均衡发展,提高社会文明的程度,提高社会发展的整体水平。

(四)卫生法律制度建设,需要研究、借鉴国外的成功经验和国际惯例

随着国际交往的频繁,各种传染性疾病很容易跨国境或者跨地区迅速传播。同疾病进行斗争,是人类共同面临的长期课题。任何一个国家或者地区出现传染病的暴发流行,都会引起世界各国的高度关注。这就需要加强国际之间在医学领域的密切合作和互相交流,共同研究、探讨对一些疾病特别是传染病的预防、控制、治疗措施。

我国的卫生法律制度建设,必须注意研究国际通行做法,大胆借鉴其他国家在卫生法律制度建设方面的成功经验。WHO 制定的国际疾病分类、国际卫生法规、食品法典等,对我国制定相关的法律就具有重要的指导作用。同时,我国政府已经加入了《国际卫生条例》、《儿童生存、保护和发展世界宣言》、《麻醉药品单一公约》、《精神药物公约》以及确定 2000 年"人人享有卫生保健"战略目标的《阿拉木图宣言》等一系列国际条约,在卫生立法工作中必须认真研究、体现这些国际条约中的共同规范。

【思考题】

1. 简述公共卫生监督的性质和主要职责。

2. 简述公共卫生监督的主要分类方法。

3. 简述公共卫生监督的基本原则。

4. 简述公共卫生监督程序的基本原则。

5. 简述我国卫生监督体制改革的主要经验。

6. 简述卫生法律制度建设的特点。

（唐玄乐　于　佳）

第十八章

危险化学品与健康相关产品安全性评价与管理

第一节　安全性评价与管理概述

一、安全评价的基本概念

安全评价(safety evaluation)是以实现系统安全为目的,运用系统安全工程的原理和方法,对系统中存在的危险、有害因素进行识别与分析,判断系统发生事故和职业危害的可能性及其严重程度,以便在设计、施工、运行、管理中向有关人员提供必须的安全信息,提出安全对策措施,从而为制定防范措施和管理决策提供科学依据的工作。

安全评价包括危险性识别和危险程度评价两个方面。前者在于辨识危险源,确定来自危险源的危险性;后者在于控制危险性,评价采取控制措施后仍然存在的危险性是否可以被接受。在实际的安全评价过程中,这几个方面是不能截然分开、孤立进行的,而是相互交叉、相互重叠于整个评价工作中。

二、安全评价的分类

根据工程、系统生命周期和评价的目的,可将系统安全评价分为安全预评价、安全验收评价、安全现状评价和专项安全评价四类。由于专项安全评价是国家在特定的时期内进行专项整治时开展的对现状进行的评价,因此专项评价是一种特殊的现状评价。

(一)安全预评价

是根据建设项目可行性研究报告的内容,分析和预测该建设项目可能存在的危险、有害因素的种类和程度,提出合理可行的安全对策措施及建议。安全预评价是在项目建设前应用安全评价的原理和方法对系统(工程、项目)的危险性进行的预测性评价。

(二)安全验收评价

是在建设项目竣工验收之前、试生产运行正常之后,通过对建设项目的设施、设备、装置实际运行状况及管理状况的安全评价,查找该建设项目投产后存在的危险、有害因素,确定其程度,提出合理可行的安全对策措施及建议。

(三)安全现状评价

是针对某一个生产经营单位总体或局部的生产经营活动的安全现状进行的系统安全评价。通过评价查找其存在的危险、有害因素,确定其程度,提出合理可行的安全对策措施及建议。

(四)安全专项评价

是根据政府有关管理部门的要求进行的。它针对某一项活动或场所,如一个特定的行业、产品、生产方式、生产工艺或生产装置等,存在的危险、有害因素进行的安全评价,目的是查找其存在的危险、有害因素,确定其程度,提出合理可行的安全对策措施及建议。如果生产经营单位是生产或储存、销售剧毒化学品的企业,评价所形成的安全专项评价报告则是上级主管部门批准其获得或保持生产经营营业执照所要求的文件之一。危险化学品安全评价就是一种安全专项评价。

三、安全评价的程序

安全评价程序主要包括:准备阶段,危险、有害因素识别与分析,定性定量评价,提出安全对策措施,形成安全评价结论及建议,编制安全评价报告。

(一)准备阶段

明确被评价对象和范围,收集国内外相关法律法规、技术标准、规章制度及系统的技术资料;了解评价对象的地理、气象条件及社会环境状况;详细了解工艺流程、物料的危险性、操作条件、设备结构、平面立面布置以及同类或相似系统的事故案例等。

(二)危险、有害因素识别与分析

根据被评价对象的情况,识别和分析危险、有害因素,确定危险、有害因素存在的部位、存在的方式、事故发生的途径及其变化的规律。

(三)定性、定量评价

在危险、有害因素识别和分析的基础上,划分评价单元,选择合理的评价方法,对工程、系统发生事故的可能性和严重程度进行定性、定量评价,在此基础上进行危险性分级,必要时对可能发生的重大事故的后果进行估算,以确定安全管理的重点。

(四)安全对策措施

根据定性、定量评价结果,提出根除、减弱、隔离、防护危险、有害因素的技术和管理措施及建议,对可能发生的重大事故应提出应急预案。

(五)评价结论及建议

简要地列出主要危险、有害因素的评价结果,指出工程、系统应重点防范的重大危险因素,明确生产经营者应重视的重要安全措施。评价结论应说明经采取安全措施以后系统危险度或风险率降低的程度,是否达到了"允许的安全限度",必须与安全指标相比较。只有系统满足了安全指标的要求,才能对系统给出肯定的评价结论。

(六)编制安全评价报告书

依据安全评价导则的要求,编制相应的安全评价报告,呈交安全生产监督管理部门备案。

四、安全性评价的管理与法律依据

2002 年 6 月 19 日,中华人民共和国主席第七十号令公布了《中华人民共和国安全生产法》,自 2002 年 11 月 1 日起施行。该法律是我国生产经营单位进行安全生产必须遵守的大法,也是进行安全评价的重要依据。

(周宏伟)

第二节　危险化学品的安全性评价与管理

一、危险化学品的概念

国际劳工组织(International Labor Organization,ILO)对化学品(chemical)的定义是:化学品是指各种化学元素、由元素组成的化合物及其混合物,无论是天然的或人造的。按此定义,人类生存的地球和大气层中所有的有形物质包括固、液和气体都是化学品。只有组成元素的基本粒子不是化学品。

化学品中符合有关危险化学品(物质)分类标准规定的化学品(物质)属于危险化学品

（hazardous chemicals）。目前，国际通用的危险化学品分类标准有两个：一是《联合国危险货物运输建议书》规定了 9 类危险化学品的鉴别指标，二是"危险化学品鉴别分类的国际协调系统（GHS）"规定了 26 类危险化学品的鉴别指标和测定方法。

二、危险化学品安全评价的概念

危险化学品安全评价是针对危险化学品生产、储存和使用单位总体局部的安全管理预运行现状、依据国家有关危险化学品安全管理法律法规，运用科学的评价和分析方法识别该单位在生产、储存、经营、运输、包装、处置等过程中存在的危险和有害因素，预测可能造成的危害程度。确认存在的事故隐患，提出合理可行的技术和管理对策，为企业安全管理、安全监察提供依据。

危险化学品安全评价是一种专项安全评价，通过对危险化学品生产单位、危险化学品经营单位、危险化学品储存单位、危险化学品使用单位以及危险化学品包装物、容器定点生产企业生产条件的现状进行安全评价，分析、论证和评估由此产生的损失和伤害的可能性、影响范围、严重程度及应采取的对策措施，以防止因危险化学品带来的各种事故，减少财产损失和人员伤亡。

三、国内外危险化学品安全性评价的现状

（一）国外危险化学品安全性评价的现状

欧共体（现欧盟）于 1982 年 6 月颁布了《工业活动中重大事故危险法令》（82/501/EEC）即《塞维索法令》。该法令列出了 180 种危险化学品物质及其临界量标准。1996 年 12 月欧共体对 82/501/EEC 进行了修订，通过了《塞维索法令二》（96/82/EC）。目前，欧盟国家对化学品，特别是新化学品的控制十分严格。欧盟国家要求对化学品进行危害性鉴定、分类和评价。一种新化学品在成为商品投放到市场销售之前，必须进行危害性鉴定、分类和评价，测定其物理性质、化学性质、危险特性、环境数据、毒性和作业场所的健康危害数据所有数据的测定必须由有资质的机构完成（其中环境数据、毒性和健康危害要到指定机构测定）。

美国政府于 1992 年颁布了《高度危险化学品：处理过程的安全管理》标准。在标准中提出了 130 多种化学物质及其临界量。美国劳工部职业安全卫生管理局估计符合标准要求的重大危险源达 10 万个左右，要求企业必须完成对上述规定危险源的分析和评价工作。

1993 年国际劳工组织通过了《预防重大工业事故》公约和建议书，该公约和建议书为建立国家重大危险源控制系统奠定了基础。国际劳工组织提出重大危险源的风险分析和评价的内容包括：①辨识各类危险因素及其原因与机制；②依次评价已辨识的危险事件发生的概

率;③评价危险事件的后果;④进行风险评价,即评价危险事件发生概率和发生后果的联合作用;⑤风险控制,即将上述评价结果与安全目标值进行比较,检查风险是否达到可接受水平,否则需进一步采取措施,降低危险水平。

(二)我国危险化学品安全评价

1. 颁布《危险化学品安全管理条例》

条例的发布与实施为当前危险化学品的安全管理提供了坚实的法律依据,它集中体现了国际社会有关化学品安全管理的170号公约。

2. 开展重大危险源辨识与评价工作

20世纪90年代初,我国开始重视对重大危险源的评价和控制,"重大危险源评价和宏观控制技术研究"列入国家"八五"科技攻关项目。该课题提出了重大危险源的控制思想和评价方法,为我国开展重大危险源的普查、评价、分级监控和管理提供了良好的技术依托。

国家经贸委安全科学技术研究中心提出了我国重大危险源辨识标准:《重大危险源辨识》(GB 18218-2000),辨识重大危险源的出发点仍旧采用了物质的危险性及其数量。该标准提供了爆炸性化学物质名称及其临界量、易燃化学物质名称及其临界量、活性化学物质名称及其临界量和毒性化学物质名称及其临界量。

3. 规范危险化学品安全评价行为

国家安全生产监督管理局陆续发布了《安全评价通则》、《安全预评价导则》、《安全现状评价导则》、《安全验收评价导则》,对安全评价单位资质重新进行了审核登记。通过安全评价人员培训班和专项安全评价培训班,对全国安全评价从业人员进行培训和资格认定,使得安全评价有章可依,从业人员素质大大提高,为新形势下的安全评价工作提供了技术和质量保证。

2003年之后,国家安全生产监督管理局又陆续颁布了《民用爆破器材安全评价导则》、《危险化学品经营单位安全评价导则(试行)》、《危险化学品包装物、容器定点生产企业生产条件评价导则(试行)》、《危险化学品经营单位安全评价导则(试行)》、《危险化学品生产企业安全评价导则(试行)》、《烟花爆竹生产企业安全评价导则(试行)》、《危险化学品事故应急救援预案编制导则(单位版)》、《新化学物质危害评估导则》等一系列危险化学品安全评价的指导性文件,规范危险化学品安全评价行为。

原国家环境保护总局于2004年4月13日颁布《新化学物质危害评估导则》(HJ/T 154-2002),规定了新化学物质危害性评估的数据要求、评估方法、分级标准、评估结论的编写等事项。

四、危险化学品安全评价的工作内容

针对不同的评价对象,危险化学品安全评价的工作内容有所区别。但是通常都包括以下基本内容。

(一)危险化学品危害性辨识

危险化学品辨识是进行危险化学品评价的基础,判断分析该危险化学品及所使用的原料是否为有毒有害和易燃易爆的化学品。辨识的主要内容包括危险化学品名称、数量、储存方式、储存地点、危险特性(是否具有火灾爆炸、中毒窒息、腐蚀性等)、是否构成重大危险源以及是否需要按重大危险源进行严格管理。

(二)危险化学品生产工艺过程安全分析

生产工艺、设备或者储存方式、设施是否符合国家标准;工艺路线是否成熟;有无工艺卡片及执行工艺卡片情况;员工熟知行之有效的安全防范和管理制度情况;工艺过程中的事故情况,是否吸取教训,是否有防范措施;根据危险化学品的种类、特性,在车间等作业场所是否有相应的安全设施、设备,并进行正常维护,是否符合安全运行的要求。

(三)危险化学品生产设备安全分析

工艺设备是否因选材不当而引起装置腐蚀、损坏;设备安全保护系统是否完善,是否具备可靠的控制仪表等;材料的疲劳情况,对金属材料没有进行充分的无损探伤检查或没有经过专家验收;结构上有缺陷,如不能停车而无法定期检查或进行预防维修;设备在是否超过设计极限的工艺条件下运行;对运转中存在的问题或不完善的防灾措施是否及时改进;是否连续记录温度、压力、开停车情况及中间罐和受压罐内的压力变动情况等。

(四)危险化学品储存与输送分析

作业场所间的化学品一般是通过管道、传送带或铲车、有轨道的小轮车、手推车传送的。用管道输送化学品时,必须保证阀门完好,整条管道没有跑、冒、滴、漏现象。使用密封式传送带,可避免粉尘的扩散。如果化学品以高速高压通过各种系统,必须避免产生热量,否则将引起火灾或爆炸。用铲车运送化学品时,道路要足够宽,并有清楚的标志,以减少冲撞及溢出的可能性。确认是否有违法生产、经营危险化学品情况;是否在生产、储存的危险化学品包装内附有与危险化学品一致的安全技术说明书;危险化学品的包装是否符合国家法律、法规、规范和标准的要求;危险化学品的包装物、容器是否由有资质的厂家生产并经有资质的检验机构检验合格使用;在包装上是否加贴或悬挂与危险化学品一致的化学品安全标签;危险化学品是否采用专用仓库储存,储存方式、方法与储存数量是否符合国家标准;在库房等危险化学品作业场所是否有相应的监测、通风、防晒、调温、防火、灭火、防爆、泄压、防毒、消毒、中和、防潮、防雷、防腐、防渗漏、防护围堤或者隔离操作等安全设施、设备,并进行正常维护,使之符合安全运行的要求;危险化学品是否专人管理,剧毒化学品是否执行双人收发、双人保管制度;危险化学品仓库建筑是否符合规范要求;危险化学品仓库是否符合有关安全、消防的要求,设置明显标志,并定期进行安全设施检查;是否对安全检查、安全评价提出的问题列出整改方案限期整改,或采取相应的安全措施;是否对剧毒化学品的产量、流向、储存量及用途进行如实记录;有无关于被盗、丢失、误售、误用的登记报告制度,执行情况如何;各种单元操作时对物料流动能不能进行良好控制;送风装置内粉尘爆炸的可能性;废气、废水和废渣的处理情况;装置内的装卸设施情况等。

(五)危险化学品生产经营管理状况分析

危险化学品生产经营管理制度是否健全;员工是否熟知危险化学品安全技术说明书、安全标签的内容;主管及业务人员、操作人员、管理人员是否接受有关法律法规、安全知识、专业知识、职业卫生防护和应急救援知识的培训,持证上岗;运转和维修的操作教育情况;管理人员的监督作用如何;是否建立了操作人员和安全人员之间的协作体制。

(六)事故应急预案

对危险化学品有无安全卫生防护手段;安全卫生防护手段是否到位;安全卫生保护用具是否可靠;人员对安全卫生保护用具的认识和使用方法考核情况;应该增加的保护设施及用具;有无事故应急预案;事故应急预案是否满足实际要求;事故应急预案是否正确;事故应急预案提出的措施是否到位;工作人员是否熟知事故应急预案;人员是否经过事故应急预案考核;事故应急预案考核合格率;事故应急预案中有无向政府及有关部门报告程序及报告规定;与应急救援组织的联系与协调;是否进行事故应急预案的定期演练;在生产、储存和使用场所设置通信、报警装置,并保证在任何情况下处于正常适用状态。

(七)安全对策措施

安全对策措施包括安全技术措施和安全管理措施。

1. 安全技术措施

(1)消除危险源:采用替代、变更工艺等措施,不使用有毒有害和易燃易爆的化学品。替代是控制、预防化学品危害最理想的方法,但这一点并不是总能做到,往往需要通过变更工艺消除或降低化学品危害。

(2)控制危险源:采用隔离或通风等措施。隔离就是通过封闭、设置屏障等措施,阻断作业人员与危险源之间的直接联系,避免直接暴露于有害环境中。通风是控制作业场所中有害气体、蒸气或粉尘排放最有效的措施,使作业场所空气中有害气体、蒸气或粉尘的浓度低于安全浓度,保证工人的身体健康。

(3)加强个体防护:个体防护是阻止有害物进入人体的最后一道屏障。

2. 安全管理措施

危险化学品的安全管理措施,除应具备一般的按照国家法律和标准建立起来的管理程序和安全管理措施外,还应该包括危险化学品方面的管理控制措施。

(1)安全标签:所有盛装化学品的容器都要加贴安全标签,而且要经常检查,确保容器上所贴标签合格。贴标签的目的是为了警示使用者此种化学品的危害性以及一旦发生事故应采取的救护措施。《化学品安全标签编写规定》(GB 15258-1999)对标签的内容、制作和使用做了详细规定。

(2)安全技术说明书:安全技术说明书详细描述了化学品的燃爆、毒性和环境危害,给出了安全防护、急救措施、安全储运、泄漏应急处理、法规等方面的信息,是了解化学品安全卫生信息的综合性资料。《化学品安全技术说明书编写规定》(GB 13610-2004)对安全技术说明书的内容及编写要求做了详细规定。

(3)安全储存:安全储存是化学品流通过程中非常重要的一个环节,处理不当,就会造成事故。《常用化学危险品储存通则》(GB 15603-1995)对危险化学品的储存场所、储存安排及储存限量、储存管理和具体做法都提出了要求。

(4)废物处理方法:所有危险化学品的生产过程都产生一定数量的废弃物,有毒有害的废弃物处理不当不仅对工人健康有害,还有可能发生火灾和爆炸,而且有害于环境,危及工厂周围的居民。有毒有害废弃物的处理要有操作规程,应装在特制的有标签的容器内,并运送到指定地点进行废弃处理。相关人员应接受适当的培训。

五、危险化学品安全性评价方法

近年来,提出的风险评价方法有几十种,各种方法都适于特定的场合,具有不同特点。美国化学工程师协会下属的化工安全中心 1985 年出版了《安全评价指南》,其中介绍了 11 种常用的评价方法,包括过程/系统检查表,安全复查,道(DOW)化学公司及蒙德公司危险指数法,预先危险分析,可操作性研究,故障类型,影响及致命度分析,故障树分析,事件树分析,原因、后果分析以及人员失误分析等。

安全管理问题主要是定性问题,而由于安全评价对象通常难以量化,因此定性安全评价是安全评价的基本方法。这类方法具有简单实用,针对性强,容易掌握的优点,因此在危险化学品安全评价中应用较为广泛。本节着重介绍三种定性分析方法。

(一)安全检查表法

为了系统地识别工厂、车间、工段或装置、设备以及各种操作管理和组织中的不安全因素,事先将要检查的项目,以提问方式编制成表,以便进行系统检查和避免遗漏,这种表叫作安全检查表(Safety Check List,SCL)。安全检查表种类多、适用面广、使用方便,可根据不同的要求制定不同的检查表进行检查,因此,它作为一种定性安全评价方法有着广泛的应用。

检查表有各种形式,不论何种形式的检查表,总体的要求首先是内容必须全面,以避免遗漏主要的潜在危险;其次要重点突出,简明扼要,否则的话,检查要点太多,容易掩盖主要危险,分散人们的注意力,反而使评价不确切。为此,重要的检查条款可做出标记,以便认真查对。安全检查表主要有以下优点:

(1)检查项目系统、完整,可以做到不遗漏任何能导致危险的关键因素,因而能保证安全检查的质量。

(2)可以根据已有的规章制度、标准、规程等,检查执行情况,得出准确的评价。

(3)安全检查表采用提问的方式,有问有答,给人的印象深刻,能使人知道如何做才是正确的,因而可起到安全教育的作用。

(4)编制安全检查表的过程本身就是一个系统安全分析的过程,可使检查人员对系统的认识更深刻,更便于发现危险因素。

(二)预先危险分析法

预先危险分析(Preliminary Hazard Analysis,PHA)是一项实现系统安全危害分析的初步或初始的工作,是在方案开发初期或设计阶段之初完成的,可以帮助选择技术路线。它在工程项目预评价中有较多的应用,应用于现有工艺过程及装置,也会收到很好的效果。

1. 优点

(1)最初产品设计或系统开发时,可以利用危险分析的结果,提出应遵循的注意事项和规程。

(2)由于在最初构思产品设计时,即可指出存在的主要危险,从一开始便可采用措施排除、降低和控制它们。

(3)可用来制定设计管理方法和制定技术责任,并可编制成安全检查表以保证实施。

2. 基本目标

(1)识别与系统有关的一切主要危害。在初始识别中暂不考虑事故发生的概率。

(2)鉴别产生危害的原因。

(3)假设危害确实出现,估计和鉴别对系统的影响。

(4)将已经识别的危害分级。分级标准如下:

Ⅰ级,可忽略的,不至于造成人员伤害和系统损害。

Ⅱ级,临界的,不会造成人员伤害和主要系统的损坏,并且可能排除和控制。

Ⅲ级,危险的(致命的),会造成人员伤害和主要系统的损坏,为了人员和系统安全,需立即采取措施。

Ⅳ级,破坏性的(灾难性),会造成人员死亡或众多伤残、重伤及系统报废。

3. 分析步骤

(1)参照过去同类及相关产品或系统发生事故的经验教训,查明所开发的系统(工艺、设备)是否会出现同样的问题。

（2）了解所开发系统的任务、目的、基本活动的要求（包括对环境的了解）。

（3）确定能够造成受伤、损失、功能失效或物质损失的初始危险。

（4）确定初始危险的起因事件。

（5）找出消除或控制危险的可能方法。

（6）在危险不能控制的情况下，分析最好的预防损失方法，如隔离、个体防护、救护等。

（7）提出采取并完成纠正措施的责任者。

4. 基本危害的确定

基本危害的确定是首要的一环，要尽可能周密、详尽，不发生遗漏，否则分析会发生失误。各种系统中可能遇到的一些基本危害包括：火灾；爆炸；有毒气体或蒸汽不可控溢出；腐蚀性液体的不可控溢出；电击伤；动能意外释放；位能意外释放；人员暴露于过热环境中；人员暴露于超过允许剂量的放射性环境中；噪声强度过高的环境中；电焊弧光的照射下；无防护设施的切削或剪锯的操作过程中；冷冻液的不可控溢出；人员从工作台、扶梯、塔架等高处坠落；金属加工过程中，释放出不可控有毒气体；有毒物质不加控制地放置；人员意外地暴露在恶劣气候条件下；高速旋转的飞轮、转盘等的碎裂。以上是基本的危害，可参照上述基本危害并结合实际制定系统危害一览表。

（三）作业条件危险性评价法（LEC法）

作业条件的危险性评价法是对人员在具有潜在危险性环境中作业时危险性进行评价的半定量评价方法。是由美国格雷厄姆（K. J. Graham）和金尼（G. F. Kinney）提出的，他们认为影响作业条件危险性的因素包括事故发生的可能性（L）、人员暴露于危险环境的频繁程度（E）和一旦发生事故可能造成的后果（C）。用这三个因素分值的乘积表示作业条件的危险性（D），即 $D = L \times E \times C$。D值越大，作业条件的危险性就越大。

1. 赋分标准

（1）事故发生的可能性：事故发生的可能性（L）定性表达了事故发生概率。必然发生的事故概率为1，规定对应的分值为10；绝对不发生的事故的概率为0，而生产作业中不存在绝对不发生的事故的情况，故规定实际上不可能发生事故的情况对应的分值为0.1；以此为基础规定其他情况相对应的分值，见表18-1。

表 18-1　事故发生可能性及其分值

分值数	事故发生可能性
10	完全会被预料到
6	相当可能
3	可能，但不经常
1	完全意外，很少可能

续表

分值数	事故发生可能性
0.5	可以设想，很不可能
0.2	极不可能
0.1	实际上不可能

(2)人员暴露于危险环境的频繁程度(E)：人员暴露在危险环境中的时间越多，受到伤害的可能性越大，相应的危险性也越大。规定人员连续出现在危险环境的分值为10，最小的分值为0.5，分值0表示人员根本不暴露危险环境中的情况没有实际意义。具体打分的标准见表18-2。

表18-2 暴露于危险环境的频繁程度及其分值

分数值	暴露于危险环境的频繁程度
10	连续暴露
6	每天工作时间内暴露
3	每周一次或偶然暴露
2	每月暴露一次
1	每年几次暴露
0.5	非常罕见地暴露

(3)发生事故可能造成的后果(C)：由于事故造成人员的伤害程度的范围很大，规定把需要治疗的轻伤对应分值为1，许多人同时死亡对应的分值为100，其他情况评分标准见表18-3，并可依据事故后果严重程度应用插分法取值、赋分。

表18-3 事故造成的后果及其分值

分数值	事故造成的后果
100	10人以上死亡
40	数人死亡
15	1人死亡
7	严重伤残
3	有伤残
1	轻伤，需救护

2. 危险性等级划分标准

根据经验,规定危险性分值在 20 以下为低危险性,它比日常骑车上班的危险性略低;在 70～160 之间,有显著的危险性,需要采取措施整改;在 160～320 之间,有高度危险性,必须立即整改;大于 320 时,有异常危险性,应立即停止作业,彻底整改。按危险性分值划分危险性等级的标准见表 18-4。

表 18-4　危险性等级的标准

危险性分值 D	事故造成的后果
≥320	极度危险,不能继续作业
≥160～320	高度危险,需要立即整改
≥70～160	显著危险,需要整改
≥20～70	比较危险,需要注意
<20	稍有危险,可以接受

3. 应用举例

例如,工人每天都操作一台没有安全防护装置的机械,有时注意力不集中会导致手被打伤压伤的情况,过去曾发生过造成一只手致残的事故,但不会使受害者死亡。为了评价这种生产作业条件的危险性,首先确定各评价项目的分数值:

事故发生可能性属于"相当可能发生",其分数值为 $L=6$;

工人每天都在这样的条件下操作,暴露情况分数值 $E=6$;

后果严重程度属于"致残",相应的分数值 $C=3$;

于是,这种生产作业条件的危险性分值为

$$D=6×6×3=108$$

对照表 18-4,属于显著危险,需要改善。

(四)定量分析方法

除上述定性分析方法外,定量分析方法日益受到人们的重视。定量安全评价方法,即以理论和经验分析为基础,将安全评价的项目和内容以数量指标表述,比较评价对象与评价标准的数值差异,从而确定评价对象达到的安全水平。常用的定量安全评价方法有指数评价法和风险评价法。

1. 危险指数评价

危险指数评价是从安全角度出发,对评价对象进行系统分析,确定其工艺及操作的初步评价危险指数,根据系统安全措施情况确定补偿评价危险指数。两个危险指数反映系统的固有危险性和安全保护下的危险性,与标准指数比较后得出系统固有安全水平和采取安全保护措施后的安全水平。该类方法的典型代表有道化学火灾爆炸指数评价法、蒙德火灾爆炸毒性指数评价法、光气危险性评价法、危险度评价法、化工厂危险程度分级法等。

美国道化学公司开创的危险指数评价法,综合考虑了影响事故发生频度与后果的危险因素,给它们赋以分值并运算后得到表征总危险度的指数,从而形成了与系统安全工程方法并行不悖的两大安全评价的流派。美国道化学公司 1964 年公布第一版危险指数评价方法,至今已作了 6 次修改,提出了第 7 版。道化学公司方法推出以后,各国竞相研究,推动了这项技术的发展,在它的基础上提出了一些不同的评价方法,其中尤以英国 ICI 公司蒙德分部方法最具特色。第三版道化学公司方法的评价结果是以火灾、爆炸指数来表示的,英国 ICI 公司蒙德分部则根据化学工业的特点,扩充了毒性指标,并对所采取的安全措施引进了补偿系数的概念,把这种方法向前推进了一大步。道化学公司又在吸收蒙德方法优点的基础上,进一步把单元的危险度转化为最大财产损失,技术日臻完善。

《光气及光气化产品生产装置安全评价通则》是我国工业生产中第一个以国家标准颁布的安全评价方法。光气及光气化产品生产装置安全评价方法的主要特点是:

(1)由定性分析开始到半定量、定量分析,逐渐深入,形成了有机组合起来的综合性评价方法。

(2)设计阶段和生产阶段有不同的评价程序。

(3)区分为火灾、爆炸危险指数($F\&EI$)和毒性危险指数(T_1)两大类。分别计算其数值并分别确定危险等级,以便于有针对性地采取措施。在计算 T_1 时,结合国内生产工艺,首次提出了"工艺过程毒性"的概念。

(4)只对单元进行评价,不对整个装置或企业作综合评价分析。

2. 定量风险评价法

定量风险评价法(Quantitative Risk Analysis,QRA)是以风险管理理论为基础提出的。风险评价法通过确定事故发生的概率和事故后果的严重程度两个指标,并与可接受的安全标准相比较判断系统的安全水平。定量风险评价法的典型代表有"达信"风险评价法与"苏黎世"风险分析法。总体而言,定量风险评价法具有如下的过程:

(1)危险性分析。包括标出并列出危险,引起危险的事故顺序的定义,危险概率的计算,确定危险概率等级。

(2)风险评价。包括定义引起危险并导致事故的事件顺序,确定事故严重程度,确定危险程度等级,结合危险概率于严重程度计算风险。

(3)对每一个危险确定可接受的风险。可接受风险的级别应得到行业管理部门授权,特别是新系统的可接受的风险应不高于已存在的常规系统。

(4)计算要降低的风险。

六、危险化学品安全管理

《危险化学品安全管理条例》确立的13项管理制度,包括一项公告制度,两项备案制度,9项审查、审批制度和违规责任追究制度。这些制度是评价企业危险化学品安全管理状况的依据。

(1)公告制度:指国家将危险化学品以《危险化学品名录》和《剧毒化学品名录》予以公布。

(2)备案制度:指"在役装置安全评价报告备案制度"和"应急救援预案备案制度"。

(3)审查、审批等制度:"危险化学品生产和储存企业设立审批","危险化学品生产企业的生产许可证制度","危险化学品包装物、容器生产企业的定点审批","危险化学品经营许可证制度","剧毒化学品准购、准运制度","危险化学品运输企业资质认定制度","危险化学品登记制度","从业人员培训考核与持证上岗制度"以及"化学事故应急救援管理制度"。

为了落实《危险化学品安全管理条例》的基本要求,危险化学品生产、经营企业应制定一系列安全规章制度。至少应包括:安全生产责任制度,安全教育制度,工艺操作与生产要害岗位管理制度,防火与防爆管理制度,防尘与防毒管理制度,物资储存管理制度,危险物品管理制度,电气安全管理制度,施工与检修管理制度,厂区交通管理制度,安全检查制度,安全技术措施管理制度,科研开发与工程设计管理制度,安全装置和防护用品(器具)管理制度,事故管理制度和岗位安全操作规程。

(周宏伟)

第三节　健康相关产品的安全性评价与管理

一、健康相关产品的安全性评价基本程序

(一)健康相关产品的定义和安全性评价的意义

"健康相关产品"是指任何与人体健康相关的产品,也是人们日常生活中经常使用和接触的产品,包括人们熟悉的食品、化妆品、洗涤用品、消毒产品、建材、涂料等;也包括人们不熟悉或忽略其存在的产品,如涉及饮用水卫生安全的产品(以下简称涉水产品),主要是饮用水输送和制备过程中所接触的管材、水处理剂等;还包括随着人们对生活质量的要求不断提高涌现出来的一些新产品,如净水产品、空气净化产品等。

卫生部给出的健康相关产品的定义,是指《中华人民共和国食品卫生法》、《化妆品卫生

监督条例》、《保健食品管理办法》、《生活饮用水卫生监督管理办法》、《消毒管理办法》及其他法律、法规、规章规定由卫生部审批的食品、化妆品、涉水产品、消毒药剂和消毒器械等其他与人体健康相关的产品。

健康相关产品的安全性是指某一种健康相关产品在规定的使用方式和用量下,对人体健康不会产生任何损害,既不引起急性、慢性中毒,亦不致对接触者(包括老、弱、病、幼和孕妇)及其后代产生潜在危害。安全性评价则泛指终产品及所用原料(包括生产、加工、保存健康相关产品所用的原料;生产、加工、运输、销售和保存等过程中产生和污染的有害物质,如农药残留、重金属、生物毒素、包装材料溶出物、放射性物质和洗涤消毒剂等)的安全性评价。

健康相关产品具有与人体密切接触的特点,因此对健康相关产品及直接或间接用于健康相关产品的化学物质进行安全性评价,对保障广大消费者的身体健康是非常重要的。健康相关产品的安全性评价工作可为制定健康相关产品制备中使用的化学物质限量标准和健康相关产品中含有的污染物及其他有害物质的允许含量标准提供毒理学依据。但是,由于健康相关产品涉及的范围非常广、品种繁多,目前我国还没有一个统一的健康相关产品安全性评价程序。

(二)进行安全性评价时需考虑的因素

在评价一种原料的安全性时,应全面考虑以下几方面的因素,以便进行综合评价。

1. 原料的化学结构及理化性质

根据化学结构,可预测其毒性。理化性质则包括原料的纯度、可能含有的杂质、稳定性、溶解度等信息。

2. 人体可能摄入量

除一般人群的摄入量外,还应考虑特殊和敏感人群(如儿童、孕妇及高摄入量人群)的可能摄入量。

3. 动物毒性试验和体外试验资料

尽管通过文献查阅获得的相关试验资料可能会有一些缺陷,但这是进行安全性评价的主要依据,也是目前技术水平下所能得到的最重要的资料。

4. 代谢试验资料

代谢研究是对化学物质进行毒理学评价的一个重要方面,因为不同的化学物质、剂量大小,在代谢方面的差别往往对毒性作用影响很大。在毒性试验中,原则上应尽量使用与人具有相同代谢途径和模式的动物种、系来进行试验。研究受试物在实验动物和人体内吸收、分布、排泄和生物转化方面的差别,对于将动物试验结果比较正确地推论到人具有重要意义。

5. 人体资料

由于存在着动物与人之间的种属差异,除了动物试验结果,还应尽可能收集人群接触该原料后的反应资料,如职业性接触和意外事故接触等。志愿受试者的试验结果对于将动物试验结果推论到人具有重要意义。此外,将动物毒性试验结果推论到人时,一般采用安全系数的方法,以确保对人的安全性。安全系数通常为 100 倍,但可根据受试物的理化性质、毒性大小、代谢特点、接触的人群范围、产品使用量及使用范围等因素,综合考虑增大或减小安全系数。

6. 综合评价

在进行最后评价时,必须在受试物可能对人体健康造成的危害以及其可能的有益作用之间进行权衡。其结果不仅取决于科学试验资料,而且与当时的科学水平以及社会、政治因素有关。因此,随着时间的推移,很可能结论也不同。对于已使用了相当长时间的化学物质,对接触人群进行流行病学调查具有重大意义,但往往难以获得剂量—反应关系方面的可靠资料。

对于新化学物质,则只能依靠动物试验和其他实验研究资料。然而,即使有了完整和详尽的动物试验资料和一部分人类接触者的流行病学研究资料,但由于人类的个体差异,也很难做出能保证每个人都安全的评价。所谓绝对的安全实际上是不存在的。根据上述的材料,进行最终的评价时,应全面权衡其利弊和实际可能,从确保发挥该物质的最大效益以及对人体健康和环境造成最小的危害的前提出发做出结论。

终产品的安全性评价则比原料的安全性评价更为复杂。因为终产品往往是由不同原料组成的混合物,其安全性不仅取决于其中的每一个原料,还与产品的使用目的、使用条件、混合原料之间潜在的相互作用等多种因素有关。因此在对终产品进行安全性评价时,除了解相关原料的安全性评价结果外,还应掌握终产品的配方、生产工艺、使用说明书等有关资料。受试物应是符合既定配方和生产工艺的规格化产品,其组成成分、比例及纯度应与实际产品相同。

(三)安全性评价基本程序

健康相关产品的安全性评价程序应遵循分阶段试验的原则,大体上分为四个阶段:

1. 急性毒性试验

急性毒性试验的目的是了解受试物的毒性强度、性质和可能的靶器官,并为进一步进行毒性试验的剂量和毒性判定指标的选择提供依据,包括急性经口毒性试验、急性皮肤毒性试验等。根据产品种类和使用方式的不同,可进行不同的选择。例如,食品等经口途径的产品可以只进行急性经口毒性试验。化妆品等与皮肤接触的产品除急性经口毒性试验外,还应进行急性经皮毒性试验,在此基础上,有必要进行黏膜刺激性试验,以确定黏膜刺激的可能性;皮肤致敏性试验,以确定是否存在接触性过敏;根据原料的特性,还需要选做光毒性试验,以确定在阳光照射条件下的毒性。

2. 蓄积毒性和遗传毒性试验

蓄积毒性试验的目的是了解受试物在体内的蓄积情况。遗传毒性试验的目的是对受试物的遗传毒性以及是否具有潜在致癌作用进行筛选,相应的试验项目非常多,选择时,应根据受试物的化学结构、理化性质以及对遗传物质作用终点的不同,综合考虑原核细胞和真核细胞、生殖细胞与体细胞、体内和体外试验相结合的原则。如果所选的几项试验结果均为阳性,则表示受试物很可能具有致癌作用,除非受试物具有十分重要的价值,一般应予以放弃;如果其中一项或两项为阳性结果,则应继续选择两项其他的致突变试验再下结论或根据受试物的重要性和可能摄入量等,综合权衡利弊再做出决定;如果几项试验均为阴性结果,则可进入亚慢性毒性试验阶段。

3. 亚慢性毒性试验

亚慢性毒性试验的目的是:①观察受试物以不同剂量水平较长期施药,对动物的毒性作用性质和靶器官,并确定最大无作用剂量;②了解受试物对动物繁殖及对子代的致畸作用;③为慢性毒性(包括致癌性)试验的剂量选择提供依据;④为评价受试物能否应用于健康相关产品提供依据。对于食品等经口途径的产品通常包括 90 d 喂养试验、喂养繁殖试验、喂养致畸试验、传统致畸试验等,可根据受试物的性质和试验结果,进行合理选择。对于化妆品等与皮肤接触的产品,除亚慢性经口毒性试验和致畸试验外,更重要的是要进行亚慢性皮肤毒性试验,以确定受试物多次重复涂抹皮肤可能引起的潜在的健康危害,为提供经皮渗透的可能性、靶器官和慢性皮肤毒性试验剂量选择提供依据。

此外,根据化学物质的特性,还要选择性地进行代谢试验。代谢试验的目的是:①了解受试物在体内的吸收、分布和排泄速度以及蓄积性,寻找可能的靶器官;②为选择慢性毒性试验的合适动物种、系提供依据;③了解有无毒性代谢产物的形成。对于我国新创制的化学物质或是与已知物质化学结构基本相同的衍生物,在进行最终评价时,至少应进行胃肠道吸收试验、血浓度测定试验(计算生物半减期和其他动力学指标)、主要器官和组织中的分布试验、排泄(尿、粪、胆汁)试验等几项代谢方面的试验,有条件时,可进一步进行代谢产物的分离、鉴定;对于国际上多数国家已批准使用和代谢试验资料比较齐全的化学物质可暂不要求进行代谢试验;对于属于人体正常成分的物质可不进行代谢试验。

4. 慢性毒性(包括致癌)试验

慢性毒性试验的目的是了解长期接触受试物后出现的毒性作用,尤其是进行性或不可逆的毒性作用以及致癌作用,并确定最大无作用剂量,为受试物能否应用于健康相关产品提供依据。

当然,安全性评价程序的四个阶段及相应的试验项目并不是一成不变的,有时根据产品的特点,可增减其他毒理学试验项目,包括人体试验项目。

(四)危险性评定的步骤

危险性分析由三部分组成,危险性评定、危险性管理和危险性的信息交流。危险性评定是危险性分析重要的部分,包括以下四个步骤:

1. 危险性鉴别

主要基于人体的、动物毒性试验和体外试验。临床试验,流行病学调查,事故报告,还可能包括定量结构活性关系(QSAR)研究的结果。

(1)动物毒性试验和体外试验资料:针对不同的健康相关产品所列的试验项目的侧重点会有所不同。所进行的试验是目前技术水平下所得到的最重要的资料,也是进行评价的主要依据。在试验得到阳性结果,而且结果的判定涉及受试物能否应用时,需要考虑结果的重复性和剂量—反应关系。在结果有争议时,需由有关专家进行评议。

(2)毒代动力学的研究:毒代动力学指某一种物质在体内的具有时间依赖关系的代谢过程。包括吸收、分布、生物转化及/或排除。毒代动力学研究是对化学物质进行毒理学评价的一个重要方面,因为不同化学物质在代谢方面的差别,往往对毒性作用的影响很大。在毒性试验中,原则上应尽量使用与人具有相同代谢途径的动物种系来进行较长期的试验。研究受试物在实验动物和人体内吸收、分布、排泄和转化方面的差别,这对于将动物实验结果比较正确地推论到人具有重要意义。

(3)人体资料:由于存在着动物与人之间的种属差异,相对于人体暴露试试验,动物试验和体外试验的方法的预测价值是有限的,在将动物试验结果推论到人时,应尽可能收集人群接触受试物后的反应资料,如职业性接触和意外事故接触等。志愿受试者体内的代谢资料对于将动物试验结果推论到人具有重要意义。

2. 剂量—反应关系评价

用于研究毒性反应和暴露之间的关系,根据有无阈值毒性作用分为:①包括系统毒性、致畸作用等,可设定安全限值;②遗传毒性致癌、致突变,可制定实际安全剂量(VSD)。

对有阈值毒性作用制定安全限值,选择可用于剂量—反应关系评定的动物及人群研究资料并以最敏感的有害效应作为安全限值推导的基础,明确剂量—反应关系,确定临界效应的 NOAEL 或 LOAEL 及相应的不确定系数(UF)和修正系数(MF)。

安全限值$[mg/(kg \cdot d)]$＝NOAEL 或 LOAEL $/(UF \times MF)$。

对无阈化学物发展了多种有关致癌物的剂量—反应关系评定的数学外推模型,主要有概率分布模型(统计学模型)和机制模型。

3. 暴露评价

确定针对某种物质的暴露量和频率。除一般人群的暴露量外,还应考虑特殊和敏感人群(如儿童、孕妇及高摄入量人群)。

4. 危险性特征分析

危险性特征分析是根据上述三个阶段所得的定性、定量评定结果,对待评价的物质的健康危险度进行综合评价,所以在进行最后评价时,必须在受试物可能对人体健康造成的危害以及其可能的有益作用之间进行权衡。其结果不仅取决于科学试验资料,而且与当时的科学水平以及社会、政治因素有关。因此,随着时间的推移,很可能结论也不同。

二、各类健康相关产品的安全性评价与管理

(一)保健食品的安全性评价

1. 保健食品的定义及分类

保健食品是指声称具有特定保健功能或者以补充维生素、矿物质为目的的食品。即适宜于特定人群食用,具有调节机体功能,不以治疗疾病为目的,并且对人体不产生任何急性、亚急性或者慢性危害的食品。

目前保健食品涉及的功能有 27 种,包括增强免疫力功能,辅助降血脂功能,辅助降血糖功能,抗氧化功能,辅助改善记忆功能,缓解视疲劳功能,促进排铅功能,清咽功能,辅助降血压功能,改善睡眠功能,促进泌乳功能,缓解体力疲劳功能,提高缺氧耐受力功能,对辐射危害有辅助保护功能,减肥功能,改善生长发育功能,增加骨密度功能,改善营养性贫血功能,对化学性肝损伤有辅助保护功能,祛痤疮功能,祛黄褐斑功能,改善皮肤水分功能,改善皮肤油分功能,调节肠道菌群功能,促进消化功能,通便功能,对胃黏膜有辅助保护功能。

2. 保健食品的安全性评价阶段

保健食品的安全性毒理学评价试验包括四个阶段:

(1)第一阶段,急性毒性试验;

(2)第二阶段,遗传毒性试验、30 d 喂养试验、传统致畸试验;

(3)第三阶段,亚慢性毒性试验——90 d 喂养试验、繁殖试验、代谢试验;

(4)第四阶段,慢性毒性试验(包括致癌试验)。

不同保健食品在选择毒性试验时应考虑原料或成分在国内外的食用历史及区域、国际组织相关的系统的毒理学安全性评价结果及与国内产品质量的一致性、生产工艺、食用量等因素。此外,针对不同食用人群和(或)不同功能的保健食品,必要时应针对性地增加敏感指标及敏感试验。用已列入营养强化剂或营养素补充剂名单的营养素的化合物为原料生产的保健食品,如其原料来源、生产工艺和产品质量均符合国家有关要求,一般不要求进行毒性试验。

3. 注意事项

对保健食品的毒理学安全性评价时还应考虑以下问题。

(1)试验指标的统计学意义和生物学意义:统计学上差异有显著性时,应综合考虑剂量反应关系、同类指标横向比较、与本实验室的历史性对照值范围比较等多种因素判断其生物学意义。此外如在受试物组发现某种肿瘤发生率增高,即使在统计学上与对照组比较差异无显著性,仍要给予关注。

(2)生理作用与毒性作用:出现某些异常改变时要注意区分是生理学表现还是受试物的毒性作用。

（3）在同一剂量水平下毒性效应随时间的变化情况，即时间—毒性效应关系。

（4）特殊人群和敏感人群：如适用于孕妇、乳母或儿童的保健食品，应特别注意其胚胎毒性或生殖发育毒性、神经毒性和免疫毒性。

（5）人的可能摄入量较大的保健食品可能影响营养素摄入量及其生物利用率，从而导致某些与受试物毒性无关的毒理学表现。

（6）含乙醇的保健食品：对试验中出现的某些指标的异常改变，应注意区分是乙醇本身还是其他成分的作用。

（7）动物年龄对试验结果的影响：不同年龄动物对受试物的敏感性可能不同，应选择与功能相对应的年龄的动物。

（8）安全系数：将动物毒性试验结果外推到人时，鉴于种属差异和个体差异的存在，安全系数通常为 100，但对某些受试物应综合考虑其特殊性决定安全系数的大小。

（9）人体资料：由于种属差异，应尽可能收集人群食用受试物后反应的资料，必要时进行人体试食试验。

（10）综合评价：必须综合考虑受试物的原料来源、理化性质、毒性大小、代谢特点、蓄积性、接触的人群范围、食品中的使用量与使用范围、人的可能摄入量及保健功能等因素，确保其对人体健康的安全性。然而，由于人类的种族和个体差异，也很难做出保证每个人都安全的评价，即绝对的安全实际上是不存在的。根据试验资料，进行最终评价时，应全面权衡做出结论。

（11）保健食品安全性的重新评价。随着科学技术的进步和研究的不断进展，必要时应对已通过评价的受试物进行重新评价。

（二）涉水产品的安全性评价

1. 涉水产品的定义及分类

涉水产品是涉及饮用水卫生安全的产品的简称，包括输配水设备及防护材料、水化学处理剂和水质处理器三大类，涉水产品的定义最早出现在 1996 年 7 月 9 日建设部、卫生部颁布的《生活饮用水监督管理办法》中。涉水产品种类繁多，根据《生活饮用水监督管理办法》第五章附则的规定，涉水产品包括"凡在饮用水生产和供水过程中与饮用水接触的连接止水材料、塑料及有机合成管材、管件、防护涂料、水处理剂、除垢剂、水质处理器及其他新材料"。在卫生部 2001 年颁布的《生活饮用水卫生规范》（2001）附件二"生活饮用水输配水设备及防护材料卫生安全评价规范"中，也把与饮用水接触的水处理材料和部件列为涉水产品。在以上提及的诸多涉水产品中，除了水质处理器外，其他的涉水产品均为饮用水的生产和供给部门特别是自来水厂必须使用的产品。

2. 涉水产品的安全性评价

《生活饮用水监督管理办法》第 21 条规定，涉水产品必须进行卫生安全性评价。与饮用水接触的防护涂料、水质处理器以及新材料和化学物质，由省级人民政府卫生行政部门初审后,报卫生部复审;复审合格的产品,由卫生部颁发批准文件。其他涉水产品,由省、自治区、直辖市人民政府卫生行政部门批准,报卫生部备案。进口涉水产品,须经卫生部审批后,方可进口和销售。

我国涉水产品的卫生安全性评价,主要依据《生活饮用水卫生规范》(2001)附件二"生活饮用水输配水设备及防护材料卫生安全评价规范"、附件三"生活饮用水化学处理剂卫生安全评价规范"、附件四 A"生活饮用水水质处理器卫生安全与功能评价规范——一般水质处理器"和附件四 C"生活饮用水水质处理器卫生安全与功能评价规范——反渗透处理装置"进行产品前处理、检测和评价。

(1)输配水设备及防护材料的安全性评价:我国生活饮用水系统组件的卫生安全性评价方法有《生活饮用水输配水设备及防护材料的安全性评价标准》(GB/T 17219-1998)和《生活饮用水输配水设备及防护材料卫生安全评价规范》(2001)。《生活饮用水输配水设备及防护材料的安全性评价标准》制定于 1998 年,主要依据《生活饮用水卫生标准》(GB 5749-85),参照美国 NSF/ANSI 61"生活饮用水系统组件—健康效应"标准制定。卫生部《生活饮用水输配水设备及防护材料卫生安全评价规范》是在国家标准 GB/T 17219-1998 基础上修订而成,自 2001 年颁布实施以来,主要作为我国生活饮用水系统组件的卫生安全性评价检测、评价和评审依据。

《生活饮用水输配水设备及防护材料卫生安全评价规范》适用于与饮用水接触的输配水设备、防护材料和水处理材料的卫生安全评价。本规范涉及的检测指标包括基本项目(色、浑浊度、臭和味、肉眼可见物、pH、溶解性总固体、耗氧量、砷、镉、铬、铝、铅、汞、三氯甲烷和挥发酚类)和增测项目(铁、锰、铜、锌、钡、镍、锑、银、锡、总有机碳、四氯化碳、邻苯二甲酸酯类、氯乙烯、苯乙烯、环氧氯丙烷、甲醛、丙烯腈、苯、总放射性。所有产品应测定全部基本项目,但增测项目与产品的种类、性质有关。防护涂料和新材料还需进行急性经口毒性、Ames 试验和哺乳动物细胞染色体畸变试验毒理学试验。

所有产品须按规范规定在特定的条件下进行浸泡试验,浸泡条件包括浸泡水组成、温度、浸泡时间和受试产品接触浸泡水的表面积与浸泡水的体积比。产品在用 pH 为 8、硬度 100 mg/L、有效氯为 2 mg/L 的浸泡水在(25±5) ℃避光的条件下浸泡(24±1) h;按《生活饮用水标准检验方法》检测浸泡水的相关水质指标。

为保证安全供水,输配水设备、防护材料和水处理材料必须符合以下卫生要求:①凡与饮用水接触的输配水设备、水处理材料和防护材料不得污染水质,出水水质必须符合《生活饮用水卫生标准》的要求;②所有产品须按规范要求进行浸泡试验,并根据种类有选择地测定浸泡水水质指标,其检测结果须符合规范要求;③防护涂料的急性经口毒性(LD_{50})不得小于 10 g/kg 体重,其浸泡水的两项致突变试验(Ames 试验和哺乳动物细胞染色体畸变试验)均应为阴性;④当用新材料制备输配水设备、防护材料和水处理材料时,应测定在水中的溶出物及其浓度,并根据国内外相关标准评价其安全性。无标准可依的,应按规范要求进行毒理学试验确定限值。

（2）饮用水化学处理剂：饮用水化学处理剂是指在饮用水处理过程中（混凝、絮凝、助凝、消毒、氧化、pH 调节、软化、灭藻、除垢、除氟、除砷、氟化、矿化）所采用的化学物质。

可分为下列几类：①混凝剂：聚合氯化铝（碱式氯化铝、羟基氯化铝）、硫酸铁等。②絮凝剂：硫酸亚铁、氯化铁、硫酸铝（明矾）、氯化铝等。③助凝剂：硅酸钠（水玻璃）等。④聚合电解质：阳离子聚丙烯酰胺、水解苯丙酰胺等。⑤pH 调节剂：氢氧化钠、氢氧化钙、碳酸钠、氧化钙、碳酸钙、氧化镁、硫酸、盐酸、二氧化碳等。⑥灭藻剂：硫酸铜（胆矾、蓝矾）等。⑦氟化剂：氟化钠、氟硅酸钠、氟化钙等。⑧除垢剂：聚磷酸、磷酸二氢钾、磷酸氢二钾、磷酸氢二钠、磷酸三钾、磷酸三钠、磷酸锌、聚合磷酸镁钙钠、玻璃状、聚合磷酸钠，玻璃状、聚合磷酸钾锌钠、焦磷酸四钠、聚合磷酸锌钠等。⑨消毒剂：次氯酸钠、次氯酸钙、高锰酸钾、氯气、漂白粉、过氧化氢、亚氯酸钠、氯酸钠、碘等。

我国饮水化学处理剂的卫生安全性评价方法有《生活饮用水化学处理剂卫生安全评价标准》（GB/T 17218-1998）和《生活饮用水化学处理剂卫生安全评价规范》（2001）。《生活饮用水化学处理剂卫生安全评价标准》制定于 1998 年，主要依据《生活饮用水卫生标准》（GB 5749-85），参照美国 NSF/ANSI 60 "生活饮用水化学处理剂—健康效应"标准制定。卫生部《生活饮用水化学处理剂卫生安全评价规范》是在国家标准 GB/T 17218-1998 基础上修订而成，自 2001 年颁布实施以来，主要作为我国生活饮用水化学处理剂的卫生安全性评价检测、评价和评审依据。此外，针对生活饮用水消毒剂的特殊性，2005 年卫生部颁发《生活饮用水消毒剂和消毒设备卫生安全评价规范》（试行），作为饮用水消毒剂安全性评价和消毒效果评价的依据。

《生活饮用水化学处理剂卫生安全评价规范》适用于混凝、絮凝、助凝、消毒、氧化、pH 调节、软化、灭藻、除垢、除氟、除砷、氟化、矿化等用途的生活饮用水化学处理剂的卫生安全评价。本规范涉及的检测指标包括金属（砷、镉、铬、铅、银、硒和汞）和与产品的原料、配方和生产工艺有关的无机物、有机物和放射性物质。所有产品应测定全部 7 项金属，聚丙烯酰胺需测定丙烯酰胺单体，直接采用矿物为原料的产品应测定总 α 放射性和总 β 放射性。

为保证安全供水，水化学处理剂必须符合以下卫生要求：①水化学处理剂在规定的投加量使用时，处理后水的一般感官指标应符合《生活饮用水水质卫生标准》的要求；②水化学处理剂带入饮用水中的有害物质是《生活饮用水卫生标准》中规定的物质时，该物质的容许限值为相应规定限值的 10％（汞除外，其限量为 0.0002 mg/L）若未作规定时，可参考国内外相关标准判定，其容许限值为该容许浓度的 10％；③若带入饮用水中的有害物质无依据可确定容许限值时，应按规范要求做毒理学试验，确定该物质在饮用水中最高容许浓度，其容许限值为该容许浓度的 10％。

（3）水质处理器：水质处理器一般是以市政自来水或其他集中式供水为原水进行深度处理，包括过滤、吸附、离子交换、反渗透、蒸馏或消毒等过程，旨在改善饮水水质，去除水中某些有害物质为目的的饮用水水质处理装置。

水质处理器按供水范围划分有集团用的(大型)和家庭用的(小型)水质处理器。按水处理器的功能划分有一般水质处理器(净化)、反渗透处理器(脱盐)矿化水器和软化水器等。按水处理器的功能分为:①吸附型滤水器:活性炭滤水器、活性氧化铝净水器(除氟)等。②膜过滤净水装置:超滤饮水处理装置、微滤饮水处理装置、陶瓷膜饮水处理装置等。③脱盐(纯水)装置:反渗透饮水处理器、电渗析饮水处理器、纳滤饮水处理器、蒸馏水器等。④离子交换装置:软化水器。⑤饮水消毒设备:二氧化氯发生装置、臭氧发生装置、次氯酸钠发生装置、紫外线消毒装置等。⑥调节 pH 制水装置:电解水器。⑦阻垢装置:化学(聚磷酸盐)阻垢器、物理阻垢器等。⑧矿化水装置。

我国水质处理器的卫生安全性评价方法主要依据卫生部 2001 年颁布《生活饮用水水质处理器卫生安全与功能评价规范——一般水质处理器》、《生活饮用水水质处理器卫生安全与功能评价规范——矿化水》和《生活饮用水水质处理器卫生安全与功能评价规范——反渗透处理装置》进行产品前处理、检测和评价。与输配水设备及防护材料和水化学处理剂的卫生安全性检测不同,水质处理器评价除了进行安全性评价外,还进行功能性(去除效果)评价。水质处理器评价包括整机浸泡试验、总体性能试验和加标试验。所有水质处理器卫生安全性检测项目均相同,但加标试验项目与水质处理器的水处理材料有关。

水质处理器安全性试验采用整机浸泡试验和总体性能试验。水质处理器整机浸泡试验方法是按说明书要求,先用纯水注入处理器冲洗,然后注入纯水于室温浸泡 24 h,按《生活饮用水标准检验方法》检测浸泡水的相关水质指标。测定指标包括感官性状指标和一般化学指标(色度、浑浊度、臭和味、肉眼可见物和耗氧量)、毒理学指标(铅、镉、汞、铬(六价)、砷、酚)和微生物指标(细菌总数、总大肠菌群、粪大肠菌群),若处理器内含有载银活性炭、碘树脂等消毒组件,还需测定其他相关指标银或碘。总体性能试验是在申报的净水流量下以市政自来水通过水质处理器,根据额定产水总量计算,将全程分为 4 段。于正式通入水样之初和 4/4 段末时通入市政自来水并采样检验,检测项目为卫生部《生活饮用水水质卫生规范》规定的常规检测指标。

由于水质处理器组成复杂,容易造成饮水污染,为保证饮水安全,水质处理器必须符合以下卫生要求:①用于组装生活饮用水水质处理器的材料和直接与饮水接触的成型部件及过滤材料,应按照卫生部必须按照《生活饮用水输配水设备及防护材料卫生安全评价规范》要求进行检验,符合要求的产品方可使用。②所有产品须按规范要求进行整机浸泡试验,并根据消毒组件种类有选择地测定浸泡水水质指标,其检测结果须符合规范要求。③总体性能试验的出水水质必须符合《生活饮用水卫生标准》的要求。

(三)化妆品的安全性评价

1. 化妆品定义及分类

化妆品是指以涂擦、喷洒或者其他类似的方法,散布于人体表面任何部位(皮肤、毛发、指甲、口唇等),以达到清洁、消除不良气味、护肤、美容和修饰目的的日用化学工业产品。

化妆品按其用途可分为非特殊用途化妆品和特殊用途化妆品。非特殊用途化妆品包括发用类、护肤类、彩妆类、指(趾)甲类、芳香类,特殊用途化妆品包括育发类、脱毛类、美乳类、健美类、除臭类、祛斑类、防晒类、染发类、烫发类。

2. 与化妆品安全性相关的因素

正确选择和使用化妆品可使人体皮肤、毛发保持健康,减少外界理化因素对皮肤的刺激,达到清洁皮肤、促进皮肤血液循环和新陈代谢的护肤、洁肤作用。化妆品的使用是直接与施用部位接触,其发挥功效的同时有可能产生一些不良反应,如可能产生局部刺激、局部过敏、光毒性和全身毒性。

(1)化妆品可能诱发的不良反应:①刺激反应;②过敏反应;③光毒性;④全身毒性反应。

(2)化妆品化学物质的毒性作用:化妆品化学物质的毒性与化妆品的用途有关,一般用途化妆品的毒性很低,特殊用途化妆品其中某些组分属毒性化合物。化妆品在生产或流通过程中可被有毒化学物质污染,尤其是有毒重金属污染。

一些化妆品中含有变应原,对于变应性体质的个体可能诱发全身性的变态反应,如对苯二胺、滑石粉、推进剂等。

化妆品组分中还可能含有致癌、致突变和致畸物质或受其污染。化妆品中也可能含有特殊成分如激素类物质。

(3)化妆品微生物污染的危害:化妆品中的微生物污染是除固有成分以外,影响其安全性的另一个主要因素。一般可将化妆品在生产过程中的污染称为一级污染,化妆品在使用过程中受到的污染称为二级污染。

一级污染的微生物可源于原料本身,也可在生产过程中被污染。二级污染是化妆品启封后,使用或存放过程中发生的污染,包括手部接触化妆品后将微生物带入,空气中的微生物落入而被污染。

化妆品中常见的微生物包括:细菌(埃希菌属、假单胞菌属、肠杆菌、克雷伯菌菌属、葡萄球菌、芽孢杆菌属)、霉菌(青霉菌、曲霉菌和支链孢霉菌)、致病菌(绿脓杆菌、金黄色葡萄球菌、肺炎克雷伯菌、蜡样芽孢杆菌等)。

受微生物污染的化妆品可出现变色、异味、发霉、酸败、膏体液化分层等现象。微生物污染除了可引起化妆品腐败变质外,还可在其代谢过程中产生毒素或代谢产物,这些异物可作为变应原或刺激原对施用部位产生致敏或刺激作用。

3. 化妆品的安全性评价方法

(1)化妆品成分的安全性评价:化妆品潜在毒性的确定需要基于一系列毒理学研究,毒理学研究是危险性鉴别工作的一部分,而危险性鉴别是整个安全性评价的第一步。可计算:①未观察到有害作用的水平;②全身暴露量的计算;③安全系数。

(2)化妆品产品安全性评价:我国对于化妆品产品的安全性评价主要是依据实验室的检

测来评价,所需要的检验项目应根据化妆品的种类、使用特性和使用部位的不同而进行。不同产品需要进行的相应检测项目的选择应符合《卫生部化妆品检验规定》和《化妆品卫生规范》的要求。

(四)消毒产品的安全性评价

1. 消毒产品的定义、分类及特点

消毒产品可分为三类:第一类消毒产品是指消毒因子为我国首创或根据国内外文献报道为首次生产的消毒产品;第二类消毒产品是指同类杀菌因子在国外已批准生产、现由我国首次生产或首次进口的消毒产品,也包括国内虽有生产,但特性发生明显改变和/或用途增加的消毒产品;第三类消毒产品是指与国内已获准生产的消毒产品属于同类的产品。

消毒产品首先应该有效。有效就是在设定的温度、时间和作用强度及可能存在干扰物的条件下能够杀灭各种目标微生物。根据杀灭能力的不同,我国将消毒剂分为灭菌剂、高效消毒剂、中效消毒剂、低效消毒剂。

灭菌剂(sterilant)是指可杀灭一切微生物(包括细菌芽孢)使其达到灭菌要求的制剂。高效消毒剂(high-efficacy disinfectant)是指可杀灭一切细菌繁殖体(包括分枝杆菌)、病毒、真菌及其孢子等,对细菌芽孢(致病性芽孢菌)也有一定杀灭作用的制剂。中效消毒剂(intermediate-efficacy disinfectant)是指仅可杀灭分枝杆菌、真菌、病毒及细菌繁殖体等微生物的制剂。低效消毒剂(low-efficacy disinfectant)是指仅可杀灭细菌繁殖体和亲脂病毒的制剂。

理想的消毒产品还应该安全可靠,对人体的急性毒性和皮肤刺激性低,基本不导致明显的过敏,没有慢性毒性和致畸致癌作用等。当然,消毒产品特别是一些消毒剂常常有这样那样的安全隐患,需要使用者在使用时避免和加强防护,因此,对消毒产品的安全性问题生产者、销售者和使用者都要做到胸中有数,安全性评价是消毒产品不可缺少的环节。对不同的消毒剂,评价内容的详细程度也不一样。

理想的消毒产品还必须对环境安全、对物品的损害小。我国在这方面的工作还只处于起步阶段,一些禁限用物质的标准正在制定之中,也开展了消毒剂金属腐蚀性的评价。美国在这方面的工作起步较早,他们规定只有通过了美国环保局评价的产品才可以作为消毒剂使用。

2. 消毒产品的安全性评价方法

需要指出的是,消毒产品的有效性和安全性评价是多方面的,既包括对配方、生产工艺的评价,也包括生产条件和生产过程的评价、还包括理化特性、电气安全性、储存运输条件和使用方法的评价等。当然,通过实验室检测评价消毒产品的安全性和有效性也是必不可少的。

(1)评价项目的选择:消毒产品的评价项目包括理化特性、消毒效果、毒理学、安全性几个方面,国外还常常包括临床观察以充分考察其安全性和有效性。消毒产品的检测项目需要综合考虑其在世界和我国的生产使用情况、用途和有关理化特性等。一般来说,消毒产品首先需要根据其在世界和我国的生产使用和消毒对象的情况来选择检测项目,以确保其安全有效。

由于《卫生部消毒产品检验规定》已规定了常规检测项目,对第一类、第二类消毒产品除按《卫生部消毒产品检验规定》确定的项目进行检测外,还需要根据该产品的特性按照能全面、科学地评价该产品的原则针对性设定检测项目。

(2)理化特性的评价:包括有效成分含量的测定、pH 值的测定、稳定性试验、金属腐蚀性试验、样品间误差的测定、有害杂质的测定等。

(3)消毒效果的评价:包括微生物杀灭试验、影响因素试验、模拟现场试验与现场试验。

(4)安全性项目评价

①基本项目:应根据消毒剂的类别,确定毒理学检测项目。对第一类消毒剂,首先必须做急性经口毒性试验(包括小鼠和大鼠)、亚急性毒性试验、亚慢性毒性试验、致畸胎试验和三项致突变试验(包括反映体细胞基因水平、体细胞染色体水平和性细胞染色体水平三种类型试验)。根据试验结果,判断是否需继续做其他试验项目。对第二类消毒剂,首先必须做急性经口毒性试验、亚急性毒性试验和两项致突变试验(包括反映基因水平和染色体水平两种类型试验)。根据试验结果,判定是否需继续做其他项目试验。对第三类消毒剂,首先必须做急性经口毒性试验和一项致突变试验(反映体细胞基因水平或染色体水平类型的试验);若消毒剂(皮肤黏膜消毒剂)直接用于人体,并有可能重复接触的,还必须增做亚急性毒性试验。根据试验结果,判定是否需继续做其他试验。

②特殊项目:除基本项目外,根据用途还必须增加相应的检测项目。对室内空气消毒剂,必须做急性吸入毒性试验和急性眼刺激试验。视其试验结果,判定是否需做其他试验项目。对手和皮肤消毒剂,必须进行完整皮肤刺激试验。如果偶尔使用或间隔数日使用的消毒剂,采用一次完整皮肤刺激试验;如果每日使用或连续数日使用的消毒剂,采用多次完整皮肤刺激试验。接触皮肤伤口的消毒剂,还必须增做一次破损皮肤刺激试验;接触创面的消毒剂,应增做眼刺激试验。使用过程中,对必须接触皮肤的其他消毒剂也应增做完整皮肤刺激试验。根据消毒剂的成分,估计可能有致敏作用者,还需增做皮肤变态反应试验。对黏膜消毒剂,还必须做急性眼刺激试验和阴道黏膜刺激试验。如果偶尔使用或间隔数日使用的消毒剂,采用一次阴道黏膜刺激试验;如果每日使用或连续数日使用的消毒剂,采用多次阴道黏膜刺激试验。

(五)建筑装修材料的安全性评价

1. 室内建筑装修材料的分类

室内建筑材料主要包括砂、石、砖、水泥、混凝土、预制构件、新型墙体材料等。室内装修材料主要包括无机非金属装修材料、金属装饰材料、人造板材、地面材料、胶粘剂、壁纸和涂料等。

无机非金属装修材料包括石材、建筑卫生陶瓷、石膏板、吊顶材料等。

(1)人造板材:人造板材是室内装饰装修的最主要材料之一,它是由不同尺度和不同形态的木材(如木块、薄木片、刨花和木纤维等)经胶合制成的板材,人造板材包括胶合板、纤维板、刨花板、细木工板等。

(2)地面材料:地面材料包括实木地板、复合木地板、塑料地板、地毯等。聚氯乙烯卷材地板又称地板革,是由高强度无纺布或玻璃纤维布经过几道涂布工艺凝胶及印花装饰而成。主要有带基材的聚氯乙烯卷材地板,有基材有背涂层的聚氯乙烯卷材地板,无基材聚氯乙烯塑料卷材地板等。地毯分为手工和机制两大类,除手工打结地毯外,地毯背部都需要涂胶,我国地毯的背胶主要采用羧基丁苯胶乳。

(3)胶粘剂:胶粘剂是指用于粘合两种或两种以上相同或不同材料的物质。室内装修使用多种胶粘剂,尤其是合成胶粘剂,如环氧树脂、酚醛树脂、尿醛树脂、聚乙烯醇缩甲醛树脂、密胺缩甲醛树脂、聚乙酸乙烯酯、聚氨基甲酸酯、氰基丙烯酸酯等。

(4)壁纸:壁纸是以纸为基材,在加工过程中加入能够改善其功能的助剂或在纸基上涂以聚氯乙烯涂料制成的。

(5)涂料:涂料又称油漆,是指应用于物质表面而能结成坚韧保护膜的物料的总称。既包括了传统的油漆,也包括利用各种合成树脂为主要原料生产的溶剂型和水性涂料。涂料是由成膜物质、颜料、溶剂和助剂四部分组成的。涂料中的成膜物质主要是合成树脂,它具有粘接涂料中其他组分形成涂膜的功能。为了完成涂装过程必须使用溶剂,将成膜物质溶解或分散为液态,并在涂膜形成过程中挥发掉。同时为了满足涂料生产、贮存、涂装和成膜不同阶段的性能要求,必须使用涂料助剂。颜料是有颜色涂料(又称色漆)的主要组成部分。

2. 室内建筑装修材料的安全性评价

鉴于建筑装修材料在使用中及使用后会持续释放有害物质,因此应对这类材料进行安全性评价,加强对建筑装修材料的卫生监督和管理。安全性评价应收集建筑装修材料的基本资料,包括与建筑装修材料生产相关的各种原始材料的毒性数据、建筑装修材料的基本成分、杂质含量、使用方式、可能接触的途径、建筑装修材料中典型有害物质的分析测定方法;并根据人体接触的情况,从接触途径和剂量等方面进行动物实验设计,收集动物毒性实验资料;同时还要收集人群资料,包括人群接触时出现的各种不良反应资料,以及对人体可能的潜在危害。

安全性评价程序应包括第一阶段的急性毒性和动物皮肤、黏膜试验:急性毒性试验(急性皮肤毒性试验、急性经口毒性试验),动物皮肤、黏膜试验(皮肤刺激试验、眼刺激试验、皮肤变态反应试验);第二阶段的亚慢性毒性和致畸试验:亚慢性皮肤毒性试验,亚慢性经口毒性试验,致畸试验;第三阶段的致突变、致癌短期生物筛选试验:鼠伤寒沙门氏菌回复突变试验(Ames试验),体外哺乳动物细胞染色体畸变和SCE检测试验,哺乳动物骨髓细胞染色体畸变率检测试验,动物骨髓细胞微核试验,小鼠精子畸形检测试验;第四阶段的慢性毒性和致癌试验:慢性毒性试验和致癌试验。

3. 建筑装修材料有害物质限量标准

国家质量监督检验检疫总局于 2001 年 12 月 10 日批准发布了 10 项强制性国家标准,对室内装饰装修所使用的原料和辅料、加工工艺、使用过程等各个环节中甲醛、挥发性有机化合物(VOCs)、苯、甲苯、二甲苯、氨、游离甲苯二异氰酸酯(TDI)、氯乙烯单体、苯乙烯单体、可溶性铅、镉、铬、汞、砷等有害物质的含量或释放量,以及建筑材料放射性核素的限量都做了明确的规定。

《建筑材料放射性核素限量》标准规定了各类建筑所使用的无机非金属类建筑材料的放射性核素限量值及放射性核素的测定方法;《室内装饰装修材料人造板及其制品中甲醛释放限量》标准规定了各种人造板及其制品中甲醛的含量和释放量限值,以及穿孔萃取法测定甲醛含量的方法;《室内装饰装修材料溶剂型木器涂料中有害物质限量》和《室内装饰装修材料内墙涂料中有害物质限量》标准规定了溶剂型涂料和内墙涂料中有害物质的含量限值,以及各种有害物质的测定方法;《室内装饰装修材料胶粘剂中有害物质限量》标准规定了胶粘剂和水基胶粘剂中有害物质的含量限值,以及各种有害物质的测定方法;《室内装饰装修材料壁纸中有害物质限量》标准规定了壁纸中有害物质的含量限值,以及各种有害物质的测定方法;《室内装饰装修材料聚氯乙烯卷材地板中有害物质限量》标准规定了聚氯乙烯卷材地板中有害物质的含量限值,以及各种有害物质的测定方法;《室内装饰装修材料地毯、地毯衬垫及地毯胶粘剂中有害物质限量》标准规定了地毯、地毯衬垫及地毯胶粘剂中有害物质的释放量限值,以及各种有害物质的测定方法;《混凝土外加剂中释放氨的限量》标准规定了混凝土外加剂中释放氨的限值及测定方法。

(六)空气净化产品的安全性评价

1. 空气净化产品的分类和形态

空气净化产品是借助物理、化学、生物等手段去除空气中一种或多种污染物,改善室内空气质量的产品。按照净化原理的不同可分为:过滤净化包括纤维过滤和静电过滤;吸附净化包括物理吸附和化学吸附;化学净化方法还包括氧化、还原、中和、离子交换等;非热等离子体净化包括电子束照射法、气体放电法、介质阻挡放电法和表面放电法;光催化净化法;负离子净化包括电晕放电、水动力和放射型负离子发生技术;臭氧净化方法包括光化学法、电化学法、电晕放电法和高频陶瓷沿面放电法;生物方法包括杀菌、生物氧化等;此外还有一类采用遮盖或掩蔽原理的产品,如空气清新剂、除臭剂等。

空气净化产品的形态主要有机械电器装置、固体颗粒或粉末、纤维、液体、熏蒸型和喷雾型等。

2. 空气净化产品的安全性评价方法

一些利用电加热或燃烧将带有香味的化合物逸散到空气中的熏蒸型产品;利用喷雾器

将液体喷洒到空气中形成气溶胶的喷雾型产品,在一定条件下能祛除空气中的某些污染物,这些净化产品,在使用过程中可能释放出新的空气污染物,造成二次污染。

鉴于此,应对这些空气净化产品进行安全性评价,加强对空气净化产品的卫生监督和管理。安全性评价应收集熏蒸型和喷雾型空气净化产品的基本成分和杂质含量以及相关的毒性数据,对这类产品中有害物质的含量和释放量进行测定,并根据人体接触的情况,从接触途径和剂量等方面进行动物实验设计,收集动物毒性实验资料;同时还要收集人群资料,包括人群接触时出现的各种不良反应资料,以及对人体可能的潜在危害。安全性评价程序可参照室内建筑装修材料的安全性评价进行。

在负离子净化方法中,电晕放电虽然能够产生大量的负氧离子,但同时也产生较多的臭氧和一氧化氮,臭氧和一氧化氮属于氧化剂,浓度高时会造成二次污染;臭氧净化方法中,由于臭氧的强氧化性,过高的臭氧浓度也会对人体健康产生危害。

对于这两种类型的空气净化产品,在安全性评价过程中,应收集净化原理和使用方式资料,为消费者提供详细的使用说明书,使消费者了解使用过程中应控制臭氧的产生。

三、健康相关产品的卫生监督与管理

针对健康相关产品的卫生监督管理,卫生部出台了一系列相关的规范性文件,并对健康相关产品实行上市前许可和上市后监督相结合的管理模式。

(一)卫生许可

卫生行政许可是卫生监督执法工作的重要组成部分,实施卫生行政许可的手段是阻止不安全产品进入市场的重要环节。为了规范健康相关产品的卫生许可管理,卫生部于2006年4月3日发布了《健康相关产品卫生行政许可程序》(以下简称《程序》)(卫监督发[2006]124号),并明确健康相关产品是指《中华人民共和国食品卫生法》、《中华人民共和国传染病防治法》、《化妆品卫生监督条例》及《国务院对确需保留的行政审批项目设立行政许可的决定》(国务院第412号令)中规定的,由卫生部许可的食品、消毒剂、消毒器械、化妆品、涉及饮用水卫生安全产品(以下简称涉水产品)等与人体健康相关的产品。健康相关产品生产和销售前应预先取得卫生许可凭证。

健康相关产品卫生许可流程大体上分为生产能力审核、检验、申报与受理、审评、批准和颁发批件六个步骤。当然,由于产品的不同,流程上会略有区别。如进口健康相关产品一般不需要进行能力审核,卫生部可根据具体情况组织现场审核和抽样复检工作;进口非特殊用途化妆品不需要组织化妆品评审委员会进行技术审评,并且实施备案制,同意备案的,卫生部发给备案凭证。

(1)生产能力审核:生产能力审核的目的是了解生产企业是否具有相应健康相关产品的

实际生产能力。生产能力审核应在健康相关产品申报卫生许可前,由省级卫生监督部门依据《健康相关产品生产企业卫生条件审核规范》进行。

(2)检验:检验的目的是验证健康相关产品的卫生安全性,通常包括毒理学、卫生化学、微生物学等方面的检验。检验工作应由省级卫生行政部门和卫生部认定的检验机构按照《卫生部健康相关产品检验机构工作制度》、《卫生部健康相关产品检验机构认定与管理办法》和国家有关法规、规章、规范和标准的要求进行。

(3)申报与受理:生产能力审核和相关检验完成后,申报单位可直接向卫生部审评机构提出健康相关产品卫生行政许可申请,并根据产品类型,按照相应产品的《卫生部×××卫生行政许可申报受理规定》提交有关资料。申报单位应对申报资料的真实性负责,承担相应的法律责任。卫生部审评机构将对申请资料进行形式审查。

(4)审评:审评机构受理健康相关产品卫生行政许可申请后,将在技术审查期限内组织有关专家及技术人员对申请材料进行技术审查。技术审查过程中认为需要对生产现场或检验机构进行审查或核查的,审评机构应指派2名以上专业技术人员进行现场审查或核查。负责技术审查的有关专家及技术人员根据风险性评估的结果做出技术审查结论。

(5)批准:对于通过技术审查的产品,卫生部将进行行政审查,并依法做出是否批准的行政许可决定。

(6)颁发批件:审评机构应当在卫生部做出行政许可决定后,通知申报单位领取卫生行政许可决定书或者证明文件。

(二)卫生监督

健康相关产品的卫生监督内容主要包括生产企业的卫生监督和产品经营的卫生监督。

1. 生产企业的卫生监督

由于健康相关产品的种类繁多,生产企业的卫生监督内容及分类也不尽相同,一般包括预防性卫生监督和经常性卫生监督。

预防性卫生监督主要是指对健康相关产品的生产企业(包括新、改、扩建)规划、选址等进行审查、发放生产企业卫生许可证的监督检查。

预防性卫生监督的主要内容包括:

(1)选址、规划和布局:厂址的选择不仅要考虑地形、交通、给排水、电力等因素,还应重点考虑厂址周围是否有污染源。厂区规划时则应重点考虑功能区的合理布局,大体上可以分为生产区、非生产区和污染区,将三者布置在相对独立的区域,不仅可以减少交叉污染环节,而且保证了生产的连续性。生产车间是企业的核心部门,其布局的合理与否直接关系到产品的卫生质量,因此,车间布局必须满足生产工艺和卫生要求。

(2)原辅料管理:原辅料是保证产品质量的关键点之一,如果原辅料不符合卫生要求,很难保证产品质量,原辅料的卫生涉及采购、运输和贮存。

(3)生产过程的卫生管理:生产过程中各种各样的因素都会引起产品的一次污染,加强生产过程的卫生管理是保证产品卫生质量的根本。为保证产品的生产过程符合卫生要求,企业不仅应有健全的卫生管理制度和专(兼)职卫生管理人员,而且在原材料、生产工艺、生产设备等各方面都要符合卫生要求。

(4)品质管理:建立完善的品质管理体系是保证产品卫生质量的重要基础。品质管理体系主要包括管理机构、管理制度、产品质量标准、产品检验、质量控制、投诉处理等方面。

(5)成品的贮存和运输:严格的成品仓储、运输管理是确保产品卫生的重要环节。企业应制定系统的管理制度并严格执行,以确保检验合格入库的成品在符合规定的贮存条件下存放、运输。此外,从事产品生产的从业人员还应经过预防性健康检查和相关知识培训。

经常性卫生监督是指对生产企业实施定期或不定期的监督检查,主要检查生产企业遵守法律、法规情况以及落实各项管理制度的情况。

经常性卫生监督主要包括以下几个方面。

(1)生产企业持证情况:检查卫生许可证是否在有效期内、生产经营的范围是否与卫生许可范围一致等;

(2)生产过程的检查:检查生产环境卫生、布局是否符合要求,生产设施是否有变动,是否按配方进行投料生产等;

(3)品质管理情况:检查产品标签、标识、说明书是否符合要求,是否进行产品出厂检验,检验条件是否符合要求等;

(4)人员管理情况:检查专职技术人员、生产和品质负责人、检验人员是否有变动,从业人员是否进行过卫生知识培训及健康状况是否符合要求等。

2. 经营的卫生监督

产品从生产领域进入流通领域成为商品后的卫生监督属于经营的卫生监督,其主要任务是对产品的经营者及其销售(使用)的产品实施经常性卫生监督,重点检查流通领域中的产品是否具有有效的卫生许可证及批件,产品标签、说明书和宣传内容是否符合有关法律法规的规定,产品的卫生质量是否符合卫生要求,通过卫生监督执法杜绝不合格产品上市、查处虚假违规宣传行为、查处卫生质量不合格的产品,确保消费者的使用安全。

【思考题】

1. 简述安全性评价的分类和基本程序。
2. 为何要对化学品的安全性进行评价和管理?
3. 健康相关产品的安全性评价可分为哪几类?各有何特点?
4. 简述健康相关产品安全性评价的基本步骤。
5. 如何对健康相关产品进行卫生监督与管理?

(李永红)

第五篇 突发事件与公共卫生安全

第十九章

突发公共卫生事件

随着工业化进程和社会经济发展,人类不断面临各类危害健康因素的挑战。日趋严重的环境污染和资源匮乏、原有生物病原体的耐药性变异、新发传染病的出现、经济欠发达地区和国家薄弱的公共卫生服务能力、城市地区人口的过度密集、国家和地区间交流的日益频繁以及部分地区极端民族主义和宗教势力的增长,使得全球逐渐进入了一个突发公共卫生事件的高发时期,人类的生命安全受到了严重威胁。

第一节 概 述

不同类型突发公共事件发生的原因、导致危急状态的影响程度和范围、产生社会危害的严重程度都有很大差异,即使是相同类型突发公共事件的不同阶段对政府应急管理措施的要求也都不同。因此,只有对各种表现形式不同的突发公共卫生事件进行深入分析,抓住其本质特征,从而对不同突发公共卫生事件进行分类、分级与分期,才能建立相应的应急管理体系和应急预案。

一、突发公共卫生事件的定义与特点

(一)突发公共卫生事件的定义

突发公共卫生事件(emergency public health events)是指突然发生、造成或者可能造成社会公众健康严重损害的重大传染病疫情、群体性不明原因疾病、重大食物中毒、重大职业中毒、传染病菌种毒种丢失、重大化学毒物污染以及其他严重影响公众健康的事件。

(二)突发公共卫生事件的特点

1. 突发性和意外性

突发公共卫生事件往往是突然发生,出乎意料,经常不具备事件发生前的征兆,留给人们的思考余地较小,要求人们必须在极短的时间内做出分析、判断;事件发生的具体时间、实际规模、具体形态和影响深度,一般难以预测,突然发生,来势凶猛,有很大的偶然性、瞬时性和不确定性。

2. 群体性或社区危害性

突发公共卫生事件危害的范围比较广,涉及的人员比较多,常波及较大的人群、社区,甚至整个社会,具有公共卫生的属性,往往引起"多米诺骨牌"效应。

3. 隐蔽性

很多突发公共卫生事件如传染病、食物中毒、水污染事故、职业危害、放射线事故等,可在正常公共场所活动中,经过人与人接触,以食品、饮料为载体,使人不知不觉地受到侵害,而且往往用常规的手段无法检测到。

4. 对社会危害的严重性

突发公共卫生事件不但造成人们人身、精神伤害,而且会破坏经济发展、影响政治稳定、危及正常工作和生活秩序,甚至威胁人类的生存。

5. 处置的综合性和系统性

突发公共卫生事件涉及面广,需要在政府统一领导下,各系统、各部门广泛动员、协调一致地开展人员救治、善后处理和原因调查等工作,才能取得良好成效。

6. 常与责任心不强有直接关系

虽然突发公共卫生事件具有突发性和意外性,但是,只要坚持原则,依法办事,遵守操作规程和规章制度,认真负责,一般就不会发生或极少发生。反之,其发生多与违法行为、违规违章操作、责任心不强有直接关系。

二、突发公共卫生事件的分类、等级与分期

(一)突发公共卫生事件的分类

1. 按事件表现形式分类

(1)飓风型:表现为来得快去得也快,呈一过性。如多数食物中毒事件。

(2)蓄积型:表现为酝酿时间较长,然后突然爆发。如福建仙游尘肺病事件。

(3)辐射型:表现为突然爆发但影响时间很长。如前苏联切尔诺贝利核电站核泄漏事件。

(4)迁延型:表现为来得慢去得也慢。如日本的水俣病等环境污染事件。

2. 按引起紧急状态的原因分类

根据引起紧急状态的原因可分为：自然灾害引起的突发公共卫生事件和人为因素或社会动乱引起的突发公共卫生事件。

3. 按事件发生原因分类

（1）生物病原体所致疾病：主要指传染病（包括人兽共患病）、寄生虫病、地方病区域性流行与爆发流行或出现死亡；预防接种或预防服药后出现群体性异常反应；群体性医院感染等。

（2）食物中毒事件：指人摄入含有生物性、化学性有毒有害食物或把有毒有害物质当食物摄入后所出现的非传染性的急性或亚急性疾病。

（3）有毒有害因素造成的群体中毒：指因水体污染、大气污染和放射污染等大型污染所致，波及范围极广的群体中毒、死亡或危害。

（4）自然灾害：根据我国可能发生的主要自然灾害特点，可引发公共卫生事件的自然灾害包括气象灾害、海洋灾害、洪水灾害、地质灾害、地震灾害、农作物灾害和森林灾害。

（5）意外事故引起的死亡：煤矿瓦斯爆炸、飞机坠毁、空袭等重大生产安全事故等生产、生活意外事故严重威胁着人们的安全。此类事件因没有事前征兆和准备，往往会造成巨大的经济损失和人员伤亡。

（6）不明原因引起的群体发病或死亡：此类系不明原因所致，人们缺乏防护救治知识、没有监测预警系统，因此，其危害经常较前几类严重得多。

4. 按事件发生性质分类

（1）重大传染病疫情：是指传染病的爆发和流行，包括鼠疫、肺炭疽和霍乱的爆发、动物间鼠疫、布病和炭疽等流行，乙丙类传染病爆发或多例死亡，罕见或已消灭的传染病，新传染病的疑似病例等。

（2）群体性不明原因疾病：是指 3 人以上发生不明原因的疾病。

（3）重大食物中毒和职业中毒：包括中毒人数超过 30 人或出现死亡 1 例以上的饮用水和食物中毒，短期内发生 3 人以上或出现死亡 1 例以上的职业中毒。

（4）其他严重影响公众健康的事件：包括医院感染爆发，药品或免疫接种引起的群体性反应或死亡事件，严重威胁或危害公众健康的水、环境、食品污染和放射性、有毒有害化学性物质丢失、泄漏等事件，生物、化学、核辐射等恐怖袭击事件，有毒有害化学品生物毒素等引起的集体性急性中毒事件，有潜在威胁的传染病动物宿主、媒介生物发生异常，学生因意外事故自杀或他杀出现 1 例以上的死亡，以及上级卫生行政部门临时规定的其他重大公共卫生事件。

（二）突发公共卫生事件的分级

根据突发公共卫生事件性质、危害程度、涉及范围，突发公共卫生事件划分为特大（Ⅰ

级)、重大(Ⅱ级)、较大(Ⅲ级)和一般(Ⅳ级)四级。

1. Ⅰ级(特大突发公共卫生事件)

特大突发公共卫生事件是指发生在很大的区域内,已经发生很大范围的扩散或传播,或者可能发生大范围扩散或传播,原因不清或原因虽然清楚但影响人数巨大且已影响社会稳定,甚至发生大量死亡的突发公共卫生事件。

2. Ⅱ级(重大突发公共卫生事件)

重大突发公共卫生事件是指发生在较大区域内,已经发生大范围扩散或传播,或者可能发生大范围扩散或传播,原因不清或原因虽然清楚但影响人数很多,甚至发生较多死亡的突发公共卫生事件。

3. Ⅲ级(较大突发公共卫生事件)

较大突发公共卫生事件是指发生在较大区域内,已经发生较大范围扩散或传播,或者有可能发生较大范围扩散或传播,原因不清或原因虽然清楚但影响人数较多,甚至发生少数死亡的突发公共卫生事件。

4. Ⅳ级(一般突发公共卫生事件)

一般突发公共卫生事件是指发生在局部地区,尚未发生大范围扩散或传播,或者不可能发生大范围扩散或传播,原因清楚且未发生死亡的突发公共卫生事件。

(1)肺鼠疫、肺炭疽在大、中城市发生并有扩散趋势,或肺鼠疫、肺炭疽疫情波及 2 个以上的省份,并有进一步扩散趋势。

(2)发生传染性非典型肺炎、人感染高致病性禽流感病例,并有扩散趋势。

(3)涉及多个省份的群体性不明原因疾病,并有扩散趋势。

(4)发生新传染病或我国尚未发现的传染病发生或传入,并有扩散趋势,或发现我国已消灭的传染病重新流行。

(5)发生烈性病菌株、毒株、致病因子等丢失事件。

(6)周边以及与我国通航的国家和地区发生特大传染病疫情,并出现输入性病例,严重危及我国公共卫生安全的事件。

(7)国务院卫生行政部门认定的其他特别重大突发公共卫生事件。

(三)突发公共卫生事件的分期

突发公共卫生事件通常遵循一个特定的生命周期。每一个级别的突发公共卫生事件,都有发生、发展和减缓的阶段。按照社会危害的发生过程将每一个等级的突发公共事件进行阶段性分期,可将突发公共事件总体上划分为预警期、爆发期、缓解期和善后期四个阶段。在此基础上,可以科学地规定与上述各个阶段相适应的应急措施。

1. 预警期

指事件的酝酿期和前兆期。主要任务是防范和阻止突发公共卫生事件的发生,或者把突发公共卫生事件控制在特定类型以及特定的区域内,其关键在于预警能力。

2. 爆发期

指事件的作用和危害期。主要任务是及时控制突发公共卫生事件并防止其蔓延,其关键在于快速反应能力。

3. 缓解期

指灾害救援或爆发控制期。主要任务是减低应急措施的强度并尽快恢复正常秩序。

4. 善后期

指事件平息后的一定时期。主要任务是对整个事件处理过程进行调查评估并从事件中获益,其关键在于善后学习能力。

三、国内外突发公共卫生事件概述

由传染性疾病、食物中毒、化学品泄漏与污染、毒气泄漏及煤矿瓦斯爆炸、自然灾害、邪教利用毒物自杀或施放毒气、核泄漏与核辐射、战争等因素所致的突发公共卫生事件已成为当前重大公共卫生问题。

(一)生物因素导致的突发公共卫生事件

古今中外,历史上的全球鼠疫、流感大流行曾导致数千万甚至上亿人感染或死亡。1967年以来,至少鉴定了 39 种新的病原体,包括艾滋病毒、埃博拉出血热、马尔堡热和严重急性呼吸道综合征。其他由来已久的威胁,诸如大流行性流感、疟疾和结核等,由于变异、对抗菌药物耐药性增强和卫生系统薄弱等综合因素继续对健康造成威胁。在过去 5 年里,WHO在全世界范围内至少核实了 1 100 起疾病流行事件。

(1)鼠疫的病死率高达 30%～100%。历史上记载过 3 次鼠疫的世界性大流行,第一次发生于 6 世纪,几乎遍及全球;第二次发生在 14—16 世纪,波及整个欧洲、亚洲和非洲北部,导致欧洲人口减少四分之一;第三次发生于 1894 年,至 1900 年在 32 个国家流行。

(2)1817 年至 1923 年的百余年间,在亚、非、欧、美、澳等发生的 6 次古典生物型霍乱世界性大流行,给人类带来巨大的灾难。1961 年开始由埃尔托生物型霍乱弧菌引起的第 7 次世界性霍乱大流行,至今已波及五大洲 140 个以上的国家和地区,报告病例数已达 400 万以上,目前尚无停息的迹象。1992 年 10 月印度和孟加拉相继发生一种由 O_{139} 群霍乱弧菌引起的新型霍乱爆发和较大流行,随后在亚洲传播。

(3)1918—1920 年的"西班牙流感"大约造成 2 500 万～4 000 万人死亡,是第一次世界大战死亡人数的 2.5～4 倍。

(4)1920 年,中国东北鼠疫大流行,3 个月死亡 8 万多人。

(5)我国发生过 5 次全国性流脑大流行,分别是在 1938 年、1949 年、1959 年、1967 年和

1977年。其中,1967年由于"文化大革命"的"大串联",3~4个月内流脑流行遍及全国,发病率达403/10万。

(6)1981年世界上第一例艾滋病病人发现以来,全球已有超过2 500万人死于艾滋病。2006年全球艾滋病病毒携带者人数为3 950万,当年新增艾滋病感染者430万,有290万人死于艾滋病。截止2006年10月31日,我国历年累计报告艾滋病183 733例,其中艾滋病病人40 667例,死亡12 464例。

(7)1996年日本发生的O157:H7的爆发流行,波及30多个部、府、县,感染近万人,造成12人死亡,2001年日本再次发生O157流行。

(8)1988年1月19日开始,上海市民因生食受到甲肝病毒严重污染毛蚶导致甲型病毒性肝炎爆发,截至当年5月13日,共有310 746人发病,31人直接死于本病。

(9)1999年夏秋之际,我国江苏、安徽两省北方交界的农村地区发生O_{157}流行,历时7个月,感染20 000多人,死亡约177例。

(10)2002—2003年发生的SARS,截至2003年8月7日全球共发生8 422例病人,死亡916例。

(11)1997年5月发生于香港的首例人感染高致病性禽流感,截至2007年9月,WHO报告全球人禽流感病人达328例,死亡达200例,病死率高达60.98%。

(二)毒气毒物导致的突发公共卫生事件

随着工业化进程,环境污染日趋严重。由此引发的突发公共卫生事件屡有发生,并造成巨大危害。

(1)1943年,美国洛杉矶发生刺激性光化学烟雾经久不散75%市民患红眼病,死亡400人。

(2)1952年12月,英国伦敦毒雾事件,4天中4 000人死亡,2个月中8 000人病死。

(3)1953年,日本发现首例水俣病病人,广泛危害日本等国家与地区。仅日本水俣市受害居民就达万人。1991年日本环境厅公布的中毒病人仍有2 248人,其中,1 004人死亡。

(4)1957年,前苏联乌拉尔核废料储存罐爆炸造成核污染,死亡1 000人。

(5)1976年7月,意大利塞维索一家化工厂爆炸,4万人暴露于二噁英中,450人急性中毒。

(6)1984年,墨西哥城煤气厂连锁爆炸4 250人严重受伤,死亡450人。

(7)1984年12月3日,印度博帕尔市郊联合碳化杀虫剂厂发生异氰酸甲酯泄露,几天之内死亡2 500多人,中毒50万人,截至1994年,6 495人死亡,还有4万人濒临死亡。

(8)1986年4月26日,切尔诺贝利核电站爆炸造成周围地区的放射性污染。2006年"绿色和平"组织报告,全球有20亿人口受影响,27万人因此患上癌症,致死9.3万人。

(9)1991年9月3日,江西上饶沙溪镇发生甲胺泄露,造成8人当即死亡,1小时内130

人急性中毒。

(10)1995 年 3 月 20 日,日本奥姆真理教在东京多条地铁线路的列车内施放沙林毒气,共造成 12 人死亡,大约 5 500 人受伤,其中一些人留下终身疾患。

(11)2001 年 9 月 21 日,法国图卢兹化工厂的化工原料泄露爆炸,30 人死亡,数千人受伤。

(12)2002 年初,在河北省高碑店市白沟镇箱包生产加工企业打工的几名外地务工者,陆续出现了中毒症状,并有 6 人相继死亡,后经卫生部门调查确定为苯中毒事件。

(13)2003 年,我国川东开县气矿发生天然气井喷,死亡 234 人,转移 4 万人。

(14)2006 年,在科特迪瓦阿比让市周围至少 15 个地点倾倒的约有 500 吨的石油化学废物,造成 8 人因暴露于此废物死亡,以及将近 9 万人出现健康问题。

(三)饮食因素导致的突发公共卫生事件

(1)1900 年,英国曼彻斯特市民由于饮用了含砷啤酒饮料造成中毒死亡 1 000 人。

(2)1956 年,日本森永奶粉事件,造成 12 000 人中毒,130 人死亡。

(3)1968 年 3 月,日本发生"米糠油"事件,当年 7—8 月为发病高峰,近 2 000 人发病,死亡 16 人。

(4)1971 年,伊拉克误将浸泡农药的玉米、小麦种子食用造成甲基汞中毒事件,中毒 8 万人,死亡 800 人。

(5)1981 年,在欧洲南部 203 人在食用了掺有工业菜籽油的食用油后死亡,共有 15 000 人受到这种毒油的危害。

(6)1998 年春节前,山西文水县一不法分子用甲醇勾兑散装白酒,几天之内朔州、大同等地先后发现数百名群众饮假酒中毒住院,其中近 30 人死亡。

(7)1999 年 5 月 28 日,比利时卫生部宣布国内部分农场生产的鸡肉、鸡蛋查处出高浓度的二噁英。

(8)2002 年 9 月 14 日,南京汤山发生一起特大投毒案。犯罪分子将"毒鼠强"投放到某饮食店食品原料内,造成 395 人因食用有毒食品而中毒,死亡 42 人。

(9)2003 年 5 月以来,阜阳市因食用劣质奶粉所致的营养不良综合征住院患儿达 189 人,死亡 12 人。

(10)2006 年,卫生部通过中国疾病预防控制中心网络直报系统共收到全国食物中毒报告 596 起,中毒 18 063 人,死亡 196 人,涉及 100 人以上的食物中毒 17 起。

(四)药物因素导致的突发公共卫生事件

(1)1922—1934 年,在美国、欧洲由氨基比林引起的粒细胞缺乏,造成 2 000 多人死亡。

(2)1935—1937 年,在美国由减肥药二硝基酚造成眼白内障及骨髓抑制 199 例,死亡 9

例。

(3)1938年,在美国一种磺胺药上市不久即导致358人发生毒性反应,107人死亡。

(4)1953年,菲那西丁造成肾损害2 000多例,死亡55例。

(5)1954年,法国用二磺二乙基锡制剂治疗感染,造成270人中毒,110人死亡。

(6)1957—1961年,反应停在20多个国家引致12 000多个先天性海豹样短肢畸形婴儿出生,及1 300多人患多发性神经炎。

(7)1968年,心得宁造成2 257人毒性反应。

(8)1973—1985年,我国全国性Reye综合征监测系统共收到2 900多例病例报告,其中,死亡800余例。

(五)其他因素导致的突发公共卫生事件

(1)1915年,比利时伊普雷遭到德国向英法联军施放氯气弹造成1.5万人丧失战斗力,死亡5 000人。

(2)1943年,意大利巴里港发生德机轰炸一装芥子气毒气的美国船引起大爆炸造成1 000人死亡。

(3)美国在20世纪60年代越战期间向越南丛林喷洒了约45 000万升橙剂,导致越南至少出生50万畸形儿,当地人群癌症发病率也增加。

(4)1978年11月18日,美国"人民圣殿教"信徒在圭亚那首都乔治顿附近的营地集体服毒自杀,死亡914人。

(5)1986年,中部非洲尼奥斯火山湖这个火山口深湖释放出大量气体后,1 700余人死于二氧化碳中毒。

(6)1991年,海湾战争结束后,回国美军士兵不久即患上神秘的"海湾战争综合征",截至1998年8月,9 000多名参加过海湾战争的士兵因此死亡。

(7)1999年11月24日,我国"大舜号"渡轮在烟台水域起火沉没,282人死亡。

(8)2003年,席卷欧洲的热浪夺走了35 000人的生命,这一事件与同期在世界其他地区出现的始料未及的极端气候有关。

(9)2003年2月18日,韩国大邱市发生恶性地铁纵火案,死亡140人、99人失踪、136人受伤。

(10)2004年1月23日,印度斯里兰格姆镇一座正在举行婚礼的礼堂发生火灾,包括新郎在内51人死亡,数十人受伤。

(11)2004年12月26日,印尼海啸至少造成226 566人死亡,估计受伤总人数超过5.3万人。

(12)2004年12月30日,阿根廷布宜诺斯艾利斯的一家夜总会发生火灾,175人死亡,714人受伤。

(13)2005 年,全球共发生 11 111 起恐怖袭击活动,死亡14 602人,平均每天发生 30 起恐怖袭击,死亡 40 人。

(14)2006 年 2 月 2 日,埃及"萨拉姆 98 号"客轮在红海沉没,1 000人死亡。

第二节　突发公共卫生事件应急反应体系

突发公共卫生事件应急反应体系是指在发生突发公共卫生事件时,能够在短时间内配齐人员、物质和能源,并迅速采取措施,以便将灾害减少到最低程度的一种体系。突发性公共卫生事件往往给一个国家及地区的社会经济产生严重影响。因此,政府必须建立和完善国家对突发公共卫生事件应急反应体系。

一、突发公共卫生事件应急反应体系的基本要素

(一)信息系统

信息系统担负着传染性疫情、重大食物中毒和职业中毒等突发性公共卫生事件的信息采集、汇总和报告,为分析并掌握突发性公共卫生事件的性质、程度和范围等提供准确可靠的信息资料,从而为预警和应急的启动做出正确的决策。

(二)控制系统

根据国家相关法律法规,以政府为中心,政府各职能部门如卫生、交通、消防、公安和民政等依照各自明确的职能分工开展工作,相互协调配合,共同作战。

(三)监测系统

监测系统是预警和应急系统的技术平台。引起突发性公共卫生事件的因素多种多样,危害人们的健康也是多方面的,因此,建立并完善疾病监测系统尤其是保证各级各类疾病监测机构的监测能力,使该系统能够有效监测,及时发现新出现的疾病或病源体,弄清造成突发性公共卫生事件的直接原因,才能保障疾病信息的收集和处理能力,真正发挥预警和应急网络体系的作用。

(四)救治系统

救治系统是整个应急体系中一个重要组成部分,与应急网络中其他成员一起,确保在启动应急预案后能有效地做出反应,担负着病人的快速救治任务,目标是降低死亡率,最终保

证人民生命安全。

(五)法制系统

法制系统是保证整个应急体系能够有效运转的生命线。政府、部门、团体和个人都应当自觉地遵守国家的法律法规,打击一切破坏社会秩序和社会安定的违法犯罪活动,这也是能否成功处理好突发性公共卫生事件的关键因素之一。

二、突发公共卫生事件应急反应原则

(一)统一领导、分级负责的原则

在各级人民政府的统一领导下,成立由主要领导任指挥的、各个职能部门参加的应急指挥部。它是处理突发公共卫生事件的中心,拥有处置突发公共卫生事件的一切权力,起主导作用。而分级负责体现了中央和地方政府在处理不同范围内突发公共卫生事件的权力与责任,规范了各级政府行为。

发生突发公共卫生事件时,事发地的县级、市(地)级、省级人民政府及其有关部门按照分级响应的原则,做出相应级别应急反应。同时,要遵循突发公共卫生事件发生发展的客观规律,结合实际情况和预防控制工作的需要,及时调整预警和反应级别,以有效控制事件,减少危害和影响。要根据不同类别突发公共卫生事件的性质和特点,注重分析事件的发展趋势,对事态和影响不断扩大的事件,应及时升级预警和反应级别;对范围局限、不会进一步扩散的事件,应相应降低反应级别,及时撤销预警。

国务院有关部门和地方各级人民政府及有关部门对在学校、区域性或全国性重要活动期间等发生的突发公共卫生事件,要高度重视,可相应提高报告和反应级别,确保迅速、有效控制突发公共卫生事件,维护社会稳定。

(二)反应及时、措施果断的原则

突发公共卫生事件应急处理要采取边调查、边处理、边抢救、边核实的方式,以有效措施控制事态发展。

突发公共卫生事件的监测机构在最短时间内能搜集、整理、汇总、报告信息,使调查控制机构在最短时间内弄清事件的性质,同时根据其性质采取有力的措施,阻止突发公共卫生事件进一步蔓延,迅速保护人群免受侵害,抢救、治疗患者和受侵害者,并通过流行病学调查、分析,结合化学、物理检验、检测技术,弄清突发公共卫生事件的原因、动因、环节和危害,迅速确定突发公共卫生事件的原因,是采取正确措施的关键。

事发地之外的地方各级人民政府卫生行政部门接到突发公共卫生事件情况通报后,要及时通知相应的医疗卫生机构,组织做好应急处理所需的人员与物资准备,采取必要的预防控制措施,防止突发公共卫生事件在本行政区域内发生,并服从上一级人民政府卫生行政部门的统一指挥和调度,支援突发公共卫生事件发生地区的应急处理工作。

(三)依靠科学、加强合作的原则

突发公共卫生事件本质是一种自然现象,每一类突发公共卫生事件发生、发展以及与外界的联系,都遵循自身客观规律。对待它们必须采取科学的态度,尊重科学,依靠科学,最终才能战胜他们;同时,突发公共卫生事件种类繁多,表现多样,牵扯的部门、学科多,这就要求我们在管理机制和科学研究机制上加强合作。

三、突发公共卫生事件的应急准备

发生突发公共卫生事件时,要求我们在较短的时间内配齐人员、物资、能源,并迅速采取措施控制事态的发展,以便使损害降低到最低程度,这就要求要有未雨绸缪的工作准备。

(一)防治预案

制定可能发生的各种突发公共卫生事件的应急预案,建立健全组织机构,属地管理,统一指挥,各部门协调一致,形成工作合力,全力应对突发公共卫生事件。

(二)人员培训

参加应急处理突发公共卫生事件的人员众多,包括卫生行政、卫生防疫、卫生监督、医疗急救、卫生检验、后勤保障等方面人员。对于这类人员根据预案要求,平时要加强应对处理各类突发公共卫生事件的能力培训,包括思想认识、技术操作、多项技能的培训,增强配合能力,使他们能够招之即来,来之能战,战之能胜。

(三)物资储备

为了迅速、准确处理突发公共卫生事件,卫生部门应有一定的物资储备,如消杀药物、无菌隔离衣物、便携式检验检测设备,各类疫苗、特效解毒药品、交通工具、畅通的信息网络,必要时公安110与急救120联动等。

四、突发公共卫生事件的应急处置

应对突发公共卫生事件不仅仅是卫生行政行业的事情,而且体现了一种社会的综合能力,属于政府危机管理的范畴。要敢于正确面对危机,树立战胜危机的信心,善于把握解决问题的时机,选择最佳方案,及时控制事态发展。

(一)迅速报告

一旦发生突发公共卫生事件,责任报告单位和报告人要以最快的方式(网络、电话等)、最短的时限(小于 6 h)向同级卫生行政部门进行报告,要将事件名称、发生地点、发生时间、涉及人群或潜在威胁的人群进行报告,还要尽可能报告事件的性质、范围、严重程度、可能原因、已采取的措施、病例发生数和死亡数等。接到报告后,根据区域性的预案,组织人员(一般先是卫生行政人员、疾控人员、卫生监督人员)迅速到达现场,了解情况,采取样品,取得证据,进行流行病学调查,判断原因,提出科学的、合理化的建议,为上级解决事件的决策提供第一手资料和依据。如果发生的是二级以上突发公共卫生事件,要在短时间内控制,仅靠卫生部门就显得势单力薄,必须依靠群众的力量,在政府的统一领导下,按照预案的要求,广泛动员各部门、各系统、各界群众联合行动,协同作战,群策、群防和群控。

(二)及时救治患者

如果是各类急性中毒、群体性创伤、火灾等意外伤害、重大疫情等突发公共卫生事件,医院的任务和职责就是紧急救治患者。医院要迅速启动本院应对突发公共卫生事件的预案,快速救治患者。此时,医院领导要有清醒的认识,要把处置突发公共卫生事件作为当前头等的、压倒一切的工作任务,要率先垂范,分秒必争,竭尽全力救治。既要做好院前现场急救和转运工作,又要做好院内救治工作。同时要注意事件伤员家属的情绪,在询问伤情、病情时,医务人员要耐心说明解释,切不可态度粗暴简单,以免引起矛盾激化,导致不必要的纠纷。医院还要及时向卫生行政部门报告抢救的进展情况。

(三)深入现场调查

疾控机构在处理突发公共卫生事件时,起着举足轻重的作用,主要工作任务是对患者及其密切接触者的流行病学调查,特别是对首例患者的调查;对疫区疫点要进行隔离控制和消毒指导;对疫情或事件要进行技术监测和预警。特别是要深入调查疫情,事件是处于活动期、上升期,还是平台期、恢复期;患者有无传染性,是通过什么途径传染;患者的确切发病时间,有无聚集性、周期性,有无第二、三代病例,发病的年龄、性别、行业构成等。分析可能的致病因子与宿主和环境之间的相互关系等。卫生监督机构要针对突发公共卫生事件的性质、种类,依法进行监督;要保护现场,封存有关可疑物品(食品),现场采取样品。需特别注意的是,如果突发公共卫生事件是食物中毒、职业中毒等,要进行详细的卫生监督调查,进一步追查毒源,是什么时间误食食物的;一共有多少人,多少人中毒;是否还有可疑食物(毒物);有无水污染、环境污染等。这些调查对处理突发公共卫生事件提出针对性防控措施,都具有重要的意义。

(四)果断采取防控措施

要针对原因,切中要害,果断采取防控措施。采取的措施要有理、有序、有节,要科学、及时、有效。如果是食物中毒要保护现场,封存可疑食物,终止患者继续接触毒物,防止毒物继续吸收;如果是重大疫情,要尽快明确诊断,采取隔离患者,切断传播途径,保护易感人群的措施;如果是创伤性伤害,要采取分秒必争的院前现场急救和转运工作;如果是洪涝灾害之后,要搞好宣教,根据需要采取消毒、杀虫、改善环境的措施。根据不同的原因,采取有效的控制措施。

(五)真实披露信息

发生突发公共卫生事件后,人们往往比较关注,希望得到事件信息。对社会发布信息要由指定的部门发布,政府或主管部门应该有专职的专业人员从公共关系的角度和群众进行沟通,向他们提供完整、准确、统一和权威的信息,引导人们在政府统一的指挥下共同解决公共卫生事件。

五、突发公共卫生事件应急预案

(一)应急预案的定义与特点

应急预案是指在搜集相关信息的基础上,针对可能发生的突发公共事件,为保证迅速、有序、有效地开展救援行动、降低损失而预先制订的详尽的实施计划。

规范的应急预案应具备以下特点,统一于预案的预见性、应急性、系统性、可操作性。

(1)科学性:预案的制定必须建立在科学研究的基础之上。

(2)全面性:应包括所有潜在的突发公共卫生事件,即使是发生概率很低的突发公共卫生事件,应涉及突发公共卫生事件处理的所有利益关系者,应跨越突发公共卫生事件管理的整个过程,包括事前、事中和事后。

(3)简洁性:语言简洁,容易理解。

(4)详尽性:预案内容应尽量具体,各项职责应具体到"谁来做、如何做"的程度。

(5)权威性:预案必须获得必要的法律或行政授权,以保证执行时畅通无阻。

(6)灵活性:预案的制定必须为那些不可预见的特殊情况留有余地,以便在事情发生后能快速做出反应。

(7)可扩展性:预案必须定期地维护和更新,必要时还可对其进行较大改动。

(8)适用性和可操作性:这是编制预案的关键。

(9)预案与其他计划类文种不同处:具体任务明确;内容详细、系统;措施行之有效。

(二)应急预案的制定原则

1. 政府负责,统一指挥

突发公共卫生事件的应急处理射击多部门,乃至需要全社会的参与和配合。因此,应由政府领导牵头,将不相隶属的部门和单位联合起来,统一指挥、统一行动,才能及时建立权威、高效的应急处理机制,以迅速、有效处置突发公共卫生事件,将其危害遏制于最小范围,损失降至最低程度。

2. 属地管理,职能保障

突发公共卫生事件有自身发生、发展规律,不会因单位的归属和性质而改变其规律。属地化管理既是明确责任的需要,也是科学处置的客观需要。鉴于我国行政管理体系的特点,许多职能管理是行业管理。因此,预案需要明确各职能部门的责任,分工合作,共同完成突发公共卫生事件的处理。

3. 科学防治,技术主导

无论是突发公共卫生事件的应对还是处置,均有很强的专业性与技术性。制定各类突发公共卫生事件应急预案均应按照科学程序,由业务部门提出具体防治技术方案,一旦经专家论证通过,即提交应急指挥部,各部门均应按要求认真组织落实。任何个人和组织均有义务履行,同时,不能任意更改和擅自扩大。

4. 满足投入,讲究实效

突发公共卫生事件监测系统、应急系统以及所需的设施、设备、药械等均应满足供给,而且,应有一定的储备。同时,在突发公共卫生事件处理的投入上,应注意投入—产出效率,力求将有限的公共卫生投入用在刀刃上,避免简单重复建设和资源浪费。

5. 危机处理,融入常态

由于突发公共卫生事件的突然性和难以预见性,应当建立一个完善的预防控制和快速危机处理机制,而且其应急处理程序要形成惯性运行,融入常规工作,形成职责分明、紧张有序、科学有效的处理体系。

6. 维护社会稳定,保障经济发展

处置突发公共卫生事件的许多措施都是"双刃剑"。一方面,要及时有效处理突发公共卫生事件,将其危害控制在最小范围;另一方面,采取措施时应考虑措施本身对社会、经济的不良影响和冲击。因此,启动应急预案时,特别是采用对社会正常生活、经济秩序造成重大影响的措施之前,应有社会学、经济学专家的影响评价机制,经充分斟酌权衡利弊后方可实施。

(三)应急预案的内容

(1)突发公共卫生事件应急处理指挥部的组成和相关部门的职责;

(2)突发公共卫生事件的预防、监测与预警；

(3)突发公共卫生事件信息的收集、分析、报告、通报和发布制度；

(4)突发公共卫生事件应急处理技术和监测机构及其任务；

(5)突发公共卫生事件的分级和应急处理工作方案；

(6)突发公共卫生事件的预防、现场控制、应急设施、设备、救治药品和医疗器械以及其他物资和技术的储备与调度；

(7)突发公共卫生事件应急处理专业队伍的建设与培训。

(四)应急预案的编制程序

(1)成立突发公共卫生事件应急预案编制小组。编制小组应尽可能囊括与突发公共卫生事件应对相关的利益关系人，同时必须包括应急工作人员、管理人员和技术人员3类人员。小组成员应具备较强的工作能力、具备一定的突发公共卫生事件专业知识。此外，为保证编制小组高效工作，小组成员规模不宜过大。涉及相关人员较多时，可在保证公正性和代表性的前提下选择部分人员参加编制小组。明确规定编制小组的任务、工作程序和期限。在编制小组内部，还要根据相关人员的特点，指定小组负责人，明确小组成员分工。

(2)明确应急预案的目的、适用对象、适用范围和编制的前提条件。

(3)复习与突发公共卫生事件相关的法律、条例、管理办法和上一级预案。

(4)对突发公共卫生事件的现有预案和既往应对工作进行分析，获取有用信息。

(5)编制应急预案。预案的编制可采用四种编写结构：①树型结构；②条文式结构；③分部式结构；④顺序式结构。

(6)预案的审核和发布。应急预案编制工作完成后，编制小组应组织内部审核，确保语句通畅、应急计划的完整性、准确性。内部审核完成后，应修订预案并组织外部审核。外部审核可分为上级主管部门审核、专家审核和实际工作人员审核。外部审核侧重预案的科学性、可行性、权威性等方面。此阶段还可采用实地演习的手段对应急预案进行评估。编制小组应制定获取外部评审意见及对其回复的管理程序。将通过内、外部审核的应急预案上报当地政府部门，由当地政府最高行政官员签署发布，并报送上级政府部门备案。

(7)应急预案的维护、演练、更新和变更。一方面，只有通过演练才能有条不紊地做出应急响应。另一方面，可以通过演练验证预案的有效性。

(五)预案的落实与完善

1. 预案之间的相互衔接

由于我国原来所制定和发布的各项应急预案部门色彩浓厚，随着我国应急预案框架体系的初步建立，不同预案之间势必存在一些不协调甚至相互矛盾的地方。一方面，已经制定修订的各部门应急预案之间、各专项预案之间、部门应急预案和专项预案之间都需要进行协调,特别是要加强主管部门与配合部门之间的协调和衔接。另一方面,相关法律需要修改,一些新法律急需出台。在应急预案编制中,出现了现有法律不完善或没有法律的问题,一些预案暂时代替了法律的空白。

2. 各地区、各部门之间不平衡

当前,我国各地区、各部门之间在预案的编制、执行和管理方面很不平衡,工作相对比较落后的地区,由于存在更多的风险和隐患,因此特别需要加强应急管理和编制预案。为此,应急预案框架体系建设下一步一定要完善各类应急预案,从而最终形成一个"横向到边、纵向到底"的预案体系。

3. 预案的执行和管理

应急预案不是万能的,应急管理也不能以不变的预案应万变的突发公共卫生事件,因此需要加强应急预案的指导性、科学性和可操作性。一方面,应急规划及预案只能适用特定的情境,不能随意普适化;另一方面,规划及预案本身并不能自动发挥作用,要受制于其制定水平和执行能力高低的影响。为此,应急预案需要在实践中落实,在实践中检验,并在实践中不断完善。一方面,要在平时做好培训、演练、队伍建设、宣传教育和应急信息平台、指挥平台建设等准备工作,不断提高指挥和救援人员应急管理水平和专业技能,提高预案的执行力。另一方面,抓好以预防、避险、自救、互救、减灾等为主要内容的面向全社会的宣传、教育和培训工作,不断增强公众的危机意识和危机管理技能。

(六)应急预案的启动

根据《突发公共卫生事件应急条例》的规定,突发公共卫生事件发生后,卫生行政部门应组织专家对突发公共卫生事件开展综合评估,初步判断突发公共卫生事件的类型,提出是否启动全国突发公共卫生事件应急预案,由国务院卫生行政部门报国务院批准后实施。省、自治区、直辖市启动突发公共卫生事件应急预案,由省、自治区、直辖市人民政府决定,并向国务院报告。

应急预案启动前,县级及以上各级人民政府有关部门应根据突发公共卫生事件的实际情况,做好应急处理准备,采取必要的应急措施。

应急预案启动后,突发公共卫生事件发生地的人民政府有关部门应根据预案规定的职责要求,服从突发公共卫生事件应急处理指挥部的统一指挥,立即到达规定岗位,采取相关的控制措施。

六、突发公共卫生事件应急机制

突发公共卫生事件应急机制是指为有效预防、及时应对和减少突发公共卫生事件危害而建立的应急体系和工作运行机制。

(一)建立应急机制的原则

1. 统一指挥,分级负责

统一指挥、分级负责是突发公共卫生事件应急处理应遵循的首要原则。统一指挥是指突发公共卫生事件的应急处理工作应由各级人民政府统一领导、统一布置。《突发公共卫生事件应急条例》明确规定,突发公共卫生事件应急处理工作应由各级政府统一领导、统一指挥;分级负责是指各级政府负有对突发公共卫生事件应急处理的责任,对发生在不同范围的突发公共卫生事件,各级政府承担不同的分级责任。

2. 依法管理,快速反应

只有将突发公共卫生事件应急处理措施法制化,成为某些法规、条例、章程、程序以及标准等,才能使应急处置规范化、程序化,使应急处理工作有法可依、有章可循,以保障快速反应、高效有力。

3. 监测预警,常抓不懈

监测与预警是处理好突发公共卫生事件的关键。只有对监测与预警常抓不懈,不断总结经验,才能不断提高监测与预警水平,为处理好突发公共卫生事件奠定坚实的基础。

4. 依靠科学,预防为主

依靠科学技术与专家,遵循科学规律是处置突发公共卫生事件的有力保障;而预防为主是处置突发公共卫生事件最基本、最主动、最经济和最有效的方针。

5. 部门协作,各司其职

突发公共卫生事件处置工作包括现场调查、救治患者、疏散群众、隔离消毒、控制蔓延、探寻病原体、筛选药物、健康教育、报告疫情、维护社会稳定等工作,这些工作需要各部门紧密协作、各司其职、共同完成。

(二)应急机制的内容

1. 统一领导的指挥系统

突发公共卫生事件的指挥系统一般按两级结构组建,分为全国应急指挥部和省级行政区应急指挥部。前者由国务院主要领导担任总指挥,负责全国突发公共卫生事件预防与应急处理工作的领导和指挥,其成员有国务院各部委等职能部门和部队相关部门,以便协调各方面的预防与应急处理工作,并为此提供各方面的有力保障;后者是由省、直辖市、自治区人民政府、特别行政区政府领导人担任总指挥,负责本地区突发公共卫生事件预防与应急处理的统一领导和指挥,其成员有地方政府各职能部门,以便协调和保障该项工作的落实进行。作为指挥系统,其职责是建立强有力的组织体系,做出科学有效的应急决策,动员和协调社会力量共同参与,保证政令畅通和资源整合优化配置。

2. 反应灵敏的信息系统

突发公共卫生事件的信息系统包括监测、预警和信息发布三个部分。监测是信息系统的基础，是预警和信息发布的依据，必须依照中华人民共和国卫生部颁布的《突发公共卫生事件与传染病疫情监测信息报告管理办法》进行，要坚持依法管理、分级负责、快速准确、安全高效的原则，完善监测网络建设和强化责任监督。预警是根据监测网络提供的信息，运用科学预测的方法和技术，对突发公共卫生事件的发展趋势进行推测和判断。它对整个社会提高预防和应急处理突发公共卫生事件的能力，减少突发公共卫生事件造成的危害，最大限度地保护人民生命安全和社会经济生活的正常运行具有重要意义。信息发布要准确透明，要坚持以体现公众的知情权、消除公众的疑虑恐慌和增强社会的凝聚力为原则，保证信息发布的权威性、及时性、准确性和全面性。

3. 快速反应的救控系统

突发公共卫生事件的救控系统包括医疗救助机构和疾病控制机构。在突发公共卫生事件发生后，快速救治受害群众和控制疫情扩散是应急工作的首要任务。医疗救助机构承担着及时挽救生命、恢复健康的艰巨任务，具有时间性强、现场任务重的特点。医疗机构实行首诊负责制，其职责为及时、真实报告疫情，承担责任内的预防、诊断、救治任务，防止交叉感染，及时对被污染场所进行消毒处理，对医护人员进行专门培训，宣传疾病防治科学知识。同时，还可根据急救工作的需要，临时组建急救医疗机构，收治大批患者。疾病控制机构承担疫情的监控和突发公共卫生事件的流行病学调查工作，其职责为对疫情的监测和预警，对疫情报告的汇总、分析与评估，对疫区的消毒、隔离和封闭管理，对病例、疑似病例及密切接触者采取必要的医学观察措施，对医疗机构的消毒和隔离工作进行技术指导，对公众开展健康教育和医学咨询服务等。另外，及时对突发公共卫生事件进行流行病学调查，查清其发生与分布、其特点和规律以及影响因素，采取有针对性的防治和控制措施也是其重要的职责。

4. 储备充足的支持系统

突发公共卫生事件的物质保证是储备充足的物资和资金，它包括应急所需的设备、药品、器械等各种物资的生产、储备、调度、转运和供应；所需的各种技术人员的储备，如不同专家组成的专家咨询委员会，各类技术人员组成的现场工作主力军等等。在应急资金保障上，各级政府的公共财政承担公共卫生经费，同时，突发公共卫生事件所需经费应列入各级政府预算，并由公共财政支付。以上储备充分的支持系统已由《突发公共卫生事件应急条例》做出了明确规定，使其具备了充足的法律保障。

5. 刚性保障的法律系统

突发公共卫生事件预防与应急处理应依法进行管理，刚性保障的法制系统包括有关突发公共卫生事件预防与应急处理的法律法规制定，法律法规的实施等。制定预防与应急处理的法律法规应从实际出发，充分发挥政府以及基层组织、人民群众在处理突发公共卫生事件中的作用,要注意保持法律法规的稳定性、有效性和延续性,使其具有现实性、前瞻性和概括性。对于预防与应急处理的法律法规的实施要坚持依法办事、从严执法和违法必究的原则,特别要明确各级政府、卫生行政部门、卫生监督机构、公安司法机构以及医疗卫生机构的职责。同时,还应明确社会公众的权利和义务,注重公众的健康权、生命权和知情权。社会公众也应履行配合政府落实各项应急措施、监督举报应急处理问题和维护社会正常秩序及社会生活稳定的义务。另外,也要特别保护患者的医疗救助权、知情权和隐私权。患者也应履行接受隔离、接受治疗和接受调查的义务。

6. 科学先进的评估系统

对突发公共卫生事件预防与应急处理工作进行评价,可以从两方面进行:一是评价预防与应急处理工作计划的实现程度、所取得的成绩和存在的问题,以及工作中的经验教训;二是对突发公共卫生事件给社会带来的影响进行评估,主要从对社会经济、社会生活、卫生事业、社会心理精神状态等四个方面进行评估。通过这些评估可以为防止和控制突发公共卫生事件的发生提供依据,也可为进一步提高预防与应急处理突发公共卫生事件的能力打下基础。进行评估时要注意建立和不断完善科学先进的评估系统,要按科学性、实效性和可操作性原则来建立和完善评估体系,特别要注意对突发公共卫生事件预防与应急处理的各个系统、各个阶段进行全方位的有重点的评估。

七、突发公共卫生事件应急反应能力

(一)指挥、协调和评价能力

建立突发公共卫生事件应急指挥系统,制定应急指挥系统启动和终止的标准、紧急情况下组织和协调相关机构开展突发公共卫生事件工作的工作程序,建立突发公共卫生事件专家库,并适时对专家库进行维护和更新,制定突发公共卫生事件疫情评估判断标准、突发公共卫生事件事后评价的实施规范。

(二)突发公共卫生事件应急预案的编制、培训和演习

各地政府高度重视应急预案编制工作,制定应急预案普及办法、应急预案定期更新管理办法和应急预案定期演习管理办法。

(三)风险识别、风险评价和风险缓解能力

开展风险识别、风险评价工作,根据风险评价结果确定工作重点,针对主要突发公共卫生事件制定专门预防策略。

（四）监测、预警能力

建立突发公共卫生事件监测体系和预警标准，制定监测人员能力标准与培训制度、监测和预警设备配置标准，设立公众举报电话，加强突发公共卫生事件监测系统的同时，加强数据的利用效率，提炼有用信息。

（五）流行病学调查和反应能力

提高现场流行病学调查队伍素质，制定流行病学调查人员能力标准、现场流行病学调查所需的仪器和交通工具配置标准、现场流行病学调查手册、紧急情况下扩大现场流行病学调查能力方案、现场流行病学调查能力定期评价管理办法。

（六）实验室检测能力

对当地实验室进行统一管理，以避免实验室感染事件的发生，充分利用当地高校和研究机构的实验室资源，扩大当地实验室的检测能力。各地人民政府出面协调当地各技术机构和研究机构，建立当地实验室网络。

制定紧急情况下扩大实验室检测能力的方案、实验室被污染后应对方案、突发公共卫生事件实验室检测技术规范、实验室安全管理规范，重视日常突发公共卫生事件实验室检测能力评价工作。

（七）现场急救和医疗救治能力

制定当地现场急救人员能力标准、现场急救所需的仪器和交通工具配置标准、紧急情况下扩大现场医疗急救能力方案、现场急救能力定期评价管理办法、突发公共卫生事件定点医疗机构建设标准、常见突发公共卫生事件诊治手册、定点医疗机构诊治能力定期评价管理办法。

（八）信息报告、交流和发布能力

对突发公共卫生事件报告人员进行培训，制定突发公共卫生事件报告所需仪器和交通工具配置标准，建立突发公共卫生事件相关机构和人员的通信名册，至少每3个月对其进行一次更新，建立突发公共卫生事件信息沟通备用系统、疫情报告和沟通系统、定期维护和评价管理办法。

（九）后勤保障能力

建立应急物资储备和应急资金储备，指派专门机构负责应急物资的筹备和管理，制定突发公共卫生事件应急物资储备标准、突发公共卫生事件应急物资储备地点标准、突发公共卫生事件应急储备物资紧急调用管理办法、应急储备物资定期检测和维护管理办法、突发公共卫生事件日常工作开支预算,建立突发公共卫生事件应急储备资金,制定应急资金的紧急调用程序、突发公共卫生事件日常经费、应急储备资金和捐赠资金使用管理办法。

(十)公众教育和人员培训能力

重视突发公共卫生事件应急工作人员培训工作,开展应急工作人员培训需求调查,制定突发公共卫生事件应急工作人员培训规划、应急人员培训效果评价办法。

在突发公共卫生事件公众教育方面,指定专门机构负责突发公共卫生事件公众教育工作,编制或制作公众应对手册和宣传影视短片。

八、我国突发公共卫生事件应急体系建设

(一)我国基本建立了突发公共卫生事件应急体系

2003年SARS疫情过后,我国政府给予了极大的重视,加大了相关建设支持力度,突发公共卫生事件应急机制建设取得较大进展。

1. 建立了突发公共卫生事件应急指挥体系

卫生部设立了突发公共卫生事件应急办公室,建设应急指挥中心。全国共有24个省、自治区、直辖市成立了卫生应急办公室,中国疾病预防控制中心和部分省份的疾病预防和控制中心(CDC)成立了专门的应急处理部门。

在近年地方专家队伍建设基础上,卫生部建立了国家级卫生应急队伍专家库,组建了国家级卫生应急队,并成立了全国突发公共卫生事件专家咨询委员会。

2. 全面制定了突发公共卫生事件应急预案

卫生部和地方各级人民政府根据《中华人民共和国传染病防治法》和《突发公共卫生事件应急条例》的规定,分别组织编写了突发公共卫生事件应急预案。《国家突发公共卫生事件应急条例》、《国家突发公共事件总体应急预案》、《国家突发公共卫生事件应急预案》、《国家突发公共卫生事件医疗卫生救援应急预案》等均已出台。各地也组织制定了各类应急预案。建立起信息畅通、反应快捷、指挥有力、责任明确的处理突发公共卫生事件的应急法律制度。《条例》的公布实施,标志着我国应急处理工作纳入法制化轨道。

3. 完善了突发公共卫生事件监测信息网络

卫生部建立了统一的国家公共卫生信息系统平台和重大传染病疫情监测报告、重大食品卫生事件报告、重大职业卫生事件报告、重大环境污染事件报告、放射卫生事件报告等信息系统。其中,重大疾病监测报告信息系统实现了国家和省、市(地)、县(市)疾病预防控制机构联网,并与各级各类医疗卫生机构联网。全国传染病报告已实现动态性、实时性和网络

化。全国 66％的乡镇卫生院、93.21％的县级以上医疗卫生机构及所有的疾控中心,均实现了传染病及突发公共卫生事件网络直报。全国传染病网络直报系统可满足两万人同时使用,2 000 个医疗单位可在同一时间上报 37 种甲、乙、丙类传染病疫情。卫生部门定期组织专家分析疫情,探索建立突发公共卫生事件监测预警系统。

4. 加强了疾病预防控制体系建设

卫生部与国家发展改革委员会共同制定了全国疾病预防控制体系建设规划,由中央与地方共同筹资,投资 68 亿元,加强地方疾病预防控制机构建设,2004 年完成建设任务。国家发展改革委员会安排国家疾病预防控制中心一期工程总投资 6.34 亿元,建筑面积 7.6 万 m², 2004 年正式开工建设。

5. 加强了应急医疗救治体系建设

应急医疗救治体系建设资金由中央与地方共同筹措,共筹集建设资金 114 亿元,用于 2518 个项目的建设,其中中央筹集 57 亿元,主要补助中西部地区。2003 年,地级市的传染病医院(病区)和部分紧急救援中心建设已经启动,全部医疗救治体系建设规划计划用 3 年左右时间完成。卫生部组建了 10 支国家级救灾防病医疗救治队伍,及时指导和支持地方处置突发公共卫生事件。

6. 加强了卫生执法监督队伍建设

针对卫生执法监督中存在的多头执法、重复执法、有权无责,以及医疗卫生行业监督薄弱等问题,卫生部会同有关部门制定《关于卫生执法监督体系建设的若干规定》。全国 31 个省、自治区、直辖市都已建立了省级卫生监督机构,全国超过 80％的地(市)和超过 50％的县(区)成立了卫生监督机构。

7. 部门协调配合的机制初步形成

国家发展与改革委员会建立了应急物资生产和储备制度,财政部建立了应急经费保障机制,质检、民航、铁路、交通、农业等部门建立了疫情监测报告制度,地方各级人民政府有关部门也都建立了突发公共卫生事件防范和应急处理责任制。2006 年全国已形成了政府领导、统一指挥、属地管理、分级负责、部门协调的突发公共卫生事件应急指挥体系和日常工作管理组织网络。由卫生部牵头,与 31 个部门建立了突发公共卫生事件应急协调机制,有效加强了各部门突发公共卫生事件信息沟通机制与措施联动,并与港澳地区建立了 3 地突发公共卫生事件信息沟通机制。至 2006 年全国已形成了政府领导、统一指挥、属地管理、分级负责、部门协调的突发公共卫生事件应急指挥体系和日常工作管理组织网络。

(二)我国突发公共卫生事件应急工作存在的问题

1. 应对突发公共卫生事件机制仍待进一步健全

尽管我国目前大多数地区成立相应的突发公共卫生事件的专门机构,建立了应对体系。但是,整个应急机制的内涵仍不清楚,多部门、多系统和多专业协作的联动机制并没有真正建立起来。首先,对于"平战结合"的界定仍不十分清楚,到底哪些事情属于"平时"范围,由哪些部门管理,哪些事情属于"战时"范围,又由哪些部门管理,都缺乏明确说明。其次,"分级响应"的内涵同样缺乏精确定义。虽然《突发公共卫生事件管理条例》提到了"分级响应"的原则,但对"省、市、县"三级响应的内涵规定不清。这很容易造成基层出一点事,就要惊动卫生部,造成资源浪费。此外,国家对于建立一个什么样的突发公共卫生事件应对体制和工作机制尚不明确。

2. 疾病预防控制体系存在问题

在旧的管理模式没有彻底打破,新的管理模式没有建立的情况下,各级疾病预防控制机构在内部管理上仍在一种低水平的模式下运行,出现了诸多方面的问题,集中体现为:

(1)政府对卫生防疫投入不足,疾病控制工作举步维艰;

(2)疾病预防控制体系管理不规范,各级疾病预防控制机构从上到下采取的是一种层级管理的模式,上下级疾病预防控制机构之间仅有一种指导与被指导的关系,人、财、物与工作任务的管理之间缺乏相互的监督和制约机制,难以在一个区域形成有效的疾病预防控制合力和战斗力;

(3)疾病预防控制机构内部存在人员冗余但又人才短缺的矛盾;

(4)检测检验仪器设备落后;

(5)疾病预防控制网络不健全,三级预防保健网络在疾病预防控制基础工作中起主导地位,尤其村级网络工作任务重且细致,但村级网络整体建设差,服务功能低下。

3. 农村公共卫生服务能力差

三级预防保健网络在疾病预防控制基础工作中起主导地位,尤其村级网络工作任务重,但村级网络整体建设差,服务功能低下。农村预防保健服务人员素质低下,不能胜任工作要求。农村预防保健人员报酬极少,村防保队伍不稳定。

4. 疫情报告系统存在问题

(1)疾病监测系统内容仍不完善:我国目前的疾病监测体系是针对已知传染病而设,对于一些未知、新出现的传染病、群体性病因不明的疾病、生物恐怖、化学事件、核泄漏和发射事件尚没有有效的监测手段,缺乏对新出现疾病的预警系统。

(2)疫情信息不透明:我国现行的疫情管理实行的是保密管理制度,过去,人口流动、信息流通较少,对信息的控制可以减少社会的恐慌。但在全球化时代,人口流动性大,信息传播渠道丰富,信息封锁已经行不通了。

(3)疫情信息交流和共享程度不高。

(4)疫情系统反馈机制不健全:医院向当地疾病预防控制机构报告信息后,不能及时得到反馈,医护人员得不到应有的自身防护知识支持。下级疾病预防控制机构对信息的分析、提炼功能很弱,上报上一级以后得不到及时反馈。

(5)农村疫情报告问题存在明显不足:经济效益与社会效益在医院的工作中出现了明显

的偏移,属社会效益范畴的疫情报告工作受到严重冲击,有相当数量的医院领导不重视,主动搜索漏报病例频次明显减少,疫情漏报、迟报、不报现象屡有发生。两个主要的报病系统(传染病报病和专病系统)横向联系少,只有结核和 HIV 的专病系统存在联系。此外,传染病监测系统还未实现自动预警,仅仅依靠人工分析察觉异常,而绝大部分直接从事传染病监测和报告的工作人员,由于自身素质或硬件条件的限制,仅能做到的是资料的简单汇总,不能对其进行深入的统计分析,浪费了大量的信息,以致无法对突发公共卫生事件发生做出预警。

5. 医院感染问题严重

(1)硬件设施不足:条件较差的医院缺乏基础性的医院感染硬件设施。

(2)制度管理方面存在不一致《医院感染管理规范》明文规定:100 张病床以下、100～500 张病床、500 张以上病床的医院感染发病率应分别低于 7%、8%、10%,如果超标是会受到批评和惩罚的,搞不好还会引起医疗纠纷。这在很大程度上造成了医院感染上报工作中的漏报、瞒报问题。

(3)感染管理职能不确定,角色定位模糊,权责范围不统一。

(4)医院感染管理事实上的多头领导,形成了没有明确直接领导的尴尬局面,造成了医院感染管理开展工作的艰难。

6. 防治分离,CDC 与临床医疗机构缺乏有效协作机制

长期以来疾病预防控制机构与临床医院各自独立承担职责范围内的业务工作,在传染病疫情报告、预防接种、消毒监测、院内感染控制等方面没有建立有效的合作机制,导致疫情报告不及时、预防接种本底情况不清、传染病医源性感染甚至局部爆发等情况时有发生。

7. 缺乏规范的操作性强的预案

预案作为在突发公共卫生事件发生后一切应急行为的指南,应该与当地的实际紧密结合。但是,现有的预案在内容和涉及面上均存在不足。如腹泻病的登记指标为 10/10 万,本地有 60 万人口,一年要检测 6 000 人,胸片异常的人要求痰检率达到 95%。这些指标根据基层 CDC 的现有条件较难做到,应做出相应的调整,使预案切实可行。

8. 政策与法规还需加强

《卫生法》长期没有修订,不能适应新的工作机制,各种配套的地方性规章等法律保障体系还有待进一步完善。《传染病防治法》中,提到了应该加强传染病的管理,但是没有提到不这样做应该怎样处罚,尤其是公共卫生体制改革以后,CDC、卫生监督所职能重新划分,但是,相关的法律却没有及时修订和更新。

(三)健全我国突发公共卫生事件应急机制

我国突发公共卫生事件应急机制已经初步建立。但是,突发公共卫生事件应急机制仍不健全,还有许多地方有待改善。

1. 完善突发公共卫生事件应急管理体系的三级防护网络

(1)疾病预防控制网：以国家疾病控制中心为主,各省、市、县都要建立疾病预防控制中心,乡和村以及城市的社区也要设立负责疾病控制的人员。即使在正常时期,各省、市、县疾病预防控制中心每天都应该向国家疾病控制中心报告各种不同疾病的病例数量。

(2)省级医疗应急防护网：建立省级医疗应急防护网,直辖市、省会城市要建立专门收治传染病患者的医院,在省一级医院建立专门设备齐全、技术高超、能够机动灵活运转的医疗救治队伍。不论是城市还是农村发现疫情,都能够紧急调动这支队伍前去救治。

(3)市、县级医疗应急防护网：市、县级的一些医院要新建传染病隔离病房或隔离病区。同时,对农村的乡卫生院改造、设备购置也要给予大力支持。每年财政新增的卫生事业经费应该主要用于农村公共卫生事业的发展。

2. 完善突发公共卫生事件应急管理体系的四大系统

(1)保障系统：应对任何突发公共卫生事件,各方参与者能否做到反应迅速、责任明确、协调一致、及时控制突发公共卫生事件,关键在于是否拥有一个强大的保障体系,是否真正做到防患于未然。我国突发公共卫生应急管理体系应当拥有一个强大和全面的保障系统,其中包括：组织保障、法律保障、信息网络保障、医院体系保障和药品保障等。

(2)监控系统：对任何突发公共卫生事件的及时探测与发现,采取应急措施都会赢得宝贵的时间,因此,建立一套发达的监控系统至关重要。监控系统为控制公众健康、发现公共卫生问题和重点领域、制定防范疾病的具体行动和对其效果进行评估都能提供重要的信息依据。监控系统的建设可以包括全国医院传染病监控系统的建设、全国须申报疾病监控系统的建设、食品传播疾病动态监控系统的建设以及全球新发传染病监控系统的建设等。

(3)诊断系统：一旦出现传染疾病或其他突发公共卫生事件,为了能及时确诊病原及确认生物或化学恐怖物质,我国应当建立一套综合的、多层次的实验室应急网络,其目标是保证一流的生物鉴别和诊断能力,以应对我国突发公共卫生事件。

(4)反应系统：公共卫生系统如果针对突发公共卫生事件做了很好的准备和预防工作,建立了健全的保障系统,在出现突发公共卫生事件后,各系统都会根据事先制定的计划和相关法律条规进行程序化的运作,反应系统快速启动,从而使各项救援工作有条不紊地进行。

第三节　突发公共卫生事件处理流程

突发公共卫生事件应急处理是一项系统工程,它需要在政府的统一领导、统一指挥下,遵循科学的处理流程,各部门、各单位各司其职、通力合作,才能取得成效。

一、突发公共卫生事件的监测、报告和预警

(一)突发公共卫生事件的监测

1. 监测的定义

监测(surveillance)是长期、连续、系统地收集人群中有关疾病、健康、伤害或死亡的变化趋势及其影响因素的资料,经过分析将信息及时反馈,以便采取干预措施并评价其效果。

突发公共卫生事件监测包含三层含义。第一,连续、系统地收集、分析和解释与突发公共卫生事件有关的公共卫生信息,包括突发公共卫生事件本身,并对突发公共卫生事件提出预警预报,使处在决策和应急岗位的人员及时掌握信息;第二,突发公共卫生事件发生期间,系统地收集、分析和解释对人们健康危害、其他负面影响情况,以及干预措施效果等信息,并及时地把分析和解释信息分发给应该知道的人,包括社区。第三,突发公共卫生事件结束后,继续系统的收集与事件有关的信息,以总结经验教训,评价干预措施效果,为调整公共卫生政策和策略,增进人们健康行为服务。

2. 监测的主要内容

(1)传染病监测:《传染病防治法》规定的甲类、乙类和丙类传染病病人;甲类、乙类传染病疑似病人;甲类、传染性非典型肺炎和乙类传染病中艾滋病、肺炭疽、脊髓灰质炎、伤寒副伤寒、痢疾、梅毒、淋病、乙型肝炎、白喉、疟疾的病原携带者;其他传染病(包括新发)病人。

(2)基本卫生监测:食品卫生(如食品、食源性疾病)、职业卫生(如职业病、工作场所)、放射卫生(如放射源)、环境卫生(如水源污染、公共场所环境);社会因素、自然因素、行为因素(包括医源性感染)和死因等;卫生资源与应急能力分布情况。

(3)突发公共卫生事件监测:发生或者可能发生传染病爆发、流行的;发生或者发现不明原因的群体性疾病的;发生传染病菌种、毒种丢失的;发生或者可能发生重大食物和职业中毒事件的;自然灾害、人为灾害引发或可能引发的突发公共卫生事件的;突发公共卫生事件发生的全过程。

3. 监测的主要方法

(1)日常突发公共卫生事件与传染病监测:日常突发公共卫生事件与传染病监测应严格按照有关法律法规执行。①卫生行政部门制定突发公共卫生事件与传染病疫情监测信息报告工作实施方案,并组织实施与统一监督管理。保证报告途径畅通,信息报告及时、全面、完整。各级各类医疗卫生机构和疾病预防控制机构均为责任报告单位,依照有关法规对责任疫情报告人的工作进行监督管理。②各级各类医疗卫生机构建立或指定专门的部门和人员,配备必要的网络设备,保证突发公共卫生事件和疫情监测信息的网络直接报告。配合疾

病预防控制机构开展流行病学调查和标本采样。③遵循疫情报告与处理属地化管理原则。④实行医疗机构网上直报、疾病预防控制机构核实报告和热线电话报告三种途径。⑤传染病诊治严格执行订正、转归报告制度;对突发公共卫生事件的调查与处理、发展趋势进行适时报告。⑥丙类传染病由监测点报告改为全区域报告。突发公共卫生事件的报告不仅仅局限于重大传染性疾病,还适用于不明原因的群体性疾病、重大食物和职业中毒以及其他严重影响公众健康的突发事件等。⑦一般传染病报告时限 6～12 h;突发公共卫生事件报告时限 1～2 h;不得隐瞒、缓报、谎报或者授意他人隐瞒、缓报、谎报。⑧严格疫情通报与公布制度。

(2)专病监测:①为了消灭或加速控制某种疾病、或控制病因不明疾病,常需要建立专病监测系统。如脊髓灰质炎、麻疹、结核病、SARS 等专病监测报告。②监测内容与方式因病而异。一般包括详尽的流行病学监测资料、实验室监测资料等。必要时建立症状监测系统,如脊髓灰质炎的 AFP 报告、SARS 的早期预警症状报告等;还有实验室监测系统,如 ADIS、禽流感防治建立了以实验室监测为主的报告。③监测范围可由设点监测、全面监测、以点带面监测和典型区域监测等。

(3)灾害疾病监测:①灾害有自然灾害、人为社会灾害。前者如水灾、地震、干旱、风灾、海啸、火山爆发等,后者如战争、恐怖事件。由于灾害的影响,造成环境恶化,食品、饮水污染,病媒昆虫孳生,灾民居住、生活条件恶劣,精神心理创伤,抵抗力下降。这些影响因素可导致传染病的发生与流行,引发或可能引发突发公共卫生事件如洪涝后极易引起肠道传染病的爆发。②在不可抗拒的灾害期间和灾后较长时间内,收集灾区(灾民或抗灾群体)和有关地区潜在的疾病隐患、与灾害有关的疾病发生频率及其影响因素,并做出专题分析、解释,提供各级政府和有关部门抗灾防病治病决策参考,评价防治措施的效果。

(4)基本卫生信息收集:根据国家有关统计制度,定期或不定期地收集食品、职业、放射、环境卫生有关信息,收集卫生资源与突发事件应对能力分布信息。

(5)现场或专题调查:①对潜在突发事件或已发生的突发事件,通过现场流行病学调查,收集流行病学资料、临床资料、检验资料等,并汇总、分析、解释这些资料,对事件的性质、强度、发展趋势做出判断,确定导致突发事件的可能社会、自然、行为因素等,并采取干预措施,评价措施效果。②通过病例对照专题研究,可以考察可能危险因素是否与突发事件存在联系以及联系的程度。

(6)媒体与群众举报:①国家设立统一的举报报告电话,建立与国家公共卫生信息网络衔接的信息收集通路;各省亦设立举报热线电话。任何单位和个人都可通过举报电话对各类突发事件和可能引起突发事件的隐患进行报告和举报。②收集国内外各种传媒所报道的疾病与健康信息,结合本地情况提出可能引发的突发公共卫生事件。

(7)其他途径监测:①收集国境卫生检疫有关境外传染病、传播疾病的媒介生物和染疫动物、污染食品等信息。②收集农业、林业部门有关人兽共患病等信息。

4. 监测的执行者

国家建立统一的突发公共卫生事件监测、预警与报告网络体系。各级医疗、疾病预防控制、卫生监督和出入境检疫机构负责开展突发公共卫生事件的日常监测工作。

省级人民政府卫生行政部门要按照国家统一规定和要求,结合实际,组织开展重点传染病和突发公共卫生事件的主动监测。

国务院卫生行政部门和地方各级人民政府卫生行政部门要加强对监测工作的管理和监督,保证监测质量。

(二)突发公共卫生事件的报告

任何单位和个人都有权向国务院卫生行政部门和地方各级人民政府及其有关部门报告突发公共卫生事件及其隐患,也有权向上级政府部门举报不履行或者不按照规定履行突发公共卫生事件应急处理职责的部门、单位及个人。

县级以上各级人民政府卫生行政部门指定的突发公共卫生事件监测机构、各级各类医疗卫生机构、卫生行政部门、县级以上地方人民政府和检验检疫机构、食品药品监督管理机构、环境保护监测机构、教育机构等有关单位为突发公共卫生事件的责任报告单位。执行职务的各级各类医疗卫生机构的医疗卫生人员、个体开业医生为突发公共卫生事件的责任报告人。

突发公共卫生事件责任报告单位要按照有关规定及时、准确地报告突发公共卫生事件及其处置情况。

(三)突发公共卫生事件的预警

1. 预警的定义

突发公共卫生事件预警是指从突发公共卫生事件定义出发,对所监测的各种卫生项目的信息进行分析、综合,确定突发公共卫生事件发生、发展与变化趋势及可能的危害程度,在监测实施过程中对达到或超过预报指标的事件进行报告,并由法定部门向应该知道的部门与人员发布信息。

2. 预警的分类

(1)按时间划分:①近期预警:其预测内容普遍性较差,特殊性较强,单项倾向性较明显,时间安排一般为1个月。②短期预警:其预测的对象与内容,以表现有明显的季节依赖或倾向性的突发公共卫生事件为主,时间安排一般为3个月。③中期预警:其预测主要针对一些发生原因复杂,变化规律不易掌握,但却可以认识的突发公共卫生事件,时间安排一般为半年或一年。④长期预警:其预测的范围较广,内容较复杂,变量较大,需要较长的预警,时间安排一般在两年以上。

(2)按预测结果划分:无警,以"绿色"表示;轻警,以"蓝色"表示;中警,以"黄色"表示;重警,以"橙色"表示;特警,以"红色"表示。

(3)按性质形式划分:流行趋势预警和流行规模预警。

3. 预警的原则

(1)客观性原则:突发公共卫生事件预警应尊重客观事实,研究和把握其客观规律,力求真实、准确地反映突发公共卫生事件形成、变化与发展的客观过程与趋势。

(2)系统性原则:通过对突发公共卫生事件进行综合性、系统性的分析,才能准确把握其形成因素与内、外因的复杂关系及其发展趋势。

(3)连续性原则:只有把突发公共卫生事件预警经常化,不间断地开展工作,才能不断积累经验,并加深对突发公共卫生事件的认识,以提高突发公共卫生事件预警的真实性、可靠性与时效性。

(4)定性研究与定量研究相结合原则:从定性研究和定量研究来分析和判断突发公共卫生事件发生、发展的可能趋势,有利于深刻揭示整个突发公共卫生事件发生、发展的规律性与实质。

4. 预警工作程序与方法

突发公共卫生事件预警工作程序及其主要内容包括:选定预警目标、制定预警计划、选定预警时机、确定预警指标、设置预警界限和预警信号、建立预警指标体系的监测、收集和整理突发公共卫生事件预警的信息资料、分析并评估预测结果、公布突发公共卫生事件的预测结论并适时报警。

各级人民政府卫生行政部门根据医疗机构、疾病预防控制机构、卫生监督机构提供的监测信息,按照公共卫生事件的发生、发展规律和特点,及时分析其对公众身心健康的危害程度、可能的发展趋势,及时做出预警。

二、突发公共卫生事件的现场处理

现场处理(干预)就是针对突发公共卫生事件采取控制措施。现场处理是突发公共卫生事件应急反应的核心,规范现场处置工作,有利于提高工作效率和工作质量,及时控制和消除突发公共卫生事件的危害,保障公众身体健康与生命安全。

(一)现场处理的原则

1. 统一指挥,各司其职

处理突发公共卫生事件要求时间紧、行动快,需要投入多方面的人力、物力才能完成。因此,应当加强领导,统一指挥,做到决策高效、责任明确、各司其职、通力合作。

2. 快速反应,启动预案

发生突发公共卫生事件时应当迅速反应,立即启动应急预案。以应急预案规范应急队伍与应急处理工作,防止各行其是与蛮干。

3. 救治、调查控制并举

发生突发公共卫生事件时应遵循抢救伤病员、保护处于危险中的人群,边调查边采取措施的应对原则,以最大限度地减少危害,防止其蔓延。

4. 科学处理,依法办事

处理突发公共卫生事件应遵循科学规律,依靠科学方法和技术,采取针对性措施;还应认真执行有关法律、法规,不能强调应急任务而忽视甚至不执行法规。任何单位和个人不得非法干预重大突发公共卫生事件的调查与处理工作。

(二)现场处置工作程序

(1)快速调查确定可能病因,对可能的生物、毒素因子进行分类,确定疫区和目标人群;

(2)根据自然环境因素确定可能的污染范围,及时做好病人救治、转移和人群疏散工作,对事件的危害程度和潜在危害进行判定,开展健康教育和社会动员,群防群治,尽可能减少危害;

(3)对救护人员、疾病预防控制人员和物资的需求做出评估和调用;

(4)经过事件紧急处理,疫情消除后,进行后续监测,直至消除危害。

(三)现场处理常规

1. 成立组织

突发性公共卫生事件的应急工作不只是卫生行政部门的事,而是政府的职能,应在政府领导下,组织有关部门共同做好对突发性公共卫生事件的应急处理,根据其严重性和必要性,成立相应的组织:政府设立联席会议或指挥部;成立防治领导小组和技术指导小组。

2. 调查研究

对突发公共卫生事件应迅速用现场流行病学方法深入现场进行调查处理。以疾病爆发调查为例,包括核实诊断、确认爆发、描述三间分布、提出爆发原因和传播途径假设、采取控制措施、验证假设、总结报告等。

3. 疫情报告

报告的内容应包括事件名称、发生地点、发生时间、波及人群或潜在的威胁和影响、处置需求、报告联系单位、人员通信方式,如怀疑为传染病、不明原因疾病或中毒,还必须报告患者主要临床表现、危重程度、死亡情况和初步诊断;报告的内容尽可能包括事件的性质、范围、严重程度、可能原因、已采取的措施、病例发生和死亡的分布及可能发展趋势。

4. 疫区的确定与封锁

疫区是根据疫情可能波及的范围、疫点的地理位置、水系分布、交通情况、自然村落等来划定的。一般在农村以一个村或几个村、一个镇或毗邻镇,在城市以一个或几个社区居委会或一个街道为范围划定疫区。甲类、乙类传染病爆发、流行时,县级以上地方人民政府报经上一级人民政府决定,可以宣布本行政区域部分或者全部为疫区;国务院可以决定并宣布跨省、自治区、直辖市的疫区。疫区封锁的解除,由原决定机关决定并宣布。省级以下人民政府可依法进行疫区的确定与封锁。

5. 隔离检疫

对已经发生甲类传染病病例的场所或者该场所内的特定区域的人员,所在地的县级以上地方人民政府可以实施隔离措施,并同时向上一级人民政府报告;接到报告的上级人民政府应当即时做出是否批准的决定。对上级人民政府做出不予批准决定的,实施隔离措施的人民政府应当立即解除隔离措施。在隔离期间,实施隔离措施的人民政府应当对被隔离人员提供生活保障,被隔离人员有工作单位的,所在单位不得停止支付其隔离期间的工作报酬。隔离措施的解除,由原决定机关决定并宣布。除对传染病患者进行隔离治疗外,根据需要,对患者密切接触者进行隔离或医学观察。

6. 抢救治疗

应对突发公共卫生事件的第一重要任务就是人员的救治,所以现场救援人员应该在第一时间内开展人员的救治工作。各地应结合实际情况,建立医院外应急救治中心,以应对各种突发公共卫生事件的人员收治。地市级应有一所传染病医院,各地根据实际情况可以改建或重建。各县根据服务需求设置相应规模的传染科和相对独立的传染病门诊和病区,目前原则上不主张新建传染病医院,传染科人员配备、设备配置同地市级医院标准。市所在地的区级医院可不设传染病科,但应按照一定的标准和比例建设应急传染病救治病区,以备疫情发生时调用。乡镇卫生院要建立单独病区和门诊,负责一般传染病的救治和临时救治。乡镇卫生院建立卫生站(防保组),负责对传染病救治的组织、指导与转诊。村卫生室在乡村一体化管理的基础上与乡镇卫生院一起作为传染病防治网络的最基层参与传染病的监测、临时救治、指导就诊与转诊任务。

7. 卫生防护

医疗卫生机构在处理传染病疫情时要做好医护人员和其他参与疫情处理人员的防护。处理核辐射和其他对接触者有危害的突发公共卫生事件时,要在上级专业人员指导下,作好医护人员自身防护。

8. 消毒杀虫

遇传染病或疑似传染病疫情,应在患者隔离治疗、标本采集以后,尽快对患者污染物和污染环境进行消毒处理。医疗机构应作好病房(病室)消毒工作,防止医院内感染。同时,做好环境的消毒杀虫及媒介生物的控制等。

9. 卫生宣传

应急办公室组织协调编制公众应对突发公共卫生事件专业技术教材和社区应急手册。政府机关、社会团体、企事业单位、社区居委会和村委会负责组织本单位、本地区的人员进行突发公共卫生应急法律法规和预防、避险、自救、互救等常识的宣传教育。各级教育主管部门和学校组织实施在校学生相关应急知识的教育。充分利用广播、电视、报纸、互联网等新闻媒体,开展应急教育,增强公民防范意识,学习掌握应急基本知识和技能。消除群众恐慌情绪,使群众积极配合和投入突发公共卫生事件的应急处理。

10. 检查检验

要尽早采集患者血液、尿液、大便、呕吐物等标本,可疑食物、饮料标本,以及其他有助于判断突发公共卫生事件性质的标本,备疾病预防控制机构检验。

11. 保护易感人群

对易感接触者采取应急接种疫苗、预防投药等措施保护高危人群或健康人群。

三、突发公共卫生事件处理的善后工作

(一)后效评价

对于突发公共卫生事件只有本着边调查、边采取措施、边评价效果、再根据结果调整完善措施的方针,才能确保调查准确、措施得当、成效显著。因此,对突发公共卫生事件处理效果的评价实际上是贯穿于调查、处理的全过程。

突发公共卫生事件的发生、发展及其调查处理,可以看作一个"自然实验"。因此,不论在控制突发公共卫生事件的过程中,还是事件终止后,均可以采用流行病学类实验的方法评价控制措施的效果。当然,若条件许可,选择其中部分人群,以同期随机对照实验的方法评价控制措施效果,则可以获得更加真实可靠、令人信服的结论。

(二)评估总结

突发公共卫生事件结束后,要在规定时间内对事件的发生和处理情况进行评估。根据评估对象的不同,成立相应专家评估小组,根据评估目的设计评估方案,对各类评估对象进行评估,为政府或有关部门作决策依据。主要从以下几个方面进行评估。

1. 计划

该计划是否得到社区主要领导人的批准,是否有专人和专门部门负责建立应急计划,由谁负责这个应急方案的更新及多长时间这个方案被正式回顾一次,支持这个方案的人是否曾收到修改意见,由谁负责全局的管理,由谁负责协调别的任务,所有必要的任务是否都已被分配给组织和个人,各个组织的责任是否明确,是否确定了不同水平上计划之间的关系,该方案是否参照相关的立法。

2. 培训和训练

谁负责对应急事件处理人员与公众不同的训练和培训要求;是否进行应急事件处理人

员的训练需求分析;是否实行了一系列不同的公众培训策略;新进入组织的人员,需要经过多长时间才能在应急事件的处理过程中发挥作用。

3. 监测与评价

是否有预测机制,由谁负责,汇报程序如何;是否有对不明原因疾病的预警机制;预测、预警敏感性如何;是否有定期或在需要的时候对应急事件的准备工作进行回顾的程序;应急事件处理计划多长时间演习一次,由谁负责;在演习中得到的教训如何结合进计划中;是否有像单个组织演习一样,由多个组织参与的演习。

4. 通信

是否有反馈;谁负责这种通信的维护与计划;公众是否知道相关的无线电频率以及联系电话;是否有所有应急时间处理社区、部门和个人的联系方式(包括名字、电话号码等)。

5. 医疗和救护

救护车和医院的工作者是否有相关的方案;是否经过训练,能处理大批的病人;他们对彼此的安排是否都清楚;是否有应急区域医疗队;谁在现场安排一切;是否所有人都得到及时救治,没有得到及时救治的原因是什么。

6. 治安维护

是否有程序保证资源按照法律和秩序为应急事件反应工作进行调用;由谁负责强制隔离疫区封锁措施的落实。

7. 指挥、控制和协调

谁负责制定方案以维持政府工作的连续性;管理者和官员从谁那里获取信息;是否已经指派并公布了应急事件协调中心的工作场所;有无备用的中心;这些地点是否有足够的通信、食宿和卫生设施;中心的工作人员是否经过了训练。

8. 信息管理

是否有整个社区的情况(包括地理图、人口数、危险情况);是否已指定一公共信息中心作为应急情况发生时公众与媒体的正式联络点;是否向公众提供了他们需要了解的信息,包括正确的自我保护行为,以及接受援助时需要做些什么;谁负责向媒体提供信息;谁负责认可这些信息;谁负责应急评估,评估结果向谁汇报;信息如何记录,由谁传递给关注这些信息的人;谁负责发出各种可能应急事件的警报;这种警报提供给谁;对于想了解信息的公众,有无一专门的联络点,这个联络点是否众所周知;有无建立公众信息中心的计划,公众是否知道这些中心的存在。

9. 资源管理

各个组织内部谁负责调配资源;应急事件时活动经费是否落实;不熟练的志愿者可安全地执行哪些任务;谁协调这种工作。

10. 撤离、疏散和隔离

是否任何人或组织都有撤离、疏散和隔离受威胁者的权力;需要撤离、疏散和隔离多少人；在什么情况下允许进行撤离、疏散和隔离工作；谁负责撤离、疏散和隔离过程中的交通管制。

11. 效率

事件中人员、经济、物资损失各有多少，投入产出比；征用了多少物资、谁负责补偿、补偿标准是什么；储备的物品是否得到补充。

在以上基础上进行总结，撰写结案报告，并要力求翔实全面，为今后处置此类突发公共卫生事件积累经验。

(三)恢复重建

由于突发公共卫生事件对社会危害的严重性，其危害的范围比较广，涉及的人员比较多，常波及较大的人群、社区，甚至整个社会，因此，突发公共卫生事件常常对卫生设施、交通运输、社会秩序、生产生活、家庭稳定等方面造成较大甚至极大破坏。

突发公共卫生事件平息后，应当充分认识恢复与重建工作的重要性。卫生部门应当做好以下工作：迅速恢复和重建遭受破坏的卫生设施，提供正常的医疗卫生服务；做好受害人群躯体伤害的康复工作，预防和处理受害人群的心理疾患等；对于事件的受害者或一般公众，应该进一步传播危机已经得到解决的信息，请权威的专家向他们解释；对于奋战在一线的医护人员和其他相关人员，危机过后应该"论功行赏"，提高他们的成就感和荣誉感，以利于以后的工作。对于心理上受到影响的医护人员，最好能够请心理专家进行治疗。不断完善、更新疾病预防与医疗救助体系，以便将来能够及时、有效地应对新的突发公共卫生事件，降低危害，减少损失，保护人民的身体健康和生命安全。

【思考题】

1. 何为突发公共卫生事件？其有何重要特点？
2. 突发公共卫生事件的分级、分期。
3. 突发公共卫生事件应急反应体系的基本要素。
4. 何为应急预案？其应具备何特点？
5. 制定应急预案应遵循哪些原则？
6. 何为突发公共卫生事件应急机制？应急机制包含哪些具体内容？
7. 何为预警？预警应遵循哪些原则？
8. 如何做好突发公共卫生事件处理的善后工作？
9. 突发公共卫生事件的分类方法。
10. 突发公共卫生事件应急反应原则。
11. 如何做好突发公共卫生事件的应急处置工作？
12. 如何编制突发公共卫生事件应急预案？应当包括哪些主要内容？

13. 如何健全我国突发公共卫生事件应急机制?

14. 如何做好突发公共卫生事件的现场处理工作?

15. 某大学现有在校生 12 000 多人,学校共有学生餐厅 5 个,学校周边分布众多个体小饮食店。在校学生约 78% 固定在学校餐厅用餐,约 6% 固定在周边个体小饮食店用餐,其余学生在学校餐厅和周边个体小饮食店交替用餐。2005 年 9 月 23 日晚上 10 点至 24 日早上 8 点,该校校医院接诊 49 位以"呕吐、腹痛、腹泻、发热"为主诉的学生。如果你是该校疾病防治的业务负责人,请阐述你将如何对这一突发事件展开调查?

（许能锋）

第二十章

突发伤害事件

2005 年 5 月"第 6 届世界伤害预防与控制学术会议"《蒙特利尔宣言》指出,伤害是一个非常严重的公共卫生问题,带来巨大的社会负担;伤害并非"意外",是和其他疾病一样可以被认识、预知和控制的;伤害是 1～44 岁人群的第一死亡原因;减少伤害是事关人类安全权益的事情。

据 WHO 报告,无论是发达国家还是发展中国家,在死因顺位中伤害都位居前 5 位,在今后相当长的时期内,伤害的威胁将会呈持续性上升的趋势,预计到 2020 年全球伤害死亡数将达到 840 万。在我国,每年大约有 70 万～80 万人死于伤害,伤害死亡约占全部死亡的11%。此外,由伤害造成的残疾及社会、经济负担更为惊人,我国每年约有 2 000 万因伤害需要急诊处理或住院治疗者,伤害疾病负担占全部疾病负担的 17%。

作为一种重要的公共卫生问题,伤害的预防与控制越来越受到世界各国的重视,自1989 年以来,世界卫生组织已召开了八届"伤害预防与控制世界大会"(World Conference on Injury Prevention and Control),WHO 要求每个国家和地区的公共卫生计划或策略中都应该有伤害预防和控制的一席之地。在愈来愈多的国家中,伤害的预防、控制和研究正逐渐地从专家行为转向政府行为。我国卫生部已明确将伤害列入疾病控制工作内容之中,伤害的预防与控制已纳入"十一五"规划。

第一节　概　述

一、突发伤害事件的概念与特点

(一)伤害的概念

伤害(injury)的原意为使人或动物的肉体、精神或感情受到损害。由于精神和感情的损伤难以界定,所以目前伤害的定义一般都是以组织损伤和机能障碍为标准进行界定的。目前 WHO 推荐的伤害的定义:由于机体急性暴露于超出生理耐受量的机械能、热能、电能、化学能、辐射能或者因缺乏维持生命的要素(如氧气、温度等)而造成的组织损伤。在生命统计以及流行病学研究中,伤害病例的判断通常是经医疗后死于外伤、或者限制活动一天或一天以上来确定。国内学者建议凡具有下列情况之一者,即可作为伤害的统计对象:①医疗单位诊断为某一种损伤;②因损伤请假(休工、休学、休息)一日以上。

(二)突发伤害事件及其界定

突发伤害事件(emergency injury events)是指突然发生,造成或可能造成重大伤亡,严重危害公众健康和影响社会安全的伤害事件。属突发公共事件的范畴。

(1)范围为一个社区(城市的居委会、农村的自然村)或以上;
(2)伤亡人数较多或可能危及居民生命安全和财产损失;
(3)如不采取有效控制措施,事态可能进一步扩大;
(4)需要政府协调多个部门参与,统一调配社会整体资源;
(5)必须动员公众群测、群防、群控;
(6)需要启动应急措施预案。

(三)突发伤害事件的特点

(1)突发性和意外性:突然发生,来势凶猛,发生的时间、范围及严重程度不易预测。
(2)群体性:群死群伤,甚至波及一个或几个社区。
(3)对社会危害的严重性:高发生率、高死亡率、高致残率,严重威胁劳动力人口健康与生命,造成的经济损失巨大。
(4)处理的综合性:现场救助、伤员转运与治疗和康复,事件的原因调查、控制和善后处理等涉及多个部门,需要政府统一协调、统一调配社会整体资源。
(5)可预防与控制性:事件的发生多与违法行为、违章操作或缺乏责任心等有关,采取有效的措施,可以取得良好的预防和控制效果。

二、突发伤害事件的类型

突发伤害事件可由自然灾害和人为因素所致,前者如地震、海啸、飓风、火山爆发、水灾、旱灾、山体滑坡和泥石流等;后者如空难、海难、火灾、恐怖袭击、暴力骚乱、恐怖活动、毒气或核泄漏、邪教自杀或谋杀等。人为因素又有故意和非故意之分。根据研究目的不同,突发伤害事件有多种分类方法。

(一)按照造成伤害的意图分类

(1)故意伤害(intentional injuries):指有目的、有计划地自害或加害于他人所致的伤害,世界卫生组织将这一类伤害统称为暴力(violence)。包括:生化恐怖与袭击、社会动乱、绑架与劫持、纵火、投毒、集体自杀、谋杀、战祸等。

(2)非故意伤害(unintentional injuries):指无目的、无计划的伤害。包括:交通事故、意外中毒、火灾、毒气或核泄漏、重大的生产事故、医疗事故等。

(二)按照发生伤害的原因分类

(1)自然灾害:地震、台风、火山爆发、森林火灾、山体滑坡和泥石流等。

(2)化学中毒或职业中毒:包括职业毒物或毒物泄露等技术事故,化学恐怖袭击、故意投毒、意外中毒。

(3)严重的火灾或爆炸事件。

(4)重大交通伤害:如空难、海难、机车事故、地铁事故或特大道路交通伤害(包括桥梁断塌)。

(5)工程(矿山、建筑、工厂、仓库等)事故。

(6)公共场所、娱乐场所或居民区的骚乱、暴动。

(7)恐怖活动:有组织的大规模暴力活动,如暗杀、枪杀、袭击、劫持人质和邪教集体自杀等。

(8)恐怖袭击。

(三)按照国际疾病分类

第10版《国际疾病分类》(International Classification of Diseases,ICD-10)根据伤害发生的外部原因或性质进行分类(V01-Y98,见表20-1)。ICD-10是目前国际上公认和客观的伤害分类方法,我国于2002年开始应用。

表 20-1　ICD-10 损伤与中毒的外部原因分类表

损伤与中毒的外部原因分类	ICD-10 编码
损伤与中毒的全部原因	V01-Y98
交通事故	V01-V99
跌倒	W00-W19
砸伤、压伤、玻璃和刀刺割伤、机器事故	W20-W31、W77
火器伤及爆炸伤	W32-W40
异物进入眼或其他腔口、切割和穿刺器械损伤	W41-W49
体育运动中的拳击伤及敲击伤	W50-W52
动物咬伤或动、植物中毒	W53-W59、X20-X29

续表

损伤与中毒的外部原因分类	ICD-10 编码
潜水或跳水意外、溺水	W65-W74
窒息	W75-W84
暴露于电流、辐射和极度环境气温及气压	W85-W99
火灾与烫伤	X00-X19
暴露于自然力量下(中暑、冻伤、雷击等)	X30-X39
有毒物质的意外中毒	X40-X49
过度劳累、旅行及贫困	X50-X57
暴露于其他和未特指的因素	X58-X59
自杀及自残	X60-X84
他人加害	X85-Y09
意图不确定的事件	Y10-Y34
刑罚与战争	Y35-Y36
药物反应、医疗意外、手术及医疗并发症	Y40-Y84
意外损伤后遗症及晚期效应	Y85-Y89
其他补充因素	Y90-Y98

资料来源：WHO：ICD-10 Code,1993。

三、突发伤害事件的危害与评价

(一)突发伤害事件的危害

突发伤害事件是一种严重的公共卫生事件,也是一种社会性的灾难,它给个人、家庭和社会都带来沉重的负担。其危害主要体现在以下几个方面。

1. 伤害是人类的主要死亡原因之一

伤害是大多数国家居民的前 5 位死因之一。全球每年至少有 500 多万人死于伤害,我国每年至少有两亿人发生伤害,导致 70 万~80 万人死亡、100 万人终生残疾。2002 年我国伤害死亡率达 76.3/10 万,伤害死亡约占死亡总数的 11%。

2. 伤害是威胁劳动力人口健康与生命的主要原因

2000 年全球接近 50%的伤害死亡发生于 15~44 岁的青壮年,该年龄段正是主要的劳动力人口,因而严重影响社会生产力和经济的发展。伤害的低年龄化,严重降低人口的平均寿命,据暨南大学医学院报告:广州市平均每一例死亡所造成的潜在寿命损失年数,心脑血管病死亡是 3 年,肿瘤或传染病死亡是 9 年,而伤害是 25 年。

3. **伤害具有常见、多发、死亡率高、致残率高的特点**

世界各地每年有 1/4 的人口发生伤害,其中有 3%～5%后遗躯体功能损害,1%～3%致残。"三高":发生率高、死亡率高和致残率高,是伤害事件的重要特点。在美国,每年有 8万人因头部受伤而终生残疾,车祸所致的脊柱伤害可导致 6 000 例截瘫或四肢瘫。在我国肢体残疾中有 26.14%是由意外伤害所致的。

4. **伤害所造成的经济损失巨大**

伤害不仅通过劳动力人口健康的丧失而影响社会经济发展,伤害本身也会造成巨大的社会经济负担。在美国由于伤害导致的医疗花费占总医疗花费的 10%左右,估计每年伤害医疗花费约为 1 170 亿美元。伤害造成的间接经济损失则更为巨大,间接经济损失包括因生产力丧失、感情损失、病人或看护者的时间损失、伤残者生活辅助设施(如轮椅、假肢、坡道等)、诉讼及低下的生活质量等所带来的经济损失,国际上一般以伤害的医疗费用占总体社会损失 20%计算。

5. **社会危害性大**

突发伤害事件是一种社会灾难,病、伤、残、死除了能直接影响到社会生产力、人口质量、累及社会经济外,还可使公众产生长时间的心理创伤、精神恐惧与忧郁,由此还会引发道德与伦理上的困惑。伤害给患者家庭成员及亲属带来损害并不亚于患者本人,他们需要花费大量时间照料和护理病人,同时还承受极大的精神压力和经济压力,伤害是使家庭致贫或返贫的重要原因。一些涉及社会不同利益群体的突发伤害事件,如果处理不当,会影响政府威信,导致社会混乱。

(二)突发伤害事件的评价

突发伤害事件的评价一般采用疾病负担的评价方法,所谓疾病负担(burden of disease, BOD)是指疾病的损失和危害所带来的后果和影响。突发伤害事件作为一个重要的公共卫生问题,给个人、家庭和社会都带来了严重的危害,因此,对突发伤害事件所致危害或影响的综合评价,应该包括病人、家庭和社会三个层面,从健康、经济和社会多个纬度的评价。

1. **伤害频度的评价指标**

反映伤害频度的评价指标包括:伤害发生率、伤害死亡率、残疾患病率等。

(1)伤害发生率:指单位时间内(通常是年)伤害发生的人数与同期人口数之比,是进行伤害研究与监测常用的指标。

$$伤害发生率 = \frac{某人群发生伤害的人数(或人次数)}{同时期该人群的人口总数} \times 1000‰$$

在计算伤害发生率时所用的分母不同,则意义也会不同。以机动车伤害发生率为例,可以有一般人群的机动车伤害发生率,也可以有机动车驾驶员伤害发生率。在国外研究机动车伤害发生率时,有时应用车辆数或车辆公里数作分母。

$$机动车伤害发生率=\frac{因事故受伤的人数(或人次数)}{同时期该地人口数}\times1000‰$$

$$机动车驾驶员伤害发生率=\frac{因事故受伤的人数(或人次数)}{该地同时期有司机驾驶执照人数}\times1000‰$$

$$机动车伤害发生率=\frac{因事故受伤的人数(或人次数)}{同时期该地机动车车辆数}\times10\,000/万$$

$$机动车伤害发生率=\frac{因事故受伤的人数(或人次数)}{同时期该地车辆公里数}\times1000‰$$

(2)伤害死亡率:指单位时间内(通常是年)因伤害致死人数与同期人口数之比。可以计算伤害的总死亡率,也可以按照伤害的种类计算分年龄别、性别等人群特征的死亡率。

$$伤害死亡率=\frac{某人群因伤害死亡的人数}{同时期该人群平均人口数}\times100\,000/10\,万$$

2. 伤害程度的评价指标

包括损伤计分法(trauma score)、简化记分法(Abbreviated Injury Scale, AIS)、伤害严重度计分法(Injury Severity Score, ISS)、国际伤残分类表(International Classification of Impairments, Disabilities and Handicaps, ICIDH)。具体计算方法参见外科学教科书。

3. 伤害损失程度的评价指标

(1)潜在寿命损失年(Years of Potential Life Lost, YPLL):是指人们由于伤害未能活到该国平均期望寿命而过早死亡,失去为社会服务和生活的时间。用死亡时实际年龄与期望寿命之差表示。某人群的潜在寿命损失年,可用人年数表示:

$$\text{YPLL}=\sum_i^e \text{YPLL}_i=\sum_i^e a_i\times d_i$$

式中:

i:死亡年龄(常取该年龄组的组中值);

e:期望寿命;

a_i:期望寿命与第 i 年龄组组中值之差;

d_i:第 i 年龄组的死亡人数。

对不同地区的 YPLL 进行比较时可用 YPLL 率(YPLL rate, YPLLR),即每1 000人口的 YPLL:

$$\text{YPLLR}=\frac{\text{YPLL}}{N}\times1000‰$$

表 20-2 为 2004 年美国 65 岁以下人群的 YPLL,从中可以看出意外伤害、自杀和他杀分列 YPLL 的第 1、5 和 6 位,三者的总和占全人群 YPLL 的 29.9%,伤害是造成美国 65 岁

以下人群潜在寿命损失的第一大原因。

表 20-2　2004 年美国 65 岁以下人群主要疾病的 YPLL

顺位	死亡原因	YPLL	百分比/%
	全部死亡原因	11 612 630	100.0
1	意外伤害	2 219 044	19.1
2	恶性肿瘤	1 877 690	16.2
3	心脏疾病	1 413 158	12.2
4	围产期疾病	922 191	7.9
5	自　杀	687 395	5.9
6	他　杀	565 979	4.9
7	先天异常	486 853	4.2
8	HIV	261 784	2.3
9	脑血管疾病	245 074	2.1
10	肝脏疾病	231 132	2.0
	其　他	2 702 330	23.3

(2)伤残调整寿命年(disability-adjusted life years,DALYs):是指从发病(发生伤害)到死亡(或康复)所损失的全部健康生命年数。包括因早死而损失的健康生命年(years of life lost,YLLs)和伤残引起的健康生命损失年(years of life lived with disability,YLDs)两部分。一例伤害的 DALYs 的计算公式:

$$DALYs = YLLs + YLDs$$

YLLs 和 YLDs 都可用下式计算:

$$\Delta = D\left\{\frac{KCe^{ra}}{(r+\beta)^2}\{e^{-(r+\beta)(L+a)}[-(r+\beta)(L+a)-1] - e^{-(r+\beta)a}[-(r+\beta)a-1]\} + \frac{1-K}{r}(1-e^{-rL})\right\}$$

式中:

D 为残疾权数,死亡取 1,健康取 0,在健康与死亡之间分 6 个残疾等级,赋值见表 20-3;

K 为年龄权数调节因子;

r 为贴现率,采用指数函数 $e^{-r(x-a)}$,WHO 建议取 0.03;

C 为常数,取 0.165 8;

β 为年龄函数参数,取 0.04;

a 为死亡或残疾发生的年龄;

L 为在残疾状态下的生存时间或 a 年龄的标准期望寿命(见表 20-4)。

当 $K=1$ 时,上式可简化为:

$$\Delta = -\left\{\frac{DCe^{(-\beta L)}}{(r+\beta)^2}\left\{e^{-(r+\beta)L}\left[1+(r+\beta)(L+a)\right]-\left[1+(r+\beta)a\right]\right\}\right\}$$

表 20-3　残疾权重的分级与赋值

分级	描　　述	残疾权重
一级	在下列领域内至少有一项活动受限:娱乐、教育、生育、就业	0.096
二级	在下列领域内有一项大部分活动受限:娱乐、教育、生育、就业	0.220
三级	在下列领域内有两项或两项以上活动受限:娱乐、教育、生育、就业	0.400
四级	在下列领域内大部分活动受限:娱乐、教育、生育、就业	0.600
五级	日常活动如吃饭、购物、做家务等需要借助工具的帮助	0.810
六级	日常活动如吃饭、个人卫生及大小便需要别人帮助	0.920

表 20-4　标准期望寿命及死亡 DALY 损失

年龄(岁)	期望寿命		一例死亡的 DALY 损失	
	女　性	男　性	女　性	男　性
0	82.50	80.00	32.45	32.34
1	81.84	79.36	33.37	33.26
5	77.95	75.38	35.85	35.72
10	72.99	70.40	36.86	36.71
15	68.02	65.41	36.23	36.06
20	63.08	60.44	34.52	34.31
25	58.17	55.47	32.12	31.87
30	53.27	50.51	29.31	29.02
35	48.38	45.56	26.31	25.97
40	43.53	40.64	23.26	22.85
45	38.72	35.77	20.24	19.76
50	33.99	30.99	17.33	16.77
55	29.73	26.32	14.57	13.92
60	24.83	21.81	11.97	11.24
65	20.44	17.50	9.55	8.76
70	16.20	13.58	7.35	6.55
75	12.28	10.17	5.35	4.68
80	8.90	7.54	3.68	3.20

DALYs 计算实例:某女,35 岁时因车祸导致残疾四级,45 岁死亡,要求计算 DALYs。

YLDs 的计算:$K=1,C=0.165\,8,r=0.03,a=35,\beta=0.04,L=10,e=2.718,D=0.6$。

$$YLDs=-\left\{\frac{0.6\times0.165\,8\times2.718^{-0.04\times35}}{(0.03+0.04)^2}\{2.718^{-(0.03+0.04)10}[1+(0.03+0.04)(10+35)]-\right.$$
$$\left.[1+(0.03+0.04)35]\}\right\}$$

$$=6.95$$

YLLs 的计算:$K=1,C=0.165\,8,r=0.03,a=45,\beta=0.04,e=2.718,D=1,L=38.72$。

$$YLDs=-\left\{\frac{0.165\,8\times2.718^{-0.04\times45}}{(0.03+0.04)^2}\{2.718^{-(0.03+0.04)38.72}[1+(0.03+0.04)(38.72+45)]-\right.$$
$$\left.[1+(0.03+0.04)45]\}\right\}$$

$$=20.66$$

由于上述 YLDs 是以 45 岁为起点计算的结果,需要折算成 35 岁时的损失,计算方法:

$$X\text{ 年龄的 YLDs}=Y\text{ 年龄时的 YLDs}\times e^{-rs}$$

式中:X 是伤害发生年龄;Y 是死亡时的年龄;S 是需要贴现的年数,即 $S=Y-X$。

本例,35 岁的 YLDs $=20.66\times2.718^{-0.03\times10}=15.31$,DALYs $=6.95+15.31=22.26$,即可认为该女子因车祸损失的健康生命年数为 22.26 年。

DALY 最初用作全球疾病负担(Global Burden of Disease,GBD)的综合测量指标,由于 DALY 能全面反映疾病(伤害)造成的早亡和失能两方面的危害,所以由 Murry 和 Lopez 等于 1993 年正式提出后,在各国得到广泛应用,已成为目前评价疾病负担的最佳指标,几乎成了疾病负担的同义词。

每 1000 人口的 DALYs 称为 DALY 率(DALY rate);若两个地区的人口构成不同,比较前需要作率的标准化,计算标准化 DALY 率(age-standardized DALYs rate)。表 20-5 是我国 2002 年几种主要疾病的 DALY 损失,可见,我国伤害的疾病负担仅次于神经精神性疾病。

表 20-5　2002 年中国几种主要疾病的 DALY 损失

原因	DALYs/千年	百分比/%	DALY 率/‰
全部原因	200 237	100.00	153.78
感染性疾病	14 833	7.41	11.39
结核	4 350	2.17	3.34
AIDS	1 270	0.63	0.98
腹泻	5 055	2.52	3.88

续表

原因	DALYs/千年	百分比/%	DALY率/‰
非传染性病	133 056	66.45	102.17
恶性肿瘤	19 455	9.72	14.94
神经精神性疾病	34 952	17.45	26.84
心血管系统疾病	25 233	12.60	19.38
呼吸系统疾病	12 603	6.29	9.68
消化系统疾病	7 594	3.79	5.83
伤害	30 134	15.05	23.14
道路交通事故	7 358	3.67	5.65
故意伤害	7 090	3.54	5.44

(3)伤害经济负担测量

疾病经济负担(economic burden of disease)是指由于疾病(伤害)、失能(残疾)和早死给患者、家庭和社会带来的经济损失,以及为了防治疾病而消耗的经济资源。突发伤害事件所造成的经济损失包括直接经济和间接经济损失。直接经济损失指伤害的医疗费用,包括救治、康复和转移等费用,也包括患者及伴护人员的差旅费、营养费等,如果伤害死亡则还有尸体处理费、丧葬费等,可按实际测算;间接经济损失是指休工或离职、残疾、早亡、伴护人员、亲友损失工作时间等的潜在经济损失,一般采用将DALYs与人力资本法(human capital method)相结合的测算方法:

间接经济负担=DALYs×人均国民生产总值×生产力权重

各年龄组的生产力不同,其生产力权重也不同(见表20-6)。

表20-6 各年龄组生产力权重

年龄	生产力权重
0~14	0.15
15~44	0.75
45~59	0.80
≥60	0.10

伤害损失程度的评价除上述常用指标外,还有潜在工作损失年数(WYPLL)、潜在价值损失年数(VYPLL)、限制活动天数(restricted activity days)、卧床残疾天数(bed-disability days)、缺课天数(days lost from school)、缺勤天数(days lost from work)及生命质量

(QOL)等。这些指标都只能从某一侧面反映伤害的损失程度。

第二节　突发伤害事件的危险因子

一、环境中的致伤因子

能量的异常交换或机体在短时间内暴露于大剂量的能量,这是导致伤害的直接原因。容易引起伤害的能量主要包括:动能,热能,电能,辐射能,化学能,也包括由窒息所引起的缺氧。

(1)动能(kinetic energy):即机械能(mechanical energy),是伤害中最常见的动因。如汽车相撞、跌落、挤压、刺割等所产生的能量传递均属此类。

(2)热能(thermal energy):火、火焰等过度的热能暴露可致烫伤或烧伤,而热能的过度缺乏则会导致冻伤。

(3)电能(electrical energy):是导致触电或电烧伤的重要原因。电能对机体的损伤程度与电流强度有关,接触电源和使用家用电器是最常见的电伤害原因。

(4)辐射能(radiant energy):核辐射、电磁辐射和电离辐射等大剂量暴露都会产生人体伤害。

(5)化学能(chemical energy):强酸、强碱以及其他腐蚀性物质均可造成化学性灼伤,其他化学品以及药品过量接触,也会引起中毒。

(6)窒息(asphyxiation):因窒息而导致严重缺氧死亡,常见于溺水、婴儿不慎被捂死和异物堵塞气管等。悬吊、绞勒是故意伤害的一种常用手段。

二、伤害的宿主因素

伤害的宿主(host)是指受伤者、罹难者以及可能遭受伤害或可能发生伤害者,包括人口学特征,暴露机会,生理、心理、行为方式等。

(一)年龄

不同年龄段人群存在生理和心理上的差异,以及对伤害危险的暴露机会不同,伤害的发生率和死亡率都存在明显的年龄差异。儿童易发生中毒、溺水和烧伤,青壮年易发生交通事故、人际暴力及运动伤害,老年人易发生跌倒、烫烧伤、自杀。因此,在伤害研究中年龄是必须单独予以分析和考虑的因素。计算伤害发生率、死亡率时,通常多采用年龄别的发生率和死亡率。

(二)性别

伤害发生率和死亡率在性别方面也存在着明显的差异。性别对伤害的影响一方面与男女生理和心理上的差异有关,而更主要的可能与男女的暴露机会和暴露率不同有关。从全球伤害死亡率分析,除火灾死亡率女性高于男性以外,其他各种伤害的死亡率均是男性高于女性,尤其是道路交通和人际暴力的死亡率,男性是女性的三倍。

(三)种族和地区

伤害的种族和地区差异是存在的,主要与当地的社会、经济、政治与文化背景有关。美国 CDC 2005 年资料显示,印第安和阿拉斯加本土美国人的步行者伤害死亡率是白人的 3 倍;西班牙族比非西班牙族伤害死亡率高 1.8 倍。美国白人和土著人的自杀率很高,而亚裔美国人的自杀率就明显低于其他种族,欧洲地区的男性自杀死亡率远高于全球其他地区。在我国,伤害死亡率存在明显的城乡差别,农村高于城市。

(四)职业

职业因素是伤害的一个十分重要的影响因素,尤其是工伤事故与工种密切相关。例如,高空坠落、坍塌、物体打击等在建筑行业常见,而触电、起重伤害、机械伤害在制造业比较常见。职业还直接影响到个体和家庭的经济收入,而社会经济地位较低者常常成为弱势群体,是伤害的高发人群。

(五)个人的行为和习惯

酒后驾驶、疲劳驾驶、超速行驶、不遵守交通规则、不系安全带是道路交通伤害的重要原因,这已经成为常识,但许多驾驶员仍抱着侥幸心理,最终酿成悲剧。我国车祸原因中 64% 为驾驶员责任,而其中 3% 为饮酒过量。美国的研究发现,30% 重型商用车辆的致死性车祸和 52% 的货车车祸都与疲劳驾驶有关。由于酒后自控力和综合定向能力的下降,醉酒也与暴力、意外跌落、烧伤等其他伤害有关。吸烟并随意丢弃烟头是突发性火灾的重要原因。

(六)心理因素

心理素质与各类伤害的发生有密切的关系。心理素质良好的人,常常处事不惊,能从容应对突发事件,使伤害减少或减轻;而情绪不稳定、易于冲动、喜欢冒险以及不愿遵守规章制度者,容易发生各种伤害。心理学家认为一个人所固有的"事故倾向性(accident proneness)",可能与其先天的素质及某种内在因素有关。在德国,选择士兵时要经过心理测试,以筛除具有事故倾向的人。日本和一些欧洲国家已开展驾驶适应性检测,包括生理的适应性(如视觉功能和大脑活动功能等),心理的适应性(如性格、反应力、判断力以及动作协调力等),驾驶技能的适应性(如熟练与准确)。在我国,部分城市也已开始对司机进行心理素质的测试。

三、伤害发生的环境因素

(一)社会环境

(1)社会支持环境:即一个国家和地区是否有相应的伤害预防的法律、法规及其执行的程度。政府和决策者是否已清楚认识到伤害是一个严重的公共卫生问题,是否已将伤害的预防作为政府行为,这是影响一个国家或地区伤害严重性的重要因素。目前,发展中国家的伤害问题远比发达国家严重,主要是因为发达国家开展伤害研究和预防大多已有 50 余年历史,这些国家在伤害研究方面投入了大量经费,从政府部门到普通民众,从立法到观念和行为,都比较注意安全和自我保护,从而使非故意伤害得到有效控制。而发展中国家开展伤害研究和预防比较滞后或刚刚起步,大多数国家存在安全与公共秩序相关法律和制度不健全,检查、监督和强制措施力度不足,政府、企业及民众安全意识不强,城乡居民的生活中存在大量设计欠佳、维护不良、容易发生伤害的危险环境,对伤害事件、受伤者及善后处理技术落后,这些都是导致发展中国家伤害情况严重的重要原因。近年来,WHO 已经将伤害的预防和控制的注意力放在中、低收入国家。

(2)社会竞争与生活压力:不正当的竞争是现代社会中发生故意伤害的重要原因,如战争、暴力、谋杀、绑架等常常与不正常或非法竞争有关。生活节奏过快,使得睡眠和休息不足,影响操作的精确性和稳定性,也会增加伤害发生的危险性。暴力事件常与失业、人际关系紧张、与家人和朋友分离等导致生活压力增大有关。

(二)自然环境

在自然环境中气象条件是伤害发生的重要影响因素。雨雪天是交通事故的多发时间;浓雾或雨雾天极易造成撞车事故;高温和长期干燥天气,易发生火灾;气压低或潮湿闷热天气,会使人疲乏,是工伤多发的时期等等。

四、Haddon 模型

1964 年,William Haddon 提出应该从伤害发生前、发生时及发生后三个阶段,分别评价致伤因子、宿主和环境三者的作用,这一评价方法最先用于机动车道路伤害,在应用过程中得到不断完善。1980 年又在原来的基础上提出了 Haddon 模型(Haddon matrix),这一模型为伤害危险因素的分析及其预防提供了科学的理论和方法。Haddon模型将伤害发生过程分为伤害发生前、发生中和发生后三个阶段，并对三个阶段开展有针对性的预防措施，见表20-7。

表 20-7 Haddon 伤害预防模型简表（以机动车道路伤害为例）

伤害发生时间阶段	伤害发生条件	伤害预防主要内容
发生之前	宿主	遴选合格司机
	致病因子	上路前车辆安全检查,特别是车闸、轮胎、灯光
	环境	公路的状况及维修
发生之中	宿主	司机的应变能力和乘车者的自我保护意识
	致病因子	车辆内部装备(尤其是轮胎)性能
	环境	路面状况与路边障碍物
发生之后	宿主	防止失血过多,妥善处理骨折
	致病因子	油箱质地的改善与防止漏油
	环境	车祸急救、消防、应急系统与措施
结局	宿主	伤害严重程度制定和预防死亡
	致病因子	车辆损坏度评价及修复
	环境	公路整治与社会、家庭经济负担

第三节 突发伤害事件的应急与防控

一、突发伤害事件的应急预案与应急机制建设

(一)应急预案

应急预案(emergency response plan)是指针对可能发生的突发事件,为迅速、有序地开展应急行动,预先制定的政府组织管理和指挥协调应急资源和应急行动的整体计划和程序规范。突发伤害事件是一种"紧急状态"(public emergency),它的处理具有综合性的特点,即现场抢救、伤员转运、原因调查、控制及善后处理等都涉及多个部门,出现突发伤害事件时,为了减少伤亡,降低损失,防止扩散和消除影响,必须尽快采取有效的应急措施,为了提

高政府及相关部门对突发伤害事件的应急能力,必须制定突发伤害事件的应急预案。无数事实表明,尽管突发事件难以完全避免,但若制定了有效的应急预案,能及时组织应急救援,就可极大地降低事故后果的严重程度,在完全有准备的条件下,甚至可以将事故消灭在发生的初始阶段,从而最大限度地减少人员的伤亡、财产损失和环境破坏。WHO曾指出预案会使突发事件中人员的死亡率减少 2/3,甚至更多。

应急预案包括总体应急预案和专项应急预案。总体应急预案是突发伤害事件应急预案的总纲,从总体上阐述应急的方针、政策、应急组织结构及相应的职责,应急行动的总体思路等。专项应急预案是专为应对某一类型或某几种类型突发伤害事件而制定的应急预案,是在总体应急预案的基础上充分考虑了某特定伤害事件的特点,对应急的形势、组织机构、应急活动等进行更具体的阐述,具有较强的针对性。应急预案还可分为国家应急预案与地方性应急预案。

通常一个城市或地区会存在多种潜在的突发伤害事件类型,例如,地震、火灾、水灾、空难、海难、矿难、危险物质泄漏等,城市举行的各种大型活动也可能会出现重大紧急情况,因此,地方性应急预案的编制必须要做到重点突出,反映本地区的主要重大事故风险,并合理地组织各类预案,避免预案之间相互孤立、交叉和矛盾。

应急预案的基本内容包括:目的;工作原则;法律法规依据;适用范围;组织机构,情况报告及通报系统,居民安全教育和安全促进;组建由临床急救、卫生、流行病、检验(检疫)、心理医生和现场工作者共同组成的快速反应队伍;做好院前救治,建立急诊绿色通道,组织抢险、抢救,开展自救、互救;紧急灾害/伤害应急处理工作的分工与协调,现场卫生防疫应急处理和培训;居民和救援人员心理支持;有关物资的配备等。

(二)应急机制建设

由政府领导、各部门互相配合、协同应对突发公共事件的组织叫做应急管理体系。应急管理体系是否健全及其功能是否完善直接影响应急能力。突发伤害/灾害事件应急管理体系包括 4 个系统:

1. 决策系统

即应急处理指挥机构,是突发伤害/灾害事件管理体系的核心。主要任务是制定突发伤害/灾害事件的应急预案,构建预案储备库;建立各类专业人才库,成立专家组,建立健全的快速反应系统;在信息不完备的情况下判断伤害/灾害事件的性质、程度、可能波及的范围,迅速做出有针对性的决策和快速反应;启动应急专业队伍,组织和协调有关部门实施应对措施;等等。国务院是我国突发公共事件应急管理工作的最高行政领导机构,地方各级人民政府是所辖行政区域突发公共事件的行政领导机构。

2. 信息系统

是突发伤害/灾害事件管理体系中连接各个系统的通径,起上通下达、连接各方的作用。

主要任务是按照及时主动、准确客观、正确引导、讲究方式、注重效果、遵守纪律、严格把关的原则发布警情,让居民获取及时、准确、客观、全面、有权威性和具有安定作用的信息;同时还担负应急法律、法规、预防、避险、自救、互救、减灾等常识的宣传,部门之间的信息传递和强化监控;定期公布居民健康状况,预测预报伤害/灾害发生及发展趋势,为决策系统提供依据。

3. 执行系统

是突发灾害/伤害事件管理体系中最直观的表征,主要任务是快捷、全面地贯彻落实决策系统的指令和各项应急措施。

4. 保障系统

是突发伤害事件管理体系的支撑,主要任务是为应对工作提供物质和非物质资源保障,包括人力、物力、财力、交通运输、医疗卫生及通信的保障等等。

二、突发伤害事件的应急处理

(一)突发伤害事件的预警

当某一伤害事件可能突然发生,或其威胁可能增大时,在一定范围内采取超前的预防和控制措施叫预警(forewarned)。预警的目的是为了减少或消除突发伤害事件的不良影响,提出实现此目的的途径,使社会和公众处于高度警觉状态。预警系统的核心是公开、民主、与公众交流,及时地将实情告知民众,这样不仅可避免恐慌,也有利于对事件的防控。2004年12月东南亚海啸造成严重损失后,印度尼西亚政府在反思此次事件的教训后指出,最大的教训是没有建立早期预警系统和缺乏对居民的灾害教育。

1. 预警级别

我国突发伤害事件的预警分级标准如下(下列数字为参考数字,各地应视本地区的具体情况规定):

(1)黄色预警:Ⅲ级(较大)。事件范围局限于一个社区、街道、工厂、居民点或自然村。①重大交通伤害事件,死伤和失踪人数在30人以上;②短时间内有众多中毒者,发生较多死亡,原因明确(含职业中毒或化学中毒);③重大工程事故,死伤和失踪人数10人以上;④火灾持续6小时以上而且未能控制;⑤发布自然灾害的预报;⑥周围地区启动橙色预警时。

(2)橙色预警:Ⅱ级(重大)。事件范围波及一个区(镇)。①恶性交通伤害并殃及居民区,波及范围较大;②原因不明的中毒事件,中毒人数和死亡人数不断增加;③大型建筑物倒塌,造成众多死伤与失踪,影响周围居民生活和/或需要疏散人员时;④得不到控制的火灾或爆炸,造成人员伤亡和/或需组织居民疏散;⑤天灾造成死伤或人员失踪;⑥地铁、隧道事故或火灾,造成众多乘客死伤或受困;⑦骚乱、暴动、枪击或劫持人质等局面未得到控制,不论有无人员伤亡;⑧恐怖袭击的预报。⑨周围地区发布红色预警时。

（3）红色预警：Ⅰ级（特大）。事件范围波及几个区（镇），并影响到全市（县）居民的生产、生活和社会秩序，造成恐慌和出逃行为，影响社会安定。①发生恐怖袭击事件；②暴力事件得不到控制，而且有进一步扩大的趋势；③中毒事件进一步扩大，死亡人数继续增加，近期内不能清除中毒的原因并可能危及其他城市；④天灾造成大范围和严重损失，众多死伤，大批居民需要安置；⑤在居民生命财产和旅游者安全得不到保障的情况下；⑥执行国家或省、市、自治区政府的预警决定。

2. 预警信息发布

预警信息包括突发伤害事件的类别、预警级别、起始时间、可能影响范围、警示事项、应采取的措施和发布机关等。预警信息的发布、调整和解除可通过广播、电视、报刊、通信、信息网络、警报器、宣传车或组织人员逐户通知等方式进行，对老、幼、病、残、孕等特殊人群以及学校等特殊场所和警报盲区应当采取有针对性的公告方式。

（二）突发伤害事件的应急措施

1. 措施的法律依据

国务院公布的《传染病防治法》、《突发公共卫生事件应急条例》和《全国突发公共卫生事件应急预案》等是应对突发伤害事件的法律依据。

2. 突发伤害事件的应对原则

（1）以人为本，避免和最大限度地减少人员伤亡；

（2）统一指挥、分级管理、分级响应；

（3）职责明确、分工协作、反应及时、措施果断、运转高效；

（4）预防为主、常备不懈、信息互通、资源共享，依靠科技、依法处置。

3. 突发伤害事件的应急措施

（1）突发伤害事件发生之前的应急措施。

①设立"突发伤害事件应急办公室（或指挥中心）"，成立专家评估委员会，构建完善的通信网络，制定突发伤害事件的应急预案；

②建立伤害监测系统和监测网络，实行伤害报告制度，做好定期的统计分析和预测、预报，落实伤害预防与控制措施；

③在居民中广泛开展安全教育和安全促进活动；

④组建由医疗、卫生、检验（检疫）、心理等多学科多专业人员共同组成的突发伤害事件快速反应队伍，定期开展快速反应培训和演练；

⑤建立急诊绿色通道；

⑥与驻军部队建立联防；

⑦储备应急物资，定期补充和更换。

（2）突发伤害事件发生时的应急措施：根据预警级别，分别采取相应措施。

①当突发伤害事件达到黄色预警时,区(镇)人民政府在经过市人民政府批准后,启动突发伤害事件应急预案,同时向邻近区(镇)通报;

②当突发事件达到橙色预警时,市人民政府在经过省人民政府批准后,启动突发伤害事件应急预案,同时向邻近市(县)通报;

③当突发事件达到红色预警时,省人民政府在经过国务院批准后,启动突发伤害事件应急预案,同时向邻近省市通报。

"突发伤害事件应急办公室(或指挥中心)"相应发挥功能作用:建立居委会—街道办事处—区—区联防—市—省的指挥系统;安民告示,安定居民情绪,发动群众,自助互助,群防群控;必要时组织居民疏散,妥善安置,保证居民生活必需品的供应;组织抢险、抢救,开展自救、互救,做好院前救治,减少院前死亡和后遗残疾;调查、取证和记录(包括目击者和当事人);估计和预测事态发展的趋势、可能的"连锁反应"以及危险性;必要时向部队和/或邻近城市请求支援;尸体的处理;按照应急预案的规定发布消息。当事件基本得到控制、伤害危险因素已经消除后,经过突发伤害事件专家评估委员会的评估建议,由政府适时宣布终止预案实施。

(3)突发伤害事件发生后的应急措施:①妥善安置居民;②尽快恢复交通、生活和生产;③事件原因的调查分析;④评估应急措施的及时性、合理性、成本与效益及总体损失等;⑤居民和救援人员心理咨询和心理治疗;⑥预案的评估与修改;⑦总结、报告和通报。

三、突发伤害事件的预防与控制

近半个世纪以来,工业化国家在伤害的预防和控制方面取得比较好的效果,积累了一些经验,值得我们借鉴和应用。例如,在疾病预防与控制中心发展和建立伤害控制部门,将伤害纳入到疾病预防和控制的工作范畴;将伤害的预防和控制作为政府行为来落实,增加伤害研究经费,加强伤害研究,从工程、立法、公众教育、产品安全等方面开展综合预防;建立监测与预警系统,将伤害和灾害的预防和控制相结合;改进急救护理的水平和质量等。在1970年至1995年期间,发达国家15岁以下的儿童中与伤害相关的死亡减少了一半,交通伤害等非故意伤害呈下降趋势。伤害与其他疾病一样是可以预防的,只要措施得当,不仅能有效地减少死亡和残疾的发生,而且可以获得巨大的经济效益和社会效益。

伤害事件的发生是由于致伤因子、宿主和环境因素共同作用的结果,因而其预防与控制也必须针对这三方面因素制定策略,同时针对伤害事件的不同阶段采取三级预防措施。

(一)三级预防

1. 一级预防

是针对伤害发生以前的预防,其目的是通过减少能量传递或暴露机会使伤害不发生或少发生,这是最积极的预防措施。例如,建立突发伤害/灾害事件的预警机制交通安全管理;道路在规划和设计时考虑安全性问题;提供防撞的、智能型的车辆;用火安全教育;加强危险品管理;减少媒体暴力等。一级预防的实施策略包括全人群策略和高危人群策略。

(1)全人群策略:是指针对各类人群或普通人而不考虑个人因素的预防。例如,在全社区居民、工厂所有职工或学校全体师生中开展伤害预防的健康教育。这一策略目的旨在提高全民对伤害的危害性和预防的重要性的认识,进而提高每个人的伤害预防意识,加强自我保护。

(2)高危人群策略:针对伤害的高危险人群的预防。比如,对驾驶员的安全培训;对学校学生进行防火、交通安全、防电和防溺水的专题教育;对低收入家庭、单亲家庭进行孩子抚养方法的培训。

(3)一级预防的具体措施:主要包括四个方面,即"四 E 干预":①教育干预(educational intervention)是指通过健康教育来影响人们的观念和行为,提高个人、家庭、社区和社会的安全意识及对突发伤害事件的防范能力。②工程干预(engineering intervention)是指通过工程技术措施影响媒介及物理环境,减少和消除伤害发生的危险。例如车辆增加侧面冲撞保护装置,对生产设备中的皮带轮、传动带等危险部分安装防护装置。③经济干预(economic intervention)是指用经济的鼓励或惩罚手段影响人们的行为。例如,对超速行驶的车辆罚款,交通保险的浮动费率制。④强制干预(enforcement intervention)是指用法律及法规措施来影响人们的行为。例如,对醉酒驾驶者实行拘留,对存在事故隐患的煤矿责令停产整改。

2. 二级预防

是针对伤害发生后所产生即刻效应的预防,即紧急救护(emergency care and first aid),包括伤害发生时采取的自救、互救、院前救护和急诊治疗,目的是最大限度地减轻伤害的严重程度,降低死亡率和致残率。例如,在道路交通事故死亡者中,60%~70%的死亡发生在伤后 4 h 内,对于许多在送抵医院前便已死亡的伤者来说,如果采取正确的自救和互救,其死亡本来是可以避免的。许多导致伤残的并发症也可以在抵达医院前得到预防。

3. 三级预防

是针对伤害发生后所产生长期效应的预防,主要包括对受伤害者采取的康复医疗、社会回归以及长期伤残的防治等措施。

(二)主动干预与被动干预

干预(intervention)是有计划、有组织进行的一系列活动,目的在于减少伤害的发生、死亡和残疾,减少伤害造成的损失和社会负担。

1. 主动干预

主动干预(active intervention)是指通过宣传教育、培养训练和督导强制等方式,提高人们的安全意识和自我保护能力,使人们自觉采取措施,选择一定的安全装备或采取某些行为方式以避免伤害。如摩托车司乘人员正确佩带头盔,控制车速,雾天或雨天减少车辆出行等。主动干预具有投入少、收益大的优点,但需要宿主持久重复的自觉行动,效果不稳定,易反复。主动干预在实施初期常常需要将宣传教育与经济和法律手段想结合,才能起到良好的效果。例如,韩国曾经通过交警执法和增加罚款在全国推广使用安全带,到2001年安全带使用率在驾驶员中已经达到98%。

2. 被动干预

被动干预(passive intervention)是指在外界环境中配备安全设施来减少伤害风险。如汽车安全气囊在撞车时自动打开,改善道路状况,在危险地带附近设置防护栏或警告标志等。被动干预主要从工程、技术等生物力学入手,消除伤害的危险因素,而不要求宿主的自觉行动,具有效果稳定的特点,但其涉及面广、投入大,而且受政治、经济、文化等制约。

在实际工作中,应该根据具体情况,将主动干预和被动干预结合,采取综合措施,才能起到良好效果。

伤害的干预并不需要等到对伤害的原因和危险因素全都明确后才能实施,最有效的干预方法也并非一定是最直接针对最明显的危险因素。对于常见的突发伤害事件,可以根据人们的生活经历和体验,对其原因做出推断,初步确定有针对性的干预措施,并进一步通过对干预措施的研究,做出客观的评价,才能选择高效、低成本的预防措施。目前已经被证实对意外伤害有效和有价值的措施包括使用摩托车头盔、安全带和儿童安全座;行人与车辆隔离;控制超速和酒后驾驶;使用更安全的厨房炉灶;防儿童开启的毒物容器;以及使儿童与水等危险相隔离的屏障。对故意伤害已被证实有效的措施包括由专业护士和社会工作者进行家访;对家长进行关于儿童发育、非暴力管教和解决问题的技能等方面的培训;使幼儿学业领先的智力开发规划;生活技能培训;通过征税、定价和实行售酒许可法律减少可获得的酒精饮料;限制获取武器;以及促进非暴力社会规范的多媒体宣传运动。对所有类型的伤害来说,提高急救护理效率的措施将有助于减少死亡的危险和恢复所需的时间并减轻长期损害的程度。

(三)Haddon 伤害预防十大策略

William Haddon 通过对伤害的预防和控制所做的大量研究,在 Haddon 模型的基础上,于1981年提出伤害预防与控制中可供选择的"策略十则"(ten strategies)。

(1)预防危险因素的形成:如禁止或限制生产有毒或危险物品,如烟花、爆竹。

(2)减少危险因素的含量:如限制车速,使用低动力汽车引擎;限制武器使用范围,禁止私藏武器;有毒物品应采用小包装,安全包装等;限制爆炸物如炸药、雷管的贮存量。

(3)预防已有危险因素的释放或减少其释放的可能性:如使用防儿童开启的毒物或药物容器;提高汽车刹车的性能。

(4)改变危险因素的释放率及其空间分布：如机动车司机及前排乘客应使用安全带,生产带安全气囊的汽车。

(5)将危险因素从时间、空间上与被保护者分开：如建造人行道、戴安全帽、穿防护服、穿防护背心、戴拳击手套等。

(6)用屏障将危险因素与受保护者分开：如用绝缘物把电缆与行人隔开。

(7)改变危险因素的基本性质：机动车车内突出的尖锐器件应改成钝角或软体,以防触及人体导致伤害;加固油箱防止撞车时油箱破裂,漏油造成火灾。

(8)增加人体对危险因素的抵抗力：通过体育锻炼或身体调适提高机体对伤害的抵抗力的预防措施。

(9)对已造成的损伤提出针对性控制与预防措施：如在急救方面对人们进行训练,保证应急响应计划处于有效状态,及时运送和救治病人。

(10)使伤害患者保持稳定、采取有效治疗及康复措施：如建立地区性外伤救治系统。

(四)安全社区策略

安全社区(safe community)是指政府、企业、志愿者和居民共同参与伤害预防和安全促进工作,持续改进地开展活动实现安全目标的社区。它的范围可以是一个自治区、一个县、一个城市、一个城市中的行政区或街道。安全社区具有广泛的包容性,涉及人们生活、工作乃至环境各个方面,涵盖了交通、工作场所、公共场所、涉水、学校、老年人、儿童、家居、体育运动等诸多领域,有必要的组织机构,有明确的目标和职责,有切合实际的预防项目,有积极的自我评估制度和自我检查、自我纠正、自我完善、自我改进机制。世界上第一个开展安全社区建设的是瑞典 Falköping 社区,该社区制定了包括宣传、教育、资讯、监管及环境改善等环节实施的有针对性的伤害预防计划,从 1979 年计划开始实施三年内,社区内交通意外伤害减少了 28％,家居伤害减少了 27％,工伤事故减少了 28％,学龄前儿童意外伤害减少了 45％。而相邻未实施伤害预防计划的社区,上述伤害现象却有增无减。在 1989 年 WHO 第一届事故与伤害预防大会上安全社区的概念被正式提出,来自 50 个国家的 500 多名代表在会上一致通过了《安全社区宣言》,宣言指出:"任何人都享有健康和安全的权利"。安全社区创建是预防伤害、促进安全的一种有效途径。国内外的实践证明,安全社区的创建可降低 30％至 50％的伤害率。现在安全社区已经成为 WHO 全球伤害预防和控制计划的一部分,WHO 认为全球所有社区、地区、国家都应推行该类计划。

为推广安全社区的理念,WHO 在瑞典的斯德哥尔摩 Karolinska 医学院专门成立了"社区安全促进合作中心"(WHO Collaborating Centre on Community Safety Promotion),主要负责在全球宣传、推广安全社区计划。目前该中心已经在加拿大、澳大利亚、新西兰、南非、孟加拉国、挪威、捷克、香港等国家和地区建立了 15 个"安全社区支持中心",中国香港职业安全健康局 2000 年 3 月 21 日与 WHO 签约成为全球第 6 个"安全社区支持中心"。这些支持中心可以通过提供技术咨询、培训等协助社区成为 WHO 认可的安全社区。截至 2007 年9 月,已有 118 个世界卫生组织特许的安全社区,1989 年瑞典的 Lidköping 社区第一个成为安全社区,Falköping 社区 1991 年成为第三个安全社区,山东省济南市槐荫区青年公园街道已于 2006 年成为世界第 97 个、中国大陆首个安全社区。

安全社区并非单以一个社区的安全程度高低作为衡量标准,而是取决于该社区是否有一个有效的组织机构去持久地促进社区居民的安全及健康。世界卫生组织提出了安全社区的六条准则:

(1)有一个负责安全促进的跨部门合作的组织机构;

(2)有长期、持续、能覆盖不同的性别、年龄的人员和各种环境及状况的伤害预防计划;

(3)有针对高危险人员、高危险环境,以及提高弱势群体的安全水平的预防项目;

(4)有记录伤害发生的频率及其原因的制度;

(5)有安全促进项目、工作过程、变化效果的评价方法;

(6)积极参与本地区及国际安全社区网络的有关活动。

【思考题】

1. 什么是突发伤害事件? 如何界定突发伤害事件?

2. 试述突发伤害事件的主要危害。常见的突发伤害事件有哪些?

3. 如何评价突发伤害事件? 常用的评价指标有哪些?

4. 如何应对突发伤害事件,才能将损失减少到最低程度?

5. 以道路交通伤害为例,试拟定一份城市应急预案。

6. 试述突发伤害事件的预防策略。

(叶晓蕾)

第二十一章

突发环境污染事件

2006 年 1 月,我国颁布实施了《国家突发环境事件应急预案》。在预案中,突发环境事件是指突然发生,造成或者可能造成重大人员伤亡、重大财产损失和对全国或者某一地区的经济社会稳定、政治安定构成重大威胁和损害,有重大社会影响的涉及公共安全的环境事件。根据突发环境事件的发生过程、性质和机理,预案将突发环境事件分为三类:突发环境污染事件、生物物种安全环境事件和辐射环境污染事件。本章重点对突发环境污染事件和辐射环境污染事件进行讲述。

突发环境污染事件不同于一般的环境污染,它没有固定的排放方式和排放途径,都是突然发生,来势凶猛,在瞬时或短时间内排放大量污染物,对环境造成严重污染和破坏,使环境的自然状态发生改变,给人民的生命和国家财产造成重大损失的恶性事件。

第一节 概 述

随着人类社会的产生和发展,人们在开发和利用自然资源,创造新的生存环境的同时,又将生产、生活活动中产生的废弃物排入环境,使环境的构成和形态发生改变,质量不断恶化,影响和破坏了人们正常的生产和生活条件,造成环境污染。

人为排放造成环境污染的物质称为环境污染物或环境污染因素,按性质通常分为三大类:物理性污染物、化学性污染物、生物性污染物。

环境中的物理污染物主要包括噪声、光、振动、微波、电离辐射等。其中电离辐射主要由生产活动中排放的放射性废弃物造成。

化学污染物成分复杂种类繁多。据报道,在过去的 50 年中,约有 85 000 余种合成化学品投入市场,每年推出的新化学品为 1 500 种。这些产品包括农药、工业产品、药品及这些物质的副产物等。环境中的化学污染物有的是燃料的燃烧产物,有的存在于废水、废气和固体废弃物中,并可以通过多种途径在环境中迁移、转化。根据污染物进入环境后其理化性质是否改变,可将污染物分为一次污染物(primary pollutant,亦称源生污染物)和二次污染物(secondary pollutant,亦称次生污染物)。前者是指由污染源直接排入环境,其理化形状未发生改变的污染物,如二氧化硫、一氧化碳等;后者是指有些一次性污染物进入环境后,由于物理、化学或生物学作用,或与其他物质发生反应而形成与原来污染物的理化性状和毒性完全不同的新的污染物,如光化学烟雾。

生物污染物主要指环境中的细菌、真菌、病毒、寄生虫和变应原(如花粉、真菌孢子、尘螨等)。当环境中生物种群发生异常变化或环境中存在生物性污染时,可对人体健康产生直接、间接或潜在的危害。如赤潮现象就是水体中磷、氮含量过高,使藻类等浮游生物大量繁殖、生长死亡,造成水质恶化,进而危及水生物生存和人群健康。

一、突发环境污染事件的分类

突发环境污染事件可分为突发大气污染事件、突发水体污染事件和突发土壤污染事件。大多数事件引发的是混合性污染,既污染了水体又污染了大气,同时土壤也遭到污染。根据污染物的性质及污染后果,将突发环境污染事件归纳为以下几类。

(一)核污染事件

核电厂发生火灾,核反应器爆炸,反应堆冷却系统破裂,放射化学实验室发生化学品爆炸,核物质容器破裂、爆炸放出放射性物质以及放射源丢失于环境中等,对人体造成不同程度的辐射伤害与环境破坏事故。

核污染事件的基本特征:事故发展迅速;有多种辐照来源和途径;可释放出多种放射性核素;影响范围广,涉及人数多,作用时间长;可造成较大的社会和心理学影响;需要的救援力量较大。

1986 年 4 月,前苏联切尔诺贝利核电站爆炸,浓烟夹带着高放射性物质四处蔓延,反应堆放出的核裂变产物主要有 ^{131}I、^{103}Ru、^{137}Cs 以及 ^{60}Co,周围环境中的放射计量达 20 Gy/h,为人体允许剂量的 2 万倍。此次核事故造成 13 万居民急性暴露,31 人当场死亡,还造成大面积的环境污染,经济损失达 35 亿美元。这些放射性物质不仅污染了附近的农田、水源和空气,同时随着空气迁移,飘向欧洲,整个欧洲都笼罩在核辐射的阴影之中,瑞典监测到的核放射尘埃超出正常值的 100 倍。核电站附近大量庄稼被迫全部掩埋,损失 2 000 万吨粮食。核电站 7 km 内的森林也因核辐射逐渐死亡。周围 10 km 的耕地丧失耕作与放牧功能。

(二)重点流域、敏感水域水环境污染事件

这类污染事件可分为两种情况:一种是因偶然原因导致污染物在短期内大量排放造成水污染。如发生在 2005 年 11 月的松花江有毒化学品污染事件:2005 年 12 月 13 日,位于吉林市的中石油吉林石化分公司双苯厂胺苯车间发生爆炸,几十吨苯化合物流入松花江。吉林市下游 380 km 处的哈尔滨市临时停止供水 4 天,约 350 万居民无法使用自来水,只能使用政府提供的瓶装水。该事件成为我国近几年来影响最大、危害范围最广泛的一次严重

的水危机事件。

另一种则是污染物长期排放产生累积效应,最终在某个时间骤然造成水体严重污染,产生重大影响。2007年5月,太湖蓝藻暴发导致无锡市饮用水源被污染就是一个典型的例子:由于近年太湖治理没有达到预期效果,湖水中氮、磷的含量没有得到有效控制,加上2007年太湖水位比往年低,无锡气温偏高,使太湖呈全湖性的富营养化趋势,这为藻类生长提供了条件,由此导致太湖蓝藻暴发,无锡市饮用水源被污染。

无论是哪一种水污染事件,一旦发生,都会在短期内对当地的生产和居民的生活、健康以及水生态系统构成严重威胁。

(三)城市光化学烟雾污染事件

光化学烟雾(photochemical smog)是由汽车尾气中的氮氧化物和碳氢化合物在日光紫外线照射下,经过一系列的光化学反应生成的刺激性很强的浅蓝色烟雾,其主要成分是臭氧、醛类以及各种过氧酰基硝酸酯(peroxyacyl nitrates,PANs),它们都具有强烈的氧化能力,统称为"光化学氧化剂"(photochemical oxidant)。

光化学烟雾污染事件最早出现在美国的洛杉矶,先后于1943、1946、1954、1955年在当地发生。特别是1955年持续一周多时间,气温高达37.8℃,致使哮喘和支气管炎流行,65岁以上人群的死亡率升高,日死亡人数达70~317人。当时洛杉矶有350万辆汽车,每天消耗约1 600 t汽油,由于汽车汽化器的汽化效率低,每天尾气中仅碳氢化合物就有1 000多吨排入大气。

光化学烟雾污染事件在世界许多大城市都曾经发生过,如美国纽约,日本东京和大阪,澳大利亚的悉尼,印度的孟买以及我国的兰州、成都、上海、北京等地。

(四)易燃易爆物、农药及有毒化学品的泄漏爆炸、扩散污染事件

瓦斯气体(CH_4、CO、H_2)、石油液化气、甲醇、乙醇、丙酮、乙酸乙酯、乙醚、苯、甲苯等易挥发性有机溶剂,有机磷农药,有机氯农药及有毒化学品氰化钾、氰化钠、砒霜、苯酚等,因贮存不当或运输过程中发生翻车、翻船造成贮罐泄漏,毒物扩散,不仅引起空气、水体、土壤等严重污染,而且一旦爆炸,将对人民的生命和财产造成严重的伤害。1984年12月2日,在印度的美国联合碳化物公司博帕尔农药厂的储料罐发生爆炸,41 t异氰酸甲酯泄漏到居民区,白色的烟雾顺着风向弥漫在博帕尔市区的上空,烟雾2小时后才消散。有421 262人暴露毒气,其中严重暴露的有32 477人,中度暴露的有71 917人,轻度暴露的有416 868人,2 500人因急性中毒死亡,酿成迄今世界最大的有毒化学品泄漏、扩散污染事件。

(五)溢油事件

此类事件包括油田或海上采油平台出现井喷、油轮触礁、油轮与其他船只相撞发生的溢油事故等。据统计,在所有海洋石油污染中,与运输活动有关的约占50%,其中约30%与泄

漏和事故有关。这类事故所造成的污染,可以严重破坏海洋生态,使鱼类、海鸟死亡,甚至还引起燃烧和爆炸。2006 年 12 月 7 日,一艘巴拿马籍集装箱船和一艘德国籍集装箱船在珠江口发生碰撞,其中德国籍船舶的燃油舱破损,约 1 200 t 燃油泄漏,8 日中午在海上形成了长 9 海里、宽 200 m 的油带,造成我国近年来较大的一次海洋污染事故。

二、突发环境污染事件的特点

(一)突然发生

突发环境污染事件的发生有着很大的偶然性和随机性,通常是由交通运输、工业生产过程中的意外事故引起,它没有固定的排污方式,发生的时间、地点具有一定的不可预见性,可预警的时间很短,发生后可供应急处置的时间极其短暂,并在短时间内造成预料之外、令人触目惊心的灾难性后果,因此这类事件常被称为"意外"。

从本质上讲,突发环境污染事件的发生是某些危险因素(或隐患)长期存在并相互作用的结果,但从隐患到爆发一般需要有激发的条件,因此激发条件也决定着事件的外在表现。激发条件可能是各种人为因素,也可能是一些自然因素。激发条件的类型、出现的偶然性,是导致环境污染事件具有突发特征的根本原因。

(二)形式多样

突发环境污染事件有:核污染事件、水环境污染事件、城市光化学烟雾污染事件、易燃易爆物、农药及有毒化学品的泄漏爆炸、扩散污染事件和溢油事件等多种类型,涉及众多行业和领域,就某一类事件而言,所含的污染因素也比较多,其表现形式也是多样化的。另外,在生产运输的各个环节均有发生污染事件的可能。如有毒化学品,在生产运输、贮存、使用和处置等过程中都有可能引发污染事件。

(三)危害严重

一般的环境污染多产生于生产过程之中,在短时间内排污量少,其危害性相对较小,一般不会对人们的正常生活和生产秩序造成严重影响。而突发环境污染事件,则是在瞬间内一次性大量泄漏或排放有毒、有害物质,如果事先没有采取防范措施,在很短时间内往往难以控制,因此破坏性强,污染损害惨重,不仅会打乱一定区域内人群的正常生活、生产秩序,还会造成人员伤亡、国家财产的重大损失以及环境生态的严重破坏。

(四)处置困难

突发环境污染事件通常涉及的污染因素较多,发生突然,一次排放量也较大,危害强度往往超出人们的预料,而处置这类事故又必须快速及时,措施得当有效。因此,对突发环境污染事件的监测、处理处置比之一般环境污染事件的处理更为艰巨与复杂,难度更大。

(五)影响长远

突发的重大环境污染事件会对被污染地区的环境和自然生态造成严重污染和破坏,对人体健康可能存在长期影响,需要长期整治和恢复,有时造成的损失是不可估量的。如前苏联切尔诺贝利核电站爆炸事件 3 年后的调查发现,距核电站 80 km 的地区,皮肤癌、舌癌、口腔癌及其他癌症患者增多,儿童甲状腺病患者剧增,畸形家畜也增多。

三、突发环境污染事件的危害

(一)生命威胁与健康影响

突发环境污染事件的重要危害之一是对事故现场人员的生命威胁。一些重大的环境污染事件都有人员伤亡的记载,详见第十九章突发公共卫生事件。

有毒化学品的污染途径及在环境中的迁移,反映了有毒化学品对健康的潜在影响,见图21-1。

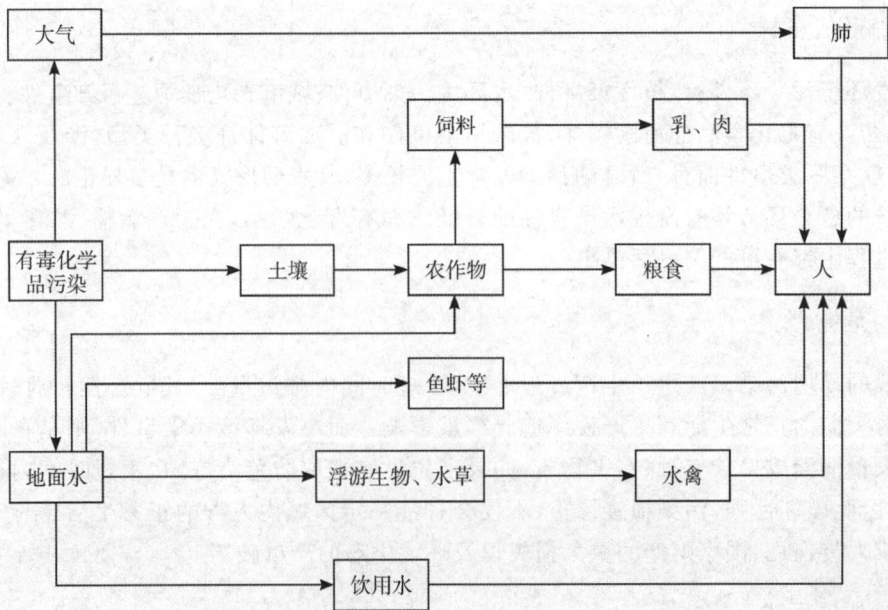

图 21-1 有毒化学品的污染途径及在环境中的迁移

(二)经济损失

突发环境污染事件所造成的经济与财产损失非常巨大。不仅直接损失大,污染后的长期整治和恢复仍需要花费很大的投资,其间接经济损失也是非常严重的。国家环境保护总局的绿色国民经济核算研究表明,2004 年因环境污染造成的经济损失为 5 118 亿元(折合620 亿美元),占当年 GDP 的 3.05%(根据人力资本法计算)。世界银行资助的中国环境成本建模研究估算得出 2003 年中国的大气和水污染损失占 GDP 的 5.78%。在 2004 年的环境损失中,56% 是水污染造成的,其中包括由于污染引起缺水的经济损失、污染治理成本、农业损失、人体健康影响和饮用水源地保护的成本。2004 年,常规和突发性排放产生的水污染所导致的渔业损失估计为 10.8 亿元。2005 年发生的环境事故中,有 97.1% 属于污染事故。仅在松花江水污染事件发生之后至 2006 年 4 月中旬的这段时间里,全国各类突发环境污染事件多达 76 起,平均每两天发生一起。在 2004 年,仅水污染事件的总损失就达到2.54 亿元,是 2003 年主要水污染事件损失的 10 倍。

(三)影响社会安定

突发环境污染事件是影响社会安定的一个重要因素,其影响主要表现在以下几个方面:

(1)突发环境污染事件会给污染区附近的居民造成心理影响与心理压力,影响人们的正常生活和生产秩序;

(2)事件造成的经济损失与人员伤亡,可能引起纠纷,甚至危害社会治安;

(3)引起大量人口被迫迁移的重大事件,会带来相关的社会问题;

(4)某些污染事件可能会引发国际争端。

(四)破坏生态环境

重大的突发环境污染事件对生态环境的破坏强度大,往往造成一定区域的生态失衡,有的甚至造成长期的危害,致使生态环境难以恢复。如在 1991 年的海湾战争中,由于大量原油泄漏,沙特阿拉伯 90% 的海岸被污染,造成数十万海鸟死亡,海湾地区特有的珊瑚礁与岸边的红树林均受到不同程度的损害,导致连续数十年海湾地区的生态系统平衡失调,恢复至少需要 100 年时间。

第二节 应急反应与预防控制

世界各国特别是发达国家,正投入越来越多的资金、人力和物力,采取各种防范措施来减少、杜绝突发性环境污染事件的发生。为解决令人难以防范而又可能对人类造成严重损害的突发环境污染事件,联合国环境规划署早在 1988 年就提出了一项针对性很强的"阿佩尔"计划(Awareness and Preparedness for Emergencies at Local Level,APELL),其目的在于加强对急性化学事故的防范,提高公众对突发环境意外事故及其危害的关注,做好以地区性为主的防灾救援工作,最大限度地减少事故危害。该计划一经推出便立即得到世界各国的普遍重视和广泛响应,我国也是积极响应"阿佩尔"计划的国家之一。

我国先后出台了包括《中华人民共和国环境保护法》、《中华人民共和国大气污染防治法》、《中华人民共和国安全生产法》、《中华人民共和国海洋环境保护法》、《放射事故管理规定》、《危险化学品安全管理条例》等法律和规章,对环保部门和地方政府以及相对人都规定了相应的责任。2006 年 1 月我国颁布实施的《国家突发环境事件应急预案》对组织指挥与职责、预防和预警、应急响应、应急保障、后期处置等做出了明确的规定,从国家层面对突发环境事件的处置提供了组织和制度保障。

按照国家有关规定,各级政府要结合本地区的实际情况制定综合性的应对突发性环境污染事件的预案;各级环境保护主管部门和行业主管部门也要从自身工作职责出发,制定辖区内污染事件应急预案;有危险物质的单位要根据自身情况,有针对性地制定本单位的突发性环境污染事件的预案,形成一套完备的应急预案体系。

建立健全组织体系,明确组织机构、综合协调机构、专业指挥机构和应急处理机构,才能保证发生突发环境污染事件时,指挥统一,政令畅通,快速反应,妥善处置。

一、突发环境污染事件应急预案与应急机制建设

(一)应急预案

预案是针对可能发生的事件,在进行预先估计和预防策略分析的基础上制定的行动策略。对危险来自的方向和可能出现的潜在问题分析,可以帮助我们找出预防的策略,预先制定应该采取的措施和应对反应、恢复策略。突发事件的预防和准备可以促进各级政府和单位之间的良好合作,进行政策的开发,脆弱性评估,描述和确认困难,完成对潜在危险的排序,对可利用资源的分析,对不同个人和组织的角色、责任的定位,以及培训和公众教育。

突发环境污染事件应急预案就是针对具体设备、设施、场所和环境,在安全评价的基础上,为降低事件造成的人身、财产与环境损失,就事件发生后的应急救援机构和人员,应急救援的设备、设施、条件和环境,行动的步骤和纲领,控制事件发展的方法和程序等,预先做出的科学而有效的计划和安排。

建立突发性环境污染事件应急预案,是为了防患于未然,一旦发生污染事件时,能迅速调取污染事件的预案材料,指导应急工作人员迅速采取有效的应急措施。应急预案可以分为企业预案和政府预案,企业预案由企业根据自身情况制定,由企业负责,政府预案由政府

组织制定,由相应级别的政府负责。

1. 制定预案的原则

(1)预防为主,防治结合,以人为本,健全机制:预防为主就是事先准备,在事件发生前,详尽的计划与准备可以明显地降低或减少人员和财产的损失,可以减少对社会生活的困扰。在制定预案时要把保障人民群众的生命安全和身体健康为应急工作的出发点和落脚点,最大限度地减少事件造成的人员伤亡和危害。通过预案的制定,不断提高应急处置的科学性,改进和完善应急处置的装备、设施和手段,提高应急处置人员的安全防护水平和指挥协调能力。充分发挥各级应急组织的主观能动性,依靠各级政府、专家和群众,发挥社会力量参与应急处置工作,建立健全组织和动员社会参与事件处置的有效机制。

(2)依靠科学,依法规范,快速反应:科学技术在管理和处理应急事件中的作用日益加大,先进的技术和方法被越来越多地应用到实际工作中,大大地提高了事件处理的效率。制定应急预案要充分发挥社会各方面的力量,尤其是专家的作用,实行科学民主决策,采取先进的预测、预警、预防和应急处置技术,提供预防和应对事故的科学水平,提高预案的科技含量。预案要符合有关法律、法规、规章,与相关政策衔接,与完善政府社会管理和公共服务职能、深化行政管理体制改革相结合,以确保应急预案的全局性、规范性、科学性和可操作性。突发环境污染事件会对人民群众的生命和财产安全以及正常的社会秩序构成严重威胁,具有突发性、连带性和不确定性等特点,决定了在现场处置过程中任何时间上的延误都有可能加大应急处置工作的难度,以至于使事件的损失扩大,引发更为严重的后果。因此,在应急处置过程中必须坚持做到快速反应,力争在最短的时间内到达现场、控制事态、减少损失,以最高的效率与最快的速度救助受害人,并为尽快恢复正常的工作秩序、生活秩序、社会秩序创造条件。

(3)依法管理,统一领导,分级分类管理,属地为主,分级响应:事件发生的时间、地点、环境、造成的损失和危害范围不同,因此所需要的应急处置资源也不同。要在统一的前提下,按照事件所需要的应急资源,实行分级管理、分级响应。在预案中要明确职责分工,明确现场操作部门、管理部门、指挥协调部门和支持与保证机构的岗位职责,明确责任人及其指挥权限,以及不同级别预案启动的相互衔接的机制。要保证指挥决策统一,避免多头指挥带来的混乱局面,这是应急处置工作达到既定目标的重要保证。严格执行国家有关法律法规,对环境污染事件的预防、报告、控制和处置工作实行依法管理,对于违法行为依法追究责任。在统一领导下,加强部门之间协同与合作,提高快速反应能力。针对不同污染源所造成的环境污染的特点,实行分类管理,充分发挥部门专业优势,使采取的措施与突发环境污染事件造成的危害范围和社会影响相适应。充分发挥各级人民政府职能作用,坚持属地为主,实行分级响应。

(4)平战结合,资源共享:突发环境污染事件是小概率事件,人们往往会因为发生的概率小而忽视应急准备工作,而一旦发生,又因为准备不足而显得应急工作漏洞百出。因此,需要在平时就做好经常性的应对事件的各种准备,包括思想、物质、技术、预案、机制准备和工作准备,加强培训演练,做到常备不懈。同时,在一个地区、一个单位内,要实行应急资源共享,避免重复建设。充分利用现有的专业环境应急救援力量,整合环境监测网络,引导、鼓励实现一专多能,发挥经过专门培训的环境应急救援力量的作用。

(5)支持一线原则:在突发环境污染事件时,第一线工作的人员是控制污染局势的关键环节,由于第一线工作情况的复杂和条件限制,迫切需要后方和上级领导的积极支持。在突发环境污染事件发生时,任何负责单位和工作人员对一线工作的不作为或不支持,都是重大的失职行为。

(6)应急时特别授权原则:在突发环境污染事件时,为集中力量及时有效地控制事件的影响,保护人民的生命和健康,使损失减少到最低程度,在采取紧急控制措施的同时,政府和主管部门,还可以行使特别调配权和特别征用权。

(7)人员避险原则:为防止事件所造成的影响进一步扩大,专业应急人员应该在尽可能短的时间内,经过对事件的危险性评估,迅速将危险如实地告诉群众,动员群众隔离风险或进行转移,尽快疏散到安全地带,最大限度减少居民的生命损失,这是一项极其重要的工作。根据事件的类型和危害程度,对人员疏散可分为两种:一种是临时紧急疏散,一种是远距离或相对时间较长的疏散。临时性疏散见于有毒物质泄漏等事件中,远距离疏散常见于有毒物质的大面积泄漏与扩散、放射性物质,特别是发生核泄漏事件时。前苏联切尔诺贝利核泄漏事故中,从核心区疏散的10多万群众至今没有返回家园。无论是临时紧急疏散还是远距离疏散,都必须有事先制定的疏散规划,以便在进行疏散时能开展有效的疏散指挥引导。

(8)救助原则:事件发生后,会产生数量和范围不确定的受害者,不仅包括直接受害人,还包括受害者的亲属、朋友以及周围利益相关的人员。受害人所需要的救助不仅是生理上的,很多时候也体现在心理和精神层面上。坚持及时救助的原则,无论是直接受害者还是间接受害人,无论对幸存者还是死亡人员,无论其地位高低、职业、年龄、性别如何,都应受到平等的救助和待遇。

2. 应急预案的基本内容

应急预案的框架可分为:预案目标、预警设定、预案原则、指挥级别和联系方法、专家组名单及特长、防控办法、防控机构及联系方法、志愿者的利用、探测设备的应用、相关机构的责任、事件后处理等内容。基本内容包括:对环境危险性的评估(危险来自何方)、危险可能造成的影响(危机可能的级别)、严重性(危害的大小所致后果的严重程度)、危险性(对危害发生可能性的估计)、应对的方法和手段、关键控制点(critical control point,指在操作环节上什么控制措施能消除或最大限度地降低一个或几个危险因素的发生)、资源准备(设备、药品、信息、救灾物资、资金、人员、知识等)、批准预案(根据预案进行演习训练,演习后总结)、制定工作人员危机处理指南和工作手册、实战演练,进一步完善应急计划。

3. 注意事项

(1)在制定应对突发环境污染事件预案前,应当通过建立企业档案,查清危险品仓储(各地的大型化学试剂、油库、储气罐)情况、重点工业污染事故排放隐患、污染事故高发的饮用水源地事故隐患。建立本地区环境优先污染物名单及应急监测技术方案。建立本地区的重点污染源地理信息系统。掌握人员数量,结构,分工,可能发生的事件种类,要害部门和区域,可用的应急资源等。

(2)预案要分级制定,逐级细化,特别是基层的预案,强调实用性和可操作性。必要时要制定突发性污染事故的场内、场外应急预案。

(3)预案要明确保证信息渠道畅通的措施,明确信息传递的方式和途径。一是有关事件的各种信息要能够及时传递到指挥决策部门和人员手中,以对事件情况做出正确的判断与决策;二是保证有关的信息能够及时传递给新闻媒介,以便把准确的信息传递给社会公众,避免不确切的信息传播;三是保证把有关信息与处置的安排及时传递给潜在受害人。

(4)建立咨询系统。建立应急处置咨询系统是常常被忽视的一个环节。为保证应急处置工作的科学化与避免发生连带反应,有必要建立咨询系统。一是应急处置的专家系统,提供专家的智力支持,避免应急处置的失误;二是对社会开设咨询电话,为受害人、新闻媒介以及希望为应急处置工作贡献力量的社会公众提供必要的信息。

(5)重视善后恢复。善后恢复是对事件处置的最后一个环节,恢复阶段的工作主要是使那些受到事件影响的人和环境秩序、工作秩序尽快恢复到正常状态。在应急预案中,受害人心理干预、社会心理调查、受害人生活条件的安置等,都应引起足够的重视。

(二)应急机制

环境安全管理应由事件发生前、事件发生中和事件发生后三个阶段组成,每个阶段都应该建立相应的应急管理机制。应急管理机制应围绕主要环节进行:应急预防准备、应急处理的调查和分析、损害处理及事后恢复。因此需要建立应急预警系统、应急监测系统、应急反应系统、应急政策系统和应急管理系统。事故发生前的管理系统要努力将事故化解在爆发前,事故发生中的管理系统要力争将事故的危害控制在最小范围内,顾全大局,牺牲局部利益。事故发生后的管理活动要注意尽快消除事故对环境的影响,特别是将对人体健康的影响控制在最小范围内。事前做好各类环境污染的预警,是防患于未然的一种有效措施;事中做好对产生的各类污染物进行定向收集和保存,是防止污染事故蔓延扩大的有效方法;事后做好对产生的各类污染物的合理处置,是将环境污染程度降到最低的有效途径。

突发环境污染事件的应急处置往往涉及多个部门,因此必须在政府层面上建立一个政府统一指挥,安全、环保、卫生、消防、供电、气象、排水、交通、公安等多个部门共同组成的突发事件应急机构,并配备一支训练有素的突发事件应急处理队伍,争取在最短的时间、最大限度、最有效地遏制污染事故的蔓延扩大,尽可能地把污染的危害程度降到最低。突发的污染事件多是生产安全事故引发的,造成或者可能造成重大人员伤亡、严重环境污染、重大财产损失、重大社会影响并影响公共安全,具有突发性强、反应机理复杂、破坏性大等特点。因此各相关部门应依据职责范围,建立自身的应急预案,从而形成相互协调配合的突发环境污染事件应急响应机制。

二、突发环境污染事件的应急处置

突发环境污染事件的应急处置包括医学措施和环境保护措施两方面的内容。针对突发环境污染事件的快速现场处置没有现成的模式,一方面要根据预案的要求,遵循事件处置的一般原则,另一方面也需要根据事件的性质与影响的范围灵活掌握和处理。有的事件在爆发的瞬间就已经结束,没有继续蔓延的条件,但大多数事件在援救和处置过程中可能还会继续蔓延扩大。如果处置不及时,很可能带来灾难性的后果,甚至引发其他灾难事故。因此,快速反应是事件应急处置中的首要原则。必须在事发的第一时间内做出反应,以最快的速度和最高的效率进行现场控制,在第一时间上报政府突发性环境污染事件应急机构。由决策机构宣布启动应急预案,并通知相关部门激活并运转应急机制。

(一)控制污染源,阻断扩散途径

无论发生任何类型的污染事故,第一时间控制污染源,避免其继续排放有害物质,同时阻断污染扩散途径是至关重要的。应根据"收、堵、治相结合"的原则,组织人员采取紧急措施,阻止污染事件的蔓延和扩大。收集、截流污水,将污水定向引入污水缓冲收集场所。如果超出了收集场所的容量,应及时启动更大范围的污水截流方案。做好对产生的污水及各类污染物进行定向收集和保存,是防止污染事故蔓延扩大的有效方法。

(二)保护现场人群,防止事故危害蔓延扩大

事故现场的控制要体现以人为本。因此,事件发生后,应当迅速组织卫生、环保人员赶赴现场,控制事故现场和污染源,救治移送伤员,开展医学和环境调查,迅速确定污染物的性质、来源,为医疗部门的快速诊治提供第一手资料,为控制环境污染以及善后工作提供决策信息。

保护人群健康是所有工作的最高目标。因此现场工作人员应当根据事故现场情况和天气情况,辨清风向,及时向有关部门汇报。决策部门根据专家的评估情况,决定是否立即疏散人群,降低对人群的危害。通常事故点周围和下风侧居民可以转移到旁侧,或由旁侧绕至上风侧,远离事故地区。另外医务人员可根据情况指导暴露人群采取防护措施,如可使用湿毛巾等代用品挡住口、鼻部位,减少有害气体的吸入量。

(三)开展监测调查,做好善后工作

根据预案的调查方法和内容开展监测调查。要想尽一切办法收集环境样品和人群的标

本(包括伤员和健康人),以便迅速确定污染物的性质、来源、污染程度以及污染物在时间和空间的分布,人群损害的情况与健康的关系,尽可能估计出排放量。迅速采集样品,监测环境污染程度,分析环境污染的发生原因、发展趋势和发展方向,估计后果的严重程度。调查内容包括事故发生的时间地点、事故原因、污染源和污染物、周围的环境概况、影响范围、暴露人群、受伤人数、病情及诊断、已经采取什么措施、牲畜情况、气象特征(风速、风向等)、水文情况、污染范围、污染程度、农田植被的破坏情况等。

善后恢复阶段的工作主要是使那些受到事件影响的人和环境秩序、工作秩序尽快恢复到正常状态。不仅要做好各类污染物的合理处置,将环境污染程度降到最低,而且要开展受害人心理干预、社会心理调查、受害人生活条件的安置等。

三、突发环境污染事件的防控策略

(一)加强宣传教育,提高认识

许多重大、恶性的环境污染事件多数是由于事故引发,因此提高各级政府、企事业单位领导及群众对突发环境污染事件的警觉与认识,采取具体措施严密防范往往可以避免事故的发生。即使发生了重大的突发性污染事故,只要普遍懂得污染事故应急处置和紧急救援的知识与技能,就能对事故做出及时有效的处置,使污染事故的危害降到最低程度。所以应在多层次、多行业加强环境保护及突发环境污染事件危害与预防的宣传教育,提高各级领导及全民的防范意识,做到防患于未然,就可以在很大程度上减少以至避免污染事故的发生。

(二)预防为主,安全第一

有些环境污染事故是难以预料和防范的,但污染事故的发生绝大多数与管理不当和预防措施缺乏有关。坚持"预防为主,安全第一"的方针,是减少污染事故发生,减少污染事件损害的重要保障。

1. 发挥环境评价作用

规划布局及建设管理部门应做好环评工作,严格控制新建、扩建有重大污染事故隐患的建设项目,杜绝在环境敏感区(水源地、城市上风口、人口密集地区、游览区等)新建、扩建有可能产生重大污染事故的项目,避免产生新的突发性环境污染事故发生源。

2. 发挥政府部门职能

政府应综合考虑在重点区域、重点企业附近建立污水缓冲收集场所,做好防渗防漏处理,通过专用管道将区域内存在危险隐患的重点企业的污水管网与缓冲收集场所相连接,以备出现事故后使用。组成污染事故应急专家技术指导小组,对污染事故处理提出专业意见。作为应急机构中重要成员的环保部门,主要职责是在污染事故发生前、后进行情况收集,对污染物进行定性、定量分析和对可能产生的环境污染进行评估。

(1)建立危险物质的申报制度。要求区域内所有企、事业单位对危险物质的名称、种类、储存量、存放位置、用途及突发事故后应采取的处置措施等进行如实、详尽的申报,全面掌握可能造成突发性环境污染事故的隐患。

(2)建档立案。根据危险性物质申报情况,将各单位存放或使用的各类危险污染物进行汇总,对其在爆炸、燃烧和泄露等情况下产生、伴生、次生的各类物质的物理性质、化学性质、毒性、污染危害、扩散特点进行全面分析和掌握。掌握出现突发事故后应采取的处置措施,建立危险污染源和污染物质档案,做到一厂一案,充分了解区域内危险性污染源和污染物质的详细情况。

3. 对事故隐患调查登记,采取消除措施

通过调查,对安全措施不落实的企业令其停产、整顿、限期整改;对污染严重的企业,令其关门或转产;对布局于环境敏感区的污染企业令其迁出。近几年我国在这方面已经做了大量工作,取得了一定的成效,但根除污染事故隐患是一项长期的工作,应常抓不懈。

4. 加强对突发环境污染事件发生源的管理

对有毒、有害化学品生产企业,化学品库、油库、煤气管道等具有引发环境污染事故的场所,应安装相应的预测报警装置;对有毒、有害化学品运输,工业废水、废渣处置,放射源管理等应建立严格的防患措施,制定严格的管理规章制度。建立危险品档案就是措施之一。危险品档案内容包括危险品的种类、存有量、存放位置、潜在危险性、防范措施、事故处理预案、信息来源等。

(三)加强应急监测能力建设

应急监测是突发环境污染事故处置中的首要环节,加强应急监测的能力建设重点包括两个方面内容。

1. 强化应急监测反应能力

突发环境污染事件一旦发生,往往情况紧急,波及面广,事态在极短的时间内就有可能趋于恶化,人员造成更大伤亡。这就要求监测人员对污染事故要有极强的快速反应能力,事故发生后,必须迅速赶往事故现场,快速准确监测判断。否则,在反应时间上延误或在整个过程的某些重要方面未能得到迅速、正确的处理,都将加大危害,降低恢复工作的实效性。所以,一是要组建专业应急监测队伍;二是要加强监测人员的技术培训与实战演习,以强化应急反应能力。

2. 提高应急监测技术水平

应急监测技术应以迅速、准确地判断污染物的种类、污染浓度、污染范围及其可能的危害为核心内容,重点解决应急监测中监测手段、仪器、设备等硬件技术,并在调查研究的基础上,根据污染因子的特性,建立环境污染事故数据库及事故处置的查询系统,为实施污染事故的处置提供依据。

(四)建立紧急救援系统

面对突发环境污染事件,不仅要解决应急监测及处置问题,还要实行紧急援救与做好善后工作,把污染事件的危害减至最小。突发环境污染事件的应急监测、快速处置、紧急援助与善后处理涉及面广,工作量大,仅仅依靠某一部门的力量难以胜任,必须在各级政府和部门共同参与,统一领导下,协调各方面人员密切配合行动,建立起多部门参加的通信、指挥、监测、救援等系统。在总体规划下,明确各部门各单位职责分工,一旦发生污染事件,保证该系统能够快速有效运行,全方位开展救援工作。

第三节 应急环境监测能力建设

一、应急监测系统

应急环境监测指在发生突发环境污染事件时,对污染物种类、数量、浓度和污染范围以及污染发展趋势等进行的监测,是处理突发环境污染事件的关键环节之一。在突发环境污染事件处置过程中,应急环境监测能鉴定和查明污染物种类、污染程度和范围,并及时准确地提供监测数据,为决策部门控制污染扩散、制定污染治理方案提供科学依据。建立功能齐全、有序运转的应急监测系统非常重要。应急监测系统包括质量管理、组织保障、技术支持。

(一)应急监测质量管理

突发环境污染事件应急监测质量管理,应注重前期质量管理和运行中的质量管理。

1. 前期质量管理

前期质量管理(即质量保障支持部分)是应急监测质量管理的基础性工作,主要内容包括:

(1)建立应急监测工作手册、应急监测数据库和应急监测地理信息系统;

(2)组织应急监测人员技术培训;

(3)做好监测方法和监测仪器的筛选,做好监测仪器、设备的计量检定,做好试剂、车辆等后勤保障。

2. 运行中的质量管理

(1)污染事故现场勘查和监测方案制定中的质量管理;

(2)污染事故现场监测和采样中的质量管理;

(3)实验室分析、监测数据处理的质量管理,以及编制监测报告的质量管理。

(二)应急监测组织保障

应急监测组织保障系统中,应建立监测机构网络。从大局着眼,既考虑纵向的管理和支持,又兼顾横向的联系与协作,实现监测资源的合理配置,形成一套切实可行的应急监测管理办法和实施方案。各地区、各部门应按照所辖范围内污染隐患特征,有重点地开展特征污染物的监测能力建设,配备相应仪器设备,培养和锻炼一支常备不懈、素质优良的应急监测队伍。

(三)应急监测技术支持

切实掌握引发事故的危险品和污染物特性以及环境标准,建立快速监测方法、安全防护措施和处置技术,制定应急监测预案,汇编应急监测实际案例,为应急监测的实施和事故处理提供技术支持。

二、突发环境污染事件应急监测程序及方法

(一)核污染事件的应急监测

由于放射性污染事件的特殊性,在进行应急监测时必须使用专门的仪器和设备。首先,监测人员必须佩戴报警剂量计,这有助防止受到超剂量限值的照射而引起严重辐射损伤。其次,应备有专门的监测仪器设备,包括便携式 γ、β 辐射巡测仪、车载式 γ 辐射测量仪、可移动式直流供电自动空气采样器、可携带式交直流两用计数率仪、剂量率自动连续监测记录仪、航空辐射巡测仪等。

核污染事件的应急监测分为初步监测和后续调查两个阶段。初步监测的目的是迅速确定环境污染的水平范围,估计危害的大小,以便决定采取的具体应急措施。初步监测的项目一般不能太多,精确度要求不太高,能迅速完成主要任务即可。一般只测 α、β 总放射性和地面的 γ 辐射水平。监测对象决定于污染方式。

后续调查是在初步监测和采取应急措施之后进行的,目的是重新评估初测数据,估计事件的后果、损失,评价居民和家畜所受的辐射剂量等。后续调查的范围要求更广泛,方法要求更灵敏、精确,除监测 α、β 总放射性以外,还需进行必要的核素分析,生物放射性污染追踪等。

1. 对事件的监测步骤与方法

放射性烟羽(radiation plum)照射的特点是影响面积大,特别是在大风存在的情况下。因此,一个点的监测数据只能表示某个特定时间和特定点的结果。需要大面积多点监测数据时,应采用连续监测用仪表,固定式或移动式测量,可随时获得监测数据。

(1)采样点:以核设施为中心,在烟羽飘移下风向成扇面展开作为烟羽测量的主要区域。

监测点应选在易于识别的地方,比如易辨认的建筑物、街道交叉口、桥梁和其他有明显标志的地方,监测点数量要根据离核设施的距离、地形、人口密度和交通道路等情况确定。

(2)γ剂量率测量:应在同一位置距离地面 1 m 和 75 cm 高的两个点进行。对于小于 1×10^4 Gy/h 的低剂量率,测读时间要超过 30 s。而高剂量率可在 10 s 后取读数。若空气采样未测到有意义的放射性活度,而 γ 照射量率高于本底时,可能有如下原因:①不存在放射性碘和放射性气溶胶;②采样点在气载放射性烟羽之外;③γ 照射量来自地面沉积物。

(3)航测:为了确定放射性烟羽方向,划定放射性污染边界,特别是大面积污染的情况下,采用航测是十分必要的。航测的主要作用,一是探测放射性污染的面积及其变化,二是确定地面平均剂量率。

2. 对应急工作人员的监测

为保证核事件应急工作人员的健康和安全,必须对应急工作人员进行个人剂量监测。

(1)γ 外照射(external irradiation)剂量监测:对所有可能受到外照射的应急工作人员,都应进行个人剂量监测,使工作人员自己了解 γ 照射的情况,以便控制其执行任务的总时间,同时提供给档案管理部门,以便记录这些人员的受照情况。较为理想的应急个人剂量监测系统应由两个不同量程的直接剂量计组成,量程范围从 $2.5\times10^{-3}\sim1$ Gy。剂量计应能在达到累积剂量的预置水平时发出声响或视觉警报,并要符合国家有关标准,保证测量精确度。低量程剂量计用来监测应急工作人应返回的剂量值或管理剂量控制值,高量程剂量计用来监测应急工作人员受照剂量不超过规定的应急照射剂量限值。

(2)甲状腺监测:若放射性烟羽中存在放射性碘,应急工作人员可能因吸入放射性碘而使甲状腺受照射。此时,用 γ 辐射探测器对准甲状腺进行监测可获得甲状腺受照剂量。这种个人甲状腺剂量监测方法,只用于直接受到放射性烟羽照射的应急工作人员,或在撤离应急防护区前已知受到长时间烟羽照射的疏散人员。如果监测结果发现甲状腺受照剂量超过规定的限值,应及时送往有关医院或实验室,进行必要的治疗和更精确的测定与评价。

(3)皮肤和衣服污染监测:应急工作人员除甲状腺可能受到照射外,皮肤和服装更有可能受到放射性污染,而且皮肤表面污染是很不均匀的,手、足、颈部最易受到污染。因此,监测皮肤表面污染的分布是很重要的。

(二)有毒化学品的泄漏、扩散污染事件的应急监测

有毒化学品(包括农药等)品种繁多,性质各异。有毒化学品污染事件的突发性、持续性和累积性决定了应急监测的困难程度。当发生污染事件时,有毒化学品的污染程度和范围具有很强的时空性。对污染物的监测必须从静态到动态,从地区性到区域性甚至更大范围地实施现场快速监测,以了解当时当地的环境污染状况与程度,快速提供有关的监测报告和应急处理措施。分析对象的时空变化决定了现场监测的技术和方法应具有以下特点:简便、快速和连续监测;能对浓度分布非常不均匀的各类样品进行选择性的分析;从定性到定量分

析都能够做到快速实现。

由于在发生污染事件时,必须要确切地搞清楚事件所涉及的是何种化学物质,以便评价其可能的影响并采取适当的保护和补救措施。所以,为了对污染物进行快速监测,就必须提供先进的快速监测技术和仪器设备,以便迅速有效地进行较全面的应急监测。好的现场快速应急监测方案应该在以下几方面发挥重要作用:能迅速提供污染事件的初步分析结果,包括污染物的种类、性质、释放量和浓度等;估计受污染的地区、范围和程度;能迅速提出适当的应急处置措施,将事件的有害影响降至最低限度。

根据现场测试结果,可以较全面地确定用于实验室分析的采样地点、采样方法及分析方法。

由于应急监测需要对事件的特征予以表述,如化学品的释放量、形态及浓度,向环境释放的速率、污染的区域、有无叠加作用,降解速率等,以及化学品的特点,如毒性、挥发性和残留性等,往往现场实验设备不够用,因此实验室分析也是必不可少的。

实验室分析可以更准确地确定污染事件的性质、范围和程度;能为决策需要进行准确可靠的复杂分析和试验;能对事件的发展势态进行连续不断的监测,以做出相应的决定并采取合适的处置措施;可对应急反应行动的正确与否进行事故后的分析和评价,为恢复措施的制定提供依据,也为将来预防及处理类似的事件积累资料。

1. 突发环境污染事件发生时,主要污染物以气体状态存在

(1)污染源和污染物都明确:对于运输过程中的泄漏和特殊企业的特殊污染物等,很容易判断是何种污染物,例如氯气、氨气、硫化氢和氯化氢等无机污染物的泄漏。监测这类污染物时,要了解被污染的环境中污染物存在的浓度是否超过国家标准,或超标倍数是多少。由于污染物是已知的,按照我国的标准或国外的监测方法分析就能解决问题。这类污染事故的污染物可以通过检气管法简单地定性或半定量,也可以用多参数气体测定仪定量测定,或者将采集的样品送回实验室,用常规方法分析。

(2)污染源和污染物都不明确:这在大气污染事故监测中属比较难解决的问题,通常表现为某区域突然出现特殊的异常气味,或某地点有人突然晕倒或死亡。由于污染物不明确,无法确定采样方法,更无法确定分析方法。处理这类污染事故时,首先要确定采样方法。目前大气有机物的采样方法有固体吸附法、采样袋法和采样罐法。由于固体吸附法使用的每种固体吸附剂都有一定的吸附范围,并且吸附剂在使用前需要前处理,而在污染事故应急监测现场是没有时间前处理的,另外用吸附剂采样需要动力,这在许多污染事故场合也不具备;采样袋法常用的有聚特氟隆和聚酯类采样袋,在现场一般用双联球采样。采样袋在使用前后需反复用氮气清洗,以减少污染。用双联球采样的缺点是在紧急情况下由于手工劳动的疲劳,致采样速度受到限制;用采样罐(也称 SUMMA 罐)采样是目前空气采样中比较好的方法。气体样品采集后,在 SUMMA 罐中保存很稳定,尤其是样品放在经过硅烷化处理过的 SUMMA 罐可以保存几个月。SUMMA 罐使用前要用纯净空气清洗,抽成一定的真

空后放置,事故发生后可直接带到现场打开阀门自动采样,然后带回实验室分析。

用SUMMA罐或采样袋采样后,对于有机污染物可采用挥发性有机物的广谱性分析方法,即EPATO-15和TO-17分析方法,并用GC-MS定性和定量分析。如果实验室有热脱附进样器,采样管尽量选择多层吸附剂;如果是吹扫—捕集进样器,宜选用3层吸附的捕集管。先用注射器直接将气体样品注射到样品瓶中,再用常规方法分析样品中挥发性有机物。需要注意的是,对于石油化工等低分子量的有机物,尤其是C5以下的有机物,TO-15或TO-17所选择的色谱柱不适合对这类物质分离,而选择PLOT柱分离这类物质最适合。对于无机物的分析,采样后可以使用多参数测定仪对污染物定量测定。

2. 突发环境污染事件发生后,污染的是水体、土壤和生物等环境样品

(1)污染物是已知的污染事故:由于污染事故中的污染物是已知的,只需按照标准方法或文献方法监测即可。

(2)污染源和污染物未知:首先必须确定污染物,找到污染物来源。如果是有机物,可采用EPA8270和EPA8260方法;若是半挥发性有机物,首先用氢氧化钠将水样调至pH>11,用二氯甲烷萃取,然后用盐酸调水样至pH<2,用二氯甲烷萃取,再用GC-MS分析。对于挥发性有机物,可使用顶空法和吹扫—捕集法解决一般问题,也可以用固相微萃取(SPME)法富集测定挥发性有机污染物或半挥发性有机污染物。该方法比溶剂萃取法的前处理简单,没有基体干扰。对于无机离子,一般不存在问题。目前环境监测部门分析的例行监测项目,大部分都属于无机污染物。因此,只要按照标准方法或分析化学教科书中无机物的定性分析,即可确定具体污染物。确定污染物来源的最常用方法,就是将样品中测得的污染物与可疑污染源所排放的污染物进行比对,如果污染物成分复杂,最好是比对具有特征性质的污染物。因为每个污染源均有其特征的污染物,这种特征污染物可以是企业的产品、原料,也可以是产品的中间体或产品的副产物。在进行这类污染事故监测时,如果监测人员未收集到污染事故现场的排污情况,或者监测人员到达现场时排放已停止,此时可以不采水样,转而采集其他相关样品,如采集排污口的底泥,通过测定底泥中的成分确定企业曾排放过的污染物。

3. 怀疑有某种污染物,但常规方法检测不出

该情况约有4种:①水体本身就不存在所推测的污染物;②有些污染物本身不稳定,可能很快分解或者反应,如硫化物被氧化成硫酸盐,分析不出硫化物;③水中一些物质对检测方法有干扰或掩蔽作用,此时可采取蒸馏或加入掩蔽剂的方法消除干扰;④一些有机物的水溶性太强,用常规方法无法从样品中提取,如含有羟基、羧基和氨基等有机物。遇该类有机物时,首先需做衍生化反应,如对于羟基和氨基采用乙酸酐衍生,生成酯类后再萃取和分析。

4. 在土壤和生物体内检测到的污染物与污染源排放的污染物不符

由于微生物的作用或生物体内酶的作用,有机污染物在土壤和生物体内往往发生结构的变化,有些有机物会被还原,如硝基苯还原成苯胺;有些有机物在降解过程会通过加羟基

变成羧基,然后再降解成低分子。类似的变化可导致在土壤和生物体内检测到的污染物与污染源排放的污染物不符。

进行突发环境污染事件的应急监测是一项综合技术较强的工作,分析人员既要熟悉常用的分析和采样方法,还要掌握一些有机反应知识,熟悉污染物的特性,即降解性、富集性和迁移转化规律,同时还要熟悉发生环境污染事件周围的污染源,只有这样,才能及时准确地判断污染物和污染源。

(三)溢油事件的应急监测

无论是现场监测还是实验室测定,水样的采集非常关键。

采集水样必须有代表性。当只测定水中乳化状态和溶解性油时,要避开漂浮在水面上的油膜。一般在水表面以下 20~50 cm 取水样。若要连同油膜一起采集,要注意水的深度、油膜厚度及覆盖面积。采样瓶应为定容清洁的广口玻璃瓶(如 500 mL 或 1 000 mL),用溶剂清洗干净,勿用肥皂清洗。每次采样时,应装水样至标线。水样采集量应根据水中油的浓度及所采用的分析方法而定,分别装于 2~3 个瓶内,以便进行平行样测定。为保存水样,采集样品前可向采集瓶内加入硫酸,以抑制微生物活动。若不能当天分析时,可置于低温 4 ℃下保存。

现场分析采用红外分光测油仪。红外分光测油仪是采用红外分光光度法测定石油类物质。石油类物质的成分非常复杂,其组成也因产地而异,测定海上漏油的成分,可追溯到漏油事件发生的国别和产地。

水样的前处理和测定:取水样 500 mL 置萃取瓶中,加入 20 mL 四氯化碳,振荡 2 min。静置分层后,将四氯化碳通过吸附柱,置入石英比色皿,测出统计值,再从工作曲线中查出浓度值。

如无条件在现场完成,可采回水样,尽快在实验室分析。可采用气相法(GC),气相—质谱联用法(GC-MS),傅立叶红外分析法(FTIR),元素分析法(S、Ni、V),紫外法(UV-Vis)进行分析。由于红外法灵敏,人为干扰小,已经被许多国家作为水中石油烃的标准分析方法。

对于特殊物质,GC、GC-MS 和 UV-Vis 可提供补充性的化学信息,并可比较不同样品的指纹。通过用元素分析测定 V/Ni 比,可区别被测样品的原油种类或区别是原油还是石油制品。

【思考题】

1. 简述突发环境污染事件的分类及危害。
2. 突发环境污染事件的防控策略及应急处置原则。
3. 简述应急监测的重要性。

(罗茂凰　刘云凯)

第二十二章

突发灾害事件

　　灾害,曾使人类蒙受巨大的伤害和痛苦,各种各样的灾害一直在威胁着人类的生存。近几年来,印度洋海啸、美国的卡特里娜飓风、巴基斯坦大地震、我国四川汶川大地震等自然灾害再一次为我们敲响警钟并留下沉重的思考。而震惊世界的"9·11"事件则是人为灾害给人类带来的阴影。灾害不仅是全球的一个重大的公共安全问题,而且已成为全球的一个重大的公共卫生问题。我国是一个自然灾害、事故灾难等突发事件较多的国家。各种突发灾害事件的频繁发生,给公众的生命财产造成了巨大损失。

第一节　概　述

一、灾害的概念

　　生态系统各种因素保持相对的稳定,为人类的生存提供了必要的条件。若某些因素因自然或人为的原因发生异常变动而危及生命和财产的安全,就造成了灾害。迄今为止尚无灾害(disaster)统一的定义。一些机构或组织对灾害的描述如下:

　　(1)WHO对灾害的定义:任何能引起设施破坏、经济严重损失、人员伤亡、人的健康状况及社会卫生服务条件恶化的事件,当其破坏力超过了发生地区所能承受的程度,不得不向该地区以外的地区求援时,就可以认为"灾害"或"灾难"发生了。

　　(2)国际减灾委员会对灾害的定义:灾害是一种超过受影响地区现有资源承受能力的人类生态环境的破坏。

　　(3)泛美卫生组织(Pan American Health Organization,PAHO)对灾害的定义:灾害是一种势不可挡的生态崩溃,达到需要外部援助的程度。

　　(4)世界红十字会对灾害的定义:灾害是一种异常事件,突然导致大量的人员伤亡。

　　(5)在 Webster 的字典中给灾害的定义是:一种突然的不幸事件,带来巨大的破坏和损失。

　　(6)世界灾害流行病学研究中心(Center for Research on the Epidemiology of Disaster,

CRED)对灾害的定义:当某事件或状况超过了当地的处理能力,需要请求全国或国际水平的外部援助时,则可定义为灾害。

可以看出,目前对于灾害还没有一个科学、客观和统一的定义。由于引起灾害的原因很多,人们总是从不同的角度看待和理解灾害的概念。一般认为,灾害是对人类社会造成物质财富的损失和人身伤亡的各种自然社会现象的总称。但灾害的发生必须具有两个基本要素:首先,必须是一种破坏性事件,具有突发性;其次,其规模和强度应超出受灾社区的自救或承受能力。在灾害的界定中,这两个条件缺一不可。

灾害是针对人类社会而言的,没有人类社会也就无所谓灾害事件。广义上可以将灾害定义为自然界或人为活动所引起的,危害人类生命财产和生存条件的各类事件。这些事件往往是突然或在短时间内发生,而且超越事件发生地的防御能力,造成人员伤亡与物质财产损失。

二、灾害的分类

目前人们通常将灾害分为自然灾害(natural disaster)和人为灾害(man-made disaster, accident)两大类,俗称"天灾人祸"。

(一)自然灾害

自然灾害是由自然因素引起的灾害,是指发生在地球表层系统中、能够造成人类生命财产损失的自然事件,如地震、洪涝、海啸、飓风等。它强调的对象是人和物资资源的损失,如果自然力的破坏发生在无人区,则不构成自然灾害,称自然异常或自然变异。自然灾害的分类方法有很多种,这里介绍几种常用的分类方法:

1. 按地球及其各个圈层运动变化分

(1)大气圈灾害:干旱、暴雨、连阴雨、酸雨、冰雹、雪灾、霜冻、寒潮、雾灾、热带气旋、干热风、龙旋风、沙尘暴、雷暴等。

(2)水圈灾害:洪涝、风暴潮、海浪、海啸、海面异常升降、海水入侵等。

(3)岩石圈灾害:地震、崩塌、滑坡、泥石流、坍塌、水土流失、沙漠化等。

(4)生物圈灾害:虫害、病害、鼠害、草害、瘟疫等。

(5)宇宙圈灾害:陨石坠落、太阳超耀斑、超新星爆发、磁暴等。

2. 按灾害波及的领域分

(1)地质地貌灾害:地震、火山、泥石流、滑坡、地面沉降、沙漠化等。

(2)气象灾害:干旱、暴雨、热带气旋、龙卷风、寒流、冰雹、雪灾等。

(3)水文灾害:洪涝、地下水位下降、水污染等。

(4)环境灾害:大气污染、温室效应、酸雨。

3. 按灾害发生的性质分

(1)突发性灾害:地震、火山、龙卷风、海啸、瘟疫等。

(2)缓变性灾害:沙漠化、水土流失、环境污染、瘟疫等。

(3)偶然性灾害:森林火灾等。

(二)人为灾害

人为灾害是由非自然因素或人为因素引起的,人为灾害种类繁多,目前人们比较关注的有战争、车祸和各类与生产和公共活动有关的安全事故等。

(1)战争:大规模战争、小规模武装冲突。

(2)恐怖活动:核恐怖、化学恐怖、生物恐怖及恐怖爆炸袭击等。

(3)重大交通事故:列车相撞或出轨、恶性车祸、海难、飞机失事、断桥和道路塌陷等。

(4)人为火灾:住宅区火灾、厂房火灾、公共场所火灾、校园火灾和人为造成的森林火灾等。

(5)意外爆炸:压力容器爆炸、瓦斯爆炸、厂房爆炸等。

(6)化学事故:毒气泄漏、毒液溢出和毒物散失等。

(7)放射事故:放射物质丢失和核电站事故等

三、灾害的分级

灾害的分级主要是对灾情进行评估。灾情评估涉及一个国家的承灾能力和灾情处理能力,目前国际和国内还没有统一划定灾度的标准。根据我国国情,20 世纪 90 年代初,中国国际减灾十年委员会建议用灾度的概念来评估灾情的大小。其主要内涵是将灾害事故造成的人员伤亡作为衡量灾情的第一要素,将灾害事故造成的经济损失和社会影响折算成金额,作为衡量灾情的第二要素,以此来综合衡量灾情的程度。我国灾度一般分为五个等级:

(1)E 级:死亡 10 人以下或损失 10 万元人民币以下者为微灾;

(2)D 级:死亡 10 人以上至百人以下或损失 10 万至百万元人民币以下者为小灾;

(3)C 级:死亡百人以上至千人以下或损失百万至千万元人民币以下者为中灾;

(4)B 级:死亡千人以上至万人以下或损失千万至亿元人民币以下者为大灾;

(5)A 级:死亡万人以上或损失亿元人民币以上者为巨灾。

四、灾害的特征

(1)灾害的普遍性:灾害,尤其是自然灾害普遍存在,在时间、空间、人群分布上均具有普遍性。

(2)灾害的潜在性和突发性:灾害在发生之前都有时间长短不一的孕育期或者称为间

期,这一阶段少则几天,多则上百年,所以具有很大的潜在性;同时,灾害都具有猝不及防的特点,爆发迅速,涉及面广。

(3)灾害的复杂性:表现在某种灾害常常与其他灾害组成灾害链,牵一发而动全身,从一个灾害可带动一系列相关灾害的出现。

(4)灾害的不可控制性和不可预见性:人类对灾害的预测能力还较低,预测手段还较少,对灾害发生的时间、地点、强度的预测准确率还较低。

五、灾害的危害

(一)导致大量的人员伤亡

当灾害来临时,最严重的危害是造成大量的人员伤亡。如 1976 年 7 月 28 日唐山 7.8 级大地震,死亡 24.2 万人;2004 年 12 月 26 日清晨发生的印度洋海啸导致 22.5 万人丧生;2005 年 8 月 28 日发生的"卡特里娜"飓风以高达 233 km 的时速,横扫美国路易斯安那州等沿海地区,导致新奥尔良等地死亡者千余人,流离失所者达百万之多。

(二)对经济的影响

灾害发生后会对经济带来直接和间接的影响。"卡特里娜"飓风的直接经济损失数百亿美元,成为美国半个多世纪以来最严重的自然灾害。2003 年,我国因生产事故损失 2 500 亿、各种自然灾害损失 1 500 亿元、交通事故损失 2 000 亿元、传染病突发事件的损失 500 亿元,以上共计达 6 500 亿元人民币,相当于损失我国 GDP 的 6%。2004 年,全国发生各类突发事件 561 万起,造成 21 万人死亡、175 万人受伤。全年自然灾害、事故灾难和社会安全事件造成的直接经济损失超过 4 550 亿元。

(三)对环境的危害

灾害一旦发生,灾区环境的破坏往往不可避免。如火灾和病虫害毁坏森林和草原,使生态环境恶化;干旱、风灾往往加速土地沙漠化;地面沉降和地形变异可使地表水和地下水流泄不畅而使水质污染程度增高。

(四)对心理的伤害

灾害发生后,往往引起人们恐惧、慌乱、悲哀、绝望等心理伤害。

(五)对社会的影响

灾害发生后,成片房屋毁坏,城市交通、通信、卫生设施、行政管理等多方面工作的瘫痪,加上灾害对经济的破坏,往往引起社会动荡不安。

第二节 突发灾害事件中的公共卫生问题

所谓突发灾害事件,是指突然发生的灾害事件。突发灾害事件发生后,随之而来会出现一系列的公共卫生问题。WHO 将灾害后的常见卫生问题概括为:社会的恐慌反应、流行病发生、人群迁移、不良气候的暴露、食物和营养的缺乏、水供应困难、环境卫生恶劣、精神卫生问题、卫生服务机构的破坏等。

一、社会的恐慌反应

灾害事件的突发性、震撼性和强烈的刺激性,可引起明显的心理痛苦,无论是心理素质多么好的人,都会悲痛、恐惧和绝望。灾害发生之后,恐慌会成为人类首先的共同反应。突如其来的灾难事件发生时,个体所处的紧急状态会表现出许多明显的精神紊乱,情绪、认知、行为活动会发生一系列改变,这些改变可能会导致一些人出现各种轻重不一的躯体症状,也可加重或诱发原有疾病,严重时产生意志失控、情感紊乱等心理危机。灾害发生后,通常会有许多关于传染病的流言,这又加剧了恐慌反应的程度,其结果往往是使政府或救灾的领导者在实施相应工作时承受巨大的压力。

但人们恐慌和无望的等待并不会持续太长的时间,强烈的求生欲望使幸存者在受到突如其来的灾害惊吓之后通常能够较快地组织起来,开始进行有目的的行动来达到明确的个人目标。如果能及时对整个受灾群体进行社会心理干预,就能减轻灾后的不良心理应激反应,促进灾害事件后的适应和心理康复。

二、流行病的发生

突发灾害环境下,会增加疾病传播的能力,甚至会引起传染病的广泛传播。传染病爆发的风险有一部分是由于人群密度的增高和迁移程度决定的。人群迁移增加了水、食物供应的压力和各种污染事件发生的概率。如洪涝灾害期间,农田、房屋受淹,垃圾、人畜粪便或尸体、农药及有毒化学物质,被洪水冲刷而污染水源和食物,从而导致肠道传染病的流行及中毒的发生。时间稍长的情况下,一些自然疫源性疾病会随着病媒生物与人的接触机会增加而逐渐增多,如鼠疫、疟疾、出血热等。由于人口居住拥挤,生存环境的卫生服务条件差,为一些呼吸道疾病的流行提供了方便。加上营养不良、基本卫生条件的匮乏十分普遍,使一些疾病容易流行。

三、人群迁移

如果灾害持续时间较长,或房屋被毁坏,大量受灾人群可能会被迫搬迁,寻找临时的栖身之地。为安全考虑,临时居驻地一般离灾害发生地点较远,比较偏僻,往往是公共卫生服务覆盖不到的地区。在短时间内如此多的人口迁移,面临许多卫生方面的问题,结果可能导致传染病发病率和病死率的持续增高,也增加了提供人道主义救助的紧急需求。

四、不良气候的暴露

由于大量受灾人群在短时间内有可能缺衣少食,抵抗力会下降,在气候寒冷或炎热的地区发生灾害后,往往会加大灾害对人类社会的破坏。所以,在不良气候条件下,提供紧急避难场所,减少对存活灾民的死亡威胁,降低不良气候暴露带来的死亡风险应成为首要的工作。

五、食物和营养的缺乏

受灾之后 2 天内通常会出现食物的短缺,并有持续的趋势。一方面是由于受灾地区食物储存地的破坏,导致当地现有食物绝对数量的减少。另一方面是食物绝对数量没有减少,食物分配系统的破坏也会减少获得食物的途径,如道路的毁坏、运输车辆的短缺、对当地情况不熟悉等,都会使食物的供给出现大范围的紧急短缺。在食物绝对数量不足情况下,营养问题也会显得十分突出,尤其对于婴幼儿和老年人来说,会对生命造成威胁,增加了他们灾后死亡的概率。因此,在灾后短期内,食物分配通常是主要和紧急的需求。

六、水供应困难和环境卫生问题

灾害发生后饮用水供应和排水系统会不同程度的遭到破坏,在灾情严重的地方,饮用水供应和排水系统甚至会完全被破坏,饮用水供应和排水系统的破坏又会引起严重的健康风险。在灾害后的复杂社会条件下,水是唯一的可以维持生命的资源,灾民出于求生的渴望,在饮用水供应瘫痪和无法满足生命需要时,往往会不计后果,饮用一些污染严重的池塘水及灾后形成的内涝。而排水系统的破坏会使人、畜排泄物污染环境,尤其是池塘水、内涝水的污染成为非常普遍的现象,介水传染病爆发的风险大大升高。

灾害发生后,生活环境和居住环境的卫生很难得到保证,蚊蝇孳生、鼠害、人畜尸体腐烂、有毒有害物质的泄露等是肯定会面临的问题。这一系列的变化,又可进一步威胁受灾人群的健康。例如,海湾战争给海湾地区乃至世界范围内所带来的环境污染极具灾难性,战争期间,科威特国内的1 080口高压油井被破坏,其中600多口油井被燃烧,每天被大火烧掉的原油约600万桶。环保专家对科威特上空1 700 m处大气采样监测结果表明,发现大气中SO_2和CO_2含量超标300倍;还发现在科威特周围几千公里的地区普降"酸雨",对植被造成严重的破坏。

七、伤害

灾害最直接的后果就是导致人身伤害,其程度可由轻度的擦伤、刮伤、骨折、出血,甚至出现死亡。重大灾害统计表明,灾后第一周,95%的人员死亡原因是创伤。地震、海啸等自然灾害中的房屋倒塌或煤矿坍塌还会导致活体被掩埋。灾害发生时,伤病员数量大,发生集中,伤病种类多,救治具有急、难、险、重的特点。

八、精神卫生问题

灾害事件具有突发性,当事人在完全没有心理准备的情况下遭受打击,短时间内会产生一种应激状态。灾民生存在以往几乎难以想象的环境中,陌生而充满危险,生存压力在短期内无法得到缓解,失去亲人的痛苦、生活无着的焦虑,加上公众对危机事件缺乏正确判断,同时舆论与谣言失控,灾民往往容易产生绝望、无助、抑郁等心态,最终造成无法弥补的心理创伤,因此,抑郁症成为灾害之后的主要公共卫生问题之一。据统计,灾难发生后,大约有30%的人会出现各种各样的心理问题。因此灾害事件发生后,政府与医疗等机构应对公众提供及时有效的心理疏导,坚定公众信心、消除社会恐慌,帮助灾民走出绝望、无助的心态,最大限度降低灾害的负面影响。

九、卫生机构的破坏

灾害事件对卫生设施同样也会产生严重的破坏,对辖区内人群健康带来直接的影响。缺医少药普遍存在,由于短时间内无法找到设施更好、条件具备的医疗卫生服务机构和合格的卫生人员,有时医院本身也无法运行。医院和救护中心在房屋结构受损的情况下,利用能够使用的人员和设备,冒险为受灾群众提供卫生服务,但自然灾害也同样危害着医务工作者的生命,限制了他们对灾民进行救助的能力。

第三节 应急反应与预防控制

一、灾害事件应急反应机制

近 10 多年来,全球各类突发灾害事件频频发生,危害程度日益增加,各国政府已意识到建立和完善灾害应急反应机制的重要意义。我国目前建立灾害应急反应机制的原则是:中央统一指挥,地方分级负责;依法规范管理,保证快速反应;完善监测体系,提高预警能力;改善基础条件,保障持续运行。

(一)法规建设

近年来,我国高度重视突发事件应对法制建设,取得了显著成绩。国务院和地方人民政府制定了有关自然灾害、事故灾难、公共卫生事件和社会安全事件的应急预案,突发事件应急预案体系初步建立。目前我国颁布的与抗灾减灾有关的相关法律法规有《中华人民共和国突发事件应对法》、《中华人民共和国防震减灾法》、《中华人民共和国减灾规划(1998—2010 年)》、《中华人民共和国气象法》、《国家突发公共事件总体应急预案》等。国务院 2006 年 1 月发布了《国家自然灾害救助应急预案》,各政府职能部门根据相关法规,陆续制定和颁布了一系列各种灾害应急预案,标志着我国对灾害的应急处理工作进入法制化轨道。

(二)畅通信息

信息传递快捷、准确、及时是应对突发灾害的前提保障。突发灾害事件现场情况瞬息万变,必须随时保证信息渠道畅通。如果信息无法传达或传达不够准确,不仅延误事件的及时有效应对,同时会导致大量的资源浪费,造成反应不足或反应过度,所以信息内容务必客观、准确、全面而且及时。在这方面要求做好监测点的设立、计算机网络的完善与通畅、分类灾害数据库和专家数据库的建立、信息处理技术的开发、门户网站的制作等工作,规范信息收集、整理和发布制度,强化信息报告责任。

(三)科学预警

突发灾害事件的早发现、早报告、早预警,是及时做好应急准备、有效处置突发灾害事件、减少人员伤亡和财产损失的前提。预报和警报工作是灾害预防和应急处置工作的关键环节。预警的目的在于尽量避免灾害事件的发生及最大限度地减少损失。完备的预警系统集监测、预报、警报于一体,要求监测全面、预报准确、警报及时。

(四)危险评估

收集有关住房、生活条件及地方病、自然疫源性疾病等基本卫生情况,分析发生灾害、事故发生的可能性和危险性;评估基础设施受损的危险性及评价供水、供电、通信、运输体系的应急运行能力,估计组织和物质储备方面尚存的薄弱环节。

(五)物资储备

平时做好医疗器械、药品及其他救援物资的储备工作,保证在发生突发灾害事件时不出现慌乱。目前,我国已建立了包括 10 个中央级的物资储备库,存储了大量的应急物资,民政部还计划进一步扩大中央库的数量,适当增加储备物资的总量和品种。

(六)教育培训

培训专业人员,组建一支机动能力强的专业救援队伍;教育群众,强化群众对灾害的预防和规避意识。各种灾害的发生都有其自身特点,平时应在全民中大力宣传普及灾害知识,培养安全和抗灾意识,提高自救与互救能力,对于减轻灾情十分重要。对灾害知识的了解,可减轻灾民的恐惧心理,更好地配合救援工作的开展。

(七)机构建设

灾害发生后,政府能否有效进行控制和处理,关键取决于是否存在反应灵敏、指挥有力的统一领导机构。我国政府设立由国务院和军队有关部门组成的全国突发事件应急处理指挥部,总指挥由国务院主管领导人担任,对全国灾害等突发事件的应急处理进行统一领导和统一指挥。

(八)制定预案

应根据各类灾害的特征,结合当地的具体情况,制定综合性应急预案并协调各部门定期演练。建立起精干高效的突发事件指挥体系,形成贯通上下的监测信息平台,建立反应迅速、机动灵活的应急队伍,全面提升应对灾害的快速反应和应急处理能力。

(九)加强科研

科学应对突发灾害事件可以最大限度地减少灾害的损失。有关部门应加强灾害预测、预报研究,加强灾害医学及灾害流行病学研究,不断提高科学应对突发灾害事件的能力。

(十)严格监督

评价灾害应急准备工作,督察各种减灾措施的落实情况,监督培训和教育项目的开展。

二、灾害发生后的应急处理

(一)灾害的应急响应

我国民政部根据灾害的损失情况,将突发性灾害事件的应对设定为四个响应等级,一到四级逐级递减,各个级别以死亡人数、紧急转移安置人数和倒塌房屋数量等三个指标为标准,只要满足其中一项指标,就启动相应的响应等级。比如,因灾死亡人数达到 30 人,启动四级响应;死亡人数达到 50 人,启动三级响应;死亡人数达到 100 人,启动二级响应;死亡人数达到 200 人,启动一级响应。

(二)灾害的救援

灾害发生后要采取快速而有效的救援行动,拯救生命,保护健康和稳定局势,避免情况恶化。在对人和财产的抢救中,人的生命是第一位的。抢救生命和保障健康必须由公共卫生和医疗急救体系来支撑。科学而高效的公共卫生和急救医疗体系可以将生命和健康损失降低到最小限度。专业急救队伍要从医疗卫生部门扩展到多功能的救护机构,且相互渗透,既要分工明确,又要相互协作;既要具备现场开展及时有效的脱险救治能力,又要具有医学监护下的输送伤病员的能力。公共卫生部门应针对灾害后存在的公共卫生问题,采取相应措施,防止灾后疫情的发生及蔓延。

灾害救援须建立强有力的组织指挥系统和科学的应急救援网络,动员一切可以借助的卫生、通信、交通、能源、建筑、保险、气象、供水等部门的力量,紧密配合消防、公安、军队等救援队伍,共同完成救援任务。

(三)灾害救援体系

灾害事件发生后,应针对灾害后的主要公共卫生问题采取积极有效的应急处置措施。

1. 应急评估

灾后救援工作有条不紊进行的前提是充分的预评估和合理的组织。在灾害事件发生后,应快速进行初始评估,了解灾害的性质和规模,以及所需的外部援助力量等,以便给出启动适当响应所需要的材料。初始评估后,随着救灾行动的实施,在响应的不同阶段,还需进一步详细评估。在遭遇如地震、台风、海啸、爆炸等紧急突发灾害性事件情况下,应该快速进行初始评估。在不太紧急的灾害事件中,或紧急情况已经有些缓和的情况下,需要进行更为详细的评估,为监测和管理的长期措施进行适当的准备。恢复和重新安置计划需要更彻底的评估。不管采用何种形式的评估,重要的是收集信息并快速传递信息,要清楚说明采取何种措施和为什么要采取这种措施。

2. 组织管理

灾害救援是各级政府部门的重要职能,要有专门的机构和人员负责救灾的准备与实施。只有政府的高度重视,联合消防、医疗、公安甚至军队及其他救援人员,才能形成一支快速有效的救援力量。突发灾害事件的应对主体涉及多部门,为了促进事件处理有条不紊地进行,各相关部门必须根据事件的类型明确职能定位,避免越位与缺位。

3. 处置病员

重大的灾害发生时会造成大量的伤病人员,医务工作者最紧迫的任务就是进行及时的诊断和救治。若事件最初即表现为群体性健康损害,重在查明事件原因、传播途径和影响因素,应采取一些特殊措施,来切断传播途径,防止疾病扩散和保护高危人群。若最初表现为突发性灾害、灾难、事故、恐怖袭击、治安事件,则重在根据事件的不同特点,采取相应措施,现场开展紧急医疗救护或疏散重伤员,预防人员伤亡,防止人身损害扩大化。现场救治伤病员应根据现场救治原则,划分伤病员类型,根据四色分类提高救治效率。

总之,灾害发生后,要设法保证绿色生命通道的畅通,统一协调,确保各项救护措施及时、准确、到位。

4. 现场调查

灾害发生后应该系统应用现场流行病学的原理和方法,调查灾害发生的分布、原因、影响因素、伤病情况等问题。

5. 灾区卫生防疫

灾害事件尤其是重大自然灾害事件发生后,往往会导致严重的公共卫生事件。在灾区除了对伤病员进行紧急医疗救护和疏散重伤员外,同时须开展有效的卫生防疫工作,积极消除灾害引起的公共卫生后果。如消毒饮用水、加强粪便及垃圾管理、加强消毒杀虫、选择性进行免疫接种和服药预防等。

6. 稳定群众情绪

灾害发生后,面对事态发展的不可预知性,常常会造成群众心理恐慌。因此,要防止谣言传播,及时发布相关信息,卫生主管部门应通过主渠道及时向公众发布信息,指导群众做好个体防范,稳定群众情绪,为救援或防治工作创造良好的氛围。

7. 寻求合作和援助

所有地区和国家发生重大灾害时,必须尽量依靠自己的力量来完成救援工作,但本地力量和技术有限时,应积极争取周边地区和国家的援助。地区和国家之间加强交流、互通信息,分享经验、共同抵御灾害,已成为国际共识。

8. 灾后重建工作

灾害平息后,应迅速恢复和重建遭受破坏的卫生设施,提供正常的卫生医疗服务。做好受害人群躯体伤害及心理伤害的康复工作。当事件处理告一段落后,应及时将事件的原因、结果等信息反馈给有关部门,尽快消除社会影响,促进社会生产、生活秩序的恢复,最大限度地减少健康损害和经济损失,保障社会安全,促进社会和谐发展。

三、灾害的预防与控制

(一)灾害预防与控制的基本程序

灾害的预防与控制与其他疾病的预防与控制不同,它不单纯是医疗卫生工作者的责任和义务,而更重要的是要依靠全社会的力量,需要各行业的共同参与和努力,从全社会的角度采取综合的预防和控制措施。

1. 抗击灾害的准备工作

组织好管理机构,加强灾害预警研究,做好预测和警报工作,建立应急体系,制定应急预案,培训专业队伍,普及救灾知识,做好抗灾物资的准备,随时为受灾者提供及时有效的救援。

2. 对灾害造成的损害进行紧急处理

卫生部门应负责伤员的救治、流行病学监测、疾病预防与控制、基本环境卫生和卫生工程等工作。

3. 减轻灾害造成的损害,妥善进行预后处理及恢复重建工作。

(二)灾害预防与控制的基本措施

1. 伤亡人员的现场救治

灾害发生后,可能有大量的伤员需要进行救助,既要就地处理又要进行院内救治。伤员入院前救治的重点是搜寻伤员、营救受害者。在灾害现场进行急救,最好不要把伤员直接送往医院,应先给予充分的就地治疗,根据受伤的严重程度立即给予相应的处理,以免在转送过程中延误治疗时机。现场救治时,应按照严重程度、所需治疗和转送的优先级别对伤员进行分类标记。分类时,采用国际通用的颜色编码系统:红色代表应高度优先治疗或转运,黄色表示中度优先,绿色表示能走动的患者,黑色表示死亡或临终患者。按伤势严重程度和立即给予救治处理后生存的可能性对伤员进行分类,优先救治那些经简单的处理就可显著改善近期或远期疗效的伤员。

2. 医院对伤员的收治

灾害期间,医院应建立一个管理和协调组织,由该组织负责管理和协调抢救工作。具有丰富临床经验的医生应根据伤势的轻重和估计疗效分类处理伤员。

3. 尸体处理

尸体处理是一个棘手的社会问题,埋葬是既简单又常采用的方法,但在埋葬前,尸体必须消毒,同时须对尸体进行鉴定并保留鉴定记录。

4. 疾病监测与控制

灾害发生后,疾病谱会发生改变,应当建立临时性综合监测体系。采取公开政策,通报发生疾病的危险性,要保证信息的权威性、及时性及透明性。卫生部门根据监测结果,可以采取相应的预防接种或其他预防措施。

5. 环境卫生管理

灾害发生后,尽快恢复环境卫生服务是紧急情况下卫生管理的首要任务。主要解决的环境卫生问题分为两类:一类是保证有充足、安全的饮用水及食品,基本的卫生设施,粪便污水和垃圾处理设施;二是提供食物保洁措施,确立控制传播媒介的措施,改进个人卫生。

【思考题】

1. 简述灾害的特征与危害。

2. 灾害后会出现哪些公共卫生问题? 应如何应对?

3. 灾害应急反应机制建设应包括哪些主要内容?

(沈孝兵)

第二十三章

恐怖袭击事件

第一节 概 述

恐怖主义(terrorism)是全球安全的严重威胁已经成为共识,但迄今仍还没有形成全世界公认的定义。卡尔·多伊奇认为,广义地说,恐怖主义是个人或集团使用暴力行动或威胁以改变某些政治进程的结局的策略。英国1974年的反恐怖法案是这样说明恐怖主义的:基于政治目的使用暴力,旨在使公众或公众的一部分处于恐怖之中。美国国务院2000年4月公布的报告《全球恐怖主义模式——1999年》提出了这样的恐怖主义界定:"恐怖主义"是指亚国家集团或秘密代理人攻击非战斗人员的蓄谋的、具有政治动机的暴力行为,这种行为通常是为了影响公众。

一般认为,恐怖主义是指"非法对人和财产使用暴行以胁迫或强迫政府、平民或相关部门来达到政治或社会目的的行为"。当然,正如有的学者所指出的,由于恐怖主义存在极其复杂的情况,因此任何界定都不可能涵盖有史以来的全部恐怖主义。

美国政府部门及相关研究机构发布的全球恐怖活动的统计数据与今后发展形势预测的报告一致指出:今后的恐怖袭击活动除传统的爆炸方式外,生化及放射性恐怖袭击将成为世界恐怖主义发展的新趋势。

恐怖活动的方式多种多样,一般可依其采取的方式手段将其分为生物恐怖、化学恐怖及核与辐射恐怖。认识各种恐怖活动的袭击方式、特点及危害,为及时有效地处置和防范恐怖活动提供科学依据和参考。

恐怖方式具有暴力性、残酷性。当代国际恐怖主义的袭击范围和对象在不断地扩大,这是一个极为危险的趋势。如果说传统恐怖活动是"要更多的人看,而不是让更多的人死"的话,现代的恐怖活动是"既要更多的人死,也要更多的人看",无辜人群成为恐怖分子大规模袭击的目标。以往的恐怖分子往往把矛头指向各国的政治领导人、外交官、军警人员、跨国公司的经理等。但当前的国际恐怖主义却出现了令人担忧的现象,他们抛却了传统的恐怖活动尽量不伤及一般平民的顾忌,而企图以大规模屠杀平民来向政府施加压力,或以此打击政府威信,或破坏其国际形象。

现在恐怖主义在活动方式上已有重大变化,可谓五花八门,无所不用,恐怖活动从以前的小规模袭击转化为大规模的进攻。1995年3月20日,日本东京地铁站发生一起恶性投毒事件。邪教组织"奥姆真理教"成员向东京地铁内投放了沙林毒气,造成12人死亡,约5 500人中毒,1 036人住院治疗。事件发生的当天,日本政府所在地及国会周围的几条地铁主干线被迫关闭,26个地铁站受到影响,东京交通陷入一片混乱。2001年9月2日晚,加拿大蒙特利尔市中心地铁车站发生毒气袭击事件,40多名乘客受伤。2001年9月26日,美国洛杉矶一些乘坐地铁的乘客感到头晕眼花、眼睛刺痛,当局立即对该市最繁忙的一条地铁线进行了疏散,还关闭了一条大街。美国的"9·11事件"更加表明了恐怖活动的升级,恐怖分子在向全世界表明自己有能力攻击世界上任何一个目标,所以有人说这不仅是对美国的攻击,而且是对现代文明的攻击,是对全人类的挑战。恐怖主义已成为"21世纪的政治瘟疫",也有人把它和政治腐败、环境污染并称为21世纪人类面临的三大威胁。

第二节 生物恐怖

一、生物恐怖的概念及其特点

(一)生物恐怖的概念

1. 生物战剂和生物武器

(1)生物武器:过去曾被称为细菌武器,是指以生物战剂杀伤有生力量和毁坏动植物的武器。

(2)生物战剂:则是指能满足军事目的与实用技术要求,对人、畜造成大面积杀伤,对农作物造成大面积破坏的致病微生物以及由此类微生物产生的传染病物质的总称。生物战剂是构成生物武器杀伤力的决定性因素和基础。

(3)生物武器的特点:①致病性强、传染性大;②污染面积大,危害时间长;③传播途径多;④成本低;⑤使用方法简单,难以防治;⑥有一定的局限性。

2. 生物恐怖活动

在和平时期,生物战剂会被一些恐怖组织或恐怖分子所利用,用以制造一些出人意料的恐怖事件,通常被称为"生物恐怖"(bioterrorism)。

生物恐怖活动与生物战的概念完全不同,后者以杀伤大量人员、摧毁敌方战斗力为目的,而生物恐怖活动并不在于杀死多少人,而以引起全社会的恐慌,动摇社会的政治基础,重创社会经济为主要目的。

(二)生物恐怖活动的特点

1. 潜在性

全世界大约有 1 500 个左右的菌种库,并且有数不清的研究机构和自然资源,可以提供各种微生物和毒素物质。随着生物技术的普及和进步,以及各类产品商业化程度的增大,恐怖分子自行制造和获得生物战剂的可能性也不断增大,所以生物恐怖的潜在性不容忽视。

2. 散发性

由于生物技术和生物战剂的特点,决定了生物恐怖活动在发生时间和地域范围上体现散发性的特点,具有不集中性。

3. 隐蔽性

生物恐怖材料不会像枪支、弹药等常规武器容易被常规办法侦测到,且通常被放置的对象也是多种多样,且不易用肉眼或其他常规的手段检查到,所以生物恐怖具有相当大的隐蔽性。

4. 突发性

生物恐怖的隐蔽性决定了生物恐怖活动具有突发性的特点。恐怖分子可以在任何地点和时间通过较为隐蔽的方式进行恐怖活动,往往令人防不胜防,这种特性也给对恐怖活动的预防和控制带来了一定的难度。

5. 协同性

恐怖活动因其动机较为复杂,为了达到目的往往寻求各种实施手段,生物恐怖也常与其他类型的恐怖活动同时实施,故具有协同性。

6. 欺骗性

生物恐怖往往具有欺骗性。通常恐怖分子利用大众的恐惧心理,广为散布恐怖谣言,对报复对象进行有目的的敲诈和欺骗。

二、可能用于生物恐怖活动的致病微生物及其毒素

从理论上讲,任何致病微生物或生物毒素都可能被用于实施生物恐怖袭击,但一般认为,生物恐怖的病原体也应该具有生物战剂的某些特定性质,最可能应用的是那些独立确定、能引起高发病率与高致死率,并可能发生人—人间传播的病原体。

(一)主要生物因子的种类

目前尚没有公认的生物恐怖病原体的确定分类方法。美国疾病预防控制中心(CDC)按照生物恐怖病原体的致病性、危害程度,将生物恐怖病原体分为三类,并被许多国家所接受和采用,见表 23-1。表中所列多种病原和毒素应用于制造生物武器时称为生物战剂。

表 23-1　生物恐怖病原体的分类

分类	病原体
A 类	天花病毒、炭疽芽孢杆菌、鼠疫耶尔森氏杆菌、肉毒毒素、土拉弗杆菌、埃博拉病毒、马尔堡病毒、拉沙热病毒、胡宁病毒等烈性出血热病毒
B 类	贝氏柯克斯体、布氏杆菌、类鼻疽伯克霍尔德菌、委内瑞拉马脑炎病毒、东部马脑炎病毒、西部马脑炎病毒、蓖麻毒素、产气荚膜梭菌 ε 毒素、金黄色葡萄球菌肠毒素 B。水源或食源性肠道传染病病原体也可用于生物恐怖，但不如上述病原体危害大，如沙门氏菌、痢疾志贺氏菌、大肠杆菌 $O_{157}:H_7$，霍乱弧菌，微小隐形孢子菌
C 类	包括新出现的病原体，这些病原体可通过生物工作改构后用于大规模施放，包括：尼帕病毒、汉坦病毒、新疆—克什米亚出血热病毒、蜱传脑炎病毒、黄热病毒、多重耐药结核分枝杆菌

（1）A 类病原体的特点：①容易播散，可导致人与人之间的传播；②致病性强，致死率高，并对卫生系统造成严重影响；③可导致社会动荡和国家安全隐患；④需要医疗卫生系统的特殊准备才能应对。

（2）B 类病原体的特点：①相对容易播撒；②致病性比甲类弱，发病率中等强，致死率较高；③需要专业实验室检测才能诊断。

（3）C 类病原体的特点：①来源方便；②容易生产与播撒；③具有潜在的高致病性与致死率；④对人类健康影响较大。

（二）几种主要生物因子致病的临床表现

1. 天花（天花病毒）

（1）潜伏期：12 d（7～17 d）。

（2）病程：典型的天花，病程可分为 3 个阶段，即前驱期，发疹期及结痂期。

（3）前驱期：起病急，出现发热，寒战，乏力，畏光，头痛，腰背及四肢酸痛，高热可持续 2～5 d。此期可出现前驱疹。

（4）出疹期：病程第 3～4 d 开始有顺序地开始出现皮疹。皮疹发展迅速，呈离心性分布，头部、四肢等暴露部位为多，身体上部较下部多。在皮疹形态依次为红色斑疹→丘疹→脐形疱疹（6～7 d）→脓疱疹（8～9 d）。此期可持续高热，并易合并多种并发症。病情较为危重。

（5）结痂期：第 10～12 d，脓包开始干枯、结痂、脱痂、落疤。体温逐渐恢复正常。

2. 炭疽（炭疽杆菌）

（1）潜伏期：1～5 d。

（2）肺炭疽：由吸入炭疽芽孢杆菌引起，是生物恐怖袭击的重要形式。起病急骤，初期表现出低热、肌痛等感冒样症状，成双相型。2～5 d 后病情骤然加重，出现高热，呼吸系统症状、继发性脑膜炎等，严重的常因呼吸、循环衰竭而死亡。

(3)皮肤炭疽：因皮肤受染而出现典型的皮肤症状，病变多在面、颈等暴露部位出现炭疽痈。如出现全身毒血症造成病情危重可因循环衰竭而死亡。

(4)肠炭疽：此期潜伏期较短（12～18 h），临床症状不一，表现为急性胃肠炎或急腹症症状。若全身中毒症状严重，常并发败血症或感染性休克而于起病后 3～4 d 内死亡。

3.（肺）鼠疫（鼠疫杆菌）

(1)潜伏期：肺鼠疫为 2～3 d。

(2)肺鼠疫又称"黑死病"，起病急，高热及全身毒血症症状。死亡率为 70%～100%。

(3)病情发展迅速，数小时后即出现剧烈咳嗽、胸痛及呼吸困难、脓血痰。

(4)体征与病情严重程度不一致是本病特征之一，若抢救不及时常死于休克及呼吸衰竭。

4.肉毒素

(1)潜伏期：1～5 d。

(2)表现出典型的感觉症状，视力模糊，复视，吞咽困难，发声困难，眼睑下垂。

(3)可出现渐进性肌无力。病情危重或治疗不当常因呼吸衰竭而死亡。死亡率 60%。

5.葡萄球菌肠毒素

(1)潜伏期：潜伏期短是其特点，1～6 h，一般 2～3 h。

(2)常因摄入受染食物引起。骤起，严重的腹泻和呕吐，有腹痛，偶见头痛和发热。

(3)严重的可呕血、便血、虚脱、休克甚至死亡。

三、生物恐怖袭击方式

根据感染途径可将施放方式分为气溶胶施放和污染食物或水源施放，前者通过呼吸道感染，后者通过消化道感染。其中最常见、危害最大的施放方式是气溶胶施放。

(1)气溶胶施放：固体或液体的微粒分散悬浮在空气中称为气溶胶，气溶胶的粒谱范围通常在 0.01～50 μm 之间。气溶胶很容易侵入机体呼吸系统而引起发病，这就是气溶胶成为主要释放方式的原因。气溶胶具有污染范围广、渗透力强、传播迅速、致病性强、不易被发现等特点。

(2)点源施放（point source）：即将施放装置固定在一定位置进行施放。

①多点源施放（multi-point source）：即多个点连续施放，形成线或面造成较大的危害。

②污染空调系统：将恐怖生物剂施放于空调系统，病原体气溶胶将随空调风污染整栋大楼，从而造成全体楼内人员的感染，危害范围广且给洗消工作带来麻烦。

(3)水源或食源污染：通过污染水源或食品源造成接触者经口感染，侵入消化系统而受到损害。

(4)皮肤受染。

(5)大型公共场所释放。

(6)利用"人体炸弹"。

(7)针对少数个人或局部释放。

四、生物恐怖袭击的危害

生物恐怖发生后,可以造成下列的后果,后果的严重程度取决于生物剂的种类及其规模。

(一)对人员造成直接伤害

生物战剂因其种类的繁多,其作用的对象也不仅仅局限于人,还可以是动物和植物,如牲畜和农作物等,但其最终目标主要还是针对人类。

无论是致死性生物剂还是失能性生物剂;无论是传染性生物剂还是非传染性生物剂,均能引起受袭击方不同程度的人员伤亡,并且造成医学伤害的后果不仅是短期的,还有长期的;不仅针对个体,也有针对群体的。这种复杂性给应对生物恐怖袭击的医学防护的有效性带来了很大的困难。

对人员不仅造成身体的损害,也可因恐惧、悲伤、紧张、焦虑等导致严重的精神、心理性伤害,有时这类伤害更加难以愈合。

1993年美国国会办公室曾在一份技术评估报告中称:如将100 kg的炭疽芽孢气溶胶在华盛顿的上方施放,可带来13万~300万人的死亡,其地区毁灭性相当或超过一颗氢弹的作用。

(二)对环境造成污染

生物战剂的不同生物特性使其播撒到环境中后,在特定的条件下有些病原体可以长期存活,例如炭疽芽孢可以在自然界存在数十年之久。另外,一些生物恐怖病原体可以通过媒介生物的体内繁殖传递给下一代,并人为地利用宿主动物和传播媒介的作用,形成新的人兽共患疾病的自然疫源地(如日本在侵华战争后期对我国东北地区发动的惨绝人寰的细菌战)。

(三)对社会造成影响

1. 对社会保障体系的威胁

由于生物恐怖袭击具有面积效应大、危害时间长、有传染性、不易被及时发现以及短期内可能出现大量患者等特点,不会像爆炸造成建筑物破坏那样有明显的标志,但它给医疗体系和社会保障体系带来巨大的挑战,主要表现在:①由于目前没有公认的数据或计算模型,对于由于生物恐怖袭击所造成的疾病减员无法做出准确的预测和估计,给医疗资源的组织筹措造成一定的难度;②由于污染所造成的区域广泛、复杂且时间持久,加大了对生物袭击医学处置的难度;③生物恐怖袭击后期危害作用时间明显长于爆炸等常规武器损伤,而且可能有较强的传染性,传播途径多样化使得卫生防护措施的要求多样而特殊,给卫生防护和医疗救治带来严峻的压力;④生物恐怖袭击具有特殊的流行病学特点,造成大批患者的出现并呈现不同阶段的持续性,使得医疗资源大量而持续的消耗,甚至造成面临崩溃的边缘。

2. 对社会稳定性的破坏

像其他不可预见的灾难一样,生物恐怖袭击不仅造成民众身体的伤害,更造成民众不同程度的心理及精神的伤害,甚至有些会造成长期慢性的不良影响。随着袭击的被确认及媒体的渲染性报道,更造成人群乃至整个社会更大范围的恐慌、焦虑,甚至对政府产生担忧和失信等情绪,从而引发社会的不稳定。

五、生物恐怖袭击的处置

在国家应对核生化恐怖袭击对策原则指导下,以应急处置方案为基础,在法制管理前提下做好各项应对处置的准备,有效预防、遏制生物恐怖袭击的发生、减轻和消除恐怖袭击的后果,最大限度地维护国家安全,保护公众的生命与健康。

(一)生物恐怖应对处置的基本原则

生物恐怖袭击应对处置的基本原则为:统一领导,分级指挥;各司其职,密切协作;快速反应,高效处置;最大限度地减少生物恐怖袭击所产生的危害和影响,严厉打击恐怖组织和恐怖分子的犯罪活动,全力维护民众生命财产安全,维护社会稳定、国家安全和国家利益。

(二)生物恐怖应对处置的准备

WHO 给应急准备下的定义是:应急准备是一个长期的计划,其目的是增强全球的接受力和国家的能力,用以有效地处理各种应急事件,并从救治中有序地得到过渡,恢复到持续发展的状况。

1. 基本要求

应急准备工作要目标明确,清楚、可行,计划时间进度合理;有可靠的情报信息支持,能及时、准确地进行信息及趋势分析,提供给各级指挥员;应建立灵敏有效的工作和保障程序;要确保各环节、各系统能有效沟通和运作;人员、装备要适时、适用、适量;要有适当的培训和演练;要有检查有改进。目标是适应平时和战时的需要,在需要时能迅速部署,开展工作,完成任务。

2. 基本内容

(1)应对处置网络体系:主要包括:①组织指挥系统;②监测预警系统;③应急处置系统;

④物资储备系统。

(2)加强反恐立法、加强生物安全管理。

(3)加强普及宣传教育,加强培训与演练。

(4)加强科学技术研发,解决技术难题。

(5)加强国际合作与沟通。

(三)生物恐怖应对处置步骤

1. 医学处置的原则

在我国应对处置大规模核化生恐怖袭击的相关文件中,将生物恐怖处理对策和医学应急处置原则表述为:"在国家反生物恐怖指挥协调机构的统一指挥下,分级负责,快速反应,及时判断;分类处置,系统防护,综合控制;就地就近,减少扩散,积极救治;宣传教育,维护秩序,消除恐慌;严厉打击恐怖犯罪活动,最大限度地减少和消除生物恐怖袭击的危害和影响,维护国家安全、社会稳定和民众生命健康"。

具体实施包括两个方面,首先是针对生物剂及其危害的特性,针对生物剂、危害和传播途径实施后果处置;然后是追溯罪犯和追查生物剂来源。

2. 医学处置程序

启动程序→现场控制(人员防护)→人员救助与处置→采集样本、调查取证→检验鉴定→污染区划定→污染区控制、消除污染→溯源追查→评估→程序终止。上述程序中的步骤常由各相关专业处置队伍依照分工同步展开。

六、生物恐怖袭击的防范措施

(一)对生物恐怖袭击的监测

监测的目的是及时发现和判断是否使用了生物战剂,提出紧急预防措施及进一步调查的方法。监测工作由专业队伍有计划、有步骤地实施。分别开展日常监测和突发事件监测。

(1)日常监测:应掌握国内外的相关信息,如生物战剂的研究发展趋势、装备和贮存方面的情报,国内医学地理、疫情历史和现状的资料等,做到心中有数。

(2)突发事件监测:是对生物恐怖袭击的可疑现场开展如下几方面监测。

①空情:如用飞机施放,应注意敌方飞机活动的情况。

②地情:在现场观察敌投实物及残迹,如浅小的弹坑,特殊的弹片或容器,在其附近遗有粉末、液滴或大量昆虫、杂物等。

③虫情:昆虫或动物出现反常现象,有季节反常(如雪地上发现苍蝇)、场所反常(如山坡上发现大量蛤蜊)、种类的反常(出现当地原来没有的昆虫或动物)、密度反常(昆虫异常密集

成堆)及昆虫带菌反常或耐药性反常等。

④疫情:a. 突然出现当地没有的或罕见的传染病。b. 疾病出现的季节反常,如虫媒脑炎在冬季出现。传播途径异常,如经呼吸道感染了肠道传染病(肉毒毒素中毒)或虫媒传染病病原(土拉菌病)等。流行特征异常,如未发现鼠间鼠疫就出现了人间鼠疫。c. 在同一地区发现多种异常的传染病或异常的混合感染。d. 在出现反常的敌情后,突然发生大量相同症状的病人或病畜,从病人、病畜或尸体分离出的致病微生物与投放物分离者相同。

(3)监测评估:对监测资料进行分析,判断出真相,及时发出预警,采取措施。

(二)预防

采取预防接种、药物预防、个人防护、集体防护、保护食物、水源等综合措施。

(三)控制

对疫区封锁、检疫;杀虫、灭鼠、消毒,重点检查水源食物,对已受污染,必须采取彻底消毒措施。

(1)对受污染人员进行紧急处理,对症治疗。

(2)如果查明只使用了传染性较差的病原体,即可解除封锁。但对病人、病畜及带菌者必须加强治疗和必要的限制。

(3)如查明使用了鼠疫、霍乱、天花等烈性病病原体,或发生上述病症时,应划分封锁圈继续封锁,对病人进行隔离治疗,对生物战剂受染者及病人密切接触者进行隔离留验。

(4)解除封锁的条件是对污染区或疫区进行必要的卫生处理,如对敌投物进行彻底的消毒或扑灭;根据情况进行必要的杀虫、灭鼠;对小隔离圈进行终末消毒,并从最后一例病人算起,经过一个最长潜伏期仍无新的病人发生,报请批准封锁的主管部门解除封锁。

第三节　化学恐怖

一、化学恐怖的概念及其特点

(一)化学恐怖的概念

1. 化学恐怖袭击

化学恐怖袭击是指直接或间接利用化学战剂或化学毒物,针对社会公众,造成大规模人员伤亡和产生重大政治影响的恐怖活动。是恐怖活动的一种重要方式。大规模化学恐怖往往被看作是和平时期的化学战。在"9·11"以后,化学恐怖已成为国际社会安全的现实威胁。

2. 化学武器

恐怖分子可能使用包括战剂和工业上一般使用的毒性化合物用于恐怖的物质被称为化学武器。

化学武器具有容易对人群产生毒害作用,潜在实施恐怖者能够获得,易于存放、运输和投放等特点,更因其较容易制造、获取以及较大的破坏力,而被称为"穷人的原子弹"。

(二)化学恐怖袭击与突发化学事故的区别

化学恐怖袭击是指以有毒有害化学品为袭击手段的恐怖活动。突发化学事故是指因战争、自然灾害或意外事故造成的化工厂、化学品仓库等化学品集中地域发生的化学性伤害事件。

自然灾害和意外事故也可以造成严重的化学性伤害事件,如化工厂有毒物质泄漏、有毒化学品运输过程中泄漏,以及近年来全国各地相继发生的侵华日军遗留化学武器泄漏事件等,这些也都会对人员造成直接伤害,并造成次生化学灾害,对生命财产和生态环境造成严重危害。

(三)化学恐怖袭击的特点

1. 突发性

化学恐怖毒性化合物作用迅速、危及范围大,带来社会不稳定因素。它的发生往往是突发的和难以预料的。

2. 群体性

毒性化合物在较短的时间内可导致多人同时中毒,具有群体性发作的显著特点。

3. 隐匿性

病因复杂不能马上确定,难以监测,事态的扩大难以快速得到控制;由于不常见,中毒发生时,经常还会被误诊。

4. 快速性和高度致命性

除一氧化碳在极高浓度下可在数分钟、数十分钟内致人死亡外,氰化物气体、硫化氢、氮气、二氧化碳在较高浓度下均可于数秒钟内使人发生"电击样"死亡。其机制一般认为与急性反应性喉痉挛、反应性延髓中枢麻痹或呼吸中枢麻痹等有关。

二、可能用于化学恐怖活动的化学物质

随着科学技术及社会经济的发展,化学物的种类及存有量迅速增长,至今已登记的化学

物种类已超过 4 000 万种,每天有 20 种新的化学物进入我们生产和生活环境中,而人类对于化学物的了解却是极为有限的,尤其是对于化学物对人类生存的威胁更需要进行深入的探究。有毒有害化学品具有易生产、成本低、使用方便、时间可控、有效作用时间长等特点。

(一)可能使用的主要有毒有害化学品种类

(1)神经性毒剂:如沙林、梭曼、VX 毒剂[学名是 S-(2-二异丙基氨乙基)-甲基硫代膦酸乙酯]等。

(2)全身中毒性毒剂:如氢氰酸和氯化氰。

(3)糜烂性毒剂:如芥子气、路易氏气、氮芥气等。

(4)窒息性毒剂:如光气、双光气、氯化苦、全氟烯烃类、氯气等。

(5)农药:如含磷农药、氨基甲酸酯类农药等。

(6)毒素:如肉毒毒素、破伤风毒素等。

(7)强腐蚀性化学物质:如氢氧化钠、硫酸、硝酸等。

(8)其他有毒有害化学物质。

(二)化学恐怖袭击可能利用的毒源

据美国疾控中心报道的有关应对生化恐怖的战备计划建议,提出恐怖分子可能使用的毒源为:

(1)已知作为化学武器使用的化学战剂;

(2)恐怖分子可获得的化学战剂;

(3)可引起大批伤亡的化学物质;

(4)可引起社会公众和社会动乱的化学物质;

(5)需要采取特别的公共卫生战备来应对的化学物质。

根据我国的国情和社会科技水平,恐怖分子最容易在市场、科研院所、生产工厂得到的重点毒源,提出如下几类(种)进行监控、防范:

(1)现化学武器库中的化学战剂:神经毒沙林、VX 等。

(2)既是化学战剂又是工业原料的双用途战剂:HCN、光气。

(3)严控的剧毒化合物:氰化物、砷化物。

(4)生物毒素:河豚毒素、蓖麻毒素、蛇毒素、石房蛤毒素、芋螺毒素等。

(5)剧毒农药、毒鼠药如:有机磷农药、氨基甲酸酯类农药,被禁的毒鼠药如毒鼠强、氟乙酰胺等。

(6)失能性毒剂或毒物:毕兹(BZ,二苯羟乙酸-3-喹咛环酯)、LSD(麦角酰二乙胺)、苯丙胺、吗啡类麻醉镇痛剂。

(7)易挥发的吸入性毒物:氯气、氨气、CO 等。

三、化学恐怖袭击方式

(一)人工布毒

指恐怖分子将毒物直接携带到现场进行布放。该法操作简单、实施方便,是最可能的化学恐怖袭击方式。该法首选毒物是军用化学战剂,常见的有神经性毒剂、糜烂性毒剂、全身中毒性毒剂、窒息性毒剂等。人工布毒可迅速引起大规模的人员中毒。

(二)爆炸施毒

指恐怖分子利用简易的爆炸装置或炮(炸)弹释放毒物。此法操作较复杂,实施有一定难度,是比较次要的化学恐怖袭击方式。该法首选毒物也是军用化学战剂。爆炸施毒可迅速引起大规模的人员中毒,加之爆炸本身造成的伤亡,造成的危害最大。

(三)制造泄漏事故

指恐怖分子对化工厂生产车间、储罐、化学品仓库及运输化学品的槽车进行破坏,致使有毒物质外泄,造成人员中毒。该方法操作简单,实施方便,也是最可能的化学恐怖袭击方式之一。可能泄漏的毒物为氯气、光气、氨(胺类)、强酸、氢氰酸等,多属中等毒性,中毒途径以呼吸道吸入为主。制造毒物外泄也可迅速引起大规模的人员中毒,造成的危害也较大。

(四)食物、饮用水中投毒

指恐怖分子在食物或饮用水中投入剧毒物质造成进食人员中毒。此方法操作简单,实施方便,是最可能的化学恐怖袭击方式之一。在我国最可能用于投毒的毒物有毒鼠强、氟乙酰胺、三氧化二砷(砒霜)、亚硝酸钠、氰化物等,均属于中等毒性至剧毒,中毒途径以消化道摄入为主,投毒按不同情况,中毒人员可多可少,可造成较大的社会影响和危害。

(五)纵火施毒

指恐怖分子用纵火方式释放有毒气体,导致人员中毒。纵火施毒可引起较大规模的人员伤亡,造成较严重的社会影响和危害。

(六)环境染毒

指恐怖分子采用投毒方法污染大气、水源或土壤,制造恐怖袭击气氛,危害居民。环境染毒主要可造成恐怖袭击气氛、扰乱人心、破坏社会安定,但也能引起暴露人员中毒,造成较大的社会影响和危害。

（七）化学恐吓

指恐怖分子为制造心理影响,利用各种传播手段散布谣言、虚张声势或邮寄有毒化学物质或蓄意制造投毒事件,以达到其政治、宗教和意识形态等目的。

四、化学恐怖袭击的危害

化学恐怖袭击的危害特点表现为:

（1）突发性强,危害性大:化学恐怖袭击往往是突发的,所使用的化合物毒性高、作用迅速,危害范围大,传播面广,后果难以预料,容易引起社会恐慌。

（2）中毒人数多:由于化学恐怖袭击往往在公共场所发生,在较短时间内可造成大量人员同时中毒。

（3）确诊难,死亡率高:由于平时各级医疗机构很少接触到此类患者,医务人员常缺乏相关专业知识,中毒原因不能及时确定,且没有有效的救治方案,中毒者不能得到及时救治,死亡率较高。

（4）缺乏特效药:除少量毒剂或农药中毒具有特效解毒药之外,一般化学物质中毒没有特效解毒药,并且即使是少数特效解毒药,一般医疗单位也并不储存。

（5）公众恐惧心理重:由于公众对此类事件没有足够的专业知识,容易形成心理恐惧,引起社会动荡。

五、化学恐怖袭击的处置

化学恐怖的处置技术要求很高,涉及对特殊毒物的化学侦检、个人防护、毒物消除和紧急医疗救护等诸多方面。另外,还可能包括对爆炸物的清除、人员营救、对恐怖分子的围剿等,没有专门的机构、设备、药物与技术力量以及各方面的协作配合,很难保证预防与处置行动的高效性和彻底性,任何环节的疏忽均可给恐怖分子以可乘之机。

（一）启动应急预案

化学恐怖袭击事件发生后,总指挥部、现场指挥部和有关部门迅速启动应急预案,组织专家组赶到现场,及时判明事件的性质和危害程度、确定污染范围、提出处置建议方案,为指挥决策、现场处置和群众疏散提供科学依据。

（二）迅速调集资源和力量,现场各负其责,迅速开展现场处置和救援工作

公安、民政、发展改革、经贸、建设、铁道、交通、通信、水利、农林、卫生、环保、检验检疫等

部门和武警部队应当依照职责分工,立即组织力量开展抢救伤员,疏散人群,安置群众,封锁和隔离相关区域,防止建筑物坍塌、水电气泄漏,排除爆炸装置、辐射源等,侦检毒源、控制毒情扩散、污染洗消、防控次生危害等工作,及时组织实施现场勘查或人质谈判、解救工作。军队要积极配合地方开展各项处置和救援工作,及时提供人员、装备、技术支援。

(三)全力维护事发地的社会稳定

总指挥部和现场指挥部要根据恐怖袭击事件的具体情况,采取各种预防紧急措施,严防恐怖分子发动新一轮或连环式恐怖袭击。

(1)关闭、封锁高速公路出入口、涵洞、城市水源地、重要水利工程、桥梁、车站、码头、海关、邮局等场所,必要时停止供电、供水、供热、供气、供油、切断通风、中央空调等系统;

(2)加强对通信枢纽的管制,加强对重点、敏感人员、场所、部门、设施和标志性建筑物的安全保护;

(3)加大社会面检查、巡逻、控制力度;

(4)严格出入境管理与控制;

(5)严密防范和严厉打击趁机抢劫、盗窃、制造恐怖气氛、煽动骚乱等犯罪活动,全力维护事发地及其周边地区社会稳定。

(四)缜密侦查,严惩恐怖分子

总指挥部和现场指挥部迅速组织、协调公安、安全、军队、武警力量,对恐怖袭击事件开展全面侦查和调查工作,依靠全社会力量,加强情报收集和国际合作,及时查清事实,收集证据,依法严惩恐怖分子。

(五)严格信息分发,统一宣传报道口径

(1)宣传部门要本着有利于维护社会稳定,有利于提高公众防范意识,有利于打击恐怖分子,有利于维护国家形象的原则,组织协调宣传报道工作,统一对外报道口径和报道内容,及时、准确地向公众报道事件真相,有针对性地进行宣传教育,正确引导国内外舆论。

(2)通过对公众的宣传教育,表明政府的立场和决心、稳定人心,动员广大群众积极开展自救、互救、群防群治,尽快消除恐怖袭击造成的心理恐慌,恢复社会秩序。

(3)在恐怖犯罪案件侦破后,要及时予以报道,澄清事实真相。

(六)防控次生危害,做好善后工作,恢复正常社会秩序

(1)现场处置要同时开展控制对于环境所造成的次生危害。处置工作完毕后,总指挥部和现场两级指挥部终止工作。各级政府要组织力量迅速恢复正常的生产、生活和社会秩序,尽可能减少恐怖袭击带来的损失和影响。

(2)反恐怖工作协调小组办公室要会同参加处置的相关单位对事件处置的各个环节和全过程进行系统总结,积累经验,剖析问题,完善预案。

六、化学恐怖袭击的防范措施

(一)应急处置预案

建立强有力而完备的反化学恐怖响应体制和科学、高效、操作性强的应急处置预案。

(二)指挥机构和紧急救护专家组

设立一个反化学恐怖应急救援的高层急救指挥机构和紧急救护专家组。

反化学恐怖的应急救援工作是一个完整的系统工程。需要一整套合理、高效、科学的管理方法和精干熟练的指挥管理人才,建立强有力的指挥机关负责应急救援及抢救的总指挥,这是保证抢救成功的关键措施。专家组成员应包括预警专家、防化专家、检测专家、防护专家、除沾染专家、特种伤病治疗专家、现场救治专家、毒理专家、解毒药物专家、创伤外科专家、烧伤专家、内科专家、ICU加强医疗专家、麻醉专家等。专家组成员应统一组织、合理分工、灵活分组、具体负责。工作职能是对反化学恐怖重大医学问题进行研究、咨询、培训等。

(三)完善预防监控和应急救治体系

(1)完善预防监控体系建设:①首先要加强对恐怖组织的信息收集和监控。②强化"禁止生物武器和化学武器公约"的履约、军控和监督相关的生物、化学基础研究。主要是监控能生产化学战剂前体及双用途战剂的化工企业;有毒化合物合成,农药、药品开发等生物、化学基础研究的科研院、所。必须加强对这些单位的生产设施使用,产量及用途流向的监控、管理。③加强对易遭化学袭击的重点目标、重点单位的监控、管理和保护。严格加强军、民用化学毒物(化工原料、化学试剂、药品、农药、鼠药等)的监控、管理。建立切实的安全负责制度,每年进行剧毒品及传染病菌种的调查、登记,杜绝一切失控、偷盗、遗失、泄漏等人为事故发生。

(2)强化应急医学救援体系建设:化学恐怖应急救援工作是社会影响大的系统工程,事先要有充分的组织准备,它包括:制定医学救援预案,建立应急医学救援组织,做好针对性训练,完善医学救援物资装备和建立医学救治体制。做好医学防护是控制化学恐怖伤害的中心环节,创建一条安全有效的绿色抢救通道是救援体系建设中的重要环节。

①优化先进救治网络建设:针对反化学恐怖环境和救治难度,组成强有力的救治专家网,可有效地实现信息化救治。包括医疗救护网络、通信网络和交通网络,保证这个通道高效运行。要充分发挥有关专家的业务咨询和技术指导作用。在远程医学方面,包括远程医学指导、远程会诊指导等。

②重视化学恐怖事件致伤病人的远期效应:受化学恐怖事件致伤病人的远期效应值得重视,1991年的海湾战争以后,现在已经受到关注的海湾战争综合征也警示我们要重视这一问题,抢救治疗越快、越早越好,同时应在整体治疗时,对化学恐怖事件致伤病人的远期效应进行兼顾和并治,在可能的条件下进行预防。

③建立快速反化学恐怖致伤分类系统:建立一支高素质反化学恐怖的抢救队伍,训练一批自救互救骨干,加强一线救治,研究改进快速解毒、搬运和后送伤员的方法,加快伤员后送,尽可能缩短伤后至抢救的时间,强调加强基本治疗技术是提高化学恐怖致伤救治的最重要的问题。

④重视后续心理康复治疗:努力减轻公众的恐慌心理,恐慌是恐怖活动最好的帮凶。

(四)加强反化学恐怖专业队伍建设和保障措施

(1)加强专业队伍训练和突发应急处置演练:识爆、排爆;侦毒、洗消、急救、运送伤员;样本采集、卫生检疫;围剿、解救人质等特种技术、技能训练。

(2)训练和处置专用器材、一定数量的特殊急救药物、疫苗,侦检、防护、洗消药物、器材储备装备等各项保障措施落实。

(五)成立专门的反恐研究机构,开展反化学恐怖的科学研究

主要有针对性地开展:反恐怖的政策、方针、法规研究;反恐应急处置战术研究;反化学恐怖的重大医学问题,创新侦、防、消技术、装备和药物研究等。

(六)加强反化学恐怖的宣传教育

(1)加强民族政策教育和学习,对社会激进的组织及宗教社团的监督、管理;

(2)加强新闻媒体对恐怖事件的适度、透明报道,提高全民对生物化学恐怖威胁的认识和自我防护能力;

(3)加强对现场中外记者的管理,做好媒体报道的控制和管理工作;

(4)重视公众的心理危害程度。发生化学恐怖事件时,公众对毒物暴露可能带来的长期健康危害的担心程度增高。

(七)加强与以联合国为核心的国际反恐组织合作

加强与以联合国为核心的国际反恐组织的合作,增强反恐能力。

第四节 核与辐射恐怖

自第二次世界大战后期一些国家相继开发和研制出了具有巨大杀伤力的核武器,1945

年美国试验成功爆炸了第一颗原子弹,而同年 8 月,日本广岛和长崎市遭到了约 2 万吨 TNT 当量原子弹的袭击,造成 21 万多人伤亡,数年后更有不断的后遗病症出现,显示了核武器巨大的破坏力和杀伤力。

核安全一直是国际社会关注的焦点,自美国"9·11事件"发生后,人们普遍担心恐怖分子会将包括核电站在内的核设施作为袭击目标,轰炸这些核设施,使其释放出放射性物质,危害公众的生命和财产安全;或者散布放射性物质,造成"核恐慌",从而达到扰乱社会秩序、打击经济的恐怖目的。防止恐怖分子利用核物质、核设施发起攻击成为世界各国研究的重点,核辐射作为可能存在的有害人类健康安全因素的方面,已受到各国的广泛重视。

凡通过威慑(恐吓)使用或实际使用能释放放射性物质的装置(包括简陋的核爆装置),或通过威慑(恐吓)袭击或实际袭击核设施(包括重大的放射源辐照设施)引起放射性物质的释放,导致显著数量人群的心理影响、社会影响或一定数量人员伤亡,从而破坏国家安全、民众生活、社会安定与经济发展等的恐怖事件,均被定义为"核和辐射恐怖袭击事件"。

一、核与辐射恐怖袭击使用的物质

核材料是指钚(但钚-238 同位素含量超过 80％者除外)、铀-233、富集了同位素 235 或 233 的铀、非矿石或矿渣形式的铀。其中,同位素的比例与自然界存在的天然铀同位素混合的比例相同;或任何含有一种或多种上述物质的材料。

核设施是指:任何核反应堆,包括装在船舶、车辆、飞行器或航天物体上,用作推动这种船舶、车辆、飞行器或航天物体的能源以及用于其他任何目的的反应堆;用于生产、储存、加工或运输放射性材料的任何工厂或运输工具。

核装置是指:任何核爆炸装置;任何散布放射性物质或释放出辐射的装置,此种装置由于其放射性质,可能致死、人体受到严重伤害或财产或环境受到重大损害。

(一)裂变材料高浓铀(HEU)和钚

(1)铀是基本的裂变材料,而天然铀中易裂变同位素铀 235 的丰度仅占 0.7％。为实现核爆炸铀 235 浓度须达一定值,一般武器级铀为 90％以上(HEU),但 20％的浓缩铀(HEU)即可用于制造核武器。通常,一枚核武器约需 25 kg 武器级铀。

(2)另一种重要的武器用裂变材料是钚,它在自然界中存量极微,需在核反应堆中产生。一般武器级钚要求钚 239 含量高于 93％。不过,即使钚 239 含量较低的反应堆级钚也能制造核武器。因此,任何级别的钚材料都可用于制造核武器。

(二)放射性材料

虽然核武器爆炸是全球或国际冲突问题,似乎不可能被恐怖分子所获得、隐藏或运输。

但恐怖分子可能盗窃或利用放射活性物质来实施恐怖活动。

放射性材料是指核材料和其他含有可自发蜕变（一个伴随有放射一种或多种致电离射线，如 α 粒子、β 粒子、中子和 γ 射线的过程）核素的放射性物质，此种材料和物质，由于其放射或可裂变性质，可能致使死亡、人体受到严重伤害或财产或环境受到重大损害。

放射活性物质所发射的射线类型主要有三类：α 粒子、β 粒子和 γ 射线。辐射造成的危害主要分急性和慢性两种。慢性暴露（如长时间低剂量照射）可增加致癌和白内障的危险性，而急性暴露会产生呕吐、体液失调以及死亡。α 和 β 粒子射程不远，一些防护衣服就能阻隔，但 α 和 β 粒子的吸入和吞食所产生的辐射具有巨大危险性。γ 射线射程远，会阻断人体组织之间的互相渗透，需要厚物质才可阻隔，危害最大。

二、核与辐射恐怖袭击的方式

（一）盗窃核材料

（1）盗窃或从黑市上购买核材料：高浓铀和钚广泛分布于世界各地的军用和民用核设施场所。据统计，目前全世界生产的钚的总库存为 1 500 t，其中军用钚为 250 t，其余 1 200 多吨为民用钚。客观上为那些具有全球网络的恐怖组织提供了机会。另外，钚燃料再循环核动力系统中，大量的分离钚出现在增殖堆或铀钚混合氧化燃料堆中，这些设施，以及钚的运输、储存设施，都可能成为盗贼或恐怖分子的目标。

（2）以高浓铀做燃料的研究反应堆的隐患：据估计，目前共有 2 772 kg 的民用高浓铀存在于 43 个国家的研究反应堆中，其中一些反应堆的高浓铀数量已足够制造一颗原子弹。这种研究反应堆多坐落在大学或研究单位里，而这类单位对其高浓铀提供安全保护的能力受到置疑。

（二）制造、偷盗核武器

如果恐怖分子已窃得必要的核材料，就能制造出粗糙的核武器。关于核武器的原始设计原理和制造知识现已可从公开渠道获得。美国曼哈顿工程核武器专家阿尔瓦雷斯（L. W. Alvarez）指出了利用高浓铀制造核爆炸物的简单性：如果恐怖分子有了一定量的武器级铀，本底中子率如此之低，他们只要简单地把其中一半装料和另外一半进行撞击，就会造成一次高威力的核爆炸。大部分人现在看来还没有意识到这一情况，如果手头有了高浓铀，引发一次核爆炸将是很容易的事，甚至高中学生在很短的时间内也能制造出一颗原子弹。

恐怖分子不会十分在意核武器的可靠性（即确能爆炸并产生预定的威力和效果）。因为，即使一个简单的核装置未达预想的爆炸威力，而仅产生 1 000 t 梯恩梯当量，仍会造成巨大灾难。

657

　　若恐怖分子在纽约帝国大厦引爆一个 1 000 t 梯恩梯当量的核装置(现在的核武器威力一般为 15 万 t 梯恩梯当量),将使整个大厦及在那里工作的 2 万人瞬间化为灰烬。直径约100 m 的爆炸火球发出的强烈光辐射,能把周围近 400 m 范围内的人烧焦,早期核辐射将使近 1 km 范围内的人员瞬间死亡。爆炸产生的放射性蘑菇云可升高至 3 km;在 24 h 之内,放射性烟云中致病的放射性剂量会分布在一个约宽 400 m、长 14 km 的范围内,导致该范围内的人员在两周内死亡,30 km 范围内的人员将得放射性病。在这种规模的核爆炸中,死亡总人数很可能达 20 万。

(三)制造"脏弹"

　　在技术上,制造一枚放射性炸弹(即"脏弹")比制造真正的核弹容易得多,所用的放射性材料来源很广,譬如一般医院里用来作 x 光造影用的铯就是一种。恐怖分子只要将窃得的核废料、核材料或其他非核材料放射性物质,包裹在一枚常规炸弹周围,利用炸弹的爆炸将放射性材料散布开来,就能造成放射性杀伤。

　　放射性材料源广泛散布在各种民用核设施、医院、研究单位和工厂实验室。目前国际社会对放射性材料的管理要比武器用核材料的安全管理松散得多。国际原子能机构最近报告说,1993 年以来,已有 380 起放射性材料走私事件发生。

　　一枚"脏弹"在人口密集的地方爆炸,可能导致数十人甚至数百人死亡,癌症患者可能增加数千人,后果也是十分严重的。这比核弹爆炸造成的人员死亡率虽要小很多,但由于公众对放射性事件有恐怖心理,可能导致巨大的公众恐慌和秩序失控,清除工作则要付出巨大经济代价。虽然清除放射性武器攻击造成的后果是可能的,但恢复公众的信心却非常困难。

(四)破坏核设施

　　恐怖分子可能攻击核设施,致使放射性物质大量泄漏,大范围污染环境,造成严重后果。

(五)攻击核反应堆

　　核反应堆的链式反应在释放核能的同时,也产生大量放射性核素。这些核素通常被封闭在堆芯燃料棒中,不会泄漏。为防止堆芯溶化和放射性核素泄漏,反应堆设有一整套安全措施进行多层屏障、纵深防御。而放射性物质一旦泄漏,就会污染环境,致人伤亡。一个严重的反应堆放射性泄漏事故也能造成数十万人死亡,相当于 1945 年第一代原子弹爆炸的效果。不同的是,反应堆放射性泄漏造成的主要是长期放射性污染。

　　恐怖组织要制造反应堆放射性物质逸散的巨大灾难,很可能从破坏反应堆安全保护设施着手。据国际原子能机构统计,目前全世界共有 438 个民用核反应堆。这些反应堆的设计要求能够抗地震、台风,经受因飞行事故坠落的小型飞机的撞击,但若遭装满燃料的大型客机的攻击,却不能幸免于难。"9·11"事件后,各国加强了对民航的安全监督以及核设施附近的航空保护,恐怖分子或许难于再以航空器来袭击反应堆等核设施,但仍有许多可能的攻击方案,如汽车炸弹以及收买内部人员进行破坏等。

最严重的情形是内外勾结。若核设施内部人员向恐怖组织提供关于安全系统、程序、运作、硬件布局、易破坏的设施及其所在地点等可靠知识,恐怖分子攻击核设施的成功率就会大大提高。恐怖组织也会想方设法向核设施进行内部渗透。现在,美国的核设施安全规则要求:必须阻止训练良好、配备精密武器并可能与设施内部一个同谋勾结的恐怖小组发动攻击。然而,若有多个内部同谋或有多个外部攻击小组,有关措施就难奏效。可见,防止内外勾结的任务,既现实又艰巨。

(六)攻击其他核设施

核燃料在燃耗后成为废料(核乏燃料),从反应堆中泄出,储存在反应堆附近的乏燃料池中(至少要存放几年)。几乎所有在反应堆内产生的放射性物质都包含在乏燃料中。一般储存池存放的乏燃料的放射性总量要数倍于一个堆芯内的放射性。一般来说,对乏燃料池的安全保护比反应堆要松得多,因此更易遭受攻击和破坏。一项研究表明,对反应堆现场储存的乏燃料的攻击,可能导致近 800 km 范围内的数万人伤亡,大块地区长期无法居住。

乏燃料池中的核废料经一段时间冷却后,将运往后处理厂的储存池,存放以待后处理。后处理厂对乏燃料作化学分离的过程中,会产生大量高放射性废物(含有几乎全部裂变产物)。此外,大量的分离钚也储存在后处理厂。因此,后处理厂的乏燃料储存池和高放射性废物储存箱也可能成为恐怖袭击的目标。

恐怖分子还可能把袭击矛头指向乏燃料和高放射性废物的运输。据 20 世纪 70 年代末提出的一项科学报告估计,核废料车辆若在城市受到攻击,将导致数以百计的人早死,数以千计的人罹患癌症,经济损失可达数十亿美元。目前,一些国家对这类车辆进行了不同程度的加固,但仍不能承受现代武器的恐怖袭击。反坦克穿甲武器能穿透这类运输罐,使大量放射性物质泄出。

钚材料储存设施、铀加工和浓缩等其他核设施若遭恐怖袭击,后果也会非常严重。

三、核与辐射恐怖的危害

核与辐射恐怖袭击主要是通过核武器爆炸与释放脏弹。释放放射性物质,其中核武器的杀伤破坏因素主要有冲击波、光辐射、早期核辐射和放射性沾染。此外,地下核恐怖袭击时引起剧烈的地冲击震动,对近距离地面和地下工程内的人员及仪器设备有一定的致伤破坏作用。核与辐射恐怖袭击还产生电磁脉冲,对电子设备有一定的干扰破坏作用,高强度电磁脉冲对人员也能造成伤害。而"脏弹"则是利用常规炸药爆炸或通过特殊装置将放射性物质以液态或固态微粒形式散布在空气中,其致伤作用与前述放射性沾染相类似。

(一)核与辐射恐怖袭击时各种杀伤因素的致伤作用

1. 光辐射烧伤

(1)形成原因:光辐射是核与辐射恐怖袭击时高温火球辐射出来的强光,包括紫外线、可见光和红外线。光辐射的释放呈两个阶段,第一阶段是闪光阶段,持续时间很短,一般不致皮肤烧伤,但可能造成视力障碍。第二阶段是火球阶段。

(2)致伤作用:可造成直接烧伤,还可引起服装或其他物体燃烧,造成间接烧伤。如皮肤烧伤时,轻者皮肤发红、灼痛,较重者起泡、破溃,严重时皮肤烧焦;直视火球时可造成眼底烧伤;短暂的闪光盲等。

(3)特点:烧伤多呈朝向性;烧伤深度较浅;暴露部位烧伤几率较高;可发生眼和呼吸道烧伤。

2. 冲击伤

(1)形成原因:核与辐射恐怖袭击时,瞬间释放出巨大的能量,形成高温高压的火球。由于火球不断膨胀,急剧压缩周围的空气,并以很高速度向四周传播,便形成冲击波。

(2)致伤作用:直接损伤(脑震荡、骨折、肝脾破裂以及肺、心、胃、肠和耳鼓膜等损伤);间接损伤(由于工事、建筑物倒塌、破坏,以及刮起的沙石造成人员损伤)。

(3)特点:伤情复杂,既有体表伤,也有内脏损伤;外轻内重,容易忽视伤情;发展迅速,需及时救治。

3. 急性放射病

(1)形成原因:主要释放出的 γ 射线和中子流,是核与辐射恐怖袭击特有的杀伤破坏因素。

(2)致伤作用:人员受到大剂量核辐射后,可引起急性放射病。急性放射病的轻重,主要取决于受照射剂量的大小。

(3)特点:严重损伤比例高,占 60%～70%;骨髓型急性放射病有明显的病程阶段性和"假愈期";造成全身性损伤,症状复杂,救治难度大。

4. 放射性沾染的致伤

(1)形成原因:核与辐射恐怖袭击时产生的放射性微粒逐渐沉降到地面和物体表面,从而造成空气、地面、露天水源、人员体表和各种物体表面的污染,称为放射性沾染。

(2)致伤作用:γ 射线全身外照射;皮肤沾染后受到的 β 粒子照射;食入污染的食物、饮水以及吸入沾染的空气引起的体内照射。其中,γ 射线全身外照射的危害是主要的。

(3)特点:如防护不当,可能同时受到三种方式的复合照射;"脏弹"的致伤作用与上述放射性沾染相似。

5. 电磁脉冲致伤

(1)形成原因:核与辐射恐怖袭击时可能产生电磁脉冲,其特点是前沿短、脉宽小,对生物体主要产生非热效应。

（2）致伤作用：经高场强（>104 V/m）的电磁脉冲照射后人体可出现行为障碍，学习记忆能力下降，心脏、造血、免疫及生殖功能障碍，晶体混浊等。

（3）特点：若与导线、天线、管道或大型金属物体等含电磁脉冲能量的"收集器"接触时，有可能发生严重的电击伤。

（二）核与辐射恐怖袭击的伤类分布和综合杀伤范围

1. 伤类分布

在开阔地面无防护的人员通常易遭受复合伤，因为几种杀伤因素几乎是同时起伤害作用。一般来说，常见的复合伤可分为 3 类：（1）以放射损伤为主的复合伤，如放烧复合伤、放烧冲复合伤或放冲烧复合伤；（2）以烧伤为主的复合伤，如烧放冲复合伤或烧冲放复合伤；（3）以冲击伤为主的复合伤，如冲烧放复合伤或冲放烧复合伤。

2. 综合杀伤范围

根据人员的损伤程度，一般可将核与辐射恐怖袭击区域分为极重度、重度、中度和轻度 4 个杀伤区。①极重度杀伤区：发生当场死亡和极重度损伤的区域。在此区内可有少数伤员发生重度损伤。②重度杀伤区：绝大多数伤员为重度损伤的区域。在此区内可有少数伤员为中度或极重度损伤。③中度杀伤区：绝大多数伤员为中度损伤的区域。在此区内可有少数伤员为重度或轻度损伤。④轻度杀伤区：绝大多数伤员为轻度损伤的区域。在此区内可有少数人员为中度损伤或无伤。

四、核与辐射恐怖袭击的处置

（一）处置原则

应对核与辐射恐怖处置的原则是：统一指挥，分级管理，各司其职；反应灵敏，高效处置，规范有序；资源整合，分工协作，信息共享；军民结合，平战结合，减少损失。

（二）处置程序

启动程序→现场控制（有效防护、控制事故源）→污染区划定→污染区控制、消除污染→人员救助与处置→溯源追查、辐射监测→评估→程序终止。

（三）核与辐射恐怖袭击的现场综合救治

核与辐射恐怖袭击时伤员在现场的自救、互救，目的是迅速阻止伤情的发展，维持生命，预防某些并发症的发生。

(1)现场综合救治基本原则和内容：应根据实际情况，灵活、积极、有序地进行，要遵循快抢、快救、快送的原则，特别要优先抢救危重伤员。

(2)伤员现场综合救治基本技术：伤员现场综合救治的基本技术包括"五大技术"（即通气、止血、包扎、固定、搬运）及个人防原药品的紧急应用。其中"五大技术"的操作方法与普通战伤自救互救方法基本相同。个人防原药品有阻止放射性核素吸收药（碘化钾片）和急性放射病防治药（"523"片）两种。碘化钾片一般在进入沾染区前服用，"523"片是在受照射前或受照射后 24 h 内尽快服用。

五、核与辐射恐怖的防范措施

"9·11"恐怖袭击事件发生后，如何防范和处置恐怖袭击事件，已成为各国政府关注的焦点。鉴于国际反恐形势逼人，为防患于未然，国家公安部、卫生部、国家质检总局等相关部门都按照各自职责分工，制定了应对核与辐射恐怖袭击事件相关处置应急预案等一系列应急和防范措施，以加强我国应对核与辐射恐怖袭击事件的应急反应能力。

(1)加强核材料和核设施的实物保护：确保核材料和核设施安全是各国政府义不容辞的责任。各国应根据各自具体情况，制定和完善本国关于核材料和核设施的实物保护法规，并采取切实可行的措施，确保它们得到严格执行。

①保护核武器：各有核武器的国家应当对部署、储存的核武器提供全面、坚实的控制和保护以确实阻止恐怖分子盗用。此外，要防止从事核武器研究开发的科研人员流失，不让恐怖组织获得专业知识技能。

②保护核材料：对民用核工业中的武器用裂变材料（任何级别的钚材料和高浓铀），为防止恐怖分子接近这类核材料，应实行与核武器相同的保护标准。尤其要控制钚和高浓铀的生产和使用。

加强和改进军用核材料的保护、控制和衡算系统。各国宣布的剩余军用核材料应尽快置于国际原子能机构安全保障之下，使其不再用于核武器制造。为阻止核材料乃至核武器的非法走私活动，应加强国际合作，加强国境口岸的监测手段。

③保护核设施：由于反应堆和后处理厂等重要核设施很可能是恐怖袭击的下一个目标，鉴于恐怖活动对核设施的现实威胁，拥有重要核设施的每个国家都应当紧急行动起来，制定切实有效的国家安全标准和规则（至少应达到 INFCIR225/REV.4 建议和 2001 年 9 月国际原子能机构提出的原则标准），并付诸实施。

防止核材料和核武器落入恐怖分子手中的最重要和有效的方法，必须建立在坚实的核军备控制和核不扩散措施的基础上，包括强化核不扩散体制和加快削减战略核武器的进程。

(2)强化应急反应能力：①完善应急处置预案；②加强培训和演练，提高紧急事件响应队伍能力。

（3）强化法制建设。

（4）强化应急技术和防护储备。

（5）强化公众教育与信息。

（6）强化国际合作。

尽管核与辐射恐怖事件发生的概率比传统恐怖袭击要小得多，但其有巨大的灾难性后果，人们丝毫不能掉以轻心。打击国际恐怖主义需要全球范围内的合作，阻止国际核与辐射恐怖需要各国相互支持和合作，任何单边主义行动都不利于防止核与辐射恐怖。恐怖主义从本质上说是跨国性威胁，任何单一国家，无论如何强大，仅靠自身力量是无法有效地阻止这种威胁的。因此，为防止核与辐射恐怖发生，各国应该加强国际安全合作。

【思考题】

1. 什么是生物恐怖活动？生物恐怖活动的特点及危害？

2. 可能用于生物恐怖活动的致病微生物及其毒素有哪些？

3. 如遇到生物恐怖袭击，如何正确实施现场医学处置？

4. 什么是化学恐怖活动？化学恐怖活动有哪些特点及危害？

5. 应对化学恐怖袭击现场处置要点有哪些？

6. 什么是核与辐射恐怖活动？

7. 可作为核与辐射恐怖袭击活动的物质有哪些？

8. 核与辐射恐怖袭击时产生哪些杀伤作用及其特点？

（孙　虹）

参考文献

[1][澳]朱明若,罗先讯.生态大众健康:公共卫生从理想到实践[M].北京:北京医科大学、中国协和医科大学联合出版社,1997.

[2]卫生部.生活饮用水卫生规范(2001)[M].北京:中国标准出版社,2001.

[3]Wisner B,Adams J 著,王作元,黄相刚,王昕,等译.突发事件与灾害中的卫生对策[M].北京:人民卫生出版社,2005.

[4]Beale A J. Bioterrorism what can we do [J]. *Journal of the Royal Society of Medicine*,2002,95(10):479~480.

[5]Bonita R,De C M,Dwyer T,et al. Surveillance of risk factors for noncommunicable diseases:The WHO STEP wise approach. Summary [R]. Geneva, World Health Organization,2001.

[6]Collie A,Maruff P. The neuropsychology of preclinical Alzheimer's disease and mild cognitive impairment [J]. *Neurosci biobehav Rev*,2000,24:365~374.

[7]Committee on Children With Disabilities. American Academy of Pediatrics:The pediatrician's role in the diagnosis and management of autistic spectrum disorder in children [J]. *Pediatrics*,2001,107(5):1221~1226.

[8]Cuffe S P,Mckeown R E,Addy C L,et al. Family and psychosocial risk factors in a longitudinal epidemiological study of adolescents[J]. *J Am Acad Child Adolesc Psychiatry*,2005,44(2):121~129.

[9]De Jong T,Komproe I H,Van O M. Common mental disorders in postconflict settings [J]. *Lancet*,2003,361(9375):2128~2130.

[10]Editorial. Public health and the second 50 years of life [J]. *AJPH*,2002,92(8):1214~1216.

[11]Fee E. Public Health, Past and Present:A Shared Social Vision, in Rosen, G. *A History Of Public Health*[M]. Baltimore:The Johns Hopkins University Press,1993.

[12]Flodstrom T M. Viral infections:their elusive role in regulating susceptibility to autoimmune disease [J]. *Microbes Infect*,2003,5(10):911~921.

[13]Fukuda. Complete text of revised case definition [J]. *Annals of Intem Medicine*, 1994,121(12):953~959.

[14]中国标准出版社编.家用和类似用途电器标准汇编·清洁及整理器具卷[G].北京:中国标准出版社,2004.

[15]国家标准化管理委员会.中国强制性国家标准汇编·医药、卫生、劳动保护卷6(3版)[G].北京:中国标准出版社,2003.

[16]Gensheimer K F. Challenges and opportunities in pandemic influenza planning:lessons learned from recent infectious disease preparedness and response efforts [J]. *International Congress Series*,2004

(1263):809~812.

[17]Gostin L O. Public health law reform [J]. *AJPH*,2001,91(9):1365~1368.

[18]Holmes G P,Kaplan J E,GANTZ N M,et al. Chronic fatigue syndrome: a working case definition [J]. *Ann Intem Med*,1988,108:387~389.

[19]Jonker C,Greerlings M I,Schmand B. Are memory complaints predictive for dementia? A review of clinical and population2based studies [J]. *Int J Geriatr Psychiatry*,2000,15:983~991.

[20]Keller F,Persico A M. The neurobiological context of autism [J]. *J Autism Dev Disord*, 2002,32: 447~461.

[21]Kolb J,Ferguson W,Vanos M,et al. Case-control study of severe life threatening asthma(SL TA) in adults [J]. *Psychological Factors Thorax*,2002(57):317~322.

[22]Kubzansky L D,Kawachi I,Spiro A,et al. Is worrying bad for your heart? A prospective study of worry and coronary heart disease in the normative aging study[J]. *Circulaiton*,1997,95:818~824.

[23]Ladou J. *Occupational and environmental Medicine* (2nd Ed.) [M]. Stamford: Appleton and Lange,1997.

[24]Lobel M,Devincent C J,Bruce A, et al. The impact of prenatal maternal stress and optimistic disposition on birth outcomes in medically high-risk woman [J]. *Health Psychology*,2000,19:6.

[25]Marcia B S,Yvonne J G,Sally G. *Community-Based health Organizations* [M]. San Francisco: Jossey-Bass,2005.

[26]Maskell R. Urinary tract infection in hospital. In: Maskell R. *Urinary tract infection-Current topics in infections* [M]. London: Edward Arnold,1982.

[27]Mishra H B. Terrorism:*Threat to Peace and Harmony* [M]. Delhi:Authors press,1999.

[28]Nancy K,Termkiat K. Overview of Biological Terrorism: Potential Agents and Preparedness [J]. *Clinical Microbiology Newsletter*,2005,27(1):1~8.

[29]Orth G K,Moser V,Blom M,et al. Survey of stress in women. Heart disease in Stockholm women is caused by both family- and work-related stress [J]. *Lakartidningen*,1997,94(632):632~635.

[30]Petersen R C,Doody R,Kurz A,et al. Current concepts in mild cognitive impairment [J]. *Arch Neurol*,2001,58:1985~1991.

[31]Purtscher K. Preparing and responding to major accidents and disasters [J]. *International Journal of Injury Control and safety Promotion*. 2005,12(2):119~120.

[32]Rob B. *Public Health, Policy and Politics* [M]. London:Macmillan Press LTD,2000.

[33]Robert B,MARIO R. Public Health Workforce:challenges and policy issues[J]. *Human Resource for Health*,2003,1~7.

[34]Roberts M J,Reich M R. Ethical analysis in public health [J]. *Lancet*,2002,359(9311):1 055~ 1 059.

[35]Rom W N. *Environmental and occupational medicine* (3rd Ed.) [M]. Philadelphia: Lippincott-Raven,1998.

[36]Rosen G. *A History of Public Health* (Expanded Edition) [M]. Baltimore:The Johns Hopkins

University Press,1993.

[37]Rosenman R H,Brand R J,Jenkins C D,et al. Coronary heart disease in the western collaborative group study: final follow-up experience of 8 1/2 years [J]. *JAMA*, 1975,233:872~877.

[38]Scheier M F,Bridges M W. Person variables and health: personality predispositions and acute psychological states as shared determinants for disease [J]. *Psychosomatic Medicine*,1995,57:255~268.

[39]Schoenbach V J,Kaplan B H,Riedmanf L,et al. Social ties and mortality in Evens Country, Georgia [J]. *Am J Epidemiol*,1986,123:577~591.

[40]Sheldon K M,Ellion A J,Kasser T. What is satisfying about events? Testing 10 candidate psychological needs [J]. *Journal of Personality and Social Psychology*,2001,80:2.

[41]Thomas D B. Alternatives to a national system of population-based state cancer registries [J]. *AJPH*,2002,92(7):1064~1066.

[42]Turnock B J. *Public Health: What it is and how it works* [M]. USA:Aspen Pub. Inc,2001.

[43]Unverzagt F W,Gao S,Baiyewu O, et al. Prevalence of cognitive impairment: data from the Indianapolis Study of Health and aging[J]. *Neurology*,2001,57:1655~1662.

[44]Usace. *Protecting Buildings And Their Occupants From Airborne Hazards*. TI853-01[M]. Washington:Army Corps of Engineers,2001.

[45]Venkatesh S,Ziad A. Bioterrorism:a new challenge for public health [J]. *International Journal of Antimicrobial Agents*,2003,21:200~206.

[46]Wallace R B. *Public Health & Preventive Medicine* (14th Edition) [M]. Appleton & Lange, 1998.

[47]Walter L. *The Age of Terrorism* [M]. Boston:Little,Brown and Company,1987.

[48]Westenberg H,den B. *Social anxiety disorder* [M]. Amsterdam:Synthesis Publishers,1991.

[49]WHO. Preventing chronic diseases: a vital investment [R]. 2005.

[50]Wolf H,Grunwald M,Ecke G M,et al. The prognosis of mild cognitive impairment in the elderly [J]. *J Neural Transm Suppl*,1998,54:31~50.

[51]Young K S. What makes the internet addictive:Potential explanations for pathological internet use [C]. 105th Annual Conference of the American Psychological Association,Chicago,1997.

[52]安笑兰,符绍莲. 环境优生学[M]. 北京:北京医科大学、中国协和医科大学联合出版社,1995.

[53]白希尧,白敏冬,张芝涛,等. 非平衡态等离子体化学研究进展[J]. 中国基础科学,2003,6:30~37.

[54]保毓书. 环境因素与生殖健康[M]. 北京:化学工业出版社,2002.

[55]毕玉,苏文亮. 大学生网络成瘾者心理行为特点的在线研究[J]. 中国临床心理学杂志,2005,13(2):170~172.

[56]邴玉艳,安春丽. 生物因素所致农民职业病[J]. 中国实用乡村医生杂志,2006,(13)2:6~8.

[57]蔡宏道. 现代环境卫生学[M]. 北京:人民卫生出版社,1995.

[58]曹军卫,马辉文. 微生物工程[M]. 北京:科学出版社,2002.

[59]曹丽萍. 浅谈卫生监督综合执法[J]. 中国卫生监督杂志,2003,10(4):226.

[60]曾北危,姜平. 环境激素[M]. 北京:化学工业出版社,2004.

［60］曾光.中国公共卫生与健康新思维［M］.北京：人民卫生出版社，2006.

［62］曾维华.程声通环境灾害学引论［M］.北京：中国环境科学出版社，2000.

［63］陈炳卿，孙长颢.食品污染与健康［M］.北京：化学工业出版社，2002.

［64］陈炳卿.营养与食品卫生学（3版）［M］.北京：人民卫生出版社，1993.

［65］陈昌盛，蔡跃洲.中国政府公共服务：体制变迁与地区综合评估［M］.北京：中国社会科学出版社，2007.

［66］陈复.水处理技术及药剂大全［M］.北京：中国石化出版社，2002.

［67］陈拱北预防医学基金会.公共卫生学（修订3版）［M］.台北：巨流图书有限公司，2001—2005.

［68］陈拱北预防医学基金会.公共卫生学［M］.台北：巨流出版社，1997.

［69］陈国华.水体油污染治理［M］.北京：化学工业出版社，2002.

［70］陈家应.卫生事业管理学［M］.北京：科学出版社，2005.

［71］陈锦治，王旭辉，杨敬，等.突发公共卫生事件预防与应急处理［M］.南京：东南大学出版社，2005.

［72］陈君石，黄建始.健康管理师［M］.北京：中国协和医科大学出版社，2007.

［73］陈宁庆.21世纪我国疾病的控制问题［J］.中华流行病学杂志，1997，18（3）：174～176.

［74］陈青山，王声涌，荆春霞，等.应用Delphi法评价亚健康的诊断标准［J］.中国公共卫生，2003，19（12）：1 467～1 468.

［75］陈秋珠.病理性互联网使用的认知—行为模式述评［J］.心理科学，2006，29（1）：137～139.

［76］陈世伟，王雪竹，张杰.对卫生监督体制改革后几个突出问题的分析［J］.中国卫生监督杂志，2003，10（1）：52.

［77］陈学敏，吴德生，陈秉衡.环境卫生学（研究生及七年制）［M］.北京：人民卫生出版社，2004.

［78］陈学敏.环境卫生学（4版）［M］.北京：人民卫生出版社，2001.

［79］陈学敏.环境卫生学［M］.北京：人民卫生出版社，2004.

［80］陈英耀.卫生服务评价［M］.上海：复旦大学出版社，2006.

［81］陈正夫，朱坚，周亚康，等.环境激素的分析与评价［M］.北京：化学工业出版社，2004.

［82］陈宗团，徐琳瑜，余进，等.城市环境管理经济方法：设计与实施［M］.北京：化学工业出版社，2004.

［83］程洪燕.浅论糖尿病的社会心理因素与心身同治［J］.吉林中医药，2005，25（8）：4～5.

［84］程晓明.卫生经济学［M］.北京：人民卫生出版社，2003.

［85］成艳春，邹文华，何杏桃，等.急性心肌梗死患者与正常人社会心理因素、个性特征和生活方式的对照研究［J］.神经疾病与精神卫生，2003，3（4）：261～262（264）.

［86］储金宇，吴春笃，陈万金，等.臭氧技术及应用［M］.北京：化学工业出版社，2002.

［87］达庆东，曹文妹，田侃.卫生法学纲要［M］.上海：复旦大学出版社，2004.

［88］达庆东.卫生法纲要［M］.上海：上海医科大学出版社，1997.

［89］邓南圣，吴峰.环境中的内分泌干扰物［M］.北京：化学工业出版社，2004.

［90］董东风.对"卫生执法监督工作不到位"的深层次思考［J］.中华卫生监督与健康杂志，2004，11（3）：988～989.

［91］董玉整."亚健康"初探［J］.广州医学院学报，1998，26（3）：77～78.

［92］杜新安，曹务春.生物恐怖的应对与处置［M］.北京：人民军医出版社，2005.

[93]段金莲,牛轶,程自立,等.哮喘儿童照顾者心理状况及家庭环境调查[J].中国行为医学科学,2003,12(2):221~222(238).

[94]段振离.亚健康保健全书[M].郑州:中原农民出版社,2004.

[95]鄂学礼,凌波.饮用水深度净化与水质处理器[M].北京:化学工业出版社环境科学与工程出版中心,2004.

[96]樊立华,郭红卫,姚耿东.公共卫生监督学[M].赤峰:内蒙古科学技术出版社,1999.

[97]樊立华.卫生监督学[M].北京:人民卫生出版社,2005.

[98]樊立华.卫生法规与监督学[M].北京:人民卫生出版社,2003.

[99]樊立华.卫生法学[M].北京:人民卫生出版社,2004.

[100]樊元生,郝吉明.危险废物管理政策与处理处置技术[M].北京:中国环境科学出版社,2006.

[101]范春.环境卫生监督与监测学[M].哈尔滨:黑龙江科学技术出版社,1995.

[102]范春.环境医学展望[M].哈尔滨:黑龙江科学技术出版社,1995.

[103]方后华,丁日高.化学恐怖及其医学防护研究[J].解放军医学杂志,2005,30(1):12~14.

[104]付翠,汪新建.心理障碍的文化建构—健康心理学发展中的新趋向[J].心理学探新,2006,26(97):25~29.

[105]傅华,段广才.预防医学[M].北京:人民卫生出版社,2004.

[106]盖尔·伍德赛德,戴安娜·科库雷著,毛海峰译.环境、安全与健康工程[M].北京:化学工业出版社环境科学与工程出版中心,2006.

[107]高宏生,曲成毅,苗茂华.大学生自杀意念的社会心理影响因素研究[J].中华流行病学杂志,2003,24(9):765~768.

[108]高建民.基本卫生人力政策研究[J].中国卫生经济,2006,25(10):14~16.

[109]高俊发.水环境工程学[M].北京:化学工业出版社,2003.

[110]龚圣,黄肖容,隋贤栋.室内空气净化技术[J].环境污染治理技术与设备.2004,5(4):55~57.

[111]龚向光.从公共卫生内涵看我国公共卫生走向[J].卫生经济研究,2003,9:6~9.

[112]龚向光.加大公共卫生投入改革公共卫生筹资体制[J].中国卫生经济,2003,22(12):13~15.

[113]龚幼龙,冯学山.卫生服务研究[M].上海:复旦大学出版社,2002.

[114]龚幼龙,严非.社会医学[M].上海:复旦大学出版社,2005.

[115]顾建光.公共政策分析引论[M].武汉:武汉出版社,2002.

[116]顾奎琴.中老年人营养保健[M].北京:中国医药科技出版社,2000.

[117]郭怀成,尚金城,张天柱.环境规划学[M].北京:高等教育出版社,2001.

[118]郭起浩,洪震,吕传真.阿尔茨海默病的常用神经心理评定量表评介[J].中华神经科杂志,2003,36(4):310~312.

[119]郭清.公共卫生事件防制概论[M].杭州:浙江大学出版社,2006.

[120]郭太生.灾难性事故与事件应急处置[M].北京:中国人民公安大学出版社,2006.

[121]郭新彪,刘君卓.突发公共卫生事件应急指引[M].北京:人民卫生出版社,2004.

[122]郭新彪.环境健康学[M].北京:北京大学医学出版社,2006.

[123]郭岩,高子芬.2000年医师资格考试:公卫执业医师自测试卷1.2.3[M].北京:北京医科大学出

版社,2000.

[124]国务院.中国儿童发展纲要(2001—2010 年)[M].北京:中国法制出版社,2001.

[125]国务院.中国妇女发展纲要(2001—2010 年)[M].北京:中国法制出版社,2001.

[126]韩子荣,李小热.我国公共卫生服务提供不均等的财政经济原因及对策[J].中国经贸导刊,2007(2):34～35.

[127]郝模.卫生政策学[M].北京:人民卫生出版社,2005.

[128]何权瀛.社会心理因素在哮喘发病与防治中的作用[J].中华结核和呼吸杂志,2001,24(9):518.

[129]洪震.我国近年阿尔茨海默病流行病学研究现状与展望[J].老年医学与保健,2005,11(4):195～198.

[130]侯玉波.人格、社会心理因素与健康老龄化[J].中国临床康复,2002,6(17):2 523～2 525.

[131]胡洪营,张旭,黄霞,等.环境工程原理[M].北京:高等教育出版社,2005.

[132]胡将军,蔡进,邓永强.光催化氧化处理气相污染物的研究进展[J].环境与健康杂志,2006,23(1):88～90.

[133]胡善联.卫生经济学[M].上海:复旦大学出版社,2002.

[134]胡晓玲,管萍.化学分离原理与技术[M].北京:化学工业出版社环境科学与工程出版中心,2006.

[135]华嘉增.妇女保健新编(2 版)[M].上海:复旦大学出版社,2005.

[136]黄建始.公共卫生的价值和功能[J].中国健康教育,2006,22(1):67～69.

[137]黄建始.什么是公共卫生[J].中国健康教育,2005,21(1):18～20.

[138]黄觉斌,张振馨.轻度认知障碍的现代概念和研究进展[J].中华神经科杂志,2002,35(6):369～371.

[139]黄君礼.新型水处理剂:二氧化氯及其应用[M].北京:化学工业出版社,2002.

[140]黄礼平.卫生立法与执法缺陷及其对策[J].中国公共卫生管理,2005,21(3):200～202.

[141]黄韶清.现代急性中毒诊断治疗学[M].北京:人民军医出版社,2002.

[142]黄玉瑶.内陆水域污染生态学:原理与应用[M].北京:科学出版社,2001.

[143]纪华强,杨金德.公共关系的基本原理与实务[M].厦门:厦门大学出版社,2005.

[144]贾建平.老年性痴呆研究进展[J].中国临床康复,2004,8(16):3 146～3 148.

[145]姜乾金.医学心理学[M].北京:人民卫生出版社,2005.

[146]姜庆五.流行病学 [M].北京:科学出版社,2003.

[147]金腊华,邓家泉,吴小明.环境评价方法与实践[M].北京:化学工业出版社,2004.

[148]金泰廙,孙贵范.职业卫生与职业医学[M].北京:人民卫生出版社,2004.

[149]金泰廙.职业卫生与职业医学(6 版)[M].北京:人民卫生出版社,2007.

[150]金相灿.湖泊富营养化控制和管理技术[M].北京:化学工业出版社,2001.

[151]金征宇.食品安全导论[M].北京:化学工业出版社,2005.

[152]卡尔·多伊奇著,周启朋译.国际关系分析[M].北京:世界知识出版社,1992.

[153]昆仑.2007 卫生关键:基本卫生保健[J].中国社区医师,2007,23(3):1.

[154]郎景和.女性生殖健康与疾病[M].郑州:河南医科大学出版社,2002.

[155]雷乐成.水处理高级氧化技术[M].北京:化学工业出版社,2001.

[156]李传俊,徐国恒,赵兴烈.高科技与医学人文[M].广州:广东人民出版社,2001.

[157]李春昌.老年保健[M].长春:吉林科学技术出版社,2001.

[158]李德.预防医学(2版)[M].北京:人民卫生出版社,2002.

[159]李栋,许琨,王兴涌.公共卫生服务的市场失灵和政府调节[J].中国卫生事业管理,.2003(4):207~213.

[160]李福仁,梁玉兰.突发性环境污染事故应急系统探讨[J].工业安全与环保,2002,28(8):28~30.

[161]李海波,孙洪,俞远.突发环境污染事故的应急处置.环境保护[J].2006,(8):55~56.

[162]李建华,钟建民,蔡兰云,等.三种儿童孤独症行为评定量表临床应用比较[J].中国当代儿科杂志,2005,7(1):59~62.

[163]李凯利.老年科常见病的诊断与治疗[M].北京:中国医药科技出版社,1999.

[164]李立明,叶冬青,詹思延.流行病学(6版)[M].北京:人民卫生出版社,2007.

[165]李立明.流行病学[M].北京:人民卫生出版社,2003.

[166]李鲁.社会医学(3版)[M].北京:人民卫生出版社,2007.

[167]李平.美国灾害管理的实践与思考[J].中国减灾,2006(5):40~41.

[168]李芮.青少年上网成瘾的公共卫生问题与干预对策[J].中国校医,2005,19(2):214~216.

[169]李曙光,尹爱田,张兴旭,等.刍议公共卫生筹资中政府扮演的角色[J].中国卫生事业管理,2005(1):15~17.

[170]李斯特.孤独症的过去和现在[J].罕少疾病杂志,2005,12(5):35~37.

[171]李天成,王军民,朱慎林.环境工程中的化学反应技术及应用[M].北京:化学工业出版社,2005.

[172]李晓凤,刘永华,何彦苓,等.包头地区常见恶性肿瘤与社会心理因素关系的调查[J].肿瘤防治杂志,2003,10(2):113~115.

[173]李毅精.心理社会因素在哮喘发作中的作用[J].中华结核和呼吸杂志,1998,11(3):134.

[174]李瑛,许渭生,游旭群.大学生网络使用心理与行为及网络依赖特征研究[J].中国特殊教育,2007,79(1):84~92.

[175]梁鸿,王云竹.公共财政框架下基本医疗服务体系的构建[J].中国卫生经济,2005,24(10):8~11.

[176]梁鸿,朱莹,赵德余.我国现行基本医疗服务界定的弊端及其重新界定方法与政策[J].中国卫生经济,2005,24(12):7~10.

[177]梁万年.临床预防医学[M].北京:高等教育出版社,2004.

[178]梁万年.流行病学进展第11卷[M].北京:人民卫生出版社,2007.

[179]梁万年.卫生事业管理学[M].北京:人民卫生出版社,2003.

[180]梁友信.劳动卫生与职业病学(4版)[M].北京:人民卫生出版社,2001.

[181]林菌英.社区护理[M].北京:科学出版社,2000.

[182]刘宝,姚经建,陈文,等.基本公共卫生功能界定的国际比较[J].中国卫生资源,2006,9(5):233~236.

[183]刘丁.医院感染:医疗安全面临的挑战[J].重庆医学,2006,35(23):2113~2114.

[184]刘峰,姚咏明.对现代灾害救援的思考[J].中国急救复苏与灾害医学杂志,2006,1(4-5):131~

133.

[185]刘国诠.生物工程下游技术(2版)[M].北京:化学工业出版社,2002.

[186]刘欢欢,张小远,周志涛.大学生心理亚健康状态筛查及评价[J].中国公共卫生,2006,622(6):647~649.

[187]刘天鹏.健康管理师培训教材[M].北京:人民军医出版社,2006.

[188]刘天齐.三废处理工程技术手册[M].北京:化学工业出版社,1999.

[189]刘天锡,肖保平,孙吾.卫生监督执法体制改革思路[J].卫生经济研究卫生改革,2000,4:26~27.

[190]刘征涛.环境安全与健康[M].北京:化学工业出版社,2005.

[191]龙金亮,王红玉,王永学,等.冠心病患者的心理社会影响因素比较研究[J].临床心身疾病杂志,2005,11(2):140~141(145).

[192]卢宇,朱昌明.几种心身疾病患者的心理卫生状况与个性特征[J].中国心理卫生杂志,1995,9(2):60~63(69).

[193]卢祖洵.社会医疗保险学[M].北京:人民卫生出版社,2003.

[194]卢祖洵.社会医学[M].北京:科学出版社,2003.

[195]陆书玉.环境影响评价[M].北京:高等教育出版社,2001.

[196]陆柱,蔡兰坤,陈中兴,等.水处理药剂[M].北京:化学工业出版社,2002.

[197]伦世仪.环境生物工程[M].北京:化学工业出版社,2002.

[198]罗爱静.卫生信息管理学[M].北京:人民卫生出版社,2003.

[199]罗跃嘉,张侃.健康心态,战胜非典:SARS的心理应对[M].北京:科学出版社,2000.

[200]罗韵文,罗文浩,黄本友,等.脑血管疾病与社会心理应激的流行病学调查[J].临床内科杂志,2001,18(1):61~62.

[201]吕筠,李立明.我国疾控和监督体系职能与现代公共卫生体系职能内涵的比较[J].中国公共卫生管理,2006,22(5):365~368.

[202]吕柯.公平配置医疗卫生资源应坚持的原则[J].学习论坛,2007,23(3):63~65.

[203]吕志平.核辐射与恐怖[M].广州:新世纪出版社,2003.

[204]吕志平.炭疽与生物恐怖.[M].广州:世界图书出版公司,2001.

[205]马骁.健康教育学[M].北京:人民卫生出版社,2004.

[206]毛秉智.核辐射事故医学救援技术手册[M].北京:军事医学科学出版社,2004.

[207]美国NSF/ANSI 60"生活饮用水化学处理剂—健康效应"(标准)

[208]美国NSF/ANSI 61"生活饮用水系统组件—健康效应"(标准)

[209]牟瑾,马汉武.美国行为危险因素监测的发展和应用[J].中国行为医学科学,2005,14(6):484~486.

[210]牛侨.职业卫生与职业医学[M].北京:中国协和医科大学出版社,2003.

[211]潘天鹏.现代系统老年医学[M].北京:科学出版社,1998.

[212]潘英利,于素维,赵宏.甲状腺功能亢进患者的社会心理因素特征[J].中国临床康复,2005,9(24):63~65.

[213]潘仲麟,翟国庆.噪声的控制技术[M].北京:化学工业出版社环境科学与工程出版中心,2006.

[214]庞永珣,范春,席淑华.化妆品与家用化学品卫生学[M].天津:天津科学技术出版社,1997.

[215]彭开良,杨磊.物理因素危害与控制[M].北京:化学工业出版社,2006.

[216]彭文伟.感染性疾病与传染病学[M].北京:科学出版社,2000.

[217]秦珏慧,凌波,张晓健.饮用水卫生与处理技术[M].北京:化学工业出版社环境科学与工程出版中心,2002.

[218]秦钰慧.化妆品管理及安全性[M].北京:化学工业出版社,2007.

[219]邱清华.公共卫生学[M].台北:伟华出版社,1999.

[220]裘欣,项海青,程彬,等.杭州市大学生吸烟状况及社会心理因素分析[J].中国学校卫生,2005,26(8):622～623.

[221]任傲霜.突破亚健康[M].北京:西苑出版社,2001.

[222]任桂秀.行为医学[M].成都:四川大学出版社,2004.

[223]任苒.公共卫生的作用及政府职责[J].医学与哲学,2005,26(8):7～10.

[224]邵强胡伟江张东普.职业病危害卫生工程控制技术[M].北京:化学工业出版社,2005.

[225]邵强,郭文宏,刘光栓.乡镇工业职业危害控制技术[M].北京:中国劳动出版社,1999.

[226]邵强.预防性卫生监督建筑识图[M].北京:中国环境科学出版社,1997.

[227]申越魁,王晓烁.大学生心理失衡与自我心理调适[J].中国临床康复,2005,9(28):170～171.

[228]沈澄,杜筱丽,崔常英,等.空勤疗养员"第三状态"分析探讨[J].中国疗养医学,2002,11(4):103～104.

[229]沈丽达,张灿珍,任宏轩,等.男性癌症发病的社会心理因素研究[J].肿瘤研究与临床,2005,17(3):215～216.

[230]施榕.社区预防与保健[M].北京:人民卫生出版社,2004.

[231]石碧清,赵育,闾振华.环境污染与人体健康[M].北京:中国环境科学出版社,2006.

[232]石雷雨著,李林贵译.卫生服务研究方法[M].北京:北京大学医学出版社、北京大学出版社,2005.

[233]时蓉华.社会心理学[M].杭州:浙江教育出版社,2003.

[234]史安俐,李春生,王有森.卫生标准概论[M].北京:人民卫生出版社,2000.

[235]世界卫生组织,泛美卫生组织.自然灾害与预防[M].北京:人民军医出版社,2002.

[236]宋乘辉,刘希真.二氧化钛光催化氧化机理及杀菌效果[J].中国消毒学杂志,2001,18(3):169～173.

[237]宋希尚.卫生工程学[M].台北:"国立"编译馆出版社,1978.

[238]宋在兴.亚健康:人体潜伏的危机[M].上海:上海中医药大学出版社,2000.

[239]苏琦枫.健康妈妈:妇女孕产保健大全[M].上海:上海科技教育出版社,2003.

[240]孙东东.卫生法学[M].北京:高等教育出版社,2004.

[241]孙厚亮,张新卿,闵宝权,等.阿尔茨海默病患者的执行功能障碍[J].中华神经科杂志,2006,39(2):84～88.

[242]谭见安.地球环境与健康[M].北京:化学工业出版社,2004.

[243]谭培功,金丽莎,于彦彬.环境污染事故应急监测的对策[J].环境监测管理与技术,2005,17(5):38～39.

[244]谭晓东.突发性公共卫生事件预防与控制[M].武汉:湖北科学技术出版社,2003.

[245]谭晓东.社会医学与健康促进学[M].北京:科学出版社,2000.

[246]汤仕忠,申红静,蔡雄鑫.248例亚健康者心理健康状态的测定和评价[J].中国全科医学,2005,8(1):34～35.

[247]唐建武,金连弘.生物医学基础[M].北京:华夏出版社,1999.

[248]唐江萍,邹文华,王民主.脑卒中患者与正常人社会心理因素和负性情绪的对照研究[J].神经疾病与精神卫生,2006,6(2):124～126.

[249]唐敏康,冀临彦,王洪昌.关于灾害应急机制的思考[J].城市减灾,2005(3):22～24.

[250]陶国泰.小儿心理卫生[M].南京:江苏科学技术出版社,1999.

[251]田伟,张鹭鹭,欧崇阳,等.我国公共卫生服务系统的历史沿革和存在的问题[J].中国全科医学,2005,9(17):1 402～1 404.

[252]童建.突发事件公共卫生学[M].苏州:苏州大学出版社,2005.

[253]童裳亮.海洋生物技术[M].北京:海洋出版社,2003.

[254]万本太.突发环境污染事故应急监测与处理处置技术[M].北京:中国环境科学出版社,1996.

[255]汪天平,周晓农,Malonej B,等.地理信息系统(GIS)用于江苏、安徽和江西省血吸虫病流行预测的研究[J].中国血吸虫病防治杂志,2004,16(2):86～89.

[256]汪向东.心理卫生评定量表手册(增订版)[M].北京:中国心理卫生杂志社,1999:25～30.

[257]王德斌,程鑫,蔡海燕,等.系统论看我国公共卫生体系建设:要求与差距[J].中国公共卫生管理,2005,21(1):11～14.

[258]王芳,刘娟,肖峥山,等.农民工医疗保险在统筹地区实施的可行性分析[J].中国卫生经济,2005,24(1):41～44.

[259]王放,王显伦.食品营养保健原理及技术[M].北京:中国轻工业出版社,1997.

[260]王红,左俊英,陈世蓉,等.全球慢性非传染性疾病的状况及预防控制策略[J].国外医学:社会医学分册,2005,22(1):10～14.

[261]王宏艳,王洪曼.从现代公共卫生内涵探寻我国公共卫生建设之路[J].中国公共卫生管理,2005,21(6):455～456.

[262]王华丽,舒良,司天梅.阿尔茨海默病评定量表中文译本的效度和信度[J].中国临床心理学杂志,2000,8(2):89～93.

[263]王济东,岳慧,刘洁.卫生资源优化配置对策研究[J].中国卫生事业管理,1998,8:401～448.

[264]王季午.传染病学[M].上海:上海科学技术出版社,1998.

[265]王俊华.试论公共卫生的公共性[J].中国公共卫生,2003,19(11):1407～1409.

[266]王凯全,邵辉,袁雄军.危险化学品安全评价方法[M].北京:中国石化出版社,2005.

[267]王梅,董伊晖,谭鹏.公共卫生筹资政策研究[J].中国初级卫生保健,2006,20(2):17～18.

[268]王炜,解恒革,万琪,等.非痴呆老年人认知功能的差异性:从成功老化到轻度认知损伤[J].中华内科杂志,2002,41(10):671～674.

[269]王炜,苗丹民,解恒革,等.老年轻度认识损害的神经心理特点横断面比较[J].中国临床康复,2003,7(19):2702～2703.

[270]王心如,周宗灿.毒理学基础(5版)[M].北京:人民卫生出版社,2007.

[271]王籍兰,蒋学之,顾祖维.环境与生殖[M].上海:上海医科大学出版社,1994.

[272]王宇明.感染病学新进展[M].北京:人民卫生出版社,2001.

[273]王振声,王秀梅.卫生资源配置的原则和方法[J].卫生经济研究,1998,6:23~24.

[274]王正萍,周雯.环境有机污染物监测分析[M].北京:化学工业出版社,2002.

[275]王竹天,杨大进.食品安全与健康[M].北京:化学工业出版社,2005.

[276]韦婷绰,周丽,杨馥耕.268例自杀未遂状况分析[J].疾病控制杂志,1999,3(4):285~286.

[277]卫生部.中国慢性病报告[R].2006.

[278]卫生部卫生监督中心.卫生部健康相关产品审批工作程序[EB/OR].http://www.jdzx.net.cn/view.method=view&id.

[279] 卫生部卫生政策法规司.中华人们共和国卫生法规汇编[G].北京:法律出版社,2006.

[280]吴崇其,达庆东.卫生法学[M].北京:法律出版社,1999.

[281]吴崇其.中国卫生法学[M].北京:中国协和医科大学出版社,2001.

[282]吴兆苏.社会心理因素与心血管病关系的流行病学研究进展[J].中国医学科学院学报,2001,23(1):73~77(82).

[283]吴忠标,赵伟荣.室内空气污染及净化技术[M].北京:化学工业出版社,2005.

[284]袭著革,李官贤.室内建筑装饰装修材料与健康[M].北京:化学工业出版社,2004.

[285]夏朝云,王东波,吴素琴.自杀意念自评量表的初步制定[J].临床精神医学杂志,2002,12(2):100~102.

[286]相洪琴.食品安全与食源性疾病[J].医学研究通讯,2005,34(6):71~73.

[287]相有章,李相龙.现代慢性非传染性疾病预防与治疗[M].济南:山东科学技术出版社,2004.

[288]肖锦.城市污水处理及回用技术[M].北京:化学工业出版社,2002.

[289]肖世富,严和,陆余芬.世界卫生组织初级卫生保健病人心理障碍合作研究的上海样本结果[J].中华精神科杂志,1997,30(2):90~94.

[290]邢娟娟.职业危害评价与控制[M].北京:航空工业出版社,2005.

[291]徐东群.居住环境空气污染与健康[M].北京:化学工业出版社,2004.

[292]徐亮.社区护理[M].北京:高等教育出版社,2004.

[293]徐青松,翁三川.深化卫生改革,推动我国卫生立法进程[J].医学与社会,2001,14(4):58~60.

[294]徐顺清,王先良.环境健康科学[M].北京:化学工业出版社,2005.

[295]徐亚同,史家梁,张明.污染控制微生物工程[M].北京:化学工业出版社,2002.

[296]严昌武,郑幸福,张代友,等.卫生学评价中存在的问题与思考[J].预防医学情报杂志,2005,21(4):490~491.

[297]闫静,张翠英,王春泽.卫生监督在突发公共卫生事件防控中的作用.中华卫生监督与健康杂志,2004,11(3):983~984.

[298]杨承义.环境监测[M].天津:天津大学出版社,1992.

[299]杨菊贤.亚健康的发生与预防[J].上海预防医学杂志,2001,13(1):9~10.

[300]杨克敌,衡正昌.环境卫生学[M].北京:人民卫生出版社,2006.

[301]杨克敌.环境卫生学(6版)[M].北京:人民卫生出版社,2007.

[302]杨克敌.微量元素与健康[M].北京:科学出版社,2003.

[303]杨瑞馥,王松俊.生物威胁与核查[M].北京:军事医学科学出版社,2001.

[304]杨若明.环境中有毒有害化学物质的污染与监测[M].北京:中央民族大学出版社,2001.

[305]杨绍基.传染病学[M].北京:人民卫生出版社,2002.

[306]杨士保.现代卫生管理学[M].北京:化学工业出版社,2006.

[307]杨婷婷,施强.生物恐怖主义的威胁及防御策略[J].中国人兽共患病杂志,2001,17(6):99~108.

[308]叶广俊.儿童少年卫生学[M].北京:人民工业出版社,2000.

[309]叶俊文.议卫生监督执法中的违法现象及原因[J].中国公共卫生管理,2002,18(4):308.

[310]殷大奎.首席专家殷大奎谈"健康在你手中"[M].北京:人民卫生出版社,2003.

[311]尹军,谭学军.污水污泥处理处置与资源化利用[M].北京:化学工业出版社,2005.

[312]游伟程.肿瘤的预防:21世纪肿瘤防治研究的焦点[J].北京大学学报(医学版),2005,37(3):229~230.

[313]俞顺章.灾难:突发公共卫生事件回顾[M].上海:上海辞书出版社,2005.

[314]于宪庶.当今世界倍受关注的12种传染病[M].福建省卫生厅,2004.

[315]张朝武.卫生微生物学(3版)[M].北京:人民卫生出版社,2003.

[316]张国才.组织传播理论与实务[M].厦门:厦门大学出版社,2003.

[317]张洪营,张旭,黄霞,等.环境工程原理[M].北京:高等教育出版社,2005.

[318]张会来,李广宇,张宝荣,等.华北2所高校大学生健康危险行为的描述性研究[J].中国学校卫生,2004,25(2):192~193.

[319]张建华,滕文杰.论社会公共卫生服务与政府职责[J].中国卫生质量管理,2005,12(2):47~49.

[320]张疆莉,祁富生,白清林.乳腺癌患者社会心理特征的研究[J].中国神经精神疾病杂志,2002,28(5):330~332.

[321]张金松.饮用水二氧化氯净化技术[M].北京:化学工业出版社,2004.

[322]张力维,汪洁,杨健.生物接触氧化预处理微污染源水研究[J].环境科学与管理,2005,30(3):34~37.

[323]张仁福.公共卫生学[M].台北:新文京开发出版有限公司,1999.

[324]张田勘.灾害和公共卫生应对[J].知识就是力量,2006(5):16~20.

[325]张文.行为医学[M].北京:北京医科大学出版社,2000.

[326]张文昌.社区全科医学概论[M].北京:科学出版社,2002.

[327]张锡辉.水环境修复工程学原理与应用[M].北京:化学工业出版社,2002.

[328]张新卿,闵宝权,马云川.三种神经心理量表改变与阿尔茨海默病脑葡萄糖代谢的关系[J].中华医学杂志,2003,83(2):100~102.

[329]张勇,张亚林.儿童和少年情绪障碍相关社会心理因素探讨[J].医学与哲学(人文社会医学版),2006,27(6):72~74.

[330]张禹罕.公共卫生学[M].台湾:台湾商务,1989.

[331]张振家,张虹.环境工程学基础[M].北京:化学工业出版社环境科学与工程出版中心,2006.

[332]张振馨.全面动员挑战老年性痴呆[J].中国医学科学院学报,2004,26(2):99~100.

[333]张之霞.灾害与发展[J].防灾博览,2004(3):10~11.

[334]张忠,徐伟,董海民.卫生监督执法队伍管理研究综述[J].中国公共卫生管理,2003,19(1):9.

[335]赵金垣.突发公共卫生事件应急条例与操作实施手册(全三卷)[M].哈尔滨:黑龙江人民出版社,2003.

[336]赵瑞芹,宋振峰.亚健康问题的研究进展[J].国外医学:社会医学分册,2002,9(1):10~13.

[337]赵铁锤.危险化学品安全评价[M].北京:中国石化出版社,2003.

[338]赵同刚.进一步转变职能全面推进卫生依法行政[J].中国卫生法制,2002,10(6):9~12.

[339]赵由才,张全,蒲敏.医疗废物管理与污染控制技术[M].北京:化学工业出版社,2005.

[340]郑恒,崔丽萍.亚健康评价方法的研究进展[J].华南预防医学,2007,33(1):32~35.

[341]郑晶晶,徐迎,金丰年."卡特里娜"飓风对防灾预案的启示[J].自然灾害学报,2007,16(1):12~16.

[342]中国标准化研究院.GB/T 13861-1992 生产过程危险和有害因素分类与代码[S].北京:中国标准出版社,1992.

[343]中国国家标准化管理委员会.GB15193.1~15193.21-2003 中华人民共和国国家标准食品安全性毒理学评价程序和方法[S].北京:中国标准出版社,2003.

[344]中华人民共和国劳动部.GB/T 14440-93 低温作业分级[S].北京:中国标准出版社,1993.

[345]中华人民共和国卫生部发布.保健食品检验与评价技术规范(2003年版)[S].

[346]仲来福.卫生学(6版)[M].北京:人民卫生出版社,2006.

[347]周妙群.管理心理学[M].厦门:厦门大学出版社,2005.

[348]周启星,孔繁翔,朱琳.生态毒理学[M].北京:科学出版社,2004.

[349]周卫东,贾建平,魏岗之.轻度认知损害研究进展[J].中华神经科杂志,2002,35(1):49~51.

[350]周宗灿.毒理学面临着巨大的挑战:化学品安全[C].中华预防医学会第二届学术年会暨全球华人公共卫生协会第二届年会论文集,2006.

[351]周祖木.传染病预防和控制策略[M].北京:人民卫生出版社,2005.

[352]朱炳辰.化学反应工程(4版)[M].北京:化学工业出版社环境科学与工程出版中心,2007.

[353]朱会宾,吕广振.灾害预防医学指南[M].北京:专利文献出版社,1998.

[354]朱亮.供水水源保护与微污染水体净化[M].北京:化学工业出版社,2005.

[355]朱念琼.儿童护理学[M].北京:人民卫生出版社,2001.

[356]朱世勇.环境与工业气体净化技术[M].北京:化学工业出版社,2001.

[357]朱天乐.微环境空气质量控制[M].北京:北京航空航天大学出版社,2006.

[358]诸文君,俞幼达.卫生监督所的卫生行政许可主体资格[J].中华卫生监督与健康杂志,2004,9(3):778~779.

[359]邹小兵,静进.发育行为儿科学[M].北京:人民卫生出版社,2005.

[360]左玲傲.糖尿病患者的心理问题[J].中国行为医学科学,1998,7(1):155.

[361]佐藤淳.环境激素[M].北京:科学出版社,2003.

图书在版编目(CIP)数据

公共卫生学/范春主编.—厦门:厦门大学出版社,2009.1
ISBN 978-7-5615-2958-4

Ⅰ.公… Ⅱ.范… Ⅲ.公共卫生学-高等学校-教材 Ⅳ.R1

中国版本图书馆 CIP 数据核字(2009)第 007123 号

厦门大学出版社出版发行

(地址:厦门大学   邮编:361005)

http://www.xmupress.com

xmup @ public.xm.fj.cn

厦门金凯龙印刷有限公司印刷

2009 年 1 月第 1 版   2009 年 1 月第 1 次印刷

开本:787×960 1/16 印张:43.75

字数:925 千字 印数:1～3000 册

定价:59.00 元

本书如有印装质量问题请直接寄承印厂调换